実証のための
計量時系列分析

Applied Econometric Time Series

ウォルター・エンダース［Walter Enders］著

新谷元嗣・藪友良 訳

有斐閣

Applied Econometric Time Series, Fourth edition
by Walter Enders
©2015, 2010, 2009, 1998 John Wiley & Sons, Inc. All rights reserved.
Translation copyright ©2019 by Yuhikaku
All Rights Reserved.

This translation published under license with the original publisher John Wiley & Sons, Inc.
through Tuttle-Mori Agency, Inc., Tokyo

日本語版への序文

1995 年に公刊された本書（原題：*Applied Econometric Time Series*）の初版は，私の予想をはるかに上回る成功を収めました。その後，第 4 版まで改訂され，現在世界中の多くの優れた教育機関で使用されています。第 4 版は今回出版される日本語版に加え，中国語版やロシア語版（近日刊行予定）に翻訳されています。このたび，本書が，国際的に活躍している日本の 2 人の計量時系列経済学者たちによって翻訳されたことを非常に嬉しく思います。翻訳者の新谷元嗣と藪友良の両博士の論文は多くの著名な学術雑誌に掲載されており，彼らの共同研究の成果は，2 人がチームとしてよく機能していることを示しています。彼らの手による翻訳は，学術的な正確さ，および厳密性を読者に保証しているといえるでしょう。

内容を最新の状態に保つために，第 4 版では時系列分析の近年の多くの進展を反映しました。最も重要な変更は，非線形モデルの章を更新し，構造変化の推定問題を含めたことです。私のウェブサイトである time-series.net からは，本書の結果を再現できるデータ，SAS，EViews，RATS および Stata プログラムを入手できます。また，現在，多くの学生が R のプログラミング言語を使用していることから，ウェブスター・ウィーン私立大学のデビット・ガバウアー（David Gabauer）博士から提供された R コードも私のウェブサイトから利用できるようにしています。

2019 年 9 月 4 日

ウォルター・エンダース

原著第4版はしがき

本書を執筆するにあたり，当初は，マクロ計量分析に焦点を当てた教科書とするつもりであったが，多くの同僚からの助言に従い，より幅広い分野を対象とすることとした。時系列分析は，応用ミクロ分野にも用いられており，さらには政治学分野でも欠かせないものとなっている。旧版に引き続き本書に用いた事例では，マクロ・ミクロの両分野をバランスよく網羅したつもりである。

◆ 対象読者と前提知識

本書は，重回帰分析の基礎を既に学習した読者を想定している。また，最小2乗法の前提条件，および回帰分析におけるt検定とF検定の方法の理解も前提としている。統計学の基本概念（残差平方和，有意水準，不偏推定量など）の説明は省略している。第5章と第6章の多変量の時系列分析を理解するためには，行列演算の知識が必要となる。第1章で説明される本書の基礎である差分方程式と読者の回帰分析の知識を組み合わせることは，時系列分析を用いた学術的論文を理解し，自分で実証研究を始めるきっかけとなるだろう。もちろん，このことは読者の書いた論文が学術雑誌に採用されることを保証するものではない。

本書で紹介した一部の手法を用いるためには，実際にプログラムを作成する必要がある。構造VARモデルを推定するには，行列の演算が可能なパッケージが必要となる。モンテカルロ法はコンピュータによる計算に大きく依存する。非線形モデルの推定には非線形最小2乗法や最尤法が計算できるパッケージが必要となる。メニュー起動型のソフトウェアでは，すべての時系列モデルを推定できない。私が学生に指導しているように，そのようなソフトウェアで利用できる手法はすでに最先端とは言えないのである。本書にある手法をすべて把握するためには，EViews，RATS，MATLAB，R，Stata，SAS，GAUSS等のプログラムを作成できる能力が求められる。

本書では，タイトルからもわかるように，学習した内容を実際に実証分析で使えるようになることを重視している。そのためには，帰納的アプローチによる学習が有用であると考えている。つまり，本書では，簡単な例の紹介から始まり，より一般的なモデル，より複雑なモデルへと展開するという方法をとっている。手順は例を用いて詳しく説明しているほか，手順の各段階について，

実際の実証分析ではどのように行われているかもまとめている。また，実践による学習方法の1つとして，各章では多くの事例分析を紹介している。章末の練習問題は理解を深めるうえでとりわけ重要であり，ぜひとも取り組んでほしい。

◆ 第4版での変更点

本書を執筆するうえでは，完全であること，簡潔であることという2つのトレードオフに注意した。第4版で新しく追加するトピックの選択は，講師や学生からの意見を重視した。百科事典のような教科書となってしまわないように，新しいトピックの一部は別冊補論（本書のウェブサイトから利用可能）に含めている。

◆ 謝　辞

本書の構成，スタイル，わかりやすさを改善するうえで多くの方々から貴重な助言をいただいた。読者は多くのEメールで誤植を指摘してくれた。学生たちは，私に刺激を与え続けてくれただけでなく，本書の誤りも見つけてくれた。とくに卒業生のカール・ボールウェア（Karl Boulware），ピン・チュン（Pin Chung），セラハッティン・ディブーグル（Selahattin Dibooglu），ハイジン・リー（HyeJin Lee），ジン・リー（Jing Li），エリック・オルソン（Eric Olson），リン・シャオ（Ling Shao），ジンガン・ユアン（Jingan Yuan）に感謝したい。また，ピエール・シクロス（Pierre Siklos）およびマーク・ウーハー（Mark Wohar）からは第2版の改訂稿について多くの重要なコメントを，バリー・ファルク（Barry Falk），ジュンスー・リー（Junsoo Lee）からは時系列分析について多くの指摘を得た。最後に，最愛の妻リンダには，執筆中の私を普段どおりにサポートしてくれたことに感謝したい。

第3版のはしがきを書く直前に，クライブ・グレンジャー（Clive Granger）氏の訃報に接した。彼と初めて会ったのは，私がカリフォルニア大学サンディエゴ校でセミナー発表をしたときであった。当時の私は，世代重複モデルの研究を行っており，応用計量分析学者になろうとは微塵も思っていなかった。彼にミネソタ大学での在外研究の計画を伝えたところ，「来年の冬はサンディエゴのほうがミネソタより100度（華氏100度なので摂氏では約38度）は暖かいよ。こっちで研究したら？」と誘われ，計画を変えることとなった。当初，サンディエゴで数理経済学に取り組もうと思っていた私は，（ロバート・エングル

〔Robert Engle〕と共同で教えていた）彼の授業に出席し，時系列分析にすっかり魅了されることになった。「彼の授業が私の人生を変えた」という話を人にすると，彼は喜んでくれていた。本書で採用しているアプローチは，彼とロバート・エングルに負うところが非常に大きい。

ウォルター・エンダース

訳者はしがき

本書は Walter Enders, *Applied Econometric Time Series*, 第 4 版の翻訳書である。計量経済学は変数間の数量的関係を推定する学問であり，大別するとマクロ計量経済学とミクロ計量経済学の 2 分野に分けられる。時系列データ（時間とともに記録されたデータ）を主たる分析対象とする時系列分析は，マクロ計量経済学の根幹であり，計量経済学の理解に必須の学問である。しかしながら，その知見が実証分析で広く応用されているとはいいがたい。我々は，その原因として，時系列分析の数学的な難解さが学習者の理解を阻んでいるのではないかと考え，世界的に定評のある原著の翻訳本の出版が，こうした現状の打破につながるのではないかと期待している。

何より本書の優れた点は，最先端の時系列手法について，理論と実証の両面を効率的に高い水準で学ぶことができる点にある。理論は直観的に説明されるだけでなく，数式展開も丁寧に記述され，読者が深く時系列分析を理解できるようになっている。豊富で実用的な例も多数紹介されており，入門書としての基礎を扱いながらも最先端の内容まで網羅され，時系列分析という学問への好奇心を喚起する工夫が施されている。また，実際に分析するうえで初学者が直面する問題への対処法も丁寧に解説されている。例えば，ARMA モデル，GARCH モデル，単位根検定，VAR モデル，共和分分析，非線形推定の実践手順について，ここまで詳細に書かれている本は稀有であろう。原著者が実証分析にも通じている強みから，現実のデータをどのような統計モデルで分析するのか，その際の注意点は何かなど，分析者の視点から理解ができる構成となっている。さらに，本書では，練習問題が多数用意されており，これらに取り組むことによって実践的な知識の獲得が可能となる。本書のウェブサポートページ

http://www.fbc.keio.ac.jp/~tyabu/enders

には，練習問題の解答に加え，教科書で用いられているデータが用意されている。また，統計ソフトの RATS のマニュアルに加え，訳者が新たに作成した EViews のマニュアルも掲載されており，教科書の実証結果を再現することができるようになっている。

本書の構成を簡単に説明しよう。第 1 章では，時系列分析の数学的基礎とな

る差分方程式について詳しく解説している。第2章では，時系列分析の基本的な概念やモデルが導入される。第3章以降は個別トピックとなっており，具体的には，第3章でARCH／GARCHモデル，第4章で単位根検定，第5章でVARモデル，第6章で共和分分析，第7章で非線形時系列モデルを扱っている。これらの個別トピックは，第1章，第2章の内容を前提としているので，わからないことがあれば振り返り学習してほしい。

　最後に，原著と本書の違いを簡単に述べる。第1の違いは，原著の内容からは3割程度が割愛されている点である。500ページにわたる原著の忠実な翻訳は700ページ程度となるため，原著のわかりやすさを保ちつつ，より簡潔な説明とするよう分量を減らした（本書のウェブサポートページでは，クモの巣モデルなど紙幅の関係で本に掲載できなかった内容を掲載しているので，ぜひ確認してほしい）。第2の違いは，理解を助けるため，一部に原著にはない新たな説明を追加している点である。とくに読者層を広げたいという訳者の思いから，比較的難しい部分については，新たな説明を追加したり，数式展開をより詳しく記述したりしている。こうした違いはあるが，原著の良さを犠牲にすることなく，よりコンパクトな内容となっている。

　本書の作成にあたっては，大屋幸輔，片山宗親，栗田高光，黒住英司，高木健司，敦賀貴之，長倉大輔，中村史一，松岡正洸，嶺山友秀，山本弘樹，山本庸平の各氏から，多くの貴重なご意見をいただいた。また，新井翔太，池田祐樹，石原卓弥，金子雄祐，菅澤翔之助，島野直人，高尾庄吾，玉江大将，平沢俊彦，福満梨那，松村悠里の各氏からは，学生の視点から，原稿，練習問題の解答，EViewsマニュアルを丁寧に読んで貴重なコメントをしてもらった。山本拓，北村行伸の両先生からは，翻訳の初期の段階からサポートをしていただいた。有斐閣の岡山義信，元有斐閣の尾崎大輔の両氏からは，書籍化にあたって貴重なアドバイスとフィードバックをしていただいた。以上の関係者に，あらためて深く感謝を申し上げたい。

　最後に，本書を読むことで，時系列分析に親しみ，実証分析の面白さに気づく学生が増えることを期待したい。もしそうした読者が少しでもいてくれたら，これに勝る喜びはない。

　　2019年11月8日

　　　　　　　　　　　　　　　　　　　　　　　新谷元嗣，藪友良

vii

目　次

日本語版への序文　　i

原著第 4 版はしがき　　ii

訳者はしがき　　v

著者・訳者紹介　　xv

第 1 章　差分方程式 ———————————————————— 1

1.1　時系列モデル ………………………………………………… 1

1.2　差分方程式とその解 …………………………………………… 6

1.3　反　復　法 ……………………………………………………… 9

初期条件ありの反復法　　9

初期条件なしの反復法　　11

2 つの反復法の相互関係　　12

非収束系列　　13

人工的に発生させたさまざまな収束・非収束系列　　14

1.4　別　の　解　法 ………………………………………………… 16

解法の手順　　17

解法の一般化　　20

1.5　2 次の差分方程式 ……………………………………………… 22

安 定 条 件　　28

単位円と安定条件　　33

高次のシステム　　34

1.6　特殊解をみつける方法 1：未定係数法 ……………………… 35

1.7　特殊解をみつける方法 2：ラグオペレータ ………………… 38

差分方程式とラグ多項式　　39

高次のシステム　　41

1.8　ま　と　め ……………………………………………………… 44

補論 1.1　虚数根とド・モアブルの定理 ……………………………… 45

第 2 章　定常時系列モデル ———————————————— 49

2.1　確率線形差分方程式 …………………………………………… 50

ホワイトノイズ　　52

移動平均過程　　53

2.2　ARMA 過程 ……………………………………………………… 54

2.3　定　常　性 ……………………………………………………… 56

AR(1) 過程の定常性制約　58

2.4　ARMA 過程の定常性 ……………………………………………… 61

MA 過程の定常性制約　64
AR 過程の定常性制約　65
ARMA 過程の定常性制約　66

2.5　自己相関関数 ……………………………………………………… 67

AR(1) 過程の自己相関関数　67
AR(2) 過程の自己相関関数　68
MA(1) 過程の自己相関関数　71
ARMA(1,1) 過程の自己相関関数　71

2.6　偏自己相関関数 …………………………………………………… 73

2.7　定常時系列の標本自己相関 ……………………………………… 76

モデルの選択規準　78
AR(1) 過程　81
ARMA(1,1) 過程　84

2.8　ボックス゠ジェンキンスのモデル選択法 ……………………… 85

倹約の原理　86
定常性と反転可能性　87
当てはまりの良さ　89
診　断　89

2.9　予測の性質 ………………………………………………………… 89

高次のモデル　91
予測の評価　93

2.10　金利スプレッド ………………………………………………… 95

推定結果の考察　100
倹約 vs. 過剰　101
外挿予測　101

2.11　パラメータの安定性と構造変化 ……………………………… 102

構造変化の検定　102
構造変化点が未知の場合　104
パラメータの安定性　106

2.12　ま と め ………………………………………………………… 110

補論 2.1　MA(1) モデルの推定 ……………………………………… 111

補論 2.2　予測モデルの評価方法と合成予測 ……………………… 113

ディーボルト゠マリアーノ（DM）検定　114
合 成 予 測　116

第 3 章　ボラティリティ ————————————————— 123

3.1　経済時系列データの性質 ………………………………………… 124

目　次　ix

3.2　ARCH, GARCH 過程 ……………………………………… 127

ARCH 過程　128
GARCH 過程　134

3.3　ARCH, GARCH モデルによるインフレ率の推定 ………… 136

英国のインフレ率（エングルのモデル）　137
米国のインフレ率（ボルスレフのモデル）　139

3.4　GARCH モデルの 2 つの実証例 ……………………………… 140

大いなる安定は存在していたか　141
リスクの GARCH モデル　142

3.5　ARCH-M モデル ……………………………………………… 144

3.6　GARCH 過程の追加的性質 ………………………………… 147

GARCH(1,1) 過程の性質　147
当てはまりの評価　150
モデル診断　151
条件付き分散の予測　152

3.7　GARCH モデルの最尤推定 ………………………………… 154

3.8　条件付き分散の他のモデル ………………………………… 156

IGARCH モデル　157
説明変数を含んだモデル　158
非対称性のモデル化：TARCH と EGARCH　158
レバレッジ効果の検定　160
t 分布　161

3.9　NYSE 指数の推定 …………………………………………… 162

平均のモデル　162
ARCH 効果の検定　163
モデルの別の推定　163
診断　165
非対称モデル　166

3.10　多変量 GARCH モデル …………………………………… 167

実証分析①　170
実証分析②　171

3.11　まとめ ……………………………………………………… 173

補論 3.1　繰り返し期待値の法則 ……………………………… 174

第 4 章　トレンド ——————————————————— 179

4.1　確定トレンドと確率トレンド …………………………… 180

確定トレンドと確率トレンド　181
ランダムウォーク　183
ドリフトを含むランダムウォーク　185

確率トレンドの一般化　187

4.2　トレンドの除去 ……………………………………………………………… 189

階　差　190
ディトレンド　192
階差定常 vs. トレンド定常　194
景気循環は存在するのか　194
実質 GDP のトレンド　197

4.3　単位根と回帰残差 …………………………………………………………… 198

4.4　モンテカルロ法 ……………………………………………………………… 202

モンテカルロ実験　205

4.5　ディッキー = フラー（DF）検定 ……………………………………… 208

4.6　DF 検定の実証例 …………………………………………………………… 212

米国の実質 GDP　213
単位根と購買力平価　213

4.7　拡張された DF（ADF）検定 …………………………………………… 215

ラグ次数の選択　216
移動平均（MA）　220
ラグの長さと負の MA 項　221

4.8　構 造 変 化 …………………………………………………………………… 222

構造変化と DF 検定　222
ペロン検定　224
構造変化点が未知の場合　230

4.9　検出力と確定トレンド ……………………………………………………… 230

検 出 力　230
確定的要因として何を含めるか　232

4.10　DF-GLS 検定 ……………………………………………………………… 233

4.11　パネル単位根検定 …………………………………………………………… 237

パネル単位根検定の限界　241

4.12　トレンドと 1 変量分解 …………………………………………………… 242

ベバリッジ = ネルソン（BN）分解　243
BN 分解の一般的ケース　246
ホドリック = プレスコット（HP）分解　250

4.13　ま と め ……………………………………………………………………… 252

補論 4.1　ブートストラップ法 ……………………………………………… 253

回帰係数のブートストラップ　254

第 5 章　多変量時系列モデル ———————————————— 261

5.1　シムズの批判 ………………………………………………………………… 262

マクロ計量モデル：歴史的背景　263

5.2　VAR 分析入門 ……………………………………………… 265

安定性と定常性　269
VAR モデルの動学　272

5.3　VAR モデルの推定と識別 ……………………………… 274

予　測　275
識　別　275

5.4　インパルス応答関数と分散分解 ……………………… 278

信頼区間とインパルス応答関数　284
分 散 分 解　286

5.5　VAR モデルの仮説検定 ………………………………… 288

グレンジャー因果性　292
グレンジャー因果性と貨幣供給量の変化　293
非定常変数を含む場合の検定　295

5.6　構造 VAR モデル ………………………………………… 297

5.7　構造 VAR モデルの識別例 ……………………………… 303

5.8　過剰識別の構造 VAR モデル …………………………… 308

5.9　ブランシャール゠クア（BQ）分解 …………………… 314

ブランシャール゠クアの結果　320

5.10　BQ 分解の実践例：実質為替レートと名目為替レート ………… 322

ブランシャール゠クア分解の問題点　326

5.11　ま と め ………………………………………………… 326

第 6 章　共和分と誤差修正モデル ─────── 333

6.1　和分変数の線形結合 ……………………………………… 334

6.2　共和分と共トレンド ……………………………………… 341

6.3　共和分と誤差修正 ………………………………………… 344

金利の期間構造理論　344
2 変量 VAR モデルの場合　347
n 変量 VAR モデルの場合　353

6.4　共和分検定：エングル゠グレンジャーの方法 ……… 355

第 1 段階：変数の単位根検定　356
第 2 段階：長期均衡関係の推定　356
第 3 段階：誤差修正モデルの推定　357
第 4 段階：モデルの妥当性の評価　358

6.5　仮想データによるエングル゠グレンジャーの方法の実践例 ………… 360

第 1 段階：変数の単位根検定　362

第 2 段階：長期均衡関係の推定　362

第 3 段階：誤差修正モデルの推定　364

第 4 段階：モデルの妥当性の評価　364

6.6　共和分と購買力平価 ……………………………………………… 365

第 1 段階：変数の単位根検定　365

第 2 段階：長期均衡関係の推定　365

第 3 段階：誤差修正モデルの推定　368

第 4 段階：モデルの妥当性の評価　368

6.7　共和分階数 …………………………………………………………… 369

ヨハンセンの方法　370

ドリフト項の役割　371

トレース検定と最大固有値検定　375

貨幣需要関数の共和分分析　378

6.8　仮 説 検 定 …………………………………………………………… 379

定数項の形状の検定　380

共和分ベクトルと調整速度係数の制約検定　380

ラグ選択と因果性検定　383

6.9　ヨハンセンの方法の実践例 ………………………………………… 384

第 1 段階：単位根検定とラグ次数選択　384

第 2 段階：共和分階数の決定　385

第 3 段階：共和分ベクトルの検定　387

第 4 段階：因果性とイノベーション会計　388

6.10　2 つの方法の比較：金利スプレッド …………………………… 388

エングル゠グレンジャーの方法　389

ヨハンセンの方法　390

6.11　ま と め ……………………………………………………………… 391

補論 6.1　行列の特性根と共和分階数 ………………………………… 392

行列の階数　392

行列の特性根　393

VAR(1) モデルの安定性と係数行列の特性根　394

ヨハンセンの方法で用いる共和分階数の計算　395

補論 6.2　共和分ベクトルの統計的推測 ……………………………… 396

第 7 章　非線形モデルと構造変化 ——————————————— 403

7.1　線形調整と非線形調整 ……………………………………………… 404

7.2　ARMA モデルを拡張した単純な非線形モデル ………………… 407

一般化自己回帰（GAR）モデル　408

双線形（BL）モデル　409

分析例（米国の失業率）　410

7.3　非線形性の予備検定　411

残差 2 乗の ACF　411
RESET　414
BDS 検定　414
ラグランジュ乗数（LM）検定　415
局外パラメータの識別不能問題　417

7.4　閾値自己回帰（TAR）モデル　420

基本的な閾値モデル　421
推　　定　423
未知の閾値　426

7.5　TAR モデルの拡張　428

遅れのパラメータの選択　428
複数のレジーム　428
閾値の推定：再論　429
閾値回帰モデル　431
TAR モデルの予備検定　432
TAR モデルと内生的な構造変化　434

7.6　TAR モデル推定の 3 つの実践例　436

失　業　率　436
非対称な金融政策　440
複数の閾値がある資本ストック調整　443

7.7　平滑推移自己回帰（STAR）モデル　444

STAR モデルの事前検定　448

7.8　ニューラルネットワークとマルコフ転換モデル　451

ニューラルネットワーク　452
マルコフ転換モデル　453

7.9　STAR モデル推定の実践例　457

仮想データの LSTAR モデル推定　457
実質為替レートの ESTAR モデル推定　461

7.10　一般化インパルス応答関数　462

GNP 成長率の非線形推定　462
逐次的予測　463
インパルス応答関数　463

7.11　単位根と非線形過程　467

実　証　例　471
非線形誤差修正　472

7.12　内生的な構造変化　474

仮想データによる実践例　　478
　　　非線形構造変化　　480
　　　ロジスティック型構造変化モデルの推定　　480
　7.13　ま　と　め ……………………………………………………… 482

付　　表　　487
参考文献　　491
事項索引　　498
人名索引　　504

本書のコピー，スキャン，デジタル化等の無断複製は著作権法上での例外を
除き禁じられています。本書を代行業者等の第三者に依頼してスキャンや
デジタル化することは，たとえ個人や家庭内での利用でも著作権法違反です。

著者・訳者紹介

◆ 著　者

ウォルター・エンダース（Walter Enders）

1969 年トレド大学卒業，1970 年トレド大学修士課程修了，1975 年コロンビア大学 Ph.D.（経済学）。アイオワ州立大学を経て，現在，アラバマ大学名誉教授。主な著作に以下がある。

"Unit-Root Tests and Asymmetric Adjustment with an Example Using the Term Structure of Interest Rates," (with Clive W. J. Granger), *Journal of Business and Economic Statistics*, 16(3), 1998, pp.304-311.

"Cointegration and Threshold Adjustment," (with Pierre L. Siklos), *Journal of Business and Economic Statistics*, 19(2), 2001, pp.166-176.

◆ 訳　者

新谷　元嗣（しんたに　もとつぐ）　〔訳担当：第 4，5，6，7 章〕

1991 年大阪大学経済学部卒業，1993 年大阪大学経済学研究科修士課程修了，2000 年イェール大学 Ph.D.（経済学）。大阪大学助手，慶應義塾大学専任講師，ヴァンダービルト大学教授，東京大学先端科学技術センター教授を経て，現在，東京大学経済学研究科教授。主な著作に以下がある。

『計量経済学』（共著，有斐閣，2019 年）

『Python によるマクロ経済予測入門』（共著，朝倉書店，2022 年）

"Testing for a Unit Root against Transitional Autoregressive Models," (with Joon Y. Park), *International Economic Review*, 57(2), 2016, pp.635-664.

"Asymptotic Inference for Dynamic Panel Estimators of Infinite Order Autoregressive Processes," (with Yoon-Jin Lee and Ryo Okui), *Journal of Econometrics*, 204(2), 2018, pp.147-158.

藪　友良（やぶ　ともよし）　〔訳担当：第 1，2，3，4 章〕

1997 年法政大学経済学部卒業，1999 年一橋大学経済学研究科修士課程修了，2006 年ボストン大学 Ph.D.（経済学）。日本銀行エコノミスト，筑波大学専任講師を経て，現在，慶應義塾大学商学部教授。主な著作に以下がある。

『入門 実践する統計学』（東洋経済新報社，2012 年）

『入門 実践する計量経済学』（東洋経済新報社，2023 年）

"What Prompts Japan to Intervene in the Forex Market?: A New Approach to a Reaction Function," (with Takatoshi Ito), *Journal of International Money and Finance*, 26(2), 2007, pp.193-212.

"Testing for Shifts in Trend with an Integrated or Stationary Noise Component," (with Pierre Perron), *Journal of Business and Economic Statistics*, 27(3), 2009, pp.369-396.

第1章
差分方程式

学習目的

1.1 差分方程式を用いていかに予測を行うか，いかに経済モデルから差分方程式が導出されるかを説明する。

1.2 差分方程式を「解く」とはどういうことかを説明する。

1.3 反復法を用いて差分方程式の「解」を求める方法を明らかにする。

1.4 差分方程式の同次解を求める方法を明らかにする。

1.5 高次の差分方程式の同次解を求める方法を示す。

1.6 未定係数法を用いて差分方程式の特殊解を求める方法を説明する。

1.7 ラグオペレータを用いて特殊解を求める方法を説明する。

時系列分析は，伝統的に予測に用いられてきた。しかし近年，経済分野において動学モデルの重要性が高まってきており，時系列分析は経済動学モデルの推定，その解釈，また仮説検定にも用いられるようになってきている。本章では，時系列分析において重要な差分方程式について詳しく解説する。具体的には，以下の3点を中心に説明する。

① 差分方程式を「解く」とは何を意味しているか。

② 差分方程式の「解」は，変数が安定もしくは発散するかを決定している。安定条件は，第2章で学習する定常性の必要条件の1つとなる。

③ 差分方程式の解法は複数存在し，それぞれが異なる利点を持っている。多くの例を通じて，それぞれの方法を深く理解して，どのように使い分けるかを学んでいく。

1.1　時系列モデル

計量経済学者の仕事は，経済データに関する予測，解釈，また仮説検定が可能となるモデルの開発にある。そして時系列分析においては，伝統的に時系列

2   第1章   差分方程式

データの予測に関心が置かれてきた。そうしたなか，データをトレンド項，循環項，不規則項に分解する方法が開発されてきた。**トレンド項**はデータの長期的傾向，**循環項**は規則的変動，**不規則項**は確率的変動を捉える。

　ある系列を50期分だけ観測し，その将来予測を行うとしよう。まず，系列をトレンド項，循環項，不規則項に分解する。図1.1 (a) では原系列を，図1.1 (b) では分解後のトレンド項，循環項，不規則項を示している（分解方法は第2章以降で詳しく説明する）。トレンド項は系列の水準自体を変えており，循環項は12期ごとのピークで変動している。これらの項には明瞭なパターンがあり，図1.1 (b) では，51期以降に同じパターンが続くとして，予測値を入れている。

　不規則項には明瞭なパターンはないが，一定程度の予測は可能となる。図をみると，不規則項は，ある期に大きな正（負）の値をとると次期も大きな正（負）の値をとるが，しばらくすると0に収束する傾向がみてとれる。図1.1 (b) では，不規則項は51期以降に急速に変動が減衰するとして，予測値を入れている。以上から，各項の予測が可能となり，これらを合計した原系列も予測できる。

　予測のための一般的方法は，各項の動きを決める運動方程式を明らかにすることである。ここで，t 期の観測値を y_t と表記しよう（図1.1 (a) の50期分の観測値は，$y_1, \ldots, y_{50}$ となる）。また，各項の動きを決める運動方程式は，$t = 1, \ldots, 50$ に対し，

$$\text{トレンド項：} \quad T_t = 1 + 0.1t$$
$$\text{循環項：} \quad S_t = 1.6 \sin(t\pi/6)$$
$$\text{不規則項：} \quad I_t = 0.7I_{t-1} + \varepsilon_t$$

である（$y_t = T_t + S_t + I_t$）。

　ここで T_t は t 期のトレンド項，S_t は t 期の循環項，I_t は t 期の不規則項，ε_t は t 期の誤差項（純粋に確率変動する部分）を表している。上式から，トレンド項は，1期（$t=1$）には $T_1 = 1 + 0.1 \times 1 = 1.1$ となり，2期（$t=2$）には $T_2 = 1 + 0.1 \times 2 = 1.2$ となる。また，t 期の不規則項（I_t）は，$t-1$ 期の不規則項の70%（$0.7I_{t-1}$）と誤差項（ε_t）から構成される。誤差項（ε_t）は確率的に変動し，モデルでは説明できない部分である。循環項（S_t）は，三角関数（sin）に依存しているため，波形の動きを示し，$+1.6$ から -1.6 の範囲で動いている。

図 1.1 仮想的時系列データ

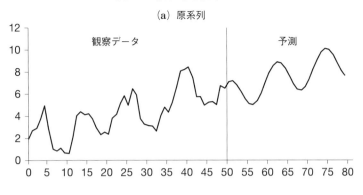

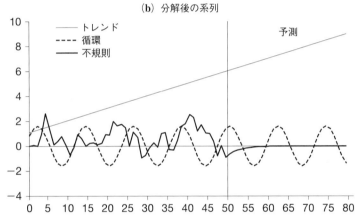

ここで不規則項は差分方程式となっている。厳密な定義は 1.2 で説明するが，**差分方程式** (difference equation) とは，「ある変数の値が，その変数の過去の値の関数として表現される方程式」である。一般的には，差分方程式は，ある変数の値が，その変数の過去の値だけでなく，時点（**トレンド変数** t）あるいは他の変数に依存してもよい[1]。ここで不規則項 (I_t) は，前期の不規則項 (I_{t-1}) の関数となっており，差分方程式なのである。

以下では，2 つの例を用いて，経済理論モデルを**確率差分方程式**（少なくとも 1 つの項が確率変数となる差分方程式）として表せること，それらの式を推定することで，経済理論の考察ができることを説明したい。

---

1 トレンド変数 t は時点を表す変数であり，1, 2, 3, 4, ... というように値が 1 ずつ増加する。例えば，1 期のトレンド変数は $t = 1$，2 期のトレンド変数は $t = 2$ となる。

4　第1章　差分方程式

例1：ランダムウォーク　　**ランダムウォーク仮説**は，「株価変化の**期待値**（expected value）は0となるべきである」と主張する。結局のところ，株価が上がると予想されるなら，いま株を購入し翌日に売却すれば利益を上げられるため，すぐに株価が上昇してしまうのである。同様に，株価が下がると予想されるなら，誰も株を保有したいと思わないため，株価がすぐに下落してしまう。ランダムウォークは，確率差分方程式としてモデル化できる。このモデルは，y_t を t 期の株価とすると，1次の差分方程式となる。

$$y_{t+1} = y_t + \varepsilon_{t+1}$$

ただし，ε_{t+1} は期待値0の誤差項である。ここで，y_t を左辺に移項すると，

$$y_{t+1} - y_t = \varepsilon_{t+1}$$

とも表せる。つまり，y_t の変化は誤差項からなり，この式は y_t の変化を予測できないことを意味している。

　この仮説を検定するために，より一般的な差分方程式を考えよう。

$$y_{t+1} - y_t = a_0 + a_1 y_t + \varepsilon_{t+1}$$

ランダムウォーク仮説が正しければ，パラメータは $a_0 = a_1 = 0$ となる。もし帰無仮説 $a_0 = a_1 = 0$ が棄却されると，ランダムウォーク仮説が誤りといえる。さらに，ランダムウォーク仮説が正しければ，t 期に利用可能な情報では ε_{t+1} を予測できない。もし ε_{t+1} が予測可能であれば，ランダムウォーク仮説はやはり誤りといえる。実証研究によると，株価だけでなく，為替レートもまたランダムウォーク仮説が当てはまることが知られている。

例2：GDPの動学　　サミュエルソン（Samuelson 1939）では，経済変数間に次の関係が成立すると仮定している。

$$y_t = c_t + i_t \tag{1.1}$$

$$c_t = \eta y_{t-1} + \varepsilon_{ct} \tag{1.2}$$

$$i_t = \beta(c_t - c_{t-1}) + \varepsilon_{it} \tag{1.3}$$

ただし，$0 < \eta < 1$，$\beta > 0$ である。ここで y_t, c_t, i_t は，それぞれ t 期の国内総生産（gross domestic product：GDP），消費，設備投資を表す（すべて実質値とする）。(1.1) 式から GDP は消費と投資の和となっている。(1.2) 式は消

費関数であり，消費は前期の GDP と誤差項から決まる。ここで，η は限界消費性向を表しており，$0 < \eta < 1$ となる。(1.3) 式は，投資が消費の変化に比例するという加速度原理を示す（$\beta > 0$ は加速度係数を表し，消費が増えると $c_t - c_{t-1} > 0$，それに応じて投資 i_t が増える）。この原理は，消費の増加には，さらなる投資が必要であるという考え方に基づく。誤差項 $(\varepsilon_{ct}, \varepsilon_{it})$ は，モデルでは説明できない部分である。これら 3 本の式は相互に関連し合い，1 つのシステムを形成している。

このモデルで，y_t，c_t，i_t は**内生変数**（モデルの中で決定される変数）である。前期の GDP（y_{t-1}），前期の消費（c_{t-1}）は**先決変数**（先に決まっている変数）もしくはラグ付き内生変数と呼ばれる。「**ラグ**（lag）」は「遅れ」という意味である。例えば，y_t の 1 次のラグとは，y_{t-1} を意味する。また，ε_{ct} と ε_{it} は期待値 0 の誤差項であり，η と β は推定すべきパラメータである。

これらの式は一見すると差分方程式ではないが，すべて差分方程式として表現できる。以下では，GDP（y_t）を差分方程式として表現してみよう。(1.2) 式を (1.3) 式に代入すると，

$$i_t = \beta[(\eta y_{t-1} + \varepsilon_{ct}) - c_{t-1}] + \varepsilon_{it}$$
$$= \eta\beta y_{t-1} - \beta c_{t-1} + \beta\varepsilon_{ct} + \varepsilon_{it}$$

となる。また，(1.2) 式は 1 期前にも成立し（$c_{t-1} = \eta y_{t-2} + \varepsilon_{ct-1}$），これを上式に代入すると，

$$i_t = \eta\beta y_{t-1} - \beta(\eta y_{t-2} + \varepsilon_{ct-1}) + \beta\varepsilon_{ct} + \varepsilon_{it}$$
$$= \eta\beta(y_{t-1} - y_{t-2}) + \beta(\varepsilon_{ct} - \varepsilon_{ct-1}) + \varepsilon_{it} \tag{1.4}$$

となる。GDP の差分方程式は，(1.1) 式に，(1.2) 式と (1.4) 式を代入して得られる。

$$y_t = (\eta y_{t-1} + \varepsilon_{ct}) + [\eta\beta(y_{t-1} - y_{t-2}) + \beta(\varepsilon_{ct} - \varepsilon_{ct-1}) + \varepsilon_{it}]$$
$$= \eta(1 + \beta)y_{t-1} - \eta\beta y_{t-2} + (1 + \beta)\varepsilon_{ct} + \varepsilon_{it} - \beta\varepsilon_{ct-1} \tag{1.5}$$

ここで，y_t は自己ラグ（つまり，y_{t-1}, y_{t-2}）と誤差項から構成される。この式は，パラメータ (η, β) がわかれば，すべての誤差項を 0 と置くことで，現在までの y の値（$y_1, \ldots, y_t$）を用いて将来の y の値（$y_{t+1}, y_{t+2}, \ldots$）を予測できるという意味で有用な式である。この式の動学については，**1.5** の例 8 において詳しく説明する。

6　第1章　差分方程式

　次節以降では，差分方程式とは何か，それらを「解く」にはどうすればよい
か，変数の**安定条件**（stability condition）とは何かについて説明していく。安
定条件とは，「時間とともに値が発散せず，ある一定の値に収束するための条
件」となる。

1.2　差分方程式とその解

　本節では，差分方程式を紹介したうえで，差分方程式を「解く」ことの意味
を説明する。まず，$y = f(t)$ という関数を考えよう。**従属変数** y は**独立変数** t
の関数である（従属変数は**被説明変数**，独立変数は**説明変数**とも呼ぶ）。独立変数 t
が t^* という値をとるときの従属変数 y の値を y_{t^*} と表記する。例えば y_{t^*+h} と
は，$t = t^* + h$ のときの y の値となる。そして y の1階の階差は，$t = t^* + h$
のときの y の値から，$t = t^*$ のときの y の値を引いた値と定義する。

$$\Delta y_{t^*+h} = f(t^* + h) - f(t^*)$$
$$= y_{t^*+h} - y_{t^*} \tag{1.6}$$

　経済データは離散的に観察されることが多いため，h は1と標準化し，デー
タは等間隔で観察されるとする。簡略化のため，t^* は記号「$*$」を除いて表記
する。このとき，**1階の階差**（first difference）は，

$$\Delta y_t = f(t) - f(t-1) = y_t - y_{t-1}$$
$$\Delta y_{t+1} = f(t+1) - f(t) = y_{t+1} - y_t$$
$$\Delta y_{t+2} = f(t+2) - f(t+1) = y_{t+2} - y_{t+1}$$

となる。ここで Δ は階差オペレータと呼ばれる（「オペレータ（operator）」は
「演算子」という意味である）。同様に，**2階の階差**（second difference）は，

$$\Delta^2 y_t = \Delta(\Delta y_t) = \Delta(y_t - y_{t-1}) = \Delta y_t - \Delta y_{t-1}$$
$$= (y_t - y_{t-1}) - (y_{t-1} - y_{t-2}) = y_t - 2y_{t-1} + y_{t-2}$$

となる。同様に，**d 階の階差**は $\Delta^d y_t$ となる。

　以後，y の全系列 $\{\dots, y_{t-2}, y_{t-1}, y_t, y_{t+1}, y_{t+2}, \dots\}$ を $\{y_t\}$ と表記する。ま
た，系列の特定の値は y_t と表記する。とくに明記しない限り，t は $-\infty$ から
$+\infty$ の範囲をとると仮定する。時系列モデルでは，t は「時点」，h は「時差」
を表すために用いられることが多い。例えば，四半期データであれば，t と

$t + 1$ は，2009 年の第 1 四半期と第 2 四半期などを示す。

ここで **n 次の線形差分方程式**を考えよう。

$$y_t = a_0 + a_1 y_{t-1} + a_2 y_{t-2} + \cdots + a_n y_{t-n} + x_t$$

差分方程式は n 次のラグ y_{t-n} まで含んでいる。この式は和記号 $\sum$ を用いて

$$y_t = a_0 + \sum_{i=1}^{n} a_i y_{t-i} + x_t \tag{1.7}$$

と簡潔に表記できる。ここで，a_i は**パラメータ** (parameter) であり，x_t は**強制項** (forcing process) である。強制項は，y_t のラグ（y_{t-i}）で説明できない部分（厳密には，時点 t，他の変数，誤差項の現在と過去の値の任意の関数）となる。したがって，強制項を適切に選択すれば，多くの経済モデルは (1.7) 式によって表せる。例えば，GDP の方程式 (1.5) では，y_t は y_{t-2} に依存しているため，2 次の差分方程式である（このとき，強制項は $x_t = (1 + \beta)\varepsilon_{ct} + \varepsilon_{it} - \beta\varepsilon_{ct-1}$）。

系列 $\{x_t\}$ の特殊ケースとして，

$$x_t = \sum_{i=0}^{\infty} \beta_i \varepsilon_{t-i}$$

がある。パラメータ β_i は定数である（パラメータ β_i として 0 を含んでもかまわない）。例えば，$\{\varepsilon_t\}$ は誤差項（確率的に変動する）とし，パラメータは $\beta_0 = 1$，$\beta_1 = \beta_2 = \cdots = 0$ と設定すると，(1.7) 式は，

$$y_t = a_0 + a_1 y_{t-1} + a_2 y_{t-2} + \cdots + a_n y_{t-n} + \varepsilon_t$$

となる。ここで，さらに $n = 1$，$a_0 = 0$，$a_1 = 1$ と設定すると，y_t はランダムウォーク（$y_t = y_{t-1} + \varepsilon_t$）となる。

(1.7) 式は，階差オペレータ Δ を用いても表せる。(1.7) 式の両辺から y_{t-1} を引くと，

$$y_t - y_{t-1} = a_0 + (a_1 - 1)y_{t-1} + \sum_{i=2}^{n} a_i y_{t-i} + x_t$$

と表せる（$\sum$ は，$i = 2$ から n までの和であることに注意）。ここで，$\gamma = a_1 - 1$ と定義すると，以下の式が得られる。

8 第1章 差分方程式

$$\Delta y_t = a_0 + \gamma y_{t-1} + \sum_{i=2}^{n} a_i y_{t-i} + x_t \tag{1.8}$$

差分方程式の解とは，「y_t を，系列 $\{x_t\}$ や t の関数として表現したもの」である。ここで解とは何らかの数値ではなく，関数であることに注意してもらいたい。次節で述べるように，解は，$\{y_t\}$ の**初期条件**（既知の y の値）に依存してもよい。解の重要な性質は，「解は t と $\{x_t\}$ のすべての値に対して差分方程式を満たす」点にある。したがって，「解を差分方程式に代入すれば，常に等式でなければいけない」。具体例を通じ，差分方程式の解とは何かを理解していこう。

例3：階差が任意の定数　差分方程式 $\Delta y_t = 2$（つまり，$y_t = y_{t-1} + 2$）を考える。この式は，1期ごとに y_t が 2 だけ増加することを意味する一方，水準についての情報は何も持っていない。したがって，解は $y_t = A + 2t$ であると推察される（水準の情報がないため，水準を表すパラメータ A は任意の定数としている）。この解が正しいかはまだ確認されていないため，とりあえず**試行解**（trial solution）と呼ぼう。試行解は，時点 t の関数であり，t を代入すれば $\{y_t\}$ の全要素が求められる。

試行解が正しい解であるかは，試行解がもとの差分方程式を常に満たしているかを調べればよい。もし $A + 2t$ が解であるなら，t 期に $y_t = A + 2t$，$t-1$ 期に $y_{t-1} = A + 2(t-1)$ となる。これらをもとの差分方程式 $y_t = y_{t-1} + 2$ に代入すると，

$$(A + 2t) = [A + 2(t-1)] + 2 \tag{1.9}$$

となり，両辺は等しくなる。したがって，$y_t = A + 2t$ は解であることが確認された。

ここで A は任意の定数であるため，解は一意ではなく無数に存在している。ただし，もしある時点における y の値がわかっていれば，A の値を特定できる。例えば，0 期において $y_0 = 3$ とわかっていれば，$y_0 = A + 2 \times 0 = 3$ から $A = 3$ となり，$y_t = 3 + 2t$ が唯一の解と特定できる。

例4：不規則項　図 1.1 の不規則項 $I_t = 0.7I_{t-1} + \varepsilon_t$ は，1 次の差分方程式である（このとき，$x_t = \varepsilon_t$）。次節で詳しく導出方法を説明するが，この差分方

程式の解は,

$$I_t = \sum_{i=0}^{\infty} 0.7^i \varepsilon_{t-i} \tag{1.10}$$

となる[2]。この試行解が正しいかを確認しよう。これが解なら $t-1$ 期に,

$$I_{t-1} = \sum_{i=0}^{\infty} 0.7^i \varepsilon_{t-1-i} \tag{1.11}$$

となる ((1.10) 式の ε_{t-i} が (1.11) 式では ε_{t-1-i} になっていることに注意)。差分方程式 $I_t = 0.7 I_{t-1} + \varepsilon_t$ に,(1.10) 式と (1.11) 式を代入すると,

$$\begin{aligned}
&(\varepsilon_t + 0.7\varepsilon_{t-1} + 0.7^2\varepsilon_{t-2} + 0.7^3\varepsilon_{t-3} + \cdots) \\
&= 0.7(\varepsilon_{t-1} + 0.7\varepsilon_{t-2} + 0.7^2\varepsilon_{t-3} + 0.7^3\varepsilon_{t-4} + \cdots) + \varepsilon_t
\end{aligned} \tag{1.12}$$

となるから両辺は等しい。したがって,(1.10) 式は差分方程式の解であることがわかる。

1.3 反 復 法

(1.10) 式は差分方程式の解であった。しかし,そもそも差分方程式の解は,どのように導出すればよいだろうか。本章では,その解法をいくつか紹介する。それぞれの解法には異なる利点があり,置かれた状況に応じて最適な方法を選べばよい。本節では,直観的に理解しやすい解法として,**反復法**(method of iteration)を紹介する。

◆ 初期条件ありの反復法

ある期の y の値がわかっていれば,その期から前向きに逐次代入し,以降の y の値を求めればよい。既知の y の値は,初期条件もしくは 0 期の y と呼ぶ。以後,初期条件を y_0 と表記する。1 次の差分方程式を用いて,反復法を説明しよう。

$$y_t = a_0 + a_1 y_{t-1} + \varepsilon_t \tag{1.13}$$

---

2 議論の先取りになるが,1.3 の (1.17) 式がこの差分方程式の解となる。具体的には,(1.17) 式において,$a_0 = 0$,$a_1 = 0.7$ とすると (1.10) 式となる。

IO   第 1 章 差分方程式

初期条件 y_0 を所与とすると，$y_1 = a_0 + a_1 y_0 + \varepsilon_1$ となる。同様に，y_2 は，

$$
\begin{aligned}
y_2 &= a_0 + a_1 y_1 + \varepsilon_2 \\
&= a_0 + a_1(a_0 + a_1 y_0 + \varepsilon_1) + \varepsilon_2 \\
&= a_0(1 + a_1) + a_1^2 y_0 + (\varepsilon_2 + a_1 \varepsilon_1)
\end{aligned}
$$

となり，y_3 は，

$$
\begin{aligned}
y_3 &= a_0 + a_1 y_2 + \varepsilon_3 \\
&= a_0 + a_1[a_0(1 + a_1) + a_1^2 y_0 + (\varepsilon_2 + a_1 \varepsilon_1)] + \varepsilon_3 \\
&= a_0(1 + a_1 + a_1^2) + a_1^3 y_0 + (\varepsilon_3 + a_1 \varepsilon_2 + a_1^2 \varepsilon_1)
\end{aligned}
$$

となる。一般的には，$t > 0$ に対し，

$$
y_t = a_0 \sum_{i=0}^{t-1} a_1^i + a_1^t y_0 + \sum_{i=0}^{t-1} a_1^i \varepsilon_{t-i} \tag{1.14}
$$

を得る。ここで (1.14) 式は差分方程式の解である。つまり，この解は，時点 t，$\{\varepsilon_t\}$，初期値 y_0 の関数であり，これらの値を代入すれば $\{y_t\}$ の全要素が求められる。

後ろ向きに逐次代入しても (1.14) 式を導出できる。まず，$y_t = a_0 + a_1 y_{t-1} + \varepsilon_t$ に $y_{t-1} = a_0 + a_1 y_{t-2} + \varepsilon_{t-1}$ を代入すると，

$$
\begin{aligned}
y_t &= a_0 + a_1(a_0 + a_1 y_{t-2} + \varepsilon_{t-1}) + \varepsilon_t \\
&= a_0(1 + a_1) + a_1^2 y_{t-2} + (\varepsilon_t + a_1 \varepsilon_{t-1})
\end{aligned}
$$

となる。上式に $y_{t-2} = a_0 + a_1 y_{t-3} + \varepsilon_{t-2}$ を代入すると，

$$
\begin{aligned}
y_t &= a_0(1 + a_1) + a_1^2(a_0 + a_1 y_{t-3} + \varepsilon_{t-2}) + (\varepsilon_t + a_1 \varepsilon_{t-1}) \\
&= a_0(1 + a_1 + a_1^2) + a_1^3 y_{t-3} + (\varepsilon_t + a_1 \varepsilon_{t-1} + a_1^2 \varepsilon_{t-2})
\end{aligned}
$$

となる。さらに後ろ向きに 0 期まで繰り返すことで (1.14) 式が得られる[3]。

3　ここで第 2 項は $a_1^3 y_{t-3}$ であり，第 1 項は a_1^2 まで，第 3 項は $a_1^2 \varepsilon_{t-2}$ まで含まれる。さらに後ろ向きに 0 期（第 2 項が y_0 になる）まで繰り返すことで，第 2 項は $a_1^t y_{t-t} = a_1^t y_0$ となり，第 1 項は a_1^{t-1} まで，第 3 項は $a_1^{t-1} \varepsilon_{t-(t-1)} = a_1^{t-1} \varepsilon_1$ まで含まれると推測できる。これは (1.14) 式に他ならない。

◆ **初期条件なしの反復法**

初期条件が与えられていないとする。このとき，y_0 は未知であるため，(1.14) 式は解として不適当となる。初期条件から前向きに代入できないし，y_t から後ろ向きに代入して $t = 0$ で止めることもできない。そこで，$t = 0$ で止めることなく，さらに後ろ向きに代入していく。まず，1 期分後ろに代入するため，(1.14) 式の第 2 項の y_0 に $a_0 + a_1 y_{-1} + \varepsilon_0$ を代入すると，

$$y_t = a_0 \sum_{i=0}^{t-1} a_1^i + a_1^t(a_0 + a_1 y_{-1} + \varepsilon_0) + \sum_{i=0}^{t-1} a_1^i \varepsilon_{t-i}$$

$$= a_0 \sum_{i=0}^{t} a_1^i + \sum_{i=0}^{t} a_1^i \varepsilon_{t-i} + a_1^{t+1} y_{-1} \tag{1.15}$$

となる。さらに後ろ向きに m 期分代入していくと，

$$y_t = a_0 \sum_{i=0}^{t+m} a_1^i + \sum_{i=0}^{t+m} a_1^i \varepsilon_{t-i} + a_1^{t+m+1} y_{-m-1} \tag{1.16}$$

を得る（m は任意の値とする）。

(1.16) 式を考察しよう。もし $|a_1| < 1$ なら，m が無限大に近づくと，a_1^{t+m+1} は 0 に収束し，$\sum_{i=0}^{t+m} a_1^i = 1 + a_1 + a_1^2 + \cdots + a_1^{t+m}$ は，無限級数の和の公式から $1/(1-a_1)$ に収束する[4]。このとき，(1.16) 式は以下となる。

$$y_t = \frac{a_0}{1-a_1} + \sum_{i=0}^{\infty} a_1^i \varepsilon_{t-i} \tag{1.17}$$

(1.17) 式が (1.13) 式の解となることは，(1.17) 式を (1.13) 式に代入すると，等式となることから確認できる。ただし，(1.17) 式は (1.13) 式の一意解ではない。(1.17) 式の右辺に Aa_1^t を加えた

$$y_t = Aa_1^t + \frac{a_0}{1-a_1} + \sum_{i=0}^{\infty} a_1^i \varepsilon_{t-i} \tag{1.18}$$

---

4 無限級数の和の公式から，$|a| < 1$ なら，$1 + a + a^2 + a^3 + \cdots = 1/(1-a)$ が成立する。証明のため，$x = 1 + a + a^2 + \cdots + a^m$ としよう。そして，x の式の両辺に a を掛けると，$ax = a + a^2 + a^3 + \cdots + a^{m+1}$ となる。よって，$x - ax = (1 + a + a^2 + \cdots + a^m) - (a + a^2 + a^3 + \cdots + a^{m+1}) = 1 - a^{m+1}$ となる。これを x について解くと，$x = (1 - a^{m+1})/(1-a)$ となる。ここで $|a| < 1$ なら，m が大きいと $x = 1/(1-a)$ となる。

も解となる。ここで A は任意の定数であり，(1.18) 式は $A = 0$ なら (1.17) 式となる。後述するが，A は水準を表すパラメータであり，初期条件を与えれば A の値は一意に決定される（A は，例3のパラメータ A に該当する）。これが (1.13) 式の解であることを確認しよう。(1.18) 式が解なら，$t-1$ 期には，

$$y_{t-1} = Aa_1^{t-1} + \frac{a_0}{1-a_1} + \sum_{i=0}^{\infty} a_1^i \varepsilon_{t-1-i}$$

となる。この式と (1.18) 式を，$y_t = a_0 + a_1 y_{t-1} + \varepsilon_t$ に代入すると，

$$Aa_1^t + \frac{a_0}{1-a_1} + \sum_{i=0}^{\infty} a_1^i \varepsilon_{t-i}$$
$$= a_0 + a_1 \left(Aa_1^{t-1} + \frac{a_0}{1-a_1} + \sum_{i=0}^{\infty} a_1^i \varepsilon_{t-1-i} \right) + \varepsilon_t$$
$$= Aa_1^t + \left(a_0 + \frac{a_1 a_0}{1-a_1} \right) + \left(\varepsilon_t + a_1 \sum_{i=0}^{\infty} a_1^i \varepsilon_{t-1-i} \right)$$

となる。両辺が等しくなることは，以下の等式を用いて確認できる。

$$\frac{a_0}{1-a_1} = \frac{a_0(1-a_1)}{1-a_1} + \frac{a_1 a_0}{1-a_1} = a_0 + \frac{a_1 a_0}{1-a_1}$$

$$\sum_{i=0}^{\infty} a_1^i \varepsilon_{t-i} = \varepsilon_t + a_1 \varepsilon_{t-1} + a_1^2 \varepsilon_{t-2} + a_1^3 \varepsilon_{t-3} + a_1^4 \varepsilon_{t-4} + \cdots$$
$$= \varepsilon_t + a_1(\varepsilon_{t-1} + a_1 \varepsilon_{t-2} + a_1^2 \varepsilon_{t-3} + a_1^3 \varepsilon_{t-4} + \cdots)$$
$$= \varepsilon_t + a_1 \sum_{i=0}^{\infty} a_1^i \varepsilon_{t-1-i}$$

したがって，(1.18) 式が (1.13) 式の解といえる。

◆ 2つの反復法の相互関係

(1.13) 式の解は，初期条件 y_0 が既知なら (1.14) 式となり，初期条件が未知なら (1.18) 式となる。(1.14) 式と (1.18) 式の相互関係を考えることで，任意の定数 A の理解を深めよう。

(1.14) 式と (1.18) 式が両方とも正しいなら，(1.18) 式に初期条件を代入すると，(1.14) 式が得られるはずである。この点が正しいことを確認する。(1.18) 式は，$t = 0$ のとき，

$$y_0 = A + \frac{a_0}{1 - a_1} + \sum_{i=0}^{\infty} a_1^i \varepsilon_{-i}$$

となる。これを A についてまとめると，

$$A = y_0 - \frac{a_0}{1 - a_1} - \sum_{i=0}^{\infty} a_1^i \varepsilon_{-i} \tag{1.19}$$

となる。つまり，初期条件 y_0 が既知なら，任意の定数 A は一意に決定される。この A を消すために，(1.18) 式に (1.19) 式を代入すると，

$$y_t = \left(y_0 - \frac{a_0}{1 - a_1} - \sum_{i=0}^{\infty} a_1^i \varepsilon_{-i} \right) a_1^t + \frac{a_0}{1 - a_1} + \sum_{i=0}^{\infty} a_1^i \varepsilon_{t-i} \tag{1.20}$$

となり，右辺をまとめると，

$$\begin{aligned}
y_t &= \frac{a_0}{1 - a_1} - \frac{a_1^t a_0}{1 - a_1} + a_1^t y_0 + \left(\sum_{i=0}^{\infty} a_1^i \varepsilon_{t-i} - a_1^t \sum_{i=0}^{\infty} a_1^i \varepsilon_{-i} \right) \\
&= \frac{a_0(1 - a_1^t)}{1 - a_1} + a_1^t y_0 + \left(\sum_{i=0}^{\infty} a_1^i \varepsilon_{t-i} - a_1^t \sum_{i=0}^{\infty} a_1^i \varepsilon_{-i} \right)
\end{aligned} \tag{1.21}$$

を得る。第 1 項と第 3 項を少し書き換えると，(1.21) 式が (1.14) 式に等しいことを確認できる（証明は練習問題 [2] を参照）。

以上から，「差分方程式の解は無数に存在するが，初期条件がわかれば，任意の定数 A を取り除き，一意解を特定できる」ことが確認できた。

◆ **非収束系列**

既に確認したとおり，もし $|a_1| < 1$ なら，(1.17) 式は，m を大きくしたときの (1.16) 式の極限値となる。他の状況では解はどのようになるだろうか。もし $|a_1| > 1$ なら，m を大きくすると a_1^{t+m+1} の絶対値は発散し，(1.16) 式は (1.17) 式とならない。しかし，もし初期条件がわかれば，そもそも極限値を求める必要はない。初期条件 y_0 がわかっていれば，そこから前向きに繰り返し解いていけばよい。つまり，(1.14) 式

14   第1章　差分方程式

$$y_t = a_0 \sum_{i=0}^{t-1} a_1^i + a_1^t y_0 + \sum_{i=0}^{t-1} a_1^i \varepsilon_{t-i}$$
$$= a_0(1 + a_1 + a_1^2 + \cdots + a_1^{t-1}) + (\varepsilon_t + a_1 \varepsilon_{t-1} + \cdots + a_1^{t-1} \varepsilon_1) + a_1^t y_0$$

を解とすればよいのである。たしかに，系列 $\{y_t\}$ は急速に大きくなるが，すべての値は有限である。

　ここで，$a_1 = 1$ の場合を考えよう。このとき，(1.13) 式は，

$$y_t = a_0 + y_{t-1} + \varepsilon_t$$

もしくは $\Delta y_t = a_0 + \varepsilon_t$ となる。この解は，(1.14) 式の a_1 を 1 に設定することで，

$$y_t = a_0 t + \sum_{i=1}^{t} \varepsilon_i + y_0 \tag{1.22}$$

となる。ここで $\Delta y_t = a_0 + \varepsilon_t$ とは，y_t が毎期 $a_0 + \varepsilon_t$ 単位だけ変化することを意味する。t 期後では，そうした変化が t 回あるため，総変化 $(y_t - y_0)$ は $a_0 t$ と $\varepsilon_1 + \varepsilon_2 + \cdots + \varepsilon_t$ の和となる。誤差項 ε_i の係数は 1 であり，誤差項の効果は恒久的に残る（この点は **1.5** の例 8 にあるインパルス応答関数の説明を読めば深く理解できるだろう）。これに対し，$|a_1| < 1$ なら，(1.17) 式から誤差項 ε_{t-i} の係数は a_1^i であり，その効果は一時的となっている（i が非常に大きければ a_1^i は 0 となり，その結果，ε_{t-i} から y_t への効果も 0 となる）。

◆ 人工的に発生させたさまざまな収束・非収束系列

　パラメータ a_1 の重要性を示すため，人工的にデータを発生させよう。まず，コンピュータから期待値 0 の**乱数**（random numbers）を 30 個分発生させる。これらの乱数を $\varepsilon_1, \ldots, \varepsilon_{30}$ と表記しよう。初期条件 y_0 を 1 と設定し（$y_0 = 1$），残りのデータ $(y_1, \ldots, y_{30})$ は，$y_t = 0.9 y_{t-1} + \varepsilon_t$ を用いて生成する。例えば，$y_1 = 0.9 y_0 + \varepsilon_1 = 0.9 \times 1 + \varepsilon_1 = 0.9 + \varepsilon_1$，$y_2 = 0.9 y_1 + \varepsilon_2 = 0.9(0.9 + \varepsilon_1) + \varepsilon_2$ となる。図 1.2 (a) の黒い線は，人工的に発生させた系列 $\{y_t\}$ の挙動を示している。図をみると y の値は，$y_0 = 1$ からスタートし，確率的に変動しながらも徐々に低下しているのがわかる。(1.14) 式をみると，$a_0 = 0$，$a_1 = 0.9$（また $y_0 = 1$）なら，$\{y_t\}$ は 2 つの部分から構成される。

図 1.2 収束・非収束系列

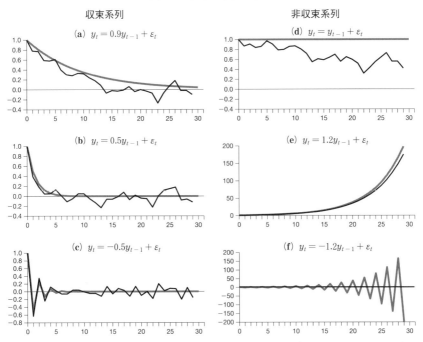

注) 図の黒線は人工的に発生させた系列 $\{y_t\}$，グレー線は a_1^t，グレー線と黒線の差は $\sum_{i=0}^{t-1} a_1^i \varepsilon_{t-i}$ を示している．また，左側の図は収束系列，右側の図は非収束系列からデータを発生させたものである．

$$y_t = 0.9^t + \sum_{i=0}^{t-1} 0.9^i \varepsilon_{t-i}$$

最初の部分（0.9^t）はゆっくり減衰するため（図のグレー線に該当），その影響は最初大きいが次第に小さくなる．確率的に決まる部分（$\sum 0.9^i \varepsilon_{t-i}$）は，黒線とグレー線との差によって表される．この図から，t が大きくなると，初期条件 $y_0 = 1$ の影響は小さくなることがわかる．

先に発生させた乱数 $\varepsilon_1, \ldots, \varepsilon_{30}$ を用いて，$y_t = 0.5 y_{t-1} + \varepsilon_t$ として新たにデータを生成しよう（ただし $y_0 = 1$）．図 1.2 (b) の黒線は $\{y_t\}$ の動きを表す．図をみると y の値は，$y_0 = 1$ からスタートし，確率的に変動しながら急速に低下している．先と同様，(1.14) 式から，

$$y_t = 0.5^t + \sum_{i=0}^{t-1} 0.5^i \varepsilon_{t-i}$$

と表せる。図から最初の部分 (0.5^t) は急速に減衰していることがわかる（図のグレー線に該当）。図 1.2（a）（b）を比較すると，$|a_1|$ は小さいほうが，$\{y_t\}$ は早く収束し，確率的に決まる部分（黒線とグレー線との差）は小さくなる。(1.14) 式をみると，ε_{t-i} の係数は a_1^i である。したがって，a_1 が小さいほど，ε_{t-i} から y_t への影響は小さくなる。

図 1.2（c）では，$a_1 = -0.5$ としてデータを生成している。係数 a_1 が負のため，$\{y_t\}$ は符号を変えながら振動している。最初の部分 $(-0.5)^t$ は，t が偶数なら正となり，t が奇数なら負となる。ただし，$|a_1| < 1$ のため，t が大きくなると，やはり振幅は小さくなる。

図 1.2 の右側では，いくつかの非収束系列を示している。図 1.2（d）は，$a_1 = 1$ としたランダムウォークである。最初の部分 (1^t) は時間を通じて一定であり（初期条件は恒久的影響がある），誤差項 ε_i の係数は 1 であるから確率部分（黒線とグレー線との差）は方向性を持たないで動く。図 1.2（e）は，$a_1 = 1.2$ であり，系列が時間とともに発散している。確率部分も時間とともに増大している。(1.14) 式から，ε_{t-i} の係数は 1.2^i であるため，i が大きくなると過去の誤差 ε_{t-i} の影響は大きくなる。図 1.2（f）は，$a_1 = -1.2$ であり，系列が振幅しながら発散している。

以上から，1 次の差分方程式であっても，パラメータ a_1 の値に応じて，かなり異なる動学が生じうることがわかっていただけたと思う。

1.4 別の解法

反復法は直観的ではあるが，その計算は容易ではない。高次の差分方程式では，計算はさらに複雑となる。当然だが，解を求める方法は反復法だけではなく，別の解法を用いることで高次の差分方程式の解を求められる。「高きに登るには必ず低きよりす」という原則に従って，1 次の差分方程式を例に用いて，新しい解法を紹介しよう。

段階的に説明するため，再び (1.13) 式に戻り，その同次部分だけを考えよう。差分方程式の**同次部分**（または**同次方程式**）とは，定数項 a_0 と強制項 x_t（この場合，ε_t）を 0 とした式である。つまり，(1.13) 式の同次部分とは，

$$y_t = a_1 y_{t-1} \tag{1.23}$$

となる。この同次方程式の解は，とくに**同次解**（homogeneous solution）と呼ばれる。以後，同次解は y_t^h と表記する（y_t^h は y_t の h 乗ではなく，同次解を表す1つの記号である）。まず，$y_t = y_{t-1} = \cdots = 0$ は自明な解であり，明らかに (1.23) 式を満たす。しかし，解は1つだけではない。(1.14) 式は，a_0 とすべての $\{\varepsilon_t\}$ の値を 0 と設定すると，$y_t = a_1^t y_0$ となる。したがって，$y_t = a_1^t y_0$ も (1.23) 式の解となる。これが解のすべてではない。任意の定数 A を a_1^t に掛けた $y_t = Aa_1^t$ も (1.23) 式の解である。これが解であることは，(1.23) 式に $y_t = Aa_1^t$ と $y_{t-1} = Aa_1^{t-1}$ を代入すると

$$Aa_1^t = a_1 Aa_1^{t-1}$$

となり，両辺は等しくなることから確認できる。ここで $y_t = Aa_1^t$ が解の一般的表現となる（$A = 0$ なら $y_t = 0$，$A = y_0$ なら $y_t = a_1^t y_0$ となるため，最初の2つの解を含む）。

図 1.2 のグレー線は (a_1^t) を表していた。同次解は a_1^t に定数 A を掛けたものであるため，この図をもとに同次解 Aa_1^t の性質を大まかに分類できる。

1. もし $|a_1| < 1$ なら，t が大きくなると a_1^t は 0 に収束し，同次解もまた 0 に収束する。ただし，$0 < a_1 < 1$ なら単調に減衰し（図 1.2 (a) (b)），$-1 < a_1 < 0$ なら振動しながら減衰する（図 1.2 (c)）。

2. もし $|a_1| > 1$ なら，t が大きくなると同次解は発散する。ただし，$a_1 > 1$ なら同次解は単調に発散し（図 1.2 (e)），$a_1 < -1$ なら振動しながら発散する（図 1.2 (f)）。

3. もし $a_1 = 1$ なら，任意の定数 A は同次解（$y_t = y_{t-1} = A$）となる（図 1.2 (d)）。もし $a_1 = -1$ なら，t が偶数のとき $a_1^t = 1$，t が奇数のとき $a_1^t = -1$ となり，同次解は発散しないが一定値に留まることもなく，「準安定（meta stable）」の状態となる。

同次解は，差分方程式の解を求めるうえで重要な役割を果たす。以下では，同次解を用いて，差分方程式の解を求める方法を紹介する。

◆ 解法の手順

差分方程式 (1.13) の解を考えよう。前節の分析で，(1.17) 式は (1.13) 式の解であることを確認した。(1.17) 式は，とくに差分方程式の**特殊解**（particular solution) と呼ばれる。以後, 特殊解を y_t^p と表記する (y_t^p は y_t の p 乗ではなく, 特殊解を表す記号である)。「特殊 (particular)」という用語は, 差分方程式の解は一意ではないことに由来する。つまり, (1.17) 式は多くの可能性のうちの1つの特殊な解にすぎない。既に確認したとおり, (1.18) 式が解の一般的表現であり, $A = 0$ とした特殊ケースが (1.17) 式となる。

(1.18) 式は**一般解** (general solution) と呼ばれ, 完全な解を構成している (差分方程式では解はたくさんあるが, 一般解〔完全な解〕とは任意の定数 A を用いて解を1本の式で表現したもの)。(1.18) 式を注意してみると, これは同次解 Aa_1^t と特殊解 (1.17) の和となっていることに気づく。実は, 差分方程式の一般解は, 「1つの特殊解と同次解の和」として求められる。もし初期条件 y_0 がわかれば, 一般解から任意の定数 A を特定できる。

1.2 の例3を思い出してもらいたい。ここで差分方程式は $\Delta y_t = 2$ となる。このとき, 同次部分は $y_t = y_{t-1}$ となり ((1.23) 式の $a_1 = 1$ に該当), 同次解は A となる。ここで, $y_t = 2t$ は1つの解, つまり特殊解である。また一般解は, 同次解と特殊解の和 $y_t = A + 2t$ と表現できる (これは完全な解となる)。任意の定数である A は水準を表す。もともと $\Delta y_t = 2$ には水準の情報が含まれていないため, これだけでは A の値を特定できないが, もし初期条件がわかるなら A を特定することができる。

1次の差分方程式の解法は, n 次の差分方程式 (1.7) にも適用できる。ただし, 特殊解をみつけるのはやや難しくなり, 同次解も1つではなく n 個の独立な解が存在する。そして初期条件を課すことで, 一般解の任意の定数も除去できる。

その解法は, 次の4段階から構成される。

第1段階:同次方程式を設定し, n 個の同次解を求める

第2段階:特殊解を1つみつける

第3段階:一般解を, 特殊解とすべての同次解の線形結合の和とする

第4段階:一般解に初期条件の制約を課すことで, 一般解の任意の定数を除去できる

第3段階では, すべての同次解の線形結合を用いている。後述するとおり, これはすべての同次解の線形結合は, 同次解の一般表現になっているからである。具体例を通じて, 各段階の理解を深めていこう。

1.4 別の解法　19

例5：差分方程式　2次の差分方程式を考える。

$$y_t = 0.9y_{t-1} - 0.2y_{t-2} + 3 \tag{1.24}$$

第1段階として，同次方程式を設定する。定数項を0とし，すべての項を左辺に移動させると，次の同次方程式が得られる。

$$y_t - 0.9y_{t-1} + 0.2y_{t-2} = 0 \tag{1.25}$$

1次の差分方程式 (1.13) の同次解は Aa_1^t であった。2次の差分方程式の同次解も類似した式となる。導出法は **1.5** で説明するが，同次解は2つあり，$y_{1t}^h = (0.5)^t$ と $y_{2t}^h = (0.4)^t$ である。最初の解が正しいことを確認しよう。もし $y_{1t}^h = (0.5)^t$ が正しい解なら，$y_t = (0.5)^t$，$y_{t-1} = (0.5)^{t-1}$，$y_{t-2} = (0.5)^{t-2}$ となる。これらの式を (1.25) 式に代入すると，

$$(0.5)^t - 0.9(0.5)^{t-1} + 0.2(0.5)^{t-2} = 0$$

を得る。両辺を $(0.5)^{t-2}$ で割ると，

$$(0.5)^2 - 0.9(0.5) + 0.2 = 0$$

となり，これは $0.25 - 0.45 + 0.2 = 0$ であるから正しいことを確認できる。同様に，2番目の解 $y_{2t}^h = (0.4)^t$ が正しいことも確認できる。

　第2段階では，特殊解を1つみつけよう。特殊解は無数に存在しているが，$y_t^p = 10$ は特殊解の1つとなる。これが正しい解であることを確認しよう。y_t^p は時間を通じて10で一定なので，(1.24) 式に $y_t = y_{t-1} = y_{t-2} = 10$ を代入すると，$10 = 0.9(10) - 0.2(10) + 3$ となり等式が成立する。読者の中には，無数にある特殊解のどれを選択しても一般解が導かれることを不思議に思う方もいるかもしれない。この点は，後述する (1.30) 式を通じて明らかになる。

　第3段階では，一般解を求める。すべての同次解の線形結合は，任意の定数 A_1 と A_2 を用いて，$A_1(0.5)^t + A_2(0.4)^t$ となる。一般解は，特殊解とすべての同次解の線形結合の和となる。

$$y_t = A_1(0.5)^t + A_2(0.4)^t + 10$$

　仮に初期条件がわかれば，第4段階に進むことができる。ここでは初期条件はわかっており，それぞれ $y_0 = 13$，$y_1 = 11.3$ としよう（任意の定数が2つあるため，初期条件も2つ必要となる）。したがって，0期と1期で，

20　第 1 章　差分方程式

$$13 = A_1 + A_2 + 10, \quad 11.3 = A_1(0.5) + A_2(0.4) + 10$$

が成立する。この連立方程式を解くと，$A_1 = 1$ と $A_2 = 2$ を得る。したがって，これらの値を一般解に代入することで，

$$y_t = (0.5)^t + 2(0.4)^t + 10$$

となる。この式を (1.24) 式に代入すると，等式が成立することを確認できる。

◆ 解法の一般化

この解法が高次差分方程式に適用できることを証明するため，n 次の差分方程式 (1.7) の同次部分を考えよう。

$$y_t = \sum_{i=1}^{n} a_i y_{t-i} \tag{1.26}$$

(1.26) 式には n 個の同次解が存在する（証明は **1.5** で示される）。

まず，y_t^h が同次解であれば，Ay_t^h も同次解となることを確認しよう（A は任意の定数）。ここで，y_t^h は同次解であるため，(1.26) 式に y_t^h を代入すると，次の等式が成立する。

$$y_t^h = \sum_{i=1}^{n} a_i y_{t-i}^h \tag{1.27}$$

上式の両辺に A を掛けると，

$$Ay_t^h = \sum_{i=1}^{n} a_i Ay_{t-i}^h \tag{1.28}$$

となるため，やはり Ay_t^h も同次解となる。

次に，異なる同次解 y_{1t}^h，y_{2t}^h の線形結合 $y_t^h = A_1 y_{1t}^h + A_2 y_{2t}^h$ も同次解となることを確認する。ここで A_1 と A_2 は任意の定数である（もし $A_1 = 1$，$A_2 = 0$ なら $y_t^h = y_{1t}^h$ となり，$A_1 = 0$，$A_2 = 1$ なら $y_t^h = y_{2t}^h$ となることから，y_t^h は同次解の一般表現になっている）。線形結合 $y_t^h = A_1 y_{1t}^h + A_2 y_{2t}^h$ を試行解とし，(1.26) 式に代入すると

$$A_1 y_{1t}^h + A_2 y_{2t}^h = a_1(A_1 y_{1t-1}^h + A_2 y_{2t-1}^h) + a_2(A_1 y_{1t-2}^h + A_2 y_{2t-2}^h) + \cdots$$
$$+ a_n(A_1 y_{1t-n}^h + A_2 y_{2t-n}^h)$$

となる。右辺の項をすべて左辺に移して整理すると，

$$A_1 \left(y_{1t}^h - \sum_{i=1}^{n} a_i y_{1t-i}^h \right) + A_2 \left(y_{2t}^h - \sum_{i=1}^{n} a_i y_{2t-i}^h \right) = 0$$

を得る。ここで，y_{1t}^h と y_{2t}^h は同次解であるため，カッコの中はそれぞれ 0 となる（(1.27) 式を書き換えると，$y_t^h - \sum_{i=1}^{n} a_i y_{t-i}^h = 0$ となることに注意）。したがって，同次解の線形結合も同次解となる。この結果は一般化でき，n 個の同次解の線形結合はやはり同次解となる。

最後に，任意の特殊解とすべての同次解の線形結合の和は一般解となること（第 3 段階）を示す。特殊解 y_t^p と同次解 y_t^h の和を (1.7) 式に代入する。つまり，$y_{t-i} = y_{t-i}^p + y_{t-i}^h$ であるから，(1.7) 式において y_{t-i} を $y_{t-i}^p + y_{t-i}^h$ で置き換えればよい。

$$y_t^p + y_t^h = a_0 + \sum_{i=1}^{n} a_i(y_{t-i}^p + y_{t-i}^h) + x_t \tag{1.29}$$

ここで，y_t^h はすべての同次解の線形結合と考えよう（すべての同次解の線形結合も同次解であるため y_t^h と表記できる）。そして，右辺の項を左辺にすべて移してから整理すると，

$$\left(y_t^p - a_0 - \sum_{i=1}^{n} a_i y_{t-i}^p - x_t \right) + \left(y_t^h - \sum_{i=1}^{n} a_i y_{t-i}^h \right) = 0 \tag{1.30}$$

を得る。特殊解は (1.7) 式の解であるため，第 1 項は 0 となる（つまり，どのような特殊解 y_t^p を選択しても第 1 項は 0 となることが，特殊解として何を選択しても問題とならない理由となる）。また，y_t^h は同次部分の解であるため，第 2 項もやはり 0 となる（(1.27) 式参照）。したがって，(1.30) 式が正しいと確認できる。つまり，「特殊解とすべての同次解の線形結合の和は，(1.7) 式の差分方程式の解となる」。

1.5 2次の差分方程式

1.4では，1次の差分方程式を中心に，その同次解の求め方，動学的性質について説明した。しかし，経済分析では高次の差分方程式が頻繁に用いられる。例えば，サミュエルソンの古典派モデルから得られる GDP の方程式 (1.5) は 2 次の差分方程式である。さらに，時系列分析では，高次の差分方程式を推定し，仮説検定や予測に用いることが多い。本節では，2 次の差分方程式の同次解をいかに導出するか，その動学的性質はどのようなものかを詳しく説明する。そして，さらに高次の差分方程式の性質についても，簡単ではあるが紹介する。本節は少し長くなるが，差分方程式の安定性を理解するうえで重要な節となっている。

2 次の同次方程式を考えよう。

$$y_t - a_1 y_{t-1} - a_2 y_{t-2} = 0 \tag{1.31}$$

1 次の差分方程式の結果から，同次解は，何らかのパラメータ α を用いて，$y_t^h = A\alpha^t$ となると推察できるかもしれない。これが正しい同次解であることを確認してみよう。まず，この試行解を (1.31) 式に代入してみる。つまり，$y_t = A\alpha^t$, $y_{t-1} = A\alpha^{t-1}$, $y_{t-2} = A\alpha^{t-2}$ とすると，(1.31) 式は，

$$A\alpha^t - a_1 A\alpha^{t-1} - a_2 A\alpha^{t-2} = 0 \tag{1.32}$$

となる。両辺をさらに $A\alpha^{t-2}$ で割ると，次の 2 次方程式を得る。

$$\alpha^2 - a_1 \alpha - a_2 = 0 \tag{1.33}$$

もし (1.33) 式を満たすような α が存在していれば，この試行解 $y_t^h = A\alpha^t$ は正しい同次解であるといえる。

(1.33) 式は**特性方程式** (characteristic equation) と呼ばれ，この式を満たす根 α はとくに**特性根** (characteristic root) と呼ばれる。特性方程式 (1.33) を満たす α が存在することは，2 次方程式の解の公式から明らかである。解の公式から特性根 ((1.33) 式を満たす根) は 2 つ存在し，

$$\alpha_1, \alpha_2 = \frac{a_1 \pm \sqrt{a_1^2 + 4a_2}}{2} = \frac{a_1 \pm \sqrt{d}}{2} \tag{1.34}$$

となる。ここで $d = a_1^2 + 4a_2$ は**判別式** (discriminant) と呼ばれる。平方根

$\sqrt{d}$ を $d^{1/2}$ と表記すると，特性根は，

$$\alpha_1 = \frac{a_1 + d^{1/2}}{2}, \quad \alpha_2 = \frac{a_1 - d^{1/2}}{2}$$

とも表せる[5]。

特性根 (α_1, α_2) は 2 つあるが，両者とも (1.33) 式を満たしているため，どちらを用いても (1.31) 式の同次解となる。さらにいえば，任意の定数 A_1，A_2 を用いた同次解の線形結合 $A_1\alpha_1^t + A_2\alpha_2^t$ もまた同次解である。これが正しいことを確認しよう。ここで (1.31) 式に $y_t = A_1\alpha_1^t + A_2\alpha_2^t$ を代入すると，

$$A_1\alpha_1^t + A_2\alpha_2^t = a_1(A_1\alpha_1^{t-1} + A_2\alpha_2^{t-1}) + a_2(A_1\alpha_1^{t-2} + A_2\alpha_2^{t-2})$$

となり，右辺の項をすべて左辺に移して，整理すると，

$$A_1(\alpha_1^t - a_1\alpha_1^{t-1} - a_2\alpha_1^{t-2}) + A_2(\alpha_2^t - a_1\alpha_2^{t-1} - a_2\alpha_2^{t-2}) = 0$$

となる。特性根 (α_1, α_2) は (1.32) 式の解でもあるため，（ ）の中はそれぞれ 0 となる（(1.32) 式から，$A(\alpha^t - a_1\alpha^{t-1} - a_2\alpha^{t-2}) = 0$ に注意）。したがって，2 次の同次方程式の完全な同次解は，これらの線形結合となる。

$$y_t^h = A_1\alpha_1^t + A_2\alpha_2^t$$

同次方程式のパラメータ (a_1, a_2) の値がわかれば，(1.34) 式から α_1 と α_2 の値を求めて，同次解の具体的な値を求められる。しかし，ここでは一般的な形で同次解の性質を議論したいため，判別式 d の値に応じて，同次解の動学的性質を説明する。以下では，3 つのケース（$d > 0$，$d = 0$，$d < 0$）を考える。

ケース 1($d > 0$)：相異なる実根

判別式 $d = a_1^2 + 4a_2 > 0$ の場合，特性根は相異なる**実根**（実数の根）となる。このとき，同次解は 2 つあり，それぞれ α_1^t，α_2^t と表記する。既に確認したとおり，これらの線形結合もまた同次解となる。任意の定数 A_1，A_2 を用いて，完全な同次解は，

$$y_t^h = A_1\alpha_1^t + A_2\alpha_2^t$$

---

5 例 5 の差分方程式 $y_t = 0.9y_{t-1} - 0.2y_{t-2} + 3$ では，$a_1 = 0.9$，$a_2 = -0.2$ となるから，判別式は $d = 0.9^2 - 4 \times 0.2 = 0.01$，$\alpha_1 = (0.9 + 0.01^{1/2})/2 = 0.5$，$\alpha_2 = (0.9 - 0.01^{1/2})/2 = 0.4$ となる。

24 第 1 章 差分方程式

と表せる。この式から，特性根 (α_1, α_2) のいずれかが絶対値で 1 を超えると，同次解は発散することがわかる。数値例を通じて，ケース 1 の理解を深めていこう。

例 6：$d > 0$ の数値例 第 1 の例として $y_t = 0.2y_{t-1} + 0.35y_{t-2}$ とする $(a_1 = 0.2,\ a_2 = 0.35)$。このとき，判別式は $d = 0.2^2 + 4 \times 0.35 = 1.44 > 0$ となるため，特性根は相異なる実数となる。(1.34) 式から，

$$\alpha_1 = \frac{a_1 + d^{1/2}}{2} = 0.7, \quad \alpha_2 = \frac{a_1 - d^{1/2}}{2} = -0.5$$

となり，完全な同次解は両者の線形結合として $y_t^h = A_1(0.7)^t + A_2(-0.5)^t$ となる。特性根はともに絶対値で 1 より小さいため，t が大きくなると同次解は 0 に収束する。ただし，$(-0.5)^t$ は振幅しながら減少していくことに注意してもらいたい（t が偶数のときは正，奇数のときは負の値をとる）。図 1.3 (a) は，$A_1 = A_2 = 1$ とし，$t = 1, \ldots, 20$ のときの y_t^h を示している。同次解 y_t^h は 0 に収束しているが，その動きは $(-0.5)^t$ の影響を受け，単調な減少ではない。

第 2 の例として，$y_t = 0.7y_{t-1} + 0.35y_{t-2}$ とする $(a_1 = 0.7,\ a_2 = 0.35)$。このとき，判別式は $d = 0.7^2 + 4 \times 0.35 = 1.89 > 0$ となり，特性根は相異なる実数となる。

$$\alpha_1 = \frac{a_1 + d^{1/2}}{2} = 1.037, \quad \alpha_2 = \frac{a_1 - d^{1/2}}{2} = -0.337$$

完全な同次解は，$y_t^h = A_1(1.037)^t + A_2(-0.337)^t$ となる。正の特性根 $(\alpha_1 = 1.037)$ は絶対値で 1 より大きい。したがって，t が大きくなると同次解は発散する。図 1.3 (b) は，$A_1 = A_2 = 1$ とし，$t = 1, \ldots, 20$ のときの y_t^h の動きを示している。負の特性根 $(\alpha_2 = -0.337)$ の影響を受けて，同次解の動きはやはり単調ではない。ただし，t が大きくなると $(-0.337)^t$ は急速に小さくなるため，$(1.037)^t$ が同次解の動きを支配し同次解は発散する。

ケース 2($d = 0$)：実数の重根

判別式 $d = a_1^2 + 4a_2 = 0$ の場合，2 つの特性根は同値 $\alpha_1 = \alpha_2 = a_1/2$ となり，同次解は $(a_1/2)^t$ となる。ただし，$d = 0$ なら，実は同次解はもう 1 つ存在し，それは $t(a_1/2)^t$ となる。これが同次解であることを確認しよう。(1.31) 式に $y_t = t(a_1/2)^t$，$y_{t-1} = (t-1)(a_1/2)^{t-1}$，$y_{t-2} = (t-2)(a_1/2)^{t-2}$ を代入すると，

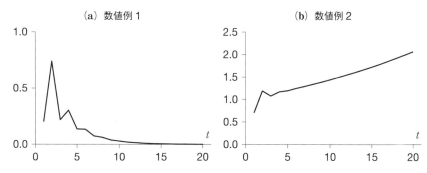

図 1.3 同次解

$$t\left(\frac{a_1}{2}\right)^t - a_1(t-1)\left(\frac{a_1}{2}\right)^{t-1} - a_2(t-2)\left(\frac{a_1}{2}\right)^{t-2} = 0$$

となり，さらに両辺を $(a_1/2)^{t-2}$ で割ると，$t(a_1/2)^2 - a_1(t-1)(a_1/2) - a_2(t-2) = 0$ となる。これは，

$$-\left(\frac{a_1^2}{4} + a_2\right)t + \left(\frac{a_1^2}{2} + 2a_2\right) = 0$$

とも表せる。そして，$d = a_1^2 + 4a_2 = 0$ から，( ) の中はすべて 0 となる。したがって，$t(a_1/2)^t$ もまた (1.31) 式の解である。

任意の定数 A_1，A_2 を用いて，完全な同次解は，

$$y_t^h = A_1\left(\frac{a_1}{2}\right)^t + A_2 t\left(\frac{a_1}{2}\right)^t$$

となる。したがって，$|a_1| > 2$ の場合，t が大きくなると，システムは発散する。これに対し，$|a_1| < 2$ の場合，t が大きくなると，$(a_1/2)^t$ だけでなく，$t(a_1/2)^t$ も 0 に収束する。ここで，t が発散するため，$(a_1/2)^t$ が 0 に収束しても，$t(a_1/2)^t$ が 0 に収束することは自明ではないかもしれない。実は，t は大きくなる一方，$(a_1/2)^t$ はより早く 0 に収束するため，両者の積 $t(a_1/2)^t$ は 0 に収束する（直観的にいうと，これは t が線形で大きくなる一方，$(a_1/2)^t$ は幾何級数的に小さくなるためである）。この点を図で確認しよう。図 1.4 は，$a_1/2 = 0.95$，0.9，-0.9 とし，$t(a_1/2)^t$ の動きを示している。ここで，$0 < a_1 < 2$ なら（$a_1/2 = 0.95$，0.9 のケース），同次解はいったん大きくなるが，その後は反転し，0 に収束している（図 1.4 (a)）。これに対し，$-2 < a_1 < 0$ なら（$a_1/2 = -0.9$ のケース），同次解は符号を変えながら振動し，その振れ幅はいったん大きくなるが，その後は小さくなり，やはり 0 に収束している（図

図 1.4 同次解 $t(a_1/2)^t$

(a) $0 < a_1 < 2$

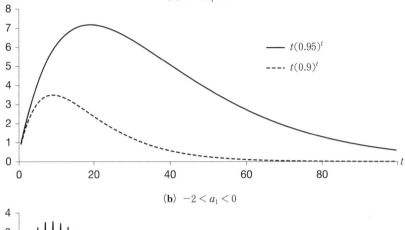

(b) $-2 < a_1 < 0$

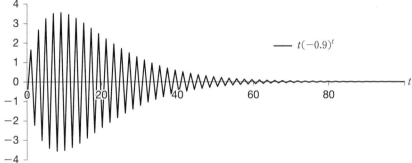

1.4 (b))。これらの図をみることで,t が大きくなると $t(a_1/2)^t$ が 0 に収束することを理解できる。

ケース 3($d < 0$):複素根

判別式 $d = a_1^2 + 4a_2 < 0$ の場合,特性根は虚数となる。ここで $a_1^2 \geq 0$ から,虚数は $a_2 < 0$ の場合にのみ生じうる。特性根は 2 つあり,**虚数単位** $i = \sqrt{-1}$ を用いて,それぞれ,

$$\alpha_1 = \frac{a_1 + i\sqrt{-d}}{2}, \quad \alpha_2 = \frac{a_1 - i\sqrt{-d}}{2}$$

と表せる。**ド・モアブルの定理** (de Moivre's theorem) を用いると,同次解は,

$$y_t^h = C_1 r^t \cos(\theta t + C_2) \tag{1.35}$$

と書ける。ただし，C_1 と C_2 は任意の定数，$r = (-a_2)^{1/2}$ と定義される。また，θ の値は，

$$\cos(\theta) = \frac{a_1}{2(-a_2)^{1/2}} \tag{1.36}$$

を満たすように決定される（ド・モアブルの定理，(1.35)(1.36) 式の導出は**補論 1.1**を参照されたい）。

　同次解は三角関数を含むため，波形の動きを示し，その振幅頻度は θ によって決まる。また，三角関数 $\cos(\theta t + C_2)$ は常に -1 から 1 の間の値しかとらないため，同次解 $C_1 r^t \cos(\theta t + C_2)$ の安定条件は $r = (-a_2)^{1/2}$ の値に依存する。例えば，$|a_2| = 1$ の場合，同次解の振幅の大きさは常に一定である。これに対し，$|a_2| < 1$ なら振幅は小さくなり，$|a_2| > 1$ なら振幅は大きくなる。数値例を通じて，ケース 3 の理解を深めていこう。

例 7：複素根の数値例　　第 1 の例は，$y_t = 1.6 y_{t-1} - 0.9 y_{t-2}$ としよう（$a_1 = 1.6$，$a_2 = -0.9$）。判別式 $d = (1.6)^2 - 4 \times 0.9 = -1.04 < 0$ であり，特性根は虚数となる。$r = (0.9)^{1/2} = 0.949$ となり，また (1.36) 式から，θ は $\cos(\theta) = 1.6/[2 \times (0.9)^{1/2}] = 0.843$ を満たすように決定される。計算ソフトを用いると，$\theta = 0.567$ と確認できる[6]。以上から，同次解は，

$$y_t^h = C_1 (0.949)^t \cos(0.567 t + C_2) \tag{1.37}$$

となる。図 1.5 (a) は，$C_1 = 1$，$C_2 = 0$ とし，同次解の動きを示している。これをみると，$|a_2| < 1$ であるため，$r = 0.949$ は 1 より小さく，t が大きくなるにつれて，同次解の振幅が小さくなっている様子がみてとれる。

　第 2 の例は，$y_t = -0.6 y_{t-1} - 0.9 y_{t-2}$ としよう（$a_1 = -0.6$，$a_2 = -0.9$）。判別式 $d = (-0.6)^2 - 4 \times 0.9 = -3.24 < 0$ であり，特性根はやはり虚数となる。$r = (0.9)^{1/2} = 0.949$ となり，また (1.36) 式から，θ は $\cos(\theta) = -0.6/[2 \times (0.9)^{1/2}] = -0.316$ を満たすように決定される。計算ソフトを用いると，$\theta = 1.892$ と確認できる。以上から，同次解は，

$$y_t^h = C_1 (0.949)^t \cos(1.892 t + C_2)$$

となる。図 1.5 (b) では，$C_1 = 1$，$C_2 = 0$ とし，同次解を示している。図

6　エクセルに「$= \cos(0.567)$」と入力すると $\cos(0.567) = 0.843$ を確認できる。

図 1.5 同次解の動き

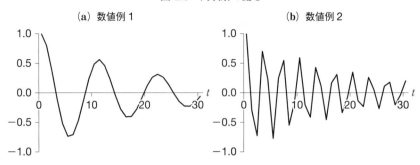

1.5 (a) (b) を比較すると, θ の値が大きくなると振幅頻度が多くなることが確認できる.

◆ 安 定 条 件

同次方程式 $y_t - a_1 y_{t-1} - a_2 y_{t-2} = 0$ の安定条件は, 図 1.6 の三角形 ABC を用いて説明できる. この図で, 横軸は係数 a_1 とし, 縦軸は係数 a_2 としている. 円弧 A0B は $d = a_1^2 + 4a_2 = 0$ を満たす軌跡を表している (これは $a_2 = -a_1^2/4$ に該当し, 例えば $a_1 = 0$ なら $a_2 = 0$ となり, $a_1 = 2, -2$ なら $a_2 = -1$ となる). この軌跡上の a_1 と a_2 の組み合わせはケース 2 に当たる. さらに, この軌跡はケース 1 とケース 3 の境目ともなる. 円弧 A0B の上の領域では $d > 0$ (ケース 1) となり, 円弧 A0B の下の領域では $d < 0$ (ケース 3) となる.

ケース 1 (相異なる実根) の場合, 安定性は, 特性根 (α_1, α_2) が絶対値で 1 を下回ることを必要とする (α_1, α_2 は特性根であり, パラメータ (a_1, a_2) ではないことに注意). 言い換えると, 安定性は「大きいほうの特性根は 1 を下回り, 小さいほうの特性根は -1 を上回る」ことを必要とする.

まず, 大きいほうの特性根は $\alpha_1 = (a_1 + d^{1/2})/2$ であり, これが 1 を下回ればよい. この特性根は ($d = a_1^2 + 4a_2$ から),

$$a_1 + (a_1^2 + 4a_2)^{1/2} < 2$$

であれば 1 を下回る. この条件は, a_1 を右辺に移項することで, $(a_1^2 + 4a_2)^{1/2} < 2 - a_1$ となり, 両辺を 2 乗すると

$$a_1^2 + 4a_2 < 4 - 4a_1 + a_1^2$$

図 1.6 2次の差分方程式の安定条件

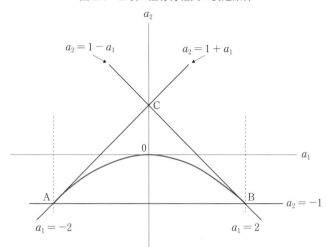

となる.さらに,この条件は(右辺の $-4a_1$ を左辺に移項させ,両辺から a_1^2 を引いてから 4 で割ると)

$$a_1 + a_2 < 1 \tag{1.38}$$

と単純化できる.つまり,係数の和 $(a_1 + a_2)$ が 1 を下回れば,特性根は 1 を下回ることになる.この条件が満たされるのは,図 1.6 の BC を通る斜線 $a_2 = 1 - a_1$ の下の領域に当たる(この斜線上では $a_1 + a_2 = 1$ となるが,a_1 と a_2 が少しでも小さくなると $a_1 + a_2 < 1$ となる).

次に,小さいほうの特性根は $\alpha_2 = (a_1 - d^{1/2})/2$ であり,これが -1 を上回ればよい.この特性根 α_2 は($d = a_1^2 + 4a_2$ から)

$$a_1 - (a_1^2 + 4a_2)^{1/2} > -2$$

であれば -1 を上回る.この条件は $2 + a_1 > (a_1^2 + 4a_2)^{1/2}$ と書き換えられ,両辺を 2 乗すると,

$$4 + 4a_1 + a_1^2 > a_1^2 + 4a_2$$

となる.さらに,この条件は(両辺から a_1^2 を引いてから 4 で割ると),

$$a_2 < 1 + a_1 \tag{1.39}$$

と単純化できる。この条件が満たされるのは，図 1.6 の AC を通る斜線 $a_2 = 1 + a_1$ の下の領域に当たる。以上から，ケース 1 での安定領域は，A0BC の中のすべての点からなる。A0BC のどの点でも，(1.38) 式と (1.39) 式が成立し，また $d > 0$ となる。

ケース 2（実数の重根）は，$a_1^2 + 4a_2 = 0$ のときであり，安定条件は $|a_1| < 2$ であった。したがって，ケース 2 の安定領域は，円弧 A0B 上のすべての点からなる（正確には，$a_2 = -a_1^2/4$ の線上にあって $-2 < a_1 < 2$ を満たす点である）。

ケース 3（複素根）では，安定条件は $r = (-a_2)^{1/2} < 1$ である。ケース 3 では，この条件は両辺を 2 乗することで，

$$-a_2 < 1 \tag{1.40}$$

と表せる（つまり，$-1 < a_2$ となる）。したがって，ケース 3 の安定領域は領域 A0B の中のすべての点からなる。領域 A0B のどの点も，$d < 0$ であり，また (1.40) 式が満たされる。

以上から，2 次の同次方程式 $y_t - a_1 y_{t-1} - a_2 y_{t-2} = 0$ は，パラメータ (a_1, a_2) が三角形 ABC の中に存在すれば安定条件は満たされる。

例 8：GDP の差分方程式　　1.1 の例 2 では，サミュエルソンの古典派モデルから，GDP の方程式は 2 次の差分方程式 (1.5) となることを示した。(1.5) 式において誤差項 $(\varepsilon_{ct}, \varepsilon_{it})$ を 0 とすると，

$$y_t = \eta(1 + \beta)y_{t-1} - \eta\beta y_{t-2}$$

となる。限界消費性向 η と加速度係数 β は，それぞれ $0 < \eta < 1$，$\beta > 0$ と仮定される（もとの消費と投資のモデルは (1.2)(1.3) 式を参照されたい）。このモデルが安定条件を満たしているかを分析してみよう。パラメータを $a_1 = \eta(1 + \beta)$，$a_2 = -\eta\beta$ と定義すると，

$$y_t = a_1 y_{t-1} + a_2 y_{t-2}$$

となる。まず，係数の和は，

$$a_1 + a_2 = \eta(1 + \beta) - \eta\beta = \eta$$

となるため，$0 < a_1 + a_2 < 1$ が満たされる（限界消費性向は $0 < \eta < 1$ であることに注意）。図 1.7 をみると，これは斜線 $a_2 = 1 - a_1$（もしくは $a_1 + a_2 = 1$）よ

図 1.7　GDP の差分方程式

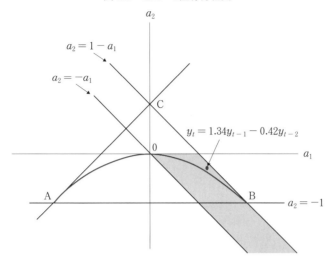

り下の領域であり，斜線 $a_2 = -a_1$（もしくは $a_1 + a_2 = 0$）より上の領域となる。また，$a_2 = -\eta\beta$ は負となるため，パラメータ (a_1, a_2) は，図 1.7 の網かけの領域のいずれかにある。この領域は，三角形 ABC の外の領域も含んでいるため，安定性を満たすためには，新たな条件 $-a_2 < 1$ が必要となる（(1.40)式参照）。これは $\eta\beta < 1$（もしくは $\beta < 1/\eta$）を意味する。つまり，加速度係数 β が大きすぎたり，限界消費性向 η が高すぎたりすると安定条件は満たされず，システムは不安定となってしまう。

ブランシャール（Blanchard 1981）は，米国のデータを用いて，実際にモデルを推定している[7]。分析期間は 1947Q3 から 1978Q4 である（1947Q3 は 1947 年第 3 四半期，1978Q4 は 1978 年第 4 四半期を意味する）。データを分析すると，

$$y_t = 1.34 y_{t-1} - 0.42 y_{t-2}$$

という結果が得られる。図 1.7 では，$a_1 = 1.34$，$a_2 = -0.42$ を点で示している。判別式は $d = 1.34^2 - 4 \times 0.42 = 0.1156 > 0$ であり，ケース 1 に該当する。この推定結果は，理論モデルと整合的である。まず，係数の和は $0 < a_1 + a_2 = 1.34 - 0.42 = 0.92 < 1$ となる（限界消費性向 η は 0.92 となる）。そして，a_2 も負であり，加速度原理（$\beta > 0$）が機能している。また，a_2 は

---

[7]　データは，対数をとったうえで線形トレンドを取り除いているため，モデルに定数項が含まれていない。

図 1.8 インパルス応答関数

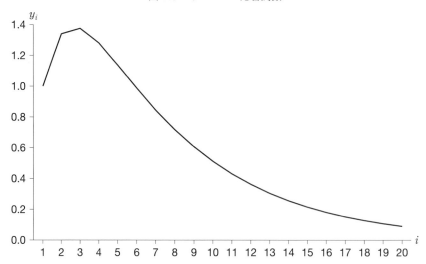

-1 より大きいため,システムは安定している(この結果は点推定に基づくものであり,実際の仮説検定については第 4 章で詳しく説明する).

これまで誤差項を 0 としていたが,ここでは誤差項として ε_t を考える.

$$y_t = 1.34 y_{t-1} - 0.42 y_{t-2} + \varepsilon_t$$

このモデルにおいて,1 期に 1 単位のショックが生じたとき($\varepsilon_1 = 1$),それが i 期先の y にどのような影響を与えるかをみてみよう.ただし,初期条件は $y_0 = 0$,$y_{-1} = 0$ とし,1 期以降のショックは 0 とする($\varepsilon_2 = \varepsilon_3 = \cdots = 0$).初期条件を 0 とし,また 1 期以降のショックを 0 としたのは,初期のショックの純粋な影響が知りたいためである.まず,$y_0 = 0$,$y_{-1} = 0$,$\varepsilon_1 = 1$ から,$y_1 = 1.34 \times 0 - 0.42 \times 0 + 1 = 1$ となる.この値を**衝撃乗数**(impact multiplier)と呼ぶ(これは $\partial y_t / \partial \varepsilon_t$ に等しい).次に,$y_0 = 0$,$y_1 = 1$,$\varepsilon_2 = 0$ から,$y_2 = 1.34 \times 1 - 0.42 \times 0 + 0 = 1.34$ となる.この値は 1 期先の y への影響をとらえており,**1 期乗数**(one-period multiplier)と呼ぶ(これは $\partial y_{t+1} / \partial \varepsilon_t$ に等しい).同様に,$y_1 = 1$,$y_2 = 1.34$,$\varepsilon_3 = 0$ から,$y_3 = 1.34 \times 1.34 - 0.42 \times 1 + 0 = 1.376$ と計算できる.図 1.8 では,これを 20 期分だけ計算して示している.このようなショックの i 期先の y への影響を示した関数を,とくに**インパルス応答関数**(impulse response function)と呼ぶ(練習問題 [4] では,さまざまな差分方程式についてインパルス応答関数を計算しているので参考にしてもらいたい).この図をみ

ると，1 単位のショックの米国 GDP への影響は 3 期でピークとなり，その後
は減少していることがわかる。このように GDP がショックに対して「こぶ状
(hump shaped)」の反応をすることはよく知られた事実である。ただし，ショ
ックの影響は長期的には消えてしまうため，このシステムは安定しているとい
える。

◆ 単位円と安定条件

これまで長々と安定条件を述べてきたが，簡潔にいうと，安定条件は「特性
根は単位円（半径 1 の円）の中に存在しなければならない」ともいえる。この
点を確認してみよう。

図 1.9 は，横軸を実数軸，縦軸を虚数軸とし，複素平面上に単位円（原点
0 を中心とした半径 1 の円）を描いている（**複素平面は補論 1.1** 参照）。特性根
(α_1, α_2) がともに実数なら，（虚数軸を使わないので）特性根はすべて横軸上に
存在する。これに対し，特性根 (α_1, α_2) が複素根なら複素平面上に存在する。

図 1.9 では，$d < 0$ として（ケース 3），特性根 $\alpha_1 = (a_1 + i\sqrt{-d})/2$, $\alpha_2 = (a_1 - i\sqrt{-d})/2$ をベクトルによって示している（ただし，$a_1 > 0$ とした）。例え
ば，α_1 は，原点から実数軸に沿って右に $a_1/2$ だけ動かし，虚数軸に沿って上
に $\sqrt{-d}/2$ だけ動かしている。このとき，ベクトルの長さ r（原点からの距離）
は，ピタゴラスの定理を用いて，

$$r = \sqrt{\left(\frac{a_1}{2}\right)^2 + \left(\frac{\sqrt{-d}}{2}\right)^2} = (-a_2)^{1/2}$$

として求められる（詳しくは**補論 1.1** 参照）。特性根が単位円内に存在すると
いうことは，r が 1 を下回るということであり，これはケース 3 の安定条件
$((-a_2)^{1/2} < 1)$ に他ならない。

ケース 1 では，2 つの根は $\alpha_1 = (a_1 + d^{1/2})/2$, $\alpha_2 = (a_1 - d^{1/2})/2$ であり，
ともに横軸上で示される。ベクトルの長さ r が 1 を下回るとは，大きいほう
の根 α_1 は 1 を下回り，小さいほうの根 α_2 は -1 を上回るということである。
これは，まさにケース 1 の安定条件と等しい。ケース 2 では，特性根は同値
$a_1/2$ であり，やはり横軸上だけで表せる。長さ r が 1 を下回るとは，特性根
の絶対値が 1 を下回る（$|a_1/2| < 1$）ことであり，これはまさにケース 2 の安
定条件（$|a_1| < 2$）を意味している。

以上から，安定条件は $r < 1$ を必要とすることがわかった。つまり，「安定

図 1.9 特性根と単位円

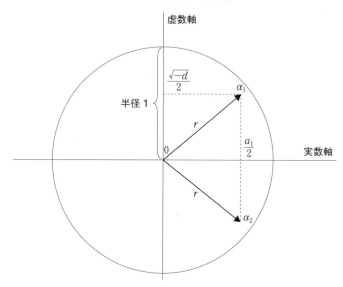

条件が満たされるためには,複素平面において特性根 (α_1, α_2) は単位円内に存在しなければならない」といえる.

◆ 高次のシステム

これまで説明した方法を用いれば,1次や2次だけでなく,より高次の差分方程式の同次解をみつけられる.まず,n 次の差分方程式 (1.7) の同次方程式は以下となる ((1.26) 式参照).

$$y_t - \sum_{i=1}^{n} a_i y_{t-i} = 0 \tag{1.41}$$

1.4 の結果から,同次解は $y_t^h = A\alpha^t$ と推察される (A は任意の定数).この試行解を (1.41) 式に代入してみると

$$A\alpha^t - \sum_{i=1}^{n} a_i A\alpha^{t-i} = 0 \tag{1.42}$$

となる.これを $A\alpha^{t-n}$ で割ると,n 次方程式を得る.

$$\alpha^n - a_1 \alpha^{n-1} - a_2 \alpha^{n-2} - \cdots - a_n = 0 \tag{1.43}$$

したがって，α が (1.43) 式を満たしていれば，$y_t^h = A\alpha^t$ は同次解となる。(1.43) 式は特性方程式であり，これを満たす根 α は特性根である。

特性根 α は n 個存在し，それぞれ $\alpha_1, \alpha_2, \ldots, \alpha_n$ と表記する。**1.4** で説明したとおり，同次解の線形結合 $A_1\alpha_1^t + A_2\alpha_2^t + \ldots + A_n\alpha_n^t$ もまた同次解となる。任意の定数 $A_1, \ldots, A_n$ は，n 個の初期条件があれば特定できる。特性根 α_i は，実数かもしれないし，複素数かもしれない。安定性が満たされるには，すべての実数 α_i は絶対値で 1 より小さくなることが必要となる。安定性が満たされるには，すべての特性根が単位円内に存在することが必要である（2 次の場合は図 1.9 に該当する）。

ほとんどの場合，高次システムの特性根を計算する必要はない。システムの安定性は，以下のルールを用いることで簡単に調べられる。

ルール 1：すべての特性根が単位円内に収まる必要条件は，すべての係数の和が 1 を下回ることである。

$$\sum_{i=1}^{n} a_i < 1$$

この条件は，2 次の差分方程式では (1.38) 式に当たる。

ルール 2：係数 a_i は正かもしれないし，負かもしれない。すべての特性根が単位円内に収まるための十分条件は係数の絶対値の和が 1 を下回ることである。

$$\sum_{i=1}^{n} |a_i| < 1$$

ルール 3：係数の和がちょうど 1 に等しい，つまり，

$$\sum_{i=1}^{n} a_i = 1$$

なら少なくとも 1 つの特性根は 1 となる（(1.43) 式で $\alpha = 1$ と置くと $1 - a_1 - a_2 - \cdots - a_n = 0$ になることに注意）。特性根が 1 ならば**単位根**（unit root）と呼ばれる。特性根は n 個存在するため，単位根も最大で n 個存在しうる。

1.6　特殊解をみつける方法 1：未定係数法

特殊解をみつける方法として，未定係数法とラグオペレータがある。本節で

36   第1章　差分方程式

は**未定係数法**（method of undetermined coefficients）を，次節では**ラグオペレ
ータ**を紹介する。未定係数法のポイントは，「線形方程式は線形の解を持つ」
点にある。したがって，「線形差分方程式の特殊解も線形となる」。さらに，こ
の解は，時点，定数項，強制項の関数となる。多くの場合，解がどのような
変数に依存しているかは推測できることが多い（もちろん変数の係数はわからな
い）。この方法では，（解として予想されるすべての変数を含んだ）一般的な線形関
数を試行解とする。特殊解をみつけるには，試行解の未定（不明）の係数を特
定することが必要となる。

　未定係数を特定する方法は簡単である。差分方程式に試行解を代入し，変数
のとりうるすべての値に対し，等式が成立するように未定係数を選ぶ。もし等
式が得られないなら試行解は誤っていたことになる。その場合は，新しい試
行解を試し，同じ手続きを行えばよい（この手続きを等式が得られるまで続ける）。
具体例を通じ，未定係数法の理解を深めよう。

例9：差分方程式　　1次の差分方程式 $y_t = a_0 + a_1 y_{t-1} + \varepsilon_t$ を考える。この
式は既に反復法で解いたため，未定係数法を例証するのに有用である。特殊解
は，定数項，時点，$\{\varepsilon_t\}$ などの個々の要素に依存しうる（t は強制項に含まれな
いが，特性根が1なら特殊解に t は存在しうる）。試行解を一般的な線形関数

$$y_t = b_0 + b_1 t + \sum_{i=0}^{\infty} \beta_i \varepsilon_{t-i} \tag{1.44}$$

とし，未定係数（b_0, b_1，すべての β_i）を特定していく。現段階では，未定係数
がどのような値かはわからない。

　差分方程式 $y_t = a_0 + a_1 y_{t-1} + \varepsilon_t$ に (1.44) 式を代入すると，

$$(b_0 + b_1 t + \beta_0 \varepsilon_t + \beta_1 \varepsilon_{t-1} + \beta_2 \varepsilon_{t-2} + \beta_3 \varepsilon_{t-3} + \cdots)$$
$$= a_0 + a_1 [b_0 + b_1(t-1) + \beta_0 \varepsilon_{t-1} + \beta_1 \varepsilon_{t-2} + \beta_2 \varepsilon_{t-3} + \cdots] + \varepsilon_t$$

となる。(1.44) 式が特殊解であるためには，上式は等式で成立しなければなら
ない。上式の右辺の全項を左辺に移して，類似項（定数，t，ε_{t-i}）同士でまと
めると，

$$(b_0 - a_0 - a_1 b_0 + a_1 b_1) + b_1(1-a_1)t + (\beta_0 - 1)\varepsilon_t + (\beta_1 - a_1 \beta_0)\varepsilon_{t-1}$$
$$+ (\beta_2 - a_1 \beta_1)\varepsilon_{t-2} + (\beta_3 - a_1 \beta_2)\varepsilon_{t-3} + \cdots = 0 \tag{1.45}$$

を得る。t と $\{\varepsilon_t\}$ のとりうるすべての値に対し，(1.45) 式が等式で成立するためには，(1.45) 式の各項の係数がすべて 0，つまり，

$$\beta_0 - 1 = 0$$
$$\beta_1 - a_1 \beta_0 = 0$$
$$\beta_2 - a_1 \beta_1 = 0$$
$$\cdots$$
$$b_0 - a_0 - a_1 b_0 + a_1 b_1 = 0$$
$$b_1 - a_1 b_1 = 0$$

が成立すればよい。これらの式を解くことで，すべての未定係数を特定できる。最初の式から $\beta_0 = 1$ となる。また，$\beta_0 = 1$ と置くことで 2 番目の式から $\beta_1 = a_1$ となる。さらに 3 番目の式から，$\beta_1 = a_1$ と置くことで $\beta_2 = a_1^2$ となる。順々に β_i を特定していくと，$\beta_i = a_1^i$ となる。

　最後の 2 本の式を用いて，b_0 と b_1 も特定できる。ただし，a_1 の値に依存して，2 つの可能性が考えられる。もし $|a_1| < 1$ なら，$b_1 - a_1 b_1 = 0$ は，$b_1 = 0$ のときだけ成立する。また，$b_1 = 0$ とすると，$b_0 - a_0 - a_1 b_0 + a_1 b_1 = 0$ から，$b_0 = a_0/(1 - a_1)$ を得る。このとき，特殊解は，

$$y_t = \frac{a_0}{1 - a_1} + \sum_{i=0}^{\infty} a_1^i \varepsilon_{t-i}$$

となる。これは，$|a_1| < 1$ として，反復法で求めた (1.17) 式と同じ式である。

　これに対し，$a_1 = 1$ なら，b_0 の値は何でもよい一方，$b_1 = a_0$ となる（$a_1 = 1$ なら，$b_0 - a_0 - a_1 b_0 + a_1 b_1 = -a_0 + b_1 = 0$ となることに注意）。したがって，解は，

$$y_t = b_0 + a_0 t + \sum_{i=0}^{\infty} \varepsilon_{t-i}$$

となる。このとき，$\{\varepsilon_t\}$ の和は発散するかもしれない。この場合，何らかの初期条件を課す必要がある。初期条件 y_0 は，上式に $t = 0$ を代入することで，

$$y_0 = b_0 + \sum_{i=0}^{\infty} \varepsilon_{-i}$$

38　第1章　差分方程式

となる。この式を b_0 について解いたうえで，解に代入すると，

$$y_t = \left(y_0 - \sum_{i=0}^{\infty} \varepsilon_{-i} \right) + a_0 t + \sum_{i=0}^{\infty} \varepsilon_{t-i}$$

$$= y_0 + a_0 t + \left(\sum_{i=0}^{\infty} \varepsilon_{t-i} - \sum_{i=0}^{\infty} \varepsilon_{-i} \right)$$

$$= y_0 + a_0 t + \sum_{i=1}^{t} \varepsilon_i$$

となる。これは，$a_1 = 1$ として求めた (1.22) 式と同じ式である。

1.7　特殊解をみつける方法2：ラグオペレータ

　特殊解の係数の値を特定する必要がなければ，未定係数法よりラグオペレータを用いたほうが簡単である。ラグオペレータを用いても係数を特定できるが，未定係数法のほうがその計算は容易である。ラグオペレータの利点は，差分方程式やその解を簡潔に表記できることにある。

　ラグオペレータ (lag operator) は L と表記し，y_t に対して，

$$L^i y_t = y_{t-i} \tag{1.46}$$

と定義される。つまり，L^i とは，i 期分だけ y_t のラグをとるオペレータ（演算子）である。例えば，$L y_t = y_{t-1}$，$L^2 y_t = y_{t-2}$ となる。

　ラグオペレータの性質は，以下のとおりである。

性質1：定数のラグは定数となる。

$$Lc = c$$

　定数 c は時間に依存しないため，そのラグをとっても値は変わらない。

性質2：分配法則が成立する。

$$(L^i + L^j) y_t = L^i y_t + L^j y_t = y_{t-i} + y_{t-j}$$

性質3：結合法則が成立する。

$$L^i L^j y_t = L^i (L^j y_t) = L^i y_{t-j} = y_{t-i-j}$$

したがって，$L^i L^j y_t = L^{i+j} y_t = y_{t-i-j}$ となる。また，$L^0 y_t = y_t$ である。

性質4：L の乗数が負なら**リードオペレータ** (lead operator) となる。どのような y_t に対しても，

$$L^{-i} y_t = y_{t+i}$$

となる。「リード (lead)」は「先に進める」という意味である。これは $j = -i$ とすると，$L^j y_t = y_{t-j} = y_{t+i}$ と確認できる。例えば，$L^{-1} y_t = y_{t+1}$，$L^{-2} y_t = y_{t+2}$ となる。

性質5：もし $|a| < 1$ なら，無限和は，

$$(1 + aL + a^2 L^2 + \cdots) y_t = \frac{y_t}{1 - aL}$$

と簡潔に表せる。つまり，$(1 - aL)^{-1} = (1 + aL + a^2 L^2 + \cdots)$ となる。

[証明]　有限和 $(1 + aL + a^2 L^2 + \cdots + a^{n-1} L^{n-1} + a^n L^n)$ を考えよう。これに $(1 - aL)$ を掛けると，

$$(1 - aL)(1 + aL + a^2 L^2 + \cdots + a^{n-1} L^{n-1} + a^n L^n)$$
$$= (1 + aL + a^2 L^2 + \cdots + a^{n-1} L^{n-1} + a^n L^n)$$
$$\quad - (aL + a^2 L^2 + \cdots + a^n L^n + a^{n+1} L^{n+1})$$
$$= 1 - a^{n+1} L^{n+1}$$

と展開できる。この両辺に y_t を掛けると，

$$(1 - aL)(1 + aL + a^2 L^2 + \cdots + a^n L^n) y_t = y_t - a^{n+1} L^{n+1} y_t$$

となる。ここで，$|a| < 1$ から，n が大きくなると $a^{n+1} L^{n+1} y_t$ は 0 に収束する。したがって，$(1 - aL)(1 + aL + a^2 L^2 + \cdots) y_t = y_t$ が成立する。　　[終]

◆ 差分方程式とラグ多項式

ラグオペレータを用いれば，差分方程式を簡潔に記述できる。例えば，p 次の差分方程式 $y_t = a_0 + a_1 y_{t-1} + \cdots + a_p y_{t-p} + \varepsilon_t$ は，

$$(1 - a_1 L - a_2 L^2 - \cdots - a_p L^p) y_t = a_0 + \varepsilon_t$$

となる（p は特殊解の添字ではなく，正の整数を表している）。ここで $A(L) = 1 - a_1 L - a_2 L^2 - \cdots - a_p L^p$ と表記すると，さらに簡潔に，

40　第 1 章　差分方程式

$$A(L)y_t = a_0 + \varepsilon_t$$

となる。ここで $A(L)$ は**ラグ多項式** (lag polynomial) と呼ばれる。

ラグ多項式 $A(L) = 1 - a_1 L - a_2 L^2 - \cdots - a_p L^p$ において，L を任意の定数 z で置き換えると，

$$A(z) = 1 - a_1 z - a_2 z^2 - \cdots - a_p z^p \tag{1.47}$$

となる。例えば，$z = 1$ とすると $A(1) = 1 - a_1 - a_2 - \cdots - a_p$ となる。

ラグ多項式を用いれば，$y_t = a_0 + a_1 y_{t-1} + \cdots + a_p y_{t-p} + \varepsilon_t + \beta_1 \varepsilon_{t-1} + \cdots + \beta_q \varepsilon_{t-q}$ を，

$$A(L)y_t = a_0 + B(L)\varepsilon_t$$

と簡潔に表記できる。ただし，$A(L) = 1 - a_1 L - a_2 L^2 - \cdots - a_p L^p$，$B(L) = 1 + \beta_1 L + \beta_2 L^2 + \cdots + \beta_q L^q$ とする。

ラグオペレータを用いれば，差分方程式を簡単に解くことができる。1 次の差分方程式

$$(1 - a_1 L)y_t = a_0 + \varepsilon_t$$

を考えよう（ただし，$|a_1| < 1$）。この式の両辺に，$(1 - a_1 L)^{-1}$ を掛けると y_t の解が得られる。

$$y_t = \frac{a_0}{1 - a_1 L} + \frac{\varepsilon_t}{1 - a_1 L} \tag{1.48}$$

右辺第 1 項は，性質 5 から，

$$\begin{aligned}
\frac{a_0}{1 - a_1 L} &= (1 + a_1 L + a_1^2 L^2 + \cdots)a_0 \\
&= (1 + a_1 + a_1^2 + \cdots)a_0 \\
&= \frac{a_0}{1 - a_1} \tag{1.49}
\end{aligned}$$

となる（式展開では性質 1 と無限級数の和の公式を用いた）。(1.49) 式は，定数に $(1 - a_1 L)^{-1}$ を掛けると L を 1 で置き換えられることを意味する。また (1.48) 式の右辺第 2 項は，性質 5 から，

$$\frac{\varepsilon_t}{1 - a_1 L} = (1 + a_1 L + a_1^2 L^2 + \cdots)\varepsilon_t$$

$$= \varepsilon_t + a_1 \varepsilon_{t-1} + a_1^2 \varepsilon_{t-2} + \cdots \tag{1.50}$$

となる。以上から，特殊解 (1.48) を展開すると (1.17) 式になると確認できる。

◆ 高次のシステム

n 次の差分方程式 $y_t = a_0 + a_1 y_{t-1} + a_2 y_{t-2} + \cdots + a_n y_{t-n} + \varepsilon_t$ は，ラグオペレータを用いて，

$$(1 - a_1 L - a_2 L^2 - \cdots - a_n L^n)y_t = a_0 + \varepsilon_t$$

と簡潔に表せる。**1.5** の分析から，n 次の差分方程式の安定条件は，特性方程式 (1.43)

$$\alpha^n - a_1 \alpha^{n-1} - a_2 \alpha^{n-2} - \cdots - a_n = 0$$

の特性根がすべて単位円の「中に」存在することであった（つまり，特性根は n 個 $\alpha_1, \alpha_2, \cdots, \alpha_n$ あり，それぞれが絶対値で 1 より小さい）。

別表現を用いて，安定条件を簡潔に表してみよう。特性方程式 $\alpha^n - a_1 \alpha^{n-1} - \cdots - a_n = 0$ の両辺を α^n で割ると $1 - a_1 \alpha^{-1} - \cdots - a_n \alpha^{-n} = 0$ となる。ここで z を特性根 α の逆数 $(z = \alpha^{-1})$ とし，特性方程式に代入すれば，$1 - a_1 z - \cdots - a_n z^n = 0$ と書き換えられる。ここで，

$$A(z) = 1 - a_1 z - a_2 z^2 - \cdots - a_n z^n = 0 \tag{1.51}$$

は**反転特性方程式** (inverse characteristic equation)，その根は**反転特性根** (inverse characteristic root) と呼ばれる。この反転特性根を用いて，安定条件を「$A(z) = 0$ の根が単位円の外に存在すること（α が単位円の中にあれば，逆数 z は単位円の外にある）」と表現することもできる。本書では，両方の表現が用いられるため，読者はどちらの表現が用いられているかを文脈から判断してもらいたい。

安定条件が満たされているとき，ラグオペレータを用いれば n 次差分方程式の特殊解を，

$$y_t = \frac{a_0 + \varepsilon_t}{1 - a_1 L - a_2 L^2 - \cdots - a_n L^n}$$

と簡潔に表現できる。より一般的なモデル

42　第1章　差分方程式

$$A(L)y_t = a_0 + B(L)\varepsilon_t \tag{1.52}$$

でも，両辺に $A(L)^{-1}$ を掛けることで，特殊解は簡潔に，

$$y_t = \frac{a_0}{A(L)} + \frac{B(L)\varepsilon_t}{A(L)} \tag{1.53}$$

となる。ここで右辺第1項は，

$$\frac{a_0}{A(L)} = \frac{a_0}{A(1)} \tag{1.54}$$

となる（L を1で置き換えられる）。これは (1.49) 式を一般化した結果である（証明は練習問題 [9] を参照）。(1.53) 式の右辺第2項は，c_i を適切に定義すれば

$$\frac{B(L)\varepsilon_t}{A(L)} = \sum_{i=0}^{\infty} c_i \varepsilon_{t-i} \tag{1.55}$$

と表せる。これは (1.50) 式を一般化した結果である。したがって，特殊解 (1.53) 式は，

$$y_t = \frac{a_0}{A(1)} + \sum_{i=0}^{\infty} c_i \varepsilon_{t-i} \tag{1.56}$$

と表現できる。以下の例を通じ，(1.54)(1.55) 式が正しいことを確認しよう。

例 10：1 次の差分方程式　　ここで $(1 - a_1 L)y_t = a_0 + (1 + \beta_1 L)\varepsilon_t$ とする（ただし，$|a_1| < 1$）。両辺に $(1 - a_1 L)^{-1}$ を掛けると，特殊解は，

$$y_t = \frac{a_0}{1 - a_1 L} + \frac{\varepsilon_t + \beta_1 \varepsilon_{t-1}}{1 - a_1 L} \tag{1.57}$$

となる（$(1 + \beta_1 L)\varepsilon_t = \varepsilon_t + \beta_1 \varepsilon_{t-1}$ に注意）。(1.49) 式から，(1.57) 式の右辺第1項は $a_0/(1 - a_1 L) = a_0/(1 - a_1)$ となる。また (1.50) 式から，

$$\frac{\varepsilon_t}{1 - a_1 L} = \varepsilon_t + a_1 \varepsilon_{t-1} + a_1^2 \varepsilon_{t-2} + \cdots$$
$$\frac{\varepsilon_{t-1}}{1 - a_1 L} = \varepsilon_{t-1} + a_1 \varepsilon_{t-2} + a_1^2 \varepsilon_{t-3} + \cdots$$

であり，(1.57) 式の右辺第2項は，

$$\frac{\varepsilon_t + \beta_1 \varepsilon_{t-1}}{1 - a_1 L}$$

$$= \frac{\varepsilon_t}{1 - a_1 L} + \beta_1 \frac{\varepsilon_{t-1}}{1 - a_1 L}$$

$$= (\varepsilon_t + a_1 \varepsilon_{t-1} + a_1^2 \varepsilon_{t-2} + \cdots) + \beta_1 (\varepsilon_{t-1} + a_1 \varepsilon_{t-2} + a_1^2 \varepsilon_{t-3} + \cdots)$$

$$= \varepsilon_t + (a_1 + \beta_1) \varepsilon_{t-1} + a_1 (a_1 + \beta_1) \varepsilon_{t-2} + a_1^2 (a_1 + \beta_1) \varepsilon_{t-3} + \cdots$$

となる。ここで，$c_0 = 1$，$c_1 = (a_1 + \beta_1)$，$c_2 = a_1(a_1 + \beta_1)$，$c_3 = a_1^2(a_1 + \beta_1)$，... と定義すると，まさに (1.55) 式に他ならない。

例 11：2 次の差分方程式　　2 次の差分方程式 $(1 - a_1 L - a_2 L^2) y_t = a_0 + \varepsilon_t$ を考える。反転特性方程式 $A(z) = 1 - a_1 z - a_2 z^2 = 0$ の反転特性根は絶対値で 1 より大きいとする。このとき特殊解は，

$$y_t = \frac{a_0 + \varepsilon_t}{1 - a_1 L - a_2 L^2}$$

と表現できる。また，右辺の分母は，

$$1 - a_1 L - a_2 L^2 = (1 - b_1 L)(1 - b_2 L)$$

と分解できる。ここで $(1 - b_1 L)(1 - b_2 L) = 1 - (b_1 + b_2) L + b_1 b_2 L^2$ と展開できるから，$a_1 = b_1 + b_2$，$-a_2 = b_1 b_2$ を満たすように b_1，b_2 は定義される。

　この分解を用いると，特殊解は，

$$y_t = \frac{a_0 + \varepsilon_t}{(1 - b_1 L)(1 - b_2 L)} = \frac{a_0}{(1 - b_1 L)(1 - b_2 L)} + \frac{\varepsilon_t}{(1 - b_1 L)(1 - b_2 L)}$$

$$= \frac{1}{1 - b_2 L} \left(\frac{a_0}{1 - b_1 L} + \frac{\varepsilon_t}{1 - b_1 L} \right) \tag{1.58}$$

と表せる。ここで $A(z) = 1 - a_1 z - a_2 z^2 = (1 - b_1 z)(1 - b_2 z) = 0$ から，この式を満たす根 z は，$1/b_1$ もしくは $1/b_2$ である（z に $1/b_1$ もしくは $1/b_2$ を代入したら $A(z) = 0$ が確認できる）。つまり，$A(z) = 0$ の根が絶対値で 1 より大きいということは，b_1 と b_2 が絶対値で 1 より小さいことを意味する。(1.58) 式の右辺 ( ) 内の各項は，(1.49)(1.50) 式から，それぞれ

$$\frac{a_0}{1 - b_1 L} = \frac{a_0}{1 - b_1}$$

$$\frac{\varepsilon_t}{1 - b_1 L} = \varepsilon_t + b_1 \varepsilon_{t-1} + b_1^2 \varepsilon_{t-2} + \cdots$$

となる。これらを特殊解 (1.58) に代入すると以下となる。

$$y_t = \frac{1}{1 - b_2 L} \left(\frac{a_0}{1 - b_1} + \sum_{i=0}^{\infty} b_1^i \varepsilon_{t-i} \right)$$

$$= \frac{a_0/(1 - b_1)}{1 - b_2 L} + \frac{1}{1 - b_2 L} \sum_{i=0}^{\infty} b_1^i \varepsilon_{t-i} \tag{1.59}$$

(1.59) 式の右辺第 1 項を考える。ここで $a^* = a_0/(1 - b_1)$ と定義すれば，(1.49) 式から $a^*/(1 - b_2 L) = a^*/(1 - b_2)$ となる。よって，

$$\frac{a_0/(1 - b_1)}{1 - b_2 L} = \frac{a_0/(1 - b_1)}{1 - b_2} = \frac{a_0}{(1 - b_1)(1 - b_2)} = \frac{a_0}{1 - a_1 - a_2}$$

となる（$A(1) = 1 - a_1 - a_2 = (1 - b_1)(1 - b_2)$ に注意）。(1.59) 式の右辺第 2 項は，(1.50) 式から，

$$\frac{\varepsilon_t}{1 - b_2 L} + b_1 \frac{\varepsilon_{t-1}}{1 - b_2 L} + b_1^2 \frac{\varepsilon_{t-2}}{1 - b_2 L} + \cdots$$

$$= (\varepsilon_t + b_2 \varepsilon_{t-1} + b_2^2 \varepsilon_{t-2} + \cdots)$$

$$+ b_1 (\varepsilon_{t-1} + b_2 \varepsilon_{t-2} + b_2^2 \varepsilon_{t-3} + \cdots)$$

$$+ b_1^2 (\varepsilon_{t-2} + b_2 \varepsilon_{t-3} + b_2^2 \varepsilon_{t-4} + \cdots) + \cdots$$

$$= \varepsilon_t + (b_1 + b_2) \varepsilon_{t-1} + (b_1^2 + b_2^2 + b_1 b_2) \varepsilon_{t-2} + \cdots$$

となる。したがって，$c_0 = 1$, $c_1 = b_1 + b_2$, $c_2 = b_1^2 + b_2^2 + b_1 b_2$, $\cdots$ と定義すると，これは (1.55) 式に他ならない。

1.8 ま と め

　本章では，線形差分方程式の解法を紹介した。反復法は直観的である一方，その計算は複雑である。差分方程式の一般解は，特殊解と同次解に分解できる。一般解は，特殊解とすべての同次解の線形結合となる。これは任意の定数に依存しているが，初期条件があれば定数を特定できる。同次方程式は，特性根を生み出すという意味で重要である。すべての特性根が単位円内に存在すれば系列は収束し，1 つでも単位円外にあれば系列は発散する。未定係数法とラグオペレータは，特殊解をみつける有用な道具となる。

　本章で紹介された道具は，計量時系列分析を学ぶための下準備となっている。理解を深めるため，ぜひ章末の練習問題を解いてみてもらいたい。本書を

補論 1.1 虚数根とド・モアブルの定理 　45

通じて，特性根，未定係数法，ラグオペレータは何度も目にすることになるだろう。

補論 1.1 　虚数根とド・モアブルの定理

2次の差分方程式 $y_t = a_1 y_{t-1} + a_2 y_{t-2}$ を考えよう。ここで，$d = a_1^2 + 4a_2 < 0$ とする。このとき，完全な同次解は任意の定数 A_1，A_2 を用いて，

$$y_t^h = A_1 \alpha_1^t + A_2 \alpha_2^t \tag{A1.1}$$

となる。特性根は，虚数単位 $i = \sqrt{-1}$ を用いて，

$$\alpha_1 = \frac{a_1 + i\sqrt{-d}}{2}, \quad \alpha_2 = \frac{a_1 - i\sqrt{-d}}{2} \tag{A1.2}$$

となる。この補論では，(A1.1) 式の別表現として (1.35) 式を導出する。

三角関数の等式を復習しよう。任意の2つの角度 (θ_1, θ_2) に対して，

$$\sin(\theta_1 + \theta_2) = \sin(\theta_1)\cos(\theta_2) + \cos(\theta_1)\sin(\theta_2)$$
$$\cos(\theta_1 + \theta_2) = \cos(\theta_1)\cos(\theta_2) - \sin(\theta_1)\sin(\theta_2) \tag{A1.3}$$

が成立する。角度が同じ $(\theta = \theta_1 = \theta_2)$ なら，これらの等式は以下となる。

$$\sin(2\theta) = 2\sin(\theta)\cos(\theta)$$
$$\cos(2\theta) = \cos(\theta)\cos(\theta) - \sin(\theta)\sin(\theta) \tag{A1.4}$$

次に，複素平面を説明しよう。図 1.10 では，横軸を実数軸，縦軸を虚数軸としている。複素数 $a + bi$ は，原点から a 単位分を実数軸に沿って動かし，b 単位分を虚数軸に沿って動かした座標点 (a, b) で表現される。原点からの距離をベクトルの長さ r とし，ベクトルと横軸からなる角度を θ とする。このとき，$\cos(\theta) = a/r$，$\sin(\theta) = b/r$ が成立する。したがって，a，b は $a = r\cos(\theta)$，$b = r\sin(\theta)$ として表せる。

(A1.2) 式の特性根は複素数である（ただし，$a = a_1/2$，$b = \sqrt{-d}/2$ となる）。このとき，特性根は $a = r\cos(\theta)$，$b = r\sin(\theta)$ を代入することで，

$$\alpha_1 = a + bi = r[\cos(\theta) + i\sin(\theta)]$$
$$\alpha_2 = a - bi = r[\cos(\theta) - i\sin(\theta)] \tag{A1.5}$$

となる。特性根の2乗 (α_1^2) は，$i^2 = -1$ から，

図 1.10 複素平面と複素数 $a + bi$

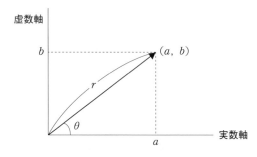

$$\alpha_1^2 = r^2[\cos(\theta) + i\sin(\theta)][\cos(\theta) + i\sin(\theta)]$$
$$= r^2[\cos(\theta)\cos(\theta) - \sin(\theta)\sin(\theta) + i2\sin(\theta)\cos(\theta)]$$

となる。(A1.4) 式から，上式は簡潔に

$$\alpha_1^2 = r^2[\cos(2\theta) + i\sin(2\theta)]$$

と書き換えられる。この計算を続けると，特性根の t 乗は次式となる（証明は練習問題 [3] を参照）。

$$\alpha_1^t = r^t[\cos(t\theta) + i\sin(t\theta)], \quad \alpha_2^t = r^t[\cos(t\theta) - i\sin(t\theta)] \quad \text{(A1.6)}$$

つまり，複素数 α_i の t 乗は，r を t 乗し，さらに θ を t 倍すればよい。この関係式は**ド・モアブルの定理**として知られる。

ここで r と θ の値を特定してみよう。図 1.10 において，直角三角形の 3 辺の関係を表すピタゴラスの定理から $a^2 + b^2 = r^2$ となる。また (A1.2) 式から，$a = a_1/2$，$b = \sqrt{-d}/2$ であるため，

$$r^2 = a^2 + b^2 = \frac{a_1^2}{4} - \frac{a_1^2 + 4a_2}{4} = -a_2$$

となる（$d = a_1^2 + 4a_2$ に注意）。つまり，$r = (-a_2)^{1/2}$ である。次に，θ の値を特定しよう。$a = r\cos(\theta)$ から，$\cos(\theta) = a/r$ となる。これに $r = (-a_2)^{1/2}$ と $a = a_1/2$ を代入すると，$\cos(\theta) = a_1/[2(-a_2)^{1/2}]$ となる（これは (1.36) 式である）。したがって，θ は $\cos(\theta) = a_1/[2(-a_2)^{1/2}]$ を満たすように決定すればよい。

系列 $\{y_t\}$ は実数なので，同次解 y_t^h も実数でなければならない。特性根 α_1 と α_2 は複素数であるから，$y_t^h = A_i \alpha_i^t$ が実数となるには，任意の定数 A_1，

A_2 も複素数でなければならない。任意の定数 A_1, A_2 は複素数であるため，任意の実数 B_1, B_2 を用いて，

$$A_1 = B_1[\cos(B_2) + i\sin(B_2)], \quad A_2 = B_1[\cos(B_2) - i\sin(B_2)] \qquad \text{(A1.7)}$$

と表せる。(A1.6), (A1.7) 式を用いると，$A_1\alpha_1^t$ は，

$$\begin{aligned}
A_1\alpha_1^t &= B_1[\cos(B_2) + i\sin(B_2)]r^t[\cos(t\theta) + i\sin(t\theta)] \\
&= B_1 r^t[\cos(B_2)\cos(t\theta) - \sin(B_2)\sin(t\theta) \\
&\quad + i\sin(t\theta)\cos(B_2) + i\cos(t\theta)\sin(B_2)]
\end{aligned}$$

となる。(A1.3) 式より，上式は簡潔に，

$$A_1\alpha_1^t = B_1 r^t[\cos(t\theta + B_2) + i\sin(t\theta + B_2)] \qquad \text{(A1.8)}$$

となる。同様の計算をすれば，$A_2\alpha_2^t$ が得られる。

$$A_2\alpha_2^t = B_1 r^t[\cos(t\theta + B_2) - i\sin(t\theta + B_2)] \qquad \text{(A1.9)}$$

同次解 y_t^h は，(A1.8), (A1.9) 式の和であり，

$$\begin{aligned}
y_t^h &= B_1 r^t[\cos(t\theta + B_2) + i\sin(t\theta + B_2)] \\
&\quad + B_1 r^t[\cos(t\theta + B_2) - i\sin(t\theta + B_2)] \\
&= 2B_1 r^t \cos(t\theta + B_2)
\end{aligned} \qquad \text{(A1.10)}$$

となる。B_1, B_2 は任意の定数であるから，同次解は任意の定数 $C_1 = 2B_1$, $C_2 = B_2$ を用いて，

$$y_t^h = C_1 r^t \cos(\theta t + C_2) \qquad \text{(A1.11)}$$

と表せる。これはまさに (1.35) 式である。

◎練習問題

以下の練習問題を解きなさい。解答はすべて本書のウェブサポートページに掲載している。★印は，難易度の高い問題であることを示している。

[1] 貨幣供給量 M_t は $M_t = M + \rho M_{t-1} + \varepsilon_t$ により決定される。ただし，M は定数，$0 < \rho < 1$ である。

(a) M_{t+n} を現在の M_t と将来ショック $\{\varepsilon_{t+1}, \varepsilon_{t+2}, \ldots, \varepsilon_{t+n}\}$ として表現せよ。

(b) 将来ショックは 0 ($i > 0$ の範囲で $\varepsilon_{t+i} = 0$) とする。このとき，将来の M_{t+n} を予測せよ。

[2] (1.21) 式が (1.14) 式に等しいことを証明せよ。【ヒント：読者は以下 2 つの等式

48 第1章 差分方程式

が成立することを示せばよい。】

$$\frac{1 - a_1^t}{1 - a_1} = 1 + a_1 + a_1^2 + \cdots + a_1^{t-1}$$

$$\sum_{i=0}^{\infty} a_1^i \varepsilon_{t-i} - a_1^t \sum_{i=0}^{\infty} a_1^i \varepsilon_{-i} = \varepsilon_t + a_1 \varepsilon_{t-1} + a_1^2 \varepsilon_{t-2} + \cdots + a_1^{t-1} \varepsilon_1$$

[3]* 任意の t について (A1.6) 式が成立することを証明せよ。

[4]* それぞれの差分方程式について，以下の問いに答えよ。

① $y_t = 0.75y_{t-1} - 0.125y_{t-2}$　　② $y_t = 1.5y_{t-1} - 0.75y_{t-2}$

③ $y_t = 1.8y_{t-1} - 0.81y_{t-2}$　　④ $y_t = 2.5y_{t-1} - 0.5625y_{t-2}$

(a) 特性根と判別式 d を求め，調整過程の特徴を述べよ。

(b) 差分方程式にショック ε_t を加えた式を考えよう。例えば，①なら $y_t = 0.75y_{t-1} - 0.125y_{t-2} + \varepsilon_t$ となる。このとき，初期条件を $y_0 = y_{-1} = 0$ とし，将来ショックを 0 ($\varepsilon_2 = \varepsilon_3 = \cdots = 0$) としたうえで，1期の1単位のショック（$\varepsilon_1 = 1$）が 25 期先までの y にどのような影響を与えるかを図示せよ。

[5] ある研究者がインフレ率 π_t を分析したところ，以下の関係式が得られた。

$$\pi_t = -0.05 + 0.7\pi_{t-1} + 0.6\pi_{t-2} + \varepsilon_t$$

(a) インフレ率の同次解を求めよ。

(b) インフレ率の特殊解を求めよ。

(c) 初期条件を $\pi_0 = 0.1$，$\pi_1 = 0.11$ とし，インフレ率の一般解を求めよ。

[6] 差分方程式 $y_t = a_0 + a_2 y_{t-2} + \varepsilon_t$ を考えよう。

(a) 同次解を求めよ。また，安定条件はどうなるか。

(b) 未定係数法を用いて，特殊解を求めよ。

[7] 差分方程式と解の対応が正しいことを確認せよ。c，c_0，a_0 は定数である。

差分方程式	解
① $y_t - y_{t-1} = 0$	$y_t = c$
② $y_t - y_{t-1} = a_0$	$y_t = c + a_0 t$
③ $y_t - y_{t-2} = 0$	$y_t = c + c_0(-1)^t$
④ $y_t - y_{t-2} = \varepsilon_t$	$y_t = c + c_0(-1)^t + \varepsilon_t + \varepsilon_{t-2} + \varepsilon_{t-4} + \cdots$

[8] 差分方程式 $y_t = 0.8y_{t-1} + \varepsilon_t - 0.5\varepsilon_{t-1}$ を考えよう。初期条件を $y_0 = 0$，$\varepsilon_0 = \varepsilon_{-1} = 0$ とする。

(a) 同次解と特殊解を求めよ。

(b) 初期条件のもとで一般解を求めよ。

(c) インパルス応答関数を求めよ。ここで，$\varepsilon_1 = 1$ とし，前向きに反復することで，$y_1, \cdots, y_5$ の値を求めればよい（ただし，$\varepsilon_2 = \varepsilon_3 = \cdots = 0$ とする）。

[9]* (1.54) 式を証明せよ。

第2章
定常時系列モデル

学習目的

2.1 確率線形差分方程式の性質を述べる。

2.2 ARMA モデル，その特殊形として AR と MA モデルを紹介する。

2.3 定常モデル，非定常モデルの時系列的な性質を考える。

2.4 ARMA モデルの平均，分散，共分散を求め，定常性制約はどのような ものかを理解する。

2.5 さまざまな ARMA 過程について自己相関関数を求める。

2.6 さまざまな ARMA 過程について偏自己相関関数を求める。

2.7 ボックス = ジェンキンス法では，いかに自己相関関数と偏自己相関関数 を用いてモデルを選択するかを示す。

2.8 ボックス = ジェンキンス法で用いられる道具を説明する。

2.9 時系列予測の性質を調べる。

2.10 ボックス = ジェンキンス法を用いて，金利スプレッドを分析する。

2.11 パラメータが期間を通じて安定しているかを調べる方法を紹介する。

　本章では，時系列分析の基礎となる概念やモデルを紹介していく。これらの 理解は，第3章以降で学習するより高度な手法を理解するうえで欠かせないも のとなる。本章で扱う自己回帰移動平均（ARMA）モデルとは，

$$y_t = a_0 + a_1 y_{t-1} + \cdots + a_p y_{t-p} + \varepsilon_t + \beta_1 \varepsilon_{t-1} + \cdots + \beta_q \varepsilon_{t-q}$$

である。本章では，以下の3点を中心に説明する。

① ARMA モデルの性質を分析する。

② 自己相関関数と偏自己相関関数を用いて ARMA モデルを同定する。

③ モデルの診断や変数の予測方法を説明する。

2.1 確率線形差分方程式

本章では，離散時系列モデルを考える。第1章と同様，$y = f(t)$ という関数を考える。階差は $t = t_0 + h$ のときの y の値から，$t = t_0$ のときの y の値を引いた値となる。

$$\Delta y = f(t_0 + h) - f(t_0)$$

時系列データは離散時間で観察されることが多い。したがって，データは等間隔 $(t_0, t_0 + h, t_0 + 2h, t_0 + 3h, \ldots)$ で観察されると仮定しても問題はない。単純化のため，$h = 1$ と標準化しよう。離散時系列モデルとは，t が離散であることを意味する（y は連続でもよい）。例えば，年間降水量のとりうる値は連続であるが，年間降水量の数十年分のデータは離散時系列データとなる。

経済モデルでは，t は「時点」，h は「時差」を表す。しかし，t はカレンダーや時計で測られる時点である必要はなく，イベントが起こる順番でもよい。例えば，y_t は t 番目にサイコロを振った出目の結果かもしれない。この場合，y_t は6通りの値（1, 2, 3, 4, 5, 6）のいずれかをとる。

離散変数 y が任意の実数 r と等しくなる**確率**（probability）を $P\{y = r\}$ と表記する。そして，$0 < P\{y = r\} < 1$ となる実数 r が存在するなら，y は**確率変数**（random variable）といえる。これに対し，$P\{y = r\} = 1$ となる実数 r が存在するなら，y は確率変数ではなく，確定的に値が決まる。

確率過程（stochastic process）とは，確率変数の列 $\{y_1, y_2, \ldots, y_T\}$ であり，**データ**とは確率過程からの**実現値** $\{y_1', y_2', \ldots, y_T'\}$ である。サイコロの例では，y_t は6通りの値のいずれかをとる確率変数であり，y_t' は実際に生じた結果である。サイコロを T 回分観察したら，データは $\{y_1', y_2', \ldots, y_T'\}$ となり，簡潔に $\{y_t'\}$ と表記できる。また，y_t は t 期に生じうる GDP（国内総生産）かもしれない。将来の GDP は完全には予見できないため，y_t は確率変数である。実際の GDP は確率過程からの実現値 y_t' となる。表記を簡略化するため，以後，実現値であっても「′」を除いて表記する。読者は文脈に応じて，確率変数か実現値かを判断してもらいたい。

離散確率変数を考えよう。ここで，y_t の確率分布は，y_t の各値と確率とを対応させる公式（もしくは表）によって与えられる。ここで，$y_1, y_2, \ldots, y_T$ の**同時確率**（joint probability）は，$P\{y_1 = r_1, y_2 = r_2, \ldots, y_T = r_T\}$ と表記

される（r_i は任意の実数である）。つまり，$P\{y_1 = r_1, y_2 = r_2, \ldots, y_T = r_T\}$ とは，y_1 が r_1 という値をとり（$y_1 = r_1$），y_2 が r_2 という値をとり（$y_2 = r_2$），…，y_T が r_T という値をとる（$y_T = r_T$）ことが同時に生じる確率である。また，t 期までの実現値 $\{y_1, y_2, \ldots, y_t\}$ を観察した後，それらを条件として将来の $y_{t+1}, y_{t+2}, \ldots$ の期待値を求めることができる。将来の y_{t+i} の**条件付き平均**（または**条件付き期待値**〔conditional expected value〕とも呼ぶ）は，$E[y_{t+i}|y_t, y_{t-1}, \ldots, y_1]$ もしくは $E_t y_{t+i}$ と表記される[1]。

サイコロの例における y_t の確率分布は容易に求められる。これに対し，GDP の確率分布の正確な記述は難しい。経済理論家の目的は，経済変数の**データ生成過程**（data generating process：**DGP**）の本質を捉えるモデルの開発にある。経済変数は，確率差分方程式を用いてモデル化できる。以下では，中央銀行の金融政策を確率差分方程式としてモデル化する。

例 1：中央銀行の金融政策　　米国連邦準備銀行は貨幣供給量を年率 3% で上昇させようとしているとしよう。したがって，t 期の貨幣供給目標値を M_t^* とすると，その動学は，

$$M_t^* = 1.03 M_{t-1}^* \tag{2.1}$$

となる。初期の目標値 M_0^* を所与とすると，M_t^* は，

$$M_t^* = (1.03)^t M_0^*$$

とも表せる。$t-1$ 期末の貨幣供給量を M_{t-1} とし，これが t 期の初めまで持ち越されるとしよう。したがって，t 期の初め，貨幣供給目標値と実際の値との乖離は $M_t^* - M_{t-1}$ となる。連邦準備銀行は，貨幣供給量を完全にコントロールできない一方，t 期末までに乖離のうち割合 ρ だけは削減できるとする（$\rho < 1$）。つまり，貨幣供給量の変化は，

$$\Delta M_t = \rho(M_t^* - M_{t-1}) + \varepsilon_t$$

とモデル化できる。ここで ε_t は平均 0 の確率変数であり（$E[\varepsilon_t] = 0$），連邦

1　確率分布の中心は，**期待値**もしくは**平均**と呼ばれる。これに対し，データの中心は，**標本平均**と呼ばれるが，本書では，前後の文脈から自明であれば平均とも呼ぶ。平均といったとき，それが分布の中心（期待値）なのか，データの中心（標本平均）なのか，文脈から判断してもらいたい。

52 第2章 定常時系列モデル

準備銀行がコントロールできない部分となる。上式に $\Delta M_t = M_t - M_{t-1}$,
$M_t^* = (1.03)^t M_0^*$ を代入して展開すると，次の線形差分方程式となる。

$$M_t = \rho(1.03)^t M_0^* + (1-\rho)M_{t-1} + \varepsilon_t \qquad (2.2)$$

このモデルは重要な本質を捉えている。第1に，$\{\varepsilon_t\}$ は確率変数である
ため，(2.2) 式は確率線形差分方程式となる。第2に，$\{\varepsilon_t\}$ の確率分布がわ
かれば，$\{M_t\}$ の確率分布もわかる。$\{M_t\}$ の確率分布は，パラメータ ρ と
$\{\varepsilon_t\}$ の分布によって決定される。第3に，最初の t 個の $\{M_t\}$ が観察され
ると，将来の貨幣供給量 $M_{t+1}, M_{t+2}, \ldots$ が予測できる。例えば，(2.2) 式
を1期先に進めてから条件付き期待値をとると，M_{t+1} の予測は $E_t M_{t+1} =$
$\rho(1.03)^{t+1} M_0^* + (1-\rho)M_t$ となる（$E_t \varepsilon_{t+1} = 0$ と仮定した）。

確率線形差分方程式の重要性を理解できたところで，時系列モデルの基礎と
なる確率過程として，ホワイトノイズと移動平均過程を紹介しよう。

◆ ホワイトノイズ

ホワイトノイズ（white noise）は，平均 0，分散一定，時間を通じて互いに
無相関な確率過程である。厳密には，すべての t に対して，

① $E[\varepsilon_t] = 0$
② $E[\varepsilon_t^2] = \sigma^2$
③ $E[\varepsilon_t \varepsilon_{t-s}] = 0$（すべての $s \neq 0$ に対し）

が成立するとき，$\{\varepsilon_t\}$ はホワイトノイズと呼ばれる。条件①が成立するため，
条件②は分散が時間を通じて一定（つまり，$\mathrm{var}(\varepsilon_t) = \sigma^2$），条件③は共分散が
0（つまり，$\mathrm{cov}(\varepsilon_t, \varepsilon_{t-s}) = 0$）であること，を意味している[2]。本書を通じ，ホ
ワイトノイズを $\{\varepsilon_t\}$ と表記する。また，ホワイトノイズが2つ存在すれば，
$\{\varepsilon_{1t}\}, \{\varepsilon_{2t}\}$ と表記する。計量経済学では，誤差項はホワイトノイズであり，
正規分布に従うと仮定されることが多い[3]。

---

[2] **分散**（variance）は var，**共分散**（covariance）は cov と表記する。つまり，
$\mathrm{var}(\varepsilon_t) = E[(\varepsilon_t - E[\varepsilon_t])^2]$，$\mathrm{cov}(\varepsilon_t, \varepsilon_{t-s}) = E[(\varepsilon_t - E[\varepsilon_t])(\varepsilon_{t-s} - E[\varepsilon_{t-s}])]$ と
なる。ここで条件①から，条件②は $\mathrm{var}(\varepsilon_t) = E[\varepsilon_t^2] = \sigma^2$，条件③は $\mathrm{cov}(\varepsilon_t, \varepsilon_{t-s}) =$
$E[\varepsilon_t \varepsilon_{t-s}] = 0$ となる。

[3] **無相関**（uncorrelatedness）より強い概念が**独立**（independence）である。ホワイ
トノイズは，独立である必要はなく，無相関でさえあればよい。ただし，ホワイトノイズ
が正規分布に従うなら，無相関は独立を意味するため，無相関と独立は同じことである。

◆ 移動平均過程

移動平均過程（moving average process）は，ホワイトノイズの加重和として定義される。厳密には，次数 q の移動平均過程は，

$$x_t = \sum_{i=0}^{q} \beta_i \varepsilon_{t-i} \tag{2.3}$$

であり，**MA(*q*)** と表記される（$\sum$ 記号の下添え字 i は 0 からであることに注意）。

$\{\varepsilon_t\}$ がホワイトノイズでも，2 個以上の β_i が 0 でないなら，$\{x_t\}$ はホワイトノイズとならない（時点の異なるホワイトノイズの加重和は，ホワイトノイズではない）。例えば，$x_t = \varepsilon_t + 0.5\varepsilon_{t-1}$ とする（$\beta_0 = 1$，$\beta_1 = 0.5$，他の $\beta_i = 0$ であり，2 個の β_i が 0 でない）。このとき，

$$E[x_t] = E[\varepsilon_t + 0.5\varepsilon_{t-1}] = 0,$$
$$\mathrm{var}(x_t) = E[(\varepsilon_t + 0.5\varepsilon_{t-1})^2]$$
$$= E[\varepsilon_t^2] + 0.5^2 E[\varepsilon_{t-1}^2] + E[\varepsilon_t \varepsilon_{t-1}] = 1.25\sigma^2$$

である（$E[\varepsilon_t \varepsilon_{t-1}] = 0$ に注意）。期待値 0，分散一定であるため，ホワイトノイズの条件①②が満たされる。しかし，以下のように，x_t と x_{t-1} の共分散は 0 とならず，条件③は満たされない。

$$E[x_t x_{t-1}] = E[(\varepsilon_t + 0.5\varepsilon_{t-1})(\varepsilon_{t-1} + 0.5\varepsilon_{t-2})]$$
$$= E[\varepsilon_t \varepsilon_{t-1} + 0.5\varepsilon_{t-1}^2 + 0.5\varepsilon_t \varepsilon_{t-2} + 0.25\varepsilon_{t-1}\varepsilon_{t-2}]$$
$$= 0.5E[\varepsilon_{t-1}^2] = 0.5\sigma^2$$

ホワイトノイズと MA 過程の理解を深めるため，次の例を考えてみよう。

例 2：コインの利得 　コインを投げて，表なら 1 ドルを得るが，裏なら 1 ドルを失うとしよう。ここで，ε_t は t 回目の利得とする（ε_t は 1 もしくは -1 の値をとる）。このとき，ε_t はホワイトノイズである。これが正しいことを確認しよう。コインに歪みがなければ，$P\{\varepsilon_t = 1\} = P\{\varepsilon_t = -1\} = 0.5$ であるため，期待値と分散はそれぞれ

$$E[\varepsilon_t] = 1 \times 0.5 - 1 \times 0.5 = 0,$$
$$\mathrm{var}(\varepsilon_t) = (1-0)^2 \times 0.5 + (-1-0)^2 \times 0.5 = 1$$

となり，時点に依存しない。コイン投げは相互に独立であり，その利得

54　第2章　定常時系列モデル

ε_t, ε_{t-s} も相互に独立となるため，共分散は $\mathrm{cov}(\varepsilon_t, \varepsilon_{t-s}) = E[\varepsilon_t \varepsilon_{t-s}] = E[\varepsilon_t]E[\varepsilon_{t-s}] = 0$ となる（ただし，$s \neq 0$）。

もし t 回目の利得だけでなく，直近4回の平均利得に関心があるなら，平均利得は，

$$\frac{1}{4}\varepsilon_t + \frac{1}{4}\varepsilon_{t-1} + \frac{1}{4}\varepsilon_{t-2} + \frac{1}{4}\varepsilon_{t-3}$$

となる。これは (2.3) 式で，$\beta_0 = \beta_1 = \beta_2 = \beta_3 = 1/4$ とし，他の β_i を0とした MA(3) 過程にあたる。したがって，平均利得は移動平均過程となる（練習問題 [1] 参照）。

2.2　ARMA 過程

本節では，自己回帰過程を説明したあと，移動平均過程と自己回帰過程を内包した確率過程として自己回帰移動平均過程を紹介する。また，自己回帰移動平均過程の安定条件についても議論する。

まず p 次の線形差分方程式を考えよう。

$$y_t = a_0 + \sum_{i=1}^{p} a_i y_{t-i} + x_t \tag{2.4}$$

ここで，x_t がホワイトノイズ ε_t ならば，

$$y_t = a_0 + \sum_{i=1}^{p} a_i y_{t-i} + \varepsilon_t$$

となる。これは p 次の**自己回帰過程**（autoregressive process）と呼ばれ，**AR(p)** と表記される。

より一般的に，$\{x_t\}$ が MA(q) 過程である (2.3) 式ならば，

$$y_t = a_0 + \sum_{i=1}^{p} a_i y_{t-i} + \sum_{i=0}^{q} \beta_i \varepsilon_{t-i} \tag{2.5}$$

となる（慣例に従って，以後 $\beta_0 = 1$ と標準化する）。これは**自己回帰移動平均過程**（autoregressive moving average process）と呼ばれ，**ARMA(p, q)** と表記される（ARMA は「アーマ」と読む）。もし $q = 0$ なら $x_t = \varepsilon_t$ となり，自己回帰過程 AR(p) となる。これに対し，もし $p = 0$ なら，説明変数にラグ y_{t-i} が含ま

れないため，移動平均過程 MA(q) となる。

$$y_t = a_0 + \sum_{i=0}^{q} \beta_i \varepsilon_{t-i}$$

　本章では，(2.5) 式の特性根がすべて単位円内にあるモデルだけを考える（つまり，安定条件が満たされる）。第 4 章で詳しく学習するが，d 個の単位根があるとき（残りの特性根はすべて単位円内にある），$\{y_t\}$ は **d 次の和分過程**（integrated process of order d）と呼ばれ，***I(d)*** **過程**と表記される（単位根が 1 つだけなら ***I(1)*** **過程**となり，とくに**単位根過程**〔unit root process〕と呼ばれる）。また，このとき，(2.5) 式は**自己回帰和分移動平均過程**（autoregressive integrated moving average process）と呼ばれ，**ARIMA** と表記される（ARIMA は「アリマ」と読む）。一般的に，d 階の階差（$\Delta^d y_t$）が定常な ARMA(p,q) となる確率過程は，**ARIMA(p,d,q)** と呼ばれる（d 階の階差は **1.2** 参照）。

$$\Delta^d y_t = a_0 + \sum_{i=1}^{p} a_i \Delta^d y_{t-i} + \sum_{i=0}^{q} \beta_i \varepsilon_{t-i}$$

例えば，定常な ARMA(p,q) は ARIMA($p,0,q$) と表記される。

　(2.5) 式は差分方程式であるため，y_t を $\{\varepsilon_t\}$ の関数として解くことができる。ARMA(p,q) 過程の解とは，y_t を $\{\varepsilon_t\}$ だけで表した**移動平均 (MA) 表現**となる。例えば，AR(1) 過程 $y_t = a_0 + a_1 y_{t-1} + \varepsilon_t$ なら，その MA 表現は次式となる（**1.3** の (1.17) 式を参照）。

$$y_t = \frac{a_0}{1 - a_1} + \sum_{i=0}^{\infty} a_1^i \varepsilon_{t-i}$$

　一般的な ARMA(p,q) 過程である (2.5) 式は，ラグオペレータ L を用いて（L については **1.7** 参照），

$$\left(1 - \sum_{i=1}^{p} a_i L^i\right) y_t = a_0 + \sum_{i=0}^{q} \beta_i \varepsilon_{t-i}$$

と表記できる。このとき，特殊解は簡潔に以下として表記できる。

$$y_t = \frac{a_0}{1 - \sum_{i=1}^{p} a_i L^i} + \frac{\sum_{i=0}^{q} \beta_i \varepsilon_{t-i}}{1 - \sum_{i=1}^{p} a_i L^i} \tag{2.6}$$

上式を展開すれば，$\{y_t\}$ は MA (∞) 過程となる（**1.7** の (1.56) 式参照）。

第 1 章で学習したとおり，(2.6) 式の安定条件は反転特性方程式 $A(z) = 1 - \sum a_i z^i = 0$ の反転特性根がすべて 1 より大きいことである。次節で詳しく述べるが，$\{y_t\}$ の安定条件は，$\{y_t\}$ が定常であるための必要条件の 1 つとなる。定常であるためには，安定条件だけでなく別の新たな条件も必要となる。

2.3 定 常 性

本節では，時系列モデルを考えるにあたって，重要な概念である定常性について説明する。まず簡単な例を考えよう。ある会社は品質管理として，4 台の機械の生産量を 1 時間おきに記録している。図 2.1 では，それぞれの機械の生産量を示している。機械 i の t 時点の生産量を y_{it} と表記すると，t 時点の 4 台の生産量の標本平均は，

$$\bar{y}_t = \frac{1}{4} \sum_{i=1}^{4} y_{it}$$

となる。例えば，5，10，15 時の標本平均を計算すると，それぞれ 5.57，5.59，5.73 となる。同様に，t 時点の 4 台の生産量の標本分散も計算できる。こうすれば，各時点について平均と分散を計算できる。

しかし実際には，分析者が，同期間に同一過程から複数のデータを得られることはあまりない。例えば，2017 年 9 月 15 日のドル円相場 (終値) は一度しか観察されない。したがって，上記のように，t 時点のドル円相場の標本平均や標本分散を計算することは不可能である。これはデータ生成過程 (DGP) に何らかの追加的仮定が必要であることを意味する。時系列分析では，確率変数 $\{y_t\}$ の DGP に何らかの性質や構造を仮定する。

本章では，DGP として，いくつかのモデルを紹介してきた。これらのモデルを理解するうえで，**定常** (stationary) という概念が重要となる。簡潔にいうと，定常とは「平均や分散などが時間を通じて一定」という仮定である。このとき，平均は単一系列の長期の時間平均により近似できる。例えば，機械 1 の 20 時間分の産出量だけが観察できるとしよう。もし産出量が定常なら，t 時点の産出量の平均は，機械 1 の 20 時間分の平均として近似できる。

$$\bar{y}_t \approx \frac{1}{20} \sum_{t=1}^{20} y_{1t}$$

2.3 定 常 性　57

図 2.1　生産量の推移

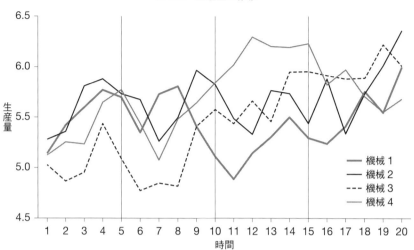

　厳密には，確率過程 $\{y_t\}$ が**共分散定常**（covariance stationary）なら，すべての t に対し，

$$E[y_t] = \mu \tag{2.7}$$

$$E[(y_t - \mu)^2] = \sigma_y^2 \tag{2.8}$$

$$E[(y_t - \mu)(y_{t-s} - \mu)] = \gamma_s \tag{2.9}$$

（すべての $s \neq 0$ に対し）

が成立する．ただし，μ，σ_y^2，γ_s は有限の定数である．異時点間の共分散 γ_s は，とくに**自己共分散**（autocovariance）と呼ばれる．(2.7)(2.8) 式では，平均と分散は時間を通じて一定としている．(2.9) 式では，自己共分散は時差 s に依存するが，時差 s が同じであれば，時間を通じて一定としている．例えば，y_t と y_{t-1} の自己共分散は，y_{t-j} と y_{t-j-1} の自己共分散と同じとなる（時差 s は 1 で同じ）．
　教科書によっては，系列の平均とすべての自己共分散が時点に依存しないなら共分散定常としている．つまり，条件として (2.8) 式を含めていない．これは $s = 0$ とすると，(2.9) 式は (2.8) 式となるためである（つまり，$\gamma_0 = E[(y_t - \mu)^2] = \sigma_y^2$ となる）．本書では，わかりやすさを重視し，(2.8) 式を含めて定義している．
　共分散定常は**弱定常**（weakly stationary）とも呼ばれる．これとは別に**強定**

常 (strongly stationary) という概念もあり，その場合，平均と分散は有限である必要はない。本書では，共分散定常だけを扱うため，定常は共分散定常と同じ意味で用いる。なお，多変量モデルでは，**自己共分散**とは，y_t と自己ラグ y_{t-s} との共分散であり，**相互共分散** (cross covariance) とは，y_t と別系列との共分散である。1変量モデルでは相互共分散は存在せず，自己共分散と共分散は同義として扱われる。

ここで $\{y_t\}$ が定常であれば，y_t と y_{t-s} との**自己相関** (autocorrelation) は，

$$\rho_s = \frac{\gamma_s}{\gamma_0}$$

と定義される。自己相関は，y_t と y_{t-s} との**相関係数** (correlation coefficient) である。これは相関係数を以下のように展開すれば明らかである。

$$\frac{\mathrm{cov}(y_t, y_{t-s})}{\sqrt{\mathrm{var}(y_t)\mathrm{var}(y_{t-s})}} = \frac{\gamma_s}{\sqrt{\gamma_0\gamma_0}} = \frac{\gamma_s}{\gamma_0}$$

自己共分散 γ_s，分散 γ_0 は時点 t に依存しないため，自己相関 ρ_s も時点に依存しない。自己相関の性質として，定義から $\rho_0 = \gamma_0/\gamma_0 = 1$ となる。また相関係数の性質から，自己相関 ρ_s は絶対値で1以下となる（$-1 \leq \rho_s \leq 1$）。

◆ AR(1) 過程の定常性制約

AR(1) 過程が定常であるための条件を考えよう。AR(1) 過程は，

$$y_t = a_0 + a_1 y_{t-1} + \varepsilon_t$$

であり，ε_t はホワイトノイズとする。確率過程は0期から始まったとし，初期条件 y_0 は確定的としよう。このとき，解は，

$$y_t = a_0 \sum_{i=0}^{t-1} a_1^i + a_1^t y_0 + \sum_{i=0}^{t-1} a_1^i \varepsilon_{t-i} \tag{2.10}$$

と表せる（**1.3** の (1.14) 式を参照）。ここで $a_1^t y_0$ は同次解にあたる（同次方程式は **1.4** の (1.23) 式参照）。

(2.10) 式の期待値をとると，

$$E[y_t] = a_0 \sum_{i=0}^{t-1} a_1^i + a_1^t y_0 \tag{2.11}$$

となる。(2.10) 式を s 期先に進めてから，その期待値をとると

$$E[y_{t+s}] = a_0 \sum_{i=0}^{t+s-1} a_1^i + a_1^{t+s} y_0 \qquad (2.12)$$

を得る。(2.11) と (2.12) 式を比較すると，平均は時点に依存しており，$\{y_t\}$ が定常ではないとわかる。

ここで，t を大きくした（0 期から時間がしばらく経過した）状況で (2.10) 式がどうなるかを考えよう。もし $|a_1| < 1$ なら（安定条件），t が大きくなると，同次解 $a_1^t y_0$ は 0 に収束し，$a_0(1 + a_1 + a_1^2 + \cdots + a_1^{t-1})$ は $a_0/(1 - a_1)$ に収束する。したがって，t を ∞ にすると，(2.10) 式は，

$$\lim_{t \to \infty} y_t = \frac{a_0}{1 - a_1} + \sum_{i=0}^{\infty} a_1^i \varepsilon_{t-i} \qquad (2.13)$$

となる。ここで lim は $t \to \infty$ の極限を表す（lim は limit〔極限〕の略であり，この場合，t を無限に大きくした状態を意味する）。

(2.13) 式の期待値をとると，$E[y_t] = a_0/(1 - a_1)$ となる。したがって，y_t の平均は有限であり，また時点に依存しない（$E[y_t] = a_0/(1 - a_1) = \mu$）。同様に，分散は，

$$\begin{aligned}
E[(y_t - \mu)^2] &= E[(\varepsilon_t + a_1\varepsilon_{t-1} + a_1^2\varepsilon_{t-2} + \cdots)^2] \\
&= E[\varepsilon_t^2] + a_1^2 E[\varepsilon_{t-1}^2] + a_1^4 E[\varepsilon_{t-2}^2] + \cdots \\
&= \sigma^2(1 + a_1^2 + a_1^4 + \cdots) = \frac{\sigma^2}{1 - a_1^2} \qquad (2.14)
\end{aligned}$$

となり，時点に依存しない（式展開では $E[\varepsilon_t^2] = \sigma^2$，$s \neq 0$ に対し $E[\varepsilon_t \varepsilon_{t-s}] = 0$ に注意）[4]。最後に，自己共分散を考えよう。y_t と y_{t-1} との自己共分散は，

---

4 無限級数の和の公式から，$|a| < 1$ なら，$1 + a^2 + a^4 + \cdots = 1/(1 - a^2)$ が成立する。証明のため，$x = 1 + a^2 + a^4 + \cdots + a^{2m}$ としよう。両辺に a^2 を掛けると，$a^2 x = a^2 + a^4 + a^6 + \cdots + a^{2(m+1)}$ となる。よって，$x - a^2 x = (1 + a^2 + a^4 + \cdots + a^{2m}) - (a^2 + a^4 + a^6 + \cdots + a^{2(m+1)}) = 1 - a^{2(m+1)}$ となる。これを x について解くと，$x = (1 - a^{2(m+1)})/(1 - a^2)$ となる。ここで $|a| < 1$ なら，m が大きいと $x = 1/(1 - a^2)$ となる。

$$E[(y_t - \mu)(y_{t-1} - \mu)] = E[(\varepsilon_t + a_1\varepsilon_{t-1} + a_1^2\varepsilon_{t-2} + \cdots)$$
$$\times (\varepsilon_{t-1} + a_1\varepsilon_{t-2} + a_1^2\varepsilon_{t-3} + \cdots)]$$
$$= \sigma^2 a_1(1 + a_1^2 + a_1^4 + \cdots) = \frac{\sigma^2 a_1}{1 - a_1^2}$$

となる．一般的には，y_t と y_{t-s} との自己共分散は，

$$E[(y_t - \mu)(y_{t-s} - \mu)] = E[(\varepsilon_t + a_1\varepsilon_{t-1} + a_1^2\varepsilon_{t-2} + \cdots + a_1^s\varepsilon_{t-s} + \cdots)$$
$$\times (\varepsilon_{t-s} + a_1\varepsilon_{t-s-1} + a_1^2\varepsilon_{t-s-2} + \cdots)]$$
$$= \sigma^2 a_1^s(1 + a_1^2 + a_1^4 + \cdots) = \frac{\sigma^2 a_1^s}{1 - a_1^2} \qquad (2.15)$$

となるから，やはり時点に依存しない（自己共分散は時差 s だけに依存している）．

以上より，(2.10) 式の極限値を用いるなら，$\{y_t\}$ の期待値，分散，自己共分散は時点に依存しないことがわかる．つまり，$|a_1| < 1$ の場合（安定条件が満たされる），t が十分に大きい（0 期からしばらく時間が経過している）なら，$\{y_t\}$ は定常となる[5]。

これまでの議論をまとめよう．$\{y_t\}$ が定常であるためには，「同次解は 0 でなければならない」．そして，同次解が 0 であるためには，以下の条件が必要となる．

① 安定条件が満たされる（特性根は絶対値で 1 より小さい）．

② t は十分大きい（データが生成された初期から時間がしばらく経過している）．

ARMA(p, q) 過程でも，両条件は満たされなければならない．ただし，ARMA 過程では，特性根は複数あり，安定条件は「特性根 α_i がすべて単位円の中に存在する（反転特性方程式 $A(z) = 1 - \sum a_i z^i = 0$ の反転特性根がすべて単位円の外に存在する）」ことが必要となる．

条件②については，通常のデータであれば常に満たされており，実証分析では問題とならない．したがって，データを分析するうえでは，条件①が満たさ

---

5 逆にいえば，データが最近始まった確率過程から発生しているなら，その実現値は定常ではない可能性がある．こうした理由から，多くの計量経済学者は，0 期から時間がしばらく経過した状況を仮定する．「新しい」確率過程から発生したデータを扱うときは注意が必要となる．例えば，$\{y_t\}$ をドル円相場としよう．日本では，1973 年 2 月 14 日に変動相場制に移行するまで，為替相場は固定されていた．つまり，1973 年 2 月 14 日以降の為替相場は「新しい」確率過程であり，初期（1973 年 2 月 13 日）の y_0 の影響が残っているため，定常な確率過程とはならない．注意深い研究者ならば，変動相場制に移行し，しばらく経過した（y_0 の影響が消えた）データだけを分析に用いるだろう．

れているかを検定することが重要となる（詳しくは第 4 章参照）。次節以降では，t は十分大きく，初期条件の影響は消えていると考えて議論を進める。

2.4 ARMA 過程の定常性

まず簡単な場合として，ARMA(2,1) 過程の定常性条件を考えよう。定数項は定常性の条件に影響を与えないため，定数項を 0 とする（$a_0 = 0$）。

$$y_t = a_1 y_{t-1} + a_2 y_{t-2} + \varepsilon_t + \beta_1 \varepsilon_{t-1} \tag{2.16}$$

前節の議論から，定常性が満たされるには，同次解は 0 でなければならない。したがって，ここでは特殊解の制約だけがわかればよい。

未定係数法を用いて特殊解を求めよう（未定係数法を用いた特殊解の求め方は **1.6** を参照されたい）。まず，試行解を一般的な線形関数とする。

$$y_t = \sum_{i=0}^{\infty} c_i \varepsilon_{t-i} \tag{2.17}$$

(2.16) 式には定数項は含まれないこと，また定常過程を扱っていることから，試行解には定数項とトレンドを含めていない。

次に，未定の係数 c_i の性質を調べよう。差分方程式 (2.16) に試行解 (2.17) 式を代入すると，

$$
\begin{aligned}
c_0 \varepsilon_t + c_1 \varepsilon_{t-1} + c_2 \varepsilon_{t-2} + \cdots = {} & a_1 [c_0 \varepsilon_{t-1} + c_1 \varepsilon_{t-2} + c_2 \varepsilon_{t-3} + \cdots] \\
& + a_2 [c_0 \varepsilon_{t-2} + c_1 \varepsilon_{t-3} + c_2 \varepsilon_{t-4} + \cdots] \\
& + \varepsilon_t + \beta_1 \varepsilon_{t-1}
\end{aligned}
$$

となる。(2.17) 式が解であるためには，上式が常に等式で成立しなければならない。上式の右辺の全項を左辺に移して，類似項同士をまとめると，

$$
\begin{aligned}
& (c_0 - 1)\varepsilon_t + (c_1 - a_1 c_0 - \beta_1)\varepsilon_{t-1} + (c_2 - a_1 c_1 - a_2 c_0)\varepsilon_{t-2} \\
& \quad + (c_3 - a_1 c_2 - a_2 c_1)\varepsilon_{t-3} + \cdots = 0
\end{aligned}
$$

となる。$\{\varepsilon_t\}$ のとりうるすべての値に対し，上式が常に等式で成立するためには，各項の係数がすべて 0 であればよい。未定係数 c_i は，下式を満たすように決定される。

62　第 2 章　定常時系列モデル

① $c_0 - 1 = 0$　　　　　　$\Rightarrow$　　$c_0 = 1$

② $c_1 - a_1 c_0 - \beta_1 = 0$　　$\Rightarrow$　　$c_1 = a_1 + \beta_1$

③ $\begin{cases} c_2 - a_1 c_1 - a_2 c_0 = 0 & \Rightarrow \quad c_2 = a_1 c_1 + a_2 c_0 \\ c_3 - a_1 c_2 - a_2 c_1 = 0 & \Rightarrow \quad c_3 = a_1 c_2 + a_2 c_1 \\ \cdots & \cdots \end{cases}$

③をまとめると，係数 c_i は，$i \geq 2$ の範囲で，差分方程式

$$c_i = a_1 c_{i-1} + a_2 c_{i-2}$$

に従って決まる，ということである。これは $\{y_t\}$ の同次部分 $y_t = a_1 y_{t-1} + a_2 y_{t-2}$ と同じ差分方程式となっている。このため同次部分の収束条件と c_i 系列の収束条件は同じとなる。つまり，「特性根がすべて単位円内に（同じことだが，反転特性方程式 $A(z) = 1 - a_1 z - a_2 z^2 = 0$ の反転特性根がすべて単位円外に）存在すれば，$\{c_i\}$ は収束系列となる」。直観的には，$\{c_i\}$ が発散すると $y_t = \sum c_i \varepsilon_{t-i}$ も発散してしまうため，「y_t が収束するなら $\{c_i\}$ も収束する必要がある」といえる。以下では，数値例を通じて，未定係数 c_i に関する理解を深めよう。

例 3：ARMA(2, 1) 過程　　ARMA$(2,1)$ 過程 $y_t = 1.6 y_{t-1} - 0.9 y_{t-2} + \varepsilon_t + 0.5 \varepsilon_{t-1}$ とする（つまり，$a_1 = 1.6$, $a_2 = -0.9$, $\beta_1 = 0.5$）。このとき，①から $c_0 = 1$, ②から $c_1 = 1.6 + 0.5 = 2.1$ となり，それ以降は③から $c_i = 1.6 c_{i-1} - 0.9 c_{i-2}$ となる。図 2.2 では，横軸を i とし，縦軸を係数 c_i としている。これは **1.5** の例 7 と同じ数値例である[6]。ここで，$|a_2| = |-0.9| < 1$ から，特性根は単位円内にすべて存在している。よって，$\{c_i\}$ は収束系列となる。図 2.2 からも，$\{c_i\}$ が 0 に収束している様子がみてとれる。

　(2.17) 式の $\{y_t\}$ が定常であるかを確認しよう。(2.17) 式の期待値をとると，$E[y_t] = 0$ となることから，平均は有限であり時点には依存しない。また，分散は，

$$\mathrm{var}(y_t) = E[(c_0 \varepsilon_t + c_1 \varepsilon_{t-1} + c_2 \varepsilon_{t-2} + c_3 \varepsilon_{t-3} + \cdots)^2] = \sigma^2 \sum_{i=0}^{\infty} c_i^2$$

6　読者の中には，図 2.2 と図 1.5（a）を比較し形状の違いに疑問を持った方もいるだろう。これは初期値の違いから生じている。

図 2.2 係数 c_i の推移

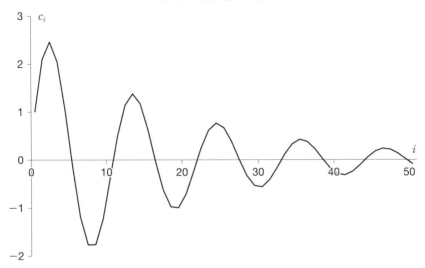

となる ($E[\varepsilon_t^2] = \sigma^2$, $s \neq 0$ なら $E[\varepsilon_t \varepsilon_{t-s}] = 0$ に注意)。したがって，分散は時点に依存しない。最後に，自己共分散は，

$$\mathrm{cov}(y_t, y_{t-1}) = E[(\varepsilon_t + c_1\varepsilon_{t-1} + c_2\varepsilon_{t-2} + \cdots)(\varepsilon_{t-1} + c_1\varepsilon_{t-2} + c_2\varepsilon_{t-3} + \cdots)]$$
$$= \sigma^2(c_1 + c_1 c_2 + c_2 c_3 + \cdots)$$
$$\mathrm{cov}(y_t, y_{t-2}) = E[(\varepsilon_t + c_1\varepsilon_{t-1} + c_2\varepsilon_{t-2} + \cdots)(\varepsilon_{t-2} + c_1\varepsilon_{t-3} + c_2\varepsilon_{t-4} + \cdots)]$$
$$= \sigma^2(c_2 + c_1 c_3 + c_2 c_4 + \cdots)$$

となり，一般的には，

$$\mathrm{cov}(y_t, y_{t-s}) = \sigma^2(c_s + c_1 c_{s+1} + c_2 c_{s+2} + \cdots) \tag{2.18}$$

となることから，自己共分散は時差 s だけに依存する (時点 t に依存しない)。

ここで，分散と自己共分散は係数 $\{c_i\}$ の無限和となっており，有限ではない可能性も考えられる。既に学習したとおり，「反転特性方程式 $A(z) = 1 - a_1 z - a_2 z^2 = 0$ の反転特性根がすべて単位円外に存在すれば $\{c_i\}$ は収束系列となる」。したがって，$A(z) = 0$ の根がすべて単位円外に存在すれば $\{c_i\}$ は収束系列となり，係数の和 ($\sum c_i^2$ と $c_s + c_1 c_{s+1} + c_2 c_{s+2} + \cdots$) は有限となる。このとき，分散と自己共分散は有限となるため，$\{y_t\}$ は定常である。

これらの結果はすべての ARMA(p, q) 過程に一般化することもできる。以下では，純粋な MA 過程と AR 過程の定常性条件を調べたのち，一般的な

64 第 2 章 定常時系列モデル

ARMA(p, q) 過程の定常性条件を確認しよう。

◆ MA 過程の定常性制約

MA(∞) 過程の定常性条件を考えよう。

$$x_t = \sum_{i=0}^{\infty} \beta_i \varepsilon_{t-i}$$

ここで，$\{\varepsilon_t\}$ はホワイトノイズである。有限次数の MA(q) 過程は，$\beta_{q+1} = \beta_{q+2} = \beta_{q+3} = \cdots = 0$ とした MA(∞) 過程と考えられる。

ここで，$\{x_t\}$ は共分散定常であることを確認しよう。まず，x_t の期待値をとると，

$$E[x_t] = E[\varepsilon_t + \beta_1 \varepsilon_{t-1} + \beta_2 \varepsilon_{t-2} + \cdots]$$
$$= E[\varepsilon_t] + \beta_1 E[\varepsilon_{t-1}] + \beta_2 E[\varepsilon_{t-2}] + \cdots = 0$$

となり，平均は時間を通じて一定である。次に，x_t の分散は，

$$\mathrm{var}(x_t) = E[(\varepsilon_t + \beta_1 \varepsilon_{t-1} + \beta_2 \varepsilon_{t-2} + \cdots)^2]$$
$$= \sigma^2 (1 + \beta_1^2 + \beta_2^2 + \cdots)$$

となり（$E[\varepsilon_t^2] = \sigma^2$，$s \neq 0$ に対し $E[\varepsilon_t \varepsilon_{t-s}] = 0$ に注意），やはり時間を通じて一定である。ここで $\sum \beta_i^2$ が有限であれば分散も有限となる。最後に，x_t と x_{t-s} との自己共分散は，

$$E[x_t x_{t-s}] = E[(\varepsilon_t + \beta_1 \varepsilon_{t-1} + \beta_2 \varepsilon_{t-2} + \cdots + \beta_s \varepsilon_{t-s} + \beta_{s+1} \varepsilon_{t-s-1}$$
$$+ \cdots)(\varepsilon_{t-s} + \beta_1 \varepsilon_{t-s-1} + \beta_2 \varepsilon_{t-s-2} + \cdots)]$$
$$= \sigma^2 (\beta_s + \beta_1 \beta_{s+1} + \beta_2 \beta_{s+2} + \cdots)$$

となり（$s \neq 0$ に対し $E[\varepsilon_t \varepsilon_{t-s}] = 0$ に注意），自己共分散は時差 s に依存するが，時点 t に依存しない。さらに，$\beta_s + \beta_1 \beta_{s+1} + \beta_2 \beta_{s+2} + \cdots$ が有限なら自己共分散も有限となる。

まとめると，MA 過程が定常であるためには，係数の和（$\sum \beta_i^2$ と $\beta_s + \beta_1 \beta_{s+1} + \beta_2 \beta_{s+2} + \cdots$）が有限であればよい。これは次数 q が有限であれば，係数の和もまた有限となるため，MA(q) 過程は常に定常となることを意味する。

2.4 ARMA 過程の定常性 65

◆ AR 過程の定常性制約

純粋な自己回帰（AR）過程を考えよう。

$$y_t = a_0 + \sum_{i=1}^{p} a_i y_{t-i} + \varepsilon_t \tag{2.19}$$

これはラグ多項式を用いると，

$$(1 - a_1 L - a_2 L^2 - \cdots - a_p L^p) y_t = a_0 + \varepsilon_t$$

と表せる。**1.7** で学習したとおり，安定条件（反転特性方程式 $A(z) = 1 - a_1 z - a_2 z^2 - \cdots - a_p z^p = 0$ の反転特性根がすべて単位円の外に存在する）が満たされれば，両辺に $A(L)^{-1} = (1 - a_1 L - a_2 L^2 - \cdots - a_p L^p)^{-1}$ を掛けることで，特殊解を，

$$
\begin{aligned}
y_t &= \frac{a_0}{1 - \sum_{i=1}^{p} a_i L^i} + \frac{\varepsilon_t}{1 - \sum_{i=1}^{p} a_i L^i} \\
&= \frac{a_0}{1 - \sum_{i=1}^{p} a_i} + \sum_{i=0}^{\infty} c_i \varepsilon_{t-i}
\end{aligned}
\tag{2.20}
$$

と表現できる（**1.7** の (1.56) 式を参照）。ただし，c_i は未定の係数である。

未定係数法によって，係数 c_i を特定できる。係数 c_i は，$i \geq p$ の範囲で，差分方程式

$$c_i = a_1 c_{i-1} + a_2 c_{i-2} + \cdots + a_p c_{i-p} \tag{2.21}$$

として表せる（証明は練習問題 [2] 参照）[7]。これは $y_t = a_1 y_{t-1} + a_2 y_{t-2} + \cdots + a_p y_{t-p}$ と同じ差分方程式である。したがって，$\{y_t\}$ が収束すれば，$\{c_i\}$ も収束することになる。つまり，$\{y_t\}$ の安定条件（反転特性方程式 $A(z) = 0$ の反転特性根がすべて単位円外に存在する）が満たされれば，系列 $\{c_i\}$ は収束することになる。

(2.20) 式の期待値をとると，平均は，

$$E[y_t] = \frac{a_0}{1 - \sum_{i=1}^{p} a_i}$$

となり，その値は有限で時点にも依存しない。また，y_t の分散は，

7　(2.16) 式において $\beta_1 = 0$ とおくと AR(2) 過程となる。③で確認したとおり，(2.17) 式の係数 c_i は $i \geq p = 2$ の範囲で $c_i = a_1 c_{i-1} + a_2 c_{i-2}$ を満たしている。

$$\text{var}(y_t) = E[(y_t - E[y_t])^2]$$

$$= E[(\varepsilon_t + c_1\varepsilon_{t-1} + c_2\varepsilon_{t-2} + c_3\varepsilon_{t-3} + \cdots)^2] = \sigma^2 \sum_{i=0}^{\infty} c_i^2$$

であり，自己共分散は，

$$\text{cov}(y_t, y_{t-s}) = E[(y_t - E[y_t])(y_{t-s} - E[y_{t-s}])]$$

$$= E[(\varepsilon_t + c_1\varepsilon_{t-1} + c_2\varepsilon_{t-2} + \cdots + c_s\varepsilon_{t-s} + c_{s+1}\varepsilon_{t-s-1}$$

$$+ \cdots)(\varepsilon_{t-s} + c_1\varepsilon_{t-s-1} + c_2\varepsilon_{t-s-2} + \cdots)]$$

$$= \sigma^2(c_s + c_1 c_{s+1} + c_2 c_{s+2} + \cdots)$$

となり，ともに時点に依存しない。さらに，系列 $\{c_i\}$ は収束するため，係数の和（$\sum c_i^2$ と $c_s + c_1 c_{s+1} + c_2 c_{s+2} + \cdots$）は有限となり，分散と自己共分散もまた有限となる。以上から，安定条件が満たされれば AR 過程は定常となる。

◆ ARMA 過程の定常性制約

最後に，一般的な ARMA(p,q) 過程を考えよう。

$$y_t = a_0 + \sum_{i=1}^{p} a_i y_{t-i} + x_t$$

$$x_t = \sum_{i=0}^{q} \beta_i \varepsilon_{t-i} \tag{2.22}$$

ARMA(p,q) 過程は，AR(p) 部分と MA(q) 部分から構成される。次数 q が有限であれば MA(q) 部分は常に定常であるため，ARMA(p, q) 過程の定常性は AR(p) 部分が定常性の条件を満たしているかに依存している。この点を以下で証明する。

ARMA(p, q) 過程は，ラグオペレータを用いると，

$$(1 - a_1 L - a_2 L^2 - \cdots - a_p L^p)y_t = a_0 + \varepsilon_t + \beta_1\varepsilon_{t-1} + \cdots + \beta_q\varepsilon_{t-q}$$

と書ける（**2.2** 参照）。そして，安定条件が満たされれば，両辺に $A(L)^{-1} = (1 - a_1 L - a_2 L^2 - \cdots - a_p L^p)^{-1}$ を掛けることで

$$y_t = \frac{a_0}{1 - \sum_{i=1}^p a_i} + \frac{\varepsilon_t}{1 - \sum_{i=1}^p a_i L^i} + \beta_1 \frac{\varepsilon_{t-1}}{1 - \sum_{i=1}^p a_i L^i} + \cdots$$
$$+ \beta_q \frac{\varepsilon_{t-q}}{1 - \sum_{i=1}^p a_i L^i} \tag{2.23}$$

となる。ここで右辺第 1 項は定数となる（**1.7** の (1.54) 式参照）。

AR 過程の議論から，定数項を 0 とした AR 過程 $A(L)y_t = \varepsilon_t$ は，$A(L)^{-1}$ を両辺に掛けることで，

$$y_t = \frac{\varepsilon_t}{1 - \sum_{i=1}^p a_i L^i} = \sum_{i=0}^\infty c_i \varepsilon_{t-i}$$

と表せる（(2.19)(2.20) 式で $a_0 = 0$ のケースに該当）。これはまさに (2.23) 式の右辺第 2 項であり，安定条件が満たされれば定常過程となる。同様にして，第 3 項以降も定常となることを示せる。以上から，安定条件が満たされれば，(2.23) 式のすべての項が定常となる。当然であるが，定常過程の和も定常となるため，(2.23) 式の y_t も定常となる。

2.5 自己相関関数

本節では，ARMA(p, q) 過程の特殊ケースである AR(1)，AR(2)，MA(1)，ARMA(1,1) 過程に注目し，確率過程の特徴が自己共分散，自己相関に現れることを示す。これは自己共分散，自己相関を調べることで，データ生成過程を特定する情報が得られることを意味している。

◆ AR(1) 過程の自己相関関数

AR(1) 過程 $y_t = a_0 + a_1 y_{t-1} + \varepsilon_t$ において $(|a_1| < 1)$，分散と自己共分散は

$$\gamma_0 = \frac{\sigma^2}{1 - a_1^2}$$
$$\gamma_s = \frac{\sigma^2 a_1^s}{1 - a_1^2}$$

となる（(2.14)(2.15) 式を参照）。自己相関 ρ_s は，自己共分散 γ_s を分散 γ_0 で割ることで，

$$\rho_s = \frac{\gamma_s}{\gamma_0} = a_1^s$$

となる。したがって，$\rho_0 = 1$, $\rho_1 = a_1$, $\rho_2 = a_1^2$, $\rho_3 = a_1^3$, ... となる。

AR(1) 過程では，定常性の必要条件は $|a_1| < 1$ となる。「自己相関 ρ_s を s の関数とみなしたもの」は，**自己相関関数**（autocorrelation function：**ACF**）もしくは**コレログラム**（correlogram）と呼ばれる。系列が定常なら，自己相関関数 ACF は幾何級数的に 0 に収束する。例えば，a_1 が正なら一様に 0 に収束し，a_1 が負なら振動しながら 0 に収束する。図 2.3 の左側には，さまざまな確率過程からの ACF を掲載しており，図 2.3（a）（b）では AR(1) 過程（それぞれ $a_1 = 0.7$, $a_1 = -0.7$）からの理論上の ACF を示している（定義より，常に $\rho_0 = 1$ に注意）。図 2.3（a）では ACF が一様に 0 に収束し，図 2.3（b）では振動しながら 0 に収束している様子がみてとれる。

◆ AR(2) 過程の自己相関関数

AR(2) 過程 $y_t = a_1 y_{t-1} + a_2 y_{t-2} + \varepsilon_t$ を考える。定数項 a_0 は自己相関に何の影響も与えないため除いている。既に示したとおり，AR(2) 過程が定常であるためには，反転特性方程式 $A(z) = 0$ の反転特性根が単位円の外に存在しなければならない。**2.4** では，未定係数法を用いて，ARMA(2,1) 過程の自己共分散を導出したが，ここでは，自己相関同士の関係を表した**ユール゠ウォーカー**（Yule-Walker）**方程式**を用いて，自己共分散を求めてみよう。

AR(2) 過程 $y_t = a_1 y_{t-1} + a_2 y_{t-2} + \varepsilon_t$ の両辺に $y_{t-s}(s = 0, 1, \ldots)$ を掛けて期待値をとると，

$$
\begin{aligned}
E[y_t y_t] &= E[(a_1 y_{t-1} + a_2 y_{t-2} + \varepsilon_t) y_t] \\
&= a_1 E[y_{t-1} y_t] + a_2 E[y_{t-2} y_t] + E[\varepsilon_t y_t] \\
E[y_t y_{t-1}] &= a_1 E[y_{t-1} y_{t-1}] + a_2 E[y_{t-2} y_{t-1}] + E[\varepsilon_t y_{t-1}] \\
E[y_t y_{t-s}] &= a_1 E[y_{t-1} y_{t-s}] + a_2 E[y_{t-2} y_{t-s}] + E[\varepsilon_t y_{t-s}] \quad (2.24) \\
&\qquad (\text{ただし，} \; s = 2, 3, 4, \cdots)
\end{aligned}
$$

となる。定常性の定義から，$E[y_t y_{t-s}] = E[y_{t-s} y_t] = E[y_{t-k} y_{t-k-s}] = \gamma_s$ となる。また，ε_t はホワイトノイズであるから，

2.5 自己相関関数

図 2.3 理論上の ACF と PACF

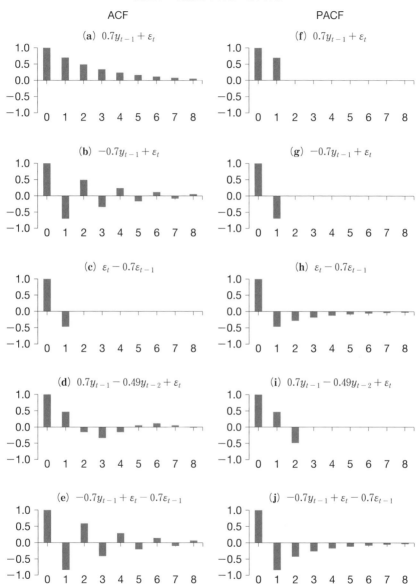

$$E[\varepsilon_t y_t] = E[\varepsilon_t (a_1 y_{t-1} + a_2 y_{t-2} + \varepsilon_t)]$$
$$= a_1 E[\varepsilon_t y_{t-1}] + a_2 E[\varepsilon_t y_{t-2}] + E[\varepsilon_t^2] = 0 + 0 + \sigma^2 = \sigma^2$$
$$E[\varepsilon_t y_{t-s}] = a_1 E[\varepsilon_t y_{t-s-1}] + a_2 E[\varepsilon_t y_{t-s-2}] + E[\varepsilon_t \varepsilon_{t-s}] = 0$$
$$(\text{ただし,} \ \ s = 1, 2, 3, \cdots)$$

となる。したがって，(2.24) 式は，

$$\gamma_0 = a_1 \gamma_1 + a_2 \gamma_2 + \sigma^2$$
$$\gamma_1 = a_1 \gamma_0 + a_2 \gamma_1 \tag{2.25}$$
$$\gamma_s = a_1 \gamma_{s-1} + a_2 \gamma_{s-2} \qquad (s = 2, 3, 4, \ldots) \tag{2.26}$$

と表記できる。(2.25)(2.26) 式の両辺を分散 γ_0 で割って，自己相関で表現した式は，

$$\rho_1 = a_1 \rho_0 + a_2 \rho_1 \tag{2.27}$$
$$\rho_s = a_1 \rho_{s-1} + a_2 \rho_{s-2} \qquad (s = 2, 3, 4, \ldots) \tag{2.28}$$

となる。これらはユール＝ウォーカー方程式と呼ばれる。

定義により $\rho_0 = 1$ のため，(2.27) 式から $\rho_1 = a_1/(1 - a_2)$ となる。また $s \geq 2$ の範囲では，ρ_s は (2.28) 式から求められる。具体的には，$\rho_0 = 1$ と $\rho_1 = a_1/(1 - a_2)$ から，

$$\rho_2 = \frac{a_1^2}{1 - a_2} + a_2$$
$$\rho_3 = a_1 \left(\frac{a_1^2}{1 - a_2} + a_2 \right) + a_2 \frac{a_1}{1 - a_2}$$

を得る。こうして自己相関 ρ_s の値を計算していくのは面倒だが，ρ_s の性質は簡単に理解できる。ここで，ρ_0 と ρ_1 を所与とすると，$s \geq 2$ の範囲で ρ_s は差分方程式 (2.28) となっている。もし y_t が定常なら，(2.28) 式の特性根は単位円の中に存在している[8]。したがって，$\{\rho_s\}$ は収束系列となる。ここで $\rho_0 = 1$, $\rho_1 = a_1/(1 - a_2)$ は，(2.28) 式の差分方程式の初期値とみなせる。

---

[8] ここで $y_t = a_1 y_{t-1} + a_2 y_{t-2} + \varepsilon_t$ のとき，自己相関が $\rho_s = a_1 \rho_{s-1} + a_2 \rho_{s-2}$ となることを示した。つまり，y_t の同次部分 $y_t = a_1 y_{t-1} + a_2 y_{t-2}$ と $\rho_s = a_1 \rho_{s-1} + a_2 \rho_{s-2}$ は同じ動学的性質を持っている。また y_t が定常ならば，同次部分は収束系列でなければならないため，同次部分の特性根（同じことだが ρ_s の特性根）は単位円の中に存在している。

図 2.3 (d) では，$y_t = 0.7y_{t-1} - 0.49y_{t-2} + \varepsilon_t$ の ACF を示している．自己相関 ρ_s の性質は，y_t の同次部分 $y_t = 0.7y_{t-1} - 0.49y_{t-2}$ から直接に決まる．同次方程式の根は，

$$a = \frac{0.7 \pm \sqrt{0.7^2 - 4 \times 0.49}}{2}$$

であり，判別式 $d = 0.7^2 - 4 \times 0.49 = -1.47$ は負となる．したがって，特性根は虚数となり，同次解は振動する．しかし，$a_2 = -0.49$ であるため，解は振動しながら 0 に収束し，$\{y_t\}$ は定常となる（**1.5** のケース 3 に該当）．

◆ MA(1) 過程の自己相関関数

MA(1) 過程 $y_t = \varepsilon_t + \beta\varepsilon_{t-1}$ を考えよう．ここで，$y_t y_{t-s}$ $(s = 0, 1, \dots)$ の期待値をとると，

$$\gamma_0 = E[y_t y_t] = E[(\varepsilon_t + \beta\varepsilon_{t-1})(\varepsilon_t + \beta\varepsilon_{t-1})] = (1 + \beta^2)\sigma^2$$

$$\gamma_1 = E[y_t y_{t-1}] = E[(\varepsilon_t + \beta\varepsilon_{t-1})(\varepsilon_{t-1} + \beta\varepsilon_{t-2})] = \beta\sigma^2$$

$$\gamma_s = E[y_t y_{t-s}] = E[(\varepsilon_t + \beta\varepsilon_{t-1})(\varepsilon_{t-s} + \beta\varepsilon_{t-s-1})] = 0$$

$$(ただし，\ s = 2, 3, 4, \dots)$$

となる．両辺を γ_0 で割れば，ACF は $\rho_0 = 1$，$\rho_1 = \beta/(1 + \beta^2)$，$s > 1$ の範囲で $\rho_s = 0$ となる．

図 2.3 (c) では，$y_t = \varepsilon_t - 0.7\varepsilon_{t-1}$ の ACF を示している．ACF は，次数 0 で 1 となることを除くと，次数 1 で尖りがあり，2 次以上では 0 となる．一般的な MA(q) 過程では，モデルの次数 q より高次の自己相関はすべて 0 となる．練習として，MA(2) 過程の ACF を求めてみよう．次数 1 および 2 で尖りがあり，3 次以上は 0 となることが確認できる．

◆ ARMA(1,1) 過程の自己相関関数

ARMA(1,1) 過程 $y_t = a_1 y_{t-1} + \varepsilon_t + \beta_1\varepsilon_{t-1}$ を考えよう．ここで $y_t = a_1 y_{t-1} + \varepsilon_t + \beta_1\varepsilon_{t-1}$ の両辺に y_{t-s} を掛けてから期待値をとると，

72 第2章 定常時系列モデル

$$E[y_t y_t] = a_1 E[y_{t-1} y_t] + E[\varepsilon_t y_t] + \beta_1 E[\varepsilon_{t-1} y_t]$$
$$\Rightarrow \quad \gamma_0 = a_1 \gamma_1 + \sigma^2 + \beta_1 (a_1 + \beta_1) \sigma^2$$
$$E[y_t y_{t-1}] = a_1 E[y_{t-1} y_{t-1}] + E[\varepsilon_t y_{t-1}] + \beta_1 E[\varepsilon_{t-1} y_{t-1}]$$
$$\Rightarrow \quad \gamma_1 = a_1 \gamma_0 + \beta_1 \sigma^2$$
$$E[y_t y_{t-s}] = a_1 E[y_{t-1} y_{t-s}] + E[\varepsilon_t y_{t-s}] + \beta_1 E[\varepsilon_{t-1} y_{t-s}]$$
$$\Rightarrow \quad \gamma_s = a_1 \gamma_{s-1} \quad (s = 2, 3, 4, \ldots)$$

となる。計算は少し面倒だが，γ_0 と γ_1 に関する式を連立方程式として解くことで，

$$\gamma_0 = \frac{1 + \beta_1^2 + 2a_1\beta_1}{1 - a_1^2}\sigma^2, \qquad \gamma_1 = \frac{(1 + a_1\beta_1)(a_1 + \beta_1)}{1 - a_1^2}\sigma^2$$

となる。したがって，1次の自己相関係数 ρ_1 は，γ_1/γ_0 を求めることで，

$$\rho_1 = \frac{(1 + a_1\beta_1)(a_1 + \beta_1)}{1 + \beta_1^2 + 2a_1\beta_1}$$

となる。また，$s \geq 2$ の範囲では，$\gamma_s = a_1\gamma_{s-1}$ の両辺を γ_0 で割ることで，$\rho_s = a_1\rho_{s-1}$ となる。

ARMA$(1,1)$ 過程の ACF では，ρ_1 の大きさは a_1 と β_1 の両方に依存している。また，ρ_1 の値を初期条件とすると，ARMA$(1,1)$ 過程の ACF は $\rho_s = a_1\rho_{s-1}$ として決定されるため，AR(1) 過程の ACF（$\rho_s = a_1^s$）と類似の形状をしている。例えば，$0 < a_1 < 1$ なら一様に収束し，$-1 < a_1 < 0$ なら振動しながら収束する。

図 2.3（e）は，$y_t = -0.7y_{t-1} + \varepsilon_t - 0.7\varepsilon_{t-1}$ の ACF を示している。パラメータの数値（$a_1 = -0.7$，$\beta_1 = -0.7$）を代入することで，

$$\rho_1 = \frac{(1 + 0.49)(-0.7 - 0.7)}{1 + 0.49 + 2 \times 0.49} = -0.8445$$

となる。また，$\rho_s = -0.7\rho_{s-1}$ を用いると，$\rho_2 = 0.591$，$\rho_3 = -0.414$，$\rho_4 = 0.290$，$\rho_5 = -0.203$，$\rho_6 = 0.142$，$\rho_7 = -0.099$，$\rho_8 = 0.070$，$\ldots$ となり，振動しながら 0 に収束していく。

これまでの結果を一般化しよう。ARMA(p,q) 過程では，ρ_s は，$s \geq q+1$ に対して，p 次の差分方程式として決定される。

$$\rho_s = a_1\rho_{s-1} + a_2\rho_{s-2} + \cdots + a_p\rho_{s-p}$$

ここで $\rho_1, \rho_2, \ldots, \rho_p$ は，ユール＝ウォーカー方程式の初期条件として扱われる。したがって，ARMA 過程の ACF は，AR 部分のパラメータに依存して決定される。

2.6 偏自己相関関数

AR(1) 過程 $y_t = a_0 + a_1 y_{t-1} + \varepsilon_t$ を考えよう。このモデルに y_{t-2} は現れないが，y_{t-2} と y_t は相関している（y_{t-2} が変化すれば，y_{t-1} の変化を通じて y_t も変化する）。ここで，y_t と y_{t-2} の相関係数 ρ_2 は，y_t と y_{t-1} の相関係数 ρ_1 に，y_{t-1} と y_{t-2} の相関係数 ρ_1 を掛けたものである（$\rho_2 = \rho_1^2$）[9]。こうした「間接的」相関は，AR 過程の ACF に現れてしまう。これに対し，y_t と y_{t-s} の**偏自己相関**（partial autocorrelation）は，$y_{t-1}, \ldots, y_{t-s+1}$ の影響を除いたうえで，y_t と y_{t-s} の「直接的」相関を測るものである。例えば，AR(1) 過程 $y_t = a_0 + a_1 y_{t-1} + \varepsilon_t$ では，この式に y_{t-2} は現れないため，y_{t-1} の影響を除くと，y_t と y_{t-2} は無相関となる。このとき，y_t と y_{t-2} の偏自己相関は 0 となる。

偏自己相関は，次のように求められる。まず，y_t から平均 μ を引いた変数 $y_t^* = y_t - \mu$ を作る。そして，次の自己回帰式を形成しよう。

$$y_t^* = \phi_{11} y_{t-1}^* + e_t$$

ここで e_t は誤差項である。この場合，間接的効果は存在しないため，係数 ϕ_{11} は y_t と y_{t-1} の自己相関であり，偏自己相関でもある[10]。次に，2 次の自己回帰式を形成しよう。

$$y_t^* = \phi_{21} y_{t-1}^* + \phi_{22} y_{t-2}^* + e_t$$

ここで係数 ϕ_{22} は，y_{t-1} の影響を除いたうえで y_t と y_{t-2} の関係を示している（ϕ_{21} は，y_{t-2} の影響を除いたうえで y_t と y_{t-1} の関係を示す）。したがって，係

---

9 AR(1) 過程では，y_t と y_{t-2} の相関係数は $\rho_2 = a_1^2$ となる。これは y_t と y_{t-1} の相関係数 $\rho_1 = a_1$ に，y_{t-1} と y_{t-2} の相関係数 $\rho_1 = a_1$ を掛けたものである。

10 係数 ϕ_{11} が 1 次の自己相関であることを示す。$y_t^* = \phi_{11} y_{t-1}^* + e_t$ の両辺に y_{t-1}^* を掛けると，$y_t^* y_{t-1}^* = \phi_{11} y_{t-1}^{*2} + e_t y_{t-1}^*$ となる。さらに両辺の期待値をとると $E[y_t^* y_{t-1}^*] = \phi_{11} E[y_{t-1}^{*2}] + E[e_t y_{t-1}^*] = \phi_{11} E[y_{t-1}^{*2}]$ となる（$E[e_t y_{t-1}^*] = 0$ に注意）。両辺を $E[y_{t-1}^{*2}]$ で割ると $\phi_{11} = E[y_t^* y_{t-1}^*] / E[y_{t-1}^{*2}]$ が得られる。定義から，$y_t^* = y_t - \mu$ であるから，$\phi_{11} = E[(y_t - \mu)(y_{t-1} - \mu)] / E[(y_{t-1} - \mu)^2]$ となる。これはまさに 1 次の自己相関である。

数 ϕ_{22} は，y_t と y_{t-2} の偏自己相関となる。次に，3 次の自己回帰式を形成しよう。

$$y_t^* = \phi_{31} y_{t-1}^* + \phi_{32} y_{t-2}^* + \phi_{33} y_{t-3}^* + e_t$$

ここで係数 ϕ_{33} は，y_{t-1} と y_{t-2} の影響を除いたうえで，y_t と y_{t-3} の関係を示している。したがって，係数 ϕ_{33} は，y_t と y_{t-3} の偏自己相関となる。このようにラグを追加していくことで，y_t と y_{t-s} の偏自己相関 ϕ_{ss} が求められる。偏自己相関 ϕ_{ss} を s の関数とみなしたものは，**偏自己相関関数**（partial autocorrelation function：**PACF**）と呼ばれる[11]。これらの計算は面倒に思われるかもしれないが，統計ソフトを用いれば PACF は簡単に計算できるので心配する必要はない。

AR(p) 過程では，$s > p$ の範囲において，y_t と y_{t-s} との直接的相関は存在しない。したがって，$s > p$ なら，$\phi_{ss} = 0$ となる。換言すれば，純粋な AR(p) 過程の PACF は $p+1$ 次以降は 0 となる。図 2.3 の右側には，さまざまな確率過程からの PACF を掲載しており，図 2.3 (f) (g) は AR(1) 過程，(i) は AR(2) 過程の PACF に該当する。これらの特徴は，AR(p) 過程の**同定**（次数の決定）をするうえで重要な情報となる。

これに対し，MA(1) 過程 $y_t = (1 + \beta L)\varepsilon_t$ を考えよう。ここで $1 + \beta L = 1 - (-\beta)L$ と書ける。したがって，$|\beta| < 1$ とすると，**1.7** の性質 5 を用いて，

$$
\begin{aligned}
(1 + \beta L)^{-1} &= [1 - (-\beta)L]^{-1} \\
&= 1 + (-\beta)L + (-\beta)^2 L^2 + (-\beta)^3 L^3 + \cdots \\
&= 1 - \beta L + \beta^2 L^2 - \beta^3 L^3 + \cdots
\end{aligned}
$$

と展開できる。その結果，$y_t = (1 + \beta L)\varepsilon_t$ の両辺に $(1 + \beta L)^{-1}$ を掛けると $(1 - \beta L + \beta^2 L^2 - \beta^3 L^3 + \cdots)y_t = \varepsilon_t$ となり，これを展開すると，MA(1) 過程は AR(∞) 過程となる。

$$y_t = \beta y_{t-1} - \beta^2 y_{t-2} + \beta^3 y_{t-3} - \cdots + \varepsilon_t$$

ここで，y_t はすべての自己ラグと相関しているため，PACF は 0 となることはなく，幾何級数的に減衰していく。例えば，$\beta < 0$ なら一様に減衰し（図 2.3 (h) 参照），$\beta > 0$ なら振動しながら減衰する。

---

11 定義によって，0 次の自己相関が常に 1 であるように，0 次の偏自己相関も 1 となる。これは y_t^* を y_t^* で回帰すれば，係数は必ず 1 となることから理解できるだろう。

2.6 偏自己相関関数　75

表 2.1　理論上の ACF と PACF の性質

確率過程	ACF	PACF
ホワイトノイズ	すべての $s \neq 0$ に対して $\rho_s = 0$	すべての s に対して $\phi_{ss} = 0$
$AR(1) : a_1 > 0$	正の領域で幾何級数的に減衰する。$\rho_s = a_1^s$	$\phi_{11} = \rho_1$, $s \geq 2$ の範囲では $\phi_{ss} = 0$
$AR(1) : a_1 < 0$	負の領域で始まり，符号を変えながら 0 に減衰する。$\rho_s = a_1^s$	$\phi_{11} = \rho_1$, $s \geq 2$ の範囲では $\phi_{ss} = 0$
$AR(p)$	0 に減衰する。係数は振動するかもしれない	次数 p までは尖る。$s > p$ の範囲では $\phi_{ss} = 0$
$MA(1) : \beta > 0$	次数 1 で正の尖り。$s \geq 2$ の範囲で $\rho_s = 0$	振動しながら減衰する。$\phi_{11} > 0$
$MA(1) : \beta < 0$	次数 1 で負の尖り。$s \geq 2$ の範囲で $\rho_s = 0$	幾何級数的に減衰する。$\phi_{11} < 0$
$ARMA(p,q)$	次数 $q+1$ から，一様もしくは振動しながら減衰する	次数 $p+1$ から，一様または振動しながら減衰する

図 2.3 (j) では，次の ARMA(1,1) 過程の PACF を描いている。

$$y_t = -0.7y_{t-1} + \varepsilon_t - 0.7\varepsilon_{t-1}$$

前節で求めたとおり，ACF は $\rho_1 = -0.8445$ となり，$s \geq 2$ の範囲に対し $\rho_s = -0.7\rho_{s-1}$ となる。つまり，ACF は振動しながら逓減していく。統計ソフトによって，PACF を求めると，$\phi_{11} = \rho_1 = -0.8445$, $\phi_{22} = -0.426$, $\phi_{33} = -0.262$, $\phi_{44} = -0.173$ となる。よって，1 次から負の値をとり，単調に逓減しているのがわかる。

定常 ARMA(p,q) 過程の PACF は，次数 $p+1$ から幾何級数的に減衰する。そのパターンは，MA 部分の多項式 $(1 + \beta_1 L + \beta_2 L^2 + \cdots + \beta_q L^q)$ の係数に依存する。つまり，次数 p までは AR 部分の影響を受けるが，それ以降は MA 部分だけで決定される。表 2.1 では，AR 過程，MA 過程，ARMA 過程に関する ACF と PACF の性質をまとめている。

AR(p) 過程では，ACF は指数関数的に減少し，PACF は $p+1$ 次以降は 0 となる。MA(q) 過程では，ACF は $q+1$ 次以降は 0 となり，PACF は指数関数的に減少する。また，一般的な ARMA(p,q) 過程では，以下の点が重要となる。

1.　ARMA(p,q) 過程の ACF は，次数 $q+1$ から減衰する。次数 $q+1$ から，ACF の係数 ρ_s は差分方程式 $\rho_s = a_1\rho_{s-1} + a_2\rho_{s-2} + \cdots + a_p\rho_{s-p}$ を満たす。y_t が定常なら，特性根はすべて単位円内に存在するため，

自己相関は減衰する。

2. ARMA(p, q) 過程の PACF は，次数 $p+1$ から減衰する。次数 $p+1$ から，PACF の係数 ϕ_{ss} は，$y_t/(1 + \beta_1 L + \beta_2 L^2 + \cdots + \beta_q L^q)$ の ACF の係数と同じとなる。

ACF と PACF を用いて，モデルの同定ができる。まず，データを用いて，ACF，PACF を計算し，それらを図示してみよう。これらを理論上の ACF，PACF と比較することで，真のモデルが何であるかを同定できる。次節では，どのようにモデルを選択すればよいかについて詳しく説明する。

2.7 定常時系列の標本自己相関

前節では，データ生成過程（DGP）を既知として，理論上の平均 μ，分散 σ^2，自己相関 ρ_s，偏自己相関 ϕ_{ss} を分析した。実際には，分析者は DGP を知らないため，理論上の平均，分散，自己相関，偏自己相関もわからない。ただし，系列が定常であれば，時系列データから標本平均 $\bar{y}$，標本分散 $\hat{\sigma}^2$，標本自己相関 r_s，標本偏自己相関 $\hat{\phi}_{ss}$ を求めることで，モデルを同定するうえで有益な情報が得られる。

ここでデータは計 T 個あり，それぞれ $y_1, y_2, \ldots, y_T$ としよう。このとき，標本平均と標本分散は，以下の式で求められる。

$$\bar{y} = \frac{1}{T} \sum_{t=1}^{T} y_t \tag{2.29}$$

$$\hat{\sigma}^2 = \frac{1}{T} \sum_{t=1}^{T} (y_t - \bar{y})^2 \tag{2.30}$$

また，$s = 1, 2, \ldots$ に対して，標本自己相関は次式となる。

$$r_s = \frac{\sum_{t=s+1}^{T} (y_t - \bar{y})(y_{t-s} - \bar{y})}{\sum_{t=1}^{T} (y_t - \bar{y})^2} \tag{2.31}$$

以下，証明は面倒なため結果だけ紹介する。真の自己相関が $\rho_s = 0$ の場合，サンプルサイズが十分大きいならば，標本自己相関 r_s は期待値 0 の正規分布に従う。ボックス゠ジェンキンス（Box and Jenkins 1976）は，真の確率過程が MA$(s-1)$ であれば（つまり，$\rho_s = \rho_{s+1} = \rho_{s+2} = \cdots = 0$），標本自己相関

r_k の分散は（ただし，$k \geq s$），

$$\mathrm{var}(r_k) = \frac{1}{T} \qquad\qquad (s = 1 \text{ のとき})$$

$$= \frac{1}{T}\left(1 + 2\sum_{j=1}^{s-1}\rho_j^2\right) \qquad (s > 1 \text{ のとき}) \tag{2.32}$$

で求められるとした。例えば，$s = 1$ なら MA(0) であり（つまり，ホワイトノイズ），このとき標本自己相関 $r_1, r_2, r_3, \ldots$ の期待値は 0，分散はすべて T^{-1}（標準誤差は $T^{-1/2}$）となる。その結果，標本自己相関の 95% 信頼区間は $0 \pm 1.96T^{-1/2}$ となる（$Z \sim N(0,1)$ なら $P\{|Z| < 1.96\} = 0.95$ であることに注意）。したがって，標本自己相関 ACF が $0 \pm 1.96T^{-1/2}$ 区間を超えていれば，ホワイトノイズではない可能性を示唆している。これが ACF を図示するとき，$0 \pm 2T^{-1/2}$ 区間もあわせて表示する理由である（1.96 も 2 もほぼ同じ値であるため，わかりやすい値として 2 を用いる）。

この結果を用いれば，確率過程の次数を同定できる。もし r_1 の絶対値が $2T^{-1/2}$ を超えれば，有意水準 5% で MA(0) 過程が棄却される。棄却されたら，MA(1) 過程（$s = 2$）として仮説検定する。もし $r_1 = 0.5$，$T = 100$ なら，r_1 は ρ_1 を正確に推定していると考えて，(2.32) 式から $\mathrm{var}(r_2) = (1 + 2 \times 0.5^2)/100 = 0.015$ とする。r_2 の絶対値が 0.245（$= 2 \times 0.015^{1/2}$）を超えていれば，有意水準 5% で MA(1) 過程が棄却される。棄却されたら，MA(2) 過程（$s = 3$）として仮説検定する。この手続きを繰り返していけば，次数の同定ができる。

同様に，PACF についても，真の偏自己相関が $\phi_{ss} = 0$ の場合，サンプルサイズが大きいならば，標本偏自己相関 $\hat{\phi}_{ss}$ は平均 0 の正規分布に従う。また，真の確率過程が AR($s-1$) 過程であれば（つまり，$\phi_{ss} = \phi_{s+1,s+1} = \phi_{s+2,s+2} = \cdots = 0$），標本偏自己相関 $\hat{\phi}_{kk}$ の分散は（ただし，$k \geq s$），

$$\mathrm{var}(\hat{\phi}_{kk}) = \frac{1}{T}$$

となる。この結果を用いれば，PACF の有意性検定ができる。

標本自己相関を数多く分析すれば，本当はホワイトノイズ（自己相関がすべて 0）であっても，いくつかの標本自己相関は 2 標準誤差を偶然超えるかもしれない。こうした問題を避けるには，複数の自己相関がすべて 0（$\rho_1 = \rho_2 = \cdots = \rho_s = 0$）という帰無仮説を同時に検定すればよい。対立仮説

78　第2章　定常時系列モデル

は，少なくとも1つの自己相関は0ではないとする（つまり，$\rho_i \neq 0$ となる i が
存在する）。

　ボックス＝ピアース（Box and Pierce 1970）は，帰無仮説 $\rho_1 = \rho_2 = \cdots = \rho_s = 0$ を検定するため，**Q 統計量**を提案している。

$$Q(s) = T \sum_{k=1}^{s} r_k^2$$

大標本（サンプルサイズが大きい場合）では，Q 統計量は，帰無仮説のもとで自
由度 s の χ^2 分布に従う（「χ^2」は「カイ2乗」と読む）。これは，帰無仮説のも
とで，r_k は正規分布（平均0，分散 T^{-1}）に従うためである。標本自己相関が0
から乖離すると Q 統計量は大きくなり，標本自己相関が0に近いと Q 統計量
は0に近い値となる。例えば，ホワイトノイズであれば，すべての自己相関は
0であるため，Q 統計量も0に近い値をとるだろう。Q 統計量が，χ^2 分布表
の**臨界値**（critical value）を超えたら，帰無仮説 $\rho_1 = \rho_2 = \cdots = \rho_s = 0$ を棄
却し，対立仮説を採択する。

　大標本では Q 統計量は χ^2 分布に従うが，小標本（サンプルサイズが小さい場
合）では，Q 統計量は χ^2 分布から予期されるよりも小さな値をとる傾向があ
ることが知られている。リュン＝ボックス（Ljung and Box 1978）は，こうし
た小標本の性質を改善するため，**修正 Q 統計量**を提案している。

$$Q(s) = T(T+2) \sum_{k=1}^{s} \frac{r_k^2}{T-k} \tag{2.33}$$

修正 Q 統計量では，1より大きな項 $(T+2)/(T-k)$ を新たに追加すること
で，通常の Q 統計量よりも大きな値をとることになる。修正 Q 統計量が，自
由度 s の χ^2 分布の臨界値より大きいなら，帰無仮説 $\rho_1 = \rho_2 = \cdots = \rho_s = 0$
を棄却できる。

　Q 統計量と修正 Q 統計量は，ARMA(p, q) モデルの残差がホワイトノイズ
であるかを調べるためにも用いることができる。この場合，ARMA モデルの
パラメータを推定するために自由度が減少しているため，χ^2 分布の自由度は
s ではなく，$s - p - q$ を用いるべきである。

◆ モデルの選択規準

推定モデルは適切だろうか。ARMA(p, q) の次数 p, q を上げると，パラメ

ータの数は増加するため，**残差平方和**（sum of squared residuals：**SSR**）は減少していく（残差平方和は**残差 2 乗和**とも呼ぶ）。しかし，推定すべきパラメータ数が増加すると，パラメータの推定精度が悪くなってしまう。さらにいえば，モデルは**倹約的**（parsimonious）なほうが予測精度は改善する傾向がある（この点は **2.9** で詳しく説明する）。まとめると，次数の増加は，データとの当てはまりを改善（SSR を低下）させる一方，自由度や推定精度を低下させるというトレードオフが存在する。

こうしたトレードオフをバランスさせる選択規準がある。有名な選択規準として，赤池弘次が提案した**赤池情報量規準**（Akaike information criterion：**AIC**），ギデオン・シュワルツ（Gideon Schwarz）が提案した**ベイズ情報量規準**（Bayesian information criterion：**BIC**）がある（BIC は，シュワルツの名前をとって **SIC** もしくは **SBIC** とも呼ばれる）。厳密には，AIC と BIC は，

$$\mathrm{AIC} = T\ln(\mathrm{SSR}) + 2n$$
$$\mathrm{BIC} = T\ln(\mathrm{SSR}) + n\ln(T)$$

と定義される。ここで，n は推定されるパラメータの数（定数項がなければ $n = p + q$，定数項があれば $n = p + q + 1$），T は有用な観測数を表す[12]。情報量規準は小さいほど，良いモデルとみなされる。例えば，モデル A の AIC，BIC が，モデル B のそれらより小さければ，モデル A はモデル B よりも優れていると判断される。

AIC，BIC の第 1 項は，残差平方和 SSR を含んでおり，モデルの当てはまりの良さを測る。第 2 項は，パラメータの数 n を含んでおり，次数を上げることに対する「費用」あるいはペナルティを表す。次数を上げると，SSR は減少するが，パラメータの数 n は増加する。どちらの効果が大きいかは，追加した変数の説明力に依存する。図 2.4 では，情報量規準と n との関係を描いている。n を増加させると，最初のうち SSR は大きく減少するが，徐々に SSR の減少幅は小さくなる。ある段階で，n を増加させることによるペナルティの増加は，SSR の減少分を上回るため，AIC，BIC は減少から増加へと

---

12 従属変数のラグ（$y_{t-1}, y_{t-2}, \ldots$）をモデルに含めると観測値が失われる。モデルの比較では，T を固定しなければならない。さもなければ，異なる分析期間のモデル比較となってしまう。例えば，観測値が 100 個なら，AR(1)，AR(2) モデルの推定では，最後の 98 個の観測値だけを用いる（$T = 98$）。AR(1) では 99 個の観測値，AR(2) では 98 個の観測値を用いてしまうと，異なる T を用いての比較になってしまい，フェアな比較とならない。

80 第 2 章 定常時系列モデル

図 2.4 情報量規準とパラメータ数

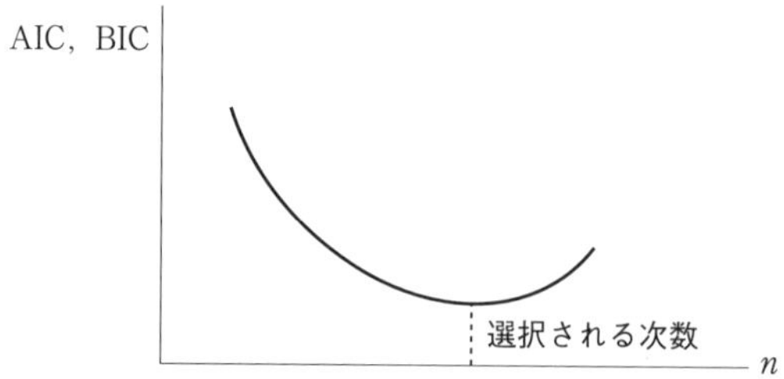

AIC, BIC

選択される次数

n

転ずる。このため，情報量規準と n とは U 字型の関係となる。選択される次数は，情報量規準を最小化させる値となる。

　次に，AIC と BIC の違いを考えよう。通常のデータ分析では，サンプルサイズは 8 以上（$T \geq 8$）であるため，$\ln(T) > 2$ ひいては $n\ln(T) > 2n$ が成立している（$\ln(7) = 1.946$，$\ln(8) = 2.079$ に注意）。したがって，次数を上げることのペナルティは BIC のほうが大きく，BIC は AIC より倹約的モデル（少ないパラメータのモデル）を選択する傾向がある。

　大標本では，BIC は AIC より良い性質を持っている。DGP の真の次数を p^*，q^* としよう。そして，さまざまな次数 p，q の ARMA モデルを推定し，それぞれ AIC と BIC を求める。大標本では，BIC は真の次数 p^*，q^* を選択する（一致性を満たす）一方，AIC は高めの次数を選択する（一致性を満たさない）ことが知られている（証明は練習問題 [7] を参照されたい）。しかし，小標本では，AIC は BIC より良い性質を持つこともある。もし AIC と BIC が同じ次数を選んだら，「その結果は正しい」と自信を持っていえる。しかし，AIC と BIC の結果が異なるなら，注意が必要となる。

　BIC は倹約的モデルを選ぶ傾向があり，場合によっては，真の次数より小さな次数を選ぶこともあるため，残差がきちんとホワイトノイズになっているか（残差の自己相関がすべて 0 であるか）を確認したほうがよい。AIC は BIC より複雑なモデルを選ぶ傾向があり，不要なラグを含めているかを確認するために，すべての係数の t 値が有意かを確認したほうがよい。これらを検討しても，一方のモデルが他方より良いとはいえないかもしれない。この場合，両方の推定結果を報告すればよい。

　先に進む前に，AIC と BIC には，他の計算方法もあることを紹介しよう。例えば，統計ソフト EViews や SAS では，情報量規準として，

$$\mathrm{AIC}^* = -\frac{2\ln(L)}{T} + \frac{2n}{T}$$

$$\mathrm{BIC}^* = -\frac{2\ln(L)}{T} + \frac{n\ln(T)}{T}$$

を用いている。ここで L は尤度の最大値である（MA(1) モデルの尤度は**補論 2.1**を参照）。ただし，情報量規準として，どちらを用いても選択される次数に影響がない（練習問題 [6] を参照されたい）。このため，読者は，自分の統計ソフトがどちらを用いているかを心配する必要はない。以下では，具体例を通じて，モデルをいかに同定するかをみていこう。

◆ AR(1) 過程

コンピュータによって，標準正規分布から 100 個の乱数 $(\varepsilon_1, \varepsilon_2, \ldots, \varepsilon_{100})$ を発生させる。さらに，初期条件 $y_0 = 0$ と乱数を用いて，AR(1) 過程 $y_t = 0.7y_{t-1} + \varepsilon_t$ から，データ $(y_1, y_2, \ldots, y_{100})$ を生成する。このデータは，本書のウェブサポートページから入手できる（ファイル SIM2.XLS の系列 y1 に該当）。

このデータを用いて，標本 ACF・PACF を計算しよう。図 2.5（a）は標本 ACF，図 2.5（b）は標本 PACF を示している。これらを図 2.3 の理論上の ACF・PACF と比較してもらいたい。

データは AR(1) 過程から発生したとわかっているが，ここでは DGP を知らないとし，**ボックス＝ジェンキンスの方法**を用いて真のモデルを同定してみよう。**2.8** で詳しく解説するが，彼らの方法では，第 1 段階で，標本 ACF・PACF を理論上の ACF・PACF と比較することでモデルを特定する。第 2 段階では，候補となるモデルを推定し，係数の推定値を分析する。第 3 段階では，推定モデルからの残差がホワイトノイズかを診断することで，モデルの妥当性を評価する。この診断にパスすれば，推定モデルは適切とみなされ予測に用いられる。

第 1 段階として，標本 ACF・PACF を，理論上の ACF・PACF と比較してみよう。これらの図をみると，標本 ACF は徐々に低下し，標本 PACF は次数 1 で尖りを持つため，AR(1) モデルが有力候補として考えられる。標本 ACF を計算すると，$r_1 = 0.74$，$r_2 = 0.58$，$r_3 = 0.47$ となる。これらは理論上の ACF である 0.7，0.49（$= 0.7^2$），0.343（$= 0.7^3$）より少し大きくなっている。標本 PACF をみると，次数 1 では 0.74 と大きいが，他の次数では小さくなっている（ただし，次数 12 を除く）。

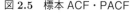

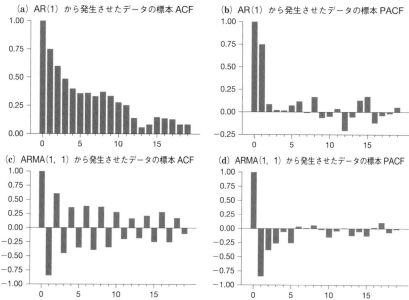

標本 ACF を用いて MA 過程の妥当性をみてみよう。真のモデルが MA(0) 過程とした帰無仮説のもとで，1 次の標本自己相関 r_1 の標準誤差は，(2.32) 式から $T^{-1/2} = 100^{-1/2} = 0.1$ である。この場合，$r_1 = 0.74$ は 0 から 7 標準誤差も乖離しており，MA(0) 過程とした帰無仮説は棄却される。また，r_2 の分散は，(2.32) 式から $\mathrm{var}(r_2) = (1 + 2 \times 0.74^2)/100 = 0.021$ となり，その平方根は $0.021^{1/2} = 0.145$ であるから，$r_2 = 0.58$ は 0 から 3 標準誤差も乖離しており，MA(1) 過程とした仮説は棄却される。同様に，他の仮説も検定できる。

標本 PACF を用いて AR 過程の妥当性をみてみよう。図 2.5 (b) をみると，1 次の標本偏自己相関 $\hat{\phi}_{11}$ 以外はすべて絶対値で $2T^{-1/2} = 0.2$ より小さい（ただし，次数 12 を除く）。標本 ACF の減衰，標本 PACF の次数 1 での尖りは，AR(1) 過程の可能性を示唆する。それにもかかわらず，分析者は真の DGP を知らないため，次数 12 で偏自己相関が有意となる事実に関心を持つかもしれない。とくにデータが月次なら，y_t と y_{t-12} とが関係を持つ可能性を否定できないだろう。

第 2 段階として，候補となるモデルを推定し，どのモデルが正しいかを考察しよう。ここでモデル 1 は AR(1)，モデル 2 は次数 12 の尖りを捉えるため

2.7 定常時系列の標本自己相関 83

表 2.2 AR(1) 過程

	モデル 1 $y_t = a_1 y_{t-1} + \varepsilon_t$	モデル 2 $y_t = a_1 y_{t-1} + \varepsilon_t + \beta_{12}\varepsilon_{t-12}$
a_1 の推定値	0.790	0.794
（標準誤差）	(0.062)	(0.064)
β_{12} の推定値		-0.033
（標準誤差）		(0.114)
自由度	98	97
SSR	85.10	85.07
AIC, BIC	AIC = 441.9, BIC = 444.5	AIC = 443.9, BIC = 449.1
修正 Q 統計量	$Q(8) = 6.43(0.490)$	$Q(8) = 6.48(0.485)$
（カッコ内は p 値）	$Q(16) = 15.86(0.391)$	$Q(16) = 15.75(0.400)$
	$Q(24) = 21.74(0.536)$	$Q(24) = 21.56(0.547)$

注）帰無仮説 $\rho_1 = \rho_2 = \cdots = \rho_s = 0$ とした修正 Q 統計量は $Q(s)$ と表
記している。例えば，モデル 1 において，$Q(8) = 6.43(0.490)$ とは，帰
無仮説 $\rho_1 = \rho_2 = \cdots = \rho_8 = 0$ とした修正 Q 統計量が 6.43 であり，そ
の p 値は 0.490 であることを示している。

$\beta_{12}\varepsilon_{t-12}$ を含めたモデルとする。

$$モデル 1：y_t = a_1 y_{t-1} + \varepsilon_t$$

$$モデル 2：y_t = a_1 y_{t-1} + \varepsilon_t + \beta_{12}\varepsilon_{t-12}$$

表 2.2 は，各モデルの推定結果を示している。モデル 1 では，a_1 の推定値は
絶対値で 1 を下回り（安定条件），その標準誤差は 0.062 と小さい。モデル 2 の
推定結果をみると，a_1 の推定値やその標準誤差はモデル 1 とほぼ同じ値であ
る。しかし，β_{12} の推定値は -0.033 と小さく，また有意でもない。したがっ
て，モデル 2 から，ε_{t-12} は除かれるべきである。さらに，AR(1) モデル（モ
デル 1）のほうが AIC と BIC は小さい。たしかに，ε_{t-12} を加えることで SSR
は低下するが，それはパラメータ増加のペナルティを下回る。以上から，推定
結果はモデル 1 を支持しているといえる。

第 3 段階として，残差がホワイトノイズであるかを調べてみよう。図 2.6
は，モデル 1 の残差に関する自己相関関数（コレログラム）を図示している。も
し残差に**系列相関**（残差の自己相関を系列相関と呼ぶ）があれば，そうした系列
相関を説明できるより良いモデルが存在するはずである。したがって，もし残
差に系列相関がなければ良いモデルであり，系列相関が残っていればモデルを
改善する余地があるといえる。図 2.6 をみると，残差の標本 ACF はすべて小
さく，0 から ± 2 標準誤差区間内に含まれる。残差に対する修正 Q 統計量は，

84 第2章 定常時系列モデル

図 2.6 モデル 1 から求めた残差の標本 ACF

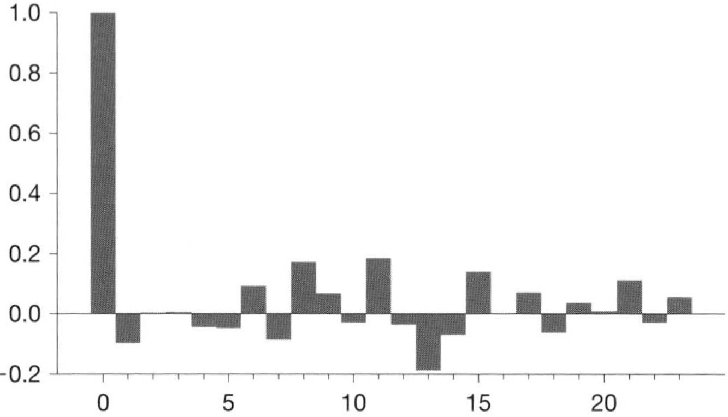

各グループの ACF がすべて 0 という帰無仮説を棄却できない（表 2.2 では，帰無仮説 $\rho_1 = \rho_2 = \cdots = \rho_s = 0$ とした修正 Q 統計量を $Q(s)$ と表記しており，例えば $Q(8)$ は 6.43，p 値は 0.490 なので仮説 $\rho_1 = \rho_2 = \cdots = \rho_8 = 0$ を棄却できない）。これらの結果から，AR(1) は良いモデルといえる。

◆ **ARMA(1,1) 過程**

標準正規分布から発生させた 100 個の乱数を用いて，ARMA(1,1) 過程

$$y_t = -0.7y_{t-1} + \varepsilon_t - 0.7\varepsilon_{t-1}$$

により，$\{y_t\}$ を 100 個分求めよう。ただし，$y_0 = \varepsilon_0 = 0$ とする。このデータはファイル SIM2.XLS の系列 y2 に当たる。

第 1 段階として，標本 ACF・PACF の性質を調べてみよう。図 2.5（c）は標本 ACF，図 2.5（d）は標本 PACF を示している。これらは，理論上の ARMA(1,1) の ACF・PACF とほぼ同じ形状である（図 2.3（e）（j）参照）。しかし，分析者は，真の DGP を知らないため，ARMA(1,1) 過程ではない可能性も考えるだろう。例えば，AR(2) 過程でも，似た形状の標本 ACF・PACF を生み出すことができる。

第 2 段階として，候補となるモデル AR(1)，ARMA(1,1)，AR(2) モデルを推定してみよう。各モデルは，

2.8 ボックス゠ジェンキンスのモデル選択法 85

表 2.3　ARMA(1,1) 過程

	推定値[1]	Q 統計量[2]	AIC/BIC[3]
モデル 1：AR(1)	a_1: $-0.835(0.053)$	$Q(8) = 26.19(0.000)$	AIC $= 496.5$
		$Q(24) = 41.10(0.001)$	BIC $= 499.0$
モデル 2：ARMA(1, 1)	a_1: $-0.679(0.076)$	$Q(8) = 3.86(0.695)$	AIC $= 471.0$
	β_1: $-0.676(0.081)$	$Q(24) = 14.23(0.892)$	BIC $= 476.2$
モデル 3：AR(2)	a_1: $-1.16(0.093)$	$Q(8) = 11.44(0.057)$	AIC $= 482.8$
	a_2: $-0.378(0.092)$	$Q(24) = 22.59(0.424)$	BIC $= 487.9$

注)　1. カッコ内は標準誤差を表す。2. 推定モデルの残差に対して，修正 Q 統計量
を求めた。カッコ内は p 値を表す。p 値が 0.01 を下回っていれば，有意水準 1%
で帰無仮説（系列相関がない）を棄却できる。3. AIC と BIC の計算では 3〜100
番目のデータを用いた。

$$\text{モデル 1：} y_t = a_1 y_{t-1} + \varepsilon_t$$

$$\text{モデル 2：} y_t = a_1 y_{t-1} + \varepsilon_t + \beta_1 \varepsilon_{t-1}$$

$$\text{モデル 3：} y_t = a_1 y_{t-1} + a_2 y_{t-2} + \varepsilon_t$$

であり，表 2.3 に推定結果をまとめている。どのモデルでも，a_1 は有意に 0
から乖離している。さらに，AIC と BIC をみると，モデル 2 が選択される。

　第 3 段階として，残差がホワイトノイズであるかを調べてみよう。残差
に対する修正 Q 統計量をみると，モデル 1 とモデル 3 の残差には系列相関
が残り，不適切なモデルとなる。具体的には，モデル 1 なら $Q(8) = 26.19$,
$Q(24) = 41.10$ と高い値をとっており，p 値はそれぞれ 0.000, 0.001 となって
いる（p 値は 0.01 を下回るため，1% の有意水準で系列相関がないという帰無仮説を棄
却できる）。また，モデル 3 でも $Q(8) = 11.44$ と大きく，その p 値は 0.057 と
0.10 を下回る。これに対し，モデル 2 なら $Q(8) = 3.86$, $Q(24) = 14.23$ と小
さく，p 値はそれぞれ 0.695, 0.892 と 0.10 を上回っているため，系列相関は
なさそうである。以上から，モデル 2 が妥当なモデルと正しく診断される。

2.8　ボックス゠ジェンキンスのモデル選択法

　前節では，AR(1)，ARMA(1, 1) モデルの推定を通じ，ボックス゠ジェンキ
ンスのモデル選択法を簡単に説明した。ここでは，ボックス゠ジェンキンスの
モデル選択法をより詳しく説明していく。彼らのモデル選択法は，次の 3 段階
プロセスからなる。

　第 1 段階は**同定**（identification）である。分析者はデータを図示し，さらに

標本 ACF・PACF の形状を確認する。データの動きをみれば，外れ値，欠損値，パラメータに構造変化が生じた可能性を確認できる。外れ値，欠損値があれば，この段階で何らかの補正をする。もし変数が非定常であれば，トレンドが存在したり，当てもなく動いたりする。本章では，定常系列のみを扱うが，第4章では，非定常系列の扱い方を説明する。標本 ACF・PACF を，理論上の ACF・PACF と比較すれば，候補となるモデルの情報が得られる。

第2段階は**推定** (estimation) である。候補となるモデルを推定し，モデルのデータとの当てはまり，係数の推定値 (a_i, β_i) を分析する。そして，定常で，当てはまりの良い，倹約的モデルを選ぶ。

第3段階は**診断** (diagnostic checking) であり，モデルが適切かを判断する。推定モデルの残差は，ホワイトノイズでなければならない。この診断にパスすれば，推定モデルは適切とみなされ，予測などにも用いられる。

◆ 倹約の原理

ボックス＝ジェンキンスの基本理念は，**倹約の原理** (principle of parsimony) にある。説明変数の追加はモデルの当てはまりを改善させる一方（決定係数 R^2 は上がる），推定すべきパラメータ数が増えるため，係数の推定精度は下がる。ボックス＝ジェンキンスは「モデルは倹約的なほうが予測精度は高い」と主張する。倹約的モデルは，不必要な変数を含めることなく，データの動きを上手に説明してくれる。当然ながら，推定精度の悪い係数を用いれば予測精度も悪くなる。予測においては，真の DGP をみつけることではなく，それを上手に近似することが重要となる（この点は **2.9** で詳しく説明する）。

モデル選択において，「異なるモデルが類似の性質を持つこと」に注意すべきである。例えば，AR(1) 過程 $y_t = 0.5y_{t-1} + \varepsilon_t$ は，MA(∞) 過程

$$y_t = \varepsilon_t + 0.5\varepsilon_{t-1} + 0.25\varepsilon_{t-2} + 0.125\varepsilon_{t-3} + 0.0625\varepsilon_{t-4} + \cdots$$

と表現できる（(2.13) 式参照）。この MA(∞) 過程は，係数が徐々に小さくなるため，MA(2) もしくは MA(3) モデルでも近似できるだろう。しかし，AR(1) モデルは，より倹約的で望ましいモデルである。

共通因子の問題 (common factor problem) も忘れてはならない。例えば，次の ARMA(2,3) モデルを考えよう。

$$(1 - a_1 L - a_2 L^2)y_t = (1 + \beta_1 L + \beta_2 L^2 + \beta_3 L^3)\varepsilon_t \tag{2.34}$$

ここで，$(1 - a_1L - a_2L^2)$ と $(1 + \beta_1L + \beta_2L^2 + \beta_3L^3)$ は，次の因数分解ができると仮定しよう。

$$(1 - a_1L - a_2L^2) = (1 + cL)(1 - aL)$$

$$(1 + \beta_1L + \beta_2L^2 + \beta_3L^3) = (1 + cL)(1 + b_1L + b_2L^2)$$

ここで，両式に含まれる $(1 + cL)$ は**共通因子**と呼ばれる。(2.34) 式は，両辺を共通因子 $(1 + cL)$ で割ることで，より倹約的なモデルとして表せる。

$$(1 - aL)y_t = (1 + b_1L + b_2L^2)\varepsilon_t \tag{2.35}$$

例えば，$y_t = 0.25y_{t-2} + \varepsilon_t + 0.5\varepsilon_{t-1}$ は，

$$(1 + 0.5L)(1 - 0.5L)y_t = (1 + 0.5L)\varepsilon_t$$

と表せ，共通因子 $(1 + 0.5L)$ を除くと $(1 - 0.5L)y_t = \varepsilon_t$ となる。したがって，$y_t = 0.25y_{t-2} + \varepsilon_t + 0.5\varepsilon_{t-1}$ は，$y_t = 0.5y_{t-1} + \varepsilon_t$ と等しい。しかし実証分析では，まったく同じ共通因子でなくても，類似の共通因子がある場合があり，このケースでも，より倹約的モデルがみつけられることがある。類似の共通因子があれば（複数のモデルが同程度にデータの動きをうまく説明できるため），サンプルサイズが少し増えたり減ったりするだけで，係数の推定値が大きく変化してしまう。こうしたときは類似の共通因子の存在を疑って，より倹約的モデルも試してみたほうがよいだろう。

◆ 定常性と反転可能性

ここまで，$\{y_t\}$ は定常であると仮定していた。t 統計量と Q 統計量の議論でも，データは定常という前提を置いていた。定常性の仮定は，自己回帰係数の推定値と整合的でなければならない。AR(1) モデルなら係数 a_1 の推定値は 1 より小さく，ARMA$(2, q)$ モデルなら反転特性方程式 $A(z) = 1 - a_1z - a_2z^2 = 0$ の反転特性根はすべて単位円の外に存在すべきである。

本書では，定常に加えて，**反転可能** (invertible) を仮定する。反転可能とは，「MA モデル，および MA 部分を含む ARMA モデルを，係数が収束する AR(∞) モデルとして表現できること」をいう。

MA(1) モデルを例に，反転可能の条件を考えよう。**2.6** で学習したとおり，MA(1) モデル

88 第 2 章 定常時系列モデル

$$y_t = (1 + \beta L)\varepsilon_t \tag{2.36}$$

は，$|\beta| < 1$ なら $\mathrm{AR}(\infty)$ として表現できる。

$$y_t = \beta y_{t-1} - \beta^2 y_{t-2} + \beta^3 y_{t-3} - \cdots + \varepsilon_t \tag{2.37}$$

これは $|\beta| < 1$ なら，$(1+\beta L)^{-1} = [1-(-\beta)L]^{-1} = 1-\beta L+\beta^2 L^2-\beta^3 L^3+\cdots$ が成立するためである。したがって，$|\beta| < 1$ なら，y_t は係数の収束する $\mathrm{AR}(\infty)$ モデルで表現できる（反転可能）。これに対し，$|\beta| \geq 1$ なら，係数は発散してしまう（反転不可能）。一般的に，ARMA モデルを，係数の収束する $\mathrm{AR}(\infty)$ モデルで表現するためには，反転特性方程式 $(1 + \beta_1 z + \beta_2 z^2 + \cdots + \beta_q z^q)$ の反転特性根がすべて単位円の外に存在しなければならない。

　反転可能はけっして強い条件ではない。実は，同じ平均と自己共分散構造を持った MA 過程は複数存在する。例えば，MA(1) 過程 $y_t = \varepsilon_t + \beta\varepsilon_{t-1}$ を考えよう（β はどのような値でもよい）。ただし，ε_t は分散 σ^2 のホワイトノイズとする。この確率過程の平均と自己共分散は，

$$E[y_t] = E[\varepsilon_t + \beta\varepsilon_{t-1}] = 0$$
$$\gamma_0 = E[y_t^2] = E[(\varepsilon_t + \beta\varepsilon_{t-1})^2] = \sigma^2(1+\beta^2)$$
$$\gamma_1 = E[y_t y_{t-1}] = E[(\varepsilon_t + \beta\varepsilon_{t-1})(\varepsilon_{t-1} + \beta\varepsilon_{t-2})] = \beta\sigma^2$$

となり，また $\gamma_s = 0\ (s > 1)$ となる。別の MA(1) 過程として $y_t = \varepsilon_t^* + (1/\beta)\varepsilon_{t-1}^*$ を考えよう。ただし，ε_t^* は分散 $\beta^2\sigma^2$ のホワイトノイズとする。この確率過程もまた平均と自己共分散は

$$E[y_t] = E[\varepsilon_t^* + (1/\beta)\varepsilon_{t-1}^*] = 0$$
$$\gamma_0 = E[y_t^2] = E[(\varepsilon_t^* + (1/\beta)\varepsilon_{t-1}^*)^2]$$
$$\quad = \beta^2\sigma^2 + (1/\beta^2)\beta^2\sigma^2 = \sigma^2(1+\beta^2)$$
$$\gamma_1 = E[y_t y_{t-1}] = E[(\varepsilon_t^* + (1/\beta)\varepsilon_{t-1}^*)(\varepsilon_{t-1}^* + (1/\beta)\varepsilon_{t-2}^*)]$$
$$\quad = (1/\beta)\beta^2\sigma^2 = \beta\sigma^2$$

となり，また $\gamma_s = 0\ (s > 1)$ となる。どちらも同じ平均と自己共分散構造を持っており，どちらの MA 過程を用いるかは明らかではない。このとき，反転可能は 1 つの規準となる。つまり，$|\beta| > 1$ であれば，反転可能な MA 過程として，$y_t = \varepsilon_t^* + (1/\beta)\varepsilon_{t-1}^*$ を用いればよい。

◆ 当てはまりの良さ

良いモデルとは，データをうまく説明するものである。決定係数 R^2 は，モデルのデータとの当てはまりの良さを測る指標であるが，説明変数を増やせば，R^2 は常に改善するという欠点がある。倹約の原理から，AIC や BIC は当てはまりの良さを測るより適当な指標となる。

◆ 診　　断

ボックス＝ジェンキンスの第3段階は，モデルの**診断**である。外れ値，当てはまりの悪い期間を探すため，推定モデルの残差 ε_t を標準偏差 σ で割った**標準残差** ε_t/σ を図示しよう。残差が正規分布に従うなら，標準残差 ε_t/σ が ± 2 の区間外に存在する確率は約 5% である。ある期間において標準残差が大きい値をとれば，構造変化の可能性が疑われる。残差の分散が変動していれば，変数を対数変換するか，第3章で学習する ARCH モデルを用いるとよい。

推定モデルの残差は，互いに無相関でなければならない。系列相関が残るなら，モデルでは説明できない系統的変動が残っていることを意味する。そうした場合，系列相関を取り除くモデルを再考すべきである。系列相関を調べるには，残差の標本 ACF・PACF を図示したり，修正 Q 統計量を用いたりすればよい[13]。

2.9　予測の性質

ARMA モデルの重要な利用法は，$\{y_t\}$ の将来の値を予測することであろう。単純化のため，真の DGP に加えて，$\{\varepsilon_t\}$ と $\{y_t\}$ の現在および過去の値を知っていると仮定する。まず，AR(1) モデル $y_t = a_0 + a_1 y_{t-1} + \varepsilon_t$ からの予測を考える。これを1期分先に進めると，

$$y_{t+1} = a_0 + a_1 y_t + \varepsilon_{t+1}$$

となる。パラメータ a_0，a_1 の値がわかっていれば，t 期までの情報を用いて

$$E_t y_{t+1} = a_0 + a_1 y_t \tag{2.38}$$

---

13 統計ソフトでは，系列相関を調べるために**ダービン＝ワトソン**（Durbin-Watson）**統計量**を求めたりする。しかし，この統計量は従属変数の自己ラグが説明変数として含まれると，系列相関がないと結論づけるバイアスを持ってしまう。

90 第2章 定常時系列モデル

と予測できる。ここで，$E_t y_{t+j}$ とは，t 期までの情報を所与とした y_{t+j} の期待値である（つまり，$E_t y_{t+j} = E[y_{t+j} | y_t, y_{t-1}, y_{t-2}, \ldots, \varepsilon_t, \varepsilon_{t-1}, \ldots]$）。

同様に，$y_{t+2} = a_0 + a_1 y_{t+1} + \varepsilon_{t+2}$ から，t 期までの情報を所与とすると，

$$E_t y_{t+2} = a_0 + a_1 E_t y_{t+1}$$

となり，上式に (2.38) 式を代入すると，以下となる。

$$E_t y_{t+2} = a_0 + a_1(a_0 + a_1 y_t)$$
$$= a_0(1 + a_1) + a_1^2 y_t$$

一般的には，$y_{t+j+1} = a_0 + a_1 y_{t+j} + \varepsilon_{t+j+1}$ から，

$$E_t y_{t+j+1} = a_0 + a_1 E_t y_{t+j} \tag{2.39}$$

となる。つまり，y_{t+j} の予測は y_{t+j+1} の予測に用いられる。繰り返し代入することで，j 期先予測は，

$$E_t y_{t+j} = a_0(1 + a_1 + a_1^2 + \cdots + a_1^{j-1}) + a_1^j y_t$$

となる。この式には，t 期までの情報の関数として j 期先予測が表されており，**予測関数** (forecast function) と呼ばれる。(2.39) 式は 1 次の差分方程式とみなせる。この差分方程式は，$|a_1| < 1$ なら安定し，特殊解を簡単に求められる。ここで j が大きくなると，$(1 + a_1 + a_1^2 + \cdots + a_1^{j-1})$ は $1/(1 - a_1)$，a_1^j は 0 に収束するため，$E_t y_{t+j}$ は条件なし平均 $a_0/(1 - a_1)$ に収束する。この結果は一般化でき，「どのような定常 ARMA モデルでも，j が大きくなると，y_{t+j} の条件付き予測は条件なし平均に収束する」。

予測は完璧ではないため，予測誤差の性質を考える必要がある。t 期における j 期先の予測誤差 $e_t(j)$ は，観測値 y_{t+j} と予測値 $E_t y_{t+j}$ との差として定義される。

$$e_t(j) \equiv y_{t+j} - E_t y_{t+j}$$

1 期先の予測誤差は，$y_{t+1} = a_0 + a_1 y_t + \varepsilon_{t+1}$，$E_t y_{t+1} = a_0 + a_1 y_t$ から，

$$e_t(1) = y_{t+1} - E_t y_{t+1} = \varepsilon_{t+1}$$

となる。予測誤差 $e_t(1)$ はホワイトノイズ ε_{t+1} であり，y_{t+1} のうち t 期までの情報で予測できない部分となる。2 期先の予測誤差は，$e_t(2) = y_{t+2} - E_t y_{t+2}$

となる。ここで，$y_{t+2} = a_0 + a_1 y_{t+1} + \varepsilon_{t+2}$，$E_t y_{t+2} = a_0 + a_1 E_t y_{t+1}$ から，

$$e_t(2) = a_1(y_{t+1} - E_t y_{t+1}) + \varepsilon_{t+2} = \varepsilon_{t+2} + a_1 \varepsilon_{t+1}$$

となる。同様に，j 期先の予測誤差は，

$$e_t(j) = \varepsilon_{t+j} + a_1 \varepsilon_{t+j-1} + a_1^2 \varepsilon_{t+j-2} + a_1^3 \varepsilon_{t+j-3} + \cdots + a_1^{j-1} \varepsilon_{t+1} \quad (2.40)$$

となる。ここで，$E_t \varepsilon_{t+j} = E_t \varepsilon_{t+j-1} = \cdots = E_t \varepsilon_{t+1} = 0$ から，(2.40) 式の条件付き期待値は $E_t e_t(j) = 0$ である。予測誤差の期待値は 0 であるから，予測にバイアスは存在しない。

予測は平均的に正しいが，個々の予測は外れることもある。ここで $\{\varepsilon_t\}$ は分散 σ^2 のホワイトノイズとする。このとき，(2.40) 式から予測誤差の分散は

$$\mathrm{var}[e_t(j)] = E[(\varepsilon_{t+j} + a_1 \varepsilon_{t+j-1} + a_1^2 \varepsilon_{t+j-2} + a_1^3 \varepsilon_{t+j-3} + \cdots + a_1^{j-1} \varepsilon_{t+1})^2]$$
$$= \sigma^2(1 + a_1^2 + a_1^4 + a_1^6 + \cdots + a_1^{2(j-1)}) \quad (2.41)$$

と求められる。当然ながら，短期予測のほうが長期予測より正確である。実際，j が大きくなると，予測誤差の分散は大きくなる。例えば，1 期先の分散は σ^2，2 期先の分散は $\sigma^2(1 + a_1^2)$ となる。そして j が大きくなると，$1 + a_1^2 + a_1^4 + a_1^6 + \cdots + a_1^{2(j-1)}$ は $1/(1 - a_1^2)$ に収束するため，j 期先の予測誤差の分散は $\{y_t\}$ の条件なし分散 $\sigma^2/(1 - a_1^2)$ に収束する。

ここで，$\{\varepsilon_t\}$ は正規分布すると仮定すれば，予測の信頼区間を形成できる。1 期先予測は $a_0 + a_1 y_t$ であり，予測誤差の分散は σ^2 である。したがって，予測の 95% 信頼区間は，

$$a_0 + a_1 y_t \pm 1.96\sigma$$

となる。同様に，2 期先予測は $a_0(1 + a_1) + a_1^2 y_t$ であり，予測誤差の分散は $\sigma^2(1 + a_1^2)$ となる。したがって，2 期先予測の 95% 信頼区間は以下となる。

$$a_0(1 + a_1) + a_1^2 y_t \pm 1.96\sigma(1 + a_1^2)^{1/2}$$

◆ 高次のモデル

議論を一般化するため，ARMA(p, q) モデルの予測を考えよう。ここでは単純化のため，ARMA$(2, 1)$ モデルを扱う。

92　第 2 章　定常時系列モデル

$$y_t = a_0 + a_1 y_{t-1} + a_2 y_{t-2} + \varepsilon_t + \beta_1 \varepsilon_{t-1} \tag{2.42}$$

この式を 1 期先に進めると,

$$y_{t+1} = a_0 + a_1 y_t + a_2 y_{t-1} + \varepsilon_{t+1} + \beta_1 \varepsilon_t$$

となる。すべてのパラメータ, t 期までの情報を所与とすると, y_{t+1} の条件付き期待値は,

$$E_t y_{t+1} = a_0 + a_1 y_t + a_2 y_{t-1} + \beta_1 \varepsilon_t \tag{2.43}$$

となる ($j > 0$ の範囲で $E_t \varepsilon_{t+j} = 0$ に注意)。これは y_{t+1} の 1 期先予測である。1 期先の予測誤差は, y_{t+1} と $E_t y_{t+1}$ の差であり, $e_t(1) = \varepsilon_{t+1}$ となる。

(2.42) 式を 2 期分先に進めると,

$$y_{t+2} = a_0 + a_1 y_{t+1} + a_2 y_t + \varepsilon_{t+2} + \beta_1 \varepsilon_{t+1}$$

となる。したがって, y_{t+2} の条件付き期待値は,

$$E_t y_{t+2} = a_0 + a_1 E_t y_{t+1} + a_2 y_t \tag{2.44}$$

となり, 2 期先予測が 1 期先予測と現在の y で表されている。(2.43) 式を (2.44) 式に代入することで, 2 期先予測を, t 期までの情報を用いて表せる。

$$E_t y_{t+2} = a_0 + a_1(a_0 + a_1 y_t + a_2 y_{t-1} + \beta_1 \varepsilon_t) + a_2 y_t$$
$$= a_0(1 + a_1) + (a_1^2 + a_2)y_t + a_1 a_2 y_{t-1} + a_1 \beta_1 \varepsilon_t$$

2 期先の予測誤差は, y_{t+2} から (2.44) 式を引くことで,

$$e_t(2) = a_1(y_{t+1} - E_t y_{t+1}) + \varepsilon_{t+2} + \beta_1 \varepsilon_{t+1} \tag{2.45}$$

となる。ここで $y_{t+1} - E_t y_{t+1}$ は 1 期先の予測誤差であり, これは $e_t(1) = \varepsilon_{t+1}$ から, 以下と表現できる。

$$e_t(2) = (a_1 + \beta_1)\varepsilon_{t+1} + \varepsilon_{t+2} \tag{2.46}$$

最後に, j 期先予測は ($j \geq 2$),

$$E_t y_{t+j} = a_0 + a_1 E_t y_{t+j-1} + a_2 E_t y_{t+j-2} \tag{2.47}$$

であり, まさに 2 次の差分方程式となる。したがって, (2.47) 式の特性根が

すべて単位円内に存在すれば，j が大きくなると j 期先予測は条件なし平均 $a_0/(1 - a_1 - a_2)$ に収束する[14]。そして，$y_{t+j} = a_0 + a_1 y_{t+j-1} + a_2 y_{t+j-2} + \varepsilon_{t+j} + \beta_1 \varepsilon_{t+j-1}$ から，j 期先の予測誤差は次式となる。

$$e_t(j) = a_1(y_{t+j-1} - E_t y_{t+j-1}) + a_2(y_{t+j-2} - E_t y_{t+j-2}) + \varepsilon_{t+j} + \beta_1 \varepsilon_{t+j-1}$$
$$= a_1 e_t(j-1) + a_2 e_t(j-2) + \varepsilon_{t+j} + \beta_1 \varepsilon_{t+j-1}$$

　一般的には，どのような定常 ARMA(p,q) モデルからの予測も，結局は，モデルの同次部分を構成する p 次の差分方程式を満たす。したがって，j 期先の予測は，j が大きくなると条件なし平均に収束する。

◆ 予測の評価

　データからモデルを推定し，将来予測をしたとしよう。分析者はモデルの予測精度を知りたいし，適当なモデルが複数あればどのモデルが最も良い予測をするか知りたいだろう。このとき，「真のモデルが最も良い予測をするわけではないこと」を以下に示そう。

　ここで DGP は (2.42) 式の ARMA$(2,1)$ 過程としよう。このとき，(2.43) 式から y_{T+1} の値を予測すると，1 期先の予測誤差 $y_{T+1} - E_T y_{T+1}$ はホワイトノイズ ε_{T+1} となる。

$$e_T(1) = y_{T+1} - (a_0 + a_1 y_T + a_2 y_{T-1} + \beta_1 \varepsilon_T) = \varepsilon_{T+1} \tag{2.48}$$

ここで，予測誤差 ε_{T+1} に系列相関は存在しないため，これ以上の予測力の改善はできないといえる。つまり，他の ARMA モデルを用いても，より良い予測はできない。したがって，真のモデルは，どのようなモデルよりも予測精度は高くなる。ただし，ここでの議論は分析者が ARMA モデルの真の次数に加えて，パラメータの値も既知であることが前提となる。

　現実には，分析者は ARMA モデルの真の次数だけでなく，パラメータの値もわからない。したがって，自分が適当と考える ARMA モデルを用いて，データからパラメータを推定し，予測を行わなければならない。パラメータの推定値は，パラメータの上に「＾ （ハット）」を付けて表す。推定モデルからの残

---

14 差分方程式の安定条件が満たされているため，j が十分大きくなると予測は一定値に収束する。つまり，$E_t y_{t+j} = E_t y_{t+j-1} = E_t y_{t+j-2}$ となるため，(2.47) 式は $E_t y_{t+j} = a_0 + a_1 E_t y_{t+j} + a_2 E_t y_{t+j}$ と表せる。これを解くと $E_t y_{t+j} = a_0/(1 - a_1 - a_2)$ となる。

94 第 2 章 定常時系列モデル

差を $\{\hat{\varepsilon}_t\}$ と表記する。このとき，推定モデルを用いると，1 期先の予測は，

$$E_T y_{T+1} = \hat{a}_0 + \hat{a}_1 y_T + \hat{a}_2 y_{T-1} + \hat{\beta}_1 \hat{\varepsilon}_T \tag{2.49}$$

となり，1 期先の予測誤差は，

$$e_T(1) = y_{T+1} - (\hat{a}_0 + \hat{a}_1 y_T + \hat{a}_2 y_{T-1} + \hat{\beta}_1 \hat{\varepsilon}_T)$$

となる。この予測誤差は (2.48) 式と異なる。推定モデル (2.49) 式を用いて予測すると，パラメータは推定値となり，パラメータ推定の不確実性が将来予測に含まれる。当然ながら，モデルが複雑になるほど，パラメータの推定精度は低下する。したがって，(2.42) 式の確率過程を予測するうえで，AR(1) モデルのほうが ARMA(2,1) モデルより優れている可能性もある。現在までの研究から，倹約的モデルのほうがパラメータ推定の不確実性は小さく，真のモデルよりも予測精度は高くなることが知られている[15]。

モデル候補が複数あるとき，予測精度をどのように比較すればよいだろうか。そもそも予測精度を測るうえでは，将来の値がわからないことが問題となる。この問題を解決する方法の 1 つに，**外挿** (out-of-sample) **予測**がある。データの一部を用いてモデルを推定し，その推定モデルを用いて，残りのデータを予測し，予測精度を求めることができる。例えば，データ $\{y_t\}$ は 150 個あり，AR(1)，MA(1) のどちらが良い予測モデルかを知りたいとしよう。

まず，最初の 100 個のデータを用いて両モデルを推定し，y_{101} を別々に予測する。これは 100 期までの情報を用いた 1 期先予測である。ここで，y_{101} の実現値がわかっているので，モデルの予測誤差を計算できる。次に，最初の 101 個のデータを用いて両モデルを再推定し，y_{102} を別々に予測する。これは 101 期までの情報を用いた 1 期先予測である。この手続きを繰り返せば，1 期先予測を 50 期分求められる。以下では，こうして求めた AR(1)，MA(1) モデルからの予測をそれぞれ $\{f_{1i}\}$，$\{f_{2i}\}$ と表記する。具体的には，$f_{11} = E_{100} y_{101}$ は AR(1) モデルの最初の予測，$f_{2,50}$ は MA(1) モデルの最後の予測となる。

予測誤差は平均 0 で，その分散は小さいほうが望ましい。回帰分析を用いて，予測精度を評価してみよう。AR(1) モデルの予測に関して，以下のモデルを推定する。

---

15 詳しくは，Clark and West (2007)，Thomakos and Guerard (2004)，Liu and Enders (2003) を参照されたい。

$$y_{100+i} = a_0 + a_1 f_{1i} + v_{1i} \qquad i = 1, \ldots, 50$$

予測にバイアスがなければ，$a_0 = 0$，$a_1 = 1$ となる。これらが成立しなければ，平均的に予測が外れることになる。F 検定によって，帰無仮説 $a_0 = 0$，$a_1 = 1$ を同時に検定できる。同様に，MA(1) モデルの予測に関して，

$$y_{100+i} = b_0 + b_1 f_{2i} + v_{2i} \qquad i = 1, \ldots, 50$$

を推定すればよい。予測にバイアスがなければ，帰無仮説 $b_0 = 0$，$b_1 = 1$ は採択される。両モデルとも帰無仮説が採択されたら，残差の分散が小さいほうのモデルを選べばよい。例えば，$\mathrm{var}(v_1) < \mathrm{var}(v_2)$ なら，AR(1) モデルを選ぶ[16]。

　上の例では，1 期先予測を 50 期分行っている。サンプルサイズが大きければ，予測期間として，全データの 50% を用いてもよい。また，1 期先予測だけでなく，j 期先予測も調べられる。例えば，四半期データなら，4 期先（1 年後）予測に関心があるかもしれない。サンプルサイズが小さければ，モデルの推定に用いられるデータも小さくなり，パラメータの推定が不正確になる。さらに，予測のためのデータも小さくなり，予測精度の有意な違いをみつけることが困難となる。パラメータの推定精度を上げて，検出力を高めるためには，十分なデータが必要である。

　本節では，予測の性質について詳しく説明した。予測モデルの評価方法に関心のある読者は，**ディーボルト = マリアーノ（DM）検定**を解説した**補論 2.2**を参照してもらいたい。

2.10　金利スプレッド

　2.7 では，データから理論モデルを簡単に推察できる状況を扱ってきた。本節では，金利データを用いて，分析者が直面しうる現実的な状況を示したい。

---

[16]　研究者によっては，観測値を追加するとき最初の観測値を外したりする。例えば，101 期目の予測では 1～100 期のデータで推定し，102 期目の予測では 2～101 期のデータ，103 期目の予測では 3～102 期のデータを用いる。最初の観測値を外しながら至近のデータだけを用いる利点は，分析期間の途中で生じた構造変化が予測に影響を与えない点にある。欠点は，モデルの推定ですべてのデータが用いられない点にある。データ分析では，過去のデータをすべて用いた場合だけでなく，直近のデータだけを用いた場合も試してみたほうがよい。両者の予測値に大きな違いがあれば，パラメータに構造変化が生じた可能性を疑うべきである。

図 2.7　金利スプレッドの推移

(a) 金利スプレッド

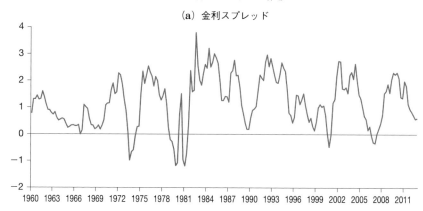

(b) 金利スプレッドの階差

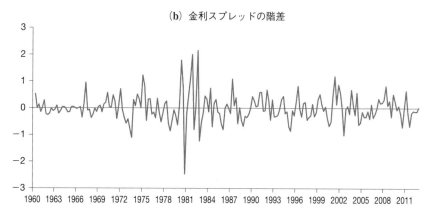

こうした状況では，熟練した 2 人の分析者であっても，それぞれ異なるモデルを選択することがある．分析者の判断に依拠するということは，モデル選択法の欠点とみられがちである．しかし，適切な判断であれば，DGP をうまく近似するモデルを選択できているはずである．もし適当なモデルが 2 つ存在するならば，それらを別々に推定し，両方の結果を示せばよい．

本節では，四半期データを用いて，長短金利の差（スプレッド）を分析する．米国の金利スプレッド (s) は，長期金利（国債，5 年物）から短期金利（T-Bill，3 カ月物）を引いたものと定義しよう．このデータは，それぞれ QUARTERLY.XLS の r5 と tbill に当たる（つまり，$s = r5 - tbill$）．

図 2.7 (a) は，1960Q1〜2012Q4 の金利スプレッドの動きを示している（ここで，1960Q1 は 1960 年の第 1 四半期，2012Q4 は 2012 年第 4 四半期を意味する）．

図 2.8 スプレッドの標本 ACF・PACF

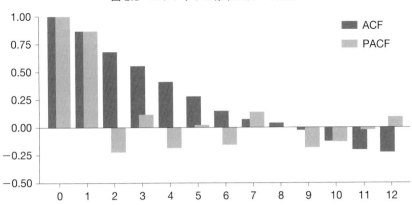

スプレッドの標本平均は 1.21 である。一般的に，長期金利のほうが短期金利よりも高いため，スプレッドは正となることが多い。スプレッドの動きはかなり持続的でもある。スプレッドが平均を上回ったり，下回ったりすると，その状況はしばらく続く。また，構造変化（平均や分散の恒久的変化）は存在しないようにみえる。したがって，スプレッド $\{s_t\}$ は定常と考えてよいだろう。

図 2.7 (b) では，スプレッドの 1 階の階差を示している。階差 $\{\Delta s_t\}$ の動きはかなり不規則であり，将来を予測するための情報はほとんど含まれない（階差をとることで重要な情報が失われている）。このため，$\{s_t\}$ を用いて，モデルを推定するほうが合理的である。しかし，s_t には大きな正（負）のジャンプが存在しているため，正規分布の仮定は妥当ではない可能性がある。したがって，分析者によっては，そうした変動を小さくする変換を望むかもしれない。例えば，対数や平方根をとると大きな値は小さく，小さな値は大きく評価されるため，変動は全体的に小さくなるだろう。しかし，ここでスプレッド s_t は負となりうるため，そのままでは対数変換や平方根変換はできない。しかし，正の定数 c を用いて，$\ln(s_t + c)$ もしくは $(s_t + c)^{1/2}$ と変換すれば変動を小さくできる。ただし，定数 c は，すべての t において $s_t + c > 0$ となるように選ぶ。図 2.7 (a) をみると，$c = 3$ とすれば $s_t + c$ は常に正となることがわかる。データ分析の際は，DGP が前提条件を満たさない可能性があり，モデルの前提が満たされているかを確認する必要があることを覚えておこう。

図 2.8 は，$\{s_t\}$ の標本 ACF・PACF を示している。この図をもとに，候補となるモデルを同定しよう。図 2.8 から，以下のことが読み取れる。

1. $\{s_t\}$ の標本 ACF・PACF は急速に 0 に収束しており，平均が時間を

98 第 2 章 定常時系列モデル

通じて変わった可能性はなさそうである。

2. 理論上の ACF は，純粋な MA(q) 過程では次数 q 以降は 0 となり，純粋な AR(1) 過程では幾何級数的に減衰する。標本 ACF は突然 0 とならないため，純粋な MA(q) 過程ではない。また，標本 ACF は幾何級数的に減衰しておらず（減衰速度が遅い），純粋な AR(1) 過程とも考えられない。具体的には，標本 ACF は $r_1 = 0.857$，$r_2 = 0.678$，$r_3 = 0.550$，$r_4 = 0.411$ である。

3. 標本 PACF を求めると，$\hat{\phi}_{11} = 0.858$，$\hat{\phi}_{22} = -0.217$，$\hat{\phi}_{33} = 0.112$，$\hat{\phi}_{44} = -0.188$ である。$\hat{\phi}_{55}$ はほぼ 0 となるが，$\hat{\phi}_{66} = -0.151$，$\hat{\phi}_{77} = 0.136$ である。帰無仮説（純粋な AR(p) 過程）のもとで，$\hat{\phi}_{p+i,p+i}$ の分散は近似的に $1/T$ に等しい（**2.7** 参照）。$T = 212$ から，$\hat{\phi}_{p+i,p+i}$ の 2 標準誤差は 0.137 $(= 2/212^{1/2})$ となる。$\hat{\phi}_{22}, \hat{\phi}_{44}, \hat{\phi}_{66}$ は 0 から 2 標準誤差以上も乖離している。既に学習したとおり，AR(p) 過程の PACF は次数 p 以降に 0 となるため，AR(p) 過程なら次数 p は 6 もしくは 7 となるだろう。

4. 標本 PACF が振動しているため，MA の係数は正である。

スプレッドの標本 ACF・PACF だけから，モデルを同定するのは難しい。まずは s_t を AR(p) モデルで推定してみよう。表 2.4 の第 2 列目では，AR(7) モデルの推定結果を示している。$a_1 \sim a_6$ に関する t 値は絶対値で 1.96 を超える一方，a_7 に関する t 値は 1.93 である。したがって，7 番目のラグを含めるべきか明らかではない。また，残差平方和 SSR は 43.86，AIC と BIC は 791.10 と 817.68 である。修正 Q 統計量は $Q(4) = 0.18$，$Q(8) = 5.69$，$Q(12) = 13.67$ と小さな値をとり，p 値はすべて 0.10 を上回っているため，残差に系列相関がないことを示している（p 値は表に掲載していない）。

AR(7) モデルは望ましい性質を持つ一方，AR(6) もまた良い性質を持っている可能性がある。表 2.4 の第 3 列目では，AR(6) モデルの推定結果を示している[17]。係数は a_5 を除くとすべて有意になっている。また，修正 Q 統計量は

---

[17] 純粋な AR(p) モデルの推定では，ラグ 1 つにつき，1 つの観測値が失われる。例えば，もとのデータは 1960Q1 で始まるため，AR(7) の推定では 1961Q3 以前のデータは使うことができない。相互比較のため，表 2.4 は同じ標本期間を用いて推定している。ちなみに，MA(q) の推定ではデータが失われない。これは誤差項の初期値を 0（$\varepsilon_1 = \varepsilon_2 = \cdots = \varepsilon_q = 0$）と設定しているか，誤差項の初期値（$\varepsilon_1, \ldots, \varepsilon_q$）を後ろ向きに予測しているためである。初期値を 0 と設定した場合の推定については**補論 2.1**を参照されたい。

2.10 金利スプレッド

表 2.4 金利スプレッドの推定

	AR(7)	AR(6)	AR(2)	$p=1,2,7$	ARMA(1,1)	ARMA(2,1)	$p=2$ $q=1,7$
a_0	1.20	1.20	1.19	1.19	1.19	1.19	1.20
	(6.57)	(7.55)	(6.02)	(6.80)	(6.16)	(5.56)	(5.74)
a_1	1.11	1.09	1.05	1.04	0.76	0.43	0.36
	(15.76)	(15.54)	(15.25)	(14.83)	(14.69)	(2.78)	(3.15)
a_2	-0.45	-0.43	-0.22	-0.20		0.31	0.38
	(-4.33)	(-4.11)	(-3.18)	(-2.80)		(2.19)	(3.52)
a_3	0.40	0.36					
	(3.68)	(3.39)					
a_4	-0.30	-0.25					
	(-2.70)	(-2.30)					
a_5	0.22	0.16					
	(2.02)	(1.53)					
a_6	-0.30	-0.15					
	(-2.86)	(-2.11)					
a_7	0.14			-0.03			
	(1.93)			(-0.77)			
β_1					0.38	0.69	0.77
					(5.23)	(5.65)	(9.62)
β_7							-0.14
							(-3.27)
SSR	43.86	44.68	48.02	47.87	46.93	45.76	43.72
AIC	791.10	792.92	799.67	801.06	794.96	791.81	784.46
BIC	817.68	816.18	809.63	814.35	804.93	805.10	801.07
$Q(4)$	0.18	0.29	8.99	8.56	6.63	1.18	0.76
$Q(8)$	5.69	10.93	21.74	22.39	18.48	12.27	2.60
$Q(12)$	13.67	16.75	29.37	29.16	24.38	19.14	11.13

注) モデルの相互比較を行うため，標本期間はすべて 1961Q4～2012Q4 で統一した。
カッコ内は，帰無仮説（係数 0）に対する t 値を表す。

$Q(4)=0.29$，$Q(8)=10.93$，$Q(12)=16.75$ と小さな値をとり，p 値は 0.99，0.21，0.16 と 0.10 を上回るため，残差に系列相関がないことを示している。したがって，AR(6) もまた良い性質を持っている。最後に情報量規準をみると，AIC は AR(7) を，BIC は AR(6) を選択している。

倹約的モデルとして，AR(2) モデルを推定してみる。表の第 4 列目をみると，AIC は AR(7) モデルを，BIC は AR(2) モデルを選択する。しかし，AR(2) モデルでは，修正 Q 統計量は大きな値をとり，残差に系列相関が残る。したがって，AR(2) モデルは候補から外すべきだろう。AR(7) モデルをみると，a_3 は a_4 の効果を相殺し，a_5 は a_6 の効果を相殺している（$a_3 + a_4 \approx 0$，

$a_5 + a_6 \approx 0$)。したがって，表の第 5 列目では，$s_{t-3}, s_{t-4}, s_{t-5}, s_{t-6}$ を除いたモデルを推定している。しかし，s_{t-7} の係数は有意ではなく，s_{t-7} を除いた AR(2) モデルのほうが望ましい。

◆ 推定結果の考察

AR(6)，AR(7) は良いモデルであるが，予測において，必ずしも最良なモデルではないかもしれない。標本 ACF・PACF のパターンは明瞭ではなく，それ以外のモデルがより望ましい可能性も考えられる。表 2.4 の第 6，7，8 列目は，MA 項を含めたモデルを推定している。

1. 標本 ACF の減衰パターンをみると，ARMA(1, 1) モデルを推定することも考えられる。表の第 6 列目をみると，$\hat{a}_1 = 0.76$ は有意に 0 と異なり，1 から約 5 標準誤差も小さい。また，$\hat{\beta}_1 = 0.38$ は有意に 0 と異なる。しかし，ARMA(1, 1) では，$Q(8)$ と $Q(12)$ は大きな値をとり，系列相関の存在を示唆している。したがって，ARMA(1, 1) は候補から外すほうがよい。

2. 標本 ACF は減衰し，標本 PACF は次数 2 から振動している（$\hat{\phi}_{22} = -0.217$）。したがって，ARMA(2, 1) が適当なモデルと思うかもしれない。表の第 7 列目をみると，ARMA(2, 1) モデルは，ARMA(1, 1) よりも推定結果が改善されている。例えば，$\hat{a}_1 = 0.43$，$\hat{a}_2 = 0.31$ は有意に 0 と異なり，また特性根は単位円内にある。$Q(4)$，$Q(8)$，$Q(12)$ は，残差に系列相関があるという帰無仮説を有意水準 5% で棄却できない。AIC では，ARMA(2, 1) は AR(6) より好ましく，BIC では，ARMA(2, 1) は AR(6)，AR(7) よりも良いモデルとなっている。

3. ARMA(2, 1) の残差を調べると，標本 ACF は $r_1 = 0.01$，$r_2 = 0.01$，$r_3 = -0.07$，$r_4 = -0.02$，$r_5 = -0.03$，$r_6 = -0.08$，$r_7 = -0.15$，$r_8 = 0.15$ となり，次数 7，8 で ACF が少し大きくなっている。次数 7 の系列相関を考慮するため，MA 項として ε_{t-7} を含めてみよう（このモデルを ARMA(2,(1,7)) と表記する）。表の第 8 列目をみると，推定値はすべて有意であり（β_7 の t 値は -3.27），a_1 と a_2 は ARMA(2, 1) モデルとほぼ等しい。残差の Q 統計量はすべて小さくなり，帰無仮説（系列相関なし）を棄却できない。SSR，AIC，BIC は他のどのモデルよりも小さい。

以上から，ARMA(2,(1,7)) は適当なモデルといえるが，分析者によっては

異なるモデルを選択するかもしれない。

◆ 倹約 vs. 過剰

ARMA$(2, 1)$ モデルでは，残差の標本 ACF は次数 7，8 で少し大きくなっていた。次数 7 の MA 項を追加すると，当てはまりは改善し，系列相関も消える。しかし，金融市場で，7 期前の情報 (ε_{t-7}) が 3〜6 期前の情報 $(\varepsilon_{t-3}$, ε_{t-4}, ε_{t-5}, $\varepsilon_{t-6})$ より大きな効果を持つ理由は考えにくい。結果の**頑健性**（robustness）を確かめるため，期間を分割して同じ分析をしてみよう。後半の期間（1982Q1〜2012Q4）だけを用いて，ARMA$(2, (1, 7))$ モデルを再推定すると，β_7 の t 値は 0.60 と有意でなくなる。図 2.7（b）をみると，スプレッドは 1980 年前後に大きく変動しており，この時期は外れ値と考えられるかもしれない。たしかに，AIC と BIC は ARMA$(2, 1)$ ではなく，ARMA$(2, (1, 7))$ モデルを選択している。1980 年前後の動きを説明するためには，MA 項 ε_{t-7} を含めることが有用であるからであろう。しかし，分析者によっては，1980 年前後は外れ値と考え，ARMA$(2, 1)$ モデルを選択するかもしれない。

過剰適合（overfitting）とは，特定期間に偶然現れた性質を説明するため，説明変数を過剰に加え，実際のデータ生成過程（DGP）と異なるモデルを選択してしまう状況をいう。データの全特徴を捉えようとすると，過剰なモデルの推定へとつながってしまう。ARMA$(2, (1, 7))$ は，過剰適合の可能性が疑われるため，注意が必要である。

◆ 外挿予測

AR(7)，ARMA$(2, (1, 7))$ モデルの予測精度を比較しよう。データは 205（$= 212 - 7$）個の観測値を含んでいる。したがって，最後の 50 個を用いて外挿予測を行う。まず，2000Q2 までのデータを用いて，各モデルを推定する（観測数 155 個）。そして，各モデルから 1 期先予測を求める。例えば，2000Q3 の観測値 $s_{2000:3}$ は 0.04，また AR(7) モデルからの予測値は 0.697，ARMA$(2, (1, 7))$ モデルからの予測値は 0.591 である。したがって，2000Q3 に関しては，ARMA$(2, (1, 7))$ のほうが予測精度は高い。同様に，残り 49 期（2000Q4〜2012Q4）についても予測値を求める。ここで f_{1t} は AR(7) モデルからの予測値，f_{2t} は ARMA$(2, (1, 7))$ モデルからの予測値とする。そして，これらの予測値（f_{1t}, f_{2t}）を用いて，予測精度を評価すると，

$$s_t = 0.0594 + 0.968 f_{1t}, \quad s_t = 0.004 + 1.004 f_{2t}$$

が得られた（ただし，$t = 2000Q3 \sim 2012Q4$）。AR(7) では，帰無仮説（定数項 0，係数 1）を検定する F 統計量は 0.110 と小さく，帰無仮説（バイアスなし）は採択される。同様に，ARMA(2, (1, 7)) でも，F 統計量は 0.014 と小さく，帰無仮説は採択される。以上から，両モデルの予測ともバイアスが存在しないといえる。

2.11 パラメータの安定性と構造変化

ボックス゠ジェンキンスは，「データ生成過程（DGP）の構造は時間を通じて一定」と仮定している。したがって，パラメータ（例えば a_i, β_i）は時間を通じて一定であるべきである。しかし，そうした仮定はときに非現実的となる。例えば，国内総生産（GDP）を考えると，石油危機（1973 年），金融危機（2008 年）などは，モデルのパラメータ自体を変化させたかもしれない。さらに，パラメータの変化は突然ではなく，少しずつ生じる可能性もあるだろう。また，気候変動は徐々に進んでおり，気候に影響を受けやすい変数（穀物収穫量，降水量など）のモデルは少しずつ変化しているかもしれない。

◆ 構造変化の検定

ある 1 時点で構造変化が突然生じたと考えるなら，チョウ（Chow 1960）検定を行えばよい。**チョウ検定**（Chow test）では，構造変化の前後で，同じ ARMA モデルを別々に推定する。両期間の推定結果に有意な違いがなければ，DGP に構造変化はなかったと考えられる。

チョウ検定を詳細に説明しよう。全期間のデータを用いて，ARMA(p, q) モデルを推定し，残差平方和を求める。得られた残差平方和を SSR と表記する。分析者は T_B 期に構造変化があったと疑っているとしよう。チョウ検定では，T 個の観測値を時点 T_B で 2 分割し，別々にモデルを推定する（前半の観測数は T_B 個，後半は $T - T_B$ 個となる）。具体的には，分割したデータを用いて，別々に，

$$y_t = a_0(1) + a_1(1)y_{t-1} + \cdots + a_p(1)y_{t-p} + \varepsilon_t + \beta_1(1)\varepsilon_{t-1} + \cdots$$
$$+ \beta_q(1)\varepsilon_{t-q} \quad (\text{前半 } t = 1, \ldots, T_B)$$
$$y_t = a_0(2) + a_1(2)y_{t-1} + \cdots + a_p(2)y_{t-p} + \varepsilon_t + \beta_1(2)\varepsilon_{t-1} + \cdots$$
$$+ \beta_q(2)\varepsilon_{t-q} \quad (\text{後半 } t = T_{B+1}, \ldots, T)$$

を推定する。ここで，前半の係数は $a_0(1), \ldots, a_p(1)$, $\beta_1(1), \ldots, \beta_q(1)$ とし，後半の係数は $a_0(2), \ldots, a_p(2)$, $\beta_1(2), \ldots, \beta_q(2)$ と表記している。また，前半のデータから得られた残差平方和を SSR_1，後半のデータから得られた残差平方和を SSR_2 と表記する。

帰無仮説はすべての係数が時間を通じて一定（つまり，$a_0(1) = a_0(2)$, $a_1(1) = a_1(2)$, $\ldots$, $a_p(1) = a_p(2)$, $\beta_1(1) = \beta_1(2)$, $\ldots$, $\beta_q(1) = \beta_q(2)$）とする。対立仮説は，少なくとも 1 つの係数は変化したとする。帰無仮説を検定するため，次の F 統計量を計算する。

$$F = \frac{(SSR - SSR_1 - SSR_2)/n}{(SSR_1 + SSR_2)/(T - 2n)} \tag{2.50}$$

ただし，n はパラメータ数である（n は定数項があれば $p + q + 1$，なければ $p + q$ となる）。そして，帰無仮説のもとで，F 統計量は自由度 $(n, T - 2n)$ の F 分布に従う[18]。

直観的には，すべての係数が時間を通じて一定という仮説（構造変化なし）が正しい場合，期間別に推定した残差平方和の合計（$SSR_1 + SSR_2$）は，全期間の残差平方和（SSR）とほぼ同じとなり，この結果，F 統計量の値は小さくなるだろう。逆に，対立仮説が正しい（構造変化あり）場合，正しく期間別に推定した残差平方和の合計（$SSR_1 + SSR_2$）のほうが，誤って全期間で推定した残差平方和（SSR）より小さくなるため，F 統計量の値は大きくなるだろう。したがって，F 統計量が十分に大きな値をとれば帰無仮説を棄却すればよい。

一部の係数だけに構造変化が起こったかを，ダミー変数 D_t を用いて検定できる。ここで，D_t は，$t \leq T_B$ の範囲で 0 となり，$t > T_B$ の範囲で 1 となるダミー変数とする。もし AR(1) モデルの定数項だけに構造変化があったかを

---

18 F 検定の注意点を述べる。第 1 に，誤差項の分散に生じた構造変化をみつけることはできない。第 2 に，AR(p) モデルを推定すると，有用な観測数が減少するので，有用な観測数 T はデータの観測数が $T + p$ となるように設定する。例えば，データの観測数が 105 で，AR(5) を推定するなら，$T = 100$ と設定する。第 3 に，厳密には，説明変数が非確率変数もしくは外生であるとき，F 統計量は F 分布に従う。しかし，サンプルサイズが十分に大きければ，F 統計量は F 分布で近似できると考えて問題はない。

知りたいなら，次の回帰式

$$y_t = a_0 + \theta_0 D_t + a_1 y_{t-1} + \varepsilon_t$$

を考えればよい。ここで，$t \leq T_B$ の範囲で $D_t = 0$ となるため $y_t = a_0 + a_1 y_{t-1} + \varepsilon_t$ となり，$t > T_B$ の範囲で $D_t = 1$ となるため $y_t = (a_0 + \theta_0) + a_1 y_{t-1} + \varepsilon_t$ である。したがって，この回帰式を推定し，帰無仮説 $\theta_0 = 0$ を検定すればよい（対立仮説は $\theta_0 \neq 0$）。

さらに，係数にも構造変化があった可能性を調べたいなら，$D_t y_{t-1}$ という変数を用いて，次の回帰式を考えればよい。

$$y_t = a_0 + \theta_0 D_t + a_1 y_{t-1} + \theta_1 D_t y_{t-1} + \varepsilon_t$$

ここで $D_t y_{t-1}$ とは，ダミー変数 D_t と y_{t-1} の積である。ここで，$t \leq T_B$ の範囲で $D_t = 0$ から $D_t y_{t-1} = 0$ となるため，この式は $y_t = a_0 + a_1 y_{t-1} + \varepsilon_t$ となる。これに対し，$t > T_B$ の範囲で $D_t = 1$ から $D_t y_{t-1} = y_{t-1}$ となるため，$y_t = (a_0 + \theta_0) + (a_1 + \theta_1) y_{t-1} + \varepsilon_t$ となる。この回帰式を推定し，帰無仮説 $\theta_0 = \theta_1 = 0$ を検定すればよい（対立仮説は θ_0，θ_1 のいずれか，もしくは両方が 0 ではない）。

◆ 構造変化点が未知の場合

チョウ検定では，構造変化点 t_m が既知であることが前提となる。しかし，多くの場合，分析者は構造変化点がいつなのかわからないものである。構造変化点がわからないため，構造変化が生じる可能性のあるすべての時点（構造変化点）でチョウ検定を行う。こうして計算された F 値のうち，F 値の最大値を検定統計量とし，F 値が最大となる時点を構造変化点の推定値とする。つまり，帰無仮説（構造変化なし）を最も棄却しやすい時点を**構造変化点の推定値**とするわけである。こうした検定は **sup F 検定**，F 値の最大値は **sup F 値**と呼ばれる。ここで，「sup」は「スープ」と読む（sup は上限 supremum の略）。

それぞれの期間（構造変化前後）で十分な観測数を確保するため，構造変化点の候補 T_B を絞り込む必要がある。**刈り込み値**（trimming value）を π_0 として小さな正の値を選ぶ。そして，$t_0 = T \times \pi_0$ とし，最初の t_0 より前，また $T - t_0$ より後の観測値は構造変化点の候補から除く。実証分析では，各期間に十分なサンプルサイズを確保するため，π_0 として 0.15 が選ばれることが多い（サンプルサイズが大きいなら $\pi_0 = 0.05, 0.1$ としてもよい）。

表 2.5　sup F 検定の臨界値（π_0 =0.15）

制約数	10%	5%	1%
1	7.12	8.68	12.16
2	5.00	5.86	7.78
3	4.09	4.71	6.02
4	3.59	4.09	5.12
5	3.26	3.66	4.53
6	3.02	3.37	4.12
7	2.84	3.15	3.82
8	2.69	2.98	3.57
9	2.58	2.84	3.38
10	2.48	2.71	3.23

出典：Andrews（2003）より一部抜粋。

　数式を用いて，厳密に sup F 検定を定義してみよう。構造変化点を T_B とし
たとき，対応する F 値を $F(T_B)$ と表記しよう。構造変化点の候補は，T_{min},
$T_{min}+1$, $T_{min}+2$, ..., $T_{max}-1$, T_{max} となる。ただし，

$$T_{min} = \text{int}[\pi_0 T], \quad T_{max} = \text{int}[(1-\pi_0)T]$$

とする。記号 $\text{int}[\cdot]$ は，[ ] 内の小数点以下を切り捨てた整数部分を示す（例え
ば $\text{int}[3.2432]=3$ となる）。以上から，sup F 統計量は，

$$\text{sup } F = \max\{F(T_{min}), F(T_{min}+1), ..., F(T_{max}-1), F(T_{max})\}$$

となる（$\max\{\cdot\}$ は { } 内の最大値を表す）。当然ながら，sup F は通常の F 統計
量より大きな値をとる傾向がある。帰無仮説（構造変化なし）のもとで，sup F
は通常の F 分布ではなく，F 分布より大きな値をとりやすい特殊な分布とな
る（詳しくは，Andrews 1993, Andrews and Ploberger 1994）。

　表 2.5 では，15% の刈り込み値（$\pi_0 = 0.15$）を用いた場合について，sup F
統計量の臨界値をまとめている。sup F 統計量の分布は，制約数に依存して
いるため，臨界値は制約数によって変わる。パラメータ数を n とし，それら
がすべて変わるなら制約数は n となる。例えば，モデルは定数項と説明変数 1
つとし（$n=2$），それらが構造変化で変わると考えるなら制約数は 2 となる。
このとき，有意水準 5% であれば，sup F 統計量が臨界値 5.86 を超えると，
帰無仮説（構造変化なし）は棄却される。

　検定統計量として，**ワルド**（Wald）**統計量**を用いることもある（ワルド統計
量は W と表記される）。構造変化が既知の場合，これは F 統計量に制約数を掛

けたものである（$W = F \times$ 制約数）。構造変化が未知の場合も同様，$\sup W$ は，

$$\sup W = \sup F \times 制約数$$

として定義される。どちらを用いても本質的には同じであるが，臨界値が異なるため，実証分析では，自分がどちらの統計量を用いているかを注意して使ってもらいたい。ちなみに，表 2.5 の $\sup F$ の臨界値に制約数を掛けることで $\sup W$ の臨界値を求めることができる。

◆ パラメータの安定性

これまでパラメータはある時点で突然変化するものと仮定してきた。しかし，そうした変化は突然ではなく，少しずつなめらかに変化したと考えるほうが自然なケースもある。例えば，気候変動は徐々に進んでおり，特定の構造変化点は存在しない。また，金融市場の自由化も徐々に進んでいる。このため，特定の構造変化点がない場合のパラメータの不安定性を調べる方法が開発されてきた。

なかでも簡単な方法は，モデルを繰り返し推定することである。例えば，150 個の観測値があれば，最初の 10 個だけを用いて，モデルのパラメータを推定する。次に，最初の 11 個だけを用いてモデルのパラメータを再推定する。そして，用いるデータを 12 個，13 個と増やしていき，すべての観測値を使いきるまで，この手順を繰り返していく。こうした**逐次推定**（recursive estimation）により得られたパラメータの推定値を図示しよう。一般的に，初期の推定値は少ないデータから推定されており，その動きは不安定となる。しかし，パラメータが時間を通じて一定なら，しばらく経過すると推定値は安定してくる。推定値が突然変化していれば，その時点で構造変化があったと疑うべきである。上記の手順はパラメータの推定値だけであったが，その信頼区間（推定値 ±2 標準誤差）も一緒に図示することが有益である。こうすることで，パラメータが常に有意に 0 から乖離しているか，パラメータに有意な構造変化があったかを調べられる（信頼区間が重なり合っていなければ，有意な構造変化が生じた可能性がある）。

上記の手順で，1 期先予測を作ることもできる。ここで $e_t(1)$ は，t 期までの情報を用いた 1 期先の予測誤差としよう（$e_t(1) = y_{t+1} - E_t y_{t+1}$）。まず，最初の 10 個のデータを用いてモデルを推定し予測誤差を求める（$e_{10}(1) = y_{11} - E_{10} y_{11}$）。これを繰り返し，最後は 149 個のデータでモデルを推定し，1

期先の予測誤差を求める $(e_{149}(1) = y_{150} - E_{149}y_{150})$。当然ながら，$y_{151}$ は存在しないので，$e_{150}(1)$ は求められない。モデルがデータをうまく説明しているなら，その予測にバイアスは存在しないため（(2.40) 式参照），予測誤差の累積和は 0 から大きく乖離しないはずである。累積和が 0 から大きく乖離したら，それは構造変化の存在を示唆している。

ブラウンら（Brown, Durbin, and Evans 1975）は，帰無仮説（構造変化なし）のもとで，予測誤差の累積和の信頼区間を求めている。もし累積和が信頼区間の外に出れば，構造変化の存在が示唆される。**予測誤差の累積和**（cumulative sum of the forecast errors）を，

$$CUSUM_N = \frac{\sum_{i=n}^{N} e_i(1)}{\sigma_e} \qquad N = n, \ldots, T-1$$

と定義する（**CUSUM** は「キューサム」と読む）[19]。ここで，n は最初の予測誤差を求めた日，T はデータの最終日，σ_e は推定された予測誤差の標準偏差とする。例えば，150 個の観測値があり $(T = 150)$，最初の 10 個の観測値で始めると $(n = 10)$，140 個の予測誤差が求められる $(T - n = 140)$。ここで，σ_e は 140 個の予測誤差をすべて用いて計算される。まず，$N = 10$ とし，$CUSUM_{10} = e_{10}(1)/\sigma_e$ を求める。次に，$N = 11$ とし，$CUSUM_{11} = [e_{10}(1) + e_{11}(1)]/\sigma_e$ を求める。同様に，$N = T-1$ では，$CUSUM_{T-1} = [e_{10}(1) + e_{11}(1) + \cdots + e_{T-1}(1)]/\sigma_e$ とする。帰無仮説（構造変化なし）のもとで，$CUSUM_N$ の 95% 信頼区間は $\pm 0.948[(T-n)^{1/2} + 2(N-n)(T-n)^{-1/2}]$ となる。**CUSUM 検定**では，もし $CUSUM_N$ が区間の外に出れば，有意水準 5% で帰無仮説は棄却される。

例 4：仮想データ　構造変化の問題を例証するため，次の AR(1) 過程から，150 個のデータを人工的に発生させる（発生させた仮想データは YBREAK.XLS から利用できる）。

$$y_t = 1 + 0.5y_{t-1} + \varepsilon_t \qquad (t \leq 100)$$
$$y_t = 2.5 + 0.65y_{t-1} + \varepsilon_t \qquad (t \geq 101)$$

図 2.9（a）は，データの動きを示している。この図をみると，100 期以降に値が大きくなっているのがわかる。ここで構造変化はないと仮定し，全データ

19　通常，予測誤差は標準化してから累積和が計算される。

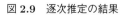

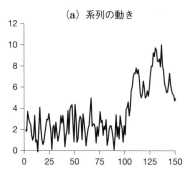

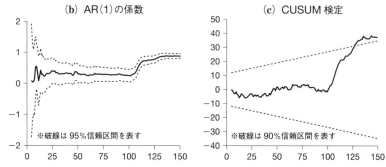

を用いて AR(1) モデルを推定すると，以下となる（カッコ内は t 値）。

$$y_t = 0.4442 + 0.8822 y_{t-1}$$
$$\quad\ (2.64)\quad\ (22.76)$$

AR(1) は DGP を誤って定式化しており，その推定にはバイアスが存在する。

図 2.9 (b) は，逐次推定による係数の推定値を ±2 標準誤差区間と一緒に示している（例えば，破線は係数の推定値 ±2 標準誤差である）。信頼区間の幅は最初広いが，徐々に狭まっている。これは推定に用いられる観測数が増加しているためである。さらに，係数の推定値は $t = 100$ までは安定しているが，それ以降，係数は上昇していることがわかる。$t = 100$ 前後の信頼区間を比較してみると，互いに重なり合っていないことがわかる。

図 2.9 (c) は，CUSUM とその 90% 信頼区間を示している。CUSUM は，$t \leq 100$ の範囲では 0 に近い値をとるが，それ以後は急速に大きくなり，$t = 125$ で信頼区間の外に出る。したがって，帰無仮説（構造変化なし）は棄却される。

この場合，構造変化は 100 期目で生じたにもかかわらず，125 期目で初め

て CUSUM は信頼区間の外に出ている。つまり，CUSUM は構造変化が生じ
てすぐではなく，しばらくしてから初めて信頼区間の外に出ているのである。
これは CUSUM 検定では，構造変化がデータの終わりのほうで生じていたら，
構造変化を発見できない可能性があることを示唆している[20]。このような問題
はあるが，CUSUM 検定を用いれば，さまざまな定式化の誤りをみつけられ
るだろう。定式化の誤りには，構造変化が徐々に生じる（パラメータが少しずつ
変化する）場合，突然の構造変化が複数回ある場合，モデルが非線形である場
合などがある。

　構造変化は 100 期から 101 期にかけて生じたと信じる根拠があれば（$T_B =$
100），ダミー変数 D_t を用いればよい（$t \leq 100$ の範囲で $D_t = 0$，$t > 100$ の範囲
で $D_t = 1$ とする）。例えば，定数項の変化だけを調べたい場合には，次の回帰
式を推定する（カッコ内は t 値）。

$$y_t = \underset{(5.36)}{0.9254} + \underset{(8.91)}{0.5683}y_{t-1} + \underset{(5.88)}{1.936}D_t$$

ここで，D_t の係数は有意であり，定数項に構造変化があるといえる。定数項
と係数の両方の変化を調べたい場合には，新たに説明変数 $D_t y_{t-1}$ を加えれば
よい（カッコ内は t 値）。

$$y_t = \underset{(7.22)}{1.6015} + \underset{(2.76)}{0.2545}y_{t-1} - \underset{(-0.39)}{0.2244}D_t + \underset{(4.47)}{0.5433}D_t y_{t-1}$$

　ここで $D_t y_{t-1}$ の係数は有意であり，構造変化の存在を確認できる。また，
帰無仮説は D_t の係数，$D_t y_{t-1}$ の係数はともに 0 とし，F 統計量を求めると
29.568 となる。F 分布表から，有意水準 1% で帰無仮説は棄却される（ただ
し，F 分布の自由度は $(2, 145)$ となる）。以上から，構造変化は存在し，単純な
AR(1) モデルは誤っているといえる。

　構造変化点 T_B がわからない場合，sup F 検定を行うことになる。すべて
の構造変化点の候補において，チョウ検定を行う。図 2.10 では，構造変化
点の各候補における F 統計量の値を示している。この図をみると，F 値は
$T_B = 100$ で最大値をとっており，これが構造変化点の推定値となる。この場
合，構造変化点が正しく推定されているが，実証分析では，構造変化点の推
定には多少の誤差が生じることに注意してほしい。ここで，sup F 値は 29.57
と大きな値をとっており，帰無仮説（構造変化なし）を棄却できる。以上から，

20　この検定の変種としては，誤差の和ではなく，誤差の平方和を用いた **CUSUM 2 乗検
定**がある。これは分散の変化をみつけるのに有用である。

図 2.10 sup F 検定

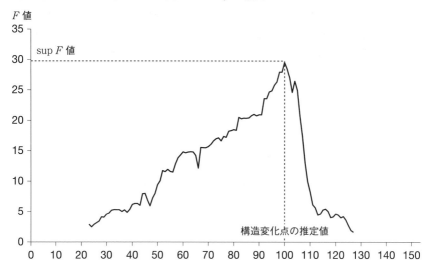

有意な構造変化が 100 期目に生じたといえる。

2.12 まとめ

　本章は，ボックス=ジェンキンスのモデル選択に焦点を当てて，同定，推定，診断の手続きを説明した。ARMA 過程は，確率線形差分方程式の 1 つである。ARMA 過程が定常であるためには，差分方程式の特性根は単位円内に存在しなければならない。

　同定の段階では，データ，標本 ACF・PACF が図示される。標本 ACF・PACF は，さまざまな ARMA 過程の理論上の ACF・PACF と比較される。すべての候補となるモデルが推定され，さまざまな診断規準によって比較される。良いモデルの条件をまとめると以下となる。

① 倹約的である
② 係数は定常性と反転可能性の前提を満たしている
③ データとの当てはまりが良い
④ 残差はホワイトノイズである
⑤ パラメータは時間を通じて安定している
⑥ 外挿予測の予測精度が高い

　パラメータの安定性を調べるには逐次推定が有用である。推定値が突然変化

していれば，構造変化の存在が疑われる。構造変化が一度だけで，その時点が既知ならチョウ検定，時点が未知なら sup F 検定を用いればよい。第 7 章で詳しく解説するが，バイ＝ペロン（Bai and Perron 1998, 2003）は，未知の構造変化が複数回あるとき，それらを検定する方法を提案している。構造変化が徐々に生じるなら，逐次推定や CUSUM 検定が有効である。もしパラメータが不安定であれば，構造変化を考慮して推定を行えばよい。

補論 2.1　MA(1) モデルの推定

最小 2 乗法（ordinary least squares：OLS）で推定するには，従属変数と説明変数が観察できていなければならない。純粋な AR 過程では，説明変数は従属変数の自己ラグとなるため，OLS によって推定できる。これに対し，MA 過程は説明変数 $\{\varepsilon_t\}$ が観察できないため，OLS によって推定できず，**最尤法**（maximum likelihood method：**ML 法**）によって推定される。

最尤法では，尤度 L を最大にするようにパラメータを選ぶ。**尤度**（likelihood）とは，手元のデータが得られる確率である。したがって，「尤度が大きいほど手元のデータが観察されやすかった」といえる。分析者には，パラメータの真の値はわからないが，「手元のデータを得る確率が最も高くなるパラメータからデータは発生した」と考えるのが自然である。手元のデータを得る確率が低いパラメータなら，そもそもなぜデータが得られたのかわからない。最尤法では，尤度が最も大きくなるようにパラメータを選ぶ。こうして選ばれた値を**最尤推定量**（maximum likelihood estimator）と呼ぶ。

尤度の自然対数は**対数尤度**（log likelihood）と呼ばれる。対数尤度は尤度の単調増加関数である。つまり，尤度が大きく（小さく）なると対数尤度も大きく（小さく）なる。したがって，尤度を最大にするパラメータは，対数尤度 $\ln L$ を最大にするパラメータでもある。最尤法では，尤度もしくは対数尤度を最大にするようにパラメータを選ぶ。

ここで $\{\varepsilon_t\}$ はホワイトノイズであり，正規分布に従うとしよう。このとき，実現値 ε_t の尤度は，

$$\frac{1}{\sqrt{2\pi\sigma^2}} \exp\left(\frac{-\varepsilon_t^2}{2\sigma^2}\right)$$

となる。ε_t は相互に独立であるため，$\varepsilon_1, \varepsilon_2, \ldots, \varepsilon_T$ の同時確率は各確率の積として表せる。したがって，実現値 $(\varepsilon_1, \varepsilon_2, \ldots, \varepsilon_T)$ の尤度 L は，

II2　第2章　定常時系列モデル

$$L = \prod_{t=1}^{T} \frac{1}{\sqrt{2\pi\sigma^2}} \exp\left(\frac{-\varepsilon_t^2}{2\sigma^2}\right)$$

となる[21]。これは実現値 $(\varepsilon_1, \varepsilon_2, \ldots, \varepsilon_T)$ を得る確率である。この場合，対数尤度は，

$$\ln L = -\frac{T}{2}\ln(2\pi) - \frac{T}{2}\ln\sigma^2 - \frac{1}{2\sigma^2}\sum_{t=1}^{T}\varepsilon_t^2$$

となる。尤度は掛け算で表現されていたが，対数尤度は足し算として表されるため，数学的に扱いやすいことがわかる。

　真のモデルが MA(1) 過程 $y_t = \varepsilon_t + \beta\varepsilon_{t-1}$ とし，このモデルから T 個の観測値 $(y_1, y_2, \ldots, y_T)$ が生成されたとしよう。ここで観測値 $\{y_t\}$ を用いて $\{\varepsilon_t\}$ を表すことができる。初期値を $\varepsilon_0 = 0$ と設定すると，$\varepsilon_1, \varepsilon_2, \varepsilon_3, \varepsilon_4$ は，

$$\begin{aligned}
\varepsilon_1 &= y_1 \\
\varepsilon_2 &= y_2 - \beta\varepsilon_1 \doteq y_2 - \beta y_1 \\
\varepsilon_3 &= y_3 - \beta\varepsilon_2 = y_3 - \beta(y_2 - \beta y_1) \\
\varepsilon_4 &= y_4 - \beta\varepsilon_3 = y_4 - \beta[y_3 - \beta(y_2 - \beta y_1)]
\end{aligned}$$

となり，任意の t については，

$$\varepsilon_t = \sum_{i=0}^{t-1}(-\beta)^i y_{t-i}$$

となる。この式から，$|\beta| < 1$ なら，ε_t は収束過程であるとわかる。これに対し，$|\beta| \geq 1$ なら，t が大きくなると ε_t は発散する。先に求めた対数尤度に，上式の ε_t を代入すると，

$$\ln L = -\frac{T}{2}\ln(2\pi) - \frac{T}{2}\ln\sigma^2 - \frac{1}{2\sigma^2}\sum_{t=1}^{T}\left(\sum_{i=0}^{t-1}(-\beta)^i y_{t-i}\right)^2$$

となる。対数尤度 $\ln L$ は，$\{\varepsilon_t\}$ ではなく，$\{y_t\}$ によって表される。したがっ

---

21 $\sum$ 記号が和を簡易表記するための記号であるように，$\prod$ は積を簡易表記するための記号である。例えば，$a_1, a_2, a_3, \ldots, a_n$ の積は $\prod_{i=1}^{n} a_i = a_1 a_2 a_3 \cdots a_n$ と簡単に表記できる。

て，パラメータ β, σ^2 の値がわかれば，$\ln L$ の値を計算できる。最尤法では，さまざまな β, σ^2 の値を用いて対数尤度を求め，その中で最大の対数尤度を達成する β, σ^2 の値を最尤推定量とすればよい。

補論 2.2　予測モデルの評価方法と合成予測

　予測評価の指標として，**平均 2 乗予測誤差**（mean squared prediction error：**MSPE**）がある。MSPE は小さいほど，良いモデルとされる。例えば，2 つのモデルから，H 個の j 期先予測を求めたとしよう。モデル 1 からの予測は f_{1i}，モデル 2 からの予測は f_{2i} と表記する。それぞれの予測誤差は e_{1i} と e_{2i} とする。このとき，モデル 1 の MSPE は，

$$\text{MSPE} = \frac{1}{H} \sum_{i=1}^{H} e_{1i}^2$$

と定義される。モデル 2 の MSPE は，e_{1i}^2 を e_{2i}^2 で置き換えればよい。

　2 つのモデルからの平均 2 乗予測誤差（MSPE）が有意に異なるかを検定する。MSPE の大きいほうを分子，小さいほうを分母とし，F 統計量を計算する。

$$F = \frac{\sum_{i=1}^{H} e_{1i}^2}{\sum_{i=1}^{H} e_{2i}^2}$$

ただし，モデル 1 のほうが MSPE は大きいとした。両モデルの予測誤差が同じなら F 値は 1 となる一方，モデル 1 のほうが予測誤差は大きいなら F 値は 1 より大きくなる。ここで，以下の仮定をしよう。

　　仮定 1：予測誤差は平均 0 であり，また正規分布に従う

　　仮定 2：予測誤差に系列相関はない

　　仮定 3：2 種の予測誤差は同時点の相関を持たない

このとき，帰無仮説（予測力は同じ）のもとで，F 統計量は自由度 (H, H) の F 分布に従う。現実には，これらの仮定はどれも満たされず，F 統計量は F 分布に従わない。条件を 1 つずつみていこう。

　まず，予測にはバイアスがあり，予測誤差の平均は 0 ではないかもしれない。また，予測にバイアスがなかったとしても，予測誤差が正規分布するとも限らないだろう。

114　第 2 章　定常時系列モデル

　次に，長期予測なら予測誤差は系列相関を持ってしまう。例えば，DGP は
ARMA$(1, 1)$ 過程とすると，t 期における y_{t+2} の 2 期先予測誤差は，

$$e_t(2) = (a_1 + \beta_1)\varepsilon_{t+1} + \varepsilon_{t+2}$$

となる（(2.46) 式参照）。1 期先に進めて，$t + 1$ 期における y_{t+3} の 2 期先予測
誤差は，

$$e_{t+1}(2) = (a_1 + \beta_1)\varepsilon_{t+2} + \varepsilon_{t+3}$$

となる。予測誤差の共分散を求めると，

$$E[e_t(2)e_{t+1}(2)] = (a_1 + \beta_1)\sigma^2$$

となり，0 ではない。これは $e_t(2)$ と $e_{t+1}(2)$ は，ともに ε_{t+2} を含むためであ
る。これに対し，$i > 1$ の範囲では予測は重複しないため，$E[e_t(2)e_{t+i}(2)] =$
0 となる。2 期先予測では，予測誤差の自己相関は 2 次以降 0 となるため，予
測誤差は MA(1) 過程のように振る舞う。一般的には，「j 期先の予測誤差は
MA$(j - 1)$ 過程のように振る舞う」。

　最後に，2 種の予測誤差は同時点間の相関を持っている。誤差項 ε_{t+1} が負
の値なら，両方のモデルとも予測誤差が負となることが多い。つまり，同じ方
向で予測を誤ることになる。

◆ ディーボルト = マリアーノ（DM）検定

　損失関数（loss function）は，その値が小さいほど望ましいことを表す関数
である。MSPE は予測誤差の 2 乗和であり，その値が小さいほど良いため，
損失関数の一種である。損失関数の定義はさまざまであり，何を損失とみなす
かは分析対象や関心によって異なるだろう。例えば，損失が予測誤差のサイズ
に依存するなら，予測誤差の 2 乗ではなく，その絶対値に関心があるかもしれ
ない。また，損失関数は予測誤差が正か負かで非対称であるかもしれない。例
えば，ある資産を保有している投資家なら，その資産の価格が予想より増加し
たら利益が生じるが，予想より低下したら損失が生じてしまう。この場合，予
測誤差が正ならば望ましいが，負なら問題ありとみなされる。

　ディーボルト = マリアーノ（Diebold and Mariano 1995）は，仮定 1，2，3
を外したうえで，損失関数を一般化した**ディーボルト = マリアーノ（DM）検
定**を提案している。一般的な損失関数を扱えるように，予測誤差からの i 期の

補論 2.2 予測モデルの評価方法と合成予測 **115**

損失を一般的な形で $g(e_i)$ と表記しよう。分析者は損失関数を自由に定義してかまわない。例えば、誤差 2 乗和に関心があるなら $g(e_i) = e_i^2$ とし、誤差の絶対値に関心があるなら $g(e_i) = |e_i|$ とすればよい。モデル 1 とモデル 2 の損失の差は、$d_i = g(e_{1i}) - g(e_{2i})$ となる。よって、損失差の平均は以下となる。

$$\bar{d} = \frac{1}{H} \sum_{i=1}^{H} [g(e_{1i}) - g(e_{2i})]$$

帰無仮説(予測精度は等しい)のもとで、$\bar{d}$ は 0 となる。ここで $\bar{d}$ は、個々の損失の平均であるため、H が十分に大きいとき、$\bar{d}$ は中心極限定理により(弱い条件のもとでも)正規分布に従う。ここで「予測誤差が正規分布に従う」と仮定する必要はない。そして、$\bar{d}$ を標準化した $\bar{d}/\sqrt{\mathrm{var}(\bar{d})}$ は標準正規分布に従うため、この統計量を用いて仮説検定を行える。問題は、どのように $\mathrm{var}(\bar{d})$ を推定するかにある。

もし $\{d_i\}$ が相互に無相関であれば、$\mathrm{var}(\bar{d})$ は単純に γ_0/H として推定すればよい。しかし、通常、$\{d_i\}$ は相互に無相関ではないだろう。このため、$\mathrm{var}(\bar{d})$ を求めるには、$\{d_i\}$ の分散だけでなく、その自己共分散も考慮しなければならない。ここで、$\{d_i\}$ の s 次の自己共分散を γ_s としよう。ここで最初の q 個の γ_s だけが 0 ではないと仮定すると、$\bar{d}$ の分散は、

$$\mathrm{var}(\bar{d}) = \frac{\gamma_0 + 2\gamma_1 + \cdots + 2\gamma_q}{H}$$

によって求められる(練習問題 [9] を参照)。この分散は**不均一分散と系列相関に頑健**であり、その平方根の推定量は **HAC**(heteroskedasticity and autocorrelation consistent)**標準誤差**と呼ばれる。このとき、**DM 統計量**は、

$$\mathrm{DM} = \frac{\bar{d}}{\sqrt{(\gamma_0 + 2\gamma_1 + \cdots + 2\gamma_q)/H}}$$

となり、これは標準正規分布に従う[22]。統計ソフトを用いるときは、d_i を定数項だけで回帰して、定数項に対応する t 統計量を求めれば、それが DM 統計量になる。ただし、標準誤差として HAC 標準誤差を指定する[23]。

---

22 Harvey, Leybourn, and Newbold (1997) では、$\mathrm{var}(\bar{d})$ のバイアスを軽減するため、DM 統計量を計算するとき、1 期先予測では、H を $H-1$ で置きかえ、自由度 $H-1$ の t 分布を用いることを提案している。

23 Clark and McCracken (2001) では、DM 検定の注意点として、一方のモデルが他方のモデルを内包してはいけないことを指摘している。例えば、AR(1) と

116　第2章　定常時系列モデル

◆ 合 成 予 測

　ベイツ゠グレンジャー（Bates and Granger 1969）は，複数の予測を合成することで予測精度を改善できることを示した。ここで，y_t の1期先予測（$t-1$ 期までの情報を用いて1期先の y_t を予測）は n 個あり，それぞれ $f_{1t}, f_{2t}, \ldots, f_{nt}$ と表記する。つまり，f_{it} はモデル i からの y_t の1期先予測である。これら n 個の予測の加重平均として**合成予測**（composite forecast）を考える。

$$f_{ct} = w_1 f_{1t} + w_2 f_{2t} + \cdots + w_n f_{nt}$$

ただし，加重の総和は1である（$\sum w_i = 1$）。各予測に不偏性があるなら（$E_{t-1} f_{it} = y_t$），合成予測 f_{ct} は，

$$E_{t-1} f_{ct} = w_1 E_{t-1} f_{1t} + w_2 E_{t-1} f_{2t} + \cdots + w_n E_{t-1} f_{nt}$$

$$= w_1 y_t + w_2 y_t + \cdots + w_n y_t = (w_1 + w_2 + \cdots + w_n) y_t = y_t$$

となり，不偏性があることを確認できる。

　次に，合成予測の分散をみてみよう。簡単化のため，$n = 2$ とすると，合成予測は，

$$f_{ct} = w_1 f_{1t} + (1 - w_1) f_{2t}$$

となる。ここで，$y_t = w_1 y_t + (1 - w_1) y_t$ に注意すると，

$$y_t - f_{ct} = w_1 (y_t - f_{1t}) + (1 - w_1)(y_t - f_{2t})$$

となる。各モデルの予測誤差を $e_{it} = y_t - f_{it}$ とすると，合成予測からの予測誤差 $e_{ct} = y_t - f_{ct}$ は，

$$e_{ct} = w_1 e_{1t} + (1 - w_1) e_{2t}$$

となり，その分散は（$E[e_{it}] = 0$ に注意すると），

　ARMA(1, 1) であれば，ARMA(1, 1) は AR(1) を内包したモデルである（$y_t = a_1 y_{t-1} + \varepsilon_t + \beta_1 \varepsilon_{t-1}$ において，$\beta_1 = 0$ とすると AR(1) になる）。これに対し，AR(7) と ARMA(1, 1) は，一方が他方を内包していないため，DM 検定を用いることができる。内包することの何が問題なのだろうか。これは小さいモデルが正しいなら，大きいモデルも正しいことになるが，大きなモデルはパラメータが安定して推定できず，それが予測誤差を大きくしてしまう。Clark and West (2007) では，パラメータの不確実性を考慮した修正 DM 検定を提案している。

補論 2.2　予測モデルの評価方法と合成予測　**117**

$$\mathrm{var}(e_{ct}) = E[(w_1 e_{1t} + (1-w_1)e_{2t})^2]$$
$$= w_1^2 \mathrm{var}(e_{1t}) + (1-w_1)^2 \mathrm{var}(e_{2t}) + 2w_1(1-w_1)\mathrm{cov}(e_{1t}, e_{2t})$$

となる。この式から，合成予測の利点が理解できる。例えば，各モデルからの予測誤差の分散は同じとし（$\mathrm{var}(e_{1t}) = \mathrm{var}(e_{2t}) = \sigma_f^2$），また共分散は 0 としよう（$\mathrm{cov}(e_{1t}, e_{2t}) = 0$）。このとき，$w_1 = 0.5$ なら，

$$\mathrm{var}(e_{ct}) = 0.5^2 \mathrm{var}(e_{1t}) + 0.5^2 \mathrm{var}(e_{2t}) = 0.5\sigma_f^2$$

となる。つまり，合成予測の分散は，各モデルからの分散の 50% にすぎない。

では，加重 w_1 はどのように決めたらよいだろうか。予測誤差は小さいほど望ましいため，予測誤差の分散を最も小さくする加重が最適であろう。これは分散式を w_1 で偏微分し，0 と置いた式を，w_1 について解けばよい。つまり，

$$\frac{\partial \mathrm{var}(e_{ct})}{\partial w_1} = \frac{\partial}{\partial w_1}\{w_1^2 \mathrm{var}(e_{it}) + (1-w_1)^2 \mathrm{var}(e_{2t})$$
$$+ 2w_1(1-w_1)\mathrm{cov}(e_{1t}, e_{2t})\}$$
$$= 2w_1 \mathrm{var}(e_{1t}) - 2(1-w_1)\mathrm{var}(e_{2t}) + 2(1-2w_1)\mathrm{cov}(e_{1t}, e_{2t})$$
$$= 0$$

であるから，これを w_1 について解くことで，最適加重 w_1^* が得られる。

$$w_1^* = \frac{\mathrm{var}(e_{2t}) - \mathrm{cov}(e_{1t}, e_{2t})}{\mathrm{var}(e_{1t}) + \mathrm{var}(e_{2t}) - 2\mathrm{cov}(e_{1t}, e_{2t})}$$

もし共分散が 0 なら，最適加重は簡潔に，

$$w_1^* = \frac{\mathrm{var}(e_{2t})}{\mathrm{var}(e_{1t}) + \mathrm{var}(e_{2t})} = \frac{\mathrm{var}(e_{1t})^{-1}}{\mathrm{var}(e_{1t})^{-1} + \mathrm{var}(e_{2t})^{-1}}$$

となる。例えば，モデル 1 の予測誤差の分散 $\mathrm{var}(e_{1t})$ が非常に小さくなる（$\mathrm{var}(e_{1t})^{-1}$ が非常に大きくなる）と，w_1^* は 1 に近い値となり，合成予測はモデル 1 の予測とほぼ同じとなる。実際の分析では，分散と共分散の値はわからないため，各モデルからの予測誤差を用いて $\mathrm{var}(e_{it})$ を推定すればよい。多くの研究者は，共分散の推定が不安定であることから，共分散は無視して最適加重を求めることを勧めている。したがって，モデルが n 個ある場合，i 番目のモデルに対する最適加重は以下となる。

$$w_i^* = \frac{\mathrm{var}(e_{it})^{-1}}{\mathrm{var}(e_{1t})^{-1} + \mathrm{var}(e_{2t})^{-1} + \cdots + \mathrm{var}(e_{nt})^{-1}}$$

グレンジャー = ラマナサン（Granger and Ramanathan 1984）は，以下の回帰式を推定すれば，合成予測を簡単に求められるとした。

$$y_t = \alpha_0 + \alpha_1 f_{1t} + \alpha_2 f_{2t} + \cdots + \alpha_n f_{nt} + v_t$$

ここで，$\alpha_0 = 0$，$\alpha_1 + \alpha_2 + \cdots + \alpha_n = 1$ と制約を置いて推定すれば，これらの係数は最適加重と解釈できる。しかし，グレンジャー = ラマナサンは，こうした制約を課さないで推定することを勧めている。この点は，研究者によって意見が異なる（詳しくは Clemen 1989 を参照）。多くの研究者は，推定された係数（加重）が負であれば，その予測値を除いて推定している。また，v_t に系列相関が残っているとき，ディーボルト（Diebold 1988）は，y_t のラグや MA 項を推定式に含めることを勧めている。

ベイズ情報量規準 BIC を用いて加重を求めることも可能である。この場合，加重は予測誤差ではなく，モデルの当てはまりに応じて決定される。モデル i を推定したときの BIC を BIC_i としよう。そして，最適な（BIC が最も小さい）モデルからの BIC を BIC^* とする。このとき，

$$\alpha_i = e^{(\text{BIC}^* - \text{BIC}_i)/2}$$

とし，加重を，

$$w_i^* = \frac{\alpha_i}{\sum_{j=1}^n \alpha_j}$$

と設定する。ここで $e^0 = 1$ となるので，最適なモデルからの加重は $1/\sum \alpha_j$ となる。その他のモデルでは，α_i は 1 より小さくなるので，加重も $1/\sum \alpha_j$ より小さくなる。また，BIC_i が大きくなると α_i は小さくなり，その結果，加重も小さくなる。

◎練習問題

以下の練習問題を解きなさい。練習問題 [10]〜[13] は，実証分析を行う問題である。実証分析では，統計ソフトによって，推定値は多少異なるため，大まかに合っているかを確認してもらえばよい。解答はすべて本書のウェブサポートページに掲載している。★印は難易度の高い問題であることを示す。

[1] コイン投げの例では，直近 4 回の平均利得 w_t を移動平均で表している。

$$w_t = \frac{1}{4}\varepsilon_t + \frac{1}{4}\varepsilon_{t-1} + \frac{1}{4}\varepsilon_{t-2} + \frac{1}{4}\varepsilon_{t-3}$$

(a) w_t の期待値を求めよ。また，$\varepsilon_{t-3} = \varepsilon_{t-2} = 1$ を所与とし，w_t の条件付き期待値を求めよ。

(b) w_t の分散を求めよ。また，$\varepsilon_{t-3} = \varepsilon_{t-2} = 1$ を所与とし，w_t の条件付き分散を求めよ。

(c) ① $\text{cov}(w_t, w_{t-1})$，② $\text{cov}(w_t, w_{t-2})$，③ $\text{cov}(w_t, w_{t-5})$ を求めよ。

[2]* (2.21) 式が正しいことを証明せよ。

[3] 確率過程 $y_t = a_0 + a_2 y_{t-2} + \varepsilon_t$ を考えよう（ただし，$|a_2| < 1$）。

(a) ① $E_{t-2} y_t$，② $E_{t-1} y_t$，③ $E_t y_{t+2}$，④ $\text{cov}(y_t, y_{t-1})$，⑤ $\text{cov}(y_t, y_{t-2})$ を求めよ。

(b) インパルス応答関数を求めよ。

[4] 2 次の差分方程式 $y_t = a_0 + 0.75 y_{t-1} - 0.125 y_{t-2} + \varepsilon_t$ を考えよう。

(a) 同次解と特殊解を求めよ。

(b) インパルス応答関数を求めよ。

(c) $\{y_t\}$ が定常であるために，初期条件はどのような値である必要があるか。

(d) (c) で求めた初期条件を所与とし，$\{y_t\}$ のコレログラムを求めよ。

[5]* ここで，$|a_1| < 1$ としよう。このとき，以下の問いに答えよ。

(a) $y_t = a_0 + a_1 y_{t-1} + \varepsilon_t$ は，

$$y_t = a_0^* + e_t, \quad e_t = a_1 e_{t-1} + \varepsilon_t$$

として表せることを示せ。ただし，$a_0^* = a_0/(1 - a_1)$ とする。

(b) $y_t = a_0 + a_1 y_{t-1} + a_2 t + \varepsilon_t$ は，

$$y_t = a_0^* + a_2^* t + e_t, \quad e_t = a_1 e_{t-1} + \varepsilon_t$$

として表せることを示せ。ただし，$a_0^* = a_0/(1 - a_1) - a_1 a_2/(1 - a_1)^2$，$a_2^* = a_2/(1 - a_1)$ とする。

(c) これまでの結果を用いて，$y_t = 1 + 0.95 y_{t-1} + 0.01 t + \varepsilon_t$ は，

$$y_t = 16.2 + 0.2 t + e_t, \quad e_t = 0.95 e_{t-1} + \varepsilon_t$$

と書き換えられることを説明せよ。

[6]* **2.7** では，情報量規準は $\text{AIC} = T \ln(\text{SSR}) + 2n$，$\text{BIC} = T \ln(\text{SSR}) + n \ln(T)$ とした。

(a) 統計ソフト EViews では，情報量規準として，

$$\text{AIC}^* = -\frac{2 \ln(L)}{T} + \frac{2n}{T}, \quad \text{BIC}^* = -\frac{2 \ln(L)}{T} + \frac{n \ln(T)}{T}$$

120 第2章 定常時系列モデル

を用いている（ただし，L は尤度の最大値）。これらを用いても選択される次数に影響がないことを示せ。

(b) 情報量規準として，以下を用いることもある。

$$\text{AIC}' = \ln\left(\frac{\text{SSR}}{T}\right) + \frac{2n}{T}, \quad \text{BIC}' = \ln\left(\frac{\text{SSR}}{T}\right) + \frac{n\ln(T)}{T}$$

これらを用いても，選択される次数に影響がないことを示せ。

[7]* 真のモデルは $y_t = a_0 + a_1 y_{t-1} + a_2 y_{t-2} + \varepsilon_t$ とする（ただし，$a_2 = 0$）。つまり，真のモデルは AR(1) モデルである。ここでラグ次数は，$0, 1, 2$ から選択するとしよう。以下の問いに答えよ。

(a) BIC によって選択された次数を p^{bic} とする。大標本では，BIC は正しい次数を選択することを証明せよ。【ヒント：$P\{p^{bic} = 0\} = 0$ かつ $P\{p^{bic} = 2\} = 0$ を示せばよい。】

(b) AIC によって選択された次数を p^{aic} とする。大標本では，AIC は高めの次数を選択する傾向があることを証明せよ。

[8] ARMA(1,1) 過程 $y_t = a_1 y_{t-1} + \varepsilon_t + \beta_1 \varepsilon_{t-1}$ は $\text{AR}(\infty)$ として表現できることを示せ。

[9]* $s > q$ の範囲で $\gamma_s = 0$ の場合，$\bar{d}$ の分散は $(\gamma_0 + 2\gamma_1 + \cdots + 2\gamma_q)/H$ となるとしたが（**補論 2.2** 参照），この分散が正しいことを証明せよ。

[10] データ `SIM2.XLS` の系列 y1 を用いて，以下の問いに答えよ（y1 は AR(1) 過程から発生させた）。

(a) 横軸を時間とし，y1 を図示せよ。この系列は定常といえるか。

(b) 表 2.2 と同じ結果が得られるかを調べよ。

(c) y1 を AR(2) で推定すると，次の結果が得られるかを確認せよ。

$$y_t = \underset{(7.01)}{0.701}\, y_{t-1} + \underset{(1.04)}{0.105}\, y_{t-2} + e_t$$

また，$Q(8) = 5.13$, $Q(16) = 15.86$, $Q(24) = 21.02$ となる。

(d) ARMA(1,1) で推定すると，次の結果が得られるかを確認せよ。

$$y_t = \underset{(12.16)}{0.844}\, y_{t-1} - \underset{(-1.12)}{0.144}\, \varepsilon_{t-1} + e_t$$

残差の標本 ACF・PACF から，系列相関がみられないことを確認せよ。

[11] データ `SIM2.XLS` の系列 y3 を用いて，以下の問いに答えよ（y3 は AR(2) 過程 $y_t = 0.7y_{t-1} - 0.49y_{t-2} + \varepsilon_t$ から発生させた）。

(a) 横軸を時間とし，y3 を図示せよ。標本 ACF・PACF を求め，AR(2) の理論上の ACF・PACF と比較せよ。

(b) AR(1) を推定すると，次の結果が得られるかを確認せよ。

$$y_t = 0.467\, y_{t-1} + e_t$$
$$(5.24)$$

診断テストを行うことで，このモデルが不適当であることを示せ．

(c) ARMA(1,1) モデルを推定すると，次の結果が得られることを確認せよ．

$$y_t = 0.183\, y_{t-1} + 0.510\, \varepsilon_{t-1} + e_t$$
$$(1.15) \qquad\qquad (3.64)$$

このモデルが不適当であることを示せ．修正 Q 統計量を調べよ．

(d) AR(2) を推定せよ．係数の推定値が真の係数と一致していることを確認せよ．

[12] QUARTERLY.XLS には米国の金利データ（1960Q1〜2012Q4）が含まれる．スプレッドは，長期金利 r5 と短期金利 tbill の差である．スプレッドを AR(7)，ARMA(1,1)，ARMA(2,1)，ARMA(2,(1,7)) モデルで推定し，**2.10** の結果を再現せよ（ただし，標本期間はすべて 1961Q4〜2012Q4 で統一すること）．

[13] QUARTERLY.XLS には鉱工業生産指数（indprod），失業率（unemp）が含まれる．

(a) $y_t = \ln(\text{indprod}_t) - \ln(\text{indprod}_{t-1})$ とし，標本 ACF・PACF を確認せよ．

(b) 低次の ACF が高いことから AR(1) として推定すると，

$$y_t = 0.0028 + 0.600 y_{t-1} + e_t$$

となることを確認せよ（t 値は 2.96 と 10.95 となる）．

(c) y_{t-8} を説明変数に加えるとデータとの当てはまりが改善し，残差の系列相関も緩和されることを確認せよ．また，y_{t-8} を説明変数に加えることに，何らかの懸念があれば述べよ．

(d) 失業率を u_t と表示する．このとき，u_t の標本 ACF を求めよ．その結果から，この系列は定常といえそうかを述べよ．

(e) 失業率を AR(2) モデルで推定すると，

$$u_t = 0.226 + 1.65 u_{t-1} - 0.683 u_{t-2} + e_t$$

となることを確認せよ．特性根を求めて，この確率過程の特徴を述べよ．

(f) 失業率の階差を AR(1) モデルで推定し，(d) (e) の結果と比較せよ．

第3章
ボラティリティ

学習目的

3.1 経済時系列データの定型化した事実を説明する。

3.2 ARCH と GARCH モデルを紹介する。

3.3 インフレ率のボラティリティを推定するため，どのように ARCH と GARCH モデルを用いるかを示す。

3.4 GARCH モデルを用いて，いかに経済成長率のボラティリティや特定産業のリスクを推定できるかを示す。

3.5 ARCH-M モデルを用いて，時間を通じて変化するリスク・プレミアムを推定する方法を説明する。

3.6 GARCH(1, 1) モデルの性質，また予測方法を詳しく説明する。

3.7 GARCH 過程の尤度関数を導出する。

3.8 GARCH モデルを拡張した重要なモデルとして，IGARCH，TARCH，EGARCH モデルを説明する。

3.9 GARCH モデルを用いて NYSE 指数の変化率を分析する。

3.10 多変量 GARCH モデルが，ボラティリティのスピルオーバーを捉えることができることを示す。

　時系列データは，トレンドを持ったり，当てもなく動いたりする。**ボラティリティ**（volatlility，変動の大きさを意味する）はいったん上昇すると，ボラティリティの高い状態がしばらく続いたりする。こうしたボラティリティの持続性は，**ボラティリティ・クラスタリング**（volatility clustering）と呼ばれる。確率変数の分散が一定のときに**均一分散**（homoskedastic），そうでないときには**不均一分散**（heteroskedastic）と呼ばれる。

　本章では，**条件付き不均一分散**（conditional heteroskedastic）のモデルとして，ARCH モデルを説明する。また，ARCH の拡張モデルとして，GARCH，ARCH-M，IGARCH，TARCH，EGARCH モデルを紹介する。条件付き不均一分散のモデルは，1 変量だけでなく，多変量にも拡張できる。これらの手

124　第3章　ボラティリティ

法を学習することで，マクロ変数や資産価格を適切にモデル化し，ボラティリティを正しく推定することができるようになる。

3.1　経済時系列データの性質

図3.1〜3.5では，さまざまな経済時系列データの動きを示している（図3.1，3.2のデータはRGDP.XLS，図3.3はNYSE.XLS，図3.4はQUARTERLY.XLS，図3.5はEXRATES(DAILY).XLSから利用できる）。図をみると，平均や分散は一定ではなく，これらの変数は定常ではないようにみえる。以下には，経済時系列データの特徴を「**定型化された事実**」としてまとめる。

1.　トレンド　図3.1から，米国の実質GDP，潜在GDP，実質消費，実質投資は上方トレンドを持っていることがわかる。しかし，実質消費の変動は実質GDPの変動より小さい一方，実質投資の変動は実質GDPより大きくなっている（図から読み取りにくいかもしれないが，実質投資のほうが実質GDPより規模が小さいにもかかわらず，その変化の大きさは変わらないため，変化率でみると実質投資はGDPよりも大きく変動していることがわかる）。

2.　ボラティリティの不安定性　図3.2をみると，実質GDP成長率の変動は1984年から低下している。成長率は2008年に急激に低下したが，それ以降は安定している。これに対し，図3.3をみると，NYSE（ニューヨーク証券取引所）株価指数の日次変化率は劇的な変動をしている。また株式市場は平穏な期間だけでなく，不安定な期間も存在していることがわかる。条件なし（無条件）分散は一定でも，分散が比較的高い時期があると，その系列は条件付き不均一分散と呼ばれる。

3.　ショックの持続性　図3.4は，米国の短期金利（T-Bill，3カ月物）と長期金利（国債，5年物）の動きを示している。この図から，金利にトレンドはないようにみえるが，金利の動きには高い持続性がみられる。例えば，短期金利は，1970年代に2度の急上昇を経験し，その水準に数年にわたり高止まりしている。さらに，両金利とも，1980年代初めに急落し，もとの水準に戻ることはなかった。

4.　方向性なく動く　図3.5は，3通貨の名目為替レートを示している。ユーロとスイス・フランは上昇トレンドを持っていた一方，英ポンドにはトレンドがなかったようにみえる。3通貨について，短期的には持続的に増価したり，減価したりする時期があるが，何らかの平均に収束する動きはなさそ

図 3.1　米国の実質 GDP，実質消費，実質投資

図 3.2　米国の年率換算した実質 GDP の成長率

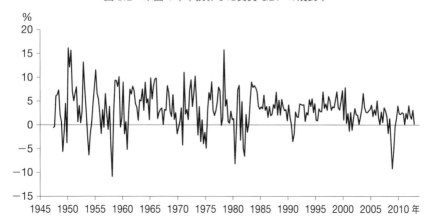

うである．こうした挙動（ランダムウォーク）は，非定常系列によくみられる現象である．

5. **他系列との共変動**　短期金利と長期金利は，平均に戻る動きがみられない．しかし，両者は互いに大きく乖離もしていない．例えば，短期金利に大きなショックがあると，長期金利にも大きなショックが生じている．こうした共変動の存在は，短期と長期の金利を動かす要因が類似しているためと考えられる．

6. **構造変化の存在**　金融危機（2007, 2008 年）は多くの時系列データに構

図 3.3 NYSE 指数の日次変化率（2000 年 1 月 4 日～2012 年 7 月 16 日）

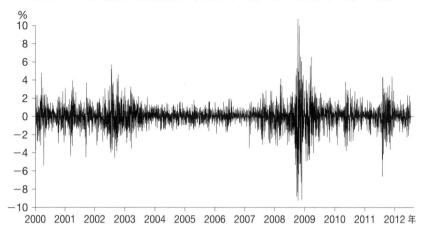

図 3.4 米国の長短金利の推移

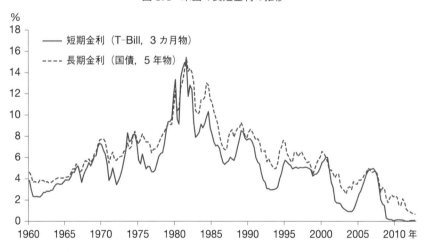

造変化を生じさせた。この時期，米国の実質 GDP，実質消費，実質投資はすべて大きく低下した。同時期に，3 通貨はすべて急激に減少しており，とくにポンドの減少は急激なものであった。

データの視覚的分析には限界があるため，仮説検定によって，条件付き不均一分散や，トレンドの存在を確認しなければならない。前章で学習したツールを修正することで，こうしたデータの同定やモデルの推定が可能となる。

図3.5 名目為替レート（2000年1月3日〜2013年4月26日）

本章では，条件付き不均一分散の問題を扱う。第4章では，トレンドの問題を説明するが，第3，4章はどちらを先に読んでもよいだろう。また第5，6章では，複数の変数間にある共変動の問題を中心に説明する。

3.2 ARCH, GARCH過程

伝統的計量モデルでは，誤差項の分散は一定と仮定される。しかし，現実には，ボラティリティはいったん上昇すると，ボラティリティの高い状態がしばらく続いたりする。そうした状況では，分散一定（**均一分散**）の仮定は不適当となる。このとき，**条件付き分散**（conditional variance）を適切にモデル化し，その動きを予測することが重要となってくる。

分散予測の方法の1つは，ボラティリティの予測に役立つ独立変数の明示的な導入である。この点を単純な例を通じて説明しよう。ここで，y_{t+1} は，

$$y_{t+1} = \varepsilon_{t+1} x_t$$

と仮定する。ただし，ε_{t+1} はホワイトノイズ（分散 σ^2），x_t は t 期までに観察される独立変数とする。ここで独立変数が一定（つまり，$x_t = x_{t-1} = \cdots =$ 定数）なら，$\{y_t\}$ はホワイトノイズとなる。しかし，$\{x_t\}$ が時間を通じて一定ではないなら，x_t を条件とする y_{t+1} の分散（条件付き分散）は，

128　第3章　ボラティリティ

$$\mathrm{var}(y_{t+1}|x_t) = E[(y_{t+1} - E[y_{t+1}|x_t])^2|x_t]$$
$$= E[(\varepsilon_{t+1}x_t - 0)^2|x_t]$$
$$= E[\varepsilon_{t+1}^2 x_t^2|x_t]$$
$$= x_t^2 E[\varepsilon_{t+1}^2|x_t] = x_t^2 \sigma^2$$

であり，x_t の実現値に依存する（式展開では，$E[y_{t+1}|x_t] = 0$ を用いた）[1]。t 期に x_t を観察できるため，t 期に y_{t+1} の条件付き分散を求められる。もし x_t^2 が大きいなら y_{t+1} の分散も大きくなるし，x_t^2 が小さいなら y_{t+1} の分散も小さくなる。また，$\{x_t\}$ に系列相関があれば，$\{y_t\}$ の条件付き分散は正の系列相関を持つ。

実際の分析では，先の式を対数変換し（つまり，$\ln(y_t) = \ln(x_{t-1}) + \ln(\varepsilon_t)$），さらに一般化した式を考える。

$$\ln(y_t) = a_0 + a_1 \ln(x_{t-1}) + e_t$$

ここで，$e_t = \ln(\varepsilon_t)$ は誤差項である（ε_t の分散は一定のため，対数変換した e_t の分散も一定となる）。パラメータ a_0，a_1 は，OLS によって推定できる。しかし，この方法で推定するためには，分散に影響を与える要因 $\{x_t\}$ を特定しなければならないが，$\{x_t\}$ として何を用いるかを判断するのは難しい。例えば，1970 年代に投資変動を増大させた要因は，石油危機，金融政策の変更，ブレトンウッズ体制の崩壊などさまざまであり，どの要因が重要かは研究者によっても判断が異なる。

◆ ARCH 過程

エングル（Engle 1982）は，独立変数 x_t の選択をすることなく，系列の平均と分散を同時にモデル化する方法を示している。

この方法を説明する前に，条件付き予測は条件なし予測より優れていること

1　2.1 で紹介した条件付き期待値では，条件となる変数を固定した値として扱ったうえで期待値をとる。例えば，条件付き期待値 $E[A|B]$ とは，B を条件としたうえでの A の期待値を表している（換言すると，$E[A|B]$ とは，B が実現したことがわかっているもとでの A の期待値である）。ここで $E[y_{t+1}|x_t] = E[\varepsilon_{t+1}x_t|x_t]$ を考えよう。条件 x_t は固定した値として扱われるため，$E[\varepsilon_{t+1}x_t|x_t]$ において x_t を期待値の外に出すことができる（統計学で学習する期待値の計算方法を思い出してほしい）。つまり，$E[\varepsilon_{t+1}x_t|x_t] = x_t E[\varepsilon_{t+1}|x_t] = x_t \times 0 = 0$ となる（$E[\varepsilon_{t+1}|x_t] = 0$ に注意）。

を指摘しておこう．例えば，定常 AR モデル $y_t = a_0 + a_1 y_{t-1} + \varepsilon_t$ を推定し，y_{t+1} を予測してみよう（**2.9** 参照）．条件付き平均は，

$$E_t y_{t+1} = a_0 + a_1 y_t$$

となる（(2.38) 式参照）．これを y_{t+1} の予測として用いると，予測誤差の分散は $E_t[(y_{t+1} - a_0 - a_1 y_t)^2] = E_t \varepsilon_{t+1}^2 = \sigma^2$ となる．これに対し，条件なし予測は条件なし平均 $a_0/(1 - a_1)$ であり（(2.13) 式参照），予測誤差の分散は，

$$E\left[\left(y_{t+1} - \frac{a_0}{1 - a_1}\right)^2\right] = E[(\varepsilon_{t+1} + a_1 \varepsilon_t + a_1^2 \varepsilon_{t-1} + a_1^3 \varepsilon_{t-2} + \cdots)^2]$$
$$= \frac{\sigma^2}{1 - a_1^2}$$

となる（(2.14) 式参照）．したがって，条件付き予測の分散 σ^2 は，条件なし予測の分散 $\sigma^2/(1 - a_1^2)$ より小さくなっている（$|a_1| < 1$ から $\sigma^2 < \sigma^2/(1 - a_1^2)$ に注意）．つまり，条件付き予測は，現在と過去の情報を考慮することで，より望ましい予測となっている．

もし $\{\varepsilon_t\}$ の分散が時間を通じて一定ではないなら，分散が ARMA 過程に従うとして分散の持続的傾向を推定できる．ここで AR(1) モデル $y_t = a_0 + a_1 y_{t-1} + \varepsilon_t$ を考えると，y_{t+1} の条件付き分散は，

$$\mathrm{var}(y_{t+1}|y_t) = E_t[(y_{t+1} - a_0 - a_1 y_1)^2] = E_t \varepsilon_{t+1}^2$$

となる．これまで条件付き分散は一定（$E_t \varepsilon_{t+1}^2 = \sigma^2$）としてきたが，ここでは条件付き分散は一定ではないとする．このとき，まずは AR(1) モデルを推定し，その残差を $\{\hat{\varepsilon}_t\}$ としよう．そして残差の 2 乗を使って，条件付き分散を AR(q) 過程としてモデル化する．

$$\hat{\varepsilon}_t^2 = \alpha_0 + \alpha_1 \hat{\varepsilon}_{t-1}^2 + \alpha_2 \hat{\varepsilon}_{t-2}^2 + \cdots + \alpha_q \hat{\varepsilon}_{t-q}^2 + v_t \tag{3.1}$$

ただし，v_t はホワイトノイズである．もし $\alpha_1 = \alpha_2 = \cdots = \alpha_q = 0$ なら分散は一定 α_0 となる．そうでなければ，条件付き分散は AR 過程として変動し，$t + 1$ 期の条件付き分散は，

$$E_t \hat{\varepsilon}_{t+1}^2 = \alpha_0 + \alpha_1 \hat{\varepsilon}_t^2 + \alpha_2 \hat{\varepsilon}_{t-1}^2 + \cdots + \alpha_q \hat{\varepsilon}_{t+1-q}^2$$

として予測できる．

I30　第3章　ボラティリティ

(3.1) と類似した式は，**自己回帰条件付き不均一分散**（autoregressive conditional heteroskedastic：**ARCH**）**モデル**と呼ばれる（ARCH は「アーチ」と読む）。(3.1) 式の残差 $\{\hat{\varepsilon}_t\}$ は AR(1) モデルからの残差としたが，他モデル（ARMA や他の回帰モデル）からの残差でもよく，ARCH モデルは幅広く適用することができる。

実際の分析では，(3.1) 式は便利な定式化とはいえない。まず，$\{y_t\}$ のモデルと条件付き分散は同時に推定したほうが効率的である。さらにいえば，v_t は乗法的なほうが条件付き分散を扱いやすい（興味のある読者は，加算的に扱って分散を定式化してみるとよいだろう）。

エングルは，v_t を乗法的にした条件付き分散モデルを提案している。単純ケースでは，誤差項は，

$$\varepsilon_t = v_t \sqrt{\alpha_0 + \alpha_1 \varepsilon_{t-1}^2} \tag{3.2}$$

と仮定される。ここで，v_t はホワイトノイズであり，その分散は 1（つまり，$\sigma_v^2 = 1$），v_t と ε_{t-1} は互いに独立と仮定する[2]。さらに，パラメータは，$\alpha_0 > 0$，$0 \leq \alpha_1 < 1$ を満たすとする。

ここで，$\{\varepsilon_t\}$ の性質を考えよう。条件なし平均は，

$$\begin{aligned}
E[\varepsilon_t] &= E[v_t(\alpha_0 + \alpha_1 \varepsilon_{t-1}^2)^{1/2}] \\
&= E[v_t]E[(\alpha_0 + \alpha_1 \varepsilon_{t-1}^2)^{1/2}] = 0
\end{aligned} \tag{3.3}$$

となる（式展開では，v_t と ε_{t-1} の独立性から積の期待値を期待値の積でかけること，また $E[v_t] = 0$ であることに注意）。また，自己共分散は（$i \neq 0$ に対し）

$$E[\varepsilon_t \varepsilon_{t-i}] = E[v_t v_{t-i}(\alpha_0 + \alpha_1 \varepsilon_{t-1}^2)^{1/2}(\alpha_0 + \alpha_1 \varepsilon_{t-i-1}^2)^{1/2}] = 0 \tag{3.4}$$

となる。また，条件なし分散は，

$$\begin{aligned}
E[\varepsilon_t^2] &= E[v_t^2(\alpha_0 + \alpha_1 \varepsilon_{t-1}^2)] \\
&= E[v_t^2]E[(\alpha_0 + \alpha_1 \varepsilon_{t-1}^2)] = \alpha_0 + \alpha_1 E[\varepsilon_{t-1}^2]
\end{aligned}$$

2　ここで v_t は分散 1 のホワイトノイズと仮定されているが，これは何の問題もない仮定である。例えば，通常の回帰分析の誤差項は，ε_t が期待値 0，分散 σ^2，相互に無相関と仮定される。これは $\varepsilon_t = v_t \sigma$ と表記することもできる（このとき，$E[\varepsilon_t] = \sigma E[v_t] = 0$，$E[\varepsilon_t^2] = \sigma^2 E[v_t^2] = \sigma^2$，また $E[\varepsilon_t \varepsilon_{t-s}] = \sigma^2 E[v_t v_{t-s}] = 0$ となる）。つまり，ε_t を $v_t \sigma$ と定義することは，ε_t から分散を表すパラメータ σ を外に出すための操作にすぎないのである。

となる（$E[v_t^2] = 1$ に注意）。条件なし分散は一定（$E[\varepsilon_t^2] = E[\varepsilon_{t-1}^2]$）であるなら，上式を $E[\varepsilon_t^2]$ について解けば，

$$E[\varepsilon_t^2] = \frac{\alpha_0}{1 - \alpha_1} \tag{3.5}$$

を得る[3]。以上から，条件なし平均，分散，自己共分散は時点に依存していないため，$\{\varepsilon_t\}$ は定常であるといえる。

次に，条件付き平均と条件付き分散を求めてみよう（これらは定常性の条件ではない）。$t-1$ 期までの情報（$\varepsilon_{t-1}, \varepsilon_{t-2}, \ldots$）を所与とすると，$\varepsilon_t$ の条件付き平均は，

$$E[\varepsilon_t | \varepsilon_{t-1}, \varepsilon_{t-2}, \ldots] = E_{t-1} v_t E_{t-1} (\alpha_0 + \alpha_1 \varepsilon_{t-1}^2)^{1/2} = 0$$

となる（v_t と ε_{t-1} の独立性，また $E[v_t] = 0$ を用いた）。これまで確認したとおり，条件なし平均，条件なし分散，条件付き平均は，(3.2) 式の影響を受けていないことがわかった。しかし，以下では，(3.2) 式が条件付き分散に影響を与えることをみる。

ここで $t-1$ 期までの情報（$\varepsilon_{t-1}, \varepsilon_{t-2}, \ldots$）を条件とすると，分散は，

$$\begin{aligned} E[\varepsilon_t^2 | \varepsilon_{t-1}, \varepsilon_{t-2}, \ldots] &= E_{t-1} v_t^2 E_{t-1} (\alpha_0 + \alpha_1 \varepsilon_{t-1}^2) \\ &= \alpha_0 + \alpha_1 \varepsilon_{t-1}^2 \end{aligned} \tag{3.6}$$

となる（$E_{t-1} v_t^2 = 1$，また $t-1$ 期において ε_{t-1}^2 は既知のため $E_{t-1}(\alpha_0 + \alpha_1 \varepsilon_{t-1}^2) = \alpha_0 + \alpha_1 \varepsilon_{t-1}^2$ であることに注意）。つまり，条件付き分散は，ε_{t-1}^2 の実現値に依存している。実現値 ε_{t-1}^2 が大きければ，条件付き分散も大きくなる。条件付き分散は 1 次の ARCH 過程に従っており，ARCH(1) と表記される。ここで α_0，α_1，ε_{t-1}^2 は非負であるため，条件付き分散は α_0 で最小となる。

ARCH 過程では，パラメータは $\alpha_0 > 0$, $0 \leq \alpha_1 < 1$ を満たすと仮定される。まず，α_0，α_1 が正と仮定されるのは，条件付き分散は常に正でなければならないからである。もし α_0 が負なら，ε_{t-1} が小さいと条件付き分散は負になってしまう。もし α_1 が負なら，ε_{t-1} が大きいと条件付き分散は負になってしまう。次に，α_1 は 1 より小さいとの仮定は，条件なし分散が有限であるための条件である（定常条件となる）。

ARCH 過程の特徴は，(3.3)〜(3.6) 式でまとめられる。ARCH 過程は定常

---

3 分散一定を仮定して，分散一定の解を求めることに違和感を持った読者もいるかもしれない。分散一定を仮定しないで解を求める方法は，練習問題 [1] を参照されたい。

132 第3章 ボラティリティ

ではあるが，条件付き不均一分散が生じている。ここで ε_{t-1} が 0 から乖離すると，$\alpha_1\varepsilon_{t-1}^2$ が大きくなるため，ε_t の分散は大きくなる。後述するが，$\{\varepsilon_t\}$ の条件付き不均一分散は，$\{y_t\}$ にも不均一分散を生じさせる。したがって，誤差項 $\{\varepsilon_t\}$ が ARCH 過程なら，もとの系列 $\{y_t\}$ のボラティリティ・クラスタリングを説明できる。

ARCH(1) 過程の理解を深めるため，人工的にデータを発生させよう。まず，$\{v_t\}$ は正規ホワイトノイズとし（分散は 1），コンピュータから 100 個分の乱数 $\{v_t\}$ を発生させる。図 3.6 (a) では，発生させた $\{v_t\}$ の動きを示している。ここで $\{v_t\}$ は 0 の周りで分布し，分散は一定のようにみえる（ただし，よくみると分散は 50〜60 期と 80〜90 期において偶然少しだけ上昇している）。次に，ARCH(1) 過程からデータを発生させる。具体的には，$\{v_t\}$ を用いて，(3.2) 式から $\{\varepsilon_t\}$ を発生させる（ただし，$\varepsilon_0 = 0$, $\alpha_0 = 1$, $\alpha_1 = 0.8$ とした）。図 3.6 (b) では，$\{\varepsilon_t\}$ の動きを示している。この図から，$\{\varepsilon_t\}$ の平均は 0 であるが，分散は $t = 50$ と $t = 80$ 近辺で増大しているのがわかる。

こうした誤差構造は，$\{y_t\}$ に影響を与えるだろうか。単純化のため，

$$y_t = a_1 y_{t-1} + \varepsilon_t$$

とする。自己回帰係数 a_1 が 0 なら，$y_t = \varepsilon_t$ となる。したがって，図 3.6 (b) は，$a_1 = 0$ における $\{y_t\}$ の動きを示している（図 3.6 (a) は $a_1 = \alpha_1 = 0$ における $\{y_t\}$ の動きに該当する）。図 3.6 (c) では $a_1 = 0.2$ とし，図 3.6 (d) では $a_1 = 0.9$ として，$\{y_t\}$ の動きを示している。図 3.6 を比較すると，a_1 と α_1 が大きくなると，$\{y_t\}$ のボラティリティが増大しているのがわかる。その理由は簡単である。もし v_t に大きなショックが生じると，$\{\varepsilon_t\}$ の分散はしばらく高止まりする（α_1 が大きいほどより持続的となる）。さらに，a_1 が大きいほど，y_t の変化はより持続的となる。このため，a_1 と α_1 が大きくなると，$\{y_t\}$ のボラティリティは増大するのである。

系列 $\{y_t\}$ の性質を厳密に調べよう。まず，y_t の条件付き平均は，

$$E_{t-1}y_t = a_0 + a_1 y_{t-1}$$

となる（$y_t = a_0 + a_1 y_{t-1} + \varepsilon_t$ に注意）。次に，y_t の条件付き分散は，

$$\mathrm{var}(y_t | y_{t-1}, y_{t-2}, \ldots) = E_{t-1}(y_t - a_0 - a_1 y_{t-1})^2$$
$$= E_{t-1}\varepsilon_t^2 = \alpha_0 + \alpha_1 \varepsilon_{t-1}^2$$

図 3.6 ARCH 過程

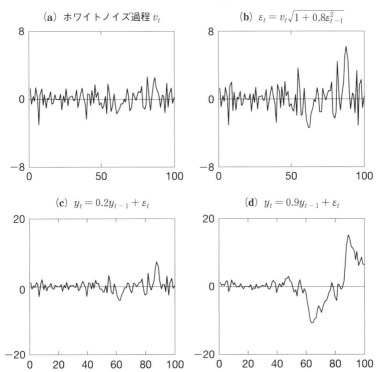

となり，ε_{t-1}^2 の実現値に依存する．ここで α_1 が大きくなると，条件付き分散は大きくなる．

条件なし平均と分散を求めよう．まず，確率過程は無限の長期に存在していたとし，y_t の解を求める（(2.13) 式参照）．

$$y_t = \frac{a_0}{1-a_1} + \sum_{i=0}^{\infty} a_1^i \varepsilon_{t-i} \tag{3.7}$$

さらに期待値をとると（$E[\varepsilon_{t-i}] = 0$ から），条件なし平均として $E[y_t] = a_0/(1-a_1)$ を得る．同様に，条件なし分散は，

$$\begin{aligned}\mathrm{var}(y_t) &= E\left[\left(\textstyle\sum_{i=0}^{\infty} a_1^i \varepsilon_{t-i}\right)^2\right] \\ &= \textstyle\sum_{i=0}^{\infty} a_1^{2i} \mathrm{var}(\varepsilon_{t-i})\end{aligned}$$

となる（$i \neq 0$ の範囲で $E[\varepsilon_t \varepsilon_{t-i}] = 0$ に注意）．ここで ε_t の条件なし分散は

134 第3章 ボラティリティ

一定であること（(3.5) 式から $\mathrm{var}(\varepsilon_t) = \mathrm{var}(\varepsilon_{t-1}) = \cdots = \alpha_0/(1-\alpha_1)$），また $\sum_{i=0}^{\infty} a_1^{2i}$ は $1/(1-a_1^2)$ に収束することから，

$$\mathrm{var}(y_t) = \left(\frac{\alpha_0}{1-\alpha_1}\right)\left(\frac{1}{1-a_1^2}\right)$$

となる。したがって，α_1 と $|a_1|$ が大きくなると，分散は大きくなることがわかる。

これまで ARCH(1) 過程を説明してきた。ARCH(1) 過程はさまざまな拡張が可能である。例えば，エングルは ARCH(1) 過程を一般化し，高次の **ARCH(q)** 過程をモデル化している。

$$\varepsilon_t = v_t\sqrt{\alpha_0 + \sum_{i=1}^{q}\alpha_i\varepsilon_{t-i}^2} \tag{3.8}$$

この式では，ε_{t-1} から ε_{t-q} までの全ショックが，ε_t に直接的効果を持っている。このとき，条件付き分散は q 次の自己回帰過程のように振る舞う（練習問題 [2] 参照）。例えば，$q=1$ であれば，これまでの ARCH(1) 過程である。

◆ GARCH 過程

エングルの弟子であるボルスレフ（Bollerslev 1986）は，条件付き分散が ARMA 過程に従うとし，ARCH 過程を一般化している。ここで誤差項は，

$$\varepsilon_t = v_t\sqrt{h_t}$$

であり，また，

$$h_t = \alpha_0 + \sum_{i=1}^{q}\alpha_i\varepsilon_{t-i}^2 + \sum_{i=1}^{p}\beta_i h_{t-i} \tag{3.9}$$

としている。ここで，v_t は相互に独立なホワイトノイズとする（ただし，$\sigma_v^2 = 1$）。これは **GARCH** (generalized ARCH) **過程**と呼ばれ，**GARCH(p,q)** と表記される（GARCH は「ガーチ」と読む）。ただし，パラメータは，$\alpha_0 > 0$，$\alpha_i \geq 0$，$\beta_i \geq 0$，$\sum\alpha_i + \sum\beta_i < 1$ を満たすとする。$\alpha_0 > 0$，$\alpha_i \geq 0$，$\beta_i \geq 0$ は分散が正であるための条件，$\sum\alpha_i + \sum\beta_i < 1$ は分散が有限であるための条件（定常条件）である。

ここで，$\{v_t\}$ は相互に独立なホワイトノイズであるため，ε_t の条件なし平均，条件付き平均はともに 0 となる。例えば，条件なし平均は，ε_t の期待値を

とることで,

$$E[\varepsilon_t] = E[v_t]E[h_t^{1/2}] = 0$$

と確認できる（条件付き平均も同様に確認できる）。ポイントは，条件付き分散が，

$$E_{t-1}\varepsilon_t^2 = h_t$$

となり，(3.9) 式の ARMA 過程となる点にある。

　この確率過程では，条件付き分散に自己回帰部分と移動平均部分が存在する。もし $\beta_1 = \cdots = \beta_p = 0$ なら ARCH(q) 過程となる。GARCH 過程の利点は，高次の ARCH 過程であっても，低次の GARCH 過程によってうまく近似できる点にある。練習問題 [3] では，GARCH(1,1) 過程を用いて，ARCH(∞) をうまく近似できる可能性をみている。

　GARCH 過程の特徴は，誤差項の条件付き分散が ARMA 過程となる点にある。この特徴を利用して，モデルの同定ができる。まず，$\{y_t\}$ を ARMA 過程として推定する。もし $\{y_t\}$ のモデルが適当なら，残差の標本 ACF・PACF はホワイトノイズとなる（ACF は **2.5**，PACF は **2.6** 参照）。条件付き不均一分散が存在すれば，残差 2 乗のコレログラムは，ARMA 過程のコレログラムと似ているだろう（練習問題 [4] 参照）。したがって，残差 2 乗のコレログラムは，GARCH 過程の次数を特定するのに有用な情報を提供してくれる。

　条件付き不均一分散の存在を確認するため，マクラウド＝リー（McLeod and Li 1983）が提案した以下の手続きを用いることができる。

第 1 段階：$\{y_t\}$ を ARMA モデル（もしくは回帰モデル）で推定し，残差の 2 乗 $\{\hat{\varepsilon}_t^2\}$ を求める。そして残差 2 乗を用いて，標本分散 $\hat{\sigma}^2$ を計算する。

$$\hat{\sigma}^2 = \frac{1}{T}\sum_{t=1}^{T}\hat{\varepsilon}_t^2$$

ただし，T は残差の数を表す。

第 2 段階：残差 2 乗の標本自己相関 r_s を計算する。

$$r_s = \frac{\sum_{t=s+1}^{T}(\hat{\varepsilon}_t^2 - \hat{\sigma}^2)(\hat{\varepsilon}_{t-s}^2 - \hat{\sigma}^2)}{\sum_{t=1}^{T}(\hat{\varepsilon}_t^2 - \hat{\sigma}^2)^2}$$

第 3 段階：残差の 2 乗がホワイトノイズなら，標本自己相関 r_s の標準誤差は $T^{-1/2}$ で近似できる（標本自己相関の分散は (2.32) 式参照）。もし r_s の個々の値

136 第3章 ボラティリティ

の絶対値が $2T^{-1/2}$ を超えていれば，ARCH 効果（つまり，残差2乗に系列相関が存在する）を示唆する。さらに修正 Q 統計量を用いて，自己相関 ρ_k がグループで0か（つまり，$H_0 : \rho_1 = \rho_2 = \cdots = \rho_s = 0$）を検定することが可能である（**2.7** 参照）。帰無仮説（$\{\varepsilon_t^2\}$ に系列相関なし）のもとで修正 Q 統計量，

$$Q(s) = T(T+2) \sum_{k=1}^{s} \frac{r_k^2}{T-k}$$

は自由度 s の χ^2 分布に従う。帰無仮説が棄却されると，誤差項は ARCH または GARCH モデルで推定される。

またエングルは，ARCH 効果があるかを調べるため，次の**ラグランジュ乗数**（Lagrange Multiplier：**LM**）**検定**を提案している。**残差2乗の LM 検定**は，次の2段階で行われる。

第1段階：適当な ARMA モデル（もしくは回帰モデル）を推定し，残差の2乗を求める。

第2段階：残差2乗を用いて，以下の回帰式を推定する。

$$\hat{\varepsilon}_t^2 = \alpha_0 + \alpha_1 \hat{\varepsilon}_{t-1}^2 + \alpha_2 \hat{\varepsilon}_{t-2}^2 + \cdots + \alpha_q \hat{\varepsilon}_{t-q}^2$$

ARCH 効果が存在しないなら，$\alpha_1 = \cdots = \alpha_q = 0$ となる。したがって，この回帰式は何の説明力も持たないため，決定係数 R^2 は低い値となる。逆に，ARCH 効果があれば，この式は高い説明力を持つため，R^2 は高い値となる。帰無仮説 $\alpha_1 = \cdots = \alpha_q = 0$ のもとで，R^2 に T を掛けた統計量 TR^2 は，自由度 q の χ^2 分布に従うことが知られている。もし TR^2 が十分に大きければ帰無仮説は棄却され（つまり，ARCH 効果がある），TR^2 が小さければ帰無仮説は採択される（つまり，ARCH 効果がない）。小標本では，帰無仮説 $\alpha_1 = \cdots = \alpha_q = 0$ とした F 検定のほうが χ^2 検定より優れていることが知られている。F 検定の臨界値は，F 分布表の自由度 $(q, T-q)$ をみればよい。

3.3 ARCH，GARCH モデルによるインフレ率の推定

ARCH／GARCH モデルは，特定時点における条件付き分散の推定を可能とするため，広範に利用されてきている。資産運用では，収益率の条件なし分散ではなく，資産保有期間の条件付き分散が重要となる。投資家は，長期では

なく，資産保有期間の収益率の分散に関心を持っている。ある投資家が t 期に資産を購入し，$t+1$ 期に資産の売却を予定している場合，条件なし分散は意味を持たない（条件なし分散は，長期的には成立するものである）。この投資家が知りたい情報は，t 期から $t+1$ 期にかけての収益率の条件付き分散なのである。

企業と組合の賃金交渉では，それぞれが合理的期待を持つなら，契約はインフレ率の条件付き平均と分散に依存して決まるだろう。賃金交渉では，契約期間のインフレ率を予測する必要があるが，その際，インフレ率の予測精度（条件付き分散）の高さも問題となる。この例は重要な点を示唆している。合理的期待仮説は，「各主体は利用できる限りの情報を効率的に用いて自らの行動を選択する」と主張する。したがって，もし各主体が合理的なら，予測の際，有用な情報である条件付き分布を用いるべきである。賃金交渉モデルに関する検定で，インフレ率の条件なし分散を用いると「有用な情報を無駄にしない」という合理的期待の前提と不整合となる（条件なし分散は現在の情報を用いていない）。合理的期待仮説と整合的であるためには，条件付き分散を用いた検定を行うべきなのである。

エングル（Robert Engle）が 2003 年にグレンジャー（Clive Granger）とともにノーベル経済学賞を受賞したことは，ARCH／GARCH モデルの重要性を示している。ARCH／GARCH モデルは急速に普及し，またさまざまな方向で拡張されてきた（これらのモデルは ARCH 型もしくは GARCH 型モデルと呼ばれる）。本節では，インフレ率の分析を通して，ARCH／GARCH モデルの理解を深めていく。

◆ 英国のインフレ率（エングルのモデル）

前節では，ARMA モデルの誤差項に焦点を当ててきた。しかし，他の回帰モデルの誤差項が，ARCH 過程や GARCH 過程であっても問題はない。実際，エングル（Engle 1982）では，英国の四半期データ（1958Q2〜1977Q2）を用いて，賃金物価スパイラル・モデルの残差を分析している。ここでは，エングルの研究を紹介しよう。

消費者物価指数（CPI）の対数を p_t，名目賃金指数の対数を w_t としよう。インフレ率は $\pi_t = p_t - p_{t-1}$ であり，実質賃金の対数は $r_t = w_t - p_t$ となる。エングルは，いくつかの試行を経て，次のモデルを推定するに至った（カッコ内は標準誤差）。

$$\pi_t = \underset{(0.006)}{0.0257} + \underset{(0.103)}{0.334}\pi_{t-1} + \underset{(0.110)}{0.408}\pi_{t-4} - \underset{(0.114)}{0.404}\pi_{t-5} + \underset{(0.014)}{0.0559}r_{t-1} + \varepsilon_t$$

$$(3.10)$$

ここで $\mathrm{var}(\varepsilon_t)$ は定数であり，8.9×10^{-5} と推定される。

このモデルでは，前期の実質賃金 r_{t-1} が今期のインフレ率 π_t を上昇させる（賃金が上がると，インフレ率も上がる）。すべての係数の t 値は 3.0 より大きく有意である。また，残差を調べると，系列相関は検出されない。しかし，ARCH 効果の存在を確認するために残差 2 乗の LM 検定を行うと，ARCH(1) とした検定は有意ではないが，ARCH(4) とした検定は $TR^2 = 15.2$ となり，有意水準 1% で有意となる（自由度 4 の χ^2 分布の臨界値は 13.28）。したがって，ARCH 効果は存在しているといえる。

エングルは ARCH(4) 過程を，

$$h_t = \alpha_0 + \alpha_1(0.4\varepsilon_{t-1}^2 + 0.3\varepsilon_{t-2}^2 + 0.2\varepsilon_{t-3}^2 + 0.1\varepsilon_{t-4}^2) \qquad (3.11)$$

と定式化した。この式では，推定すべきパラメータは α_0, α_1 だけであり，また誤差係数の逓減（ε_{t-i}^2 の係数が過去の値になるにつれて減少する）を仮定している。こうした仮定は，非負・定常性の制約を単純にし，制約を満たしやすくするために課される。この場合，非負・定常性の必要十分条件は，単純に $\alpha_0 > 0$ と $0 \leq \alpha_1 < 1$ だけとなる。統計ソフトを用いれば，(3.10)(3.11) 式を同時推定できる（推定法は **3.7** で詳しく説明する）。

このモデルの推定結果は，

$$\pi_t = \underset{(0.005)}{0.0328} + \underset{(0.108)}{0.162}\pi_{t-1} + \underset{(0.089)}{0.264}\pi_{t-4} - \underset{(0.099)}{0.325}\pi_{t-5} + \underset{(0.012)}{0.0707}r_{t-1} + \varepsilon_t$$

$$(3.12)$$

$$h_t = \underset{(8.5 \times 10^{-6})}{1.4 \times 10^{-5}} + \underset{(0.298)}{0.955}(0.4\varepsilon_{t-1}^2 + 0.3\varepsilon_{t-2}^2 + 0.2\varepsilon_{t-3}^2 + 0.1\varepsilon_{t-4}^2)$$

となる（カッコ内は標準誤差）。ここで，h_t の推定値は，1 期先の分散の予測値である。推定結果をみると，π_{t-1} 以外のすべての係数は有意となっている。実質賃金を所与とすると，(3.12) 式はインフレ率が収束することを示している。また，α_1 が 0.955 とは，ボラティリティが持続的であることを示している。これらの推定値をもとに，条件付き分散 $\{h_t\}$ を計算できる。実際に計算したところ，インフレ予測の標準誤差は，いわゆる「安定の 60 年代から混乱の 70 年代」にかけて，2 倍以上に増大していることがわかった。つまり，混

乱の 70 年代において，インフレ予測の不確実性が上昇していたといえる。

◆ 米国のインフレ率（ボルスレフのモデル）

ボルスレフ（Bollerslev 1986）は，米国のインフレ率を用いて，標準的 AR モデル，ARCH 誤差のある AR モデル（AR モデルの誤差項が ARCH であるケース），GARCH 誤差のある AR モデル（AR モデルの誤差項が GARCH であるケース）を，それぞれ推定したうえで，相互の違いを比較している。ボルスレフは，ARCH は経済現象をモデル化するうえで有用であるとしつつも，次の指摘をしている。

> ボラティリティの持続性を捉えるため，条件付き分散式に恣意的なラグ構造を仮定することは，多くの実証分析に共通している。これは恣意的にラグ構造を仮定しないと，非負制約が満たされないためである。(Bollerslev 1986, pp.307-308)

たしかに，ボルスレフの指摘するとおり，エングルの (3.11) 式は恣意的な仮定といえる。

ボルスレフは，米国の四半期データ（1948Q2〜1983Q4）を用いて，インフレ率（GNP デフレータの対数の差）を分析している。まず，分散一定とし，AR(4) モデルを推定すると，

$$\pi_t = \underset{(0.080)}{0.240} + \underset{(0.083)}{0.552}\pi_{t-1} + \underset{(0.089)}{0.177}\pi_{t-2} + \underset{(0.090)}{0.232}\pi_{t-3} - \underset{(0.080)}{0.209}\pi_{t-4} + \varepsilon_t$$

$$(3.13)$$

となる（カッコ内は標準誤差）。ただし，$\mathrm{var}(\varepsilon_t)$ は分散一定であり，0.282 と推定される。このモデルは良い性質を持っているようにみえる。すべての係数は有意であり，係数の推定値は定常性を示唆する。残差の標本 ACF・PACF を分析しても系列相関はみられない。しかし，残差 2 乗の標本 ACF・PACF を調べると，系列相関の存在を示す。また，ARCH(1)，ARCH(4)，ARCH(8) とした残差 2 乗の LM 検定はすべて有意となる。

このため，ボルスレフは，エングル＝クラフト（Engle and Kraft 1983）により提案された制約付き ARCH(8) モデルを推定している。

140 第3章 ボラティリティ

$$\pi_t = \underset{(0.059)}{0.138} + \underset{(0.081)}{0.423}\pi_{t-1} + \underset{(0.108)}{0.222}\pi_{t-2} + \underset{(0.078)}{0.377}\pi_{t-3} - \underset{(0.104)}{0.175}\pi_{t-4} + \varepsilon_t$$

$$(3.14)$$

$$h_t = \underset{(0.003)}{0.058} + \underset{(0.265)}{0.802} \sum_{i=1}^{8} \left(\frac{9-i}{36} \right) \varepsilon_{t-i}^2$$

(3.11) 式と同様, (3.14) 式は誤差係数の逓減を恣意的に仮定している (誤差係数の和は $8/36 + 7/36 + 6/36 + 5/36 + 4/36 + 3/36 + 2/36 + 1/36 = 1$ となる)。

　ここで (3.13)(3.14) 式の自己回帰係数はほぼ同じ値をとる。しかし, 分散式はかなり異なった結果となる。(3.13) 式では分散一定としているが, (3.14) 式では ARCH(8) としている。したがって, 2つのモデルを比較すると, インフレ率の予測は同じだが, その信頼区間は大きく異なる。(3.13) 式を用いると信頼区間の幅は常に同じである一方, (3.14) 式を用いるとボラティリティの高い時期に信頼区間は広くなる。

　誤差の係数が逓減するという仮定は恣意的であり, ボルスレフは GARCH(1,1) モデルを推定している。

$$\pi_t = \underset{(0.060)}{0.141} + \underset{(0.081)}{0.433}\pi_{t-1} + \underset{(0.110)}{0.229}\pi_{t-2} + \underset{(0.077)}{0.349}\pi_{t-3} - \underset{(0.104)}{0.162}\pi_{t-4} + \varepsilon_t$$

$$(3.15)$$

$$h_t = \underset{(0.006)}{0.007} + \underset{(0.070)}{0.135}\varepsilon_{t-1}^2 + \underset{(0.068)}{0.829}h_{t-1}$$

このモデルの残差2乗の標本 ACF・PACF を調べたところ, すべて絶対値で $2T^{-1/2}$ を下回っていた (つまり, 残された系列相関はない)。さらに, h_t の式に ε_{t-2}^2 を追加することも検討したが, これらは有意ではなかった。以上から, GARCH(1,1) モデルは適切といえる。

3.4　GARCH モデルの2つの実証例

　GARCH モデルは, ファイナンス・データをモデル化するうえで非常に有用である。しかし, 本節では, GARCH モデルがファイナンス以外の分野でも有用であることを示す実証例を紹介したい。1つ目の実証例では, 1984年以降, 実質 GDP のボラティリティが本当に減少したのかを検証する。2つ目の実証例では, GARCH モデルを用いて, 米国ブロイラー産業の生産者によるリスク回避行動を調べている。

3.4 GARCH モデルの 2 つの実証例　141

◆ 大いなる安定は存在していたか

　1984 年以降，先進国におけるマクロ経済変数のボラティリティは減少した
といわれる。例えば，ストック゠ワトソン (Stock and Watson 2002) は，米国
の実質 GDP の成長率を分析し，1984 年以降 (1984〜2002 年) の標準偏差は，
それ以前 (1960〜1983 年) の標準偏差の 61% まで低下したとしている。この
「大いなる安定 (great moderation)」が生じた理由としては，金融政策の質が
向上し経済活動が安定したこと (Romer 1999)，大きな負のショック (石油危機
など) が偶然生じなかったことなどが挙げられている。ここでは「大いなる安
定」が本当に存在していたのか (ボラティリティが 1984Q1 に有意に低下していた
か) を，GARCH モデルの枠組みで検証する。

　図 3.1 で用いた実質 GDP の四半期データは `RGDP.XLS` から利用できる。
t 期の実質 GDP を RGDP_t と表記すると，実質 GDP の成長率は $y_t = \ln(\mathrm{RGDP}_t/\mathrm{RGDP}_{t-1})$ となる。詳しい手続きは省くが，**2.8** で学習したボ
ックス゠ジェンキンス法を用いると，GDP 成長率は AR(1) モデルが適当とわ
かる (カッコ内は t 値)。

$$y_t = 0.005 + 0.371 y_{t-1} + \varepsilon_t$$
$$\quad\ (6.80) \quad\ (6.44)$$

　ARCH 効果は存在するだろうか。四半期データを用いるため，ラグを 4 つ
(1 年分) まで用いて，残差 2 乗の LM 検定を行う。

$$\hat{\varepsilon}_t^2 = 5.56 \times 10^{-5} + 0.116\hat{\varepsilon}_{t-1}^2 + 0.127\hat{\varepsilon}_{t-2}^2 - 0.029\hat{\varepsilon}_{t-3}^2 + 0.123\hat{\varepsilon}_{t-4}^2$$

ここで，帰無仮説は $\alpha_1 = \cdots = \alpha_4 = 0$ である。小標本であるため，χ^2 検定
ではなく F 検定を用いた結果，ARCH 効果が存在しているといえる。

　1984 年以降のボラティリティ低下を確かめるため，ダミー変数 D_t を導
入してみる (1984Q1 以降は $D_t = 1$，それより前は $D_t = 0$ とする)。分散式に，
ARCH(1) 効果と D_t を含めると，

$$y_t = 0.004 + 0.398 y_{t-1} + \varepsilon_t$$
$$\quad\ (7.50) \quad\ (6.76)$$

$$h_t = 1.10 \times 10^{-4} + 0.182\varepsilon_{t-1}^2 - 8.76 \times 10^{-5} D_t$$
$$\quad\ (7.87) \qquad\quad (2.89) \qquad\quad (-6.14)$$

となる (カッコ内は t 値)。ここで，ε_{t-1}^2 の係数は有意ではあるが小さな値と
なっている (つまり，ボラティリティ・クラスタリングの程度は低い)。ここでダミ
ー変数の係数は有意に負である。つまり，分散式で，1984Q1 以前の定数項は

142 第 3 章 ボラティリティ

1.10×10^{-4} であり，それ以降は $2.24 \times 10^{-5} (= 1.10 \times 10^{-4} - 8.76 \times 10^{-5})$ へと低下している。その減少幅はストック＝ワトソンが指摘した 61% よりも大きい。つまり，ストック＝ワトソンが指摘した以上に，1984 年以降は経済が安定していたことを意味している（練習問題 [9] では，この結果を再現し，さらに金融危機の効果を分析している）。

◆ リスクの GARCH モデル

ホルト＝アラデュラ（Holt and Aradhyula 1990）は，GARCH モデルを用いて，米国ブロイラー産業の生産者によるリスク回避行動を調べている。彼らの理論モデルは合理的期待に基づいており，ブロイラー産業の生産関数は，

$$q_t = a_0 + a_1 p_t^e + a_2 h_t + a_3 pfeed_{t-1} + a_4 hatch_{t-1} + a_5 q_{t-4} + \varepsilon_{1t} \quad (3.16)$$

であるとした。各変数の定義は以下のとおりである（すべて四半期データ）。

$q_t = t$ 期のブロイラー生産量（百万ポンド）

$p_t^e = t-1$ 期の情報を用いた t 期のブロイラー実質価格の期待値（つまり $p_t^e = E_{t-1} p_t$）

$h_t = t-1$ 期の情報を用いた t 期のブロイラー実質価格の期待分散

$pfeed_{t-1} = t-1$ 期の餌の実質価格（1 ポンド当たりの価格：セント）

$hatch_{t-1} = t-1$ 期の孵化場の雛数（千羽単位）

$\varepsilon_{1t} = t$ 期の供給ショック

ブロイラーの生産サイクル（雛の育成から出荷まで）は約 2 カ月である。しかし，隔月データは公表されていないため，四半期データを用いて分析する。彼らのモデルでは，次の関係を想定している。前四半期に生産者の価格予想 p_t^e が高いほど，今期の生産量 q_t も多くなる（$a_1 > 0$）。また，前四半期の餌の価格 $pfeed_{t-1}$ が高いほど，今期の生産量は少なくなる（$a_3 < 0$）。また前四半期に雛数 $hatch_{t-1}$ が多いと今期の生産量は増える（$a_4 > 0$）。$t-4$ 期の生産量 q_{t-4} が含まれるのは，生産の最適水準への調整は時間がかかる可能性を考慮するためである。

この研究のポイントは，$t-1$ 期までの情報を用いた t 期の価格の期待分散 h_t が，t 期の生産量に効果を持つ可能性がある点にある。生産者がリスク回避的であれば，予測価格が不安定である（h_t が大きい）とき，生産量を減らす（$a_2 < 0$）。生産者がリスク中立的であれば，予測価格が不安定でも生産量を変えることはない（$a_2 = 0$）。生産者がリスク愛好的であれば，予測価格が不安

定なら逆に生産量を増やす $(a_2 > 0)$。以上のことから，係数 a_2 の符号をみることで，生産者のリスクに対する態度を判断することができる。

これらをふまえて，ホルトらは以下の分析を行っている。まずブロイラー価格 p_t を AR(4) モデルとして推定している（ラグオペレータ L は 1.7 参照）。

$$(1 - \beta_1 L - \beta_2 L^2 - \beta_3 L^3 - \beta_4 L^4)p_t = \beta_0 + \varepsilon_{2t} \tag{3.17}$$

この推定から得られた残差の修正 Q 統計量は有意水準 5% で有意とはならないため，残差はホワイトノイズと考えられる。しかし，残差 2 乗の修正 Q 統計量は，有意水準 5% で有意となるため，価格に不均一分散が存在している。

次に，ホルトらは，(3.17) 式の誤差項を GARCH モデルとして推定している。さまざまな次数を試してみると，当てはまりの良さ，有意性の検討などから，GARCH$(1,1)$ が適切であるとわかる。

最後に，ホルトらは (3.16)(3.17) 式と GARCH$(1,1)$ を同時に推定している。推定された価格の式は，

$$(1 - \underset{(0.092)}{0.511}\, L - \underset{(0.098)}{0.129}\, L^2 - \underset{(0.094)}{0.130}\, L^3 - \underset{(0.073)}{0.138}\, L^4)p_t = \underset{(1.347)}{1.632} + \varepsilon_{2t} \tag{3.18}$$

$$h_t = \underset{(0.747)}{1.353} + \underset{(0.80)}{0.162}\varepsilon_{2t-1}^2 + \underset{(0.175)}{0.591}\, h_{t-1} \tag{3.19}$$

となる（カッコ内は標準誤差）。ほとんどの係数は有意である。また分散式はすべての係数が正となる。さらに，係数の推定値から収束系列とわかる。次に，ブロイラー産業の生産関数をみると，

$$q_t = \underset{(0.585)}{2.767}\, p_t^e - \underset{(0.344)}{0.521}\, h_t - \underset{(1.463)}{4.325}\, pfeed_{t-1} + \underset{(0.205)}{1.887}\, hatch_{t-1}$$
$$+ \underset{(0.065)}{0.603}\, q_{t-4} + \varepsilon_{1t}$$

となる（カッコ内は標準誤差）。係数はすべて有意であり，符号も理論的な考察と整合的である（ただし，h_t の係数は有意水準 10% の片側検定でのみ有意となる）。餌の価格 $pfeed_{t-1}$ が上がると生産量は減少し，雛数 $hatch_{t-1}$ が増えると生産量は増える。また，期待価格 p_t^e が上昇すると，生産量は増加している。最後に，h_t の係数は負であり，価格の不確実性が高まると生産量は減少することがわかる。したがって，生産者はリスク回避的行動をとっているといえる。

3.5 ARCH-M モデル

エングルら（Engle, Lilien, and Robins 1987）は，ARCH モデルを拡張し，条件付き分散が平均に影響を与える可能性を考慮できるようにしている。彼らのモデルは，**ARCH-M**（ARCH in mean）と呼ばれ，金融市場の研究に主に用いられている。ここで投資家はリスク回避的であるとしよう。このとき，ある資産のリスクが高いなら，その資産の収益率は高くなるだろう。したがって，収益率の条件付き分散（リスク）が高いと，リスクプレミアムは上昇することになる。

エングルらは，リスク資産から得られる超過収益率を，

$$y_t = \mu_t + \varepsilon_t \tag{3.20}$$

としている。各変数の定義は次のとおりである。

$y_t =$ 短期金利（T-Bill）に比べて長期資産の保有から得られる超過収益率

$\mu_t =$ リスクプレミアム（リスク回避的投資家に，短期資産ではなく，長期資産を保有してもらうのに必要なプレミアム）

$\varepsilon_t =$ 超過収益に対する予測不可能なショック

長期資産の保有から得られる超過収益率の期待値は，リスクプレミアムに等しい。

$$E_{t-1}y_t = \mu_t$$

リスクプレミアム μ_t は，条件付き分散 h_t の増加関数と仮定される。

$$\mu_t = \beta + \delta h_t \tag{3.21}$$

ただし，$\delta > 0$ である。ここで h_t は ARCH(q) 過程とする。

$$h_t = \alpha_0 + \sum_{i=1}^{q} \alpha_i \varepsilon_{t-i}^2 \tag{3.22}$$

つまり，収益率の条件付き分散が大きいとリスクプレミアムは高くなる。

ARCH-M の基本モデルは，(3.20)〜(3.22) 式から構成される。(3.20)(3.21) 式から，y_t の条件付き平均 μ_t は，条件付き分散 h_t に依存している。(3.22) 式から，条件付き分散は ARCH(q) 過程となる。条件付き分散が一定なら

図 3.7 ARCH-M 過程

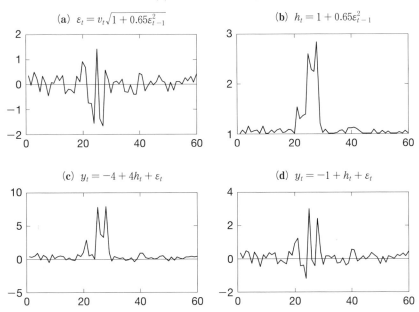

($\alpha_1 = \cdots = \alpha_q = 0$), リスクプレミアムは一定となる。

ARCH-M の理解を深めるため, 人工的にデータを発生させよう。ここで, $\{v_t\}$ はホワイトノイズ ($\sigma_v^2 = 1$) とし, コンピュータで計 60 個の乱数を標準正規分布から発生させる。この $\{v_t\}$ を用いて, ARCH(1) 過程 ($\varepsilon_t = v_t\sqrt{h_t}$) から $\{\varepsilon_t\}$ を生成する。ただし,

$$h_t = 1 + 0.65\varepsilon_{t-1}^2$$

とし, 初期値を $\varepsilon_0 = 0$ とする。図 3.7 (a) では, $\{\varepsilon_t\}$ の動きを示しており, 20〜30 期に変動が大きくなっている。図 3.7 (b) では, 条件付き分散 $h_t = 1 + 0.65\varepsilon_{t-1}^2$ の動きを示す。この図から, ε_{t-1} が大きく変化すると (正でも負でも), 条件付き分散 h_t は大きくなるのがわかる。

図 3.7 (c) では, $y_t = -4 + 4h_t + \varepsilon_t$ の動きを示す ($\beta = -4$, $\delta = 4$)。ボラティリティの高い時期に, y_t は平均を上回っている。つまり, 条件付き分散は $\{y_t\}$ の値を増加させる。図 3.7 (d) では, $y_t = -1 + h_t + \varepsilon_t$ の動きを示す ($\beta = -1$, $\delta = 1$)。図 3.7 (c) (d) を比較することで, δ と β の値を小さくすると, ARCH-M 効果がどうなるか理解できる (練習問題 [5] 参照)。当然なが

ら，$\delta = 0$ なら ARCH-M 効果は存在しない。また，δ を 4 から 1 に減らすと，ARCH-M 効果も小さくなって y_t は ε_t に近い動きを示す。

条件付き分散式の同定は試行錯誤を必要とする。実証例をもとに理解を深めていこう。

例 1：国債の超過収益率　エングルらは，四半期データ（1960Q1～1984Q2）を用いて，超過収益率を分析している。まず，超過収益率を定義しよう。t 期の短期金利（T-Bill，3 カ月物）を r_t とすると，1 ドルを t 期初めに投資すると $t + 2$ 期（四半期データなので 2 四半期後に当たる）に $(1 + r_t)(1 + r_{t+1})$ ドルを得る。同様に，国債金利（6 カ月物）を R_t とすると，国債を 1 ドル購入すると $t + 2$ 期に $(1 + R_t)^2$ ドルを得る（国債は 6 カ月物なので金利は固定される）。以上から，国債の超過収益率 y_t は，

$$y_t = (1 + R_t)^2 - (1 + r_{t+1})(1 + r_t)$$

となる。次に，超過収益率の性質をみてみよう。超過収益率 y_t を定数だけで回帰すると（カッコ内は t 値），

$$y_t = 0.142 + \varepsilon_t \tag{3.23}$$
$$\underset{(4.04)}{}$$

となる。(3.11) 式と同様，残差 2 乗を自己ラグの加重平均に回帰する。そして，仮説 $\alpha_1 = 0$ とした残差 2 乗の LM 検定を行うと，$TR^2 = 10.1$ となる。有意水準 1% とすると，χ^2 分布の臨界値は 6.635 であり，帰無仮説 $\alpha_1 = 0$ は棄却され，ARCH 効果が存在するといえる。したがって，投資家がリスクプレミアムを要求するなら，(3.23) 式ではなく ARCH-M が正しいモデルと考えられる。

以上の結果をふまえて，ARCH-M モデルを推定すると，

$$y_t = \underset{(-1.29)}{-0.0241} + \underset{(5.15)}{0.687 h_t} + \varepsilon_t$$

$$h_t = \underset{(1.08)}{0.0023} + \underset{(6.30)}{1.64} \left(0.4\varepsilon_{t-1}^2 + 0.3\varepsilon_{t-2}^2 + 0.2\varepsilon_{t-3}^2 + 0.1\varepsilon_{t-4}^2\right)$$

となる（カッコ内は t 値）。条件付き分散式をみると，α_1 は 1.64 と 1 より大きく，条件なし分散は発散してしまう。ただし，条件付き分散は有限となる。ここで ε_{t-i} のショックは，条件付き分散を増加させ，ボラティリティ・クラスタリングが発生する。また，δ の推定値は 0.687 であるため，リスクプレミア

ムは条件付き分散 h_t の値によって変わる。ボラティリティの高い時期において，リスク回避的投資家は低リスク資産を探すため，リスクプレミアムは上昇することになる。

3.6 GARCH過程の追加的性質

GARCH過程を推定するとき，相互に関連する2本の式が同時推定される。

$$y_t = a_0 + \beta x_t + \varepsilon_t$$
$$\varepsilon_t = v_t \sqrt{h_t} \tag{3.24}$$

ただし，

$$h_t = \alpha_0 + \alpha_1 \varepsilon_{t-1}^2 + \cdots + \alpha_q \varepsilon_{t-q}^2 + \beta_1 h_{t-1} + \cdots + \beta_p h_{t-p}$$

となる。ここで，x_t は外生変数や ARMA(p^m, q^m) 過程を含んでもよい。ARMA 過程の次数 (p^m, q^m) は，GARCH 過程の次数 (p, q) と同じである必要はない（ARMA 過程の次数 p^m，q^m の上添字 m は，GARCH 過程の次数 p，q と異なる可能性を明示するために付けている）。

(3.24) 式 $\varepsilon_t = v_t \sqrt{h_t}$ の両辺を2乗すると，

$$\varepsilon_t^2 = v_t^2 h_t$$

となる。ここで，$t-1$ 期までの情報で条件付き期待値をとると，

$$E_{t-1} \varepsilon_t^2 = E_{t-1} v_t^2 E_{t-1} h_t = h_t$$

となる（h_t は $t-1$ 期までの情報で構成されるため，$E_{t-1} h_t = h_t$ に注意）。

◆ GARCH(1,1) 過程の性質

ファイナンス・データでは，GARCH$(1,1)$ が比較的当てはまりの良いことが知られている。さらに，GARCH$(1,1)$ 過程は，**3.2** の ARCH(1) 過程の議論の一般化にもなる。したがって，GARCH$(1,1)$ 過程の性質を理解することには大きな意義がある。

GARCH$(1,1)$ 過程の条件付き期待値は，

148　第3章　ボラティリティ

$$E_{t-1}\varepsilon_t^2 = E_{t-1}[v_t^2(\alpha_0 + \alpha_1\varepsilon_{t-1}^2 + \beta_1 h_{t-1})]$$
$$= E_{t-1}v_t^2 E_{t-1}(\alpha_0 + \alpha_1\varepsilon_{t-1}^2 + \beta_1 h_{t-1})$$
$$= \alpha_0 + \alpha_1\varepsilon_{t-1}^2 + \beta_1 h_{t-1}$$

となる。もしくは，$E_{t-1}\varepsilon_t^2 = h_t$ から，

$$h_t = \alpha_0 + \alpha_1\varepsilon_{t-1}^2 + \beta_1 h_{t-1} \tag{3.25}$$

とも表せる。

以下に，ε_t の性質をまとめる。

平均：ε_t の条件なし平均は 0 である。(3.24) 式の期待値をとると，

$$E[\varepsilon_t] = E[v_t h_t^{1/2}] = E[v_t]E[h_t^{1/2}] = 0$$

分散：条件なし分散は有限である。まず，ε_t の式を 2 乗すると，

$$\varepsilon_t^2 = v_t^2(\alpha_0 + \alpha_1\varepsilon_{t-1}^2 + \beta_1 h_{t-1})$$

となる。さらに期待値をとると，条件なし分散を得る（$E[v_t^2] = 1$ に注意）。

$$E[\varepsilon_t^2] = E[v_t^2](\alpha_0 + \alpha_1 E[\varepsilon_{t-1}^2] + \beta_1 E[h_{t-1}])$$
$$= \alpha_0 + \alpha_1 E[\varepsilon_{t-1}^2] + \beta_1 E[h_{t-1}] \tag{3.26}$$

ここで，「**繰り返し期待値の法則** (law of iterated expectaions)」により，$E[\varepsilon_t^2] = E[E_{t-1}\varepsilon_t^2]$ が成立する。この証明は**補論 3.1** を参照されたい。この関係を 1 期分遅らせると，$E[\varepsilon_{t-1}^2] = E[E_{t-2}\varepsilon_{t-1}^2]$ となり，これは $E_{t-2}\varepsilon_{t-1}^2 = h_{t-1}$ から $E[\varepsilon_{t-1}^2] = E[h_{t-1}]$ と表せる。この関係を用いると，(3.26) 式は，

$$E[\varepsilon_t^2] = \alpha_0 + (\alpha_1 + \beta_1)E[\varepsilon_{t-1}^2] \tag{3.27}$$

となる。したがって，$\alpha_1 + \beta_1 < 1$ なら，条件なし分散は有限であり，

$$E[\varepsilon_t^2] = \frac{\alpha_0}{1 - \alpha_1 - \beta_1}$$

となる（$E[\varepsilon_t^2] = E[\varepsilon_{t-1}^2]$ に注意）。一般的な GARCH(p, q) に対しては，

$$\sum_{i=1}^{q} \alpha_i + \sum_{i=1}^{p} \beta_i < 1$$

であれば，分散は有限となる。

自己相関：自己相関 $E[\varepsilon_t \varepsilon_{t-j}]$ は 0 となる（ただし $j \neq 0$）。

$$E[\varepsilon_t \varepsilon_{t-j}] = E[v_t h_t^{1/2} v_{t-j} h_{t-j}^{1/2}]$$
$$= E[v_t] E[h_t^{1/2} v_{t-j} h_{t-j}^{1/2}] = 0$$

式展開では，v_t は h_t，v_{t-j}，h_{t-j} と独立であること，また $E[v_t] = 0$ を用いている。

条件付き分散：条件付き分散は h_t である。

$$E_{t-1} \varepsilon_t^2 = E_{t-1} v_t^2 h_t = h_t$$

条件付き分散が時変的という結果は，GARCH モデルの本質的特徴である。

ボラティリティの持続性：誤差は互いに無相関である（$E[\varepsilon_t \varepsilon_{t-j}] = 0$）。しかし，(3.25) 式から，誤差の 2 乗は互いに相関している。GARCH(1,1) 過程の誤差の 2 乗は，ARMA(1,1) 過程と同じ特徴を持った動きをする。パラメータ α_1，β_1 の値が大きいほど，条件付き分散も大きくなる。しかし，これらのパラメータは条件付き分散に異なる影響を与える。例えば，α_1 の値が大きいほど，h_t は新しい情報に大きく反応する（v_t は h_{t+1} に大きな効果を持つ）。これに対し，β_1 の値が大きいほど，h_t は持続的となる（h_t がいったん上昇すると低下に時間がかかる）。

この特徴を確認するため，2 つの GARCH(1,1) 過程から，同じ 350 個の乱数 $\{v_t\}$ を用いて，データを発生させる。

$$\text{モデル 1：} \quad h_t = 1 + 0.6\varepsilon_{t-1}^2 + 0.2h_{t-1}$$
$$\text{モデル 2：} \quad h_t = 1 + 0.2\varepsilon_{t-1}^2 + 0.6h_{t-1}$$

ここで，$h_0 = 1$，$\varepsilon_0 = 0$ と設定し，$\varepsilon_t^2 = v_t^2 h_t$ からデータを生成する。初期条件の影響を排除するため，最初の 100 個の実現値を除く。

図 3.8 では，残り 250 個の実現値 $\{h_t\}$ を示している。h_t の値を所与とすると，v_t のショックは，ε_t^2 と h_{t+1} に直接的効果を持っている。モデル 1 は α_1 の値が 0.6 と大きく，ショックの効果が $t+1$ 期に大きく出る。これに対し，モデル 2 は α_1 の値が 0.2 と小さく，$\{h_t\}$ のピークはモデル 1 に比べて低い。しかし，モデル 2 は β_1 の値が 0.6 と大きく，条件付き分散はより持続的となる。

ボルスレフは，GARCH(p,q) の残差 2 乗は，ARMA(m,p) 過程と同様に動くことを示している（証明は練習問題 [4] を参照されたい）。ここで，$m =$

図 3.8 GARCH(1,1) の条件付き分散 h_t

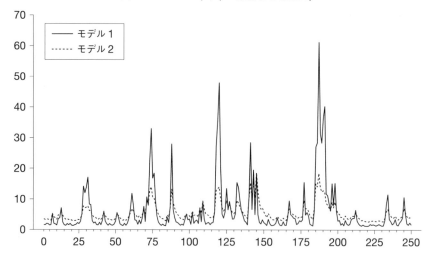

$\max\{p,q\}$ であり，これは m が p と q の大きいほうに等しいことを意味している．例えば，$p=1$，$q=3$ なら $m=3$ となる．

◆ 当てはまりの評価

GARCH モデルが適切かを評価する方法の1つは，データに対する当てはまりの良さをみることである．当てはまりを調べるため，AIC と BIC を用いることが，現在では標準的手続きになっている．

まず，当てはまりの良さを測る指標として残差平方和 $\mathrm{SSR} = \sum \varepsilon_t^2$ を考えよう．ここで $\varepsilon_t = v_t h_t^{1/2}$ から，GARCH モデルの純粋なショックは v_t といえる．したがって，GARCH モデルにおいて，当てはまりの良さを測る適当な指標は SSR' となる．

$$\mathrm{SSR}' = \sum_{t=1}^{T} v_t^2$$

これは $\varepsilon_t = v_t h_t^{1/2}$ から，

$$\mathrm{SSR}' = \sum_{t=1}^{T} \frac{\varepsilon_t^2}{h_t}$$

とも表せる．ここで $\varepsilon_t / h_t^{1/2}$ は，ε_t を条件付き標準誤差 $h_t^{1/2}$ で割ったもので

あり，標準化残差といえる。つまり，SSR′ は標準化残差の 2 乗和となり，この値が小さいほど良いモデルといえる。

当てはまりの良さは尤度関数の最大値でも測ることができる。**3.7** で詳しく導出するが，誤差過程が正規分布なら，対数尤度関数の最大値は，

$$2 \ln L = -\sum_{t=1}^{T} \left[\ln(h_t) + \frac{\varepsilon_t^2}{h_t} \right] - T \ln(2\pi)$$

$$= -\sum_{t=1}^{T} [\ln(h_t) + v_t^2] - T \ln(2\pi)$$

と表現できる。ただし，L は尤度関数の最大値とする。ここで h_t と SSR′ の値が小さいと尤度 L が大きくなることがわかる。

対数尤度はパラメータ数に依存していないため，パラメータ追加のペナルティが存在していない。しかし，情報量規準

$$\text{AIC} = -\frac{2 \ln(L)}{T} + \frac{2n}{T}, \qquad \text{BIC} = -\frac{2 \ln(L)}{T} + \frac{n \ln(T)}{T}$$

を考えることで，パラメータ追加のペナルティを考慮できる（情報量規準は，**2.7** の AIC* と BIC*，また第 2 章の練習問題 [6] 参照）。ここで n はパラメータ数となる。これらの式から，対数尤度が増加したり，パラメータ数が減少したりすると，AIC と BIC は小さくなる。モデル選択では，AIC と BIC の値が最も小さいモデルを選択すればよい。

◆ **モデル診断**

推定された GARCH モデルは，平均と分散の動学的特徴を捉えていなければならない。残差は相互に無相関であり，ARCH 効果が残されていてはいけない。標準化残差 $v_t = \varepsilon_t / h_t^{1/2}$ の推定値は，$\hat{\varepsilon}_t$ を $\hat{h}_t^{1/2}$ で割ることで得られる。これを $s_t = \hat{\varepsilon}_t / \hat{h}_t^{1/2}$ と表記すると，s_t は相互に無相関であり，また平均 0，分散 1 となるべきである。

$\{s_t\}$ に系列相関があれば，平均のモデルは適切ではないといえる。これを検定するには，$\{s_t\}$ に関して修正 Q 統計量を計算すればよい。帰無仮説（系列相関なし）を棄却すれば，モデルの定式化を変更すべきである。

ARCH 効果を検定するには，$\{s_t^2\}$ に関して修正 Q 統計量を計算すればよい。既に確認したとおり，s_t^2 は v_t^2 の推定値であり，s_t^2 は v_t^2 と同様の性質を持っているべきである。もし s_t^2 の Q 統計量が帰無仮説（系列相関なし）を棄却

152　第3章　ボラティリティ

したら，ARCH 効果が残されており，やはりモデルを変更すべきである。

　推定モデルが上記条件を満たせば，それらを用いて y_t の将来値を予測したり，その条件付き分散を求めたりできる。さらに予測値と条件付き分散を用いれば，予測の信頼区間を作ることができる。ここで，$E_t \varepsilon_{t+1}^2 = h_{t+1}$ から，予測の 2 標準誤差区間は，

$$E_t y_{t+1} \pm 2 h_{t+1}^{1/2}$$

となる。$\{\varepsilon_t\}$ の期待値は 0 であるため，y_{t+j} の条件付き期待値は，GARCH 誤差の存在には依存しない。しかし，信頼区間の幅は条件付き分散に依存する。明らかに，条件付き分散 h_{t+1} が大きいと，予測誤差の分散も大きくなり，予測の信頼性は低下する。

◆ 条件付き分散の予測

　条件付き分散の 1 期先予測は簡単に求められる。まず，h_t を 1 期分だけ先に進めると，

$$h_{t+1} = \alpha_0 + \alpha_1 \varepsilon_t^2 + \beta_1 h_t$$

となる。t 期に ε_t^2 と h_t は既知であり，1 期先予測 $E_t h_{t+1}$ は単に $\alpha_0 + \alpha_1 \varepsilon_t^2 + \beta_1 h_t$ となる。

　j 期先予測を求めるのは少し難しい。ここで $\varepsilon_t^2 = v_t^2 h_t$ から，これを j 期分進めると $\varepsilon_{t+j}^2 = v_{t+j}^2 h_{t+j}$ となる。この条件付き期待値をとると，

$$E_t \varepsilon_{t+j}^2 = E_t(v_{t+j}^2 h_{t+j}) = E_t h_{t+j} \tag{3.28}$$

となる（v_{t+j} は h_{t+j} と独立，$E_t v_{t+j}^2 = 1$ に注意）。また，(3.25) 式を j 期分だけ前に進めると，

$$h_{t+j} = \alpha_0 + \alpha_1 \varepsilon_{t+j-1}^2 + \beta_1 h_{t+j-1}$$

となり，さらに条件付き期待値をとると，

$$E_t h_{t+j} = \alpha_0 + \alpha_1 E_t \varepsilon_{t+j-1}^2 + \beta_1 E_t h_{t+j-1}$$

を得る。(3.28) 式から $E_t \varepsilon_{t+j-1}^2 = E_t h_{t+j-1}$ となるため，上式は，

$$E_t h_{t+j} = \alpha_0 + (\alpha_1 + \beta_1) E_t h_{t+j-1} \tag{3.29}$$

と表せる。この式に $E_t h_{t+j-1} = \alpha_0 + (\alpha_1 + \beta_1) E_t h_{t+j-2}$ を代入すると，

$$E_t h_{t+j} = \alpha_0 + (\alpha_1 + \beta_1)[\alpha_0 + (\alpha_1 + \beta_1) E_t h_{t+j-2}]$$
$$= \alpha_0[1 + (\alpha_1 + \beta_1)] + (\alpha_1 + \beta_1)^2 E_t h_{t+j-2}$$

となり，さらに繰り返し代入を続けると，

$$E_t h_{t+j} = \alpha_0[1 + (\alpha_1 + \beta_1) + (\alpha_1 + \beta_1)^2 + \cdots + (\alpha_1 + \beta_1)^{j-1}]$$
$$+ (\alpha_1 + \beta_1)^j h_t \tag{3.30}$$

と表せる（ただし，h_t を所与とした）。この式を用いることで，すべての条件付き分散を予測できる。

もし $\alpha_1 + \beta_1 < 1$ なら，h_{t+j} の予測は，条件なし平均に収束する。

$$E[h_t] = \frac{\alpha_0}{1 - \alpha_1 - \beta_1}$$

これは j が大きくなると，(3.30) 式の $[1 + (\alpha_1 + \beta_1) + (\alpha_1 + \beta_1)^2 + \cdots + (\alpha_1 + \beta_1)^{j-1}]$ は $1/(1 - \alpha_1 - \beta_1)$ に，$(\alpha_1 + \beta_1)^j h_t$ は 0 に収束するためである。

同様に，ARCH (q) 過程の条件付き分散は，

$$h_t = \alpha_0 + \alpha_1 \varepsilon_{t-1}^2 + \cdots + \alpha_q \varepsilon_{t-q}^2 \tag{3.31}$$

となる。(3.31) 式を 1 期分だけ前に進めると，

$$h_{t+1} = \alpha_0 + \alpha_1 \varepsilon_t^2 + \cdots + \alpha_q \varepsilon_{t-q+1}^2$$

となる。t 期に $\varepsilon_t^2, \ldots, \varepsilon_{t-q+1}^2$ は既知であるため，1 期先予測は $\alpha_0 + \alpha_1 \varepsilon_t^2 + \cdots + \alpha_q \varepsilon_{t-q+1}^2$ となる。(3.31) 式を 2 期分進めて，期待値をとると，

$$E_t h_{t+2} = \alpha_0 + \alpha_1 E_t \varepsilon_{t+1}^2 + \cdots + \alpha_q \varepsilon_{t-q+2}^2$$

を得る。ここで，$E_t \varepsilon_{t+1}^2 = h_{t+1}$ であるため，2 期先予測は，

$$E_t h_{t+2} = \alpha_0 + \alpha_1 h_{t+1} + \cdots + \alpha_q \varepsilon_{t-q+2}^2$$

となる。これを繰り返すことで，条件付き分散の j 期先予測が求められる。ここで j が非常に大きいと，h_{t+j} の予測は，

$$E[h_t] = \frac{\alpha_0}{1 - \alpha_1 - \alpha_2 - \cdots - \alpha_q}$$

に収束する。

154 第3章 ボラティリティ

収束の必要条件は反転特性方程式 $1 - \alpha_1 z - \cdots - \alpha_q z^q = 0$ の反転特性根が単位円の外にあることである（**1.7** 参照）。また分散が正であるために，制約として $\alpha_0 > 0$, $\alpha_i \geq 0$ ($i \geq 1$ の範囲）が必要となる。面倒と思うかもしれないが，統計ソフトを用いれば，GARCH(p, q) 過程からの予測も簡単に求められるので心配はいらない。

3.7 GARCHモデルの最尤推定

統計ソフトを用いれば，GARCH や ARCH-M モデルを簡単に推定できる。しかし，実証分析をするうえでも，その推定方法を理解しておくことが重要となる。本節では，最尤法による推定を説明する。

$\{\varepsilon_t\}$ は平均 0 で分散 σ^2 の正規分布から発生するとしよう。このとき，正規分布の定義から，実現値 ε_t の尤度 L_t は次式となる。

$$L_t = \left(\frac{1}{\sqrt{2\pi\sigma^2}} \right) \exp \left(\frac{-\varepsilon_t^2}{2\sigma^2} \right)$$

$$= (2\pi)^{-1/2} (\sigma^2)^{-1/2} \exp \left(\frac{-\varepsilon_t^2}{2\sigma^2} \right)$$

$\{\varepsilon_t\}$ は相互に独立であるため，実現値 $(\varepsilon_1, \varepsilon_2, \ldots, \varepsilon_T)$ の尤度 L は個々の尤度の積となる（**補論 2.1** で紹介した積の記号 Π を用いていることに注意）。

$$L = \prod_{t=1}^{T} (2\pi)^{-1/2} (\sigma^2)^{-1/2} \exp \left(\frac{-\varepsilon_t^2}{2\sigma^2} \right)$$

そして，尤度の対数をとると，対数尤度が得られる。

$$\ln L = -\frac{T}{2} \ln(2\pi) - \frac{T}{2} \ln \sigma^2 - \frac{1}{2\sigma^2} \sum_{t=1}^{T} \varepsilon_t^2 \tag{3.32}$$

最尤法では，尤度を最大にするように，未知のパラメータを選ぶ（**補論 2.1** 参照）。ここでモデルは $y_t = \beta x_t + \varepsilon_t$ とすると，ε_t は，

$$\varepsilon_t = y_t - \beta x_t \tag{3.33}$$

と書ける（定数項なしのモデル）。(3.33) 式を，(3.32) 式に代入すると，

$$\ln L = -\frac{T}{2}\ln(2\pi) - \frac{T}{2}\ln\sigma^2 - \frac{1}{2\sigma^2}\sum_{t=1}^{T}(y_t - \beta x_t)^2 \tag{3.34}$$

となる。対数尤度を最大にするため，(3.34) 式をそれぞれ σ^2 と β で偏微分すると 2 本の式を得る[4]。

$$\frac{\partial \ln L}{\partial \sigma^2} = -\frac{T}{2\sigma^2} + \frac{1}{2\sigma^4}\sum_{t=1}^{T}(y_t - \beta x_t)^2$$

$$\frac{\partial \ln L}{\partial \beta} = \frac{1}{\sigma^2}\sum_{t=1}^{T}(y_t x_t - \beta x_t^2) \tag{3.35}$$

これらの式を 0 に等しいと置いた式は，とくに 1 階条件と呼ばれる。そして 1 階条件を σ^2 と β について解くと最尤推定量を得る。

$$\hat{\sigma}^2 = \frac{\sum \varepsilon_t^2}{T} \tag{3.36}$$

$$\hat{\beta} = \frac{\sum x_t y_t}{\sum x_t^2} \tag{3.37}$$

ここで $\hat{\beta}$ は OLS 推定量と一致している（定数項なしのモデルである点に注意）。

　この例の 1 階条件は線形であるため，σ^2 と β について解くことができる。しかし，GARCH や ARCH-M モデルの 1 階条件は非線形であるため，解析的に解くことはできない。この点を例証するため，(3.33) 式の誤差項 ε_t が，ARCH(1) 過程に従うとしよう。

$$\varepsilon_t = v_t\sqrt{h_t}$$

先と同様，モデルは $y_t - \beta x_t = \varepsilon_t$ とする。

　ここで，ε_t の条件付き分散は一定ではないため，(3.32) 式をいかに修正すべきかは明らかである。ε_t の条件付き分散は h_t であるため，$\varepsilon_1, \varepsilon_2, \ldots, \varepsilon_T$ の尤度は，

---

4 読者の中には，微分は知っているが，偏微分は知らないという方もいるかもしれない。直観的にいうと，ある変数に関する偏微分は，他変数を一定（定数）とみなして微分をとることである。例えば，(3.34) 式を σ^2 で偏微分する場合，σ^2 以外の変数はすべて定数とみなして微分をとればよい。(3.34) 式の右辺 1 項目は σ^2 が含まれないので無視してよい。また，2 項目は，σ^2 に関して微分をとると $-T/2\sigma^2$ となる。3 項目は，$\sum(y_t - \beta x_t)^2$ を定数とみなして，σ^2 に関して微分をとると $(1/2\sigma^4)\sum(y_t - \beta x_t)^2$ となる。

156 第3章 ボラティリティ

$$L = \prod_{t=1}^{T} \left(\frac{1}{\sqrt{2\pi h_t}} \right) \exp \left(\frac{-\varepsilon_t^2}{2h_t} \right)$$

となる。したがって，対数尤度は，

$$\ln L = -\frac{T}{2}\ln(2\pi) - \frac{1}{2}\sum_{t=1}^{T}\ln h_t - \frac{1}{2}\sum_{t=1}^{T}\frac{\varepsilon_t^2}{h_t}$$

となる。上式から，ε_t^2 が大きいと，尤度は小さくなることがわかる。ただし，ε_t^2 が大きくても，そのとき h_t も大きいと，尤度はあまり小さくはならない。

モデルの仮定から，$\varepsilon_t = y_t - \beta x_t$，$h_t = \alpha_0 + \alpha_1 \varepsilon_{t-1}^2$ となる。これらを代入すると，

$$\ln L = -\frac{T-1}{2}\ln(2\pi) - \frac{1}{2}\sum_{t=2}^{T}\ln(\alpha_0 + \alpha_1 \varepsilon_{t-1}^2)$$

$$-\frac{1}{2}\sum_{t=2}^{T}\frac{(y_t - \beta x_t)^2}{\alpha_0 + \alpha_1 \varepsilon_{t-1}^2}$$

となる。ここで，ε_0 は利用可能ではないため，$\sum$ 記号において t は 2 から T までとしている。同様に，サンプルサイズは $t = 2 \sim T$ までの計 $T - 1$ 個であるため，$\ln(2\pi)$ の係数は $-(T-1)/2$ となる。そして，ε_{t-1}^2 に $(y_{t-1} - \beta x_{t-1})^2$ を代入すれば，$\ln L$ を最大にするパラメータ α_0，α_1，β を選ぶことができる。しかし，上式を偏微分して 0 と置いた 1 階条件は非線形となり，やはり解析的には解くことができない。

1 階条件が非線形となる ARCH や GARCH モデルでは，何らかの数値探索法を用いて，対数尤度を最大にするパラメータをみつける必要がある。幸運にも，統計ソフトを用いれば，数値探索による推定を簡単に行うことができる。

3.8 条件付き分散の他のモデル

証券アナリストは，資産価格のリスクすなわち条件付き分散を正確に推定することに関心がある。GARCH モデルは条件付き分散を予測できるため，保有期間の資産価格の条件付き分散を測ることができる。最近では，GARCH モデルを拡張し，資産価格の条件付き分散の推定精度を向上させる試みがなされている。ここでは，そうした試みを紹介していく。

◆ IGARCH モデル

ファイナンス・データでは，条件付き分散は，持続性が非常に高い傾向がある[5]。例えば，株価収益率の長期データを用いて，GARCH$(1,1)$ を推定してみると，α_1 と β_1 の和は 1 に近い値となる。ネルソン（Nelson 1990）は，「$\alpha_1 + \beta_1 = 1$ という制約を課せば，収益率の倹約的モデルが得られる」と主張した。この制約のもと，条件付き分散は単位根過程のように振る舞う（第 4 章では単位根過程を詳しく解説する）。これは **IGARCH**（integrated-GARCH）**過程**と呼ばれ，興味深い性質を持っている。

ここで $\alpha_1 + \beta_1 = 1$ のとき，(3.29) 式から，条件付き分散の 1 期先予測は，

$$E_t h_{t+1} = \alpha_0 + h_t$$

となり（$E_t h_t = h_t$ に注意），(3.30) 式から，j 期先予測は，

$$E_t h_{t+j} = j\alpha_0 + h_t$$

となる。したがって，定数項を別にすると，次期の条件付き分散の予測は，現在の条件付き分散に等しくなる。また，条件なし分散は発散することになる。

ネルソンは，単位根を持った ARIMA 過程と IGARCH 過程は類似性もある一方，両者に違いも存在することを示している。ここで $\alpha_1 + \beta_1 = 1$ とすると，条件付き分散は，

$$h_t = \alpha_0 + (1 - \beta_1)\varepsilon_{t-1}^2 + \beta_1 L h_t$$

となる（$\alpha_1 = 1 - \beta_1$，$h_{t-1} = L h_t$ に注意）。これは $(1 - \beta_1 L)h_t = \alpha_0 + (1 - \beta_1)\varepsilon_{t-1}^2$ と書き換えることができ，さらに両辺に $(1 - \beta_1 L)^{-1}$ を掛けると，

$$\begin{aligned}
h_t &= (1 - \beta_1 L)^{-1}\alpha_0 + (1 - \beta_1)(1 - \beta_1 L)^{-1}\varepsilon_{t-1}^2 \\
&= \frac{\alpha_0}{1 - \beta_1} + (1 - \beta_1)(\varepsilon_{t-1}^2 + \beta_1\varepsilon_{t-2}^2 + \beta_1^2\varepsilon_{t-3}^2 + \cdots)
\end{aligned}$$

となる（式展開では，$|\beta_1| < 1$ であるため，**1.7** の (1.49) 式から $(1 - \beta_1 L)^{-1}\alpha_0 = (1 - \beta_1)^{-1}\alpha_0$ となり，**1.7** の性質 5 から $(1 - \beta_1 L)^{-1}\varepsilon_{t-1}^2 = \varepsilon_{t-1}^2 + \beta_1\varepsilon_{t-2}^2 + \beta_1^2\varepsilon_{t-3}^2 +$

---

5 ファイナンス・データは変動が大きく，観察頻度が高い（例えば日次や秒次）ことが理由と考えられる。何かショックが生じたとき，その情報が十分に消化されるまで一定の時間がかかり，その間に株価や為替レートなどは大きく変動する。また，情報の消化に 1 カ月必要としても，約 20 営業日の間（1 週 5 営業日で 4 週間なので $5 \times 4 = 20$）は分散が大きくなってしまう。消費などのマクロデータであれば，そもそも変動は小さく，また観察頻度は低い（四半期や年次）ため，こうした傾向はあまりみられないだろう。

… となることに注意）。単位根を持った ARIMA 過程とは異なり，条件付き分散は，現在と過去の $\{\varepsilon_t^2\}$ の幾何級数的な減衰関数となっている（単位根過程では，ショックの係数は 1 であり，ショックには恒久的な効果があったことを思い出してほしい）。IGARCH も最尤法によって推定できる。

◆ 説明変数を含んだモデル

条件付き分散 h_t のモデルに，新たな説明変数を加えることもできる。例えば，アメリカ同時多発テロ事件（2001 年 9 月 11 日）が資産収益率のボラティリティを増大させたかを知りたいとしよう。これはダミー変数 D_t（2001 年 9 月 11 日より前は $D_t = 0$，それ以後は $D_t = 1$）を用いて，条件付き分散 h_t を，以下のように定式化すればよい。

$$h_t = \alpha_0 + \alpha_1 \varepsilon_{t-1}^2 + \beta_1 h_{t-1} + \gamma D_t$$

もし $\gamma > 0$ なら，同時多発テロは条件付き分散を増加させたといえる。説明変数はダミー変数だけでなく，他の外生変数を用いてもよい。

◆ 非対称性のモデル化：TARCH と EGARCH

金融市場では，「悪いニュースは良いニュースよりボラティリティに大きな効果を持つ」といわれる。収益率の下落がボラティリティをより大きく増加させる傾向は，とくに**レバレッジ効果**（leverage effect）と呼ばれる。図 3.9 を用いて，レバレッジ効果を説明しよう。新しい情報は，ε_t の大きさで測定できるとする。ニュースがなければ（$\varepsilon_t = 0$），期待ボラティリティ（$E_t h_{t+1}$）は距離 $0a$（0 から a までの長さ）となる。そして，ニュース（$\varepsilon_t \neq 0$）はボラティリティを増大させる。しかし，良いニュースであれば（$\varepsilon_t > 0$），ボラティリティは ab に沿って少しだけ増加する。これに対し，悪いニュースであれば（$\varepsilon_t < 0$），ボラティリティは ac に沿って大きく増加する。ここで，ac は ab より傾きが急であるため，ε_t の負のショックは，同規模の正のショックに比べて，ボラティリティに大きな効果を与える。

グロステンら（Glosten, Jagannathan, and Runkle 1993）は，良いニュース，悪いニュースが異なる効果を持つ可能性を考慮するため，**TARCH**（threshold-GARCH）**過程**を提案している。

$$h_t = \alpha_0 + \alpha_1 \varepsilon_{t-1}^2 + \lambda_1 d_{t-1} \varepsilon_{t-1}^2 + \beta_1 h_{t-1}$$

図 3.9 レバレッジ効果

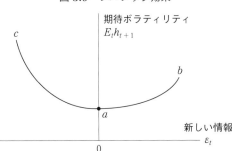

ここで，パラメータは α_0, α_1, λ_1, β_1 となる．また，d_{t-1} は，$\varepsilon_{t-1} < 0$ なら 1，$\varepsilon_{t-1} \geq 0$ なら 0 となる変数である．もし $\varepsilon_{t-1} > 0$ なら $d_{t-1} = 0$ となるため，ε_{t-1} の h_t への効果は $\alpha_1 \varepsilon_{t-1}^2$ となる．これに対し，もし $\varepsilon_{t-1} < 0$ なら $d_{t-1} = 1$ となるため，ε_{t-1} の h_t への効果は $(\alpha_1 + \lambda_1)\varepsilon_{t-1}^2$ となる．ここで，ショックの効果は閾値 (threshold) である 0 を境に変わっている．そして，$\lambda_1 > 0$ なら，負のショックは正のショックよりボラティリティへ大きな効果を持っている．また，$\lambda_1 = 0$ なら，非対称性は存在しない．したがって，λ_1 が有意に 0 と異なるなら，閾値を境にショックの効果が変わっているといえる．

非対称性を捉える別モデルとして，**EGARCH** (exponential-GARCH) **過程**がある．ARCH／GARCH の問題の 1 つは，係数が正でなければならない点にあった．ネルソン (Nelson 1991) は，係数の非負制約を必要としない EGARCH 過程を提案している．

$$\ln(h_t) = \alpha_0 + \alpha_1 \left| \frac{\varepsilon_{t-1}}{h_{t-1}^{1/2}} \right| + \lambda_1 \frac{\varepsilon_{t-1}}{h_{t-1}^{1/2}} + \beta_1 \ln(h_{t-1}) \tag{3.38}$$

EGARCH には，興味深い 3 つの特徴がある．

1. 条件付き分散は対数として表される．したがって，$\ln(h_t)$ の値に関係なく h_t の値は常に非負となり，係数に非負制約を課す必要はない．
2. ε_{t-1}^2 の値を用いるのではなく，ε_{t-1} の標準化した値 $(\varepsilon_{t-1}/h_{t-1}^{1/2})$ を用いている．ショック ε_{t-1} は標準化されているため，測定単位の問題はなくなる．したがって，パラメータの値から，ショック ε_{t-1} の大きさや持続性を自然に解釈できる．
3. レバレッジ効果を考慮できる．(3.38) 式は，ε_{t-1} が正なら，

$$\ln(h_t) = \alpha_0 + (\alpha_1 + \lambda_1) \left| \frac{\varepsilon_{t-1}}{h_{t-1}^{1/2}} \right| + \beta_1 \ln(h_{t-1})$$

となり，ε_{t-1} が負なら，

$$\ln(h_t) = \alpha_0 + (\alpha_1 - \lambda_1) \left| \frac{\varepsilon_{t-1}}{h_{t-1}^{1/2}} \right| + \beta_1 \ln(h_{t-1})$$

となる．したがって，ε_{t-1} が正ならショックの効果は $\alpha_1 + \lambda_1$ となり，ε_{t-1} が負ならショックの効果は $\alpha_1 - \lambda_1$ となる．したがって，$\lambda_1 < 0$ であれば，悪いニュースは良いニュースよりボラティリティを増加させる．また，$\lambda_1 = 0$ であれば，非対称性が存在しないことになる．

このように EGARCH は TARCH に対し，明らかな利点を持っている．EGARCH の欠点は，条件付き分散の予測が難しい点である．これに対して，TARCH による条件付き分散の予測は簡単である．これは資産の収益率が対称的なら，$\varepsilon_{t+j} > 0$ となる確率は 50% であり，$E_t d_{t+j} = 0.5$ と仮定できるためである．

◆ レバレッジ効果の検定

レバレッジ効果は，TARCH（もしくは EGARCH）モデルを推定し，帰無仮説 $\lambda_1 = 0$ を検定することで確認できる．それ以外の方法として，通常の ARCH または GARCH モデルを推定し，その残差を調べることで，レバレッジ効果を確認できる．

ARCH または GARCH モデルを推定したあと，標準化した残差を求める．

$$s_t = \frac{\hat{\varepsilon}_t}{\hat{h}_t^{1/2}}$$

この標準化残差を用いて，レバレッジ効果を調べるため，

$$s_t^2 = a_0 + a_1 s_{t-1} + a_2 s_{t-2} + \cdots + u_t$$

を推定する．レバレッジ効果がなければ，残差2乗は残差の水準とは無相関である．このため，帰無仮説 $a_1 = a_2 = \cdots = 0$ とした F 検定を行うことで，レバレッジ効果があるかを調べられる．

エングル＝ング（Engle and Ng 1993）は，別の方法として，**符号バイアス**（sign bias）**検定**を考案している．ここで，d_{t-1} はダミー変数（$\hat{\varepsilon}_{t-1} < 0$ なら

$d_{t-1} = 1$, $\hat{\varepsilon}_{t-1} \geq 0$ なら $d_{t-1} = 0$) であり，符号情報を表している．この検定は，標準化残差の 2 乗を d_{t-1} で回帰し，係数が有意に 0 と異なるかを，t 検定を用いて調べるものである．

$$s_t^2 = a_0 + a_1 d_{t-1} + u_t$$

ここで，u_t は回帰残差である．係数 a_1 が有意に 0 と異なるなら，符号情報は条件付き分散の予測に有用であり，レバレッジ効果の存在を示唆する．

この検定を一般化するため，次式を推定しよう．

$$s_t^2 = a_0 + a_1 d_{t-1} + a_2 d_{t-1} s_{t-1} + a_3 (1 - d_{t-1}) s_{t-1} + u_t$$

ここで $d_{t-1} s_{t-1}$ と $(1 - d_{t-1}) s_{t-1}$ を新たに含めることで，正と負のショックの効果は，それらのサイズにも依存する可能性を考慮できる．負のショックなら $d_{t-1} = 1$ であるため $(d_{t-1} s_{t-1} = s_{t-1}$，$(1 - d_{t-1}) s_{t-1} = 0)$，モデルは $s_t^2 = a_0 + a_1 + a_2 s_{t-1} + u_t$ となる．逆に，正のショックなら $d_{t-1} = 0$ であるため $(d_{t-1} s_{t-1} = 0$，$(1 - d_{t-1}) s_{t-1} = s_{t-1})$，モデルは $s_t^2 = a_0 + a_3 s_{t-1} + u_t$ となる．もし $a_1 \neq 0$ ならば，符号情報自体が条件付き分散の予測に有用である．また，$a_2 \neq 0$ $(a_3 \neq 0)$ でなければ，負（正）のショックがあるとき，ショックのサイズが条件付き予測の分散の予測に有用である．最後に，$a_1 = a_2 = a_3 = 0$ であれば，もとの ARCH や GARCH が正しいモデルであったといえる．

こうした検定の結果，レバレッジ効果が確認できたなら，TARCH や EGARCH モデルを用いればよいだろう．繰り返しになるが，EGARCH は，条件付き分散が常に正となること，パラメータの解釈がしやすいことなど利点が多い一方，条件付き分散の予測が難しいという欠点がある．また，TARCH を推定し，条件付き分散が負になる可能性があるなら，係数が正という制約を課して再推定するか，EGARCH を推定するとよいだろう．

◆ t 分 布

極端な値をとる確率の高い分布は，「**裾が厚い** (fat-tailed)」といったりする．例えば，株式収益率の分布は，裾が厚いといわれる．これは収益率が，正規分布から考えられるより，大きな利益，もしくは大きな損失をもたらす確率が高いためである．これは 1999 年の IT バブル，2008 年の金融危機を思い浮かべれば容易に理解できよう．こうした事実をふまえると，最尤法において，

162　第3章　ボラティリティ

正規分布を仮定するのが不適当な場合もあるだろう。

　t分布は正規分布よりも大きな値，小さな値をとりやすく，裾が厚いことが知られている。統計ソフトを用いれば，正規分布の代わりに，このt分布を用いて GARCH モデルの推定が簡単にできる。このとき，GARCH モデルのパラメータに加えて，t分布の自由度も推定できる。自由度が大きくなると，t分布は正規分布に近づいていく。もし推定された自由度が小さな値であれば，t分布を用いることが正しいことを意味している。逆に，推定された自由度が大きな値であれば，正規分布を用いても問題ないといえるだろう。

3.9　NYSE 指数の推定

　本節では，NYSE 株価指数（NYSE US 100）の収益率を分析し，その条件付き分散をモデル化する（データは NYSE.XLS から利用できる）。

◆ 平均のモデル

　分析の第 1 段階として，平均のモデルを推定しよう。図 3.3 をみると，収益率は 2004～06 年において安定している一方，2008 年に大きく変動している。こうした現象は，収益率が GARCH モデルに従っている可能性を示唆している。

　日次収益率 $\{r_t\}$ は計 3270 個ある。標本平均は 0.003，標本分散は 1.637 である。収益率 $\{r_t\}$ の自己相関係数を調べると，すべて小さい値となる。しかし，サンプルサイズが大きいため，それでもいくつかは有意となる。例えば，1 次と 2 次の標本自己相関係数は，それぞれ -0.090，-0.050 と値は小さいが，2 標準誤差は $2 \times 3270^{-1/2} = 0.035$ であるから，両方とも有意水準 5% で有意となる。

　平均の式を選択する。AIC を用いると AR(2)，BIC を用いると MA(1) が選ばれる。ここでは AR(2) を用いて推定してみよう（カッコ内は t 値）。

$$r_t = \underset{(0.209)}{0.0040} - \underset{(-5.42)}{0.0946\,r_{t-1}} - \underset{(-3.29)}{0.0575\,r_{t-2}} + \varepsilon_t \qquad (3.39)$$

ここで定数項の t 値は 0.209 と小さいため，定数項を除くことを考えるかもしれない。しかし，回帰分析において定数項を含める利点もある。また，条件付き分散の定式化を変えると，定数項の t 値も変わるため，平均の式に定数項は含めておいたほうがよいだろう。条件付き分散の適切なモデルが判明したら，

そこで初めて定数項なしで再推定したらよいのである。(3.39) 式の残差について ACF を調べるとほとんど有意ではなく，AR(2) は妥当なモデルといえる。

◆ ARCH 効果の検定

第 2 段階として，(3.39) 式の残差 2 乗 $\hat{\varepsilon}_t^2$ を用いて，ARCH 効果の検定をしよう。残差 2 乗の ACF を確認すると高い値をとっている。また，Q 統計量は有意となり，ARCH 効果の存在を示唆する。また，LM 検定のため，残差 2 乗 $\hat{\varepsilon}_t^2$ を自己ラグで回帰すると，

$$\begin{aligned}
\hat{\varepsilon}_t^2 = \underset{(5.63)}{0.487} + \underset{(2.78)}{0.047\hat{\varepsilon}_{t-1}^2} + \underset{(18.22)}{0.309\ \hat{\varepsilon}_{t-2}^2} \\
+ \underset{(0.20)}{0.004\hat{\varepsilon}_{t-3}^2} + \underset{(6.14)}{0.104\hat{\varepsilon}_{t-4}^2} + \underset{(13.73)}{0.234\ \hat{\varepsilon}_{t-5}^2}
\end{aligned}$$

となる（カッコ内は t 値）。1 週間は 5 営業日からなるため，5 個のラグを含めている。F 統計量（帰無仮説：自己のラグの係数がすべて 0）は 209.98 と高く，帰無仮説は棄却される。したがって，ARCH 効果があるといえる。

残差 2 乗の LM 検定では，ラグの長さをどうやって決めたらよいだろうか。もちろん真の構造と同じだけラグを含めるのがよい。現実問題として，有意ではないラグ項を含めると，検出力が低下してしまう。また，ラグの長さが短すぎると，ARCH 効果の存在をみつけられないかもしれない。しかし，たとえラグの長さが真の構造より短くても，ARCH 効果が検出されれば，そのデータには ARCH 効果が存在するといえる。例えば，$\hat{\varepsilon}_{t-1}^2$ だけを用いて，その係数が有意であれば，やはり ARCH 効果があるといえる。

◆ モデルの別の推定

第 3 段階として，条件付き分散式の定式化を決める。ボックス＝ジェンキンス法と同様，できるだけ倹約的なモデルを選択したい。しかし，可能な定式化の数は膨大であり，過剰適合に陥る可能性が高い。したがって，モデル選択において，単純なモデルから始めて，そのモデルが適切であるかを評価する方法が望ましい。もしモデルが適切でなければ，より複雑なモデルを試していけばよいだろう。

まず，GARCH$(1,1)$ を用いて (3.39) 式を推定する。最尤法において正規分布を仮定すると，

164　第3章　ボラティリティ

$$r_t = 0.043 - \underset{(-3.00)}{0.058}\, r_{t-1} - \underset{(-1.91)}{0.038}\, r_{t-2} + \varepsilon_t$$
$$\underset{(2.82)}{}$$

$$h_t = \underset{(4.91)}{0.014} + \underset{(9.59)}{0.084}\varepsilon_{t-1}^2 + \underset{(98.31)}{0.906}\, h_{t-1}$$

$$\text{AIC} = 9295.36, \quad \text{BIC} = 9331.91$$

となる（カッコ内は t 値）。しかし，正規分布は不適切である可能性がある。このため，t 分布を仮定して，再推定すると，

$$r_t = \underset{(5.24)}{0.061} - \underset{(-3.77)}{0.062}\, r_{t-1} - \underset{(-2.64)}{0.045}\, r_{t-2} + \varepsilon_t$$

$$h_t = \underset{(3.21)}{0.009} + \underset{(8.58)}{0.089}\varepsilon_{t-1}^2 + \underset{(95.24)}{0.909}\, h_{t-1}$$

$$\text{AIC} = 9162.72, \quad \text{BIC} = 9205.37$$

となる。推定された t 分布の自由度は 6.14 であり，その標準誤差は 0.67 である[6]。t 分布の自由度が高ければ t 分布は正規分布に近くなるが，自由度 6.14 では t 分布と正規分布は大きく異なる。また，AIC と BIC も低下しており，より当てはまりの良いモデルといえる。したがって，以後，t 分布を仮定して推定を行う。

分散の式において，ε_{t-1}^2，h_{t-1} の係数の和はほぼ 1 となる。したがって，モデルを IGARCH(1,1) として推定する（ただし，t 分布が仮定される）。

$$r_t = \underset{(4.41)}{0.061} - \underset{(-3.25)}{0.062}\, r_{t-1} - \underset{(-2.60)}{0.045}\, r_{t-2} + \varepsilon_t$$

$$h_t = \underset{(5.69)}{0.008} + \underset{(13.00)}{0.090}\varepsilon_{t-1}^2 + \underset{(130.72)}{0.910}\, h_{t-1}$$

$$\text{AIC} = 9160.88, \quad \text{BIC} = 9197.43$$

IGARCH の結果は，GARCH の結果とあまり変わらない。しかし，IGARCH(1,1) は GARCH(1,1) より倹約的モデルである[7]。情報量規準をみると，IGARCH は値が小さく望ましいモデルといえる。

最後に，ARCH-M を推定すると，平均の式は，

$$r_t = \underset{(2.69)}{0.049} - \underset{(-3.70)}{0.062}\, r_{t-1} - \underset{(-2.58)}{0.045}\, r_{t-2} + \underset{(1.02)}{0.016}h_t + \varepsilon_t$$

となる（条件付き分散式は IGARCH(1,1) としたが，推定結果は掲載していない）。ここで，h_t の係数は 0.016 と小さく，有意ではない。したがって，NYSE 指

6　統計学の入門書では，小標本における標本平均の分布として t 分布が紹介され，その自由度は整数（サンプルサイズ -1）となる。しかし，t 分布の密度関数において自由度を表すパラメータは整数である必要はなく，正の実数でさえあればよい。当然，このパラメータが大きいほど，t 分布は正規分布に近づいていく。

7　制約 $\alpha_1 + \beta_1 = 1$ から，$\beta_1 = 1 - \alpha_1$ となり，パラメータが 1 つ減っている。

数の日次収益率が事変的リスク・プレミアムを含むとはいえない。

◆ 診 断

第 4 段階として，IGARCH$(1,1)$ の診断を行う。診断には，標準化残差 $s_t = \hat{\varepsilon}_t / \hat{h}_t^{1/2}$ を用いる。まず，標準化残差 $\{s_t\}$ の自己相関係数はすべて小さい値となる。修正 Q 統計量も $Q(5) = 3.69$，$Q(10) = 8.30$，$Q(15) = 15.12$ と小さく，いずれも有意ではない。これらの結果から，標準化残差に系列相関は残っていないといえる。

次に，標準化残差の 2 乗 $\{s_t^2\}$ の自己相関係数を求めると，すべて小さい値となる。さらに LM 検定をするため，

$$s_t^2 = \alpha_0 + \alpha_1 s_{t-1}^2 + \alpha_2 s_{t-2}^2 + \cdots + \alpha_n s_{t-n}^2$$

を推定する。$n = 2$ とすると（カッコ内は t 値），

$$s_t^2 = \underset{(23.55)}{0.99} - \underset{(-2.58)}{0.05} s_{t-1}^2 + \underset{(1.79)}{0.03} s_{t-2}^2$$

となる（他の n の値も試したが，α_3 以降の係数は有意ではなかった）。ここで，推定された係数は小さいが，F 値（帰無仮説：$\alpha_1 = \alpha_2 = 0$）は 5.15 であり，有意に帰無仮説が棄却される。このままでは ARCH 効果は残っているが，これはサンプルサイズが大きいため，推定された係数が小さくても有意になってしまうためである。複雑なモデルを用いることも考えられるが，そうしたモデルではパラメータ数が多くなってしまう。

最後に，レバレッジ効果が存在するかを調べる。もしレバレッジ効果がないなら，s_t^2 を s_t のラグで回帰しても，その係数は 0 になるはずである。しかし，これを推定すると，

$$s_t^2 = \underset{(28.24)}{0.960} - \underset{(-2.76)}{0.095} s_{t-1} - \underset{(-5.18)}{0.178} s_{t-2}$$

となる。係数は有意に負であり，これは負のショックは条件付き分散を増加させることを意味する。さらに，符号バイアス検定をすると，

$$s_t^2 = \underset{(9.63)}{0.658} + \underset{(4.32)}{0.293} d_{t-1} + \underset{(2.07)}{0.140} d_{t-2} + \underset{(2.96)}{0.201} d_{t-3}$$

となる（d_{t-1} は $s_{t-1} < 0$ なら 1，$s_{t-1} \geq 0$ なら 0）。d_{t-1}，d_{t-2}，d_{t-3} の係数はすべて正に有意であり，負のショックは条件付き分散を増加させる。一般化した推定を行うと，

$$s_t^2 = \underset{(14.48)}{0.940} + \underset{(2.96)}{0.268}d_{t-1} + \underset{(2.20)}{0.104}d_{t-1}s_{t-1} - \underset{(-2.41)}{0.130}(1-d_{t-1})s_{t-1}$$

となる。ここで，d_{t-1} と $d_{t-1}s_{t-1}$ の係数は有意に正であり，負のショックは条件付き分散を増加させる。また，$(1-d_{t-1})s_{t-1}$ の係数は有意に負であり，正のショックは条件付き分散を減少させる。

◆ 非対称モデル

非対称性の存在が示唆されたので，まずは TARCH モデルを推定する。その結果，

$$h_t = \underset{(4.70)}{0.010} - \underset{(-2.92)}{0.022}\,\varepsilon_{t-1}^2 + \underset{(9.51)}{0.154}d_{t-1}\varepsilon_{t-1}^2 + \underset{(114.46)}{0.933}\,h_{t-1}$$

となる（カッコ内は t 値）。ここで，$d_{t-1}\varepsilon_{t-1}^2$ の係数は有意に正であり，負のショックは正のショックよりボラティリティを増大させる。ここで ε_{t-1}^2 の係数は負であり，条件付き分散が負になる可能性を示している。この問題に対処する１つの方法は，係数が正という制約を課して推定することである。

別の方法としては，EGARCH モデルの推定である。実際に推定してみると，

$$r_t = \underset{(2.88)}{0.038} - \underset{(-3.59)}{0.060}\,r_{t-1} - \underset{(-1.94)}{0.032}\,r_{t-2}$$

$$\ln(h_t) = \underset{(-57.72)}{-0.087} + \underset{(30.50)}{0.108}\left|\frac{\varepsilon_{t-1}}{h_{t-1}^{1/2}}\right| - \underset{(-12.12)}{0.129}\frac{\varepsilon_{t-1}}{h_{t-1}^{1/2}}$$
$$+ \underset{(387.10)}{0.986}\,\ln(h_{t-1})$$

$$\text{AIC} = 9055.66, \quad \text{BIC} = 9104.39$$

となり，t 分布の自由度は 6.88 となる。すべての係数は，有意になっている。ここで，$h_{t-1} = 1$ とすると，ε_{t-1} が 1 単位増えると，$\ln(h_t)$ は $-0.021(=0.108-0.129)$ 単位だけ減少する。これに対し，ε_{t-1} が 1 単位減少すると，$\ln(h_t)$ は $0.237(=0.108+0.129)$ 単位も増加する。これは，悪いニュースのほうが良いニュースより条件付き分散を増大させる効果があることを意味する。

これまでの結果から，IGARCH と EGARCH が尤もらしいモデルといえる。EGARCH の利点は，EGARCH はレバレッジ効果を捉えることができる点にある。逆に，欠点は，予測に用いることが難しい点にある。AIC，BIC でみると，EGARCH のほうが値は小さくなっており，より望ましいモデルと

図 3.10 推定された条件付き分散 (h_t)

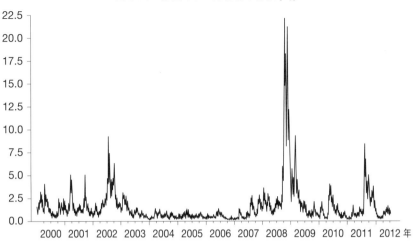

いえる。

EGARCH の標準化残差の 2 乗 s_t^2 には，わずかであるが系列相関が存在する。これをみるため，s_t^2 を s_{t-1}^2 で回帰すると以下となる。

$$s_t^2 = \underset{(27.95)}{1.04} - \underset{(-3.07)}{0.054 s_{t-1}^2}$$

ここでサンプルサイズが大きいため，推定された係数が小さくても有意になっていることがわかる。

図 3.10 は，2000 年 1 月 4 日から 2012 年 7 月 16 日までの条件付き分散 h_t の動きを示している。この図から，条件付き分散は，2002 年半ばに急上昇したが，2003 年半ばから 2007 年初めまで低水準で推移し，その後，金融危機の影響から急激に上昇したことがわかる。投資家は，この条件付き分散 h_t をみることで，保有期間のリスクを把握できるのである。

3.10 多変量 GARCH モデル

これまでデータは 1 変量として，条件付き分散を推定してきた。しかし，データが多変量であれば，それぞれの条件付き分散を同時推定したほうがよい。多変量 GARCH モデルでは，各変数のショックが相互関連している可能性を考慮できる。さらに，ある変数のボラティリティ・ショックが，別変数のボラ

168 第3章 ボラティリティ

ティリティに影響を与えるスピルオーバー効果も考慮できる。例えば，NYSE
指数（非米国株 100 種）だけではなく，NYSE 総合指数もモデル化したいとす
る。これらを別々にモデル化することもできるが，それではショックが相互に
影響し合う可能性を考慮できない。通常，多変量 GARCH モデルは行列を用
いて説明されるが，本節では，行列の詳細に立ち入らずに解説する。行列に馴
染みのある方は，本書のウェブサポートページにある**補論 3.2** も読んでもら
いたい。この補論では，多変量 GARCH の尤度関数，また本節で紹介できな
かった，多変量 GARCH の代表的モデルも紹介している。

　分析を単純化するため，2 変数 (x_{1t}, x_{2t}) を考えよう。平均の動学に関心
はないため，誤差の確率過程だけを考える。誤差項は，

$$\varepsilon_{1t} = v_{1t}\sqrt{h_{11t}}$$
$$\varepsilon_{2t} = v_{2t}\sqrt{h_{22t}}$$

としよう。1 変量と同様に，$\mathrm{var}(v_{1t}) = \mathrm{var}(v_{2t}) = 1$ とすると，h_{11t} と h_{22t}
は，ε_{1t} と ε_{2t} の条件付き分散と考えられる。2 つのショックが互いに相関す
る可能性もあるため，$h_{12t} = E_{t-1}\varepsilon_{1t}\varepsilon_{2t}$ をショック間の条件付き共分散とし
よう。

　多変量の GARCH(1,1) 過程では，すべてのボラティリティが相互に関連し
合っていると考えるのが自然である。いわゆる **vech モデル**では，

$$h_{11t} = c_{10} + \alpha_{11}\varepsilon_{1t-1}^2 + \alpha_{12}\varepsilon_{1t-1}\varepsilon_{2t-1} + \alpha_{13}\varepsilon_{2t-1}^2$$
$$+\beta_{11}h_{11t-1} + \beta_{12}h_{12t-1} + \beta_{13}h_{22t-1} \tag{3.40}$$
$$h_{12t} = c_{20} + \alpha_{21}\varepsilon_{1t-1}^2 + \alpha_{22}\varepsilon_{1t-1}\varepsilon_{2t-1} + \alpha_{23}\varepsilon_{2t-1}^2$$
$$+\beta_{21}h_{11t-1} + \beta_{22}h_{12t-1} + \beta_{23}h_{22t-1} \tag{3.41}$$
$$h_{22t} = c_{30} + \alpha_{31}\varepsilon_{1t-1}^2 + \alpha_{32}\varepsilon_{1t-1}\varepsilon_{2t-1} + \alpha_{33}\varepsilon_{2t-1}^2$$
$$+\beta_{31}h_{11t-1} + \beta_{32}h_{12t-1} + \beta_{33}h_{22t-1} \tag{3.42}$$

と定式化している。各変数の条件付き分散 (h_{11t}, h_{22t}) は，自己のラグ
(h_{11t-1}, h_{22t-1})，2 変数間の条件付き共分散 (h_{12t-1})，誤差項の 2 乗 $(\varepsilon_{1t-1}^2,$
$\varepsilon_{2t-1}^2)$，誤差項の積 $(\varepsilon_{1t-1}\varepsilon_{2t-1})$ に依存している。条件付き共分散 (h_{22t})
も，これらの変数に依存する。このように定式化することで，変数間の相互関
係を捉えられる。例えば，v_{1t} のショックは 1 期後の $h_{11t+1}, h_{12t+1}, h_{22t+1}$
に影響を与えている。

(3.40)〜(3.42) 式のような多変量 GARCH は，概念的には単純であるが，その推定は非常に難しい。その理由として以下の 3 点を挙げる。

1. パラメータ数が非常に多い。2 変数の場合でも，これらの式には計 21 個のパラメータが存在している（3 本の式があり，各式に 7 つのパラメータがあるため，パラメータ数は 21 となる）。変数の数を増やしたり，GARCH の次数を上げたりすると，パラメータ数はどんどん増えてしまう。例えば，上記モデルを GARCH$(2,1)$ にすると，9 個のパラメータが新たに追加される。また，3 変数の場合（誤差は GARCH$(1,1)$），モデルは 6 本の式（$h_{11t}, h_{22t}, h_{33t}, h_{12t}, h_{13t}, h_{23t}$）からなり，各式に 12 個の係数と 1 つの定数が存在している。平均の式までも含めて考えると，さらに推定すべきパラメータは増加してしまう。

2. 1 変量の場合と同様，最大化問題の解析解は存在しないため，尤度 L を最大化するパラメータは数値探索法によってみつけなければならない。しかし，パラメータ数が増えると，尤度を最大にするパラメータの組み合わせをみつけるのが難しくなる。

3. 多変量では，係数への制約条件はさらに複雑となる。すべての条件付き分散は常に正であるだけでなく，変数間の相関係数 $\rho_{ijt} = h_{ijt}/(h_{iit}h_{jjt})^{1/2}$ は -1 から $+1$ までの間の値でなければならない。

これらの問題を回避するため，最近の研究では，多変量 GARCH モデル（(3.40)〜(3.42) 式）に適切な制約を課して，パラメータ数を減らす試みがなされている。初期の研究で有名なモデルとして，いわゆる**対角 vech**（diagonal vech）**モデル**がある。このモデルでは，h_{ijt} は，$\varepsilon_{it}\varepsilon_{jt}$ と自己ラグ h_{ijt-1} だけから構成される。例えば，(3.40)〜(3.42) 式は，

$$h_{11t} = c_{10} + \alpha_{11}\varepsilon_{1t-1}^2 + \beta_{11}h_{11t-1}$$

$$h_{12t} = c_{20} + \alpha_{22}\varepsilon_{1t-1}\varepsilon_{2t-1} + \beta_{22}h_{12t-1}$$

$$h_{22t} = c_{30} + \alpha_{33}\varepsilon_{2t-1}^2 + \beta_{33}h_{22t-1}$$

と表せる。多くの制約が係数に課されており（すべての $i \neq j$ に対し，$\alpha_{ij} = \beta_{ij} = 0$ とした），パラメータ数は大幅に減少している。条件付き分散は，1 変量 GARCH の条件付き分散と等しい。また，条件付き共分散もシンプルである。問題は，すべての $i \neq j$ に対し $\alpha_{ij} = \beta_{ij} = 0$ と仮定したため，「条件付き分散同士の相互作用が存在しない」点にある。例えば，ε_{1t-1} は，h_{11t} と h_{12t} に影響を与える一方，h_{22t} に影響を与えていない。

170 第3章 ボラティリティ

別の有名なモデルとして，**CCC**（constant conditional correlation）**モデル**が
ある。その名が示すとおり，CCC モデルでは相関係数が時間を通じて一定と
仮定される。つまり，CCC モデルでは，$i \neq j$ に対し，$h_{ijt} = \rho_{ij}(h_{iit}h_{jjt})^{1/2}$
とされる。ここで，相関係数 ρ_{ij} は時間に依存していない。CCC モデルで
は，条件付き分散は条件付き共分散などにも依存するが，条件付き共分散は
$(h_{iit}h_{jjt})^{1/2}$ に比例する。例えば，条件付き分散は (3.40) 式と (3.42) 式，条
件付き共分散は，

$$h_{12t} = \rho_{12}(h_{11t}h_{22t})^{1/2}$$

と定式化できる。ここで条件付き共分散 h_{12t} は，1 つのパラメータ ρ_{12} だけに
依存する。(3.41) 式は 7 個のパラメータに依存していたことを思い出してもら
いたい。CCC モデルは，多変量 GARCH を推定する有効な方法である一方，
相関係数一定との仮定は制約の強い仮定といえる。CCC モデルの理解を深め
るため，以下で実証分析を紹介する。

◆ 実証分析①

ボルスレフ（Bollerslev 1990）は，CCC モデルの有用性を示すため，5 通貨
の為替レートを分析している。週次の為替レートは，独マルク（DM），仏フラ
ン（FF），イタリア・リラ（IL），スイス・フラン（SF），英ポンド（BP）であ
る。

ここで y_{it} を i 国の名目為替レートの変化率とすると，i 国の平均モデルは，

$$y_{it} = \mu_i + \varepsilon_{it} \tag{3.43}$$

とする（第 4 章で解説するが，これは為替レート（対数）がドリフト付きのランダム
ウォークに従うことを意味する）。このモデルを各系列について推定する。残差の
修正 Q 統計量を求めると，残差に系列相関はみられない。つまり，為替レー
トはランダムウォークとなる。次に，残差 2 乗の修正 Q 統計量を求めると，
ARCH 効果を強く示唆する。例えば，ポンドでは，残差 2 乗の Q 統計量は
$Q(20) = 113.02$ となり，1% の有意水準で有意となる。

条件付き不均一分散の結果を受け，各系列を別々に推定すると，すべての系
列で GARCH(1,1) が適当なモデルとなる。以上の結果を受けて，完全なモデ
ルは，(3.43) 式と以下の CCC モデルから構成されるとする。

表 3.1 相関係数

	ドイツ (DM)	フランス (FF)	イタイア (IL)	スイス (SF)
フランス (FF)	0.932			
イタリア (IL)	0.886	0.876		
スイス (SF)	0.917	0.866	0.816	
英国 (BP)	0.674	0.678	0.622	0.635

$$h_{iit} = c_{i0} + \alpha_{ii}\varepsilon_{it-1}^2 + \beta_{ii}h_{iit-1} \qquad (i = 1,\ldots,5)$$

$$h_{ijt} = \rho_{ij}(h_{iit}h_{jjt})^{1/2} \qquad (i \neq j)$$

パラメータ数は,計 30 個である[8]。CCC モデルでは,システム全体を推定することで,誤差項同士の同時点の相関を捉えられる。

欧州通貨制度 (EMS) の導入 (1979 年 3 月) 前後で,データを 2 分割し,CCC モデルを推定する。表 3.1 では,EMS 導入後の期間について,相関係数 ρ_{ij} の推定値をまとめている。この表から,大陸ヨーロッパ国 (フランス FF,ドイツ DM,イタリア IL,スイス SF) 間の相関は高いが,これらの国は英国 BP との相関が低い。さらに,EMS 導入前の相関係数を分析すると (推定結果は掲載していないが),相関係数は EMS 導入以後に高くなっている。以上から,EMS は通貨間の繋がりを強める効果を持っているといえる。

◆ **実証分析②**

最近のデータ (2000 年 1 月 3 日〜2013 年 4 月 26 日) を用いて,3 通貨の為替レートの日次データを分析しよう (データは EXRATES(DAILY).XLS 参照)。為替レートは,それぞれユーロ (Euro),英ポンド (BP),スイス・フラン (SF) とした。図 3.5 をみると,これらの通貨は同じような動きをしているが,後半の期間では共変動が少し弱まっているようにみえる。

為替レートを S_{it} とし ($i = \text{Euro}, \text{BP}, \text{SF}$),その変化率を $y_{it} = \ln(S_{it}/S_{it-1})$ とする。第 1 段階として,y_{it} の平均のモデルを推定しよう。ボルスレフと同様,各通貨について,(3.43) 式を別々に推定すると,定数項 μ_i は次のように推定された (カッコ内は t 値)。

---

8 ここで μ_i は計 5 個ある。条件付き分散 h_{iit} の式は 5 本あり,それぞれ 3 個のパラメータからなる。条件付き共分散の式は 10 本 (= 5 × 4/2) 本あるため,相関係数 ρ_{ij} は 10 個ある。

172 第3章 ボラティリティ

表 3.2 為替レートの CCC モデル

	c	α_1	β_1
ユーロ（Euro）	1.32×10^{-7}	0.047	0.951
	(2.44)	(10.79)	(240.91)
英国（BP）	2.42×10^{-7}	0.040	0.953
	(3.28)	(7.71)	(149.15)
スイス（SF）	2.16×10^{-7}	0.059	0.940
	(2.57)	(12.82)	(215.36)

注）カッコ内は t 値。

ユーロ（Euro）	英国（BP）	スイス（SF）
7.16×10^{-5}	-1.01×10^{-5}	1.49×10^{-4}
(0.66)	(−0.14)	(1.26)

推定残差の系列相関を求めると，すべて小さい値となるが，どれも有意とはならなかった。したがって，平均の式に y_{it} のラグを入れる必要はない。

残差 2 乗を用いて ARCH 効果の存在を調べる。残差 2 乗のモデルとして，

$$\hat{\varepsilon}_t^2 = \alpha_0 + \sum_{i=1}^{5} \alpha_i \hat{\varepsilon}_{t-i}^2$$

を推定する。1 週間は 5 営業日からなるため，ラグを 5 つ含めている。各通貨（Euro，BP，SF）に対して，帰無仮説 $\alpha_1 = \cdots = \alpha_5 = 0$ を検定する。F 統計量を求めたところ，それぞれ 24.72，65.45，5.80 となる。すべての値は有意であり，3 通貨は ARCH 効果を持っている。

ボルスレフと同様，GARCH$(1,1)$ が適当なモデルとしよう。表 3.2 では，CCC の仮定のもとで，3 変量 GARCH$(1,1)$ を推定した結果を掲載している。これをみると，α_1 と β_1 は有意に正となる。Euro，BP，SF をそれぞれ数字 1，2，3 と表記すると，相関係数は $\hat{\rho}_{12} = 0.68$，$\hat{\rho}_{13} = 0.87$，$\hat{\rho}_{23} = 0.60$ となる。BP は SF との相関が低い。

比較のため，同じデータを対角 vech モデルで推定する（条件付き分散・共分散は別々に推定される）。表 3.3 は推定結果をまとめたものである。このモデルでは，相関係数は時変的とされる。ただし，条件付き分散同士の相互関係は無視されている。ここで，BP と SF 間の相関係数は，$h_{23t}/(h_{22t}h_{33t})^{1/2}$ として求められる。

図 3.11 では，BP と SF 間の相関係数の動きを示している。相関係数は 0.6

表 3.3 対角 vech モデル

	h_{11t}	h_{12t}	h_{13t}	h_{22t}	h_{23t}	h_{33t}
c	4.01×10^{-7}	2.50×10^{-7}	4.45×10^{-7}	2.62×10^{-7}	2.32×10^{-7}	5.88×10^{-7}
	(18.47)	(6.39)	(33.82)	(4.31)	(6.39)	(10.79)
α_1	0.047	0.035	0.047	0.037	0.033	0.050
	(14.51)	(11.89)	(14.97)	(9.59)	(12.01)	(14.07)
β_1	0.946	0.956	0.945	0.956	0.959	0.941
	(319.44)	(268.97)	(339.91)	(205.04)	(309.29)	(270.55)

注) カッコ内は t 値。

図 3.11 ポンド・フラン間の相関係数

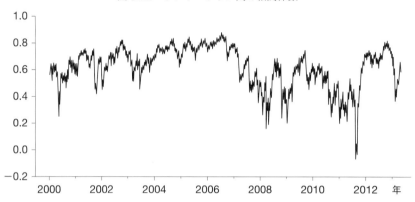

周辺(CCC の推定値 0.6 と同じ値)で推移しているが,この値から乖離している時期もみられる。例えば,相関係数は 2006 年から低下し,この傾向は 2008 年初めまで続いている。その後,相関係数は,米国の景気停滞の恐れからいったん上昇したが,2008 年秋に金融危機が起こると相関係数は下落している。2011 年に相関係数は短期間であるが負の値をとり,その後,0.8 程度まで上昇している。

3.11 まとめ

経済時系列データでは,ボラティリティ・クラスタリングが存在するため,条件付き分散をモデル化することが重要となる。最後に,GARCH モデル推定の改善に役立つ助言を提示する。

1. 平均については正しくモデル化されていなければならない。平均のモデルに定式化の誤りがあれば,分散の式にも悪影響を与える。平均のモ

174 第3章 ボラティリティ

デルが適切かを判断する際，推定残差に系列相関があるかを確認すると
よい．系列相関が残っていれば，平均のモデルが不適切である可能性を
示唆している．

2. 簡単なモデルから始めて，状況に応じ少しずつ複雑な定式化を試みよ
う．条件付き分散の存在を初めから仮定しないで，まずは平均式の残差
2 乗を用いて，ARCH 効果があるかを検証しよう．レバレッジ効果や
ARCH-M 効果も安易に含めるのではなく，検証をしてから考えよう．

3. ファイナンス・データを分析すると，係数の和（$\sum \alpha_i + \sum \beta_i$）は 1 に
近い値となることが多い．ファイナンス・データなら，ボラティリティ
の高い持続性も理解できる．しかし，他のデータであっても，高い持続
性が観察されたりすることがある．これは，分散に生じた構造変化を
適切に考慮できていない可能性がある[9]．条件付き分散は t^* 期まで小さ
く，$t^* + 1$ 期から大きくなるとしよう．このとき，条件付き分散は持続
的となっている．しかし，こうした状況は，条件付き分散式にダミー変
数（t^* 期以前は 0，それより後は 1 となる）を加えれば考慮できるだろう．
例えば，**3.4** の「大いなる安定」では，ダミー変数を加えることで，ボ
ラティリティ・クラスタリングが消えていた．分析の際は，条件付き分
散を図示し，分散の式にダミー変数を含めるべきかを検討するとよい．

4. もし対角 vech モデルで条件付き分散・共分散の間の相互作用を捉え
きれないなら，本書のウェブサポートページ掲載の**補論 3.2** で説明さ
れる BEKK モデルを試すとよい．CCC モデルは大きなシステムを推
定するうえで有用である．

補論 3.1　繰り返し期待値の法則

繰り返し期待値の法則とは，確率変数 X と Y に対して，

$$E[Y] = E[E[Y|X]]$$

が成立することをいう．$E[Y|X]$ は X を条件とした Y の期待値であり，X
は確率変数であるから $E[Y|X]$ も確率変数となる．また，$E[E[Y|X]]$ とは
$E[Y|X]$ の期待値を意味する．繰り返し期待値の法則は，「Y の期待値は条件

---

9 詳しくは Hillebrand（2005）を参照されたい．

補論 3.1　繰り返し期待値の法則　**175**

付き期待値 $E[Y|X]$ の期待値に等しい」ことを示している。

[証明]　ここで，X の周辺密度関数を $f(x)$，Y の周辺密度関数を $f(y)$，X と Y の同時密度関数を $f(x,y)$ とする。また，条件付き密度関数 $f(y|x)$ は $f(x,y)/f(x)$ と定義される。Y の周辺密度関数 $f(y)$ は，同時密度関数 $f(x,y)$ を x について積分したものである。

$$f(y) = \int_x f(x,y)dx$$

ただし，$\int_x$ は x のとりうる全範囲について積分をとることを意味する。ここで，$E[Y|X]$ の確率密度関数は $f(x)$ であることに注意してほしい。このとき，

$$
\begin{aligned}
E[E[Y|X]] &= \int_x E[Y|X]f(x)dx = \int_x \left[\int_y yf(y|x)dy \right] f(x)dx \\
&= \int_y \int_x y\frac{f(x,y)}{f(x)}f(x)dxdy = \int_y y \left[\int_x f(x,y)dx \right] dy \\
&= \int_y yf(y)dy = E[Y] \qquad\qquad\qquad\qquad\qquad\text{[終]}
\end{aligned}
$$

　以下の例を通じて，繰り返し期待値の法則の理解を深めよう。

例 2：平均所得　ここで Y は所得，X は男性なら 1（女性なら 0）となる変数としよう。また $P(X=1)$ は男性の確率，$P(X=0)$ は女性の確率となる。繰り返し期待値の法則を用いると，平均所得 $E[Y]$ は，

$$E[E[Y|X]] = P(X=0)E[Y|X=0] + P(X=1)E[Y|X=1]$$

と表現できる。つまり，平均所得 $E[Y]$ は，男性の平均所得 $E[Y|X=1]$ と女性の平均所得 $E[Y|X=0]$ の加重平均となる。

例 3：3.6 の式展開　3.6 では，繰り返し期待値の法則から，$E[\varepsilon_t^2] = E[E_{t-1}\varepsilon_t^2]$ とした。この式は，$t-1$ 期までの情報集合を Ω_{t-1} とすると，

$$E[\varepsilon_t^2] = E[E[\varepsilon_t^2|\Omega_{t-1}]]$$

と書ける。ここで $Y = \varepsilon_t^2$，$X = \Omega_{t-1}$ とすれば，繰り返し期待値の法則との関係は明らかである。この式の意味を考えよう。$t-1$ 期までに何が生じるかは不確実（Ω_{t-1} 自体が確率的に決まる）とすると，条件付き期待値 $E[\varepsilon_t^2|\Omega_{t-1}]$

176 第3章 ボラティリティ

も確率的に決まる。$E[E[\varepsilon_t^2|\Omega_{t-1}]]$ とは，Ω_{t-1} の不確実性を考慮したうえで，$E[\varepsilon_t^2|\Omega_{t-1}]$ の期待値をとるということである。したがって，この式は，$t-1$ 期までの情報 Ω_{t-1} を不確実として $E[\varepsilon_t^2|\Omega_{t-1}]$ の期待値をとると，それは無条件での ε_t^2 の期待値と一致する，としている。

◎練習問題

以下の練習問題を解きなさい。練習問題 [7]～[10] は，実証分析を行う問題である（推定結果のカッコ内はすべて t 値）。解答はすべて本書のウェブサポートページに掲載している。★印は，難易度の高い問題であることを示している。

[1] $E[\varepsilon_t^2] = E[\varepsilon_{t-1}^2]$ を仮定しないで (3.5) 式を導出せよ。

[2] ARCH(q) 過程の統計的性質を求めよ。

[3] GARCH(1,1) 過程 $h_t = \alpha_0 + \alpha_1 \varepsilon_{t-1}^2 + \beta_1 h_{t-1}$ は，ARCH(∞) 過程として表せることを示せ。これは GARCH(1,1) 過程であっても，パラメータ α_1，β_1 の値を変えれば，複雑な高次の ARCH 過程を近似できることを意味する。

[4]* GARCH(p,q) 過程 (3.9) 式からの残差2乗の ACF は，$m = \max\{p,q\}$ とした ARMA(m,p) 過程のように振る舞う。この結果が正しいことを確認しよう。

(a) GARCH(1,2) 過程 $h_t = \alpha_0 + \alpha_1 \varepsilon_{t-1}^2 + \alpha_2 \varepsilon_{t-2}^2 + \beta_1 h_{t-1}$ を考える。ここで $u_t = \varepsilon_t^2 - h_t$ と定義し，h_t の式の両辺に $u_t = \varepsilon_t^2 - h_t$ を足す。

$$\begin{aligned}
\varepsilon_t^2 &= \alpha_0 + \alpha_1 \varepsilon_{t-1}^2 + \alpha_2 \varepsilon_{t-2}^2 + \beta_1 h_{t-1} + (\varepsilon_t^2 - h_t) \\
&= \alpha_0 + (\alpha_1 + \beta_1)\varepsilon_{t-1}^2 + \alpha_2 \varepsilon_{t-2}^2 - \beta_1(\varepsilon_{t-1}^2 - h_{t-1}) + (\varepsilon_t^2 - h_t) \\
&= \alpha_0 + (\alpha_1 + \beta_1)\varepsilon_{t-1}^2 + \alpha_2 \varepsilon_{t-2}^2 - \beta_1 u_{t-1} + u_t
\end{aligned}$$

このとき，以下が正しいことを示せ。

① u_t に系列相関はない。② $\{\varepsilon_t^2\}$ は ARMA(2,1) 過程として振る舞う。

(b) GARCH(2,1) 過程 $h_t = \alpha_0 + \alpha_1 \varepsilon_{t-1}^2 + \beta_1 h_{t-1} + \beta_2 h_{t-2}$ とする。このとき，$\{\varepsilon_t^2\}$ は ARMA(2,2) 過程となることを示せ。

(c) GARCH(p,q) 過程 $h_t = \alpha_0 + \alpha_1 \varepsilon_{t-1}^2 + \cdots + \alpha_q \varepsilon_{t-q}^2 + \beta_1 h_{t-1} + \cdots + \beta_p h_{t-p}$ とすると，$\{\varepsilon_t^2\}$ は ARMA(m,p) 過程となることを示せ。

[5]* $y_0 = \varepsilon_0 = 0$ とし，1～5 期までのショック $\{\varepsilon_t\}$ を $(1, -1, -2, 1, 1)$ とする。次のモデルから，$\{y_t\}$ を生成したうえで，以下の問いに答えよ。

$$\begin{aligned}
&\text{モデル1：} y_{1t} = 0.5y_{t-1} + \varepsilon_t \\
&\text{モデル2：} y_{2t} = \varepsilon_t - \varepsilon_{t-1}^2 \\
&\text{モデル3：} y_{3t} = 0.5y_{t-1} + \varepsilon_t - \varepsilon_{t-1}^2
\end{aligned}$$

(a) ARCH-M 項（モデル2，3 の $-\varepsilon_{t-1}^2$）は，$\{y_t\}$ にどのような影響を与えるか。また，自己回帰項（$0.5y_{t-1}$）の影響はどのようなものか。

(b) 各モデルから発生させた $\{y_t\}$ について，標本平均と標本分散を求めよ。

[6] ARCH(2) 過程 $E_{t-1}\varepsilon_t^2 = \alpha_0 + \alpha_1\varepsilon_{t-1}^2 + \alpha_2\varepsilon_{t-2}^2$ を考えよう。モデルは $y_t = a_0 + a_1 y_{t-1} + \varepsilon_t$ とする。$\{y_t\}$ の条件付き分散，条件なし分散を求めよ。

[7] ARCH.XLS の 1 列目の系列 y は，モデル $y_t = 0.9 y_{t-1} + \varepsilon_t$，$\varepsilon_t = v_t(1 + 0.8\varepsilon_{t-1}^2)^{1/2}$ から発生したデータである。これを調べると，標本平均は 0.263，標本標準偏差は 4.894，最小値，最大値はそれぞれ -10.8，15.15 となる。

(a) OLS 推定をすると，以下の結果が得られることを確認せよ。

$$y_t = \underset{(26.51)}{0.944}\, y_{t-1} + \varepsilon_t$$

(b) 残差の標本 ACF・PACF を求めよ。修正 Q 統計量を用いて系列相関があるかを確認せよ。

(c) 残差 2 乗の標本 ACF・PACF を求めよ。ARCH 効果があるといえるか。

(d) 残差 2 乗を 1 期前の残差 2 乗で OLS 推定せよ。LM 検定をすると $TR^2 = 22.03$ となることを確認せよ。

(e) ARCH(1) モデルを推定せよ。以下の結果が得られることを確認せよ。

$$y_t = \underset{(32.79)}{0.886}\, y_{t-1} + \varepsilon_t \qquad h_t = \underset{(4.02)}{1.19} + \underset{(2.89)}{0.663}\,\varepsilon_{t-1}^2$$

[8] ARCH.XLS の 2 列目の系列 y_m は ARCH-M 過程から発生させたデータである。

(a) ARCH-M 過程を推定し，以下の結果を確認せよ。

$$y_t = \underset{(14.05)}{0.908} + \underset{(1.79)}{0.625}\, h_t + \varepsilon_t \qquad h_t = \underset{(5.59)}{0.108} + \underset{(2.50)}{0.597}\,\varepsilon_{t-1}^2$$

(b) 推定された $\{\varepsilon_t\}$ 系列の ACF と PACF を調べよ。この系列は適当といえるか。もし不適当なら ARCH-M の他の定式化を試してみよ。

[9] RGDP.XLS の実質 GDP（rgdp）を用いて以下の問いに答えよ。

(a) **3.4**「大いなる安定は存在していたか」の推定結果を再現せよ。D1 は 1983Q4 まで 0，それ以降は 1 となるダミー変数とし，この変数を推定に用いること。

(b) 金融危機を表すダミー変数を D2 とする。これは 2007Q3 まで 0，それ以降は 1 となるダミー変数である。分散式に D1 と D2 を入れたとき，金融危機は分散を有意に増加させたか述べよ。

(c) 実質消費（rcons）と実質投資（rinv）の変化率を，**3.4** の方法で分析し，1984Q1 以降にボラティリティが変化しているか確認せよ。

[10] NYSE.XLS の日次収益率 r_t を用いて **3.9** の推定結果を再現せよ。

第4章
トレンド

学習目的

4.1 平均が時間を通じて変化するモデルを紹介する。

4.2 確定トレンドを持ったモデルと確率トレンドを持ったモデルを比較する。

4.3 単位根がある場合，標準的な回帰分析において，見せかけの回帰と呼ばれる現象が生じることを示す。

4.4 モンテカルロ法を用いて仮説検定の臨界値を求める方法を説明する。

4.5 単位根があるかを検定するため，DF 検定を導入する。

4.6 実質 GDP，実質為替レートに単位根があるかを調べる。

4.7 ADF 検定におけるラグ次数の選択方法，負の MA 項がある場合の問題を学習する。

4.8 確定トレンドの構造変化を考慮した単位根検定としてペロン検定を学ぶ。

4.9 DF 検定は検出力が低いことを示す。

4.10 確定トレンドを一般化最小2乗法で推定することで，DF 検定の検出力を高められることを示す。

4.11 パネルデータを用いることで，DF 検定の検出力を高められることを説明する。

4.12 トレンドを持った系列を，定常部分とトレンド部分に分解する方法を紹介する。

　自己相関関数（ACF）は，トレンドの存在を確認するための大まかな指標として利用できる。ある系列の ACF がゆっくりと減衰するなら，その系列は単位根過程もしくはトレンド定常過程であることを示唆する。トレンドの有無，トレンドの性質は仮説検定によって明らかにできる。本章では，以下の5点を中心に説明する。

① トレンドには，確定トレンドと確率トレンドがある。

② 単位根が存在するか否かの検定（単位根検定）として DF 検定がある。

③ 確定トレンドに構造変化があると，通常の単位根検定はバイアスを持つ

I8o 第4章 トレンド

てしまう。構造変化を考慮した単位根検定としてペロン検定がある。

④ 確定トレンドの効率的な推定，パネルデータの使用によって，単位根検定の検出力を高めることができる。

⑤ トレンドを持った系列を，定常部分とトレンド部分に分解する方法として，BN分解とHP分解がある。

4.1 確定トレンドと確率トレンド

確率線形差分方程式の一般解は，

$$y_t = トレンド + 定常項 + ノイズ$$

と表すことができる。第2章では定常項のモデルを，第3章ではノイズ（誤差項）の分散のモデルを扱ったが，本章ではトレンドのモデルを扱う。何らかのトレンドが存在する限り，y_t 自体は定常過程ではない。したがって，どのように y_t からトレンド部分を取り除くかが，本章の重要なテーマの1つとなる。

図4.1の実線は，1947Q1から2012Q4までの米国の実質GDPの動きを示している（データは `RGDP.XLS` 参照）。ここで，実質GDPの予測をするとしよう。初学者であれば，トレンドが非線形なので，実質GDPを多項トレンドとして推定するかもしれない。具体的には，実質GDPを $rgdp_t$ とし，3次の**多項トレンド**（説明変数として，トレンド変数 t に加えて t^2, t^3 を用いる）によって推定すると，

$$rgdp_t = \underset{(27.66)}{1890.247} + \underset{(4.09)}{9.108t} + \underset{(8.70)}{0.170t^2} - \underset{(-2.07)}{0.0001t^3} \tag{4.1}$$

となる（カッコ内は t 値）。図4.1の破線は，1947Q1から2012Q4までの実質GDPの理論値を示している（図の破線が非線形となっているのは，t だけでなく t^2 と t^3 が説明変数に含まれているからである）。そして，太線は (4.1) 式に基づいた2013年以降の予測値を示している。

推定結果をみると，t 値はどれも大きく，有意となっている。しかし，このモデルには問題が2つある。第1の問題は，このモデルでは，トレンドに確率的要素が存在せず，長期の経済成長率が確定的に決まるとされている点である。「実物的景気循環（real business cycle）」学派は，「技術進歩がトレンドを恒久的に変化させる」と論じている。そうであれば，経済成長率は，こうした技術進歩の不確実性を反映すべきである。他の学派も「トレンドは完全に確定

図 4.1 米国の実質 GDP

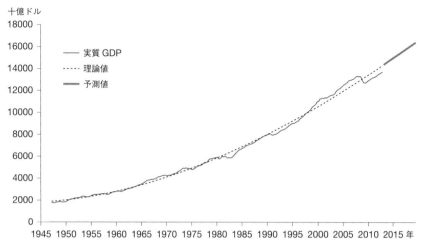

的ではない」と主張する。例えば,石油価格ショックは確率的に生じ,長期の投資や経済成長率に影響を与えると指摘している。第 2 の問題は,このモデルでは,GDP はトレンドを下回ってもすぐに戻るとされている点である。しかし,2008 年の金融危機を考えると,こうした景気循環への含意は非現実的であろう。GDP がトレンドを下回ると,トレンドに戻るには時間がかかるし,そもそもトレンドに戻ることすらないかもしれない。

第 3 章の図 3.4 では,米国の短期金利(T-Bill, 3 カ月物)と長期金利(国債,5 年物)の動きを示していた。この図をみると,金利は方向性なく動いている。つまり,金利には,一方的に増加・減少する傾向がみられない。また,金利には,条件なし平均に戻る傾向もなさそうである。そもそもトレンドとは何であろうか。時系列分析では「トレンドは永続的に影響を与える成分」と定義される。したがって,恒久的(減衰しない)要素が存在すれば,金利にもトレンドが存在するといえる。本章では,いくつかの代表的トレンドモデルを紹介するが,その 1 つは,金利の動きをうまく説明できるモデルである。

◆ 確定トレンドと確率トレンド

ある系列は毎期,一定量 a_0 だけ変化するとしよう。

$$\Delta y_t = a_0$$

このとき差分方程式の解は,初期条件を y_0 とすると,

$$y_t = y_0 + a_0 t$$

となる（1.2 の例 3 を参照）。したがって，y_t は**確定トレンド**（deterministic trend）である $a_0 t$ だけで説明される。

このモデルに定常要素 $A(L)\varepsilon_t$ を加えると，

$$y_t = y_0 + a_0 t + A(L)\varepsilon_t \tag{4.2}$$

となる。ここで，$A(L)\varepsilon_t$ はトレンドからの乖離を表す。また，$A(L)\varepsilon_t$ は定常であるため，乖離は一時的である。したがって，y_{t+s} の予測は，s が大きく予測期間が長期になるとトレンド $y_0 + a_0(t+s)$ に収束する。こうしたモデルは，**トレンド定常**（trend stationary）**過程**と呼ばれる。この確率過程は定常ではないが，トレンド周りで定常という意味でトレンド定常過程と呼ばれる。

次に，y_t の変化の期待値が a_0 としよう（$E[\Delta y_t] = a_0$）。具体的には，Δy_t は，定数とホワイトノイズから構成される。

$$\Delta y_t = a_0 + \varepsilon_t \tag{4.3}$$

ここで Δy_t は，定数 a_0 を上回ったり，下回ったりする。しかし，ε_t の期待値は 0 であるから，y_t の変化の期待値は a_0 である。

一見すると，ε_t を加えただけの小さな変更であるが，これはトレンドに重要な影響を与える。(4.3) 式の一般解に初期条件 y_0 を課すと，

$$y_t = y_0 + \sum_{i=1}^{t} \varepsilon_i + a_0 t$$

となり，y_t は確定トレンド $a_0 t$，それ以外の部分 $y_0 + \sum \varepsilon_i$ から構成される（1.3 の (1.22) 式を参照）。ここで $y_0 + \sum \varepsilon_i$ は確率的切片と解釈できる。ショックがないと（$\sum \varepsilon_i = 0$），切片は y_0 だけとなる。しかし，ショックは切片をシフトさせる。ショックの係数は 1 であるため，ショックは切片に恒久的効果を持つ。よって，ショックは恒久的（かつランダム）な影響を条件付き平均に与える。こうした系列は**確率トレンド**（stochastic trend）があるといわれる。既述のとおり，金利は特定の方向性を持たないし，平均に戻る傾向もみられない。これは，まさに $a_0 = 0$ とした確率トレンドと考えられる。

◆ ランダムウォーク

ここでは，$a_0 = 0$ とした (4.3) 式の特殊ケースを考える。このモデルは**ランダムウォーク** (random walk) と呼ばれる。ランダムウォークは，(4.3) 式の特殊ケースであるため，確率トレンドを持っている。例えば，効率市場仮説は「株価の変化は完全にランダム」，つまり「株価はランダムウォーク（株価 y_t は前期の株価 y_{t-1} とホワイトノイズ ε_t の和）」としている (1.1 の例 1 では，株価がランダムウォークとなる理由を解説した)。

$$y_t = y_{t-1} + \varepsilon_t \qquad (もしくは \Delta y_t = \varepsilon_t)$$

別の例として，コイン投げを考えよう。コインの表が出たら 1 ドル獲得し，裏なら 1 ドル失うとする。ここで ε_t は表なら $+1$，裏なら -1 となる確率変数とする（ε_t はホワイトノイズ）。このとき，現在の総額 y_t は，前期の総額 y_{t-1} と現在の利得 ε_t の和となる。つまり，現在の総額はランダムウォーク（$y_t = y_{t-1} + \varepsilon_t$）となる。

モデルの一般解に初期条件 y_0 を課すと，

$$y_t = y_0 + \sum_{i=1}^{t} \varepsilon_i$$

となる。理解を深めるため，y_t の平均，分散，自己共分散，自己相関を求めてみよう。

まず，期待値をとると，$E[y_t] = E[y_{t-s}] = y_0$ であり，平均は一定である。しかし，ショック ε_i の係数は 1 であり，ショックは $\{y_t\}$ に恒久的効果を持っている。t 期までの $\{\varepsilon_t\}$ の実現値を所与とした，y_{t+1} の条件付き平均は，

$$E_t y_{t+1} = E_t(y_t + \varepsilon_{t+1}) = y_t$$

となる。同様に，y_{t+s} は（ただし，$s > 0$），

$$y_{t+s} = y_t + \sum_{i=1}^{s} \varepsilon_{t+i}$$

であるから，その条件付き平均も，

$$E_t y_{t+s} = y_t + E_t \sum_{i=1}^{s} \varepsilon_{t+i} = y_t$$

184 第4章 トレンド

となる（$i > 0$ の範囲で $E_t\varepsilon_{t+i} = 0$ に注意）。つまり，y_{t+s} の条件付き平均は y_t で一定である。このことは，y_t が将来の y_{t+s} を予測する不偏推定量となっていることを意味している。これは，ε_t が y_t に恒久的効果を持っており，この効果の永続性が y_{t+s} の予測に反映されているためである。

次に，分散をみてみよう。ここで $y_t = y_0 + \varepsilon_t + \varepsilon_{t-1} + \cdots + \varepsilon_1$，$E[y_t] = y_0$ から，初期条件 y_0 を所与とすると，y_t の分散は，

$$
\begin{aligned}
\mathrm{var}(y_t) &= E[(y_t - E[y_t])^2] \\
&= E[(\varepsilon_t + \varepsilon_{t-1} + \cdots + \varepsilon_1)^2] \\
&= E[\varepsilon_t^2] + E[\varepsilon_{t-1}^2] + \cdots + E[\varepsilon_1^2] = t\sigma^2
\end{aligned}
$$

となる（$i \neq j$ なら $E[\varepsilon_i\varepsilon_j] = 0$ に注意）。また，$y_{t-s} = y_0 + \varepsilon_{t-s} + \varepsilon_{t-s-1} + \cdots + \varepsilon_1$，$E[y_{t-s}] = y_0$ から，y_{t-s} の分散は，

$$
\mathrm{var}(y_{t-s}) = E[\varepsilon_{t-s}^2] + E[\varepsilon_{t-s-1}^2] + \cdots + E[\varepsilon_1^2] = (t-s)\sigma^2
$$

となる。したがって，分散は時間を通じて一定ではない。さらに，$t \to \infty$ のとき，y_t の分散は発散してしまう。つまり，ランダムウォークでは，期間が長くなるにつれ，ばらつきがどんどん大きくなってしまう。

最後に，自己共分散 γ_{t-s} は，

$$
\begin{aligned}
E[(y_t - y_0)(y_{t-s} - y_0)] &= E[(\varepsilon_t + \varepsilon_{t-1} + \cdots + \varepsilon_{t-s} + \cdots + \varepsilon_1) \\
&\quad \times (\varepsilon_{t-s} + \varepsilon_{t-s-1} + \cdots + \varepsilon_1)] \\
&= E[\varepsilon_{t-s}^2 + \varepsilon_{t-s-1}^2 + \cdots + \varepsilon_1^2] = (t-s)\sigma^2
\end{aligned}
$$

となる（$E[y_t] = E[y_{t-s}] = y_0$ に注意）。また，自己相関 ρ_s は，自己共分散 γ_{t-s} を y_t の標準偏差と y_{t-s} の標準偏差で割ることで得られるため，

$$
\rho_s = \frac{(t-s)\sigma^2}{\sqrt{\{(t-s)\sigma^2\}\{t\sigma^2\}}} = \frac{t-s}{\sqrt{(t-s)t}} = \sqrt{\frac{t-s}{t}} \tag{4.4}
$$

となる。

この結果は，系列が定常か非定常かを判断するうえで重要となる。s が（t に比べて）小さいと $(t-s)/t$ は1に近い値となり，s が大きいと $(t-s)/t$ は減少する。つまり，ランダムウォークにおいては，自己相関関数（ACF）はゆっくりと減衰していく。したがって，ACF を用いても，特性根が1に近い過程と単位根過程を区別することは難しい。特性根が1に近い過程は，とくに「単

図 4.2 トレンドを持った系列

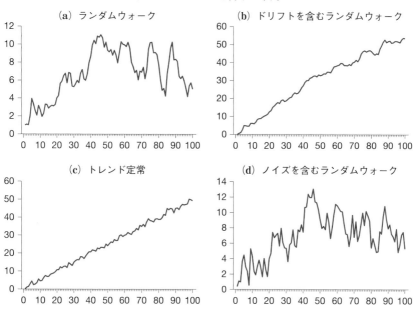

位根過程に近い振る舞いをする (near unit root)」過程と呼ばれる。

図 4.2 (a) では，人工的に発生させたランダムウォークの動きを描いている。まず，標準正規分布から 100 個の乱数 $\{\varepsilon_t\}$ を生成する。そして，初期条件を 1 と設定し ($y_0 = 1$)，y_{t-1} に乱数 ε_t を加えることで，データ y_t ($t = 1, \ldots, 100$) を生成していく。図をみると，データはわずかに正のトレンドがあるようにみえる。もちろん，正のトレンドは，負の乱数より正の乱数がたまたま多めに発生したためにすぎない。データ生成過程 (DGP) には正のトレンドがあるという印象は誤りであり，この例は視覚だけで判断することの危険性を示している。

◆ ドリフトを含むランダムウォーク

(4.3) 式で，$a_0 \neq 0$ とした一般的ケースを考えよう。

$$y_t = y_{t-1} + a_0 + \varepsilon_t \quad (\text{もしくは } \Delta y_t = a_0 + \varepsilon_t)$$

これは**ドリフトを含むランダムウォーク** (random walk plus drift) と呼ばれる。**ドリフト** (drift) には，「傾向」や「トレンド」という意味がある。ここ

で，$\Delta y_t = a_0 + \varepsilon_t$ であるため，$E[\Delta y_t] = a_0$ となっている。

ここで，y_t の一般解に初期条件 y_0 を課すと，

$$y_t = y_0 + a_0 t + \sum_{i=1}^{t} \varepsilon_i \tag{4.5}$$

となる。ここで y_t の動きは，確定トレンド $a_0 t$ と確率トレンド $\sum \varepsilon_i$ に支配される。(4.5) 式には定常な要素が含まれていない。したがって，ドリフトを含むランダムウォークは，トレンドのみのモデルである。

期待値をとると，y_t の平均は $y_0 + a_0 t$ となり，y_{t+s} の平均は $E[y_{t+s}] = y_0 + a_0(t + s)$ となる。直観的には，$\{y_t\}$ の確定的変化は a_0 であるため，それが t 回分あると $a_0 t$ となり，$t + s$ 回分あると $a_0(t + s)$ となる。このモデルは確率トレンド $\sum \varepsilon_i$ を含むため，確定トレンド $a_0 t$ だけを除いても定常とはならない一方，階差をとると $\Delta y_t = a_0 + \varepsilon_t$ となるため，定常系列となる。

図 4.2 (b) は，ドリフトを含むランダムウォークの動きを示している。ここで，a_0 は 0.5 とし，先ほどの乱数と (4.5) 式を用いて，データ y_t ($t = 1, \ldots, 100$) を生成した。図をみると，確定トレンド $a_0 t$ が全体の動きを支配しているようにみえる。この場合には，ランダムウォークとドリフトを含むランダムウォークとの違いは明らかである。しかし，両者の違いは，ときに不明瞭となる。例えば，$\{\varepsilon_t\}$ の分散が大きかったり，a_0 の絶対値が小さかったりすると，両者の違いはわかりにくい。見分けが難しいのは，トレンド定常過程も同様である。図 4.2 (c) は，同じ乱数を用いて，トレンド定常過程 $y_t = 0.5t + \varepsilon_t$ から生成したデータを示している。ドリフトを含むランダムウォークとトレンド定常過程は動きが非常に似ている。例えば，図 4.1 の実質 GDP の動きをみると，実質 GDP はドリフトを含むランダムウォークか，トレンド定常過程かの識別の難しさが理解できるだろう。

ドリフトを含むランダムウォークの s 期先予測を求めるため，(4.5) 式を s 期分進めると，

$$y_{t+s} = y_0 + a_0(t+s) + \sum_{i=1}^{t+s} \varepsilon_i$$

$$= (y_0 + a_0 t + \sum_{i=1}^{t} \varepsilon_i) + a_0 s + \sum_{i=1}^{s} \varepsilon_{t+i}$$

$$= y_t + a_0 s + \sum_{i=1}^{s} \varepsilon_{t+i}$$

となり，この条件付き平均は，

$$E_t y_{t+s} = y_t + a_0 s$$

となる。純粋なランダムウォークと異なり，予測関数は y_t で一定とならない。これは確定的変化が a_0 であり，予測関数は a_0 を反映しているためである。

◆ 確率トレンドの一般化

ランダムウォークを一般化し，

$$y_t = y_0 + \sum_{i=1}^{t} \varepsilon_i + \eta_t \tag{4.6}$$

としよう。ただし，$\{\eta_t\}$ はホワイトノイズとし，また $\{\varepsilon_t\}$ と $\{\eta_t\}$ は相互に独立とする（η_t の分散は σ_η^2 であり，またすべての t と s に対し $E[\varepsilon_t \eta_{t-s}] = 0$ となる）。これは**ノイズを含むランダムウォーク**（random walk plus noise）**過程**と呼ばれる。

(4.6) 式の階差をとると，

$$\Delta y_t = \varepsilon_t + \Delta \eta_t \tag{4.7}$$

となる。念のため，(4.6) 式から (4.7) 式を導けることを確認しよう。(4.6) 式から，1 期前の y_{t-1} は，

$$y_{t-1} = y_0 + \sum_{i=1}^{t-1} \varepsilon_i + \eta_{t-1}$$

となる。これを (4.6) 式から引くことで (4.7) 式を得る。

(4.6) 式をみると，ノイズを含むランダムウォークについて，以下の特徴を読みとることができる。

188 第 4 章 トレンド

1. 初期条件 y_0 を所与とすると，$\{y_t\}$ の平均は時間を通じて一定である（$E[y_t] = E[y_{t+s}] = y_0$）。ショック ε_i の係数は 1 であり，ショックは $\{y_t\}$ に恒久的効果を持っている。したがって，y_t には確率トレンド $\sum \varepsilon_i$ が存在する。

2. $\{y_t\}$ は純粋なノイズ $\{\eta_t\}$ を含んでいる。ノイズは $\{y_t\}$ に一時的効果しかない（つまり，η_t は y_t に影響を与えるが，将来の y_{t+s} には影響を与えない）。これは，(4.6) 式において，y_t は η_t だけに依存しており，過去の η_{t-s} に依存していないことから明らかであろう。

3. $\{y_t\}$ の分散は一定ではない。分散は $\mathrm{var}(y_t) = t\sigma^2 + \sigma_\eta^2$，$\mathrm{var}(y_{t-s}) = (t-s)\sigma^2 + \sigma_\eta^2$ となり，ランダムウォークの分散より σ_η^2 だけ大きくなっている。確率トレンドを持った他のモデルと同様，t が大きくなると y_t の分散は発散する。また，ノイズ $\{\eta_t\}$ があるため，y_t と y_{t-s} との自己相関はランダムウォークの自己相関より小さくなる。

ノイズを含むランダムウォークの自己相関は，純粋なランダムウォークの自己相関よりも小さくなる点を確認しよう。まず，自己共分散は，

$$\mathrm{cov}(y_t, y_{t-s}) = E[(y_t - y_0)(y_{t-s} - y_0)]$$
$$= E[(\varepsilon_1 + \varepsilon_2 + \cdots + \varepsilon_{t-s} + \cdots + \varepsilon_t + \eta_t)$$
$$\times (\varepsilon_1 + \varepsilon_2 + \cdots + \varepsilon_{t-s} + \eta_{t-s})]$$

となる。これは $\{\varepsilon_t\}$ と $\{\eta_t\}$ は互いに独立であるため，

$$\mathrm{cov}(y_t, y_{t-s}) = (t-s)\sigma^2$$

となる。したがって，自己相関 ρ_s は $\mathrm{var}(y_t) = t\sigma^2 + \sigma_\eta^2$，$\mathrm{var}(y_{t-s}) = (t-s)\sigma^2 + \sigma_\eta^2$ を用いて，

$$\rho_s = \frac{(t-s)\sigma^2}{\sqrt{(t\sigma^2 + \sigma_\eta^2)[(t-s)\sigma^2 + \sigma_\eta^2]}}$$

となる。もし $\sigma_\eta^2 = 0$ なら，ランダムウォークの自己相関 (4.4) 式と同じだが，$\sigma_\eta^2 > 0$ ならノイズを含むランダムウォークのほうが自己相関は小さい。

図 4.2 (d) では，ノイズを含むランダムウォークの動きを示している。新たに 100 個の正規乱数 $\{\eta_t\}$ を発生させ，(4.6) 式を用いて $\{y_t\}$ を生成している。図 4.2 (a) (d) を比較すると，両系列は似た動きをしている。したがって，ノイズを含むランダムウォークは，ランダムウォークと同様に，マクロ経

済変数の動きを捉えることができるといえる。さらに，ノイズ $\{\eta_t\}$ は，$\{y_t\}$ の長期的動きに影響を与えることなく，$\{y_t\}$ の分散を増大させている。結局のところ，ノイズを含むランダムウォークは，ランダムウォークに一時的ノイズを加えたものに他ならないのである。

これまで，ドリフトを含むランダムウォークとノイズを含むランダムウォークを紹介してきた。さらに両モデルを用いれば，より複雑な時系列モデルを構築できる。例えば，(4.7) 式を修正し，ノイズとドリフトを 1 つのモデルに含めてみよう。

$$\Delta y_t = a_0 + \varepsilon_t + \Delta\eta_t$$

このとき，y_t の一般解は，

$$y_t = y_0 + a_0 t + \sum_{i=1}^{t} \varepsilon_i + \eta_t \tag{4.8}$$

となり，これは**トレンドとノイズを含む** (trend plus noise) **過程**と呼ばれる。ここで，y_t は確定トレンド $a_0 t$，確率トレンド $\sum \varepsilon_i$，ホワイトノイズ η_t から構成される。

これまでノイズは，ホワイトノイズ η_t とされているが，より一般的な定常過程 $A(L)\eta_t$ で置き換えてもよい（$A(L)$ はラグ多項式である）。

$$y_t = y_0 + a_0 t + \sum_{i=1}^{t} \varepsilon_i + A(L)\eta_t \tag{4.9}$$

これは**一般的トレンドと不規則項を含む** (general trend plus irregular) **過程**と呼ばれる。(4.9) 式は，確定トレンド $a_0 t$，確率トレンド $\sum \varepsilon_i$，定常部分 $A(L)\eta_t$ から構成される。

4.2 トレンドの除去

定常系列とトレンドを持った系列の違いは明らかである。定常系列のショックは一時的影響しか持たない。ショックの効果は時間を通じて消えていき，その系列は条件なし平均に戻っていく。これに対し，トレンドを持った系列は条件なし平均に戻る傾向がみられない。トレンドは，確定的要素と確率的要素から構成される。トレンドの構成要素が何であるかによって，トレンドを除去す

190 第4章 トレンド

る方法が異なる。

本節では,トレンドの除去法として,**階差** (differencing) と**ディトレンド** (detrending) を紹介する。ディトレンドとは,変数をトレンド変数 t で回帰し,その残差を取り出す操作である（残差は系列から確定トレンドを取り除いた部分となる）[1]。本節の結論を先取りすると,確率トレンドを含んでいる単位根過程であれば階差によって定常系列となる一方,系列が確定トレンドを含んでいるトレンド定常過程であればディトレンドによって定常系列となる。本節では,階差とディトレンドを詳しく説明していく。

◆ 階 差

単位根過程は,階差をとることで定常になるため,**階差定常** (difference stationary) とも呼ばれる（繰り返しになるが,階差定常は非定常過程であり,階差をとることで初めて定常過程となる）。ここでは,単位根過程の階差は定常となることを示す。

まず,ドリフトを含むランダムウォーク過程 (4.5) 式を考えよう。

$$y_t = y_0 + a_0 t + \sum_{i=1}^{t} \varepsilon_i$$

階差をとると $\Delta y_t = a_0 + \varepsilon_t$ となり,定常過程となる。ここで平均,分散,自己共分散が,時点 t に依存していないことを確認しよう。平均と分散は,

$$E[\Delta y_t] = E[a_0 + \varepsilon_t] = a_0$$
$$\text{var}(\Delta y_t) = E[(\Delta y_t - a_0)^2] = E[\varepsilon_t^2] = \sigma^2$$

となり,自己共分散は,$s \neq 0$ について,

$$\text{cov}(\Delta y_t, \Delta y_{t-s}) = E[(\Delta y_t - a_0)(\Delta y_{t-s} - a_0)] = E[\varepsilon_t \varepsilon_{t-s}] = 0$$

となる。

次に,ノイズを含むランダムウォーク (4.6) 式を考えよう。

---

1 言語学者であれば,なぜディトレンドが（確率トレンドではなく）確定トレンドを除去する操作であるかを不思議に思うかもしれない。これはトレンドがもともと確定的と考えられていたからであり,現在でも確定トレンドを除去する操作はディトレンドと呼ばれる。

$$y_t = y_0 + \sum_{i=1}^{t} \varepsilon_i + \eta_t$$

階差をとると，$\Delta y_t = \varepsilon_t + \Delta \eta_t$ であり，やはり定常過程となる．平均，分散，自己共分散は，時点 t に依存していないことを確認しよう．平均は，

$$E[\Delta y_t] = E[\varepsilon_t + \Delta \eta_t] = 0$$

となり，分散は，

$$\mathrm{var}(\Delta y_t) = E[(\Delta y_t)^2] = E[(\varepsilon_t + \Delta \eta_t)^2] = E[\varepsilon_t^2 + (\Delta \eta_t)^2 + 2\varepsilon_t \Delta \eta_t]$$
$$= E[\varepsilon_t^2] + E[\eta_t^2 + \eta_{t-1}^2 - 2\eta_t \eta_{t-1}] + 2E[\varepsilon_t \Delta \eta_t] = \sigma^2 + 2\sigma_\eta^2$$

となる（$E[\eta_t^2] = E[\eta_{t-1}^2] = \sigma_\eta^2$，$E[\eta_t \eta_{t-1}] = 0$，$E[\varepsilon_t \Delta \eta_t] = 0$ に注意）．また，自己共分散は以下となる．

$$\mathrm{cov}(\Delta y_t, \Delta y_{t-1}) = E[(\varepsilon_t + \eta_t - \eta_{t-1})(\varepsilon_{t-1} + \eta_{t-1} - \eta_{t-2})] = -\sigma_\eta^2$$
$$\mathrm{cov}(\Delta y_t, \Delta y_{t-s}) = E[(\varepsilon_t + \eta_t - \eta_{t-1})(\varepsilon_{t-s} + \eta_{t-s} - \eta_{t-s-1})] = 0$$

$$(s > 1 \text{ の範囲})$$

さらに自己相関係数を求めると，$s = 1$ のとき，

$$\rho_1 = \frac{\mathrm{cov}(\Delta y_t, \Delta y_{t-1})}{\mathrm{var}(\Delta y_t)} = \frac{-\sigma_\eta^2}{\sigma^2 + 2\sigma_\eta^2}$$

となる．この式から，自己相関 ρ_1 は，$-0.5 < \rho_1 < 0$ を満たすとわかる（これを確認するため，σ_η^2 を 0 に近づけると ρ_1 は 0 となり，σ_η^2 を大きくすると ρ_1 は -0.5 に近づくことがわかる）．また，$s > 1$ の範囲では，自己共分散が 0 のため，自己相関 ρ_s も 0 となる．以上から，Δy_t の自己相関は 2 次以降から 0 となるため，Δy_t は MA(1) 過程となっている（MA(1) の性質は **2.5** 参照）．以下で詳しく議論するが，階差をとると定常になるということは，y_t に単位根が 1 つだけ存在していることを意味している．このため，ノイズを含むランダムウォーク y_t は，ARIMA(0, 1, 1) 過程となっている（ARIMA は **2.2** 参照）[2]．

ここで一般的な ARMA(p, q) 過程を考えよう．

---

2 ある系列に定数を加えてもコレログラムの形状は変わらないため，トレンドとノイズを含むモデル $\Delta y_t = a_0 + \varepsilon_t + \Delta \eta_t$ も MA(1) 過程となる．ゆえに，(4.8) 式の y_t もまた ARIMA(0, 1, 1) 過程である．

192 第4章 トレンド

$$A(L)y_t = B(L)\varepsilon_t \tag{4.10}$$

ただし, $A(L) = 1 - a_1 L - a_2 L^2 - \cdots - a_p L^p$, $B(L) = 1 + \beta_1 L + \beta_2 L^2 + \cdots + \beta_q L^q$ とする。

まず, $A(L)$ は単位根が1つだけあり ($I(1)$ つまり, 単位根過程), $B(L)$ の反転特性根はすべて単位円の外にあるとしよう。$A(L)$ は単位根が1つだけあるため, $A(L)$ は $p-1$ 次のラグ多項式 $A^*(L)$ を用いて,

$$A(L) = (1 - L)A^*(L)$$

と表せる。ここで $A^*(L)$ の反転特性根はすべて単位円外にある[3]。このとき, (4.10) 式は $\Delta = 1 - L$ を用いると,

$$A^*(L)\Delta y_t = B(L)\varepsilon_t \tag{4.11}$$

となり, y_t は ARIMA$(p-1, 1, q)$ として表せる。ここで $A^*(L)$ の反転特性根がすべて単位円外にあるため, 階差系列 $\{\Delta y_t\}$ は定常となる。ポイントは「単位根過程の階差は定常となる」点にある。

同様の議論から, もし $\{y_t\}$ が $I(2)$ 過程であれば ($A(L)$ に単位根が2つある), 2階の階差は定常となる。一般的には「$I(d)$ 過程 ($A(L)$ に単位根が d 個ある) なら d 階の階差は定常となる」。ただし, 経済データでは単位根が2個以上ある場合は少ない。このため, 実証分析では単位根が1つあるか否かが検証されることが多い。

◆ ディトレンド

階差は非定常過程を定常過程に変換するために用いられる。しかし, すべての非定常過程が, 階差によって, 適切な定常過程に変換できるわけではない。

例えば, y_t は, 確定トレンドとホワイトノイズから構成されるとしよう。

3　p 次のラグ多項式は $A(L) = 1 - a_1 L - a_2 L^2 - \cdots - a_p L^p = (1 - \alpha_1 L)(1 - \alpha_2 L) \cdots (1 - \alpha_p L)$ と分解できる。したがって, 反転特性方程式 $A(z) = 0$ を満たす反転特性根は, $\alpha_1^{-1}, \alpha_2^{-1}, \ldots, \alpha_p^{-1}$ となる。ここで反転特性根の1つが1とし, 残りは1より大きいとしよう。具体的には, $\alpha_1 = 1$ とし, $\alpha_2, \ldots, \alpha_p$ はすべて1より小さいとする。このとき, $A^*(L) = (1 - \alpha_2 L) \cdots (1 - \alpha_p L)$ とすると $A(L) = (1 - L)A^*(L)$ である。ここで $A^*(L)$ は $p-1$ 次のラグ多項式となる。また, その反転特性根は $\alpha_2^{-1}, \ldots, \alpha_p^{-1}$ であり, すべて1より大きい。

$$y_t = y_0 + a_1 t + \varepsilon_t$$

この階差をとると，

$$\Delta y_t = a_1 + \varepsilon_t - \varepsilon_{t-1}$$

となる。ここで Δy_t は反転可能ではないため，Δy_t は（係数が収束する）AR過程として表せない。定常過程の反転可能性は，MA部分が単位根を持たないことが必要だったのを思い出してほしい（**2.8** 参照）。

　このモデルを変形する適切な方法はディトレンドである。まず，回帰式 $y_t = a_0 + a_1 t + \varepsilon_t$ を推定する。次に，観測値 y_t から理論値を引くことで残差（$\{\varepsilon_t\}$ の推定値）を求める。こうして得られた残差は，y_t から確定トレンドを取り除いた部分である。

　より一般的に，$\{y_t\}$ は n 次の多項トレンド

$$y_t = a_0 + a_1 t + a_2 t^2 + a_3 t^3 + \cdots + a_n t^n + e_t$$

としよう。ただし，$\{e_t\}$ は定常過程である（ホワイトノイズである必要はない）。ディトレンドでは，$\{y_t\}$ を多項トレンドで回帰する。例えば，(4.1) 式は $n = 3$ とした。そして，観測値 $\{y_t\}$ から理論値を引いて，定常過程 $\{e_t\}$ の推定値を得る。ディトレンドされた系列は，ARMA など通常の方法によってモデル化できる。

　適切な次数 n は，t 検定や情報量規準によって決定される。まず，妥当と思われる次数の最大値 n を決める[4]。そして，n 次のトレンド多項式を推定し，帰無仮説 $a_n = 0$（最後の係数が 0）を t 検定する。帰無仮説 $a_n = 0$ が採択されたら，$n-1$ 次の多項トレンドを推定し，帰無仮説 $a_{n-1} = 0$ を t 検定する。帰無仮説 $a_{n-1} = 0$ が採択されたら，$n-2$ 次の多項トレンドを推定する。次数を減らしながら，この手続きを続け，最後の係数が 0 という帰無仮説が棄却された時点で終了する。また，F 検定を用いて，a_{n-i} から a_n までの係数がすべて 0 かをグループで調べることもできる。情報量規準 AIC，BIC でも適当

4　最大値 n が大きすぎると推定するパラメータ数が多くなり（推定精度が下がるため），t 検定をしても帰無仮説は棄却しにくくなる。逆に，n が小さすぎると非線形性を適切に捉えられない可能性がある。妥当な n は分析対象によって異なるが，妥当な（大きすぎず，小さすぎない）値でなければならない。例えば，GDP ならトレンドはかなりなだらかであろうから，n を大きくする必要はない。逆に，トレンドが大きく変動しているケースであれば，n は大きめにとったほうがよいだろう。

194　第4章　トレンド

な n を決めることができる。

◆ **階差定常 vs. トレンド定常**

　系列がトレンド定常過程ならディトレンド，単位根を持つなら階差をとることで，非定常過程を適切な定常過程に変換できる。適切な方法でトレンドを除去する限り，何の問題も生じない。しかし，誤った方法を用いると問題が生じてしまう。

　既に示したとおり，トレンド定常過程 $y_t = y_0 + a_1 t + \varepsilon_t$ の階差をとると，系列は反転不可能となる。この問題を，一般的なトレンド定常過程でも説明しよう。

$$A(L)y_t = a_0 + a_1 t + e_t$$

ここで $A(L)$ の反転特性根はすべて単位円の外にあり，e_t は MA 過程とする（つまり，$e_t = B(L)\varepsilon_t$）。このとき，観測値から確定トレンドの推定値を引けば，定常で反転可能な ARMA 過程を得る。しかし，（単位根があると考えて）誤って階差をとってしまうと，

$$A(L)\Delta y_t = a_1 + (1 - L)B(L)\varepsilon_t$$

となり，MA 部分は反転不可能となる。まとめると，トレンド定常過程に対し，誤って階差をとると MA 部分が反転不可能となる。もちろん，線形トレンドだけでなく，多項トレンドでも同じ問題が生じる。

　同様に，階差定常をディトレンドしても問題が生じる。例えば，(4.9) 式の一般的なトレンドと不規則項を含む確率過程において，観測値から確定トレンド $y_0 + a_0 t$ を引いても，確率トレンドを除去できない。つまり，階差定常過程をディトレンドしても，非定常のままということである。階差定常過程を定常過程にするには，適切なトレンド除去法（つまり，階差）を用いなければならない。

◆ **景気循環は存在するのか**

　伝統的な景気循環の研究では，マクロ経済変数を，長期（安定的）トレンド成分と循環成分とに分解してきた。図4.3 (a) では，仮想データを用いて，そうした典型的な分解を示している。トレンドの傾きは，長期的要因（技術進歩，出生率，移民，教育水準など）によって決定される。これに対し，トレンドから

図 4.3 仮想的な景気循環

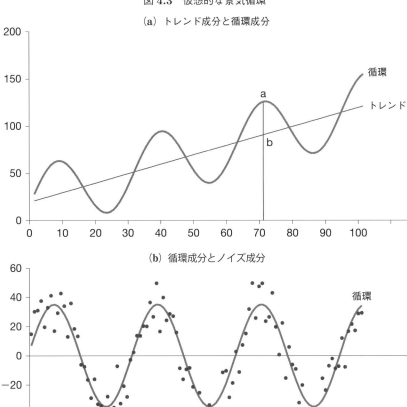

(a) トレンド成分と循環成分

(b) 循環成分とノイズ成分

の乖離は**景気循環**（business cycle）から生じる．これは仮想的な例であり，実際の景気循環は図に描かれているほど規則的ではないが，好景気や不景気の存在自体は潮の干満と同様に不可避な現象といえる．金融財政政策の目的は，こうした景気循環の振幅（図の距離 ab）を小さくすることである．これまでの議論をふまえると，トレンドは非定常，景気循環と不規則項は定常と考えられる．

第 2 次世界大戦後の経験は，景気循環の波は規則的なものではないと教えてくれる．ところが，一般的には「マクロ経済変数は一定率で成長し，トレンドからの乖離は『見えざる手』によってやがては取り除かれる」と信じられてきた．こうした信念が，マクロ経済データをディトレンドするという慣例へと導

196　第4章　トレンド

表 4.1　ネルソン = プロッサーの標本自己相関関数

	r_1	r_2	$r(1)$	$r(2)$	$d(1)$	$d(2)$
実質 GNP	0.95	0.90	0.34	0.04	0.87	0.66
名目 GNP	0.95	0.89	0.44	0.08	0.93	0.79
鉱工業生産指数	0.97	0.94	0.03	−0.11	0.84	0.67
失業率	0.75	0.47	0.09	−0.29	0.75	0.46

注)　Nelson and Plosser (1982) より抜粋。r_1, r_2 は 1,
　　2 次の標本自己相関，$r(1)$, $r(2)$ は階差系列の 1, 2 次
　　の標本自己相関，$d(1)$, $d(2)$ はディトレンド系列の 1,
　　2 次の標本自己相関を表す。

いた。図 4.3（b）では，ディトレンド後の循環成分とノイズ成分の動きを示
している（実線の波は循環成分，各点と波との差はノイズ成分を表す）。

　ネルソン = プロッサー（Nelson and Plosser 1982）は，こうした伝統的な考
え方に挑戦し，マクロ経済変数はトレンド定常過程ではなく，階差定常過程
であるとした。彼らが分析した経済変数は計 13 個あり，それぞれ実質 GNP,
名目 GNP, 鉱工業生産指数，雇用者数，失業率，GNP デフレータ，消費者
物価指数，名目賃金，実質賃金，貨幣供給量，貨幣の流通速度，国債金利，普
通株式価格指数からなる。標本期間は，早いもので消費者物価指数と鉱工業生
産指数の 1860 年から，遅いものでも GNP の 1909 年から始まる。また，全
系列は 1970 年で終わる。表 4.1 では，彼らの推定結果の一部を掲載している。
最初の 2 列は，実質 GNP, 名目 GNP, 鉱工業生産指数，失業率の 1, 2 次の
標本自己相関（r_1, r_2）を示している。最初の 3 系列では，r_1 と r_2 は 1 に近
い値をとり，単位根過程の可能性を示唆している。これに対し，失業率では，
r_1 は 0.75 であるが，r_2 は 0.5 を下回っている。

　各系列の階差をとり，階差系列について 1, 2 次の標本自己相関（$r(1)$, $r(2)$）
を求める。どの系列でも $r(1)$, $r(2)$ は 0 に近い値をとっており，階差系列は
定常である可能性を示している。この結果は「データが階差定常過程から発生
している」という主張を支持している。実質・名目 GNP の階差系列は，1 次
の自己相関だけが正となる（2 次の自己相関はほぼ 0）。2.5 で説明したとおり，
MA(1) 過程の ACF は，1 次で正の尖りを持ち，その後は切断されて 0 とな
る。したがって，GNP の階差系列は MA(1) 過程と考えられる。ここでトレ
ンド定常過程の階差をとると，反転不可能な MA 過程となることを思い出し
てほしい。また，MA 部分に単位根が存在すると，階差系列の ACF が減衰す
ることはない。しかし，階差の ACF はほぼ 0 となっており，MA 部分に単位

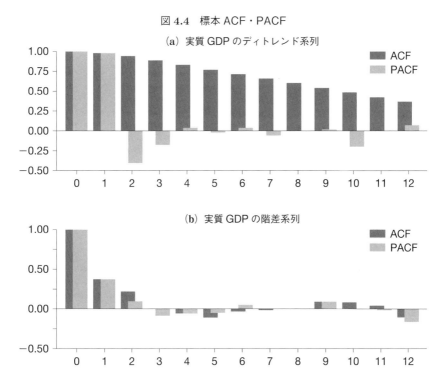

図 4.4 標本 ACF・PACF

根があるとは思えない。以上から、これらの系列がトレンド定常過程であるとは考えられない。

データをディトレンドし、残差の 1, 2 次の標本自己相関 ($d(1), d(2)$) を求める。残差の標本自己相関は 1 に近い値である。これは「階差定常過程をディトレンドしても非定常性を除去できない」という結果と整合的である。失業率をディトレンドしても、標本自己相関には何の効果もない。これらの結果から、失業率以外のマクロ経済変数は階差定常過程といえる。つまり、マクロ経済ショックの中には恒久的効果を持っているものもあり、ショックの効果はずっと残ることになる。

◆ 実質 GDP のトレンド

図 4.1 をみると、実質 GDP はトレンドの周りで定常であるようにみえる。しかし、視覚的印象に騙されてはいけない。図 4.4 (a) では、(4.1) 式の残差に関する標本 ACF・PACF を示している。標本 ACF はゆっくり減少している一方、標本 PACF は 1 次のラグの後でほぼ 0 となる。この標本 ACF の特

198 第4章 トレンド

徴は，確率トレンドを持つ系列の ACF と同じである（(4.4) 式を参照）。したがって，ディトレンドしても，残差は定常過程にはなっていない可能性が高い。

図4.4（b）では，実質 GDP（対数）の階差の標本 ACF・PACF を示している。標本 ACF・PACF は急速に 0 に収束している。2 次のラグの後，すべての標本 ACF・PACF は 0 から有意に異ならない。さらに対数変換した実質 GDP（$lrgdp$）の階差（$\Delta lrgdp$）を，AR(1) モデルとして推定すると，

$$\Delta lrgdp_t = 0.0049 + 0.3706 \Delta lrgdp_{t-1}$$
$$\quad\quad\quad (6.80) \quad\quad (6.44)$$

となる（カッコ内は t 値）。残差を調べたところ，系列相関はみられなかった。したがって，階差をとることは，トレンドを除去する適切な方法といえる。

ある系列が階差定常であるか否かを仮説検定によって判断ができる。こうした検定は**単位根検定**（unit root test）と呼ばれる。ネルソン＝プロッサーは単位根検定の結果，多くのマクロ経済変数で単位根の帰無仮説を棄却できなかった。**4.4** 以降では単位根検定の方法，その問題について説明する。実は，単位根検定は一見するより難しい。なぜなら標準的の検定ではデータの定常性を仮定するが，単位根検定では定常性の前提が満たされず，通常の理論的結果を用いることができないからである。

4.3 単位根と回帰残差

回帰分析において非定常性は大きな問題となる。例えば，回帰モデルとして，

$$y_t = a_0 + a_1 z_t + e_t \tag{4.12}$$

を考えよう。古典的回帰モデルでは，① $\{y_t\}$ と $\{z_t\}$ は定常，②誤差項 $\{e_t\}$ は期待値 0 で分散は一定，と仮定される。もし変数が定常でなければ，グレンジャー＝ニューボルト（Granger and Newbold 1974）が「**見せかけの回帰**（spurious regression）」と呼んだ現象が起こりうる。見せかけの回帰では，決定係数 R^2 は高く t 値は有意となり，推定値は直観に反した結果となる。

グレンジャーらは，系列 $\{y_t\}$ と $\{z_t\}$ を相互に「独立な」ランダムウォーク過程として発生させた（ε_{yt} と ε_{zt} は相互に独立なホワイトノイズ）。

$$y_t = y_{t-1} + \varepsilon_{yt} \tag{4.13}$$

$$z_t = z_{t-1} + \varepsilon_{zt} \tag{4.14}$$

そして，発生させたデータを用いて (4.12) 式を推定している。この手続きを何度も繰り返すことで，さまざまな統計量の性質を調べることができる。$\{y_t\}$ と $\{z_t\}$ は相互に独立であるため，(4.12) 式の a_1 は 0 と推定されるべきである。もし両変数に何らかの関係が見出されたら $(a_1 \neq 0)$，それは「見せかけの関係」にすぎない。しかし，彼らの実験では，全体の 75% において，有意水準 5% で帰無仮説 $a_1 = 0$ が棄却された（正しい検定であれば，有意水準 5% とすると，帰無仮説 $a_1 = 0$ が正しいとき帰無仮説を誤って棄却する確率は 5% となる）。さらにいえば，決定係数 R^2 はどれも大きな値をとり，残差は高い系列相関を示していた。

この結果を説明するため，まず，誤差 $\{e_t\}$ が非定常なら，そもそも回帰式 (4.12) 式の推定には意味がないことを指摘したい。誤差 $\{e_t\}$ に確率トレンドがあれば，t 期の誤差の影響は決して減衰しない（モデルからの乖離は恒久的に残る）。こうした恒久的誤差を伴う経済モデルは，そもそも非現実的であろう。

系列 $\{e_t\}$ の性質を調べるため，(4.12) 式の定数項 a_0 を 0 と単純化して議論しよう。このとき，e_t は，

$$e_t = y_t - a_1 z_t$$

となる。$\{y_t\}$ と $\{z_t\}$ は (4.13)(4.14) 式から発生しているため，初期条件を 0 とすると（$y_0 = z_0 = 0$），

$$e_t = \sum_{i=1}^{t} \varepsilon_{yi} - a_1 \sum_{i=1}^{t} \varepsilon_{zi} \tag{4.15}$$

となる。この式から，t が大きくなると $\{e_t\}$ の分散は発散することがわかる。さらに $\{e_t\}$ は，$j \geq 0$ に対して $E_t e_{t+j} = e_t$ が成立するため，恒久的要素を持っているといえる[5]。このため，通常の仮説検定における前提が満たされず，t 検定，F 検定，R^2 はすべて信頼できなくなる。見せかけの回帰から得られた残差が，高い系列相関を持つ理由は明らかである。(4.15) 式を 1 期分先に進め

---

5 条件付き期待値 E_t では，t 期までの情報を所与として期待値をとる。ここで，$i > t$ の範囲では $E_t \varepsilon_{yi} = E_t \varepsilon_{zi} = 0$ となる。この結果を用いれば，$j \geq 0$ の範囲で $E_t e_{t+j} = e_t$ が成立することを確認できる。

て e_{t+1} を求めると，e_t と e_{t+1} の自己相関は，t が大きくなると 1 に近づくことを確認できる。

真のモデルでは $a_1 = 0$ であるが，(4.12) 式を推定し帰無仮説 $a_1 = 0$ を検定したいとする。(4.15) 式から，誤差項が非定常であることは明らかである。しかし，誤差項が単位根を持っているなら，（誤差項は定常という）OLS の前提条件と不整合となる。この問題は，大標本でも消えることはない。フィリップス（Phillips 1986）は，t が大きくなると，帰無仮説 $a_1 = 0$ が正しいもとで，帰無仮説を誤って棄却（$a_1 \neq 0$ と判断）しやすくなることを示している。以下では，例を通じて，「見せかけの回帰」の理解を深めよう。

例 1：ランダムウォーク　図 4.5 (a) (b) では，(4.13)(4.14) 式から発生させた 100 個の実現値を示している。ここで，$\{\varepsilon_{yt}\}, \{\varepsilon_{zt}\}$ はホワイトノイズだが，最終期の実現値をみると y_{100} は負，z_{100} は正となる。図 4.5 (c) では，y_t と z_t が散布図として示されている。直線は回帰直線，

$$y_t = \underset{(-24.93)}{-12.88} - \underset{(-3.35)}{0.54 z_t}$$

となり，両者の相関係数は -0.32 となる（カッコ内は t 値である）。切片は -12.88，係数は -0.54 であり，t 値はそれぞれ -24.93，-3.35 と高い値になっている。図 4.5 (d) では，回帰残差の挙動を示しており，残差の動きはかなり持続的であることがわかる。実際，回帰残差は単位根を持っており，推定された関係は見せかけの結果にすぎない。

非定常な変数の扱いには，注意が必要である。(4.12) 式には 4 つの可能性があり，それぞれについて説明しよう。

ケース 1
系列 $\{y_t\}$ と $\{z_t\}$ は定常とする。このとき，両変数が定常であるため，問題は生じない。

ケース 2
系列 $\{y_t\}$ と $\{z_t\}$ は異なる次数の和分過程とする（和分過程の定義は **2.2** 参照）。このとき，両変数を用いた回帰式は意味を持たない。例えば，(4.14) 式だけを定常過程 $z_t = \rho z_{t-1} + \varepsilon_{zt}$ で置き換える（ただし，$|\rho| < 1$）。このとき，

4.3 単位根と回帰残差

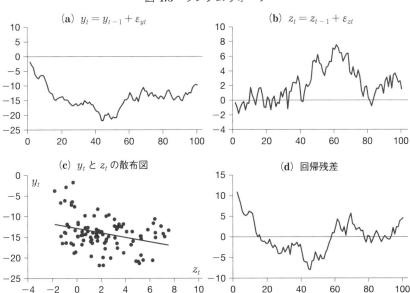

図 4.5 ランダムウォーク

(4.15) 式は $e_t = \sum \varepsilon_{yi} - a_1 \sum \rho^i \varepsilon_{zt-i}$ となる。ここで，$\sum \rho^i \varepsilon_{zt-i}$ は収束系列であるが，$\{e_t\}$ に $\sum \varepsilon_{yi}$ が含まれるため，確率トレンドを持ってしまう[6]。

ケース 3

非定常系列 $\{y_t\}$ と $\{z_t\}$ は同じ次数の和分過程とし，残差系列は確率トレンドを含むとする。これは明らかに見せかけの回帰である。すべての誤差が恒久的であるため，推定結果には意味がない。この場合，階差をとることが推奨される。ここで，$\{y_t\}$ と $\{z_t\}$ は (4.13)(4.14) 式を満たすとすると，(4.12) 式の両辺の階差をとると，

$$\Delta y_t = a_1 \Delta z_t + \Delta e_t$$

となる。ここで y_t，z_t，e_t は単位根を持つため，これらの階差はすべて定常となる。したがって，この式を推定する限り，通常の漸近理論が当てはまる[7]。

---

[6] 被説明変数がトレンド定常で，説明変数が定常でも，同じ理由で回帰式は不適切となる。この場合，説明変数にトレンド変数 t を加えるか，被説明変数をディトレンドしてから用いればよい。

[7] 漸近理論とは，サンプルサイズを非常に大きくしたときの理論的結果を指す。例えば，大数の法則，中心極限定理などである。

202　第4章　トレンド

もちろん，一方が確定トレンド，もう一方が確率トレンドなら，両方に階差を
とることは不適切である。

ケース4

　非定常系列 $\{y_t\}$ と $\{z_t\}$ は同じ次数の和分過程である一方，残差系列は定
常であるとしよう。このとき，$\{y_t\}$ と $\{z_t\}$ は**共和分**の関係にあるという。簡
単な例は，ε_{zt} と ε_{yt} が完全に相関している場合である。例えば，$\varepsilon_{zt} = \varepsilon_{yt}$ な
ら，$a_1 = 1$ のとき，(4.15) 式は0になる（つまり，残差系列は定常である）。別の
例として，z_t と y_t はノイズを含むランダムウォークとしよう。

$$y_t = \mu_t + \varepsilon_{yt}$$
$$z_t = \mu_t + \varepsilon_{zt}$$

ここで ε_{yt} と ε_{zt} はホワイトノイズ，μ_t はランダムウォーク $\mu_t = \mu_{t-1} + \varepsilon_t$ と
する。このとき，$\{z_t\}$ と $\{y_t\}$ は $I(1)$ 過程だが，$y_t - z_t = \varepsilon_{yt} - \varepsilon_{zt}$ は定常と
なる。つまり，y_t から z_t を引くと確率トレンドを消すことができる。

　第6章では，共和分（ケース4）を詳しく解説する。現段階では，「変数が非
定常か否かを事前に検定することは，回帰分析において重要であること」を理
解してもらえたら十分である。もしケース2，3が当てはまるなら (4.12) 式を
推定する意味はない。もし変数が共和分関係にあるなら，第6章の結果を用
いればよい。次節以降では，単位根の存在を確認するための検定（単位根検定）
を詳しく説明する。

4.4　モンテカルロ法

　データ分析では，トレンドを除去する適切な方法は何かを知る必要がある。
当然，最初から定常過程であれば，階差やディトレンドをすることを避ける必
要がある。トレンド定常過程の階差，階差定常過程のディトレンドも避けた
い。したがって，データ分析をするうえでは，系列に単位根が存在するか否か
を知ることが重要となる。

　単位根検定の問題を例証するため，次の AR(1) 過程からデータが発生する
としよう。

$$y_t = a_1 y_{t-1} + \varepsilon_t \tag{4.16}$$

ただし，$\{\varepsilon_t\}$ はホワイトノイズである。ここで，帰無仮説を $a_1 = 0$ としよう。係数は $|a_1| < 1$ であるため，$\{y_t\}$ は定常である。したがって，a_1 は OLS によって推定できるし，t 検定を用いて仮説 $a_1 = 0$ を検定できる。

これに対し，帰無仮説 $a_1 = 1$ とすると状況はまったく異なる（仮説 $a_1 = 1$ は単位根仮説と呼ばれる）。単位根仮説のもとで，$\{y_t\}$ は非定常となる。ここで，

$$y_t = y_0 + \sum_{i=1}^{t} \varepsilon_i \tag{4.17}$$

となり，t が大きくなると，分散は発散する。したがって，通常の推定や検定は不適切となる。もし (4.17) 式から $\{y_t\}$ が発生しているなら，(4.16) 式の OLS 推定はバイアスを持ってしまう。**4.1** の (4.4) 式より，ランダムウォークの 1 次の自己相関係数は，

$$\rho_1 = \sqrt{\frac{t-1}{t}} < 1$$

となる。ここで係数 a_1 の推定値は ρ_1 と直接関係しており（練習問題 [3] 参照），a_1 の推定値は 1 を下回る方向でバイアスを持ってしまう。以上から，通常の t 検定によって単位根仮説を検定できない。

この点を例証するため，ランダムウォークからデータを発生させよう。まず，標準正規分布から 100 個の乱数 $\{\varepsilon_t\}$ を発生させる。そして，$y_t = y_{t-1} + \varepsilon_t$ を用いて，$\{y_t\}$ を生成する（ただし，$y_0 = 0$ とした）。図 4.6 (a) では $\{y_t\}$ の挙動を，図 4.6 (b) では $\{y_t\}$ のコレログラムを示している。コレログラムの形状には，非定常データのコレログラムの特徴がみてとれる。自己相関 ρ_1 の推定値は 1 に近く，自己相関はゆっくりと減衰している。しかし，分析者がデータ生成過程（DGP）を知らなければ，データは定常過程から発生したと勘違いするかもしれない。

このデータを用いて，AR(1) モデルを，定数項なし，定数項ありの場合で，それぞれ推定してみる（カッコ内は標準誤差）。

$$y_t = \underset{(0.030)}{0.9546} y_{t-1} + \varepsilon_t \qquad R^2 = 0.860 \tag{4.18}$$

$$y_t = \underset{(0.119)}{0.164} + \underset{(0.037)}{0.9247} y_{t-1} + \varepsilon_t \qquad R^2 = 0.864 \tag{4.19}$$

注意深い分析者が (4.18) 式をみれば，a_1 の推定値は 1 から 1.5133 $(= (1 - 0.9546)/0.03)$ 標準誤差しか乖離しておらず，単位根の存在を疑うだろう。

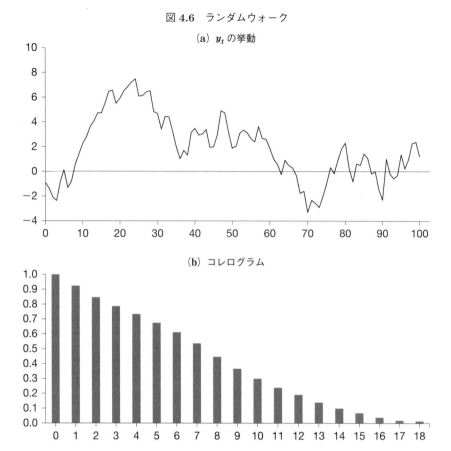

図 4.6 ランダムウォーク
(a) y_t の挙動
(b) コレログラム

これは仮説 $a_1 = 1$ のもとで，a_1 の推定値は 1 を下回るバイアスがあると認識していればなおさらである。分析者は DGP を知らないため，定数項ありの場合にも関心を持つだろう。(4.19) 式をみると，a_1 の推定値は 1 から 2 標準誤差も乖離している。しかし，これまでの議論から，単位根仮説のもとで通常の t 検定は不適切であり，この結果から単位根仮説を棄却することは誤りだとわかる。

ディッキー＝フラー (Dickey and Fuller 1979) は，単位根仮説を検定する手続きを考案している。彼らは，DGP がランダムウォークのとき（つまり $y_t = a_1 y_{t-1} + \varepsilon_t$, $a_1 = 1$），係数 a_1 の推定値がどの程度の割合で真の値 1 から乖離するかを計算し，その結果を用いて検定する方法を考案している。

具体的には，まずランダムウォーク系列を何千回も発生させる。そして，そ

れらを用いて，係数 a_1 を何度も推定する。推定値は 1 に近い値となるが，いくつかは 1 を大きく下回るだろう。彼らは，この実験によって，回帰式に定数項を含めた場合について，以下の結果を得ている。

- a_1 の推定値の 90% が $1 - 2.58 \times$ 標準誤差を上回る
- a_1 の推定値の 95% が $1 - 2.89 \times$ 標準誤差を上回る
- a_1 の推定値の 99% が $1 - 3.51 \times$ 標準誤差を上回る

これらの結果を用いれば，単位根仮説 $a_1 = 1$ を検定できる。例えば，図 4.6 のデータに単位根があるかを検定しよう。係数 a_1 の推定値は 0.9247 であり，1 から 2.035（$= (1 - 0.9247)/0.037$）標準誤差しか乖離していない。彼らは，a_1 の値が 1 のとき，推定値が $1 - 2.58 \times$ 標準誤差を上回る確率は 90% であるとしている。したがって，(4.19) 式の推定結果では，有意水準 10% でも単位根仮説を棄却できない。

厳密には，定常性の条件は $-1 < a_1 < 1$ である。このため，a_1 の推定値が -1 に近いなら，系列はやはり定常ではない可能性がある。当然であるが，ディッキー＝フラーの方法を用いれば，a_1 が -1 に等しいかどうかを検定することもできる。しかし，実際の経済データにおいて，a_1 が -1 に近い状況はほぼ存在しない。これが単位根検定においては，帰無仮説を $a_1 = 1$，対立仮説を $a_1 < 1$ とする理由である。

◆ モンテカルロ実験

ディッキー＝フラーの方法は，いまでは時系列分析の標準的方法の 1 つとなっている。非定常変数に関する仮説検定では，t 統計量や F 統計量の確率分布は非標準的となり，分布を解析的に求めることもできない。しかし，コンピュータを使ったモンテカルロ実験によって非標準的分布であっても簡単に求められる。

主要な統計ソフトは，乱数を発生させる機能を備えている。モンテカルロ実験の第 1 段階では，何らかの分布から乱数の集合を発生させる。通常，標準正規分布を用いて，相互に無相関となるように乱数を発生させる。ポイントは，この乱数を $\{\varepsilon_t\}$ の複製とみなす点にある。第 2 段階では，事前に設定したパラメータ値と発生させた乱数を用いて，系列 $\{y_t\}$ を生成していく。例えば，ディッキー＝フラー（Dickey and Fuller 1979, 1981）は，100 個の乱数 $\{\varepsilon_t\}$ を発生させ，パラメータを $a_1 = 1$，初期条件を $y_0 = 0$ と設定し，(4.16) 式から 100 個の $\{y_t\}$ を生成している。第 3 段階では，人工的に生成した $\{y_t\}$ を用い

206 第4章 トレンド

て，パラメータ（a_1，$\{y_t\}$ の分散など）を推定する。この方法では，乱数 $\{\varepsilon_t\}$ は（さらに $\{y_t\}$ も）生じうる結果の1つにすぎない。このため，第4段階では，段階1〜3を何千回も繰り返す。その結果，パラメータの推定量の確率分布（信頼区間など）が求められる。そして，実際のデータと実験データの性質を比較することで仮説検定が可能となる。

モンテカルロ実験の結果は，データ生成の前提に依存している。サンプルサイズ T，パラメータ，初期条件を変えると実験結果も変わる。そのため，データ生成の前提を変えれば，実験をすべてやり直さなければならない。この点は必ずしも問題というわけではない。例えば，モンテカルロ実験を用いれば，T に依存して，時系列データの性質がどのように変わるかを理解できる（Hendry, Neale, and Ericsson 1990 参照）。以下では，サイコロの例を通じて，モンテカルロ実験の理解を深めよう。

例2：サイコロ　　出目の和の分布を実験によって求めよう。1つの方法は，サイコロを2つ購入し，それらを何千回も振って，出目の和の出現頻度を調べることである。サイコロに歪みがなければ，次の結果が得られる。

出目の和	2	3	4	5	6	7	8	9	10	11	12
相対頻度	1/36	2/36	3/36	4/36	5/36	6/36	5/36	4/36	3/36	2/36	1/36

しかし，実際に何千回もサイコロを振るのは面倒である。これに対し，コンピュータを用いれば，同じ実験を簡単に行える。1個目のサイコロの出目を r_1 とする。そして，一様分布 $[0,1]$ から乱数 u_1 を発生させる[8]。この乱数 u_1 が $[0,1/6]$ 区間内なら $r_1 = 1$，u_1 が $(1/6,2/6]$ 区間内なら $r_1 = 2$ などとする[9]。こうすれば，r_1 は1/6の確率で1，2，3，4，5，6の出目をとる。次に，一様分布 $[0,1]$ から別の乱数 u_2 を発生させ，2個目の出目 r_2 を求める。そして，$r_1 + r_2$ を計算すれば，最初の実験は終わりである。これを何千回も繰り返し，出目の和の標本分布を求める。この標本分布は真の分布の推定値となる。

例3：DF 分布　　ディッキー＝フラーの手続きを詳しく説明する（練習問題 [11] 参照）。ここで $T = 100$ として分布を求める。

8　一様分布 $[0,1]$ とは，0以上1以下の値を等確率でとる連続確率分布である。

9　$[a,b]$ 区間とは a 以上 b 以下の区間，$(a,b]$ 区間とは a 超 b 以下の区間となる（後者では a を区間に含めない）。例えば，$[0,1/6]$ 区間は0以上1/6以下の区間，$(1/6,2/6]$ 区間は1/6超2/6以下の区間を意味する。

図 4.7 ディッキー＝フラー（DF）分布

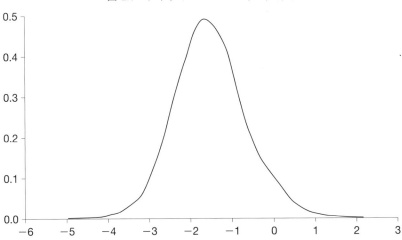

第 1 段階：標準正規分布から乱数 $\{\varepsilon_t\}$ を 100 個発生させる（他の分布から乱数を発生させることも可能である）。

第 2 段階：DGP は $y_t = y_{t-1} + \varepsilon_t$ から，系列 $\{y_t\}$ を発生させる。初期条件として $y_0 = 0$ とすれば，$y_1 = \varepsilon_1$ となる。また，$y_2 = y_1 + \varepsilon_2 = \varepsilon_1 + \varepsilon_2$ となる。

第 3 段階：対立仮説のモデルは $y_t = a_0 + a_1 y_{t-1} + \varepsilon_t$ であり，これは $\Delta y_t = a_0 + \gamma y_{t-1} + \varepsilon_t$ とも書ける（$\gamma = a_1 - 1$ とした）。対立仮説のモデル $\Delta y_t = a_0 + \gamma y_{t-1} + \varepsilon_t$ を推定し，帰無仮説 $\gamma = 0$（つまり，$a_1 = 1$）を検定するための t 統計量を計算する。モンテカルロ実験では，帰無仮説 $\gamma = 0$ のもとでデータを生成し，対立仮説のもとでパラメータを推定する。

第 4 段階：段階 1～3 を 1 万回繰り返し，そのたびごとに t 値を記録する。図 4.7 では，実験で得られた 1 万個の t 値を用いて，t 値の分布を描いている。この分布はとくに**ディッキー＝フラー（DF）分布**と呼ばれる。

図 4.7 では，実験回数を 1 万回としているが，実験回数を増やせば，分布を滑らかにできる。図をみると，分布の平均（中心）は 0 を下回っている（通常の t 分布では，0 を中心とした左右対称の分布であったことを思い出してほしい）。実際，分布の平均を求めると約 -1.5 となる。これは，a_1 の推定量に 1 を下回るバイアスがあり，γ は負として推定されやすいためである。

帰無仮説 $\gamma = 0$ のもとで，t 統計量の分布は，先に紹介したディッキー＝フラーの臨界値と整合的である（t 統計量は 90% の確率で -2.58 を上回り，95%

208 第4章 トレンド

の確率で −2.89 を上回り，99% の確率で −3.51 を上回る）。したがって，モデル $\Delta y_t = a_0 + \gamma y_{t-1} + \varepsilon_t$ を推定し，仮説 $\gamma = 0$ に対する t 値が −3.00 なら，単位根仮説を有意水準 5% で棄却できる。**補論 4.1** では，モンテカルロ実験の一種である**ブートストラップ法**を説明している。

4.5 ディッキー＝フラー（DF）検定

真のモデルを $y_t = a_1 y_{t-1} + \varepsilon_t$ とし，帰無仮説 $a_1 = 1$ を検定する方法を説明する。真のモデルの両辺から y_{t-1} を引くと，

$$\Delta y_t = \gamma y_{t-1} + \varepsilon_t$$

となる（$\gamma = a_1 - 1$ とした）。したがって，仮説 $a_1 = 1$ の検定は，仮説 $\gamma = 0$ の検定と同じである（統計ソフトでは，t 検定は係数が 0 かを調べるため，この定式化のほうが便利である）。

ディッキー＝フラー（Dickey and Fuller 1979）は，仮説 $\gamma = 0$ を検定するため，3 つの回帰式を考えている。

$$\Delta y_t = \gamma y_{t-1} + \varepsilon_t \tag{4.20}$$

$$\Delta y_t = a_0 + \gamma y_{t-1} + \varepsilon_t \tag{4.21}$$

$$\Delta y_t = a_0 + \gamma y_{t-1} + a_2 t + \varepsilon_t \tag{4.22}$$

定式化の違いは，確定的要因（a_0, $a_2 t$）のどれを含めるかにある。(4.20) 式では，純粋なランダムウォークである（確定的要因は何も含まれていない）。(4.21) 式では，定数（ドリフト）だけを含んでおり，(4.22) 式では，ドリフトと線形トレンドの両方を含んでいる。仮説検定では，上式のうち 1 つ（あるいは複数）の式を OLS 推定し，γ の推定値と標準誤差を求めて，仮説 $\gamma = 0$ に対する t 統計量を計算する。そして，t 統計量と DF 分布とを比較すれば，仮説 $\gamma = 0$ の採択や棄却の判断ができる。これらの回帰式を用いた検定は，著者たちの名前の頭文字をとり **DF 検定**と呼ばれる。

前節の実証例を思い出してもらいたい。(4.18) 式では，$y_t = a_1 y_{t-1} + \varepsilon_t$ を推定し，a_1 は 0.9546，標準誤差は 0.03 と推定されている。これは $\Delta y_t = \gamma y_{t-1} + \varepsilon_t$ の式では，γ は −0.0454（$= 0.9546 - 1$），標準誤差は 0.03 を意味する。したがって，仮説 $\gamma = 0$ の t 値は −1.5133（$= -0.0454/0.03$）となる。

どの回帰式を推定しても検定手順は同じである。ただし，t 統計量の臨界

値は，回帰式の選択によって異なる．以後，回帰式の選択によって，t 統計量の表記を変えよう．(4.20) 式を推定した場合，その t 統計量は τ と表記する（「τ」は「タウ」と読む）．また，(4.21) 式なら τ_μ，(4.22) 式なら τ_τ と表記する．各統計量の臨界値は，本書巻末の付表 A に掲載されている．

付表 A の τ 統計量の部分には，確定的要因なしの場合 ($a_0 = a_2 = 0$) における臨界値が記載されている．例えば，$T = 100$ では，臨界値は有意水準 10%で -1.61，5% で -1.95，1% で -2.60 となる．先の例では，$\gamma = -0.0454$，標準誤差 0.030 から $\tau = -1.5133$ となり，10% の有意水準でも仮説 $\gamma = 0$ は棄却できない．

付表 A の τ_μ 統計量の部分には，定数項だけの場合 ($a_2 = 0$) における臨界値が掲載されている．$T = 100$ では，臨界値は有意水準 10% で -2.58，5% で -2.89，1% で -3.51 となる．(4.19) 式では，$y_t = a_0 + a_1 y_{t-1} + \varepsilon_t$ を推定し，a_1 は 0.9247，標準誤差は 0.037 と推定されている．これは $\Delta y_t = a_0 + \gamma y_{t-1} + \varepsilon_t$ で考えると，γ は -0.0753 ($= 0.9247 - 1$)，標準誤差は 0.037 を意味している．したがって，$\tau_\mu = -2.035$ ($= -0.0753/0.037$) となり，10% の有意水準でも仮説 $\gamma = 0$ は棄却できない．

さらに付表 A の τ_τ 統計量の部分には，定数項とトレンドありの場合における臨界値が掲載されている．$T = 100$ では，臨界値は有意水準 10% で -3.15，5% で -3.45，1% で -4.04 となる．前節では，この回帰式は推定していなかった．これは図 4.6 (a) から水準は一方的に変化しておらず，そもそも確定トレンドを含めるべき理由はないためである．

4.7 で詳しく説明するが，回帰式 (4.20)〜(4.22) を，それぞれ，

$$\Delta y_t = \gamma y_{t-1} + \sum_{i=2}^{p} \beta_i \Delta y_{t-i+1} + \varepsilon_t \tag{4.23}$$

$$\Delta y_t = a_0 + \gamma y_{t-1} + \sum_{i=2}^{p} \beta_i \Delta y_{t-i+1} + \varepsilon_t \tag{4.24}$$

$$\Delta y_t = a_0 + \gamma y_{t-1} + a_2 t + \sum_{i=2}^{p} \beta_i \Delta y_{t-i+1} + \varepsilon_t \tag{4.25}$$

と置き換えても，DF 検定の臨界値は変わらない．仮説 $\gamma = 0$ を検定するため，同じ統計量 ($\tau, \tau_\mu, \tau_\tau$) を求めて，付表 A の臨界値と比較すればよい．これらの回帰式を用いた DF 検定は，「拡張された (augmented)」DF 検定ということで，**ADF 検定**と呼ばれる．

210 第4章 トレンド

ディッキー＝フラー（Dickey and Fuller 1981）は，複数の仮説を同時検定するため，3つの F 検定を提案している。まず，(4.21) もしくは (4.24) 式を推定し，仮説 $\gamma = a_0 = 0$（ランダムウォーク）を検定したいなら Φ_1 統計量を用いる。次に，(4.22) もしくは (4.25) 式を推定し，仮説 $a_0 = \gamma = a_2 = 0$（ランダムウォーク）を検定したいなら Φ_2 統計量，仮説 $\gamma = a_2 = 0$（ドリフトを含むランダムウォーク）を検定したいなら Φ_3 統計量を用いる。

ここで Φ_1，Φ_2，Φ_3 は F 統計量であり，

$$\Phi_i = \frac{(SSR_r - SSR_u)/r}{SSR_u/(T-k)}$$

として計算される。ここで SSR_r は制約（restricted）モデルからの残差平方和，SSR_u は無制約（unrestricted）モデルからの残差平方和である。制約モデルは帰無仮説のモデル，無制約モデルは対立仮説のモデルである。また，r は制約数，T は有用な観測数，k は無制約モデルのパラメータ数となる（$T-k$ は無制約モデルの自由度）。例えば，Φ_3 統計量では，帰無仮説は $\gamma = a_2 = 0$ であり，制約数 r は 2 となる（制約は $\gamma = 0$，$a_2 = 0$ の 2 つ）。まず，無制約モデル (4.22) 式を推定し，SSR_u を求める（$k = 3$）。次に，制約モデル $\Delta y_t = a_0 + \varepsilon_t$ を推定し，SSR_r を求める。そして，これらを用いて，Φ_3 統計量を計算する。

無制約モデルはパラメータ数が多く，制約モデルよりデータの当てはまりが良い。したがって，$SSR_r \geq SSR_u$ という関係が成立し，Φ_i は常に正の値をとる。しかし，帰無仮説（制約）が正しいなら，制約モデルでも無制約モデルと同程度にデータを説明できるため（$SSR_r \approx SSR_u$），Φ_i の値は小さくなる。これに対し，帰無仮説（制約）が誤っていたら，制約モデルの当てはまりは悪く（SSR_r は大きく）なるため，Φ_i の値は大きくなる。したがって，仮説検定では，Φ_i の値が小さければ帰無仮説を採択し，Φ_i の値が十分に大きければ帰無仮説を棄却する。

ディッキー＝フラーは，モンテカルロ実験によって，各統計量の臨界値を求めている。統計量 Φ_i の値が十分に大きいかは，これらの臨界値を用いて判断される。本書巻末の付表 B で，各統計量の臨界値を掲載している。表 4.2 は，$T = 100$ の場合について，付表 A，B からさまざまな検定の臨界値を抜粋してまとめたものである。

例4：生産指数　ディッキー＝フラーは，米国連邦準備銀行の生産指数（対数）を分析している。分析期間は 1950Q1〜1977Q4 とし，以下の 3 本の式を

4.5 ディッキー゠フラー（DF）検定　**211**

表 4.2　DF 検定のまとめ

モデル	仮説	統計量	有意水準		
			10%	5%	1%
$\Delta y_t = a_0 + \gamma y_{t-1} + a_2 t + \varepsilon_t$	$\gamma = 0$	τ_τ	-3.15	-3.45	-4.04
	$\gamma = a_2 = 0$	Φ_3	5.47	6.49	8.73
	$a_0 = \gamma = a_2 = 0$	Φ_2	4.16	4.88	6.50
$\Delta y_t = a_0 + \gamma y_{t-1} + \varepsilon_t$	$\gamma = 0$	τ_μ	-2.58	-2.89	-3.51
	$a_0 = \gamma = 0$	Φ_1	3.86	4.71	6.70
$\Delta y_t = \gamma y_{t-1} + \varepsilon_t$	$\gamma = 0$	τ	-1.61	-1.95	-2.60

注)　サンプルサイズ $T = 100$ の臨界値を掲載している。

推定している（カッコ内は標準誤差）。

$$\Delta y_t = \underset{(0.15)}{0.52} - \underset{(0.033)}{0.119}\, y_{t-1} + \underset{(0.00034)}{0.00120}\, t + \underset{(0.081)}{0.498}\, \Delta y_{t-1} + \varepsilon_t$$

$$SSR = 0.056448 \qquad (4.26)$$

$$\Delta y_t = \underset{(0.0025)}{0.0054} + \underset{(0.083)}{0.447}\, \Delta y_{t-1} + \varepsilon_t \qquad SSR = 0.063211 \qquad (4.27)$$

$$\Delta y_t = \underset{(0.079)}{0.511}\, \Delta y_{t-1} + \varepsilon_t \qquad SSR = 0.065966 \qquad (4.28)$$

(4.26) 式は，(4.25) 式を推定したものである（ただし，$p = 2$）。(4.27) 式は (4.26) 式に仮説 $\gamma = a_2 = 0$ を課したものであり，(4.28) 式は (4.26) 式に制約 $a_0 = \gamma = a_2 = 0$ を課したものである。

　帰無仮説 $a_0 = \gamma = a_2 = 0$ とすると，無制約モデルは (4.26) 式，制約モデルは (4.28) 式となる（したがって，$SSR_u = 0.056448$，$SSR_r = 0.065966$）。このとき，制約数は 3$(r = 3)$，有用な観測数は 110 $(T = 110)$，パラメータ数は 4 であるから $(k = 4)$，Φ_2 統計量は，

$$\Phi_2 = \frac{(0.065966 - 0.056448)/3}{0.056448/(110 - 4)} = 5.96$$

となる。表 4.2 をみると，Φ_2 統計量の臨界値は有意水準 5% で 4.88 となるため，帰無仮説 $a_0 = \gamma = a_2 = 0$（ランダムウォーク）を棄却できる。

　帰無仮説 $\gamma = a_2 = 0$ とすると，無制約モデルは (4.26) 式，制約モデルは (4.27) 式にあたる（したがって，$SSR_u = 0.056448$，$SSR_r = 0.063211$）。このとき，Φ_3 統計量は，

212　第4章　トレンド

$$\Phi_3 = \frac{(0.063211 - 0.056448)/2}{0.056448/(110 - 4)} = 6.35$$

となる。表 4.2 をみると，Φ_3 統計量の臨界値は有意水準 5% で 6.49，有意水準 10% で 5.47 となる。したがって，有意水準 5% では帰無仮説を棄却できないが，有意水準 10% では帰無仮説を棄却できる。

帰無仮説 $\gamma = 0$ とし，τ_τ 統計量を計算すると，

$$\tau_\tau = \frac{-0.119}{0.033} = -3.61$$

となる。したがって，単位根仮説を有意水準 5% で棄却できる。次節では，さまざまな実証例を通じて，単位根検定についての理解を深めていこう。

4.6　DF 検定の実証例

4.2 で解説したとおり，ネルソン = プロッサー（Nelson and Plosser 1982）は (4.25) 式，つまり，

$$\Delta y_t = a_0 + \gamma y_{t-1} + a_2 t + \sum_{i=2}^{p} \beta_i \Delta y_{t-i+1} + \varepsilon_t$$

を推定し，多くのマクロ経済変数はトレンド定常ではなく階差定常であることを示している。表 4.3 では，その推定結果をまとめており，選択された次数 p，パラメータの推定値を掲載している。

伝統的景気循環では，GNP や生産水準は階差定常ではなくトレンド定常としていた（伝統的景気循環の考え方は，**4.2**「景気循環は存在するのか？」を参照されたい）。この考え方では，γ は負でなければならない（$\gamma < 0$ ならトレンド定常であるが，$\gamma = 0$ なら単位根を持ってしまう）。どの系列も観測数は約 100 個あるため，表 4.2 の臨界値を利用できる。仮説 $\gamma = 0$（単位根）に対応する t 統計量の臨界値は，有意水準 5% のとき -3.45 となる。したがって，γ の推定値が 0 から 3.45 標準誤差以上も乖離すると，仮説 $\gamma = 0$ は棄却される。表 4.3 をみると，実質 GNP，名目 GNP，鉱工業生産指数において，γ の推定値は 0 から 3.45 標準誤差も乖離していない。例外は失業率であり，γ の推定値は有意水準 5% で 0 から有意に乖離している（t 値は -3.55 であり，臨界値である -3.45 を下回る）。まとめると，実質 GNP，名目 GNP，鉱工業生産指数は階差定常，失業率はトレンド定常となる。

4.6 DF 検定の実証例 **213**

表 4.3 ネルソン = プロッサーの推定結果

	p	a_0	a_2	γ	$\gamma + 1$
実質 GNP	2	0.819 (3.03)	0.006 (3.03)	−0.175 (−2.99)	0.825
名目 GNP	2	1.06 (2.37)	0.006 (2.34)	−0.101 (−2.32)	0.899
鉱工業生産指数	6	0.103 (4.32)	0.007 (2.44)	−0.165 (−2.53)	0.835
失業率	4	0.513 (2.81)	−0.000 (−0.23)	−0.294* (−3.55)	0.706

注) $\gamma = a_1 - 1$ を表す（したがって，$\gamma + 1 = a_1$）。
カッコ内は t 値，* は有意水準 5% で帰無仮説
$\gamma = 0$ が棄却されたことを示す。

◆ **米国の実質 GDP**

米国の実質 GDP の四半期データを分析する。実質 GDP を $rgdp$，その対数を $lrgdp$ と表記する（データは `RGDP.XLS` 参照）。ここで被説明変数を GDP 成長率 $\Delta lrgdp_t$ とし，

$$\Delta lrgdp_t = \underset{(1.58)}{0.1248} + \underset{(1.31)}{0.0001t} - \underset{(-1.49)}{0.0156 lrgdp_{t-1}} + \underset{(6.26)}{0.3663\Delta lrgdp_{t-1}} \quad (4.29)$$

を推定した（カッコ内は t 値）。$lrgdp_{t-1}$ の係数は −0.0156，その t 値は −1.49 となる。巻末の付表 A から，観測数 262 なら（T は約 250 に該当），τ_τ 統計量の臨界値は有意水準 10% なら −3.13，5% なら −3.43 となる。したがって，仮説 $\gamma = 0$ は棄却されない。さらに，Φ_3 統計量は 2.97 となり，付表 B から有意水準 10% の臨界値は 5.39 であり，仮説 $a_2 = \gamma = 0$ は棄却されない。次に，Φ_2 統計量は 17.61 となり，付表 B から有意水準 5% の臨界値は 4.75 であり，仮説 $a_0 = a_2 = \gamma = 0$ は棄却される。まとめると，仮説 $\gamma = 0$ と仮説 $a_2 = \gamma = 0$ は採択され，仮説 $a_0 = a_2 = \gamma = 0$ は棄却される。したがって，a_0 だけが 0 とは異なっており，実質 GDP（対数）はドリフトを含むランダムウォークに従っている。

◆ **単位根と購買力平価**

購買力平価（purchasing power parity：PPP）は「同一通貨で計ったとき消費財バスケットの価格がすべての国で等しくなる」と主張する。P_t を米国の物価水準，P_t^* を外国（米国以外の国）の物価水準，S_t を為替レート（外国通貨のドル価格）とする。厳密に PPP が成立するとは，

214　第4章　トレンド

$$P_t = P_t^* S_t$$

となることである。為替レートの動きは急激である一方，物価水準の動きは遅い。このため，PPP は短期的には成立していない。ここでの関心は，PPP からの乖離を修正する何らかの動きがあるか否かにある。もし修正の動きがあれば，PPP は長期的には成立しているといえる。

　PPP の式を書き換えると $S_t = P_t/P_t^*$ となる。さらに対数をとると，$s_t = p_t - p_t^*$ となる（アルファベットの小文字は対数を表す）。ここで，PPP からの乖離を d_t とすると，

$$s_t = p_t - p_t^* + d_t$$

と表せる。もし d_t が定常なら PPP は長期的に成立している一方，d_t が非定常なら PPP は長期的にも成立していない。

　実質為替レートは $P_t^* S_t/P_t$ と定義され（外国と自国の相対価格），その対数を r_t と表記すると，

$$r_t = s_t + p_t^* - p_t$$

となる。これはまさに PPP からの乖離 d_t にあたる。したがって，PPP の検定では，実質為替レートが定常か否かを調べることになる。実質為替レートが定常なら，PPP は長期的に成立するといえる。

　エンダース（Enders 1988）は，米国の主たる貿易相手国（ドイツ，カナダ，日本）との実質為替レートを分析している。データは，固定相場制期（1960 年 1 月～1971 年 4 月），変動相場制期（1973 年 1 月～1986 年 11 月）に分けて分析されている。図 4.8 では，変動相場制期（1989 年まで含む）の実質為替レートの動きを描いている（物価は卸売物価指数を用いる）。図をみると，実質為替レートにトレンドはなさそうである。単位根の存在を検定するため，固定相場期と変動相場期について，別々に $\Delta r_t = a_0 + \gamma r_{t-1} + \beta_2 \Delta r_{t-1} + \beta_3 \Delta r_{t-3} + \cdots + \varepsilon_t$ を推定し，ADF 検定を行ったところ，全系列において単位根仮説が採択された（ここで推定結果は掲載しないが，興味のある読者は Enders 1988 を読んでほしい）。つまり，この結果からは PPP が成立しているとはいえない。

図 4.8 実質為替レート

4.7 拡張された DF（ADF）検定

すべての時系列が，AR(1) 過程 $\Delta y_t = a_0 + \gamma y_{t-1} + a_2 t + \varepsilon_t$ によって表せるわけではない。高次の AR(p) 過程であれば，(4.23)〜(4.25) 式を推定し，ADF 検定を行う必要がある。ADF 検定のアイデアを理解するため，定数項ありの AR(p) 過程を考えよう。

$$y_t = a_0 + a_1 y_{t-1} + a_2 y_{t-2} + \cdots + a_{p-2} y_{t-p+2} + a_{p-1} y_{t-p+1} + a_p y_{t-p} + \varepsilon_t$$

右辺に $a_p y_{t-p+1} - a_p y_{t-p+1}$ を加えると（0 を加えても変わらない），

$$y_t = a_0 + a_1 y_{t-1} + a_2 y_{t-2} + \cdots + a_{p-2} y_{t-p+2} + (a_{p-1} + a_p) y_{t-p+1} - a_p \Delta y_{t-p+1} + \varepsilon_t$$

となり，さらに右辺に $(a_{p-1} + a_p) y_{t-p+2} - (a_{p-1} + a_p) y_{t-p+2}$ を加えると，

$$y_t = a_0 + a_1 y_{t-1} + a_2 y_{t-2} + \cdots + (a_{p-2} + a_{p-1} + a_p) y_{t-p+2}$$
$$- (a_{p-1} + a_p) \Delta y_{t-p+2} - a_p \Delta y_{t-p+1} + \varepsilon_t$$

となる。同様の書き換えを続けると，

$$\Delta y_t = a_0 + \gamma y_{t-1} + \sum_{i=2}^{p} \beta_i \Delta y_{t-i+1} + \varepsilon_t \tag{4.30}$$

となる。ただし，

$$\gamma = \sum_{i=1}^{p} a_i - 1, \quad \beta_i = -\sum_{j=i}^{p} a_j$$

となる[10]。つまり，ADF 検定の式は，AR(p) 過程を書き換えたものである。

ここで，$\gamma = 0$ なら，系列 $\{y_t\}$ は単位根を持っている。この結果は，第1章の差分方程式の結果と整合的である（**1.5**「高次のシステム」のルール3を参照）。差分方程式の係数の和が1なら，少なくとも1つの特性根は1となる。したがって，$\gamma = 0$（つまり，$\sum a_i = 1$）なら単位根が存在している。

(4.30) 式を推定し，帰無仮説 $\gamma = 0$ を検定できる。繰り返しになるが，回帰式において確定的要因 $(a_0, a_2 t)$ のどれを含めるかで検定統計量は異なる。確定的要因を含めないなら τ 統計量，定数だけを含めるなら τ_μ 統計量，定数とトレンドの両方を含めるなら τ_τ 統計量となる。

◆ ラグ次数の選択

ADF 検定では，正しい次数を選択することが重要となる。選択された次数が真の次数より少ないと，回帰残差がホワイトノイズとならず，γ とその標準誤差が適切に推定されない。逆に，ラグの数が多すぎると，パラメータ数が過剰となり，検出力が低下してしまう（検出力は **4.9** 参照）。

---

10 式展開が複雑なため，例として AR(3) 過程 $y_t = a_0 + a_1 y_{t-1} + a_2 y_{t-2} + a_3 y_{t-3} + \varepsilon_t$ を考える。右辺に $a_3 y_{t-2} - a_3 y_{t-2}$ を加えると，

$$y_t = a_0 + a_1 y_{t-1} + (a_2 + a_3) y_{t-2} - a_3 \Delta y_{t-2} + \varepsilon_t$$

となり，さらに右辺に $(a_2 + a_3) y_{t-1} - (a_2 + a_3) y_{t-1}$ を加えると，

$$y_t = a_0 + (a_1 + a_2 + a_3) y_{t-1} - (a_2 + a_3) \Delta y_{t-1} - a_3 \Delta y_{t-2} + \varepsilon_t$$

となる。ここで両辺から y_{t-1} を引くと，ADF 検定の式 $\Delta y_t = a_0 + (a_1 + a_2 + a_3 - 1) y_{t-1} - (a_2 + a_3) \Delta y_{t-1} - a_3 \Delta y_{t-2} + \varepsilon_t$ が得られる。

それでは，ラグの次数をどのように選択したらよいだろうか。次数の選択法として，「**一般からの特定**（general-to-specific）」法がある。この方法では，長めの次数 p^* で始めて，t 検定を用いてモデルを特定化する（ここで $p^* \geq$ 真の次数）。例えば，(4.30) 式の次数を特定しよう。まず，分析者が p^* として長めの次数を選択する。そして，ラグの長さを p^* として (4.30) 式を推定し，β_{p^*} が有意に 0 と異なるかを調べる（有意水準は事前に決める）。もし有意でなければ，ラグの長さを $p^* - 1$ として (4.30) 式を推定し，β_{p^*-1} が有意に 0 と異なるかを調べる。この手順を，最後のラグの係数が有意に 0 と異なるまで続ける。この方法を用いて真の次数を特定できる[11]。

ラグの次数が特定できたら，推定結果をもとに診断チェックを行う。まずは，残差を図示しよう。このとき，残差のコレログラムはホワイトノイズと整合的であるべきである。また，修正 Q 統計量は，残差に自己相関がないという帰無仮説を採択すべきである。

DGP にある確定的要因をきちんと回帰式に含めておけば，ラグの次数を決めるために，通常の t 検定や F 検定を用いることができる。この点は，シムズ゠ストック゠ワトソン（Sims, Stock, and Watson 1990）が証明した以下のルールから明らかである。

> ルール：$I(1)$ と $I(0)$ の変数を含む回帰式を考える（ただし，残差はホワイトノイズとする）。もし関心のある係数が，定常な変数（かつ平均 0）の係数として表現できるなら，サンプルサイズが大きいとき，その係数のOLS 推定量は正規分布に従う。したがって，通常の t 検定，F 検定が妥当となる。

このルールは，OLS 推定されるすべての回帰式に当てはまり，単位根検定にも直接適用できる。既に示したとおり，AR(p) 過程は，

$$y_t = a_1 y_{t-1} + a_2 y_{t-2} + \cdots + a_{p-2} y_{t-p+2} + a_{p-1} y_{t-p+1} + a_p y_{t-p} + \varepsilon_t$$

---

11 例えば，$p^* = 5$，真の次数 $= 3$ としよう。$p^* = 5$ であるから，まずは AR(5) モデルを推定し，β_5 が 0 であるかを t 検定で確認する。帰無仮説が採択されたら（β_5 が 0 ということなので），今度は AR(4) モデルを推定し，β_4 の係数が 0 かを t 検定で確認する。ここでも帰無仮説が採択されたら，AR(3) モデルを推定し，β_3 が 0 かを t 検定で確認する。サンプルサイズが十分にあれば，真のモデルは AR(3) であるため，t 検定は帰無仮説を棄却し，AR(3) モデルが選ばれる。

218 第4章 トレンド

であるが，これは，

$$\Delta y_t = \gamma y_{t-1} + \beta_2 \Delta y_{t-1} + \beta_3 \Delta y_{t-2} + \cdots + \beta_p \Delta y_{t-p+1} + \varepsilon_t \quad (4.31)$$

とも書ける。仮説 $\gamma = 0$ のもとで，Δy_{t-i} は定常 $I(0)$，y_{t-1} は非定常 $I(1)$ となる。したがって，このルールから，Δy_{t-i} は定常であるため，その係数の OLS 推定量は正規分布に従い，通常の t 検定で検証できる。同様に，仮説 $\beta_i = \beta_{i+1} = \cdots = \beta_p = 0$ は F 検定で検証できる。しかし，y_{t-1} は非定常 $I(1)$ であるため，仮説 $\gamma = 0$ は通常の t 検定では検証できない。

ラグの長さは，t 検定だけでなく，情報量規準 AIC，BIC を用いても特定できる。大標本では，どの方法を用いても同じラグ次数を選択すべきである。しかし，実際の分析では，BIC は，一般からの特定法や AIC より倹約的モデルを選択する傾向がある。どの方法を用いても，分析者は残差がホワイトノイズであることを確認する必要がある。

例5：ラグの選択　次の単位根過程から 200 個のデータを人工的に生成する。

$$\Delta y_t = 0.5 + 0.5 \Delta y_{t-1} + 0.2 \Delta y_{t-3} + \varepsilon_t$$

この式から，$\{y_t\}$ は単位根を持っており，適切な次数 p は 4 となる。ドリフト項が正であるため，この系列は正のトレンドがある（データは LAGLENGTH.XLS を参照）。

分析者は DGP を知らないとし，ADF 検定を行う。図 4.9 をみると，$\{y_t\}$ には正のトレンドがある。したがって，DGP として 2 つの可能性（ドリフトありの単位根過程，トレンド定常過程）を考える。帰無仮説をドリフトありの単位根過程，対立仮説をトレンド定常過程とする。対立仮説が正しいとし，

$$\Delta y_t = a_0 + \gamma y_{t-1} + a_2 t + \sum_{i=2}^{p} \beta_i \Delta y_{t-i+1} + \varepsilon_t$$

を推定する。もし $\gamma = 0$ が棄却されれば，トレンド定常過程といえる。

問題は，次数 p をどのように選択するかにある。次数 p として，1 から 5 までを用いて，上式を推定する（この場合，真の次数 4 を含む）[12]。表 4.4 をみる

---

12 実証分析では，最大次数 p^* として $p^* = \mathrm{int}[12(T/100)^{1/4}]$ も用いたりする。ここで $\mathrm{int}[\cdot]$ とは，[ ] 内の小数点以下を切り捨てた整数部分を表す。例えば，$T = 100$ ならば $p^* = 12$ となる。

図 4.9 ドリフトを含む単位根過程

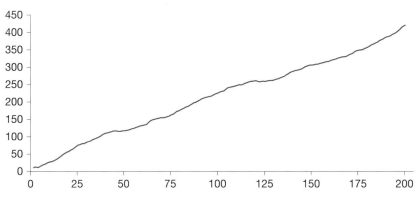

表 4.4 DF 検定とラグの長さ

p	AIC	BIC	γ	τ_τ	Φ_2	Φ_3
1	1128.123	1137.942	-0.013	-1.197	171.294	0.721
2	1076.211	1089.303	-0.017	-1.776	17.390	1.579
3	1073.076	1089.441	-0.020	-2.049	11.188	2.101
4	1071.817	1091.455	-0.022	-2.285	8.622	2.616
5	1073.799	1096.710	-0.022	-2.276	8.026	2.595

と，AIC は $p=4$ と正しい次数を選んでいるが，BIC は $p=2$ と短めに選択している．どの情報量規準を用いるかで次数の選択は異なるが，この場合，次数の選択は単位根検定の結果に影響を与えていない．例えば，有意水準 5% とすると，τ_τ 統計量の臨界値は -3.43 であり，どの次数を用いても仮説 $\gamma=0$ は棄却されない．したがって，系列はトレンド定常過程ではないといえる．

Φ_3 統計量を用いれば，帰無仮説 $\gamma=a_2=0$ を検定できる．有意水準 5% のとき，その臨界値は 6.49 である．表をみると，どの次数 p を用いても帰無仮説は棄却されない．Φ_2 統計量を用いれば，帰無仮説は $a_0=\gamma=a_2=0$ を検定できる．有意水準 5% のとき，その臨界値は 4.88 であり，どの次数を用いても帰無仮説は棄却される．まとめると，仮説 $\gamma=a_2=0$ は採択され，仮説 $a_0=\gamma=a_2=0$ は棄却されたので，ドリフト項は $a_0 \neq 0$ といえる．

一般化からの特定法を用いてラグ次数を選択しよう．最大次数 p^* を 5 とすると，

$$\Delta y_t = \underset{(4.05)}{1.24} + \underset{(2.28)}{0.042t} - \underset{(-2.28)}{0.022}\,y_{t-1} + \underset{(5.57)}{0.397\Delta y_{t-1}} + \underset{(1.42)}{0.108\Delta y_{t-2}}$$
$$+ \underset{(1.64)}{0.125\Delta y_{t-3}} + \underset{(0.13)}{0.009\Delta y_{t-4}} + \varepsilon_t$$

となる（カッコ内は t 値）。最後のラグ Δy_{t-4} は有意ではないため，次数を 1 つ減らすと，

$$\Delta y_t = \underset{(4.58)}{1.35} + \underset{(2.55)}{0.047t} - \underset{(-2.56)}{0.024}\,y_{t-1} + \underset{(5.57)}{0.394\Delta y_{t-1}} + \underset{(1.17)}{0.088\Delta y_{t-2}}$$
$$+ \underset{(2.02)}{0.144\Delta y_{t-3}} + \varepsilon_t$$

となる。Δy_{t-3} の係数は有意であり，$p=4$ と特定できる。これは真の次数と同じである。

◆ 移動平均（MA）

反転可能な MA 過程は，AR 過程として表現できる。したがって，ADF 検定は，MA 過程を含む ARIMA 過程にも一般化できる。ここで，$\{y_t\}$ は，

$$A(L)y_t = C(L)\varepsilon_t$$

としよう。ラグ多項式 $A(L)$，$C(L)$ の次数は p，q である。

もし $C(L)$ の根が単位円の外にあるなら，$\{y_t\}$ を AR 過程として表現できる。まず，両辺に $C(L)^{-1}$ を掛けると，

$$C(L)^{-1}A(L)y_t = \varepsilon_t$$

となる。そして，$D(L) = C(L)^{-1}A(L)$ と定義すると，

$$D(L)y_t = \varepsilon_t$$

となる。ここで，$D(L)$ の次数は無限であり，$\{y_t\}$ は無限次数の AR 過程となる。さらに，(4.30) 式を導出した手順に従うと，

$$\Delta y_t = \gamma y_{t-1} + \sum_{i=2}^{\infty} \beta_i \Delta y_{t-i+1} + \varepsilon_t$$

を得る。T は有限である一方，係数の数は無限であるため，この AR モデルは推定できない。しかし，サイード＝ディッキー（Said and Dickey 1984）は，$\mathrm{ARIMA}(p,1,q)$ 過程は有限次数 n の $\mathrm{ARIMA}(n,1,0)$ 過程によってうまく近似できることを示した（ただし，$n \le T^{1/3}$）。したがって，MA 過程を含む

ARIMA 過程であっても，ADF 検定により単位根仮説 $\gamma = 0$ を検定できる。

◆ ラグの長さと負の MA 項

単位根検定は，誤差項に強い負の MA 項があると，うまく機能しなくなる。この問題を理解するため，ARIMA$(0, 1, 1)$ 過程を考えよう。

$$y_t = y_{t-1} + \varepsilon_t - \beta_1 \varepsilon_{t-1}$$

ここで負の MA 項があるとする $(0 < \beta_1 < 1)$。

これは単位根過程であるため，ショックの効果は恒久的に残る。しかし，負の MA 項があるとき，ショックの効果はすぐに小さくなる。1 期に生じた 1 単位のショック $(\varepsilon_1 = 1)$ の効果を調べてみよう（ただし，$y_0 = 0$，$\varepsilon_0 = \varepsilon_2 = \varepsilon_3 = \cdots = 0$）。このとき，1 期に $y_1 = 1$ となり，2 期に $y_2 = 1 - \beta_1$ となり，3 期目以降は $1 - \beta_1$ となる。つまり，1 単位のショックの効果は，1 から $1 - \beta_1$ へとすぐに低下する。例えば，$\beta_1 = 0.95$ なら，ショックの効果は 1 から 0.05 へと低下する。強い負の MA 項があれば，$\{y_t\}$ は定常過程のようである。実際，強い負の MA 項があれば，γ は負の方向でバイアスを持って推定され，単位根仮説が誤って棄却されやすくなる。

この問題を解決するには，多くのラグを説明変数に含めればよい。DGP は $\Delta y_t = (1 - \beta_1 L)\varepsilon_t$ であるから，両辺に $(1 - \beta_1 L)^{-1} = (1 + \beta_1 L + \beta_1^2 L^2 + \cdots)$ を掛けて整理すると，

$$\Delta y_t = -\beta_1 \Delta y_{t-1} - \beta_1^2 \Delta y_{t-2} - \beta_1^3 \Delta y_{t-3} - \beta_1^4 \Delta y_{t-4} - \cdots + \varepsilon_t$$

となる。係数 β_1 が 1 に近いため，この確率過程の動学を捉えるには，多くのラグを含めなければならない（例えば，$\beta_1 = 0.95$ なら Δy_{t-4} の係数は $\beta_1^4 = 0.815$ となるが，$\beta_1 = 0.3$ なら $\beta_1^4 = 0.01$ となる。つまり，Δy_{t-4} の係数は，$\beta_1 = 0.95$ なら大きな値をとる一方，$\beta_1 = 0.3$ ならほぼ 0 と考えることができる）。しかし残念ながら，係数 β_1 が 1 に近い状況では，AIC，BIC は十分な長さのラグを選択しないことが知られている。

ング゠ペロン（Ng and Perron 2001）は，単位根検定のラグ次数の選択のために，AIC を修正した情報量規準として**修正 AIC**（modified AIC：**MAIC**）を提案している。

$$\mathrm{MAIC} = T \ln(\mathrm{SSR}) + 2n + 2\tau(n) \tag{4.32}$$

ここで，

$$\tau(n) = \frac{\hat{\gamma}^2 \sum y_{t-1}^2}{\hat{\sigma}^2} \tag{4.33}$$

である[13]。ただし，$\hat{\gamma}$ と $\hat{\sigma}^2$ は γ と σ^2 の推定値である。MAIC は，通常の AIC に，ペナルティとして，新たに $2\tau(n)$ を加えたものである。ここで n（ラグ次数）が変わると，$\hat{\gamma}$ の変化を通じてペナルティ $\tau(n)$ も変化する。負の MA 項がなければ，そもそも $\hat{\gamma}$ のバイアスは小さく，n を変えても $\tau(n)$ は変わらず，MAIC と AIC の結果に違いはあまりない。これに対し，強い負の MA 項があるなら，$\hat{\gamma}$ のバイアスは大きく，n を増やせばバイアスは縮小し（$\tau(n)$ が低下するため），MAIC は AIC よりも長い次数を選択する。

4.8 構造変化

ネルソン＝プロッサーは，「多くのマクロ経済データには単位根が存在する」とし，経済学の理論と実証の両面に大きな影響を与えてきた。しかし，ペロン（Perron 1989）は，この認識に挑戦し，「構造変化を考慮すれば，多くのマクロ経済データに単位根は存在しない」と主張している。本節では，構造変化の重要性を指摘し，構造変化を考慮した単位根検定としてペロン検定を紹介する。

◆ 構造変化と DF 検定

ペロンは，「構造変化が存在する場合，DF 検定は単位根仮説を採択する方向にバイアスが生じる」と主張した。この点を説明するため，定常過程に一度だけ水準シフトが生じる状況を考えよう。図 4.10（a）をみると，系列 $\{y_t\}$ は，1 から 50 期まで 0 の周りで変動し，51 から 100 期まで 6 の周りを変動している。

この系列は，初期条件 $y_0 = 0$ とし，DGP を，

$$y_t = 0.5y_{t-1} + \varepsilon_t + 3D_L \tag{4.34}$$

として生成している。ただし，$\{\varepsilon_t\}$ は相互に独立な標準正規乱数である。また，変数 D_L はダミー変数であり，$t = 0, \ldots, 50$ の範囲で 0，$t = 51, \ldots, 100$

---

13 ただし，確定的要因がある場合，y_{t-1} の代わりに，GLS により確定的要因を除いた y_{t-1}^d を用いる（GLS は **4.10** 参照）。

図 4.10 構造変化の 2 つのモデル

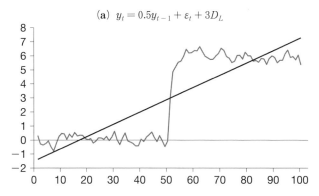

(a) $y_t = 0.5y_{t-1} + \varepsilon_t + 3D_L$

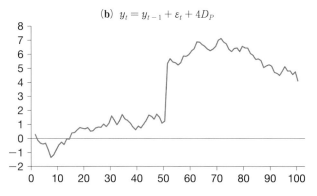

(b) $y_t = y_{t-1} + \varepsilon_t + 4D_P$

の範囲で 1 とする（51 期以後，$E[y_t] = 3/(1 - 0.5) = 6$ となる）。下添字 L は水準（level）のシフトを表す。t 期のダミー変数を $D_L(t)$ と表記すると便利である。例えば，$D_L(50) = 0$，$D_L(51) = 1$ となる。

ここで，系列 $\{y_t\}$ を定数とトレンド t だけで回帰する。

$$y_t = a_0 + a_2 t + e_t$$

このとき，切片 a_0 は負，トレンドの係数 a_2 は正として推定される。図 4.10 (a) の直線は回帰直線を表しており，正のトレンドを確認できる。

(4.34) 式を推定するには，構造変化を考慮し，説明変数として D_L を含めるべきである。しかし，D_L を含めず，定数と y_{t-1} だけで回帰したとする。

$$y_t = a_0 + a_1 y_{t-1} + e_t \tag{4.35}$$

実は，構造変化を考慮しないと，a_1 の推定値は 1 の方向で上方バイアスを持

224 第4章 トレンド

ってしまう。図 4.10（a）をみると，今期 y_t が低い値（0周り）なら次期 y_{t+1} も低い値（0周り）となり，今期 y_t が高い値（6周り）なら次期 y_{t+1} も高い値（6周り）となる。こうしたデータの性質は，a_1 が1に近いときに捉えられる。もう少し厳密に説明しよう。もし a_1 が1だと，(4.35) 式はドリフトを含むランダムウォークとなる。この解は，

$$y_t = y_0 + a_0 t + \sum_{i=1}^{t} \varepsilon_i$$

となり，確定トレンド $a_0 t$ が含まれる（(4.5) 式参照）。したがって，(4.35) 式は，a_1 が1に近いとき，図 4.10（a）のトレンド線を捉えることができる。以上から，DF 検定では，構造変化を考慮しないと，単位根仮説を採択する方向でバイアスが生じることがわかる。

これまで定常過程に構造変化が生じる可能性を説明してきた。当然ながら，単位根過程に構造変化が生じることもある。図 4.10（b）は，ランダムウォーク過程に，$t = 51$ で構造変化が生じたとしている。ここで DGP は，

$$y_t = y_{t-1} + \varepsilon_t + 4D_P$$

とした。初期条件は $y_0 = 0$ とし，先と同じ乱数 $\{\varepsilon_t\}$ を用いている。ただし，D_P は，$D_P(51) = 1$，それ以外では $D_P(t) = 0$ となる。下添字 P は単一のパルス（pulse）を表す。パルスは，$\{y_t\}$ の水準に恒久的効果を持っている。$t = 51$ において，$4D_P$ は追加的4単位のショック（$\varepsilon_{51} = 4$）と同じ効果がある。ランダムウォーク過程であるため，1度のショックは $t \geq 51$ の範囲においても水準に恒久的効果を持っている。図 4.10（b）をみると，水準が $t = 51$ でシフトし，時間が経過してももとの水準に戻っていないことがわかる。

これまで指摘した点を，モンテカルロ実験によって確認できる。ペロンは，(4.34) 式と類似した DGP から，データを1万回にわたって生成している。そして，各データを用いて，(4.35) 式を OLS 推定することで，a_1 の推定値は1の方向にバイアスが生じること，構造変化の規模が大きくなるとバイアスは強くなることを確認している。

◆ ペロン検定

図 4.10（a）（b）をみると，定常過程に構造変化が生じたのか，単位根過程に構造変化が生じたのか，を判別することが難しいとわかる。では，構造変化

4.8 構造変化 225

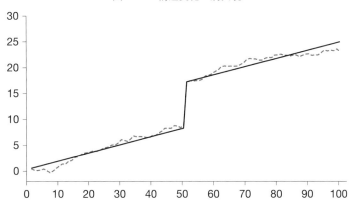

図 4.11 構造変化の別表現

がある場合，どのように単位根が存在するかを検定すればよいだろうか．1つの方法は，全期間を構造変化前後で分割し，別々に DF 検定を行えばよい．しかし，データを分割すると，各期間のサンプルサイズは減少し，ひいては検出力も低下してしまう（検出力は 4.9 参照）．ペロンは全期間のデータを用いて，構造変化を考慮したうえで単位根があるかを検定する方法を提案している．

ここで帰無仮説 H_1 は単位根過程の水準シフトとし，対立仮説 A_1 はトレンド定常過程の定数変化とする．

$$H_1: \quad y_t = a_0 + y_{t-1} + \mu_1 D_P + \varepsilon_t \tag{4.36}$$

$$A_1: \quad y_t = a_0 + a_2 t + \mu_2 D_L + \varepsilon_t \tag{4.37}$$

ただし，D_P は $t = \tau + 1$ で 1，それ以外は 0 となる．また，D_L は $t > \tau$ の範囲で 1，それ以外は 0 となる．

図 4.11 をみると，帰無仮説 H_1 と対立仮説 A_1 の違いを理解できる．不規則な破線は，帰無仮説 (4.36) 式のもとで発生させた $\{y_t\}$ の挙動を示す（ただし，$a_0 = 0.2$，$\mu_1 = 8$ とした）．図をみると，$\{y_t\}$ の水準は 51 期にシフトしている．これに対し，対立仮説 (4.37) 式は，構造変化を持つトレンド定常過程である（構造変化を持つトレンドは実線で表されている）．このとき，$\{y_t\}$ は，τ 期まではトレンド $a_0 + a_2 t$ の周りを変動し，$\tau + 1$ 期からは新しいトレンド $a_0 + a_2 t + \mu_2$ の周りを変動する（図のケースでは $\mu_2 > 0$，$\tau = 50$ となる）．

ペロンは，仮説 H_1 と仮説 A_1 を検定するため，次の手順を用いている．

第 1 段階：DF 検定と違って，この場合，対立仮説のモデルに制約を課しても帰無仮説のモデルにはならない．したがって，帰無仮説と対立仮説のモデルを

226　第4章　トレンド

表 4.5　ペロン検定

		有意水準		
	λ	10%	5%	1%
モデル 1	0.15-0.25	-3.47	-3.77	-4.39
	0.45-0.55	-3.46	-3.76	-4.32
	0.65-0.75	-3.51	-3.80	-4.42
モデル 2	0.15-0.25	-3.49	-3.80	-4.41
	0.45-0.55	-3.68	-3.96	-4.56
	0.65-0.75	-3.57	-3.85	-4.51
モデル 3	0.15-0.25	-3.66	-3.99	-4.65
	0.45-0.55	-3.96	-4.24	-4.90
	0.65-0.75	-3.86	-4.18	-4.75

注)　モデル 1 は水準だけ変化，モデル 2 は
トレンドの傾きだけ変化，モデル 3 は水
準とトレンドの傾きの両方が変化したケ
ースとなる。

合成した回帰モデルを考える。

$$y_t = a_0 + a_1 y_{t-1} + a_2 t + \mu_1 D_P + \mu_2 D_L + \varepsilon_t$$

第2段階：第1段階の回帰モデルを推定する。帰無仮説のもとで，a_1 の理論値は1となる。ペロンは ε_t がホワイトノイズであれば，a_1 の推定量の分布は構造変化点の相対的位置（$\lambda = \tau/T$）に依存することを示した（つまり，構造変化がいつ生じたとするかによって分布の形状が異なる）。例えば，$T = 100$，$\tau = 50$ の場合，相対的位置は $\lambda = 50/100 = 0.5$ となる。

第3段階：第2段階で得られた残差 $\{\varepsilon_t\}$ が，ホワイトノイズであるかを調べる。もし $\{\varepsilon_t\}$ に系列相関があれば，ADF 検定と同様，

$$y_t = a_0 + a_1 y_{t-1} + a_2 t + \mu_1 D_P + \mu_2 D_L + \sum_{i=2}^{p} \beta_i \Delta y_{t-i+1} + \varepsilon_t$$

を推定すればよい[14]。

第4段階：帰無仮説 $a_1 = 1$ とした t 統計量を計算する。この統計量は，帰無仮説 $a_1 = 1$ のもとで非標準的分布に従うため，表 4.5 に掲載された臨界値を

14　後述するモデル 2，3 でも，系列相関があれば推定式に $\sum \beta_i \Delta y_{t-i+1}$ を含めればよい。

用いて，帰無仮説の採択棄却の判断を行う（この場合，表 4.5 のモデル 1 に対応する）。表をみることで，分布が λ の値によって変わっていることがわかる。自然なことであるが，$\lambda = 0$ または 1 の場合（構造変化なし），ペロン検定の統計量の臨界値は DF 統計量のそれと等しい。$\lambda = 0.5$ の場合，DF 統計量との違いは最大となる。具体的には $\lambda = 0.5$，有意水準 5% の場合，ペロン検定の統計量の臨界値は -3.76 である一方，DF 統計量の臨界値は -3.41 である。

これまで水準だけが変化したケース（モデル 1）を考えてきたが，ペロンは，それ以外に，トレンドの傾きだけが変化したケース（モデル 2），水準とトレンドの傾きの両方が変化したケース（モデル 3）を考えている。以下では，モデル 2 とモデル 3 について簡単に説明する。

モデル 2 であれば，帰無仮説はドリフトに構造変化のあるランダムウォークとなる。

$$H_2: \quad y_t = a_0 + y_{t-1} + \mu_2 D_L + \varepsilon_t$$

ただし，D_L は $t > \tau$ ならば 1，$t \leq \tau$ ならば 0 とする。つまり，$t \leq \tau$ ならば $\Delta y_t = a_0 + \varepsilon_t$，$t > \tau$ ならば $\Delta y_t = a_0 + \mu_2 + \varepsilon_t$ となる。対立仮説は，トレンドの傾きだけに構造変化のあるトレンド定常である。

$$A_2: \quad y_t = a_0 + a_2 t + \mu_3 D_T + \varepsilon_t$$

ただし，D_T は $t > \tau$ ならば $t - \tau$ とし，$t \leq \tau$ ならば 0 とする。例えば，$D_T(50) = 0$，$D_T(51) = 1$，$D_T(52) = 2$，$D_T(53) = 3$ となる。したがって，$t \leq 50$ ならば $y_t = a_0 + a_2 t + \varepsilon_t$，$t > 50$ ならば $y_t = a_0 + a_2 t + \mu_3(t - 50) + \varepsilon_t = a_0 + (a_2 + \mu_3)t - \mu_3 50 + \varepsilon_t$ となる。ここでトレンドの傾きが a_2 から $a_2 + \mu_3$ に変わっていることがわかる。検定では，帰無仮説と対立仮説のモデルを合成した回帰式

$$y_t = a_0 + a_1 y_{t-1} + a_2 t + \mu_2 D_L + \mu_3 D_T + \varepsilon_t$$

を推定し，a_1 が 1 を下回るかを t 検定すればよい。表 4.5 のモデル 2 の行に臨界値が掲載されている。

モデル 3 であれば，帰無仮説と対立仮説は，

228　第 4 章　トレンド

$$H_3: \quad y_t = a_0 + y_{t-1} + \mu_1 D_P + \mu_2 D_L + \varepsilon_t$$

$$A_3: \quad y_t = a_0 + a_2 t + \mu_2 D_L + \mu_3 D_T + \varepsilon_t$$

となる。どちらのモデルでも，水準とトレンドの傾きが両方とも変化している
のがわかる。検定では，次の回帰式

$$y_t = a_0 + a_1 y_{t-1} + a_2 t + \mu_1 D_P + \mu_2 D_L + \mu_3 D_T + \varepsilon_t$$

を推定し，a_1 が 1 を下回るかを t 検定すればよい。表 4.5 のモデル 3 の行に
臨界値が掲載されている。

例 6：ペロン検定と実質生産量　　ペロン (Perron 1989) は，ネルソン＝プロ
ッサーの主張に挑戦し，「構造変化を考慮すれば，多くのマクロ経済データ
に単位根は存在しない」と主張した。ペロンは外生的な構造変化の例として，
世界大恐慌 (1929 年) と石油危機 (1973 年) を挙げている。世界大恐慌は水準
の低下であり，石油危機はトレンド係数の低下となる。ここでは実質 GNP，
名目 GNP，鉱工業生産指数を分析する。これらの系列に関しては，1929 年で
水準が低下しているが，トレンドの傾きはほとんど変わっていない。

　このため，回帰式はモデル 1 としよう。

$$y_t = a_0 + a_1 y_{t-1} + a_2 t + \mu_1 D_P + \mu_2 D_L + \sum_{i=2}^{p} \beta_i \Delta y_{t-i+1} + \varepsilon_t$$

ただし，$D_P(1930) = 1$，他の時点では $D_P(t) = 0$ とする。また，D_L は
$t > 1929$ ならば 1，$t \leq 1929$ ならば 0 とする。分析期間は，GNP は 1909～
1970 年，鉱工業生産指数は 1860～1970 年であり，構造変化点の相対的位置 λ
は，それぞれ 0.33 と 0.66 となる。

　表 4.6 をみると，a_1 は 1 を大きく下回っており，有意水準 1% で単位根の
仮説を棄却できる。以上をまとめると，世界大恐慌による水準シフトを考慮す
ると，実質 GNP，名目 GNP，鉱工業生産指数はすべてトレンド定常となる。
これはネルソン＝プロッサーの結果と大きく異なる。

例 7：水準シフト　　人工的に発生させたデータを用いて，DF 検定とペロン
検定を行ってみよう。まず，$\{\varepsilon_t\}$ は標準正規乱数とし 100 個の乱数を発生さ
せる。そして $y_0 = 0$ とし，DGP を下式として，$\{y_t\}$ を生成する（データは

4.8 構造変化　229

表 4.6　ネルソン＝プロッサーに用いられたデータの再検証

	T	λ	p	a_0	μ_1	μ_2	a_2	a_1
実質 GNP	62	0.33	9	3.44 (5.07)	-0.189 (-4.28)	-0.018 (-0.30)	0.027 (5.05)	0.282 (-5.03)
名目 GNP	62	0.33	9	5.69 (5.44)	-3.60 (-4.77)	0.100 (1.09)	0.036 (5.44)	0.471 (-5.42)
鉱工業生産指数	111	0.66	9	0.120 (4.37)	-0.298 (-4.56)	-0.095 (-0.095)	0.032 (5.42)	0.322 (-5.47)

注)　T は標本サイズ，λ は構造変化点の相対的位置，p はラグの長さである．カッコ内は t 値である（a_0，μ_1，μ_2，a_2 の帰無仮説は係数が 0 であり，a_1 の帰無仮説は係数が 1 としている）．

BREAK.XLS の系列 y1 に当たる）．

$$y_t = 0.5y_{t-1} + \varepsilon_t + D_L$$

ただし，D_L は 50 期まで 0，51 期から 1 とするダミー変数である（$\tau = 50$）．この式は，構造変化の規模が小さい点を除くと (4.34) 式と同じ式である．

このデータを図示すると，図 4.10 (a) と類似した図が得られる．しかし，分析者がデータを図示しないで構造変化に気づかないと，$\{y_t\}$ は単位根を持つと考えるかもしれない．実際，$\{y_t\}$ と $\{\Delta y_t\}$ の ACF を求めると，$\{y_t\}$ の ACF はゆっくり減衰している一方，$\{\Delta y_t\}$ の ACF はほぼ 0 となることが確認できる．さらに，DF 検定を行うと，

$$\Delta y_t = -0.0233y_{t-1} + \varepsilon_t \qquad\qquad \tau = -0.985$$
$$\Delta y_t = 0.0661 - 0.0566y_{t-1} + \varepsilon_t \qquad\qquad \tau_\mu = -1.706$$
$$\Delta y_t = -0.0488 - 0.1522y_{t-1} + 0.004t + \varepsilon_t \qquad \tau_\tau = -2.734$$

となる（診断テストをしたところ，追加のラグは必要がないことを確認した）．明らかに，定数項やトレンドを入れても単位根仮説は棄却できない．つまり，真のモデルはトレンド定常であるにもかかわらず，この情報だけで判断すると $\{y_t\}$ は階差定常となる．当然ながら，ここでの問題は，構造変化を無視していることである．

構造変化を考慮したペロン検定を行う．モデル 1 の回帰式を推定すると，

$$y_t = \underset{(1.30)}{0.083} + \underset{(5.52)}{0.479y_{t-1}} - \underset{(-1.25)}{0.002}\,t + \underset{(0.08)}{0.025D_P} + \underset{(5.52)}{1.116D_L} + \varepsilon_t$$

となる（構造変化点は既知とし，推定では $\tau = 50$ としている）．そして，残差の性質を調べたところ，系列相関はみられなかった．ここで a_1 は 0.479 であり，

その標準誤差は 0.0868（= 0.479/5.52）であるから，帰無仮説 $a_1 = 1$ を検定するための t 値は -6.01（= $(0.479 - 1)/0.0867$）となる。これは 5% の臨界値 -3.76 より小さいため，有意水準 5% で単位根の仮説が正しく棄却される。

◆ 構造変化点が未知の場合

ペロン（Perron 1989）は，分析者は構造変化点がいつかをわかっているとした。しかし，実証分析では，分析者は構造変化点がいつであるかはわからないことが多い。このため，ペロン検定を拡張し，構造変化点を未知とした検定が開発されている。基本的なアイデアは，2.11 で学習した sup F 検定と同じである。まず，すべての構造変化点の候補を用いてペロン検定を行う。そして，得られた t 値の中で，最も小さい t 値を検定統計量とする（つまり，単位根仮説を最も棄却しやすい時点が正しい構造変化点と考える）。これはとくに inf-t 検定と呼ばれる。ここで，「inf」は「インフ」と読む（inf は下限 infimum の略）。また学術誌 *Journal of Business and Economic Statistics* の 1992 年 7 月号は特集号を組んで，構造変化と単位根の関係を扱った論文を掲載している[15]。実証分析として，ベンデビット＝パペル（Ben-David and Papell 1995）は，16 カ国の長期 GDP データを分析し，構造変化を考慮することで約半数の国で単位根仮説を棄却している。

4.9 検出力と確定トレンド

単位根検定では，「単位根過程に近い振る舞いをする（特性根が 1 に近い）」過程と単位根過程を区別するのは難しい。本節では，単位根検定の検出力と確定的要因の関係を説明する。

◆ 検 出 力

検定の**検出力**（power）とは，「対立仮説が正しいとき帰無仮説を正しく棄却する確率」である。したがって，単位根検定の検出力が高ければ，ある系列が定常である場合に，単位根仮説を正しく棄却できる。残念ながら，単位根検定の検出力は小さく，（本当は特性根が 1 に近い定常過程であっても）誤って単位根

---

15 興味のある読者は，この分野の代表的論文である Zivot and Andrews (1992)，Perron (1997)，Vogelsang and Perron (1998)，Enders and Lee (2012) を参照されたい。

仮説が採択されやすい。問題は，有限標本では，トレンド定常過程は単位根過程をうまく近似できるし，逆に，単位根過程はトレンド定常過程をうまく近似できることにある。

モンテカルロ実験によって，DF 検定の検出力を求めてみよう。ここで，真の DGP を，

$$y_t = a_0 + a_1 y_{t-1} + \varepsilon_t$$

とする。ただし，$|a_1| < 1$ である[16]。分析者は DGP を知らないとし，DF 検定によって単位根の存在を検証する。問題は，DF 検定が帰無仮説 $a_1 = 1$ をどれぐらいの頻度で正しく棄却できるかにある。この問題に答えるため，系列 $\{y_t\}$ を 1 万回発生させて，各データに DF 検定を行う。そして，帰無仮説を正しく棄却できた割合を計算する。対立仮説が正しいもとでデータを発生させるため，帰無仮説を正しく棄却できた割合はまさに検出力となる。

当然ながら，DF 検定の検出力は a_1 の値に依存する。係数 a_1 が 1 に近い値なら，検出力は小さくなる。この点を確認するため，さまざまな a_1 に対し，DF 検定の検出力を求めてみよう。まず，$a_1 = 0.8$ と設定し，標準正規分布から発生させた乱数 $\{\varepsilon_t\}$ を用いて，$y_t = a_1 y_{t-1} + \varepsilon_t$ から 100 個の $\{y_t\}$ を発生させる（定数 a_0 は 0 とした）。次に，発生させたデータ $\{y_t\}$ を用いて，回帰式 $\Delta y_t = a_0 + \gamma y_{t-1} + \varepsilon_t$ を推定する。DF 検定では，帰無仮説 $\gamma = 0$ （つまり $a_1 = 1$）とし，統計量 τ_μ を計算し，帰無仮説を棄却できるかを判断する。そして，この実験を 1 万回繰り返すことで，帰無仮説が正しく棄却された割合を計算する。この結果は，有意水準の値に依存しているため，有意水準 1%，5%，10% について，それぞれ検出力を求めている。表 4.7 は，上記の実験をさまざまな a_1 に対し行った結果をまとめている。

係数 $a_1 = 0.8$ の場合，DF 検定は帰無仮説を正しく棄却できる。例えば，有意水準 5% なら，帰無仮説は 87.4% の割合で正しく棄却される。しかし，$a_1 = 0.95$ の場合，帰無仮説が正しく棄却される割合は，有意水準 5% で 12.7% と低くなる。

まとめると，DF 検定では，a_1 が 1 に近いと（特性根が 1 に近いと）検出力は低下する。この性質は問題だろうか。答えは，何を分析したいかによって変わってくる。もし短期予測に関心があれば，検出力の低さは問題とならない。モ

---

16 検出力は対立仮説が正しいとき帰無仮説を棄却する確率であるため，ここでは対立仮説が正しい状況を考える。

232　第4章　トレンド

表 4.7　DF 検定の検出力

a_1	有意水準		
	10%	5%	1%
0.80	95.9	87.4	51.4
0.90	52.1	33.1	9.0
0.95	23.4	12.7	2.6
0.99	10.5	5.8	1.3

ンテカルロ実験をしてみると，真の DGP が定常で特性根が 1 に近ければ，1 期先予測において，階差モデルは定常モデルよりも優れていた。つまり，単位根仮説を誤って採択し，階差モデルを用いても問題とならない。しかし，長期予測に関心があるなら，階差モデルと定常モデルの含意は大きく異なり，正しく定式化することが重要となる[17]。

◆ **確定的要因として何を含めるか**

DF 検定では，確定的要因として何を含めるかが問題となる。回帰式の選択肢としては，(4.20)～(4.22) 式（もしくは (4.23)～(4.25) 式）がある。

帰無仮説 $\gamma = 0$（対立仮説 $\gamma < 0$）を検定するには，（すべての確定的要因を含めた）一般的モデルの推定が望ましいと思うかもしれない。

$$\Delta y_t = a_0 + \gamma y_{t-1} + a_2 t + \sum_{i=2}^{p} \beta_i \Delta y_{t-i+1} + \varepsilon_t \tag{4.38}$$

しかし，問題は，パラメータ数が増えれば推定精度が下がり，検出力も低下してしまう点にある。検出力が低下すると，本当は定常であるのに，誤って単位根仮説を採択しやすくなってしまう。

回帰式を選択するうえでのポイントは，DGP の動きを捉える式を選ぶ点にある。本来は含めるべき定数項やトレンドを除くと，検出力は大きく低下してしまう。例えば，DGP にトレンドが含まれるのに，回帰式 (4.38) からトレンド $a_2 t$ を除くと，γ の推定に上方バイアスが発生する（仮説 $\gamma = 0$ を棄却しにくくなる）。他方，不必要な変数を含めると，パラメータ数が増加し，検出力が低下してしまう。

17　特性根がたとえ 1 に近くても，定常モデルではショックの影響は長期的には消えてしまう一方，階差モデルでは特性根が 1 であり，ショックの影響は恒久的に残る。

キャンベル゠ペロン（Campbell and Perron 1991）は，単位根検定に関して，次の結果を報告している。

1. 不必要な（DGP には存在しない）確定的要因を回帰式に含めると，パラメータ数が増加するため，検出力は低下する。したがって，不必要な説明変数は加えないほうがよい。

2. 必要な（DGP に存在する）確定的要因を回帰式から除くと，検出力は低下する。例えば，トレンド $a_2 t$ を誤って除くと，サンプルサイズが増えるにつれて検出力は低下していく。したがって，必要な説明変数は含めなければならない。

以上から，回帰式を適切に選択することが重要とわかる。では，適切な回帰式をどのように選択したらよいのか。ここでは，簡単にアドバイスをしたい。第 1 には，まずデータを図示することである。視覚的分析は，データに明瞭なトレンドがあるかを判断するのに有用である。第 2 には，適切な帰無仮説と対立仮説は何かを考えることである。例えば，図 4.1 をみると，実質 GDP は上昇トレンドを持っている。したがって，実質 GDP はトレンド定常過程か，ドリフトを含む単位根過程と考えられる。したがって，適切な回帰式は $\Delta y_t = a_0 + \gamma y_{t-1} + a_2 t + \sum \beta_i \Delta y_{t-i+1} + \varepsilon_t$ となり，制約 $\gamma = 0$ もしくは制約 $\gamma = a_2 = 0$ を検定すればよい。この場合，トレンド $a_2 t$ を除いたモデルを推定する必要はない。これはトレンド $a_2 t$ がなければ，対立仮説のもとで実質 GDP のトレンドを説明できないためである。

DF 検定の問題は，a_1 が 1 に近いと検出力が低下する点にある。**4.10**，**4.11** では，DF 検定の検出力を高めるための方法を紹介する。

4.10 DF-GLS 検定

DF 検定では，回帰式として，

$$y_t = a_0 + a_1 y_{t-1} + a_2 t + \varepsilon_t$$

もしくは，

$$\Delta y_t = a_0 + \gamma y_{t-1} + a_2 t + \varepsilon_t$$

を推定している（ただし，$\gamma = a_1 - 1$）。実のところ，DF 検定の問題は，a_1 が 1 に近いと，確定的要因のパラメータ a_0，a_2 がうまく推定できない点にある。

234　第 4 章　トレンド

これは a_1 が 1 に近いと，確率的要因の変動が大きくなり，確率的要因と確定的要因を識別することが難しくなるためである。したがって，もし a_1 が 1 に近いときでも，パラメータ a_0, a_2 を効率的に推定できるのであれば，DF 検定の検出力を高めることができる。

　DF 検定の回帰式は，

$$y_t = a_0^* + a_2^* t + e_t$$
$$e_t = a_1 e_{t-1} + \varepsilon_t$$

と書き換えられる。ただし，$a_1 < 1$ のとき，$a_0^* = a_0/(1-a_1) - a_1 a_2/(1-a_1)^2$，$a_2^* = a_2/(1 - a_1)$ である（証明は第 2 章練習問題 [5] を参照）。ここで誤差項はホワイトノイズではなく，AR(1) 過程となっている。また，a_1 はもとのモデルと同じであり，a_1 が 1 なら単位根を持つ。

　エリオット＝ローゼンバーグ＝ストック（Elliott, Rothenberg, and Stock 1996）は，**一般化最小 2 乗法**（generalized least squares：GLS）によって，確定的要因のパラメータ a_0^*, a_2^* を効率的に推定し，DF 検定の検出力を高める方法を提案している[18]。彼らの検定法は，GLS を用いた DF 検定であるため，**DF-GLS 検定**と呼ばれる（著者たちの頭文字をとって **ERS 検定**とも呼ばれる）。

　彼らの考え方を説明するため，帰無仮説を $a_1 = 1$ とし，対立仮説を $a_1 = \alpha$ としよう。ここで対立仮説は，a_1 を通常の範囲（$a_1 < 1$）ではなく，ある値（$a_1 = \alpha$）と設定している。このとき，対立仮説 $a_1 = \alpha$ が正しいならば，GLS 推定によって，

$$y_t = a_0^* + a_2^* t + e_t$$

を効率的に推定できる。このままでは誤差項に系列相関があるため，GLS では誤差項をホワイトノイズにする変形をしたうえで推定する。まず，上式の両辺に $1 - \alpha L$ を掛けると，

$$y_t - \alpha y_{t-1} = (1 - \alpha L)a_0^* + a_2^*(1 - \alpha L)t + (1 - \alpha L)e_t$$
$$= a_0^*(1 - \alpha) + a_2^*[\alpha + (1 - \alpha)t] + \varepsilon_t$$

18　**ガウス＝マルコフ**（Gauss-Markov）**の定理**によれば，OLS 推定量が効率的となるのは，誤差項がホワイトノイズ（分散一定かつ系列相関なし）であることが必要となる。しかし，このケースでは，誤差項 e_t は AR(1) 過程に従っており，系列相関が存在している。GLS では，誤差項をホワイトノイズにする変形を行ったうえ，その変形したモデルの OLS 推定を行うことで効率的な推定を可能としている。

4.10 DF-GLS 検定 **235**

表 4.8 DF-GLS 検定（トレンドモデル）の臨界値（$\alpha = 1 - 13.5/T$）

T	1%	5%	10%
50	-3.77	-3.19	-2.89
100	-3.58	-3.03	-2.74
200	-3.46	-2.93	-2.64
∞	-3.48	-2.89	-2.57

となる。ここで $(1 - \alpha L)e_t = \varepsilon_t$ とした。さらに，$\tilde{y}_t = y_t - \alpha y_{t-1}$，$z1_t = 1 - \alpha$，$z2_t = \alpha + (1 - \alpha)t$（また $\tilde{y}_1 = y_1$，$z1_1 = 1$，$z2_1 = 1$）と定義すると，上式は，

$$\tilde{y}_t = a_0^* z1_t + a_2^* z2_t + \varepsilon_t$$

と書ける。ここで，誤差項 ε_t はホワイトノイズであり系列相関は存在しない。この式を OLS 推定すれば，パラメータ a_0^*，a_2^* を効率的に推定できる。

この方法では，対立仮説 α の値を事前に設定しなければならない。そもそも DF 検定の問題は，a_1 が 1 に近いと検出力が低い点にあった。そのため，a_1 が 1 に近い場合に，検出力を改善させることが重要となる。したがって，α を 1 に近い値として設定することが自然であろう。彼らは定数項だけのモデルなら $\alpha = 1 - 7/T$，定数項とトレンドのモデルなら $\alpha = 1 - 13.5/T$ と設定することを勧めている。例えば，定数項とトレンドのモデルなら，$T = 100$ のとき，$\alpha = 1 - 13.5/100 = 0.865$ となる。

DF-GLS 検定の具体的な手順は以下となる。ここではトレンドモデルを考える。第 1 段階では，$\alpha = 1 - 13.5/T$ を用いて，GLS によって確定的要因のパラメータを推定する。第 2 段階では，パラメータの推定値 $\hat{a}_0^*$，$\hat{a}_2^*$ を用いて，$\{y_t\}$ から確定トレンドを除去する。

$$y_t^d = y_t - \hat{a}_0^* - \hat{a}_2^* t$$

そして，トレンドが除去された系列 $\{y_t^d\}$ を用いて，

$$\Delta y_t^d = \gamma y_{t-1}^d + \varepsilon_t$$

を推定する（ここで y_t^d は e_t を推定した値であることに注意）。最後に，帰無仮説 $\gamma = 0$，対立仮説 $\gamma < 0$ を検定すればよい。表 4.8 では，DF-GLS 検定の臨界値をまとめている。もし ε_t に系列相関が残っていれば，

236   第4章　トレンド

表 4.9　DF-GLS 検定の検出力

a_1	有意水準		
	10%	5%	1%
0.80	99.8	99.1	86.6
0.90	93.9	79.0	33.4
0.95	64.3	39.8	10.0
0.99	23.3	11.1	2.3

$$\Delta y_t^d = \gamma y_{t-1}^d + \sum_{i=2}^{p} c_i \Delta y_{t-i+1}^d + \varepsilon_t$$

を推定すればよい。

　定数項だけのモデルなら，$\alpha = 1 - 7/T$ と設定し，同様の手続きをすればよい。ただし，臨界値は DF 検定の τ（定数とトレンドなし）の臨界値を用いればよい。

　モンテカルロ実験によって，DF-GLS 検定の検出力を求めてみよう。真の DGP を $y_t = a_0 + a_1 y_{t-1} + \varepsilon_t$ とする（ただし，$|a_1| < 1$）。**4.9** と同様，$T = 100$ とし，さまざまな a_1 について，1 万回の繰り返し実験を行う。表 4.9 では，DF-GLS 検定の検出力を示している。表 4.7 と比較すると，DF-GLS 検定は DF 検定よりも検出力がかなり高くなっていることがわかる。しかし，a_1 が 1 に近い場合，DF-GLS 検定の検出力もそれほど高いとはいえない。まとめると，DF-GLS 検定は DF 検定よりも検出力は高い一方，a_1 が 1 に近いときはやはり単位根仮説を棄却しにくい。実際のデータ分析を通じて，DF-GLS 検定の理解を深めていこう。

例 8：DF-GLS 検定と仮想データ　　ERSTEST.XLS には，$y_t = 1 + 0.95 y_{t-1} + 0.01t + \varepsilon_t$ から発生させた 200 個のデータが含まれる。このファイルの最初の 5 行が表 4.10 に示されている。表の第 2 列目は系列 $\{y_t\}$ である。第 3 列目は $\tilde{y}_t$ であり，$\alpha = 1 - 13.5/200 = 0.9325$ を用いて，$\tilde{y}_t = y_t - 0.9325 y_{t-1}$ として求めている。例えば，$\tilde{y}_2 = y_2 - \alpha y_1 = 21.85126 - 0.9325 \times 20.03339 = 3.170124$，$\tilde{y}_3 = y_3 - \alpha y_2 = 1.637170$ となる。第 4 列目は $z1_t$ であり，$\alpha = 0.9325$ から，$z1_2 = z1_3 = \cdots = 1 - \alpha = 0.0675$ となる。第 5 列目は $z2_t = 0.9325 + 0.0675t$ であり，$z2_2 = 1.0675$，$z2_3 = 1.1350$ となる。

　ここで，$\tilde{y}_t$ を $z1_t$，$z2_t$ で回帰することで，

表 4.10　ERSTEST.XLS の冒頭 5 行

t	y	$\tilde{y}$	$z1$	$z2$	y^d
1	20.03339	20.03339	1.0000	1.0000	0.036376
2	21.85126	3.170124	0.0675	1.0675	1.692188
3	22.01347	1.637170	0.0675	1.1350	1.692338
4	22.08649	1.558934	0.0675	1.2025	1.603304
5	22.17255	1.576890	0.0675	1.2700	1.527297

$$\tilde{y}_t = 19.835 z1_t + 0.162 z2_t$$

を得る。表の第 6 列目では，パラメータ a_0^*, a_2^* の推定値を用いて，トレンドを除去した系列 $y_t^d = y_t - 19.835 - 0.162t$ を掲載している。このデータを用いると，

$$\Delta y_t^d = \underset{(-3.154)}{-0.0975} y_{t-1}^d$$

を得る（カッコ内は t 値）。ここで t 値は -3.154，有意水準 5% の臨界値は -2.93 であるため（表 4.8 参照），帰無仮説 $\gamma = 0$ は棄却される。

　最後に，通常の DF 検定をしてみよう。

$$\Delta y_t = \underset{(3.265)}{2.0809} + \underset{(3.106)}{0.0158}t - \underset{(-3.124)}{0.0979} y_{t-1} + \varepsilon_t$$

係数 γ の推定値は -0.0979，仮説 $\gamma = 0$ に対する t 値は -3.124 となる。巻末の付表 A から，τ_τ 統計量の臨界値は，有意水準 5% なら -3.45，10% なら -3.15 である。したがって，DF 検定では，有意水準 10% でも単位根仮説を棄却できない。この例からも DF-GLS 検定は DF 検定より検出力が高いことがわかる。

4.11　パネル単位根検定

　4.6 では，3 系列の実質為替レートに対し，DF 検定を別々に行うと全系列で単位根仮説が採択されることを紹介している（図 4.8 参照）。しかし，単位根検定の検出力の低さを考えると，誤って単位根仮説を採択してしまった可能性も否定できない。

238 第4章 トレンド

検出力を高める1つの方法として，多数の系列を含む**パネルデータ** (panel data) を用いることが考えられる。パネルデータを用いた単位根検定では，各系列に関する推定量の標本平均を利用する。この考えの理論的な裏付けは単純である。もし n 個の独立で不偏性を持つパラメータの推定量があれば，これらの推定量の標本平均も不偏性を満たす。さらに，推定量が独立であれば，中心極限定理から標本平均は真の値を中心とした正規分布に従う。

イム＝ペサラン＝シン（Im, Pesaran, and Shin 2003）は，この結果を用いて，パネルデータの単位根検定を提案している。彼らの検定は，著者たちの名前の頭文字をとり **IPS 検定**と呼ばれる。いま n 個の系列それぞれに T 個の観測値があるとしよう。このとき，各系列 i に対し（$i = 1, \ldots, n$），次式を用いて ADF 検定を行う。

$$\Delta y_{it} = a_{i0} + \gamma_i y_{it-1} + \sum_{j=2}^{p_i} \beta_{ij} \Delta y_{it-j+1} + \varepsilon_{it} \tag{4.39}$$

系列 i によってラグの長さ p_i は異なってもよい。ここで確定トレンドを含めていないが，たとえ1系列でも確定トレンドがあるなら全系列に確定トレンドを含めなければならない。

IPS 検定では，帰無仮説は $\gamma_1 = \gamma_2 = \cdots = \gamma_n = 0$，対立仮説は，

$$\gamma_i < 0 \qquad (i = 1, \ldots, n_1)$$
$$\gamma_i = 0 \qquad (i = n_1 + 1, \ldots, n)$$

としている（ただし，$1 \leq n_1 \leq n$ とする）。つまり，対立仮説では，γ_i が個別に異なることを許容しているだけでなく，$n - n_1$ 個の γ_i が0である可能性を認めている（説明を簡単にするため，最初の n_1 個は定常系列，残りの $n - n_1$ 個は非定常系列としている）。

(4.39) 式を推定し，帰無仮説 $\gamma_i = 0$ を検定する t 統計量を計算する。通常の ADF 検定では，個別の t 統計量（t_i と表記する）が，巻末の付表 A にある適切な臨界値と比較される。しかし，IPS 検定では，これら t_i の標本平均，

$$\bar{t} = \frac{1}{n} \sum_{i=1}^{n} t_i \tag{4.40}$$

を標準化した統計量 $Z_{\bar{t}}$ を用いる。

4.11 パネル単位根検定　　239

表 4.11　IPS 検定の臨界値

	$T=25$			$T=50$			$T=70$		
	10%	5%	1%	10%	5%	1%	10%	5%	1%
				定数項のみ					
$n=5$	−2.04	−2.18	−2.46	−2.02	−2.15	−2.42	−2.02	−2.15	−2.40
7	−1.95	−2.08	−2.32	−1.95	−2.06	−2.28	−1.95	−2.06	−2.28
10	−1.88	−1.99	−2.19	−1.88	−1.98	−2.16	−1.88	−1.98	−2.16
15	−1.82	−1.90	−2.07	−1.81	−1.89	−2.05	−1.81	−1.89	−2.04
25	−1.75	−1.82	−1.94	−1.75	−1.81	−1.93	−1.75	−1.81	−1.93
50	−1.69	−1.73	−1.82	−1.68	−1.73	−1.81	−1.68	−1.73	−1.81
				定数項とトレンド					
$n=5$	−2.65	−2.80	−3.09	−2.62	−2.76	−3.02	−2.62	−2.75	−3.00
7	−2.58	−2.70	−2.94	−2.56	−2.67	−2.88	−2.55	−2.66	−2.67
10	−2.51	−2.62	−2.82	−2.50	−2.59	−2.77	−2.49	−2.58	−2.75
15	−2.45	−2.53	−2.69	−2.44	−2.52	−2.65	−2.44	−2.51	−2.65
25	−2.39	−2.45	−2.58	−2.38	−2.44	−2.55	−2.38	−2.44	−2.54
50	−2.33	−2.37	−2.45	−2.32	−2.36	−2.44	−2.32	−2.36	−2.44

$$Z_{\bar{t}} = \frac{\sqrt{n}(\bar{t} - E[t_i])}{\sqrt{\mathrm{var}(t_i)}}$$

ただし，統計量 t_i の期待値と分散を $E[t_i]$ と $\mathrm{var}(t_i)$ とした（全系列で同じサンプルサイズ T なので，統計量 t_i の期待値と分散も同じ）[19]。さまざまな T に応じて，統計量 t_i の期待値と分散の値は異なるが，統計ソフトを用いれば簡単に $Z_{\bar{t}}$ を計算できる。

　イム＝ペサラン＝シンは，サンプルサイズが大きい場合，統計量 $Z_{\bar{t}}$ は標準正規分布に従うことを示している。もしさまざまな t_i が相互に独立ならば，中心極限定理によって，標本平均は正規分布に，それを標準化したものは標準正規分布に従うからである。ここで $Z_{\bar{t}}$ が標準正規分布に従うためには，サンプルサイズは十分に大きくなければならない。しかし，通常のサンプルサイズでは，標準正規分布の臨界値ではなく，表 4.11 の臨界値を用いるほうが望ましい。これらの臨界値は，n と T の大きさ，回帰式 (4.39) に確定トレン

19　DF 検定の t_i 統計量はすべて同じ単位根分布に従っている。この分布はサンプルサイズに応じて変わるが（付表 A），サンプルサイズが同じなら同一の分布となる。したがって，統計量 t_i の期待値と分散は i に依存しない。

240　第4章　トレンド

ドが含まれるかどうかに依存する[20]。例えば，それぞれ 50 個の観測値がある
7 系列の場合（$n = 7$, $T = 50$），定数項のみならば，有意水準 5% の臨界値は
-2.06 となる。よって，統計量 $Z_{\bar{t}}$ が -2.06 を下回っているならば帰無仮説は
棄却される。

例 9：実質実効為替レート　　期間を 1980Q1～2013Q1 とし，オーストラリ
ア，カナダ，フランス，ドイツ，日本，オランダ，英国，米国の実質実効為
替レートを分析する（データは PANEL.XLS から利用できる）。実質為替レートを図
示してみるとトレンドが存在していないため，各系列について (4.39) 式を推
定する。ただし，y_{it} は実質実効為替レートの対数とする。表 4.12 では，各系
列の DF 検定の結果を左側に示している。例えば，オーストラリアに関して
は，γ_i の推定値は -0.049，t_i は -1.678 となる。

　IPS 検定を行うため，帰無仮説 $\gamma_i = 0$ に関する 8 つの t 統計量の標本平
均を求めると -2.44 となり，統計量 $Z_{\bar{t}}$ は -2.996 となる。ここで $n = 8$,
$T = 133$ であるため，有意水準 5% と 1% の臨界値は，それぞれ -2.06 と
-2.28 となる（表 4.11 の $n = 7$, $T = 70$ の場合を用いた）。したがって，帰無仮
説 $\gamma_1 = \gamma_2 = \cdots = \gamma_n = 0$ は棄却され，一部の系列は定常であるといえる。

　この結果の問題は，個別系列の誤差項が同時点で相互に相関していることで
ある（$E[\varepsilon_{it}\varepsilon_{jt}] \neq 0$）。例えば，フランスとドイツの推定式の残差の相関を求め
ると 0.67 と高くなっている。これはフランスの実質為替レートを変化させる
ショックは，ドイツの実質為替レートにも影響を与えるためである。これでは
さまざまな t_i が相互に独立という前提が満たされなくなり，表 4.11 の臨界値
を用いることはできない。誤差項同士の相関を減らすには，共通の時間効果を
個別の観測値から除く操作を行うことが考えられる。時点 t の全系列の平均
は，

$$\bar{y}_t = \frac{1}{n}\sum_{i=1}^{n} y_{it}$$

となる。そして，系列 i から共通の時間効果を除いた $y_{it}^* = y_{it} - \bar{y}_t$ を用いて，
(4.39) 式を推定すればよい（平均を取り除くことで共通の時間効果を取り除くこと
ができる）。この例では，y_{it} は t 期における i 国の実質為替レートの対数であ

20　IPS 検定では，T と n はともに 4 を超えていなければならない。通常，T の大きさは
　　問題とならないが，n が小さすぎる場合に統計量 $Z_{\bar{t}}$ を計算することは無意味となる。

4.11 パネル単位根検定　241

表 4.12　実質実効為替レートに対する IPS 検定

		y			y^*	
	ラグ	γ_i	t 統計量		γ_i	t 統計量
オーストラリア	6	-0.049	-1.678		-0.043	-1.434
カナダ	8	-0.036	-1.896		-0.035	-1.820
フランス	2	-0.079	-2.999		-0.102	-3.433
ドイツ	2	-0.068	-2.669		-0.067	-2.669
日本	4	-0.054	-2.277		-0.048	-2.137
オランダ	2	-0.110	-3.473		-0.137	-3.953
英国	2	-0.081	-2.759		-0.069	-2.504
米国	2	-0.037	-1.764		-0.045	-2.008
平均			-2.44			-2.49

るため，各時点 t において，対数値の平均を y_{it} から差し引く。表 4.12 の右側には系列 $\{y_{it}^*\}$ に関する検定結果を示している。ラグの長さに変化はないが，t 統計量の平均は -2.49 となっている。したがって，共通の時間効果を除いても，帰無仮説 $\gamma_1 = \gamma_2 = \cdots = \gamma_n = 0$ は棄却される。

◆ パネル単位根検定の限界

最後に，パネル単位根検定の限界を述べる。IPS 検定以外にも数多くのパネル単位根検定が提案されているが，ここで述べる限界は，すべてのパネル単位根検定に当てはまる[21]。

1. IPS 検定の帰無仮説は $\gamma_1 = \gamma_2 = \cdots = \gamma_n = 0$ である。帰無仮説の棄却は少なくとも 1 つの γ_i が 0 でないことを示唆する。このため，実際には，1 個か 2 個の γ_i だけが 0 でない場合でも帰無仮説は棄却される。残念ながら，どの γ_i が統計的に 0 でないかを知る方法はない。したがって，パネル単位根検定の結果は，どの系列をパネルデータに含めるかという選択に依存する。

2. この検定の漸近理論に関する評価は，いまだ定まっていない。サンプルサイズが限りなく大きくなるには，T を固定して n を増やす場合，n を固定して T を増やす場合，n と T を同時に増やす場合がありうる。

21　Maddala and Wu (1999) は，IPS 検定と似ているが，ブートストラップ法を用いて臨界値を計算している。Levin, Lin, and Chu (2002) は，より制約の強い対立仮説として，$\gamma_1 = \gamma_2 = \cdots = \gamma_n = \gamma < 0$（すべての γ_i が同じ値 γ をとり，すべて 0 を下回る）を想定している。

242　第4章　トレンド

残念ながら，どの場合を選択するかという重要でなさそうな問題が，実際には検定統計量の性質を左右する。例えば，(4.39) 式に過去の階差を加えても，T が大きい限り，表 4.11 に示されている臨界値は変化しない。しかし，T が小さく n が大きい場合には臨界値がさまざまな β_{ij} の値に依存して変化する。

3.　この検定では，(4.39) 式の誤差項に系列相関がなく相互の相関もないという仮定が必要である。このため，$\{\varepsilon_{it}\}$ の系列相関が 0 になるように，ラグの長さ p_i を選択する必要がある。しかし，p_i を適切に選択しても，誤差項は同時点で相互に相関しているかもしれない（$E[\varepsilon_{it}\varepsilon_{jt}] \neq 0$）。もし誤差項が同時点で相関していれば，表 4.11 を用いることはできない。先の例で，誤差項の間の相関を除去するため，共通の時間効果を除く方法を紹介した。しかし，こうした修正によって同時点の相関を完全に除去できるとは限らない。別の方法として，ブートストラップ法で $\bar{t}$ の値を発生させ，同時点の相関を考慮したうえで検定統計量の臨界値を計算できる（**補論 4.1** を参照）。

4.12　トレンドと 1 変量分解

ネルソン = プロッサー（Nelson and Plosser 1982）の研究から，多くの経済時系列に確率トレンドと定常成分の両方が含まれていることが示唆されている。また，経済理論は，ある系列を一時的変動と恒久的変動に分けることの重要性を示している。例えば，消費理論では，一時的所得より恒久的所得に消費は反応するとしている。では，ある系列 $\{y_t\}$ を，どのように確率トレンドと定常成分に分解すればよいだろうか。本節では，代表的な分解法として，BN 分解と HP 分解を紹介する[22]。

まずは，確率トレンドの理解を深めよう。確率トレンドでは，毎期，決まった値の「平均的」変化が生じる。例えば，ドリフトを含むランダムウォークを考える。

$$y_t = y_{t-1} + a_0 + \varepsilon_t$$

22　トレンドが確定的であれば，その分解は簡単である。例えば，線形の確定トレンドは，毎期決まった値の変化を生じさせるため，y_t から確定トレンドを減じると定常成分を計算できる。

ここで，$E[\varepsilon_t] = 0$ のため，Δy_t の期待値は定数 a_0 となる。もちろん，実際の変化は，定数 a_0 に確率的成分 ε_t を加えた $a_0 + \varepsilon_t$ である。その変化が確定的成分 a_0 に起因するのか，確率的成分 ε_t に起因するのかという点にかかわらず，その変化分は $\{y_t\}$ の水準に累積していく（換言すれば，変化分 $a_0 + \varepsilon_t$ は水準に恒久的効果を持っている）。(4.5) 式でみたように，ドリフトを含むランダムウォークには定常成分がないため，純粋なトレンドモデルといえる。ドリフトを含むランダムウォークを純粋なトレンドとみなす考え方は，時系列分析では非常に有用であることが知られている。

◆ ベバリッジ＝ネルソン（BN）分解

ベバリッジ＝ネルソン（Beveridge and Nelson 1981）は，任意の ARIMA $(p, 1, q)$ 過程を，ドリフトを含むランダムウォーク成分（純粋トレンド）と定常成分に分解する方法を示している。彼らの方法は，著者たちの名前の頭文字をとって，ベバリッジ＝ネルソン（**BN**）**分解**とも呼ばれる。

まずは簡単な例を通して，BN 分解を理解しよう。ここで ARIMA(0, 1, 2) 過程を考える。

$$y_t = y_{t-1} + a_0 + \varepsilon_t + \beta_1 \varepsilon_{t-1} + \beta_2 \varepsilon_{t-2} \tag{4.41}$$

もし $\beta_1 = \beta_2 = 0$ ならば，(4.41) 式はドリフトを含むランダムウォークである。ここでは MA 項を導入することで，$\{y_t\}$ に定常成分を追加している。

BN 分解を理解する第 1 段階は，予測式を導出することである。記述を簡単にするため，$e_t = \varepsilon_t + \beta_1 \varepsilon_{t-1} + \beta_2 \varepsilon_{t-2}$ とし，(4.41) 式を $y_t = y_{t-1} + a_0 + e_t$ と書き換える。このとき，初期条件 y_0 を用いると，y_t の一般解は，

$$y_t = a_0 t + y_0 + \sum_{i=1}^{t} e_i \tag{4.42}$$

となり，これをさらに s 期分前に進めると，

$$y_{t+s} = a_0(t + s) + y_0 + \sum_{i=1}^{t+s} e_i \tag{4.43}$$

となる。さらに，y_0 を消すように (4.43) 式に (4.42) 式を代入すると，

$$y_{t+s} = a_0 s + y_t + \sum_{i=1}^{s} e_{t+i} \tag{4.44}$$

を得る。(4.44) 式を, $\{e_t\}$ ではなく $\{\varepsilon_t\}$ で表現するため, 次の関係式

$$\sum_{i=1}^{s} e_{t+i} = \sum_{i=1}^{s} \varepsilon_{t+i} + \beta_1 \sum_{i=1}^{s} \varepsilon_{t-1+i} + \beta_2 \sum_{i=1}^{s} \varepsilon_{t-2+i} \tag{4.45}$$

を用いて書き換える ($e_t = \varepsilon_t + \beta_1 \varepsilon_{t-1} + \beta_2 \varepsilon_{t-2}$ に注意)。

$$y_{t+s} = a_0 s + y_t + \sum_{i=1}^{s} \varepsilon_{t+i} + \beta_1 \sum_{i=1}^{s} \varepsilon_{t-1+i} + \beta_2 \sum_{i=1}^{s} \varepsilon_{t-2+i} \tag{4.46}$$

さまざまな s について, (4.46) 式の条件付き期待値を求めると,

$$E_t y_{t+1} = a_0 + y_t + \beta_1 \varepsilon_t + \beta_2 \varepsilon_{t-1}$$
$$E_t y_{t+2} = a_0 2 + y_t + (\beta_1 + \beta_2)\varepsilon_t + \beta_2 \varepsilon_{t-1}$$
$$\cdots$$
$$E_t y_{t+s} = a_0 s + y_t + (\beta_1 + \beta_2)\varepsilon_t + \beta_2 \varepsilon_{t-1} \tag{4.47}$$

となる ($i > 0$ のとき $E_t \varepsilon_{t+i} = 0$ に注意)。ここで, $s > 1$ について, 予測値は $a_0 s + y_t + (\beta_1 + \beta_2)\varepsilon_t + \beta_2 \varepsilon_{t-1}$ となっている。つまり, 予測関数は予測期間 s の線形関数に収束している (線形関数の傾きは a_0, 切片は $y_t + (\beta_1 + \beta_2)\varepsilon_t + \beta_2 \varepsilon_{t-1}$ となる)。この確率的切片は, t 期までに観察された変数のうち, 将来にわたって影響が消えずに残る部分であり, t 期におけるトレンド τ_t とみなすことができる ($\tau_t = y_t + (\beta_1 + \beta_2)\varepsilon_t + \beta_2 \varepsilon_{t-1}$ となる)。

厳密にいうと, トレンド τ_t は, s が無限に近づく場合の予測 $E_t(y_{t+s} - a_0 s)$ の極限値, つまり,

$$\tau_t = \lim_{s \to \infty} E_t(y_{t+s} - a_0 s)$$

と定義される (この場合, $\tau_t = y_t + (\beta_1 + \beta_2)\varepsilon_t + \beta_2 \varepsilon_{t-1}$)。ここで lim は s が十分に大きい状態を示している[23]。

---

23 ここでなぜ y_{t+s} から $a_0 s$ を取り除いてから極限を求めているのだろうか。なぜ y_{t+s} の極限をとって, 線形関数を $a_0 s$ と確率的切片に分解したうえで, 確率的切片を τ_t としないのだろうか。これは y_{t+s} には確定的に変化する部分 $a_0 s$ があり, それを残したまま

ここでいくつかの興味深い点を述べる。

1. トレンドは予測関数の極限値の条件付き期待値と定義される。一般的な用語を用いると，トレンドは「長期」予測である。この予測は，毎期，$\{\varepsilon_t\}$ の追加的な実現値が利用可能となるため，常に変動している。どの t 期においても，系列の定常成分は，y_t とトレンド τ_t の差となる。この場合，定常成分は，

$$y_t - \tau_t = -(\beta_1 + \beta_2)\varepsilon_t - \beta_2 \varepsilon_{t-1} \tag{4.48}$$

となる。この式から，「どの時点においても，y_t を所与とするとトレンド成分と定常成分は完全な負の相関をしている（相関係数は -1）」ことがわかる。

2. 定義から ε_t は y_t のイノベーション（y_t に生じた新たなショック）であり，その分散は σ^2 である。トレンドの構成要素 ε_t が 1 単位変化するとトレンドは $1 + \beta_1 + \beta_2$ 単位変化するため，トレンドの予測できない増分の分散は y_t の予測できない増分（イノベーション）の分散よりも大きくなる場合がある。これは τ_t と定常成分の負の相関は，$\{y_t\}$ 系列を平滑化する効果があるためである。厳密には，$(1 + \beta_1 + \beta_2)^2 > 1$ である場合，トレンド τ_t は y_t よりも大きく変動する。

3. トレンド τ_t はドリフトを含むランダムウォークとなっている。この点を確認しよう。まず，(4.48) 式から，$\tau_t = y_t + (\beta_1 + \beta_2)\varepsilon_t + \beta_2\varepsilon_{t-1}$ と書ける。そして，階差をとると，

$$\Delta\tau_t = \Delta y_t + (\beta_1 + \beta_2)\Delta\varepsilon_t + \beta_2\Delta\varepsilon_{t-1}$$
$$= (y_t - y_{t-1}) + (\beta_1 + \beta_2)\varepsilon_t - \beta_1\varepsilon_{t-1} - \beta_2\varepsilon_{t-2}$$

となる。(4.41) 式より $y_t - y_{t-1} = a_0 + \varepsilon_t + \beta_1\varepsilon_{t-1} + \beta_2\varepsilon_{t-2}$ を代入すると，

$$\Delta\tau_t = a_0 + (1 + \beta_1 + \beta_2)\varepsilon_t$$

である。したがって，$\tau_t = \tau_{t-1} + a_0 + (1 + \beta_1 + \beta_2)\varepsilon_t$ であり，トレンド τ_t はドリフト項 a_0 とホワイトノイズ $(1 + \beta_1 + \beta_2)\varepsilon_t$ から構成される。これはドリフトを含むランダムウォークに他ならない。

---

y_{t+s} の極限をとると値が発散してしまい，切片を評価できないためである。また，y_{t+s} から $a_0 s$ を引いたものは切片となるから，操作としては何も問題はないのである。

246　第4章　トレンド

　ベバリッジ=ネルソンは，データからトレンド成分と定常成分を抽出する
方法を示している。**2.8** で学習したボックス=ジェンキンス法を用いて，階差
$\{\Delta y_t\}$ から ARMA モデルを同定し，パラメータ a_0, β_1, β_2 を推定する。次
に，ε_t と ε_{t-1} を，それぞれ y_t と y_{t-1} の 1 期先の予測誤差として計算する。
そして，$\beta_1, \beta_2, \varepsilon_t, \varepsilon_{t-1}$ を (4.48) 式に代入し，不規則成分を計算する。こ
の不規則成分は y_t からトレンドの値を減じたものであり，さらに不規則成分
がわかればトレンド成分も計算できる。この計算を各時点 t について行うこと
で，すべての不規則成分とトレンド成分を計算できる。

◆ BN 分解の一般的ケース

　どのような ARIMA$(p, 1, q)$ 過程でも，その階差系列は定常な MA(∞) とし
て表現できる。

$$y_t - y_{t-1} = \mu + \varepsilon_t + \beta_1 \varepsilon_{t-1} + \beta_2 \varepsilon_{t-2} + \cdots$$

ここで，自己回帰部分の影響を考慮するため，ドリフト項は a_0 ではなく μ と
表記した。

　(4.44) 式と同様，$e_t = \varepsilon_t + \beta_1 \varepsilon_{t-1} + \beta_2 \varepsilon_{t-2} + \cdots$ と定義することで，y_{t+s}
の解は，

$$y_{t+s} = y_t + \mu s + \sum_{i=1}^{s} e_{t+i}$$

となる。また，(4.45) 式は，

$$\sum_{i=1}^{s} e_{t+i} = \sum_{i=1}^{s} \varepsilon_{t+i} + \beta_1 \sum_{i=1}^{s} \varepsilon_{t-1+i} + \beta_2 \sum_{i=1}^{s} \varepsilon_{t-2+i} + \cdots \tag{4.49}$$

と一般化できる。この式を $y_{t+s} = y_t + \mu s + \sum_{i=1}^{s} e_{t+i}$ に代入すると，

$$y_{t+s} = y_t + \mu s + \sum_{i=1}^{s} \varepsilon_{t+i} + \beta_1 \sum_{i=1}^{s} \varepsilon_{t-1+i} + \beta_2 \sum_{i=1}^{s} \varepsilon_{t-2+i} + \cdots$$

となる。ここで $E_t \varepsilon_{t+i} = 0$ を用いると，y_{t+s} の予測関数は，

$$E_t y_{t+s} = y_t + \mu s + \left(\sum_{i=1}^{s} \beta_i \right) \varepsilon_t + \left(\sum_{i=2}^{s+1} \beta_i \right) \varepsilon_{t-1} + \cdots \tag{4.50}$$

となる。

トレンドをみつけるため，s が無限に近づく場合の予測 $E_t(y_{t+s} - \mu s)$ の極限値を計算する。このようにして計算されるトレンドは次式となる[24]。

$$y_t + \left(\sum_{i=1}^{\infty} \beta_i\right) \varepsilon_t + \left(\sum_{i=2}^{\infty} \beta_i\right) \varepsilon_{t-1} + \left(\sum_{i=3}^{\infty} \beta_i\right) \varepsilon_{t-2} + \cdots$$

この極限値を求める簡単な方法を紹介する。簡単な計算によって，y_{t+s} は，

$$y_{t+s} = (y_{t+s} - y_{t+s-1}) + (y_{t+s-1} - y_{t+s-2}) + \cdots + (y_{t+1} - y_t) + y_t$$
$$= (\Delta y_{t+s} + \Delta y_{t+s-1} + \cdots + \Delta y_{t+1}) + y_t$$

と表せる。したがって，トレンド τ_t は，

$$\lim_{s \to \infty} E_t(y_{t+s} - \mu s) = \lim_{s \to \infty} [E_t(\Delta y_{t+s} + \Delta y_{t+s-1} + \cdots + \Delta y_{t+1}) + y_t - \mu s]$$
$$= \lim_{s \to \infty} E_t[(\Delta y_{t+s} - \mu) + (\Delta y_{t+s-1} - \mu) + \cdots$$
$$+ (\Delta y_{t+1} - \mu)] + y_t \tag{4.51}$$

とも書ける。この表現の利点は，ボックス=ジェンキンス法を用いて，$E_t(\Delta y_{t+s} - \mu)$ の値を計算できることにある。データの各観測値について，s 期先の予測を計算し，(4.51) 式の和を求める。さらに，不規則成分は，y_t とトレンド τ_t との差として求められる。

$$y_t - \lim_{s \to \infty} (E_t y_{t+s} - \mu s) = -\lim_{s \to \infty} E_t(\Delta y_{t+s} + \Delta y_{t+s-1} + \cdots$$
$$+ \Delta y_{t+1}) + \mu s$$

以上の結果をふまえて，BN 分解の手続きを具体的に説明しよう。

第 1 段階：系列の階差のモデルをボックス=ジェンキンスの方法に基づいて推定する。つまり，階差 $\{\Delta y_t\}$ について，最もフィットの良い $\mathrm{ARMA}(p, q)$ モデルを選択する。

第 2 段階：この ARMA モデルを用いて，各時点 t において，$1 \sim s$ 期先までの予測値を計算する（$s = \infty$ の近似として s を十分に大きな値に設定する）。各時点 t での予測値を用いて，$E_t[(\Delta y_{t+s} - \mu) + (\Delta y_{t+s-1} - \mu) + \cdots + (\Delta y_{t+2} -$

---

[24] 練習問題として，トレンドの 1 階の階差を計算し，トレンドがドリフトのあるランダムウォークとして表現できることを証明するとよい。つまり，$\tau_t - \tau_{t-1}$ が定数項 a_0 と系列相関のない誤差項の和であることが示される。

$\mu) + (\Delta y_{t+1} - \mu)] + y_t$ の和を計算する。例えば，ベバリッジ＝ネルソンは，$s = 100$ と設定している。このとき，最初のトレンド（つまり $t = 1$）は，

$$\tau_1 = E_1[(\Delta y_{101} - \mu) + (\Delta y_{100} - \mu) + \cdots + (\Delta y_2 - \mu)] + y_1$$

として計算できる。同様に，$t = 2$ について，

$$\tau_2 = E_2[(\Delta y_{102} - \mu) + (\Delta y_{101} - \mu) + \cdots + (\Delta y_3 - \mu)] + y_2$$

であり，最終期のトレンドは，

$$\tau_T = E_T[(\Delta y_{T+100} - \mu) + (\Delta y_{T+99} - \mu) + \cdots + (\Delta y_{T+1} - \mu)] + y_T$$

第 3 段階：t 期の不規則成分は，y_t から t 期のトレンド τ_t を除くことで計算される。つまり，t 期の不規則成分は $-E_t[(\Delta y_{t+100} - \mu) + (\Delta y_{t+99} - \mu) + \cdots + (\Delta y_{t+1} - \mu)]$ である。

ここで $s = 100$ としたが，系列によっては s の値が小さくてもよいことに注意しよう。例えば，(4.41) 式の ARIMA$(0, 1, 2)$ モデルでは，$s > 2$ の場合の階差の予測値は 0 であるため，s の値を 2 に固定できた。もし第 1 段階で推定された ARMA モデルの自己回帰係数が予測期間の増加に対してゆっくり減衰する場合には，予測の和が収束するように十分大きな s の値を選ぶ必要がある。BN 分解の理解を深めるため，次の 2 つの実証例をみていこう。

例 10：BN 分解と実質実効為替レート　　英ポンドの実質実効為替レートの四半期データを用いて ARIMA$(0, 1, 1)$ 過程を推定すると，

$$\Delta y_t = \underset{(-0.11)}{-0.0004} + \varepsilon_t + \underset{(4.75)}{0.386}\varepsilon_{t-1}$$

を得る（カッコ内は t 値となる）。実質実効為替レートの対数を y_t としている（データは PANEL.XLS から利用できる）。通常の回帰分析において定数項を除くことは少ないが，実質為替レートに有意ではない確定トレンドを残す必要性はない。定数項のないモデルを再推定すると，

$$\Delta y_t = \varepsilon_t + 0.386\varepsilon_{t-1}$$

を得る。第 2 段階では，各時点 t において，1〜s 期先までの予測値を計算する必要がある。このモデルでは，すべての t 期について，1 期先の予測値は，

$$E_t \Delta y_{t+1} = 0.386\varepsilon_t$$

であり，2 期先以上の予測値はすべて 0 となる（ε_t は推定モデルの残差で代用する）。したがって，すべての t 期について予測値の和 $E_t(\Delta y_{t+100} + \Delta y_{t+99} + \cdots + \Delta y_{t+1})$ も $0.386\varepsilon_t$ となる。このことから，1980Q2（$t = 1980Q2$ がデータで最初に使用できる観測値）のトレンドは $y_{1980Q2} + 0.386\varepsilon_{1980Q2}$，$y_{1980Q2}$ の一時的成分は $-0.386\varepsilon_{1980Q2}$ となる。同様の計算を全時点について繰り返すことで，不規則成分と恒久的成分の全系列を得る。ここで推定された ARIMA$(0, 1, 1)$ モデルは，(4.41) 式に制約 $a_0 = \beta_2 = 0$ を課した形になっている。したがって，英ポンドの実質実効為替レートに関しても，(4.42)〜(4.48) 式と同様の計算が可能である。

例 11：実質 GDP　**4.2** で確認したとおり，実質 GDP には単位根があり，

$$\Delta lrgdp_t = 0.0049 + 0.3706\Delta lrgdp_{t-1} + \varepsilon_t$$

と推定された（$lrgdp$ は実質 GDP の対数である）。このような ARIMA$(1, 1, 0)$ 過程について，階差の予測値の和を計算することは ARIMA$(0, 1, 1)$ 過程の場合ほど簡単ではない。

　まずは，ARIMA$(1, 1, 0)$ 過程 $\Delta y_t = a_0 + a_1\Delta y_{t-1} + \varepsilon_t$ を，MA(∞) として表現すると，

$$\begin{aligned}
\Delta y_t &= (1 - a_1 L)^{-1}a_0 + (1 - a_1 L)^{-1}\varepsilon_t \\
&= \frac{a_0}{1 - a_1} + \varepsilon_t + a_1\varepsilon_{t-1} + a_1^2\varepsilon_{t-2} + a_1^3\varepsilon_{t-3} + \dots
\end{aligned}$$

となる。ここで，ドリフト項は $\mu = a_0/(1 - a_1)$ となることに注意したい。

　1947 年第 2 四半期（$t = 1947Q2$ がデータで最初に使用できる観測値）の $\Delta lrgdp_t$ の値は，-0.00153 である。ここで，$E_t(\Delta y_{t+1} - \mu)$ を求めるには，-0.00153 から $\mu = 0.0049/(1 - 0.3706)$ を減じて $a_1 = 0.3706$ を掛ければよい。2 期先の予測値は，その値と 0.3706 の積として計算できる。さらに自己回帰係数を掛けていくと，数期先には予測値が収束してほぼ 0 となる。これらの階差の予測値の和に $lrgdp_{1947Q2}$ を加えたものが，$t = 1947Q2$ の恒久的成分となる。すべての観測値に関して，同様の計算を繰り返すことで，実質

図 4.12 米国の実質 GDP の循環成分

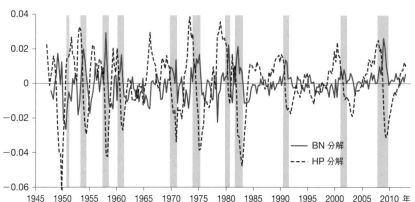

GDP の恒久的成分の系列が得られる[25]。

実際に，実質 GDP と恒久的成分を一緒に図示すると，両者の動きがほぼ同じであることがわかる。これは自己回帰係数の値が小さいため，実質 GDP の変動のほとんど恒久的成分によって説明できるからである。図 4.12 では，BN 分解で得られた循環成分（実質 GDP から恒久的成分を取り除いた成分）と後述する HP 分解による循環成分をともに示している。また，網かけ領域は，全米経済研究所（National Bureau of Economic Research：NBER）が公表している景気後退期（山から谷まで）を表す。これをみると，BN 分解は，通常の景気循環と考えられているものに比べて，ぎざぎざの動きになっている。

◆ ホドリック゠プレスコット（HP）分解

系列をトレンド成分と定常成分に分解する別の方法がホドリック゠プレスコット（Hodrick and Prescott 1997）によって提案されている。この分解法は，著者たちの頭文字をとって **HP 分解** と呼ばれる。また，HP 分解によりトレンド τ_t を抽出する操作を，「HP フィルターをかける」と表現することもある。

---

[25] 別の簡単な方法として，ARIMA(1, 1, 0) 過程に関して，以下の結果から直接的にトレンド成分を計算してもよい。

$$\tau_t = E_t[(\Delta y_{t+s} - \mu) + (\Delta y_{t+s-1} - \mu) + \cdots + (\Delta y_{t+2} - \mu) + (\Delta y_{t+1} - \mu)] + y_t$$
$$= [a_1^s (\Delta y_t - \mu) + a_1^{s-1} (\Delta y_t - \mu) + \cdots + a_1^2 (\Delta y_t - \mu) + a_1 (\Delta y_t - \mu)] + y_t$$
$$= \frac{a_1}{1 - a_1}(\Delta y_t - \mu) + y_t$$

4.12 トレンドと 1 変量分解　251

図 4.13　米国の実質 GDP，実質消費，実質投資

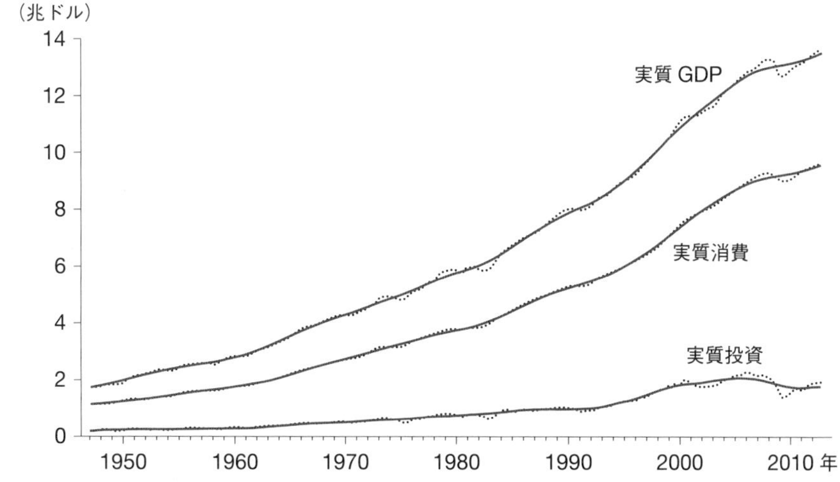

（兆ドル）

```
14 ┤
   │                                                    実質 GDP
12 ┤
   │
10 ┤
   │                                                      実質消費
 8 ┤
   │
 6 ┤
   │                                          実質投資
 4 ┤
   │
 2 ┤
   │
 0 ┼────┬────┬────┬────┬────┬────┬────┬─
   1950  1960  1970  1980  1990  2000  2010 年
```

　観測値 $\{y_1, y_2, \ldots, y_T\}$ を用いて，系列をトレンド成分 $\{\tau_t\}$ と定常成分 $\{y_t - \tau_t\}$ に分解したい。次の平方和を考えよう。

$$\frac{1}{T} \sum_{t=1}^{T} (y_t - \tau_t)^2 + \frac{\lambda}{T} \sum_{t=2}^{T-1} [(\tau_{t+1} - \tau_t) - (\tau_t - \tau_{t-1})]^2$$

ここで平方和は 2 つの項から構成される。ただし，λ は任意の定数，T は利用可能な観測値の数である。第 1 項は，トレンドからの乖離 $(y_t - \tau_t)$ の 2 乗和であり，この乖離が 0 に近いほど値が小さくなる。第 2 項は，トレンドの変動を捉える項であり，トレンド τ_t が一定率で変化しているとき，その値は 0 となる。例えば，線形トレンド $\tau_t = a + bt$ なら，$(\tau_{t+1} - \tau_t) - (\tau_t - \tau_{t-1}) = b - b = 0$ となる。逆に，トレンド τ_t が大きく変動していると値は大きくなる。

　HP 分解では，この平方和を最小にするように，トレンド系列 $\{\tau_t\}$ が選択される。なぜこの平方和を最小化するトレンドが望ましいのだろうか。これはトレンドであれば，データ系列 $\{y_t\}$ との当てはまりが良い（第 1 項が小さい）はずであり，またトレンドの変動は滑らかである（第 2 項が小さい）はずである，という考えがあるからである。

　ここで，λ はトレンドの変動を許容するための「費用」あるいはペナルティを反映している。実証分析では，四半期データなら $\lambda = 1600$，月次デー

タなら $\lambda = 14400$ と設定される[26]。λ の値を増加させることは、トレンドを
「平滑化（smooth out）」させる効果がある。例えば、$\lambda = 0$ の場合、平方和
は $y_t = \tau_t$ のときに最小化されるため、トレンド τ_t は、y_t の値と一致する。
$\lambda \to \infty$ の場合、平方和は $(\tau_{t+1} - \tau_t) = (\tau_t - \tau_{t-1})$ のときに最小化される。こ
のとき、トレンドの変化は一定となり、トレンドは線形の確定トレンドと一致
する。まとめると、HP 分解では、λ が大きくなると、トレンドの変動（つま
り $\Delta\tau_{t+1} - \Delta\tau_t$）をできるだけ小さくするようにトレンドが選択される。

先に紹介した図 4.12 では、HP 分解による実質 GDP の循環成分を示した。
この図をみると、HP 分解の循環成分はなだらかに動いており、景気後退期を
うまく捉えているようにみえる。しかし、2011～12 年において経済状態は悪
かったにもかかわらず、HP 分解では景気が良いとされている。図 4.13 では、
米国の実質 GDP、実質消費、実質投資に HP 分解を適用した結果が示されて
いる。平滑化した実線は HP 分解によって抽出されたトレンドを示している。
この図をみると、3 変数の変動の大部分が、恒久的成分によって説明されてい
るのがわかる。最後に、HP 分解の注意点として、この方法はトレンドを平滑
化するため、系列の不規則成分に見せかけの動きを作り出してしまうことが知
られている[27]。

4.13 ま と め

トレンドには、確定トレンドと確率トレンドがある。階差をとると確率トレ
ンドを除去できる一方、ディトレンドすると確定トレンドを除去できる。しか
し、不適切な方法は避けなければならない（例えば、確定トレンドに階差をとった
り、確率トレンドにディトレンドしたりすることは誤りである）。

ADF 検定を用いれば、系列に単位根があるか否かを検定できる。その際、
確定トレンドに構造変化がある場合には、ペロン検定を用いなければならな
い。また、ADF 検定は検出力が低いことが知られている。検出力を改善させ
る方法として、DF-GLS 検定が提案されている。パネルデータであれば、IPS

---

26 Hodrick and Prescott (1997)、Farmer (1993)、Hamilton (2018) を参照された
い。Hamilton (2018) では、HP 分解の問題が詳しく説明されている。

27 他の代表的な分解方法として、**観測不能成分**（unobserved components：UC）モ
デルを用いた **UC 分解**、**バンドパスフィルター**（band pass filter）を用いた分解があ
る。UC 分解の詳細は本書のウェブサポートページにある解説、バンドパスフィルター
Baxter and King (1999) を参照されたい。

補論 4.1　ブートストラップ法　　253

検定を用いればよい。

　最後に，時系列データの分解法として，BN 分解と HP 分解が紹介された。BN 分解では，トレンドと循環成分は完全な負の相関を持つ一方，HP 分解では，トレンドは時系列を平滑化させたものとされる。第 5 章では，多変量モデルの手法を用いて，系列を一時的成分と恒久的成分に分解する方法が解説される。

補論 4.1　ブートストラップ法

　ブートストラップ法（bootstrap method）は，ある 1 点を除くと，モンテカルロ実験と同じである。モンテカルロ実験では，何らかの分布を仮定したうえで乱数を発生させる。これに対して，ブートストラップ法では，データの分布を用いて乱数を発生させる。ここでデータの分布とは，観測値の各値が $1/T$ の確率で生じる離散分布として定義される[28]。

　ブートストラップ法は，エフロン（Efron 1979）によって初めて考案された。エフロンは「データは真の確率分布からのランダム標本である」と考えた。ある意味で，データの分布は真の確率分布の最良の推定値となる。したがって，ブートストラップ法では，正規分布など事前に設定された分布ではなく，データの分布（経験分布）を用いて乱数を発生させる。**ブートストラップ標本**（bootstrap sample）とは，データの各値が確率 $1/T$ で生じるとし，復元抽出されたサイズ T のランダム標本である。

例 12：具体的な数値例　　具体的に，確率過程 x_t の実現値として，

t	1	2	3	4	5	6	7	8	9	10
x_t	0.8	3.5	0.5	1.7	7.0	0.6	1.3	2.0	1.8	−0.5

が観測されたとしよう。このとき，標本平均は 1.87，標本標準偏差は 2.098 となる。下表は，3 つのブートストラップ標本を示している。各標本では，データの各値から 10 個を復元抽出した。ここで，x_{it}^* は i 番目のブートストラップ標本，$\bar{x}_i^*$ はその標本平均である。

28　ブートストラップ法は，Efron and Tibshirani (1993) に詳しく解説されている。

254　第4章　トレンド

t	1	2	3	4	5	6	7	8	9	10	$\bar{x}_i^*$
x_{1t}^*	3.5	1.7	−0.5	0.5	1.8	2.0	1.7	0.6	0.6	7.0	1.89
x_{2t}^*	−0.5	0.6	0.6	0.8	1.7	7.0	1.8	3.5	1.8	0.8	1.81
x_{3t}^*	0.5	0.6	7.0	1.3	1.3	7.0	1.3	1.8	3.5	0.6	2.49

注)　x_{it}^* は i 番目のブートストラップ標本，$\bar{x}_i^*$ はその標本平均である。

　ブートストラップ法では，復元抽出を行うため，同じ値が何度も抽出されうる。実際，x_{1t}^* では 0.6 と 1.7 がそれぞれ 2 回ずつ，x_{2t}^* では 0.6，0.8，1.8 が2 回ずつ，x_{3t}^* では 1.3 が 3 回も抽出されている。

◆ 回帰係数のブートストラップ
サイズ T のデータを用いて，x と y との関係式を推定したい。

$$y_t = a_0 + a_1 x_t + \varepsilon_t$$

しかし，推定された残差を調べると，正規分布ではなかったとしよう。このため，通常の t 検定を行ってよいかわからない。このとき，**ブートストラップ残差**を用いて，$\hat{a}_0$ と $\hat{a}_1$ の統計的性質を調べられる。その手順は以下のとおりである。

第 1 段階：モデルを推定し，パラメータの推定値 $\hat{a}_0$，$\hat{a}_1$ を得る。また残差 $e_1, e_2, \ldots, e_T$ を以下として求める。

$$e_t = y_t - \hat{a}_0 - \hat{a}_1 x_t$$

第 2 段階：これらの残差から，ランダムに復元抽出で T 個を選択し，これをブートストラップ残差 $e_1^*, e_2^*, \ldots, e_T^*$ とする。これらを用いて $y_1^*, y_2^*, \ldots, y_T^*$ を

$$y_t^* = \hat{a}_0 + \hat{a}_1 x_t + e_t^*$$

として求める。係数の推定値は固定した値として扱う。さらに，x_t も固定した値として扱う（このため，別のブートストラップ残差を用いても，同じ x_t によって y_t^* を求めることになる）。

第 3 段階：そして y_t^* を x_t で回帰し，a_0 と a_1 の推定値 a_0^*，a_1^* を得る。

第 4 段階：段階 2，3 を何度も繰り返すことで，そのたびに a_0^*，a_1^* を求めることができる。これらを用いれば，a_0^*，a_1^* の分布を得る。この分布は $\hat{a}_0$ と $\hat{a}_1$ の分布をよく近似できる。例えば，繰り返し回数が 1 万回とし，$\hat{a}_1$ の 95% 信頼区間を知りたいとしよう。このとき，1 万個の a_1^* を小さい順に並べて，250

番目（0.025×10000）の a_1^* から 9750 番目（0.975×10000）の a_1^* までを 95% の信頼区間とすればよい。これらの値は，それぞれ 2.5 パーセンタイル，97.5 パーセンタイルとも呼ばれる。

第 2 段階は，時系列分析では，被説明変数のラグが説明変数に含まれるため，少し修正が必要となる。例えば，AR(1) モデルを考えよう。

$$y_t = a_0 + a_1 y_{t-1} + \varepsilon_t$$

先と同様，ブートストラップ残差 $e_1^*, e_2^*, \ldots, e_T^*$ を求める。この残差を用いて，系列 $\{y_t^*\}$ は，

$$y_t^* = \hat{a}_0 + \hat{a}_1 y_{t-1}^* + e_t^*$$

とする。ただし，初期条件 y_1^* は，データ $\{y_t\}$ からランダムに選択される。

同様に，AR(p) モデルでは，初期条件は $y_1^*, \ldots, y_p^*$ となり，データ $\{y_t\}$ からランダムに選択される。初期条件の影響を取り除きたいなら，$T + 50$ 個の標本を生成し，最初の 50 個を捨て，残り T 個の標本を用いればよい[29]。以下では 3 つの例を通じて，ブートストラップ法の理解を深めよう。

例 13：信頼区間を求める　　**4.2** で分析したとおり，対数変換した米国実質 GDP の階差を $\Delta lrgdp$ とすると，

$$\Delta lrgdp_t = \underset{(6.80)}{0.0049} + \underset{(6.44)}{0.3706} \Delta lrgdp_{t-1}$$

となる。係数 a_1 の推定値は 0.3706 であり，その t 値は 6.44 である。ここで，係数 a_1 の 90% 信頼区間を求めたいとしよう。係数 a_1 の推定値は 0.3706 であり，標準誤差は 0.0575（$= 0.3706/6.44$）である。したがって，仮説 $a_1 = 0$ のもとで，a_1 の 90% 信頼区間は 0.276（$= 0.3706 - 1.645 \times 0.0575$）から 0.465（$= 0.3706 + 1.645 \times 0.0575$）となる。しかし，残差を調べてみると，実は，その分布は正規分布ではなかった。このとき，ブートストラップ法によって，信頼区間を求めることができる。

第 1 段階は既に終わっているため，第 2 段階から始める。第 2 段階では，回

---

[29] ここでは最初の 50 個を捨てるとしたが，常に 50 個を捨てればよいわけではない。大事な点は，初期値の影響が消えるほど十分な最初の標本を捨てる点にある。この場合，もし特性根が 1 にかなり近いようなら 50 個より多く捨てる必要があるし，特性根が 0 に近いならそもそも 50 個も捨てる必要はないだろう。

256 第4章 トレンド

帰残差からランダムに復元抽出で 262 個を選択し，これをブートストラップ残差 $\{e_t^*\}$ とする．また，データ $\{\Delta lrgdp_t\}$ から，ランダムに 1 つ取り出して初期条件 y_1^* とする．この残差 $\{e_t^*\}$ と初期条件 y_1^* を用いて，残り 262 個の y_t^* が次式により求められる．

$$y_t^* = 0.0049 + 0.3706 y_{t-1}^* + e_t^*$$

第 3 段階では，この $\{y_t^*\}$ を用いて，AR(1) モデルを推定する．その結果，係数が 0.35 だったとしよう．これが a_1^* の最初の値である．段階 2，3 を 1 万回繰り返すことで，1 万個の a_1^* を求められる．この a_1^* を小さい順に並べ直したところ，500 番目（0.05×10000）の a_1^* は 0.2652（下位 5% の値）であり，9500 番目（0.95×10000）の a_1^* は 0.4524（上位 5% の値）であった．このとき，a_1 の 90% 信頼区間は $[0.2652, 0.4524]$ 区間となる．この場合，ブートストラップ信頼区間は，t 分布から得られた信頼区間とほぼ同じである．

例 14：検定統計量　　4.6 で分析したとおり，米国の実質 GDP に ADF 検定を行うと，

$$\Delta lrgdp_t = \underset{(1.58)}{0.1248} + \underset{(1.31)}{0.0001t} - \underset{(-1.49)}{0.0156 lrgdp_{t-1}} + \underset{(6.26)}{0.3663 \Delta lrgdp_{t-1}}$$

となる（(4.29) 式を再掲した）．ここで，γ の t 値は -1.49 であり，有意ではない（単位根が存在する）．

ブートストラップ法によって，DF 統計量の分布を求めよう．真のモデルは $a_2 = 0$（確定トレンドなし），$\gamma = 0$（単位根）とする．ここで，y_t^* は階差とすると，例 13 の結果から，

$$y_t^* = 0.0049 + 0.3706 y_{t-1}^* + e_t^*$$

として生成される（$\gamma = 0$ が正しいもとでの推定式であることに注意）．ここで，y_t^* は階差であるため，その水準を $Y_t^* = Y_{t-1}^* + y_t^*$ として求める．第 3 段階では，

$$y_t^* = a_0^* + \gamma^* Y_{t-1}^* + \lambda^* t + a_1^* y_{t-1}^*$$

を推定する．これを 1 万回繰り返し，仮説 $\gamma^* = 0$ の t 統計量を計算する．こうして求めた t 統計量を小さい順に並べて，500 番目（$= 0.05 \times 10000$）の値を有意水準 5% の臨界値とする．加えて，Φ_3 統計量に関しては，仮説 $\gamma^* = \lambda^* = 0$ の F 統計量を計算する．こうして求めた Φ_3 統計量を小さい順に

並べて，9500 番目（$= 0.95 \times 10000$）の値を有意水準 5% の臨界値とする。

　ここで，初期条件 Y_1^* の選択を考えよう。これは，$\ln(RGDP_1)$ として設定できる。しかし，多くの場合，初期値の影響を減らすため，$T + 50$ 個のブートストラップ標本を生成し，最初の 50 個を捨てたうえで推定を行う。この手続きを 1 万回繰り返すと，仮説 $\gamma^* = 0$ の t 統計量の 5% 有意水準の臨界値は -3.43 となる。実際の t 値は -1.49 であり，有意水準 5% で仮説 $\gamma = 0$ を棄却できない。同様に，仮説 $\gamma^* = \lambda^* = 0$ の有意水準 5% の臨界値は 6.38 となる一方，実際の Φ_3 統計量の値は 2.97 である。したがって，有意水準 5% で仮説 $\gamma = \lambda = 0$ は棄却できない。

例 15：パネル分析　　パネルデータを用いた単位根検定では，残差の相互共分散は高くなる傾向があるため，ブートストラップ法で臨界値を求めるほうがよい。例 14 との違いは，単一の方程式ではなく，方程式のベクトルを推定することにある。ブートストラップ法においては，データの同時点の相互関係を維持したうえで，残差を抽出しなければならない。ここで，$\{e_{it}\}$ は，(4.39)式からの回帰残差としよう（e_{it} は i 番目の式の t 時点の残差に当たる）。そして，e_t は t 時点の残差ベクトルとする。

$$e_1 = (e_{11}, e_{21}, e_{31}, \ldots, e_{n1})$$
$$e_2 = (e_{12}, e_{22}, e_{32}, \ldots, e_{n2})$$
$$e_3 = (e_{13}, e_{23}, e_{33}, \ldots, e_{n3})$$
$$\cdots$$
$$e_T = (e_{1T}, e_{2T}, e_{3T}, \ldots, e_{nT})$$

　そして，最初のブートストラップ標本を求めたところ，

$$e_1^* = (e_{13}, e_{23}, e_{33}, \ldots, e_{n3})$$
$$e_2^* = (e_{15}, e_{25}, e_{35}, \ldots, e_{n5})$$
$$\cdots$$
$$e_T^* = (e_{12}, e_{22}, e_{32}, \ldots, e_{n2})$$

となったとしよう（e_1^* としては e_3 が，e_T^* としては e_2 が選ばれている）。ここで，回帰残差の同時点の関係が維持されていることに注意してほしい。例 14 と同

258 第4章 トレンド

様，$\{e_t^*\}$ を用いて，ブートストラップ系列を生成する。そして，この系列を用いて，t 統計量の平均値を求める。これを何千回も繰り返すことで，統計量の臨界値を求めることができる。

◎練 習 問 題

以下の練習問題を解きなさい。練習問題 [5]～[11] は実証分析を行う問題である。解答はすべて本書のウェブサポートページに掲載している。★印は難易度の高い問題であることを示す。

[1] (a) 初期条件を y_0 とする。各モデルについて，y_t の解を求めよ。また s 期先予測 $E_t y_{t+s}$ はどのようになるか。

① $y_t = y_{t-1} + \varepsilon_t + 0.5\varepsilon_{t-1}$

② $y_t = 1.1 y_{t-1} + \varepsilon_t$

③ $y_t = y_{t-1} + 1 + \varepsilon_t$

④ $y_t = y_{t-1} + t + \varepsilon_t$

⑤ $y_t = \mu_t + \eta_t + 0.5\eta_{t-1}$ ただし $\mu_t = \mu_{t-1} + \varepsilon_t$

⑥ $y_t = \mu_t + \eta_t + 0.5\eta_{t-1}$ ただし $\mu_t = 0.5 + \mu_{t-1} + \varepsilon_t$

(b) モデル②と④を定常な確率過程に変換せよ。

(c) モデル⑤を ARIMA$(p, 1, q)$ として表現せよ。

[2] モデルを $y_t = \mu_t + v_t$, $\mu_t = \mu_{t-1} + \varepsilon_t$, $v_t = (1 + \beta_1 L)\eta_t$ とする。また，初期条件を y_0 とする。このとき，y_t の解，予測関数 $E_t y_{t+s}$, ARIMA 表現を求めよ。ただし，誤差 ε_t, η_t の相関として，以下のいずれかを仮定せよ。① $E[\varepsilon_t \eta_t] = 0$, ② ε_t と η_t の相関係数は 1 となる。

[3] y_t を定数項と y_{t-1} で OLS 推定する。このとき，y_{t-1} の係数は，y_t の 1 次の標本自己相関と直接関係していることを示せ。

[4]★ 真のモデルを $\Delta y_t = \gamma y_{t-1} + \varepsilon_t$, $\gamma = a_1 - 1$ とする（ε_t は相互に独立で $E[\varepsilon_t^2] = \sigma^2$)。

(a) Δy_t を y_{t-1} だけで回帰すると，OLS 推定量 $\hat{\gamma}$ は次式になることを示せ。

$$\hat{\gamma} = \frac{\sum \Delta y_t y_{t-1}}{\sum y_{t-1}^2}$$

(b) ここで，上式両辺に T を掛けると以下が得られる。

$$T\hat{\gamma} = \frac{T^{-1} \sum \Delta y_t y_{t-1}}{T^{-2} \sum y_{t-1}^2}$$

$a_1 = 1$ のとき，上式の分子は以下として書き換えられることを示せ。

$$\frac{\sigma^2}{2}\left[\left(\frac{y_T}{\sqrt{T\sigma^2}}\right)^2 - \frac{1}{\sigma^2 T}\sum_{t=1}^{T}\Delta y_t^2\right]$$

(c) 大標本では，この分子は $(\sigma^2/2)[\chi^2(1)-1]$ と表せることを示せ．ただし，$\chi^2(1)$ は自由度 1 の χ^2 確率変数とする．

[5] RGDP.XLS には，米国の実質 GDP データ rgdp が含まれる．

 (a) **4.1** の (4.1) 式を再現せよ．

 (b) **4.6** の (4.29) 式を推定し，統計量 τ_τ, Φ_2, Φ_3 を求めよ．この結果から何がいえるか．

[6] QUARTERLY.XLS は，**2.10** で用いた米国の金利データが含まれる．金利スプレッド s は，長期金利 r5 から短期金利 t-bill を引いたものと定義される．

 (a) モデル $\Delta s_t = a_0 + \gamma s_{t-1} + \sum \beta_i \Delta s_{t-i+1} + \varepsilon_t$ を推定せよ．ただし，ラグ次数は，AIC，BIC，一般化からの特定法によって選択せよ．

 (b) ラグ次数として 8 を用いると，

$$\Delta s_t = \underset{(3.78)}{0.255} - \underset{(-4.37)}{0.211}\,s_{t-1} + \Sigma\beta_i \Delta s_{t-i+1}$$

となる（カッコ内は t 値）．このとき，スプレッドは定常といえるか．

 (c) r5 に ADF 検定をしよう（ラグ次数は 7）．このとき，r5 は定常か．

 (d) t-bill に ADF 検定をしよう（ラグ次数は 11）．このとき，t-bill は定常か．

 (e) 各金利は単位根を持っているにもかかわらず，スプレッドが定常になるのはなぜか．理由として考えられることを述べよ．

[7] BREAK.XLS は，**4.8** の例 7 で用いたデータが含まれる．

 (a) ファイルの系列 y1 を図示し，構造変化の効果を視覚的に確認せよ．

 (b) 系列 y1 を用いて，例 7 の推定結果を再現せよ．

 (c) 系列 y2 は $t=51$ で構造変化が生じている．この系列を図示し，図 4.10（a）（b）と比較して何が読み取れるか述べよ．

 (d) 系列 y2 の水準，階差それぞれについて標本 ACF・PACF を求めよ．この結果から，y2 は階差定常といえるだろうか．

 (e) ADF 検定をすると以下の結果が得られることを確認せよ（カッコ内は t 値）．

$$\Delta y2_t = \underset{(1.01)}{0.072} - \underset{(-0.05)}{0.0001t} - \underset{(-0.66)}{0.022}\,y2_{t-1}$$

 (f) 回帰式 $y_t = a_0 + a_1 y_{t-1} + a_2 t + \mu_1 D_P + \mu_2 D_L + \varepsilon_t$ を推定せよ．この結果から何がいえるか．

[8] (a) PANEL.XLS を用いて，**4.11** の結果を再現せよ．

 (b) オーストラリア，カナダ，米国を除くと，IPS 検定の結果はどうなるか．t 値をみて，パネルに含める国を選択してはいけない理由を述べよ．

260 第4章 トレンド

(c) ADF 検定に，誤って確定トレンドを含めたとしよう．このとき，**4.11** の結果は，どうなるかを述べよ．

[9] (a) `PANEL.XLS` の各系列の対数に対し DF-GLS 検定を行い，ADF 検定の結果と比較せよ．

(b) `ERSTEST.XLS` を用いて，**4.10** の例 8 の結果を再現せよ．

[10] `RGDP.XLS` は，米国の実質 GDP データ rgdp が含まれる．

(a) 1973 年の石油危機は，平均成長率を引き下げたといわれる．この構造変化を考慮したうえで，単位根検定を行うとどうなるか（1973 年半ばにトレンドの係数に構造変化があったとし，ペロン検定を行う）．

(b) HP 分解，BN 分解によって，実質 GDP をトレンド成分，定常成分に分解せよ．また，定常成分を図示し，両者の違いを述べよ．また，GDP ギャップ（実質 GDP と潜在 GDP の差）を求めて，HP 分解，BN 分解の結果と比較せよ．

(c) 実質 GDP は，トレンドに構造変化（1973 年半ば）のある定常過程とし，トレンドからの乖離を定常成分とする．このとき，この定常成分を (b) の結果と比較せよ．

[11]* モンテカルロ実験をしよう．ただし，$y_0 = 0$，$T = 100$，$N = 5000$（繰り返し回数）とする．

(a) 定数項のみの場合について，ディッキー＝フラー分布を求めよ．

(b) トレンド変数も含めた場合について，ディッキー＝フラー分布を求めよ．

(c) DGP を $y_t = a_1 y_{t-1} + \varepsilon_t$ とし，$a_1 = 0.5$，0.95 として，$\hat{a}_1$ と t 統計量（H_0 を真の値とする）の分布を求めよ．

(d) DGP は $y_t = 0.5 y_{t-1} + \varepsilon_t + \delta D_L$ とする（D_L は，$t = 0, \ldots, 50$ の範囲で 0，$t = 51, \ldots, 100$ の範囲で 1 となる）．また，$\delta = 0, 1, 2, 3$ のいずれかとしよう．ここで D_L を含めず，定数と y_{t-1} だけで回帰したとする．このとき，y_{t-1} の係数の分布を求めよ．この結果から何がいえるか．

第5章
多変量時系列モデル

学習目的

5.1 自己回帰分布ラグ（ADL）モデルが経済システムに存在するフィードバックを考慮できない限界を理解する。

5.2 ベクトル自己回帰（VAR）モデルの概念を導入する。

5.3 VARモデルの推定方法を説明し，VARモデルの基本形のみでは，構造VARモデルが識別できない点を示す。

5.4 インパルス応答と分散分解の計算方法を解説する。

5.5 VARモデルのラグ次数選択とグレンジャーの因果性の検定方法を解説する。

5.6 経済理論から導出される制約を多変量時系列分析に導入した構造VARモデルを解説する。

5.7 構造VARモデルに用いることができる制約の例を示す。

5.8 過剰識別制約の検定方法の説明とその応用例を示す。

5.9 ブランシャール＝クアの長期中立性制約から構造VARモデルを識別する方法を解説する。

5.10 実質為替レートと名目為替レートを用いたブランシャール＝クア分解の応用例を示す。

　第4章までに紹介された単一方程式の時系列モデルを使った分析でも，経済変数のさまざまな興味深い動学的な性質を調べることができる。しかし，2変数以上を同時に分析するには，複数の方程式を用いた多変量時系列モデルに関する知識が必要となる。

　本章では従属変数と説明変数を区別することなく対称的に扱う多変量モデルであるベクトル自己回帰（VAR）モデルの分析手法を中心に紹介する。VARモデルを推定し，グレンジャーの因果性，インパルス応答，分散分解等の概念を用いることで，経済変数間の相互関係の理解が深まるだろう。

5.1 シムズの批判

まず単純な多変量モデルとして ADL モデルを導入する。いま内生変数 y_t と外生変数 z_t が次の関係を持つとしよう。

$$y_t = a_0 + A(L)y_{t-1} + C(L)z_t + \varepsilon_t \tag{5.1}$$

このモデルは 1 変数の AR モデルが外生変数 z_t にも依存する形で一般化されており，**自己回帰分布ラグ**（autoregressive distributed lag：**ADL**）モデルと呼ばれる。分布ラグ多項式 $C(L)$ は，政府介入のような外生変数 z_t の変化が一定の期間を経て内生変数 y_t へ伝達されていく様子を捉えている。

ADL モデルの推定では，2 つの重要な問題が生じる。第 1 は，モデル選択に関する問題である。これまで学習してきたように，倹約的モデルは複雑なモデルよりも好ましい。このため，ADL モデルの推定でも，統計的に有意でない係数を省く，つまり，ラグ多項式に 0 という制約を課すことで，推定するパラメータ数を減らしていくことになる。しかし，モデルを単純化したい分析者の間で常に同じモデルが選択されるとは限らない。さらに，ラグ多項式の一部に誤った 0 の制約を課すと ADL モデルによる予測は不偏性を失い，望ましくない。

第 2 は，y_t から z_t へのフィードバックがないという仮定に関する問題である。ラグ多項式 $C(L)$ の係数の推定量が不偏性を持つためには，説明変数 z_t は誤差項 ε_t と無相関でなければならない。たしかに貨幣供給や政府支出のような政策変数が外生である（つまり誤差項と相関がない）と仮定した経済モデルもあるだろう。しかし，システムの中の別の変数の状態に応じて貨幣供給や政府支出が決定されるようなフィードバックを考えるほうが一般的である。例えば，寒い日に暖房器具を使う状況を考えよう。ここで真のモデルは，暖房の使用量 z_t により室温 y_t が上昇するという正の関係にある。ところが，室温が低いから暖房を使うことを考えると，観測された z_t と y_t に負の相関が生じる可能性もある。したがって，暖房使用の意思決定が，室温から受ける影響（つまりフィードバック）を考慮しない限り，真の関係を適切に捉えることができない。

ラグ多項式の形状に制約を課す必要性とフィードバック問題を解決するため，シムズ（Sims 1980）は「非構造推定の戦略（nonstructural estimation strategy）」を提唱した[1]。その方法によれば，すべての変数は内生変数として扱われ，モデルが無制約の誘導型として推定される。なお**誘導型モデル**（あるいは**誘導方程式**）では，ある内生変数が自己のラグ，他の内生変数のラグ，あるいは外生変数で表現される。その対比である**構造型モデル**（あるいは**構造方程式**）では，ある内生変数が今期の他の内生変数にも依存した表現となる。以下ではマクロ計量モデルの歴史的背景を簡単に振り返り，シムズの考え方とベクトル自己回帰アプローチの動機を理解しよう。

◆ マクロ計量モデル：歴史的背景

かつては大型マクロ計量モデルを用いることがマクロ計量分析の定番であった。個別に推定された構造方程式は，最終的に集計され，マクロ経済全般の予測に用いられた。スーツ＝スパークス（Suits and Sparks 1965）で報告されているブルッキングス米国四半期計量モデル（Brookings Quarterly Econometric Model of the United States）の中から，以下の2式を考えよう。

$$C_{\mathrm{NF}} = \underset{(0.0165)}{0.0656}Y_{\mathrm{D}} - \underset{(2.49)}{10.93}(P_{\mathrm{CNF}}/P_{\mathrm{C}}) + \underset{(0.0522)}{0.1889}(N + N_{\mathrm{ML}})_{t-1}$$

$$C_{\mathrm{NEF}} = 4.2712 + \underset{(0.0127)}{0.1691}Y_{\mathrm{D}} - \underset{(0.0213)}{0.0743}(ALQD_{\mathrm{HH}}/P_{\mathrm{C}})_{t-1}$$
$$\phantom{C_{\mathrm{NEF}} = }{\scriptstyle(-)}$$

ここで C_{NF} は食料品の個人消費支出額，P_{CNF} は食料品の個人消費支出の価格指数，P_{C} は個人消費支出の価格指数，$N + N_{\mathrm{ML}}$ は総人口（文民人口と軍人人口の和），C_{NEF} は食料品を除く非耐久財の個人消費支出額，Y_{D} は個人可処分所得，$ALQD_{\mathrm{HH}}$ は家計の保有流動資産（期末）である。カッコ内は標準誤差を示すが，定数項の標準誤差は省略されている。また t 時点の変数の場合の添字も省略されている。モデルの残りの部分には，総消費，投資支出，政府支出，輸出，輸入，金融セクター，価格決定式などが含まれる。

食料品支出 C_{NF} と食料品以外の非耐久財支出 C_{NEF} はどちらも可処分所得 Y_{D} とともに増加する。ところが食料品支出 C_{NF} は相対価格，$P_{\mathrm{CNF}}/P_{\mathrm{C}}$，と前期の人口，$N + N_{\mathrm{ML}}$，にも依存しており，食料品以外の非耐久財支出 C_{NEF} は前期の実質流動資産，$ALQD_{\mathrm{HH}}/P_{\mathrm{C}}$，にも依存すると仮定されている。このような恣意的な仮定は経済理論と整合的だろうか。シムズは，こうした連立方程式モデルについて以下のように述べている。

1　シムズはこの功績によってノーベル経済学賞を受賞した。

264　第5章　多変量時系列モデル

　経済理論が一連の方程式に関して示唆している主要な点は，ある式の右辺にあるどの変数も，原理的には，すべての式の右辺に現れるということである。最終的なモデルの個々の式の間で右辺の変数が異なっていることは，経済理論から導出されたわけではなく，（需要式に関しては）計量経済学者の直観による独自の心理学や社会学の理論によってもたらされている。つまり需要式から多くの変数を除外することで，消費者の効用関数に根拠のない制限を加えてしまっている。さらにモデルの特定化の段階で一連の方程式をシステムとして扱わない限り，個々の方程式では適切にみえた経済主体の行動に関する制約が，全体を総合すればまったく不適切になってしまうかもしれない。

（Sims 1980, p.3）

　多くのマネタリストは，誘導方程式を用いて政府のマクロ経済政策効果を評価している。例として，アンダーセン゠ジョーダン（Andersen and Jordan 1968）が推定したセントルイス（St. Louis）モデルを考えよう。彼らは米国の四半期データ（1952～68年）を用いて，誘導型の GNP 決定式を推定している。

$$\Delta Y_t = 2.28 + 1.54\Delta M_t + 1.56\Delta M_{t-1} + 1.44\Delta M_{t-2} + 1.29\Delta M_{t-3}$$
$$+ 0.40\Delta E_t + 0.54\Delta E_{t-1} - 0.03\Delta E_{t-2} - 0.74\Delta E_{t-3} \tag{5.2}$$

ここで，ΔY_t は名目 GNP の変化，ΔM_t はマネタリーベース（銀行券発行高＋貨幣流通高＋当座預金）の変化，ΔE_t は政府赤字の変化とする。

　アンダーセン゠ジョーダンの分析では，金融当局と財政当局によって操作可能な政策変数として，それぞれマネタリーベースと政府赤字が用いられている。このセントルイスモデルは，財政支出や税収の変化ではなく，貨幣供給量の変化が GNP に影響を及ぼしているというマネタリストの政策提言を立証する試みの1つであった。マネタリーベースの変化 ΔM の係数の和（$1.54 + 1.56 + 1.44 + 1.29 = 5.83$）が0であるという仮説は統計的に棄却されることから，彼らはマネタリーベースの増減が名目 GNP を変化させると主張している。一方，政府赤字の係数の和（$0.40 + 0.54 - 0.03 - 0.74 = 0.17$）については統計的に0である仮説が棄却できない。彼らは，この結果を「遅れのあるクラウディングアウト（lagged crowding out）」と解釈している。財政赤字の増加は一時的な景気刺激効果はあるものの，長期的には金利や他のマクロ経済変数が変化し，民間部門の支出を引き下げるため，累積効果は0となってしまう。

シムズは，こうした分析に関しても，いくつかの問題点を指摘している。シムズの批判は，(5.2) 式を説明変数が M_t と E_t のみで被説明変数 ΔY_t のラグを含まない ADL モデルとみなすことで理解できる。すでに議論したように ADL モデルによる分析が有効であるためには，以下の 2 条件が成立しなければならない。

① ラグの長さが適切である。

② M_t と E_t は外生変数である（GNP とマネタリーベース，GNP と財政赤字の間にフィードバックがない）。

まず①については，真のモデルの右辺に通常の ADL モデルのような被説明変数のラグが含まれていれば，係数の推定値に（欠落変数）バイアスが生じてしまう。次に②については，金融当局や財政当局が名目 GNP を故意に変化させようとしているならば，フィードバックのない仮定は不適切となる。暖房と室温の例のように，もし金融当局がマネタリーベースを変化させることで経済を操作しようとしていれば，真のモデルを識別することができない。計量経済学の専門用語で表現すれば，GNP から貨幣供給への「因果性（causality）」があるといえる。この問題を解決するには，GNP の決定式，貨幣供給の決定式（フィードバック）を同時に推定する必要がある。シムズは，2 種のモデル（ここではブルッキングス米国四半期計量モデルとセントルイスモデル）を比較し，以下のように述べている。

> 既存の大型モデルには多くの信じがたい制約が用いられているため，対立するマクロ経済理論を検定することを目的とした実証研究では，ほとんどの場合，単一方程式もしくは少数の方程式を用いた枠組みを採用している。この理由だけでも，不注意に多くの制約を課すことなく，大型モデルを構築する可能性を検討することは有益であろう。(中略) すべての変数を内生変数として扱い，大型のマクロモデルを無制約の誘導型として推定することは可能なはずである。

(Sims 1980, pp.14-15)

5.2 VAR 分析入門

ある変数が本当に外生変数かどうかという点に自信がなければ，それぞれの

266 第5章 多変量時系列モデル

変数を対称的に扱うように ADL モデルを拡張することは自然であろう。2変数の場合，y_t の時間経路が現在と過去の z_t の実現値に影響を受け，同時に z_t の時間経路が現在と過去の y_t の実現値に影響を受けるようにすることができる。以下の単純な2変量システムを考える。

$$y_t = b_{10} - b_{12}z_t + \gamma_{11}y_{t-1} + \gamma_{12}z_{t-1} + \varepsilon_{yt} \tag{5.3}$$

$$z_t = b_{20} - b_{21}y_t + \gamma_{21}y_{t-1} + \gamma_{22}z_{t-1} + \varepsilon_{zt} \tag{5.4}$$

ここで，① y_t と z_t は定常，② ε_{yt} と ε_{zt} はホワイトノイズ（ただし，$E[\varepsilon_{yt}^2] = \sigma_y^2$，$E[\varepsilon_{zt}^2] = \sigma_z^2$），③ ε_{yt} と ε_{zt} は無相関である（$E[\varepsilon_{yt}\varepsilon_{zt}] = 0$）。

最も長いラグが1であることから，(5.3)(5.4) 式は「1次」の**ベクトル自己回帰**（vector autoregressive：**VAR**）**モデル**と呼ばれる。まず単純な1次の2変量 VAR モデルの構造を検討することで，**5.5** で紹介する一般的な VAR モデルも理解しやすくなるだろう。このシステムでは，y_t と z_t が互いに影響を及ぼし合っていることからフィードバックが考慮されている。例えば，$-b_{12}$ は z_t が1単位変化した場合の y_t に対する同時効果を示し，γ_{12} は z_{t-1} が1単位変化した場合の y_t に対する効果を示している。ε_{yt} と ε_{zt} の項は，y_t と z_t の純粋な誤差項（またはショック）であることに注意したい。もちろん，もし b_{21} が0でなければ，ε_{yt} は z_t に対して間接的な同時効果を持ち（経路は $\varepsilon_{yt} \rightarrow y_t \rightarrow z_t$），$b_{12}$ が0でなければ，ε_{zt} は y_t に対して間接的な同時効果を持つ（経路は $\varepsilon_{zt} \rightarrow z_t \rightarrow y_t$）。このシステムを用いることで，室温と暖房の例のようなフィードバック効果も把握できる。(5.3) 式では，現在と過去の暖房使用が室温の時間経路に影響を与えることを許容し，(5.4) 式では，現在と過去の室温から暖房使用の意思決定へのフィードバックを許容している。

右辺がラグ変数と誤差項のみの組み合わせで表現されているシステムは誘導型と呼ばれる。(5.3)(5.4) 式では，y_t から z_t への同時効果と z_t から y_t への同時効果があることから，誘導型の方程式ではない。幸いなことに，このシステムを誘導型に変形することができる。行列を用いれば，(5.3)(5.4) 式は簡潔に，

$$\begin{bmatrix} 1 & b_{12} \\ b_{21} & 1 \end{bmatrix} \begin{bmatrix} y_t \\ z_t \end{bmatrix} = \begin{bmatrix} b_{10} \\ b_{20} \end{bmatrix} + \begin{bmatrix} \gamma_{11} & \gamma_{12} \\ \gamma_{21} & \gamma_{22} \end{bmatrix} \begin{bmatrix} y_{t-1} \\ z_{t-1} \end{bmatrix} + \begin{bmatrix} \varepsilon_{yt} \\ \varepsilon_{zt} \end{bmatrix}$$

と書ける。さらに，

$$B = \begin{bmatrix} 1 & b_{12} \\ b_{21} & 1 \end{bmatrix}, \ x_t = \begin{bmatrix} y_t \\ z_t \end{bmatrix}, \ \Gamma_0 = \begin{bmatrix} b_{10} \\ b_{20} \end{bmatrix}, \ \Gamma_1 = \begin{bmatrix} \gamma_{11} & \gamma_{12} \\ \gamma_{21} & \gamma_{22} \end{bmatrix}, \ \varepsilon_t = \begin{bmatrix} \varepsilon_{yt} \\ \varepsilon_{zt} \end{bmatrix}$$

と定義すれば，これは，

$$Bx_t = \Gamma_0 + \Gamma_1 x_{t-1} + \varepsilon_t$$

とも表せる。この式の両辺に，左から B の逆行列 B^{-1} をかけると，VAR モデルの誘導型を導くことができる。

$$x_t = A_0 + A_1 x_{t-1} + e_t \tag{5.5}$$

ただし，$A_0 = B^{-1}\Gamma_0$，$A_1 = B^{-1}\Gamma_1$，$e_t = B^{-1}\varepsilon_t$，

$$B^{-1} = \frac{1}{1 - b_{12}b_{21}} \begin{bmatrix} 1 & -b_{12} \\ -b_{21} & 1 \end{bmatrix}$$

である。(5.5) 式において，x_t は自己ラグ x_{t-1} と誤差項 e_t だけに依存していることに注意したい。

　ここで，ベクトル A_0 の i 要素を a_{i0}，行列 A_1 の第 (i,j) 要素を a_{ij}，ベクトル e_t の i 要素を e_{it} と表記すれば，(5.5) 式は，

$$y_t = a_{10} + a_{11}y_{t-1} + a_{12}z_{t-1} + e_{1t} \tag{5.6}$$

$$z_t = a_{20} + a_{21}y_{t-1} + a_{22}z_{t-1} + e_{2t} \tag{5.7}$$

と書き換えられる。

　(5.3)(5.4) 式で表現されたシステムは**構造型の VAR モデル**（略して**構造 VAR モデル**），(5.6)(5.7) 式で表現されたシステムは**誘導型の VAR モデル**と呼ばれる。以下で示されるように誘導型の誤差項 $(e_{1t},\ e_{2t})$ は，実は構造型の誤差項 $(\varepsilon_{yt},\ \varepsilon_{zt})$ の線形結合（別の言葉では加重平均）となっている。関係式 $e_t = B^{-1}\varepsilon_t$ の各要素を明示的に表記すると，

$$\begin{bmatrix} e_{1t} \\ e_{2t} \end{bmatrix} = \frac{1}{1 - b_{12}b_{21}} \begin{bmatrix} 1 & -b_{12} \\ -b_{21} & 1 \end{bmatrix} \begin{bmatrix} \varepsilon_{yt} \\ \varepsilon_{zt} \end{bmatrix} \tag{5.8}$$

であり，e_{1t} と e_{2t} はそれぞれ

$$e_{1t} = \frac{\varepsilon_{yt} - b_{12}\varepsilon_{zt}}{1 - b_{12}b_{21}} \tag{5.9}$$

$$e_{2t} = \frac{\varepsilon_{zt} - b_{21}\varepsilon_{yt}}{1 - b_{12}b_{21}} \tag{5.10}$$

となる。構造型の誤差項 $(\varepsilon_{yt}, \varepsilon_{zt})$ は相互に相関がないという意味で純粋なショックであり，とくに**構造ショック** (structural shock) と呼ばれる。これに対し，誘導型の誤差項 (e_{1t}, e_{2t}) は，(5.9)(5.10) 式で表現されるような構造ショックの線形結合になっている。誘導型の誤差項は共通の構造ショックが含まれているため，相互に相関しており，純粋なショックとして経済学的に解釈することができない。

　仮定によって，構造ショック $(\varepsilon_{yt}, \varepsilon_{zt})$ はホワイトノイズである。ここでは，誘導型の誤差項 (e_{1t}, e_{2t}) もホワイトノイズであることを示す。(5.9) 式から，e_{1t} の期待値は，

$$E[e_{1t}] = \frac{E[\varepsilon_{yt}] - b_{12}E[\varepsilon_{zt}]}{1 - b_{12}b_{21}} = 0$$

となる。分散 $\mathrm{var}(e_{1t})$ は，

$$\begin{aligned} E[e_{1t}^2] &= \frac{E[(\varepsilon_{yt} - b_{12}\varepsilon_{zt})^2]}{(1 - b_{12}b_{21})^2} \\ &= \frac{\sigma_y^2 + b_{12}^2\sigma_z^2}{(1 - b_{12}b_{21})^2} \end{aligned} \tag{5.11}$$

となり，時間に依存せず一定である。また，ε_{yt} と ε_{zt} がホワイトノイズであることを用いれば，$i \neq 0$ に対して自己共分散 $\mathrm{cov}(e_{1t}, e_{1t-i})$ は，

$$E[e_{1t}e_{1t-i}] = \frac{E[(\varepsilon_{yt} - b_{12}\varepsilon_{zt})(\varepsilon_{yt-i} - b_{12}\varepsilon_{zt-i})]}{(1 - b_{12}b_{21})^2} = 0$$

となるため，$\{e_{1t}\}$ がホワイトノイズであることが示された。同様に，(5.10) 式から，$\{e_{2t}\}$ もホワイトノイズであることが示される。ここで重要な点は，e_{1t} と e_{2t} の相関である。両者の共分散 $\mathrm{cov}(e_{1t}, e_{2t})$ は，

$$\begin{aligned} E[e_{1t}e_{2t}] &= \frac{E[(\varepsilon_{yt} - b_{12}\varepsilon_{zt})(\varepsilon_{zt} - b_{21}\varepsilon_{yt})]}{(1 - b_{12}b_{21})^2} \\ &= \frac{-(b_{21}\sigma_y^2 + b_{12}\sigma_z^2)}{(1 - b_{12}b_{21})^2} \end{aligned} \tag{5.12}$$

となり，一般的に 0 とはならない。つまり，e_{1t} と e_{2t} はホワイトノイズであるが相互に相関している。例外は，$b_{12} = b_{21} = 0$ が成立する（つまり，y_t から

z_t，z_t から y_t への同時効果がない）場合で，このとき両者は無相関となる。

ここで分散共分散行列 $E[e_t e_t']$ を，

$$\Sigma = \begin{bmatrix} \text{var}(e_{1t}) & \text{cov}(e_{1t}, e_{2t}) \\ \text{cov}(e_{1t}, e_{2t}) & \text{var}(e_{2t}) \end{bmatrix}$$

と記述しよう[2]。Σ の要素は時間に依存しないため，簡潔に，

$$\Sigma = \begin{bmatrix} \sigma_1^2 & \sigma_{12} \\ \sigma_{21} & \sigma_2^2 \end{bmatrix} \tag{5.13}$$

と表現することもできる。ただし，$\text{var}(e_{it}) = \sigma_i^2$，$\text{cov}(e_{1t}, e_{2t}) = \sigma_{12} = \sigma_{21}$ である。

◆ 安定性と定常性

AR(1) モデル $y_t = a_0 + a_1 y_{t-1} + \varepsilon_t$ の安定条件は，絶対値で a_1 が 1 より小さいことであった。この安定条件と，(5.5) 式の 1 次の VAR モデルの係数行列 A_1 には密接な関係があることを確かめよう。まず (5.5) 式に $x_{t-1} = A_0 + A_1 x_{t-2} + e_{t-1}$ を代入すると，

$$x_t = A_0 + A_1(A_0 + A_1 x_{t-2} + e_{t-1}) + e_t$$
$$= (I + A_1)A_0 + A_1^2 x_{t-2} + A_1 e_{t-1} + e_t$$

となる。ただし，I は 2×2 の単位行列（対角要素は 1，それ以外は 0 となる行列）である。こうした代入を n 回繰り返すと，次式を得ることができる。

$$x_t = (I + A_1 + \cdots + A_1^n)A_0 + \sum_{i=0}^{n} A_1^i e_{t-i} + A_1^{n+1} x_{t-n-1}$$

この式が収束する（安定性が満たされる）ためには，n が十分に大きいとき，行列 A_1^n のすべての要素が 0 でなければならない。あとで示されるように，安定性には，$(1 - a_{11}L)(1 - a_{22}L) - (a_{12}a_{21}L^2)$ の根が単位円外に存在していることが必要である。安定条件が成立する場合（n が十分に大きいとき），x_t の特殊解は，

---

2 「分散共分散行列」は，通常の 1 変量の分散を多変量の場合に拡張した行列と解釈できる。行列の i 番目の対角要素は i 番目の変数の分散となり，その非対角要素である (i, j) 要素は i 番目の変数と j 番目の変数の共分散になるため，分散共分散行列と呼ばれる。

270 第5章 多変量時系列モデル

$$x_t = \mu + \sum_{i=0}^{\infty} A_1^i e_{t-i} \tag{5.14}$$

となる。ここで μ は $(I + A_1 + \cdots + A_1^n)A_0$ の極限であり，各要素を計算することで $\mu = [\bar{y}, \bar{z}]'$，

$$\bar{y} = \frac{a_{10}(1 - a_{22}) + a_{12}a_{20}}{(1 - a_{11})(1 - a_{22}) - a_{12}a_{21}}, \quad \bar{z} = \frac{a_{20}(1 - a_{11}) + a_{21}a_{10}}{(1 - a_{11})(1 - a_{22}) - a_{12}a_{21}}$$

が導かれる(証明は練習問題 [1] を参照)。

(5.14) 式の第2項の要素の期待値はすべて 0 なので，x_t の期待値は μ となる（したがって，y_t と z_t の期待値はそれぞれ $\bar{y}$ と $\bar{z}$ となる）。次に x_t の分散，すなわち y_t と z_t の分散と共分散を求めよう。分散共分散行列は，

$$E[(x_t - \mu)(x_t - \mu)'] = E\left[\begin{pmatrix} y_t - \bar{y} \\ z_t - \bar{z} \end{pmatrix} \begin{pmatrix} y_t - \bar{y} \\ z_t - \bar{z} \end{pmatrix}'\right]$$

$$= E\left[\left(\sum_{i=0}^{\infty} A_1^i e_{t-i}\right)\left(\sum_{i=0}^{\infty} A_1^i e_{t-i}\right)'\right]$$

となる。この式で $i=0$ の要素だけで評価すると，(5.13) 式の分散共分散行列 $E[e_t e_t'] = \Sigma$ と一致する。次に，$i=1$ の要素に対応する部分は $E[A_1 e_{t-1}(A_1 e_{t-1})'] = A_1 \Sigma A_1'$，$i=2$ の要素に対応する部分は $E[A_1^2 e_{t-2}(A_1^2 e_{t-2})'] = A_1^2 \Sigma A_1^{2'}$ と順番に計算できる。さらに誤差項に系列相関がない，つまり，$i \neq 0$ に対して $E[e_t e_{t-i}'] = 0$ の条件から，$E[e_t(A_1 e_{t-1})'] = 0$ や $E[e_t(A_1^2 e_{t-2})'] = 0$ を示すことができる。これらの結果から，

$$E[(x_t - \mu)(x_t - \mu)'] = \Sigma + A_1 \Sigma A_1' + A_1^2 \Sigma A_1^{2'} + A_1^3 \Sigma A_1^{3'} + \cdots$$

$$= \sum_{i=0}^{\infty} A_1^i \Sigma A_1^{i'}$$

と書ける。ただし，この無限和の表現には安定条件の仮定が用いられている（つまり，n が無限大に近づくと A_1^n の各要素は 0 となる）。

特殊な例として，1次の VAR モデルの係数行列 A_1 と誤差項の分散共分散行列 Σ が対角行列である場合（つまり，それぞれの非対角要素が $a_{12} = a_{21} = 0$ と $\sigma_{12} = \sigma_{21} = 0$ の場合）を考えよう。このとき，例えば，

$$A_1 \Sigma A_1' = \begin{bmatrix} a_{11} & 0 \\ 0 & a_{22} \end{bmatrix} \begin{bmatrix} \sigma_{11} & 0 \\ 0 & \sigma_{22} \end{bmatrix} \begin{bmatrix} a_{11} & 0 \\ 0 & a_{22} \end{bmatrix} = \begin{bmatrix} a_{11}^2 \sigma_{11} & 0 \\ 0 & a_{22}^2 \sigma_{22} \end{bmatrix}$$

$$= \begin{bmatrix} a_{11} & 0 \\ 0 & a_{22} \end{bmatrix} \begin{bmatrix} a_{11} & 0 \\ 0 & a_{22} \end{bmatrix} \begin{bmatrix} \sigma_{11} & 0 \\ 0 & \sigma_{22} \end{bmatrix} = A_1^2 \Sigma$$

となる。他の要素についても同様の計算ができることから，

$$E[(x_t - \mu)(x_t - \mu)'] = (I + A_1^2 + A_1^4 + A_1^6 + \cdots)\Sigma = [I - A_1^2]^{-1}\Sigma$$

と表現することができる。これは相関のない 2 つの AR(1) モデルの分散共分散行列で，対角要素は第 2 章で導出された AR(1) モデルの分散である $\sigma_1^2/(1 - a_{11}^2)$ と $\sigma_2^2/(1 - a_{22}^2)$ に一致することが確認できる（非対角要素は 0 である）。

安定条件の別の見方の検討をするために，(5.6)(5.7) 式の VAR モデルを，ラグオペレータ L を用いて表現すると，

$$y_t = a_{10} + a_{11}Ly_t + a_{12}Lz_t + e_{1t}$$

$$z_t = a_{20} + a_{21}Ly_t + a_{22}Lz_t + e_{2t}$$

となる。これをさらに，

$$(1 - a_{11}L)y_t = a_{10} + a_{12}Lz_t + e_{1t}$$

$$(1 - a_{22}L)z_t = a_{20} + a_{21}Ly_t + e_{2t}$$

と書き換える。$(1 - a_{22}L)z_t$ の式を，z_t について解くと，

$$z_t = \frac{a_{20} + a_{21}Ly_t + e_{2t}}{1 - a_{22}L}$$

となり，これを $(1 - a_{11}L)y_t$ の式に代入すれば，以下の表現が得られる。

$$(1 - a_{11}L)y_t = a_{10} + a_{12}L\left[\frac{a_{20} + a_{21}Ly_t + e_{2t}}{1 - a_{22}L}\right] + e_{1t}$$

この操作で 2 つの系列 y_t と z_t に関する 1 次の VAR モデルが，単一系列 y_t の確率差分方程式へと変換された。ここで，収束を仮定して，y_t を明示的に解くと，

$$y_t = \frac{a_{10}(1 - a_{22}) + a_{12}a_{20} + (1 - a_{22}L)e_{1t} + a_{12}Le_{2t}}{(1 - a_{11}L)(1 - a_{22}L) - a_{12}a_{21}L^2} \tag{5.15}$$

が得られる。同様の計算から，z_t の解も，

272 第 5 章 多変量時系列モデル

$$z_t = \frac{a_{20}(1 - a_{11}) + a_{21}a_{10} + (1 - a_{11}L)e_{2t} + a_{21}Le_{1t}}{(1 - a_{11}L)(1 - a_{22}L) - a_{12}a_{21}L^2} \tag{5.16}$$

となることが確認できる（証明は練習問題 [2] を参照）。

(5.15)(5.16) 式は，それぞれ **1.7** で説明された 2 次の差分方程式のラグオペレータ表現となっており，特性方程式が共通であることがわかる[3]。ここで y_t と z_t が収束しているためには $(1 - a_{11}L)(1 - a_{22}L) - a_{12}a_{21}L^2$ から計算される反転特性根が単位円外にあることが必要である（2 次の差分方程式の安定条件は **1.5** を参照）。特性方程式が共通であるため，2 つの系列の時間経路は似たものとなる。

◆ VAR モデルの動学

図 5.1 は，4 つの VAR モデルから発生させた仮想データの時間経路を示している（y_t は実線，z_t は破線で示されている）。まず，100 個の標準正規乱数 e_{1t} と e_{2t} を発生させる。そして，初期条件を $y_0 = z_0 = 0$ とし，(5.6)(5.7) 式から y_t と z_t を生成する。ここでは，異なるパラメータの組み合わせから，データを生成し，それらの特徴を解説する。

モデル 1 では，パラメータを $a_{10} = a_{20} = 0$，$a_{11} = a_{22} = 0.7$，$a_{12} = a_{21} = 0.2$ としてデータを生成している（図 5.1 (a) を参照）。これらの値を (5.14) 式に代入すれば，各系列の平均が 0 となることは明白である。2 次方程式の公式から，$(1 - a_{11}L)(1 - a_{22}L) - a_{12}a_{21}L^2$ の反転特性根は，1.111 と 2 となる（反転特性根が単位円外にあることからシステムは定常である，特性根は $0.9 = 1/1.111$ と $0.5 = 1/2$）。図で示されているように，両系列は似た動きをする傾向にある。係数 a_{21} が正であるため，大きな y_t の実現値は大きな z_{t+1} の実現値を誘発し，また係数 a_{12} が正であるため，大きな z_t の実現値は大きな y_{t+1} の実現値を誘発する。したがって，両系列の相互共分散は正である。

モデル 2 では，パラメータ $a_{10} = a_{20} = 0$，$a_{11} = a_{22} = 0.5$，$a_{12} = a_{21} = -0.2$ としてデータを生成している（図 5.1 (b) を参照）。この系列もまた，各系列の平均は 0 であり，特性根は 0.7 と 0.3 である（システムは定常，反転特性根は 1.429 と 3.333）。ところがモデル 1 とは異なり，a_{21} と a_{12} はともに負であり，y_t の正（負）の実現値は，z_{t+1} の負（正）の実現値に対応している。したがって，両系列の相互共分散は負である。

---

3 分母を展開すると，$(1 - a_{11}L)(1 - a_{22}L) - a_{12}a_{21}L^2 = 1 - (a_{11} + a_{22})L + (a_{11}a_{22} - a_{12}a_{21})L^2$ であることから，2 次の差分方程式であることがわかる。

図 5.1　4 つの VAR モデル

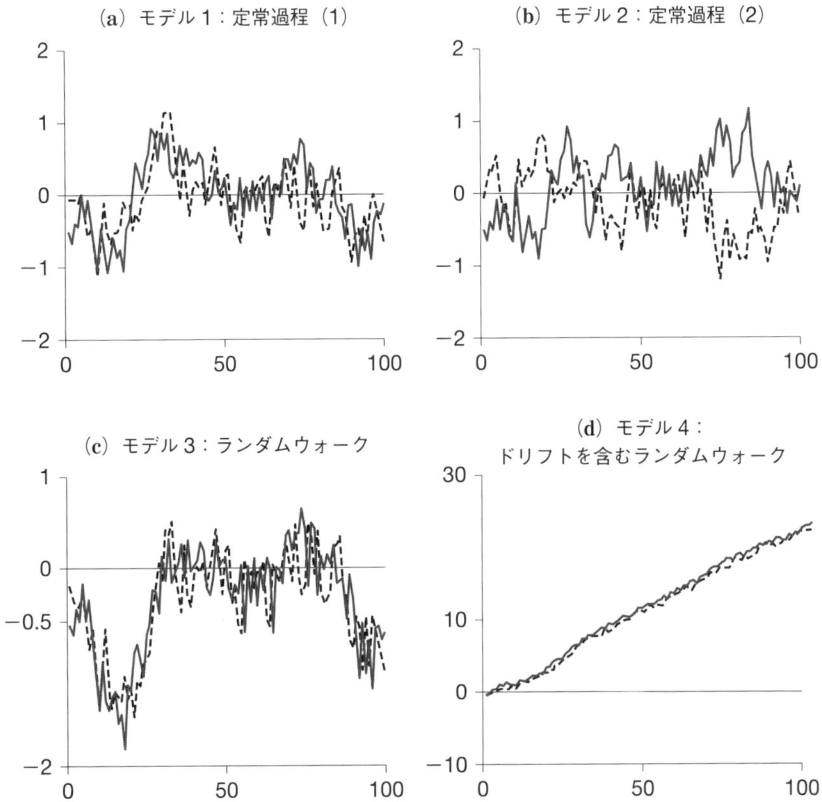

(a) モデル 1：定常過程（1）

(b) モデル 2：定常過程（2）

(c) モデル 3：ランダムウォーク

(d) モデル 4：ドリフトを含むランダムウォーク

　モデル 3 では，パラメータを $a_{10} = a_{20} = 0$, $a_{11} = a_{22} = a_{12} = a_{21} = 0.5$ としてデータを生成している（図 5.1 (c) を参照）。特性根の計算に少し時間を割いて，単位根が存在していることを確認してほしい。図では両系列が長期均衡に戻る傾向はみられない。ここでは，定数項 a_{10} と a_{20} の値は 0 であるため，多変量のランダムウォークとなる。

　モデル 4 では，モデル 3 と異なり，少なくとも片方は 0 でない定数項（$a_{10} = 0.5$, $a_{20} = 0$）を用いる。ドリフト項の存在により，系列の非定常の性質に確定トレンドも加わっている。単位根とドリフト項の 2 つの組み合わせから，y_t と z_t の系列は相互依存のあるドリフトを含むランダムウォークとなる。ここで，ドリフト項の存在が長期的には系列の動きを支配してしまうことに注意したい。

5.3 VARモデルの推定と識別

　ボックス゠ジェンキンス法の目的の1つは，倹約的モデルを選び出す方法を提供することであった。短期予測の精度を高めるためには，有意でないパラメータをモデルから取り除くことは有効である。これに対してシムズは係数に「信じがたい」識別制約を課さずにモデルを推定することを提案している。次の p 次の VAR モデルを考えよう。

$$x_t = A_0 + A_1 x_{t-1} + A_2 x_{t-2} + \cdots + A_p x_{t-p} + e_t \tag{5.17}$$

ただし，x_t は VAR モデルに含まれる n 変数を要素に持つ $n \times 1$ ベクトル，A_0 は定数項を要素に持つ $n \times 1$ ベクトル，A_i は係数の $n \times n$ 行列，e_t は誤差項の $n \times 1$ ベクトルである。

　シムズの方法とは，単に VAR モデルに含まれる変数を決定し，適切なラグの長さを決定することと大差はない。VAR モデルに含まれる変数は関連する経済モデルから決まり，適度なラグの長さは，（**5.5** で議論される）ラグ選択の方法を用いて決定される。それ以外の方法を用いて推定するパラメータの数を「減らす」よう試みられることはない。定数項ベクトル A_0 には n 個のパラメータが含まれており，行列 A_i にはそれぞれ n^2 個のパラメータが含まれているので，あわせて $n + pn^2$ 個の係数が推定されなければならない。なお VAR モデルは推定値が必ずしも有意でない多くの係数を含んでいるという意味で，過剰に定式化されていることは間違いないだろう。しかし，目的は変数間の重要な相互関係をみつけることにある。不適切に 0 の制約を課せば，重要な情報が捨てられる可能性がある。さらに説明変数には多重共線性の可能性があり，個別の係数の t 検定を使ってモデルを単純化する試みは最善とはいえないだろう。

　(5.17) 式の右辺には先決変数のみが含まれており，誤差項には系列相関がなく，かつ分散が一定であることに注意したい。このためシステムに含まれるすべての式を個別に OLS 推定することが可能である。さらに OLS 推定量は一致性を持ち，漸近的に効率的である[4]。

4　ここでそれぞれの式の誤差項は相互に相関があるが，回帰式の右辺の変数がすべて共通である場合の「見かけ上無関係な回帰（seemingly unrelated regression：SUR）」では，その情報が推定方法の効率性に貢献することはないことが知られている。

図 5.1 で示された VAR モデルの中でモデル 3 とモデル 4 では反転特性根が単位円上にあり，定常性が満たされていなかった。ここで VAR モデルの分析で用いられる変数が定常かどうかという問題を考えよう。シムズら（Sims 1980；Sims, Stock, and Watson 1990）は，変数にたとえ単位根があっても，あえて階差を用いないことを勧めている。彼らの議論によれば，階差を用いるべきではない理由は，階差変換によって変数の相互依存関係（例えば共和分関係）に関する情報を「捨て去る」危険があるからである。しかし，真のデータ生成過程を適切に再現したい場合，VAR モデルの変数は変換されるべきだという見方もあるだろう。とくに分析の目的が構造モデルの推定である場合，適切な変換は重要だと考えられる。本章では，すべての変数が定常であるという仮定のもとでの分析方法を説明し，非定常の問題は次章で詳しく取り上げる。練習問題 [6] と [7] では，水準と階差の VAR モデルが比較される。

◆ 予　　測

推定された VAR モデルは，複数方程式の予測モデルとして用いることができる。いま，1 次の VAR モデル $x_t = A_0 + A_1 x_{t-1} + e_t$ を推定し，係数 A_0, A_1 の値が得られたとしよう。もしデータが T 期までであれば，1 期先の予測は関係式 $E_T x_{T+1} = A_0 + A_1 x_T$ を用いて簡単に計算できる。同様に，2 期先の予測は $E_T x_{T+2} = A_0 + A_1 E_T x_{T+1} = A_0 + A_1 [A_0 + A_1 x_T]$ として逐次計算できる。しかし，高次の VAR モデルの場合には，パラメータの数が非常に大きくなってしまうかもしれない。無制約の VAR モデルはパラメータ数が過剰であるため，予測の信頼性が低下する恐れがある。倹約的モデルを選ぶために，有意でない係数を VAR モデルから除くことは予測家の間では珍しくない。いわゆる「近似 VAR」モデルを推定し，予測のために用いる。研究者によっては，ベイズの定理の考え方を採用し，VAR モデルに事前信念（prior belief）を組み合わせることもある[5]。

◆ 識　　別

誘導型モデルの推定値から，構造 VAR モデルを再現したいとしよう。識別の手続きを説明するために，前節の 1 次の 2 変量 VAR モデルの場合を再考し

---

[5] West and Harrison (1989) はベイズの定理の考え方を中心とする時系列分析の入門書である。また Litterman (1980) の提案した事前分布は VAR モデルのベイズ推定に広く用いられている。

276 第 5 章 多変量時系列モデル

よう。まず，(5.3)(5.4) 式で表現された構造 VAR モデルを直接推定すること
はできない。その理由は，z_t は誤差項 ε_{yt} と相関し，y_t が誤差項 ε_{zt} と相関し
ていることにある（通常の推定方法を用いるためには，説明変数は誤差項と無相関で
あることが必要である）。一方，(5.6)(5.7) 式で表現された誘導型の VAR モデル
は，OLS で直接推定できる。まずベクトル A_0 の 2 要素，行列 A_1 の 4 要素を
推定したあと，2 本の回帰式の残差を用いて e_{1t} と e_{2t} の分散や両者の共分散
も推定できる。問題は，(5.3)(5.4) 式で表現されるもとのシステムを再現でき
るかという点である。言い換えると，誘導型の VAR モデル (5.6)(5.7) 式の推
定結果から，構造 VAR モデル (5.3)(5.4) 式のパラメータの推定値を得られる
かどうかである。このような問題を識別性の問題という。

この問いに対する答えは「ノー」であり，厳密には「もとのシステムに適切
な制約を課さない限りは不可能」であることが知られている。この理由はも
とのシステムと推定された VAR モデルのパラメータ数を比較することで明
確になるだろう。誘導型の VAR モデル (5.6)(5.7) 式には，計 9 個のパラメー
タが存在している（係数は $a_{10}, a_{20}, a_{11}, a_{12}, a_{21}, a_{22}$，分散と共分散は $\mathrm{var}(e_{1t})$,
$\mathrm{var}(e_{2t})$, $\mathrm{cov}(e_{1t}, e_{2t})$）。ところが，構造 VAR モデル (5.3)(5.4) 式には 10 個
のパラメータ（切片 b_{10}, b_{20}，自己回帰係数 $\gamma_{11}, \gamma_{12}, \gamma_{21}, \gamma_{22}$，フィードバック係
数 b_{12}, b_{21}，標準偏差 σ_y, σ_z）がある。したがって，どれか 1 つのパラメータ
に制約を課さない限り，もとのシステムを識別できない。つまり，(5.3)(5.4)
式は**過少識別**（underidentified）である。

モデルを識別するための方法として，シムズは以下で説明する**再帰的**（re-
cursive）**システム**の利用を提案している。いま，もとのシステムで係数 b_{21} が
0 であるとしよう（このような制約は，特定の経済モデルから導かれるかもしれな
い）。

ここでは $b_{21} = 0$ を課すことで，z_t は y_t への同時効果がある一方，y_t は z_t
の系列に対して 1 期遅れの効果しか生じていない。それでも，$b_{21} = 0$ の制約
により，**丁度識別**（just identified）のシステムに変換されていることは明らか
である。

(5.9)(5.10) 式から，誘導型の VAR モデルの残差と構造ショックとの関係は，

$$e_{1t} = \varepsilon_{yt} - b_{12}\varepsilon_{zt} \tag{5.18}$$

$$e_{2t} = \varepsilon_{zt} \tag{5.19}$$

となり，以下が成立する。

$$\operatorname{var}(e_1) = \sigma_y^2 + b_{12}^2 \sigma_z^2, \quad \operatorname{var}(e_2) = \sigma_z^2, \quad \operatorname{cov}(e_1, e_2) = -b_{12}\sigma_z^2$$

別の見方をすれば，制約 $b_{21} = 0$ を課すことは，(5.3)(5.4) 式のもとのシステムが

$$\begin{bmatrix} 1 & b_{12} \\ 0 & 1 \end{bmatrix} \begin{bmatrix} y_t \\ z_t \end{bmatrix} = \begin{bmatrix} b_{10} \\ b_{20} \end{bmatrix} + \begin{bmatrix} \gamma_{11} & \gamma_{12} \\ \gamma_{21} & \gamma_{22} \end{bmatrix} \begin{bmatrix} y_{t-1} \\ z_{t-1} \end{bmatrix} + \begin{bmatrix} \varepsilon_{yt} \\ \varepsilon_{zt} \end{bmatrix}$$

で与えられることに等しい。ここで，もとのシステムの左から B の逆行列の

$$B^{-1} = \begin{bmatrix} 1 & -b_{12} \\ 0 & 1 \end{bmatrix}$$

を掛けることで，

$$\begin{bmatrix} y_t \\ z_t \end{bmatrix} = \begin{bmatrix} 1 & -b_{12} \\ 0 & 1 \end{bmatrix} \begin{bmatrix} b_{10} \\ b_{20} \end{bmatrix} + \begin{bmatrix} 1 & -b_{12} \\ 0 & 1 \end{bmatrix} \begin{bmatrix} \gamma_{11} & \gamma_{12} \\ \gamma_{21} & \gamma_{22} \end{bmatrix} \begin{bmatrix} y_{t-1} \\ z_{t-1} \end{bmatrix}$$
$$+ \begin{bmatrix} 1 & -b_{12} \\ 0 & 1 \end{bmatrix} \begin{bmatrix} \varepsilon_{yt} \\ \varepsilon_{zt} \end{bmatrix}$$

あるいは，

$$\begin{bmatrix} y_t \\ z_t \end{bmatrix} = \begin{bmatrix} b_{10} - b_{12}b_{20} \\ b_{20} \end{bmatrix} + \begin{bmatrix} \gamma_{11} - b_{12}\gamma_{21} & \gamma_{12} - b_{12}\gamma_{22} \\ \gamma_{21} & \gamma_{22} \end{bmatrix} \begin{bmatrix} y_{t-1} \\ z_{t-1} \end{bmatrix}$$
$$+ \begin{bmatrix} \varepsilon_{yt} - b_{12}\varepsilon_{zt} \\ \varepsilon_{zt} \end{bmatrix} \tag{5.20}$$

が得られる。そして，各式を別々に書くと，

$$y_t = a_{10} + a_{11}y_{t-1} + a_{12}z_{t-1} + e_{1t}$$
$$z_t = a_{20} + a_{21}y_{t-1} + a_{22}z_{t-1} + e_{2t}$$

となる。ただし，$a_{10} = b_{10} - b_{12}b_{20}$, $a_{11} = \gamma_{11} - b_{12}\gamma_{21}$, $a_{12} = \gamma_{12} - b_{12}\gamma_{22}$, $a_{20} = b_{20}$, $a_{21} = \gamma_{21}$, $a_{22} = \gamma_{22}$ である。

9 個のパラメータの推定値（a_{10}, a_{11}, a_{12}, a_{20}, a_{21}, a_{22}, $\operatorname{var}(e_1)$, $\operatorname{var}(e_2)$, $\operatorname{cov}(e_1, e_2)$）を，これら 9 本の方程式に代入することでパラメータ（b_{10}, b_{12}, γ_{11}, γ_{12}, b_{20}, γ_{21}, γ_{22}, σ_y^2, σ_z^2）を同時に解くことができる。また ε_{yt} と ε_{zt} の系列も再現できることに注意したい。2 本目の式の残差 e_{2t} は，ε_{zt} の系列の

278　第5章　多変量時系列モデル

推定値になっている。これらの推定値と b_{12} の解を組み合わせることで、関係式 $e_{1t} = \varepsilon_{yt} - b_{12}\varepsilon_{zt}$ から ε_{yt} の系列についても計算することができる。

　この制約を少し検討してみよう。$b_{21} = 0$ の仮定は、y_t から z_t への同時効果がないことを意味している。さらに ε_{yt} と ε_{zt} の両方のショックが y_t の現在の値に対して影響を与えるが、ε_{zt} のみが z_t の現在の値に影響することを意味している。観測された e_{2t} の値は、z_t の系列に与える純粋なショックだけで構成されている。この結果の導出には、行列 B が三角行列である（$b_{21} = 0$）という仮定が重要な役割を果たしている。このような三角化された関係を用いて回帰残差から純粋なショックを復元する方法を**コレスキー分解**（Choleski decomposition）による識別と呼ぶことが多い。

　この結果は一般化できる。変数の数が n の VAR モデルでは、回帰式の残差系列の数が n で、構造ショックの数も n であるため、B が $n \times n$ 行列になる。**5.6** で示されるように、丁度識別のためには回帰式の残差と構造ショックの関係に $(n^2 - n)/2$ 個の制約を課す必要がある。コレスキー分解は行列を三角化するため、B 行列において、ちょうど $(n^2 - n)/2$ 個の要素が 0 に固定される。

5.4　インパルス応答関数と分散分解

　自己回帰モデルが移動平均表現を持つことと同様に、ベクトル自己回帰（VAR）モデルも**ベクトル移動平均**（vector moving average：**VMA**）として表現できる。事実、(5.14) 式は変数 y_t と z_t がそれぞれ 2 種の誤差項 e_{1t} と e_{2t} の現在と過去の加重和で表されており、(5.5) 式の **VMA 表現**になっている。VMA 表現を用いれば、VAR システム内の複数のショックの時間経路をたどることできる。

　5.2 と同様、1 次の 2 変量モデルを用いて説明する。2 変量 VAR モデルの行列表現は、

$$\begin{bmatrix} y_t \\ z_t \end{bmatrix} = \begin{bmatrix} a_{10} \\ a_{20} \end{bmatrix} + \begin{bmatrix} a_{11} & a_{12} \\ a_{21} & a_{22} \end{bmatrix} \begin{bmatrix} y_{t-1} \\ z_{t-1} \end{bmatrix} + \begin{bmatrix} e_{1t} \\ e_{2t} \end{bmatrix} \tag{5.21}$$

あるいは、(5.14) 式を用いて、

$$\begin{bmatrix} y_t \\ z_t \end{bmatrix} = \begin{bmatrix} \bar{y} \\ \bar{z} \end{bmatrix} + \sum_{i=0}^{\infty} \begin{bmatrix} a_{11} & a_{12} \\ a_{21} & a_{22} \end{bmatrix}^i \begin{bmatrix} e_{1t-i} \\ e_{2t-i} \end{bmatrix} \tag{5.22}$$

となる。(5.22) 式では，y_t と z_t が e_{1t} と e_{2t} の系列だけで表現されている。

一方，(5.22) 式を構造ショック ε_{yt} と ε_{zt} に関する表現に書き直すことで，観測された系列が複数の構造ショックによってどのような影響を受けるのかを見出すことができる。いま (5.8) 式から，

$$\begin{bmatrix} e_{1t-i} \\ e_{2t-i} \end{bmatrix} = \frac{1}{1-b_{12}b_{21}} \begin{bmatrix} 1 & -b_{12} \\ -b_{21} & 1 \end{bmatrix} \begin{bmatrix} \varepsilon_{yt-i} \\ \varepsilon_{zt-i} \end{bmatrix}$$

となり，これを (5.22) 式に代入すれば，

$$\begin{bmatrix} y_t \\ z_t \end{bmatrix} = \begin{bmatrix} \bar{y} \\ \bar{z} \end{bmatrix} + \frac{1}{1-b_{12}b_{21}} \sum_{i=0}^{\infty} \begin{bmatrix} a_{11} & a_{12} \\ a_{21} & a_{22} \end{bmatrix}^i \begin{bmatrix} 1 & -b_{12} \\ -b_{21} & 1 \end{bmatrix} \begin{bmatrix} \varepsilon_{yt-i} \\ \varepsilon_{zt-i} \end{bmatrix}$$

と書き直せる。表現の簡略化のために 2×2 行列

$$\phi_i = \frac{1}{1-b_{12}b_{21}} \begin{bmatrix} a_{11} & a_{12} \\ a_{21} & a_{22} \end{bmatrix}^i \begin{bmatrix} 1 & -b_{12} \\ -b_{21} & 1 \end{bmatrix}$$

の (j, k) 要素を $\phi_{jk}(i)$ と表記すると，

$$\begin{bmatrix} y_t \\ z_t \end{bmatrix} = \begin{bmatrix} \bar{y} \\ \bar{z} \end{bmatrix} + \sum_{i=0}^{\infty} \begin{bmatrix} \phi_{11}(i) & \phi_{12}(i) \\ \phi_{21}(i) & \phi_{22}(i) \end{bmatrix} \begin{bmatrix} \varepsilon_{yt-i} \\ \varepsilon_{zt-i} \end{bmatrix}$$

と書ける。これは，より簡潔に，

$$x_t = \mu + \sum_{i=0}^{\infty} \phi_i \varepsilon_{t-i} \tag{5.23}$$

と書き直せる。

移動平均表現は y_t と z_t の相互作用を調べる場合にとくに有用である。係数（行列）ϕ_i は，構造ショック ε_{yt} と ε_{zt} が，y_t と z_t の時間経路に与える効果を生成しているとみなすことができる。この記述法を理解することで，ϕ_0 の 4 つの要素 $\phi_{jk}(0)$ は，**衝撃乗数**であることが明確になるだろう（**1.5** の例 8 を参照）。例えば，係数 $\phi_{12}(0)$ は，ε_{zt} の 1 単位の変化が y_t に与える瞬時の衝撃の大きさを表す。同様に，$\phi_{11}(1)$ と $\phi_{12}(1)$ の要素は，それぞれ ε_{yt-1} と ε_{zt-1} の 1 単位の変化に対して，1 期先に相当する y_t への反応を示す。ここで時間を 1 期分進めることで，同じ $\phi_{11}(1)$ と $\phi_{12}(1)$ が，ε_{yt} と ε_{zt} の 1 単位変化が y_{t+1} に与える影響も示していることがわかる。

構造ショック ε_{yt} や ε_{zt} の1単位変化に対する変数の反応の累積効果は，係数 ϕ_i の部分和として計算できる。例えば，ε_{zt} が n 期後の y_{t+n} の値に与える効果は $\phi_{12}(n)$ であるが，今期から n 期までの累積効果は，

$$\sum_{i=0}^{n} \phi_{12}(i)$$

と計算される。ここで n を無限大にすることで**長期乗数**（long-run multiplier）を，

$$\sum_{i=0}^{\infty} \phi_{12}(i)$$

と定義することもできる。いま y_t と z_t は定常と仮定されているため，それぞれの分散が有限であるためには，すべての j と k に対して，

$$\sum_{i=0}^{\infty} \phi_{jk}^2(i)$$

が有限でなければならない。

4つの係数の集合 $\phi_{11}(i)$, $\phi_{12}(i)$, $\phi_{21}(i)$, $\phi_{22}(i)$ は，（多変量の）**インパルス応答関数**と呼ばれる。横軸を i とし，縦軸をインパルス応答関数 $\phi_{jk}(i)$ として図示することは，y_t と z_t の系列が複数のショックに対してどのように反応するかを視覚的に理解するための便利な方法である。原理的にはもとのシステム (5.3)(5.4) 式に含まれるすべてのパラメータが既知の場合，純粋なショック ε_{yt} や ε_{zt} の効果の時間経路をたどることができるであろう。ところが推定された VAR モデルは過少識別であるため，研究者がこの方法を用いることはできない。前節で説明されたように，推定された誘導型の VAR モデルから示唆される a_{ij} や分散共分散行列 Σ の情報だけではもとのシステムを識別するには不十分である。したがって，インパルス応答を識別するために，2変量 VAR システムに追加的な制約を課す必要がある。

先に説明したとおり，識別のための制約として，y_t が z_t への同時効果を持たないようなコレスキー分解を用いることが可能である。この制約を数式で表す場合には，もとのシステムに $b_{21} = 0$ を代入すればよい。誤差項の関係式 (5.18)(5.19) を再掲すると，VAR モデルの誤差項は次のように分解できる。

$$e_{1t} = \varepsilon_{yt} - b_{12}\varepsilon_{zt} \tag{5.24}$$

$$e_{2t} = \varepsilon_{zt} \tag{5.25}$$

既に説明したように，(5.25) 式を用いる場合，e_{2t} の観測値は，すべて ε_{zt} に起因するものであった。計算された ε_{zt} の系列，e_{1t} の系列の値，e_{1t} と e_{2t} の相関係数の情報と (5.24) 式を使えば，ε_{yt} の系列を計算することができる。コレスキー分解を用いた識別では，潜在的に重要な非対称性の制約がシステムに課されている点に注意しよう。まず，y_t の過去の値が z_t の現在の値に影響を与えるという意味での間接的な効果は残されているが，今期の y_t の純粋なショック ε_{yt} が z_t に直接影響を与えることはない。一方で z_t の純粋なショック ε_{zt} は y_t と z_t の両者に対して同時効果を持つ。このような非対称性を生み出す (5.24)(5.25) 式の構造は変数の**順序付け**（ordering）と呼ばれる。ここでは ε_{zt} は e_{1t} と e_{2t} に直接影響を与えるが，ε_{yt} は e_{2t} に影響を与えない。したがって，この場合には z_t が y_t に対して「因果関係で先行（causally prior）」していると解釈される。

ここで (5.6)(5.7) 式の推定値が $a_{10} = a_{20} = 0$，$a_{11} = a_{22} = 0.7$，$a_{12} = a_{21} = 0.2$ の場合を想定しよう（図 5.1 (a) の数値実験で用いたモデル 1 に該当する）。さらに，Σ 行列の対角要素は $\sigma_1^2 = \sigma_2^2$ であり，$\mathrm{cov}(e_{1t}, e_{2t})$ は e_{1t} と e_{2t} の相関係数（ρ_{12} と表記）が 0.8 であったとする。この場合に分解された誤差項は次のように表現できる[6]。

$$e_{1t} = \varepsilon_{yt} + 0.8\varepsilon_{zt} \tag{5.26}$$

$$e_{2t} = \varepsilon_{zt} \tag{5.27}$$

図 5.2 (a)(b) は，インパルス応答関数（ε_{zt} と ε_{yt} の 1 単位のショックが y_t と z_t の系列の時間経路に与える影響をたどったもの）を示している。図 5.2 (a) に示されているように，ε_{zt} の 1 単位のショックは z_t を 1 単位分ジャンプさせ，y_t を 0.8 単位分ジャンプさせている。次期には，ε_{zt+1} は 0 に戻るが，システムの自己回帰的な性質から，y_{t+1} と z_{t+1} がそれぞれの長期平均に瞬時に戻ることはない。動学式 $z_{t+1} = 0.2y_t + 0.7z_t + \varepsilon_{zt+1}$ から，$z_{t+1} = 0.86$

---

6 この表現は $\rho_{12} = 0.8$ に対応していることは簡単に確認できる。相関係数 ρ_{12} の定義は $\sigma_{12}/(\sigma_1\sigma_2)$ であり，誤差項の共分散は $E[e_{1t}e_{2t}] = \sigma_{12}$ である。この数値例では $E[e_{1t}e_{2t}] = E[\varepsilon_{zt}(\varepsilon_{yt} + 0.8\varepsilon_{zt})] = 0.8\sigma_z^2$ である。(5.27) 式から $\sigma_2^2 = \mathrm{var}(e_{2t})$ は σ_z^2 と同値であるので，$\sigma_1^2 = \sigma_2^2$ であれば $\rho_{12} = 0.8$ となる。

282　第5章　多変量時系列モデル

図5.2　2つの VAR モデルのインパルス応答関数

$$モデル1：\begin{pmatrix} y_t \\ z_t \end{pmatrix} = \begin{pmatrix} 0.7 & 0.2 \\ 0.2 & 0.7 \end{pmatrix} \begin{pmatrix} y_{t-1} \\ z_{t-1} \end{pmatrix} + \begin{pmatrix} e_{1t} \\ e_{2t} \end{pmatrix}$$

(a) ε_{zt} ショックに対する応答　　　　**(b)** ε_{yt} ショックに対する応答

$\{y_t\}$ 系列
+++ $\{z_t\}$ 系列

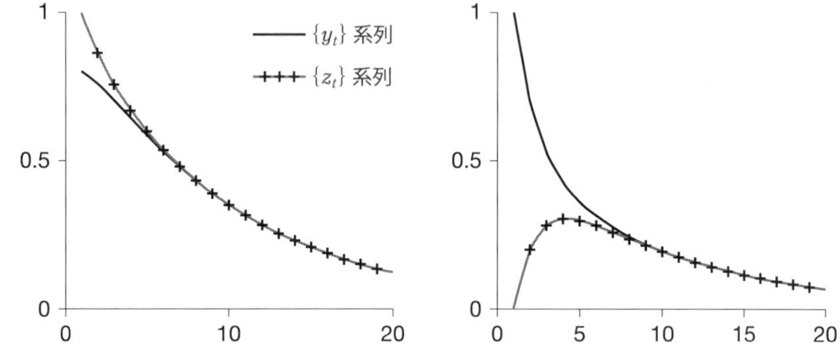

$$モデル2：\begin{pmatrix} y_t \\ z_t \end{pmatrix} = \begin{pmatrix} 0.7 & -0.2 \\ -0.2 & 0.7 \end{pmatrix} \begin{pmatrix} y_{t-1} \\ z_{t-1} \end{pmatrix} + \begin{pmatrix} e_{1t} \\ e_{2t} \end{pmatrix}$$

(c) ε_{zt} ショックに対する応答　　　　**(d)** ε_{yt} ショックに対する応答

$\{y_t\}$ 系列
+++ $\{z_t\}$ 系列

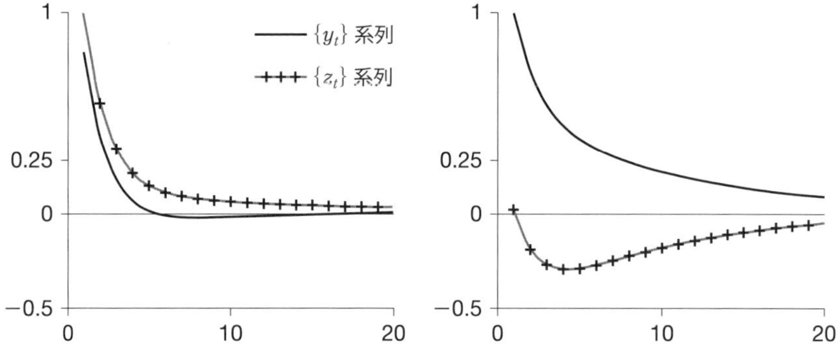

注）　どちらのモデルも $e_{1t} = \varepsilon_{yt} + 0.8\varepsilon_{zt}$ と $e_{2t} = \varepsilon_{zt}$ である。

$(= 0.2 \times 0.8 + 0.7 \times 1)$ となる。同様に，$y_{t+1} = 0.7y_t + 0.2z_t$ から，$y_{t+1} = 0.76$ $(= 0.7 \times 0.8 + 0.2 \times 1)$ となる。図からもわかるように，y_t と z_t の系列は時間とともに，それぞれの長期平均に収束していく（特性根は 0.5 と 0.9 であるため，安定条件が満たされている）。

　図5.2（b）では，ε_{yt} の1単位ショックの効果を示している。誤差項の分解の非対称性は図5.2（a）（b）を比較することで確認できる。まず ε_{yt} の1単位ショックは y_t を1単位増加させるが，「z_t の値への同時効果が存在しない」理由によって，$y_t = 1$ と $z_t = 0$ になる。次期に ε_{yt+1} は0に戻る。システムの

自己回帰的な性質から $y_{t+1} = 0.7y_t + 0.2z_t = 0.7$ と $z_{t+1} = 0.2y_t + 0.7z_t = 0.2$ になる。図をみると，システムは定常であるため，インパルス応答は減衰するのがみてとれる。

もし b_{21} ではなく b_{12} に 0 である制約を課してコレスキー分解の順序付けを逆にしたらどうなるだろうか。行列 A_1 は対称（つまり $a_{11} = a_{22}$, $a_{12} = a_{21}$）であることから，ε_{yt} に対するインパルス応答は図 5.2（a）に近く，ε_{zt} に対するインパルス応答は図 5.2（b）に近い形状になるだろう。唯一の相違点は実線が z_t の系列の時間経路となり，＋ の線が y_t の系列の時間経路となるように入れ替わることである。

この方法を実践する研究者は，どのようにして 2 つのコレスキー分解の一方がより適切であると判断するのだろうか。場合によっては，一方の変数が他の変数に対して同時効果を持たない理論的な根拠があるかもしれない。しかし，通常はそのような事前情報がないことが多い。さらに，VAR システムの構造に制約を課すというアイデア自体が「信じがたい識別制約」を排除すべきというシムズの精神に反している。残念ながら，この問題を回避するための簡単な方策は存在しない。識別には何らかの構造を仮定することが必要となる。コレスキー分解は，構造モデルの識別を可能にする最小限の仮定の選択肢を提供している[7]。

問題の本質を理解するために，「順序付けの重要性が e_{1t} と e_{2t} の相関係数の大きさに依存する」ことに注意してほしい。VAR モデルを推定すると，回帰残差から e_{1t} と e_{2t} の相関係数 $\rho_{12} = \sigma_{12}/(\sigma_1\sigma_2)$ も計算することができる。極端な例を挙げれば，計算された ρ_{12} が 0 であった場合，順序付けは問題にならない。数式を使うと，(5.24)(5.25) 式が無相関であるためには b_{12} が 0 であるはずなので $e_{1t} = \varepsilon_{yt}$ と $e_{2t} = \varepsilon_{zt}$ が導かれる。つまり，y_t と z_t の式から計算される残差はそれぞれ ε_{yt} と ε_{zt} のショックと同値でなければならない。要するに $E[e_{1t}e_{2t}] = 0$ であれば b_{12} と b_{21} を 0 に設定できる。研究者は通常の場合，ρ_{12} の有意性を検定するだろう。1 変量モデルの場合と同様に，平均 0，標準偏差 $T^{-1/2}$ の正規分布を用いて帰無仮説 $\rho_{12} = 0$ を検定できる。つまり 100 個の観測値に関して，$|\rho_{12}| > 0.2$（$= 2 \times 100^{-1/2}$）の場合に通常の有意水準で相関は有意となる。もし ρ_{12} が有意であれば，ある順序付けのもと，通常の手続きに従ってインパルス応答関数を計算すればよい。次に，順序付けを逆

7　残念ながら，2 つのコレスキー分解の両者が誤っている可能性もある。**5.6** から **5.10** ではコレスキー分解以外の識別制約について説明する。

284　第 5 章　多変量時系列モデル

にしたインパルス応答関数と比較する。もし両者の結果が著しく異なっている
ならば，変数間の関係について追加的な分析が必要になる[8]。

図 5.2 (c) (d) は，モデル 2 のインパルス応答関数を示している。モデル
1 とモデル 2 の違いは，後者で a_{12} と a_{21} が -0.2 に置き換わっただけであ
る。似たような構造は以前にも図 5.1 (b) で用いられた。係数行列 A_1 の非
対角要素が負となることによって 2 変数の連動が弱まっている。図 5.2 (c)
は (5.26)(5.27) 式で表現された順序を用いて，1 単位の ε_{zt} ショックの効果
をたどっている。まず t 期には z_t が 1 単位増加し y_t が 0.8 単位増加してい
る。次の期には，ε_{zt+1} が 0 に戻るが y_{t+1} の値は $0.7y_t - 0.2z_t = 0.36$ であ
り，z_{t+1} の値は $-0.2y_t + 0.7z_t = 0.54$ である。それ以降の 2 から 20 期先ま
での点はインパルス応答が 0 に収束していく様子を示している。一方，図 5.2
(d) は 1 単位の ε_{yt} のショックに対する応答を示している。ショックによっ
て t 期の y_t は 1 単位増加するが，同時点の z_t の値は影響を受けない。次の
期には，$y_{t+1} = 0.7y_t - 0.2z_t = 0.7$ であり，$z_{t+1} = -0.2y_t + 0.7z_t = -0.2$
である。同様の計算から，$y_{t+2} = 0.7 \times 0.7 - 0.2 \times (-0.2) = 0.53$ となり，
$z_{t+2} = -0.2 \times 0.7 + 0.7 \times (-0.2) = -0.28$ となる。システムは安定的である
ため，2 つの系列は最終的に 0 に収束する。

◆ 信頼区間とインパルス応答関数

インパルス応答関数に関する 1 つの重要な問題は，それが推定された係数に
基づいて計算されている点である。そのため，インパルス応答にも推定誤差が
含まれてしまう。ここでは推定されたパラメータの不確実性を反映したインパ
ルス応答の信頼区間を構築する方法を紹介する。その方法を説明するために，
以下の AR(1) モデルが推定されたとする。

$$y_t = \underset{(4.00)}{0.60}\, y_{t-1} + \varepsilon_t$$

カッコ内の t 値が 4.00 であることから，AR(1) 係数の推定精度は高いこ
とがわかる。この場合のインパルス応答関数は簡単に計算できる。所与の
y_{t-1} の値に関して，ε_t への 1 単位ショックは y_t を 1 単位増加させる。その
後には，y_{t+1} は 0.60 となり，y_{t+2} は $(0.60)^2$ となる。インパルス応答関数は
$\phi(i) = (0.60)^i$ と書けることがすぐに確認できる。

8　相関係数が有意でなければ $e_{1t} = \varepsilon_{zt}$，$e_{2t} = \varepsilon_{zt}$ としてインパルス応答関数を計算す
　るだけでよい。

ここで AR(1) の係数推定値が 0.6 に対して，その標準誤差は 0.15 (= 0.60/4.00) である。係数の推定量が正規分布に従っているとすると，真の値が 2 標準誤差区間である 0.3 と 0.9 の間に含まれている確率は約 95% となる。ただし高次のシステムでは係数の推定量の間に相関があるため，問題は複雑になる。さらにサンプルサイズが小さい場合には推定量が正規分布で近似できるという仮定が不適切である可能性もある。

特定の分布を仮定せず，分布を近似できる手法としてブートストラップ法がある（ブートストラップ法は**補論 4.1** 参照）。例えば，AR(p) 過程 $y_t = a_0 + a_1 y_{t-1} + \cdots + a_p y_{t-p} + \varepsilon_t$ の係数の信頼区間を計算するには，次のような手続きに従えばよい（サンプルサイズを T とする）。

第 1 段階：OLS を用いて a_0 から a_p までの係数を推定し残差を保存する。係数 a_i の推定値を $\hat{a}_i$ で表し，残差系列を $\hat{\varepsilon}_i$ で表す。

第 2 段階：T 個の系列 ε_t をブートストラップ法によって発生させる。統計ソフトでは，残差系列 $\hat{\varepsilon}_i$ の中から値を無作為に（復元）抽出して，誤差項系列を発生させることができる。この実験から生成される ε_t^* の系列は真の誤差系列と同じ性質を持っている。発生させた ε_t^* の系列を，

$$y_t^* = \hat{a}_0 + \hat{a}_1 y_{t-1}^* + \cdots + \hat{a}_p y_{t-p}^* + \varepsilon_t^*$$

に繰り返し代入することで y_t^* の系列を計算できる。

第 3 段階：ここで y_t^* の系列を発生させるために用いた係数の値をいったん忘れることにする。この y_t^* から新たに AR(p) 過程を推定し，インパルス応答関数を計算する。第 1 段階と第 2 段階を何千回か繰り返すことで，何千ものインパルス応答関数 $\phi_{11}^*(i)$ が得られる。例えば，95% のブートストラップ信頼区間を計算するには，それぞれの i についてインパルス応答 $\phi_{11}^*(i)$ を並び替え，下位 2.5% と上位 2.5% の値を，それぞれ信頼区間の下限と上限として用いればよい。

この手続きを少しだけ複雑にすることで VAR モデルの場合でも同様の信頼区間が構築できる。以下のような 2 変数のシステムを考えよう。

$$y_t = a_{11} y_{t-1} + a_{12} z_{t-1} + e_{1t}$$
$$z_t = a_{21} y_{t-1} + a_{22} z_{t-1} + e_{2t}$$

286　第5章　多変量時系列モデル

　ここで問題となるのは2つの回帰残差の間に相関があることである。このような誤差項の相関構造を維持しつつ，適切に e_{1t} と e_{2t} を抽出しなければならない。簡単な方法として，ある e_{1t} を抽出したときに，必ず同時点の e_{2t} の値をペアとして選ぶようにすればよい。さらに，$b_{21} = 0$ に対応したコレスキー分解を使用する場合には，(5.24)(5.25) 式を用いて ε_{1t} と ε_{2t} を計算することができる。

◆ 分 散 分 解

　無制約の VAR モデルではパラメータの数が過剰である可能性が高いが，予測誤差の性質を理解することはシステム内の変数の相互依存関係を探るためには非常に有益である。係数 A_0 と A_1 が既知であり，x_t の観測値をもとに x_{t+i} のいくつかの要素を予測したいと想定しよう。

　(5.5) 式を1期先に進めると，$x_{t+1} = A_0 + A_1 x_t + e_{t+1}$ となる。このため，x_{t+1} の条件付き期待値は，

$$E_t x_{t+1} = A_0 + A_1 x_t$$

となり，1期先の予測誤差は $x_{t+1} - E_t x_{t+1} = e_{t+1}$ となる。同様に，(5.5) 式を2期先に進めると，

$$x_{t+2} = A_0 + A_1 x_{t+1} + e_{t+2}$$
$$= A_0 + A_1(A_0 + A_1 x_t + e_{t+1}) + e_{t+2}$$

となる。x_{t+2} の条件付き期待値は，

$$E_t x_{t+2} = (I + A_1)A_0 + A_1^2 x_t$$

となり，2期先の予測誤差は $x_{t+2} - E_t x_{t+2} = e_{t+2} + A_1 e_{t+1}$ となる。一般的に，n 期先の予測値は，

$$E_t x_{t+n} = (I + A_1 + A_1^2 + \cdots + A_1^{n-1})A_0 + A_1^n x_t$$

となり，その予測誤差は，

$$x_{t+n} - E_t x_{t+n} = e_{t+n} + A_1 e_{t+n-1} + A_1^2 e_{t+n-2} + \cdots + A_1^{n-1} e_{t+1} \quad (5.28)$$

となることが容易に確認できる。

　構造 VAR モデルの VMA 表現である (5.23) 式に関しても，同様の予測誤

差を考えることができる。もちろん VMA 表現のモデルと VAR モデルには
まったく同じ情報が含まれている。しかし予測誤差を ε_t の系列で書き換え
て，その性質を記述することは便利であり，良い練習問題にもなるだろう。も
し (5.23) 式を用いて x_{t+1} の条件付き予測を計算すれば，1 期先の予測誤差は
$\phi_0 \varepsilon_{t+1}$ となる。一般的には，

$$x_{t+n} = \mu + \sum_{i=0}^{\infty} \phi_i \varepsilon_{t+n-i}$$

と書けるため，n 期先の予測誤差 $x_{t+n} - E_t x_{t+n}$ は次式で表される。

$$x_{t+n} - E_t x_{t+n} = \sum_{i=0}^{n-1} \phi_i \varepsilon_{t+n-i}$$

ここで y_t の系列のみを考えると，n 期先の予測誤差は次のようになる。

$$y_{t+n} - E_t y_{t+n} = \phi_{11}(0)\varepsilon_{yt+n} + \phi_{11}(1)\varepsilon_{yt+n-1} + \cdots + \phi_{11}(n-1)\varepsilon_{yt+1}$$
$$+ \phi_{12}(0)\varepsilon_{zt+n} + \phi_{12}(1)\varepsilon_{zt+n-1} + \cdots + \phi_{12}(n-1)\varepsilon_{zt+1}$$

さらに n 期先である y_{t+n} の予測誤差分散を $\sigma_y(n)^2$ で表した場合には，次の
関係式が得られる。

$$\sigma_y(n)^2 = \sigma_y^2[\phi_{11}(0)^2 + \phi_{11}(1)^2 + \cdots + \phi_{11}(n-1)^2]$$
$$+ \sigma_z^2[\phi_{12}(0)^2 + \phi_{12}(1)^2 + \cdots + \phi_{12}(n-1)^2]$$

すべての $\phi_{jk}(i)^2$ は必ず非負であることから，予測期間 n が増加すれば予測
誤差分散も増加する。ここで n 期先の予測誤差分散がそれぞれのショックの
貢献度に比例して分解できることに注意したい。予測誤差分散 $\sigma_y(n)^2$ の中で
ε_{yt} と ε_{zt} の系列によって説明される割合は，それぞれ以下となる。

$$\frac{\sigma_y^2[\phi_{11}(0)^2 + \phi_{11}(1)^2 + \cdots + \phi_{11}(n-1)^2]}{\sigma_y(n)^2}$$
$$\frac{\sigma_z^2[\phi_{12}(0)^2 + \phi_{12}(1)^2 + \cdots + \phi_{12}(n-1)^2]}{\sigma_y(n)^2}$$

このような**予測誤差分散分解** (forecast error variance decompostion) は 1 つ
の変数の変動の中で「自己の」ショックによって説明できる部分とその他の変
数のショックによって説明できる部分の割合を示している。もし ε_{zt} が y_t の
いずれの予測期間の予測誤差分散も説明できる部分がなければ，y_t の系列は

外生的である。この場合には，y_t は ε_{zt} や z_t の系列から独立して変動する。逆の極端な例として，ε_{zt} によって y_t の系列のすべての予測期間の予測誤差分散を説明できる場合には，y_t は完全に内生的である。応用分析では 1 つの変数の予測誤差分散について，予測期間が短い場合には自己のショックがほとんどすべてを説明し，予測期間が長くなるとその影響の割合が小さくなっていることが多い。つまり，ε_{zt} から y_t への同時効果がほとんどなく，後になって y_t の系列に影響を及ぼしている状況だと考えればよいだろう。

　分散分解でも，インパルス応答の場合と同様の識別問題が生じることに注意しよう。分散分解に用いる ε_{yt} と ε_{zt} の系列を識別するためには，行列 B に制約を課すことが必要となる。コレスキー分解を用いて導出された (5.24)(5.25) 式から，z_t の 1 期先予測誤差分散がすべて ε_{zt} で説明されることが示唆される。もし逆の順序付けを用いた場合には，y_t の予測誤差分散のすべてが ε_{yt} で説明されることになる。2 つの異なる識別制約の劇的な効果の違いは，予測期間が長いほど小さくなっていく。実際の応用分析では，さまざまな予測期間について分散分解を調べることは有益であろう。予測期間 n が増加すると，分散分解は収束しなければならない。さらに，相関係数 ρ_{12} が有意に 0 でなければ，さまざまな順序付けのもとで慎重に分散分解の結果を検討してみることが必要だろう。

　インパルス応答分析と分散分解は経済変数の相互依存関係を調べる有益な方法であり，両者はあわせて**イノベーション会計**（innovation accounting）と呼ばれる。誘導型の VAR モデルの誤差項の間の相関が十分に小さいと，識別問題はそれほど重要ではないかもしれない。この場合には順序付けを変えても同じようなインパルス応答と分散分解の結果が得られる。もちろん多くの経済変数には同時点で高い相関があり，そのような例はまれだろう。5.6 から 5.10 では構造ショックの識別に便利な 2 つの方法を説明する。これらの手法を導入する前に，次節では VAR モデルの枠組みのもとでの仮説検定を議論する。

5.5　VAR モデルの仮説検定

　原則的には，VAR モデルに多くの変数を含めても問題はない。全部で n 本の式からなる VAR システムのそれぞれの式に，n 変数すべての p 個のラグが含まれていてもよい。ところが現実には，変数を追加するとモデルの自由度は急速に低下してしまう。例えば，月次データで 12 個のラグがあるモデルに 1

変数を加えるだけで，すべての式の自由度が 12 だけ低下する。このため，経済理論などを十分に吟味したうえで変数を選択することが望ましい。

まず n 本の式からなる VAR モデルは次のような行列表現が可能である。

$$
\begin{bmatrix} x_{1t} \\ x_{2t} \\ \vdots \\ x_{nt} \end{bmatrix} = \begin{bmatrix} A_{10} \\ A_{20} \\ \vdots \\ A_{n0} \end{bmatrix} + \begin{bmatrix} A_{11}(L) & A_{12}(L) & \cdots & A_{1n}(L) \\ A_{21}(L) & A_{22}(L) & \cdots & A_{2n}(L) \\ \vdots & & & \vdots \\ A_{n1}(L) & A_{n2}(L) & \cdots & A_{nn}(L) \end{bmatrix} \begin{bmatrix} x_{1t-1} \\ x_{2t-1} \\ \vdots \\ x_{nt-1} \end{bmatrix} + \begin{bmatrix} e_{1t} \\ e_{2t} \\ \vdots \\ e_{nt} \end{bmatrix}
$$

$$(5.29)$$

ただし，A_{i0} は定数項のパラメータで $A_{ij}(L)$ はラグ多項式である。

ラグ多項式 $A_{ij}(L)$ の個別の係数は $a_{ij}(1), a_{ij}(2), \ldots$ で示される。すべての式でラグの長さは同じなので，ラグ多項式 $A_{ij}(L)$ の次数も同じである。ホワイトノイズ誤差項 e_{it} は相互に相関してもかまわないので，その分散共分散行列を，これまでと同様に $n \times n$ 行列である Σ を用いて表記する。

変数選択と同じく VAR モデルで重要になるのは，適切なラグの長さを決定することである。1 つの方法として，それぞれの式やそれぞれの変数に異なるラグの長さを用いることが考えられる。しかし，システムの対称性を維持するために通常はすべての式で同じ長さのラグが用いられる。**5.3** で述べたように，個々の式で説明変数が同じであれば，OLS 推定量を用いて VAR モデルを効率的に推定することができる。

VAR モデルの次数が p である場合，n 本の方程式それぞれには np 個の係数と 1 個の定数項が含まれている。もし分析に用いる p が小さすぎるとモデルの特定化を誤ってしまう可能性が高くなる。一方 p が大きすぎると無駄に自由度を低めてしまう。このため適切なラグ p の選択は重要である。ラグの長さを選ぶために，まず妥当であると考えられる最長のラグ（あるいは自由度を考慮したうえで採用できる最長のラグ）を設定する。次に最長のラグを用いて VAR モデルを推定し，残差から分散共分散行列を計算する。例えば四半期データの分析で，「システムの動学特性を捉えるためには 3 年の長さがあればよい」という考え方から最長のラグを 12 四半期に設定したとしよう。このラグ次数 12 のモデルの残差から計算された分散共分散行列を Σ_{12} と呼ぶことにする。では，より少ないラグ次数 8 のモデルが適切かどうかを判断するにはどうすればよいだろうか。ラグ次数を 12 から 8 に減らすことで，個々の式で推定されるパラメータの数を $4n$ 個ずつ節約することができる。

290　第 5 章　多変量時系列モデル

ここでは n 本の式で 8 次のラグを共有している点に興味があり，9 次から 12 次までの係数の有意性を個別の式について別々に F 検定で調べることは適切ではない。このような**方程式間**（cross-equation）**の制約**の検定には，制約付きモデルの尤度と無制約モデルの尤度の大きさの比率（対数尤度では大きさの差）に基づく**尤度比**（likelihood ratio：**LR**）**検定**を用いればよい[9]。標本期間が同じになるようにラグ次数 8 の VAR モデルを推定し，その残差の分散共分散行列を Σ_8 としよう。ラグ次数 12 の VAR モデルに比べて，n 本のそれぞれの式に $4n$ 個の制約が課されていることから，全体では $4n^2$ 個の制約が反映されていることに注意したい。**ラグ選択の LR 検定**では，統計量として，

$$T(\ln|\Sigma_8| - \ln|\Sigma_{12}|)$$

を用いる。ただし $|\Sigma_n|$ は Σ_n の行列式である。しかし，通常用いられるサンプルサイズ T において，シムズは以下の修正を推奨している。

$$(T-c)(\ln|\Sigma_8| - \ln|\Sigma_{12}|)$$

ただし，c は制約のないシステムの個々の方程式のパラメータの数である。この例では，制約のないモデルの個々の方程式には 12 次のラグと定数項が含まれているため $c = 1 + 12n$ である。

　この統計量は漸近的に χ^2 分布に従い，その自由度は短いラグ次数の VAR システムに課された制約の総数となる。いまの例では，個々の方程式の制約は $4n$ 個あるので，システム全体の制約の総数は $4n^2$ である。もし 8 次のラグの制約が正しければ，$\ln|\Sigma_8|$ と $\ln|\Sigma_{12}|$ がほとんど等しくなることが予想される。このため統計量が十分大きければ，ラグ次数 8 のモデルの制約は成立していないと考えられるので，ラグ次数 8 の帰無仮説を棄却すればよい。具体的には，計算された統計量が一定の有意水準に対応した χ^2 分布の臨界値よりも大きい場合に帰無仮説が棄却され，小さい場合には帰無仮説は棄却されない。帰

9　尤度比検定統計量は，2 つのモデルが与えられたとき，それぞれのモデルの尤度 L_0 と L_1 の比率の自然対数に 2 をかけた $2\ln(L_1/L_0) = 2(\ln L_1 - \ln L_0)$ と定義され，L_0 に用いた制約の帰無仮説のもとで漸近的に χ^2 分布に従うことが知られている。**補論 2.1** から，1 変量の正規分布から発生した標本の対数尤度は $\ln L = -\frac{T}{2}\ln(2\pi) - \frac{T}{2}\ln\sigma^2 - \frac{1}{2\sigma^2}\sum_{t=1}^{T}\varepsilon_t^2$ であったが，最後の項の σ^2 の部分にその最尤推定量 $\sum_{t=1}^{T}\varepsilon_t^2/T$ を代入すれば，$\ln L = -\frac{T}{2}\ln(2\pi) - \frac{T}{2}\ln\sigma^2 - \frac{T}{2}$ と単純化できる。2 つのモデルの尤度をそれぞれ $\ln L_1 = -\frac{T}{2}\ln(2\pi) - \frac{T}{2}\ln\sigma_1^2 - \frac{T}{2}$ と $\ln L_0 = -\frac{T}{2}\ln(2\pi) - \frac{T}{2}\ln\sigma_0^2 - \frac{T}{2}$ で表せば，$2(\ln L_1 - \ln L_0)$ が $T(\ln\sigma_0^2 - \ln\sigma_1^2)$ となることがわかる。多変量モデルの尤度比検定の場合は，分散 σ^2 を一般化した分散共分散行列 Σ の行列式 $|\Sigma|$ を用いる。

無仮説が棄却されなかった場合には，以下の LR 検定統計量を用いて，ラグ次数 4 が適切かどうかについても検討できる。

$$(T - c)(\ln |\Sigma_4| - \ln |\Sigma_8|)$$

このような方法でラグの次数を減らしていく際には細心の注意が必要である。例えば，ラグ次数 8 の帰無仮説はラグ次数 12 の対立仮説に対して棄却されず，ラグ次数 4 の帰無仮説はラグ次数 8 の対立仮説に対して棄却されないにもかかわらず，ラグ次数 4 の帰無仮説はラグ次数 12 の対立仮説に対して棄却される不整合な結果が生じてしまうこともある。モデルを小さくするたびに少しずつ説明力が失われるため，すべてを合わせた損失は巨大になってしまう危険もある。そのような状況では，長めのラグを採用するほうが無難かもしれない。

適切なラグの選択以外のさまざまな方程式間の制約の検討についても LR 検定の考え方を応用できる。無制約の（unrestricted）システムと制約付き（restricted）システムの誤差項の分散共分散行列をそれぞれ Σ_u と Σ_r で記述しよう。もしも無制約のモデルの方程式が互いに異なる数の説明変数を含んでいる場合には，最も多くの説明変数を含む方程式の説明変数の数を c とする。シムズの推奨する方法は LR 検定統計量

$$(T - c)(\ln |\Sigma_r| - \ln |\Sigma_u|) \tag{5.30}$$

とシステムの制約の数を自由度とする χ^2 分布と比較することである。

LR 検定は漸近理論に依拠しているので，サンプルサイズが少ない場合にはあまり役に立たないかもしれない。さらに，LR 検定の利用はあるモデルが別のモデルに制約を課したものに一致する場合に限定されている。別のラグ選択方法として，AIC と BIC を多変量時系列へ一般化したものを用いることもできる（情報量規準は **2.7** 参照）。

$$\mathrm{AIC} = T \ln |\Sigma| + 2N$$
$$\mathrm{BIC} = T \ln |\Sigma| + N \ln(T)$$

ただし，$|\Sigma|$ は残差の分散共分散行列の行列式で，N は「全方程式で」推定されるパラメータの総数である。つまり，n 変量 VAR モデルですべての式のラグ次数が p で定数項がある場合，n 本の方程式には，それぞれ np のラグ変数と定数項が含まれているので $N = n^2 p + n$ となる。説明変数を追加すると

$\ln|\Sigma|$ は低下するが，同時に N が増加する。1 変量の場合と同様に，AIC や BIC の値が最小になるようにモデルを選ぶ。その場合，常に同じサンプルサイズで推定されたモデルを比較しなければならないことを再確認しておこう。また AIC と BIC は比較モデルの統計的な有意性を検定するものではないことに注意したい。あくまでも比較するモデルの当てはまりの良さを測定するものである。1 変量の場合と同様に多変量へ一般化された AIC と BIC の表示方法についても，研究者や統計ソフトによってさまざまである。比較的よく用いられる表示方法としては，

$$\text{AIC}^* = -\frac{2\ln(L)}{T} + \frac{2N}{T}$$

$$\text{BIC}^* = -\frac{2\ln(L)}{T} + \frac{N\ln(T)}{T}$$

がある。ただし，L は多変量尤度関数の最大値である。

◆ グレンジャー因果性

変数間の因果性の検定として，ある変数のラグが他の変数の式に含まれるかどうかを調べるという方法がある。ラグ次数が p の 2 変量 VAR モデル を考えよう。

$$\begin{bmatrix} y_t \\ z_t \end{bmatrix} = \begin{bmatrix} A_{10} \\ A_{20} \end{bmatrix} + \begin{bmatrix} A_{11}(L) & A_{12}(L) \\ A_{21}(L) & A_{22}(L) \end{bmatrix} \begin{bmatrix} y_{t-1} \\ z_{t-1} \end{bmatrix} + \begin{bmatrix} e_{1t} \\ e_{2t} \end{bmatrix}$$

このとき，ラグ多項式の第 $(2,1)$ 要素 $A_{21}(L) = a_{21}(1) + a_{21}(2)L + \cdots + a_{21}(p)L^{p-1}$ の係数がすべて 0 であるならば（そしてその場合に限り），「y_t から z_t へのグレンジャー因果性がない（y_t does not Granger cause z_t）」という。言い換えると，「もし y_t が z_t の予測精度の改善に貢献しなければ，y_t から z_t への**グレンジャー因果性**（Granger causality）は存在しない」のである。グレンジャー因果性がないという帰無仮説は，

$$H_0 : a_{21}(1) = a_{21}(2) = a_{21}(3) = \cdots = a_{21}(p) = 0$$

と記述できる。このため，すべての変数が定常であれば，通常の F 検定を用いてグレンジャー因果性の検定が可能である。さらに，この因果性の概念を (5.29) 式の n 変量の場合に一般化することは容易である。ラグ多項式 $A_{ij}(L)$ は変数 i の式でのラグ変数 j の係数を表しており，そのすべての係数が 0 であ

れば，変数 j から変数 i へのグレンジャー因果性がない。

グレンジャー因果性と外生性は必ずしも同じ概念ではない[10]。しかし，別の変数を VAR モデルに追加するかどうかを決める場合には**ブロック外生性**（block-exogeneity）**検定**を用いることができる。新たな 1 変数を w_t として，既存の y_t か z_t の一方か両方へのグレンジャー因果性があるならば，その変数はシステムに加えるべきである。この場合のブロック外生性とは，y_t と z_t のそれぞれの式で w_t のすべてのラグの係数が 0 である制約に等しい。このような方程式間の制約は，(5.30) 式で与えられる LR 検定を用いて適切に検定できる。まず y_t と z_t の式を，y_t と z_t と w_t のラグを説明変数に用いて推定し，Σ_u を計算する。そして w_t のラグを説明変数から除いたモデルを推定し，Σ_r を計算する。最後に両者を用いて次の尤度比を計算すればよい。

$$(T - c)(\ln|\Sigma_r| - \ln|\Sigma_u|)$$

この LR 検定統計量は (5.30) 式と同様に，自由度が $2p$ の χ^2 分布に従う。この自由度では w_t の p 次までのラグが 2 本の式から除外されることが反映されている。また制約のない y_t と z_t の式には，それぞれ y_t と z_t と w_t の p 次までのラグと定数項が含まれているので $c = 3p + 1$ となる。もし帰無仮説が棄却できなければ，ブロック外生性が満たされ，w_t は将来の y_t と z_t に影響を与えないことになる。

◆ グレンジャー因果性と貨幣供給量の変化

グレンジャー因果性検定を含めた VAR モデルによる分析の利点を，セントルイスモデルを再び取り上げて説明したい。1970 年代の後半までは，貨幣の変動は将来の実質所得や物価水準を予測するための有益な情報が含まれていると信じられていた。実際に現在の貨幣供給量と将来の物価水準や実質所得の間に体系的な関係が存在していることが，積極的な金融政策を行うことの裏付けとなっていた。ところが 1970 年代後半にはそのような関係が成立しなくなったことを示す多くの研究結果が報告された。例えばフリードマン＝クットナー（Friedman and Kuttner 1992）は，将来の所得の変化を所得や他の変数から

---

[10] 厳密には構造型の VAR モデルの z_t の式で過去と現在の y_t の係数がすべて 0 であれば，z_t はクープマンズ外生変数と呼ばれる。y_t から z_t へのグレンジャー因果性がないことは，変数 z_t がクープマンズ外生変数であるための必要条件であるが十分条件ではない。

294　第 5 章　多変量時系列モデル

予測する場合に，貨幣を含めることで予測が改善されるかどうかが重要な問題であると論じている。次のような VAR システムのうちの 1 本の式を考察しよう。

$$\Delta y_t = \alpha + \sum_{i=1}^{4} \beta_i \Delta m_{t-i} + \sum_{i=1}^{4} \gamma_i \Delta g_{t-i} + \sum_{i=1}^{4} \delta_i \Delta y_{t-i} + \varepsilon_t$$

　この方程式は (5.2) 式のセントルイスモデルとは異なっている。今回は名目所得の対数変化（Δy_t）は今期の名目貨幣供給の対数変化（Δm_t）と連邦政府支出の対数変化（Δg_t）には依存していない。ところが Δm_t と Δg_t と Δy_t の過去の値に依存している。彼らによって問われている問題は単純である。それは Δy_t と Δg_t の過去の値がわかっているとき，貨幣供給量を知ることが名目所得の将来の値に関する情報を与えるかどうかということだ。彼らはこの目的のために複数の貨幣供給量の指標（例えば，マネタリーベース，M1，M2，短期金利など）を用いて，さまざまな標本期間で 3 変量 VAR モデルを推定した。1960Q2 から 1979Q3 の標本期間では，マネタリーベースから Δy_t へのグレンジャー因果性がないという帰無仮説の F 統計量は 3.68 であった。有意水準 1% のもとで帰無仮説は棄却され，貨幣から Δy_t へのグレンジャー因果性の存在を結論づけることができる。しかし，1970Q3 から 1990Q4 の標本期間では，F 統計量は 0.82 にすぎず，通常の有意水準のもとでは貨幣から所得へのグレンジャー因果性はないことになる。この結果は他の貨幣の変数に入れ替えても頑健である。1979Q3 までは，すべての集計された貨幣から名目所得へのグレンジャー因果性の存在が 1% の有意水準で確認できる。ところが，後半の標本期間では，どの集計指標を用いても貨幣から名目所得へのグレンジャー因果性はない。

　3 変数の相互依存関係の理解を深めるために，彼らは分散分解の結果も報告している。1960Q2 から 1979Q3 の標本期間に関して，予測期間 4 四半期と 8 四半期の Δy_t の予測誤差分散のうち M1 は 27% を説明している。対照的に，1970Q3 から 1990Q4 の標本期間では，同じ予測期間について M1 は Δy_t の予測誤差分散の 10% しか説明できない。これらの結果はセントルイスモデルの結果と大きく異なっている。将来の名目所得の経路の予測に関して，1970 年代後半以降，貨幣供給量の変化の重要性が低下したことは間違いないだろう。

5.5 VARモデルの仮説検定　295

◆ 非定常変数を含む場合の検定

第4章では，単一方程式の中で一部の説明変数が定常で，他の変数が非定常の場合でも仮説検定が可能であることを確認した。とくにシムズ＝ストック＝ワトソンら (Sims, Stock, and Watson 1990) のルールが，ADF検定のラグ選択に用いられた (**4.7** 参照)。この問題は多くの説明変数が非定常である可能性が高い VAR モデルの分析にも大きく関係している。シムズらの重要な結論の1つは，「もし関心のある係数が定常変数の係数に書き換えることができれば，t 検定は適切となる」ことであった。サンプルサイズが大きい場合には，t 統計量の分布に対して正規分布による近似を用いることができる。例として，2変量 VAR モデルの y_t の式を想定しよう。

$$y_t = a_{11}y_{t-1} + a_{12}y_{t-2} + b_{11}z_{t-1} + b_{12}z_{t-2} + \varepsilon_t \tag{5.31}$$

最初に，y_t が非定常な $I(1)$ 変数で z_t が定常な $I(0)$ 変数である場合を考える。いま b_{11} と b_{12} は定常変数の係数であるため，通常の t 検定を $b_{11} = 0$ や $b_{12} = 0$ の仮説検定に，あるいは通常の F 検定を $b_{11} = b_{12} = 0$ の仮説検定に用いることは可能である。したがって，z_t のラグの長さを選択する場合や，z_t から y_t へのグレンジャー因果性を検定する場合に，t 分布や F 分布を用いることができる。

ここで $a_{11} = 0$ や $a_{12} = 0$ の制約の検定にも t 検定を用いることが可能であることに注意しよう。係数 a_{11} と a_{12} は一見すると非定常変数の係数であるが，定常変数の係数としてもモデルを表現することが可能であり，シムズ＝ストック＝ワトソンのルールから t 検定を用いてよいことになる。しかし，F 検定を用いて，$a_{11} = a_{12} = 0$ の制約を検定することはできない。このことを確認するために，(5.31) 式の右辺に $(a_{12}y_{t-1} - a_{12}y_{t-1})$ を加えよう（0を加えるので左辺は何も変わらない）。

$$y_t = a_{11}y_{t-1} + a_{12}y_{t-1} - a_{12}(y_{t-1} - y_{t-2}) + b_{11}z_{t-1} + b_{12}z_{t-2} + \varepsilon_t$$

ここで $a_{11} + a_{12} = \gamma$ と定義すると，同式は次のように書ける。

$$y_t = \gamma y_{t-1} - a_{12}\Delta y_{t-1} + b_{11}z_{t-1} + b_{12}z_{t-2} + \varepsilon_t$$

係数 a_{12} は定常変数 Δy_{t-1} にかかっているので，t 検定で $a_{12} = 0$ の帰無仮説を検定することに問題はない。また，(5.31) 式の右辺に $(a_{11}y_{t-2} - a_{11}y_{t-2})$ を加えることで次式が得られる。

$$y_t = a_{11}\Delta y_{t-1} + \gamma y_{t-2} + b_{11}z_{t-1} + b_{12}z_{t-2} + \varepsilon_t$$

つまり $a_{11} = 0$ の帰無仮説は t 統計量を用いて同様に検定することができる。ここで重要なのは，個々の係数推定量が正規分布に従っていたとしても，その和である $a_{11} + a_{12} = \gamma$ の推定量は正規分布に従わない点である。これは γ を定常変数の係数となるように書き換えることは不可能であるためである。

次に y_t と z_t が 2 つとも $I(1)$ である場合を想定しよう。係数 a_{12} と b_{12} が定常変数の係数になるように書き換えることは容易である。(5.31) 式の右辺に $(a_{12}y_{t-1} - a_{12}y_{t-1})$ と $(b_{12}z_{t-1} - b_{12}z_{t-1})$ を加えると，

$$y_t = (a_{11} + a_{12})y_{t-1} - a_{12}(y_{t-1} - y_{t-2}) + (b_{11} + b_{12})z_{t-1}$$
$$- b_{12}(z_{t-1} - z_{t-2}) + \varepsilon_t$$

となる。これは，

$$y_t = \gamma_1 y_{t-1} - a_{12}\Delta y_{t-1} + \gamma_2 z_{t-1} - b_{12}\Delta z_{t-1} + \varepsilon_t \tag{5.32}$$

と書ける。ただし，$\gamma_1 = a_{11} + a_{12}$，$\gamma_2 = b_{11} + b_{12}$ であるとする。

(5.32) 式は，(5.31) 式の 2 つの係数 a_{12} と b_{12} がそれぞれ定常変数の係数となるように書き換えることができることを示している。つまり，ラグの長さに関する $a_{12} = b_{12} = 0$ の同時制約の F 検定に F 分布を用いることは可能である。しかし，z_t から y_t へのグレンジャー因果性がないという制約 $b_{11} = b_{12} = 0$ は制約 $\gamma_2 = b_{12} = 0$ と同値である。ところが，γ_2 は非定常変数にかかる係数であるため，F 統計量は非標準的分布に従い，通常の F 分布を使うことができない。制約 $\gamma_2 = 0$ が既知である場合に限り，z_t から y_t へのグレンジャー因果性検定を通常の手続きで行うことができる。制約 $\gamma_2 = 0$ を所与とすると，(5.32) 式は，

$$y_t = \gamma_1 y_{t-1} - a_{12}\Delta y_{t-1} - b_{12}\Delta z_{t-1} + \varepsilon_t$$

と書けるので，因果性がないことが b_{12} に関する単独の制約になり，通常の検定を用いることができる。同様に，もし $\gamma_1 = 1$ が既知であれば，次式が得られる[11]。

---

11 もし y_t が $I(1)$ であれば，γ_1 が 0 にはならないことに注意したい。もし $\gamma_1 = 0$ であれば，$y_t = -a_{12}\Delta y_{t-1} - b_{12}\Delta z_{t-1} + \varepsilon_t$ となり，両辺の和分の次数がバランスしない。つまり左辺は $I(1)$ 変数 y_t であるのに対し，右辺の 3 変数 Δy_{t-1} と Δz_{t-1} と ε_t

$$\Delta y_t = -a_{12}\Delta y_{t-1} - b_{12}\Delta z_{t-1} + \varepsilon_t$$

この場合には VAR モデルの変数がすべて階差で表現されている。このため，すべての係数が定常変数の係数である。これらの結果は一般性を持ち，高次のシステムでも成立する。定常変数と非定常変数を含んだ VAR モデルの分析方法をまとめると以下のようになる。

1. 定常変数の場合は t 検定や F 検定を使う。

2. どの変数でも，どのような変数の組み合わせでも，ラグの長さの検定を行うことができる。このとき，変数が定常であるかどうかには依存しない。

3. ある非定常変数から他の非定常変数へのグレンジャー因果性の有無を通常の F 検定で決定できる場合がある。これは原因となる変数が階差だけで表現できる場合である。例えば y_t, z_t, x_t がすべて $I(1)$ であり，y_t の式が $y_t = \gamma_1 y_{t-1} + a_{12}\Delta y_{t-1} + a_{13}\Delta y_{t-2} + b_{12}\Delta z_{t-1} + b_{13}\Delta z_{t-2} + \gamma_3 x_{t-1} + c_{12}\Delta x_{t-1} + c_{13}\Delta x_{t-2} + \varepsilon_t$ とかけると想定しよう。z_t から y_t へのグレンジャー因果性は検定できるが，x_t から y_t へのグレンジャー因果性は検定できない。同様に，同時制約 $\gamma_1 = a_{12} = 0$ も検定できない。

4. 階差の問題は重要である。もし VAR モデルのすべての変数を階差で表現することができれば，どの方程式についても，どのような方程式の組み合わせでも，通常の t 検定や F 検定を用いた仮説検定が可能である。これはすべての変数が定常であることによる。第 6 章で説明されるように，もし変数が $I(1)$ で，共和分関係がなければ，VAR モデルは階差で表現することができる。変数間で共和分関係があれば，VAR モデルを階差では表現できないため，通常の t 検定や F 検定を用いた因果性検定はできない。

5.6 構造 VAR モデル

シムズ（Sims 1980）の VAR アプローチでは，すべての変数が対称的に扱われているため，計量経済学者は「信じがたい識別制約」問題から解放されてい

はすべて定常な $I(0)$ 変数である。

る。VARモデルは経済変数の間の相互依存関係を調べる方法として非常に有用である。さらに推定された結果を予測に用いることもできる。(5.5) 式と同じ1次のVARシステムを想定しよう。

$$x_t = A_0 + A_1 x_{t-1} + e_t$$

(5.28) 式で確認したように，n 期先の予測誤差は以下の式で計算される。

$$x_{t+n} - E_t x_{t+n} = e_{t+n} + A_1 e_{t+n-1} + A_1^2 e_{t+n-2} + \cdots + A_1^{n-1} e_{t+1} \quad (5.33)$$

実際の分析では，A_0 と A_1 の真の値は未知だが推定することができる。モデルが正しく特定化されていれば，予測値は不偏で最小分散を持つ。もちろん，いくつかの係数について事前情報があれば，推定値の精度を高めて予測を改善できる。予測のみに関心がある研究者は，VARモデルの過剰なパラメータの数をできるだけ節約したいだろう。結局のところ，VARモデルによる予測は1変量ARモデルによる予測の多変量への拡張であることは明白である。

VARアプローチは，経済学の内容がまったく反映されていないとして批判されてきた。経済学者の役割はVARモデルにどの変数を含めるべきかという判断だけで，あとの手続きはほぼ機械的に進められる。VAR分析に経済学があまり関与していない以上，その結果に経済学的な内容がほとんどなかったとしても不思議はない。もちろん，イノベーション会計では変数の順序付けが必要であるが，順序の選択は恣意的であることが多い。

背後にある構造モデルが誘導型のVARモデルから識別されない限り，コレスキー分解で得られる誤差項は経済学的な解釈を持たない。(5.3)(5.4) 式の2変量VARモデルを再考しよう。

$$y_t + b_{12} z_t = b_{10} + \gamma_{11} y_{t-1} + \gamma_{12} z_{t-1} + \varepsilon_{yt}$$
$$b_{21} y_t + z_t = b_{20} + \gamma_{21} y_{t-1} + \gamma_{22} z_{t-1} + \varepsilon_{zt}$$

このモデルは (5.6)(5.7) 式の形に書き換えることができた。

$$y_t = a_{10} + a_{11} y_{t-1} + a_{12} z_{t-1} + e_{1t}$$
$$z_t = a_{20} + a_{21} y_{t-1} + a_{22} z_{t-1} + e_{2t}$$

ただし，a_{ij} は (5.5) 式の A_0 と A_1 の各要素として定義されている。ここで，e_{1t} と e_{2t} の2つの誤差項は，背後にある構造ショック ε_{yt} と ε_{zt} の線形結合であることに注意しよう ((5.9)(5.10) 式を参照)。この合成された誤差項 e_{1t} と

e_{2t} は y_t と z_t の 1 期先予測誤差と一致するが，構造的な解釈を持たない。したがって，VAR モデルを予測目的に用いる場合と経済分析に用いる場合には重要な違いがある。予測誤差を計算した (5.33) 式からもわかるように，e_{1t} と e_{2t} の系列は予測誤差を生み出している。もし，予測のみに関心があるのであれば，予測誤差の構成要素自体は重要でない。一方で経済モデル (5.3)(5.4) 式からは，t 期に y_t と z_t の自律的な変動を生み出しているのは，それぞれ ε_{yt} と ε_{zt} のショックであることがわかる。このため，インパルス応答関数や分散分解を計算したいのであれば，予測誤差ではなく構造ショック（つまり ε_{yt} と ε_{zt}）を用いる必要がある。構造 VAR モデルの目的は，（コレスキー分解ではなく）経済理論を用いて OLS の残差系列 e_{1t} と e_{2t} から構造ショックを再現することにある。

コレスキー分解は背後の構造ショックに関して強い制約を課している。例えば，$b_{21} = 0$ を用いた順序付けを想定しよう。この仮定のもと，2 つの純粋なショックは以下のように再現できる。

$$\varepsilon_{zt} = e_{2t}$$
$$\varepsilon_{yt} = e_{1t} + b_{12}e_{2t}$$

ここで $b_{21} = 0$ の制約は (5.3) 式の y_t のショック（つまり ε_{yt}）が z_t へ同時点での影響を及ぼさない仮定と等しい。この仮定に理論的な裏付けがなければ，背後にあるショックは間違って識別されることになる。不適切な識別から計算されたインパルス応答と分散分解は誤った結論を導いてしまう。

もし e_{1t} と e_{2t} の相関係数が低ければ，順序付けはそれほど重要ではなくなる。しかし，多くの変数を含んだ VAR モデルでは，すべての変数間の相関が小さい可能性はほとんどない。結局，モデルに採用する変数を選ぶ時点で，強い相関がある変数が選ばれる可能性は高いのである。推定された VAR モデルの 2 つの残差の間に相関があったとしても，すべての順序付けの組み合わせを検討することはあまり現実的ではない。例えば，4 変数のモデルでも組み合わせは 24 通り（$4! = 24$）もある。

シムズ (Sims 1986) とバーナンケ (Bernanke 1986) は，経済分析によってショックをモデル化する方法を提案した。基本的な考え方は，経済モデルを用いて構造ショックを識別して推定することにある。この方法を理解するために，n 変量 VAR モデルで予測誤差と構造ショックの関係を調べることは有益であろう。この関係はラグの長さに依存しないので，1 次の構造 VAR モデル

300 第 5 章 多変量時系列モデル

を想定する。

$$
\begin{bmatrix}
1 & b_{12} & \cdots & b_{1n} \\
b_{21} & 1 & \cdots & b_{2n} \\
\vdots & \vdots & \ddots & \vdots \\
b_{n1} & b_{n2} & \cdots & 1
\end{bmatrix}
\begin{bmatrix}
x_{1t} \\
x_{2t} \\
\vdots \\
x_{nt}
\end{bmatrix}
$$

$$
=
\begin{bmatrix}
b_{10} \\
b_{20} \\
\vdots \\
b_{n0}
\end{bmatrix}
+
\begin{bmatrix}
\gamma_{11} & \gamma_{12} & \cdots & \gamma_{1n} \\
\gamma_{21} & \gamma_{22} & \cdots & \gamma_{2n} \\
\vdots & \vdots & \ddots & \vdots \\
\gamma_{n1} & \gamma_{n2} & \cdots & \gamma_{nn}
\end{bmatrix}
\begin{bmatrix}
x_{1t-1} \\
x_{2t-1} \\
\vdots \\
x_{nt-1}
\end{bmatrix}
+
\begin{bmatrix}
\varepsilon_{1t} \\
\varepsilon_{2t} \\
\vdots \\
\varepsilon_{nt}
\end{bmatrix}
$$

より簡潔な表現を使えば、次式のように書ける。

$$
Bx_t = \Gamma_0 + \Gamma_1 x_{t-1} + \varepsilon_t
$$

両辺に左から B^{-1} を乗ずることで次式が得られる。

$$
x_t = B^{-1}\Gamma_0 + B^{-1}\Gamma_1 x_{t-1} + B^{-1}\varepsilon_t
$$

ここで $A_0 = B^{-1}\Gamma_0$, $A_1 = B^{-1}\Gamma_1$, $e_t = B^{-1}\varepsilon_t$ とすれば、2 変量モデルの
(5.5) 式を n 変量モデルへ一般化することができた。これは誘導型の n 変量
VAR モデルである。問題は、このシステムに制約を課して、e_t の観測値から
$\varepsilon_t = Be_t$ の変換を用いて、ε_t を再現する手続きである。手続き上、b_{ij} が完全
に任意であることは不可能である。このため、①すべての ε_{it} を再現し、② ε_{it}
のショックが互いに独立であるような誤差項の構造を維持するように、システ
ムに制約を課す必要がある。この識別問題を解決するためには、方程式の数と
未知のパラメータの数を調べればよい。まず誘導型の n 変量 VAR モデルを
OLS 推定した残差から分散共分散行列

$$
\Sigma =
\begin{bmatrix}
\sigma_1^2 & \sigma_{12} & \cdots & \sigma_{1n} \\
\sigma_{21} & \sigma_2^2 & \cdots & \sigma_{2n} \\
\vdots & \vdots & \ddots & \vdots \\
\sigma_{n1} & \sigma_{n2} & \cdots & \sigma_n^2
\end{bmatrix}
$$

を得ることができる。ただし、Σ の要素の推定値は残差の標本共分散を用いて
以下のように計算される。

$$\sigma_{ij} = \frac{1}{T} \sum_{t=1}^{T} e_{it} e_{jt}$$

ここで Σ は対称行列なので、重複しない要素の数は $(n^2 + n)/2$ 個しかない。対角要素の数は n 個、隣の非対角要素の数は $(n-1)$ 個、その隣の非対角要素の数は $(n-2)$ 個、と数えていき、端にある最期の 1 個までを足し合わせると、合計 $(n^2 + n)/2$ 個の自由な要素があることがわかる。

行列 B の対角要素がすべて 1 であることを所与とすると、B には $n^2 - n$ 個の未知の値が含まれている。一方、構造ショックの分散共分散行列については相互に無相関が仮定されていることから、n 個の $\mathrm{var}(\varepsilon_{it})$ の値のみが未知となる。両者を合わせると構造モデル全体では $n^2 \ (= (n^2 - n) + n)$ 個の値が未知である。ここで識別問題に対する答えは単純である。n^2 個の未知の値を Σ に含まれる $(n^2 + n)/2$ 個の既知の要素から識別するにはシステムに $n^2 - [(n^2 + n)/2] = (n^2 - n)/2$ 個の制約を追加する必要がある。この結果はラグ次数が p のモデルの場合にも一般化される。つまり、「構造モデルを推定された誘導型の VAR モデルから識別するためには、構造モデルに $(n^2 - n)/2$ 個の制約を課さなければならない」といえる。

ここでコレスキー分解の場合の制約の数を調べてみよう。上に示されているシステムにおいて、コレスキー分解は対角要素より上のすべての行列の要素を 0 としている。

$$b_{12} = b_{13} = b_{14} = \cdots = b_{1n} = 0$$
$$b_{23} = b_{24} = \cdots = b_{2n} = 0$$
$$b_{34} = \cdots = b_{3n} = 0$$
$$\cdots$$
$$b_{n-1 \, n} = 0$$

したがって、制約の総数は $(n^2 - n)/2$ 個であり、システムは丁度識別される。例として、次の 3 変量 VAR モデルのコレスキー分解を想定しよう。

$$e_{1t} = \varepsilon_{1t}$$
$$e_{2t} = c_{21}\varepsilon_{1t} + \varepsilon_{2t}$$
$$e_{3t} = c_{31}\varepsilon_{1t} + c_{32}\varepsilon_{2t} + \varepsilon_{3t}$$

302 第5章 多変量時系列モデル

以前と同様の議論を用いると，3個の構造ショック ε_{1t}, ε_{2t}, ε_{3t} が OLS 残差の e_{1t}, e_{2t}, e_{3t} やその分散共分散行列 Σ の推定値から識別可能であることがわかるだろう。以前の記述との関連を明確にするために，それぞれの要素が c_{ij} である行列 $C = B^{-1}$ を定義すれば，$e_t = C\varepsilon_t$ と書けることがわかる。次に上でみたコレスキー分解とは異なる，以下のような予測誤差と構造ショックの関係を考慮してみよう。

$$e_{1t} = \varepsilon_{1t} + c_{13}\varepsilon_{3t}$$

$$e_{2t} = c_{21}\varepsilon_{1t} + \varepsilon_{2t}$$

$$e_{3t} = c_{31}\varepsilon_{2t} + \varepsilon_{3t}$$

この関係式では三角行列の構造がなくなっていることに注意してほしい。ここでは個々の変数の予測誤差は自己の構造ショックと別の1変数の構造ショックに影響を受けている。行列 C には $(9-3)/2 = 3$ 個の制約が課されており，B と ε_t の丁度識別のための「必要条件」は満たされている。ところが，次節で示されるように $(n^2 - n)/2$ 個の制約を課すことは丁度識別のための十分条件ではない。残念ながら，非線形性があれば丁度識別を可能とするための単純な法則はない。

識別の必要条件をもう少し厳密に確認したい読者のために，回帰式の誤差項の分散共分散行列を以下のように記述しよう。

$$E[e_t e_t'] = \Sigma = \begin{pmatrix} \sigma_1^2 & \sigma_{12} \\ \sigma_{21} & \sigma_2^2 \end{pmatrix}$$

ここで $e_t = B^{-1}\varepsilon_t$ であることを使えば，次のような関係が成立しているはずである。

$$E[e_t e_t'] = E[B^{-1}\varepsilon_t \varepsilon_t'(B^{-1})'] = B^{-1}E[\varepsilon_t \varepsilon_t'](B^{-1})' \tag{5.34}$$

(5.34) 式の最後の項にある $E[\varepsilon_t \varepsilon_t']$ は構造ショックの分散共分散行列 (Σ_ε) を表していることに注意したい。構造ショックの間の共分散は 0 であるため，Σ_ε を次のように書くことができる。

$$\Sigma_\varepsilon = \begin{bmatrix} \text{var}(\varepsilon_1) & 0 \\ 0 & \text{var}(\varepsilon_2) \end{bmatrix}$$

構造ショックと回帰式の残差の間の関係をみつけるために，Σ と Σ_ε を (5.34)

式に代入して，

$$\begin{pmatrix} \sigma_1^2 & \sigma_{12} \\ \sigma_{21} & \sigma_2^2 \end{pmatrix} = B^{-1} \begin{bmatrix} \mathrm{var}(\varepsilon_1) & 0 \\ 0 & \mathrm{var}(\varepsilon_2) \end{bmatrix} (B^{-1})'$$

あるいは，

$$\begin{pmatrix} \sigma_1^2 & \sigma_{12} \\ \sigma_{21} & \sigma_2^2 \end{pmatrix} = \begin{pmatrix} 1 & b_{12} \\ b_{21} & 1 \end{pmatrix}^{-1} \begin{bmatrix} \mathrm{var}(\varepsilon_1) & 0 \\ 0 & \mathrm{var}(\varepsilon_2) \end{bmatrix} \left[\begin{pmatrix} 1 & b_{12} \\ b_{21} & 1 \end{pmatrix}^{-1} \right]'$$

を得ることができる。

　ここで Σ の 4 個の値は既知であり，b_{12}，b_{21}，$\mathrm{var}(\varepsilon_1)$，$\mathrm{var}(\varepsilon_2)$ の 4 個の未知の値に関する 4 本の方程式があることがわかる。しかし，分散共分散行列の定義から $\sigma_{21} = \sigma_{12}$ であり，4 個の未知の値を決定するために 3 本の独立な式しか使えない。この議論を n 変量 VAR システムに一般化すれば，同様の関係式が得られる。

$$\Sigma = B^{-1} \Sigma_\varepsilon (B^{-1})'$$

ただし，Σ，B^{-1}，Σ_ε はすべて $n \times n$ 行列である。同じ論法を用いると，システムを識別するためには $(n^2 - n)/2$ 個の追加的な制約を B^{-1} に課すことが必要であることを示すことができる。次節ではいくつかの例を取り上げる。

5.7　構造 VAR モデルの識別例

　前節で紹介したシムズやバーナンキの方法を使えば，順序付けやコレスキー分解を用いなくても構造ショックを識別することができる。本節では仮想的なデータを用いてその方法の理解を深めよう。

　最初に，e_{1t} と e_{2t} の観測数が 5 である仮想的なデータを想定しよう。もちろん利用可能なサンプルサイズが 5 のように小さい場合，モデルの推定自体が現実的ではないが，ここでは必要な計算を簡単に示すために便宜的に用いられる。また，以下では議論を単純化するため，真の誤差項と回帰式の残差を同様に扱い，真の分散共分散行列も残差による推定値と一致していると便宜的に考えることにする。5 個の誤差項の観測値は以下に示された値をとるとする。

304　第5章　多変量時系列モデル

t	1	2	3	4	5
e_{1t}	1.0	-0.5	0.0	-1.0	0.5
e_{2t}	0.5	-1.0	0.0	-0.5	1.0

ここで e_{1t} と e_{2t} は回帰式の残差であるため，それぞれの和は 0 になる。簡単な計算から，$\sigma_1^2 = 0.5$，$\sigma_{12} = \sigma_{21} = 0.4$，$\sigma_2^2 = 0.5$ となるので，分散共分散行列 Σ は以下のように表現できる。

$$\Sigma = \begin{bmatrix} 0.5 & 0.4 \\ 0.4 & 0.5 \end{bmatrix}$$

ここで ε_{1t} と ε_{2t} の共分散は 0 であるが，ε_{1t} と ε_{2t} の分散は未知とされている。前節と同様に，これらの構造ショックの分散共分散行列 を Σ_ε とすると，以下の構造を持つ。

$$\Sigma_\varepsilon = \begin{bmatrix} \mathrm{var}(\varepsilon_1) & 0 \\ 0 & \mathrm{var}(\varepsilon_2) \end{bmatrix}$$

共分散が 0 である理由は，ε_{1t} と ε_{2t} が純粋な構造ショックであると想定されているからである。さらにそれぞれのショックの分散は時間に依存しない。予測誤差の分散共分散行列 (Σ) と構造ショックの分散共分散行列 (Σ_ε) との間には関係式 $\Sigma_\varepsilon = B\Sigma B'$ が成り立つ。2 変量モデルなので，e_t と ε_t はそれぞれベクトル $(e_{1t}, e_{2t})'$ と $(\varepsilon_{1t}, \varepsilon_{2t})'$ である。したがって，

$$e_t e_t' = \begin{bmatrix} e_{1t}^2 & e_{1t}e_{2t} \\ e_{1t}e_{2t} & e_{2t}^2 \end{bmatrix}$$

であり，

$$\Sigma = \frac{1}{T} \sum_{t=1}^{T} e_t e_t' \tag{5.35}$$

となる。同様に Σ_ε に関しては，以下の関係式が得られる。

$$\Sigma_\varepsilon = \frac{1}{T} \sum_{t=1}^{T} \varepsilon_t \varepsilon_t' \tag{5.36}$$

2 つの分散共分散行列を結びつけるために ε_t と e_t の関係が $\varepsilon_t = Be_t$ であ

ることを用いる。この関係式を (5.36) 式に代入し，積の転置行列は転置行列の積に等しいこと（つまり $(Be_t)' = e_t'B'$）を用いると，以下のように書き換えることができる。

$$\Sigma_\varepsilon = \frac{1}{T}\sum_{t=1}^{T} Be_t e_t' B' = B\left(\frac{1}{T}\sum_{t=1}^{T} e_t e_t'\right) B'$$

さらに (5.35) 式を用いれば以下の関係式が得られる。

$$\Sigma_\varepsilon = B\Sigma B'$$

この式に前述の数値例を代入すれば以下のようになる。

$$\begin{bmatrix} \mathrm{var}(\varepsilon_1) & 0 \\ 0 & \mathrm{var}(\varepsilon_2) \end{bmatrix} = \begin{bmatrix} 1 & b_{12} \\ b_{21} & 1 \end{bmatrix} \begin{bmatrix} 0.5 & 0.4 \\ 0.4 & 0.5 \end{bmatrix} \begin{bmatrix} 1 & b_{21} \\ b_{12} & 1 \end{bmatrix}$$

右辺の行列の積の要素を計算すれば，左辺の行列の要素と等しいはずなので，以下の関係式が導かれる。

$$\mathrm{var}(\varepsilon_1) = 0.5 + 0.8b_{12} + 0.5b_{12}^2 \tag{5.37}$$

$$0 = 0.5b_{21} + 0.4b_{21}b_{12} + 0.4 + 0.5b_{12} \tag{5.38}$$

$$0 = 0.5b_{21} + 0.4b_{12}b_{21} + 0.4 + 0.5b_{12} \tag{5.39}$$

$$\mathrm{var}(\varepsilon_2) = 0.5b_{21}^2 + 0.8b_{21} + 0.5 \tag{5.40}$$

(5.38) 式と (5.39) 式は同じ式であるため，4 個の未知の値 b_{12}，b_{21}，$\mathrm{var}(\varepsilon_1)$，$\mathrm{var}(\varepsilon_2)$ を解くために 3 本の個別の方程式があることになる。前節で確認したように，2 変数のシステムで構造モデルが識別されるためには 1 つの制約が必要である。コレスキー分解を再度考慮しよう。もし $b_{12} = 0$ であれば次のように方程式を解くことができる。(5.37) 式から $\mathrm{var}(\varepsilon_1) = 0.5$ である。(5.38) 式より $0 = 0.5b_{21} + 0.4$ となり，これを解くと $b_{21} = -0.8$ が得られる。(5.39) 式からも同様に $b_{21} = -0.8$ が得られる。最後に (5.40) 式より $\mathrm{var}(\varepsilon_2) = 0.5(b_{21})^2 + 0.8b_{21} + 0.5$ となり，b_{21} の値を代入して $\mathrm{var}(\varepsilon_2) = 0.5 \times 0.64 - 0.64 + 0.5 = 0.18$ となる。

この分解を用いて ε_{1t} と ε_{2t} のそれぞれの値を関係式 $\varepsilon_t = Be_t$ を用いて再現することが可能である。まず，

306 第5章 多変量時系列モデル

$$B = \begin{bmatrix} 1 & 0 \\ -0.8 & 1 \end{bmatrix}$$

より,

$$\varepsilon_{1t} = e_{1t}, \quad \varepsilon_{2t} = -0.8e_{1t} + e_{2t}$$

となる。両式を用いることで, 以下のように構造ショックが計算される。

t	1	2	3	4	5
ε_{1t}	1.0	-0.5	0.0	-1.0	0.5
ε_{2t}	-0.3	-0.6	0.0	0.3	0.6

時間をかけて計算すれば, $\mathrm{var}(\varepsilon_1) = \sum_{t=1}^{5} \varepsilon_{1t}^2/5 = 0.5$, $\mathrm{var}(\varepsilon_{2t}) = \sum_{t=1}^{5} \varepsilon_{2t}^2/5 = 0.18$, $\mathrm{cov}(\varepsilon_{1t}, \varepsilon_{2t}) = \sum_{t=1}^{5} \varepsilon_{1t}\varepsilon_{2t}/5 = 0$ となることを確認できるだろう。

もし, もう1つのコレスキー分解である $b_{21} = 0$ の制約を課して (5.37) 式から (5.40) 式を計算すると別の結果になる。(5.37) 式から $\mathrm{var}(\varepsilon_1) = 0.5 + 0.8b_{12} + 0.5b_{12}^2$ である。(5.38) 式は $0 = 0.4 + 0.5b_{12}$ となり, これを解くと $b_{12} = -0.8$ が得られる。(5.39) 式からも同様に $b_{21} = -0.8$ が得られる。最後に (5.40) 式より $\mathrm{var}(\varepsilon_2) = 0.5$ である。$b_{12} = -0.8$ を最初の式に代入すれば $\mathrm{var}(\varepsilon_1) = 0.5 + 0.8 \times (-0.8) + 0.5 \times 0.64 = 0.18$ となる。この場合, 識別された B は以下のようになる。

$$B = \begin{bmatrix} 1 & -0.8 \\ 0 & 1 \end{bmatrix}$$

この B の値を用いると, 構造ショックは $\varepsilon_{1t} = e_{1t} - 0.8e_{2t}$ と $\varepsilon_{2t} = e_{2t}$ になる。したがって, 構造ショック の系列は以下のように再現される。

t	1	2	3	4	5
ε_{1t}	0.6	0.3	0.0	-0.6	-0.3
ε_{2t}	0.5	-1.0	0.0	-0.5	1.0

この例でコレスキー分解に用いられる順序付けは重要である。これは e_{1t} と e_{2t} の相関係数が 0.8 と高いことから, それほど驚くことではない。問題は順序付けが分散分解やインパルス応答の結果に大きく作用している点である。最

初の順序付け（$b_{12} = 0$ と設定）では ε_{1t} がより重要な役割を持っている。そこで仮定される時間的関係では ε_{1t} のショックは x_{1t} と x_{2t} に同時点での影響を与えるが，ε_{2t} のショックは x_{1t} に対して 1 期遅れの影響しか与えない。さらに，順序付けは「典型的な」（つまり 1 標準偏差分の）ε_{1t} ショックの大きさを増加させて，「典型的な」ε_{2t} ショックの大きさを減少させるため，ε_{1t} に対するインパルス応答が大きくなる。繰り返しになるが「コレスキー分解は 1 つの識別制約にすぎない」という点を認識することは重要である。3 本の方程式に対して 4 個の未知の値 b_{12}，b_{21}，$\mathrm{var}(\varepsilon_{1t})$，$\mathrm{var}(\varepsilon_{2t})$ がある場合，構造モデルを識別するために，もう 1 本の線形独立な制約式は何であってもよい。別の制約の可能性として，以下のものが考慮できる。

1. **係数制約**：1 単位の構造ショック ε_{2t} は x_{1t} へ 1 単位の影響を与えることがわかっている場合を想定する。したがって $b_{12} = 1$ は既知である。他の 3 本の独立式を用いると，$\mathrm{var}(\varepsilon_{1t}) = 1.8$，$b_{21} = -1$，$\mathrm{var}(\varepsilon_{2t}) = 0.2$ となる。関係式 $\varepsilon_t = Be_t$ から，

$$\begin{bmatrix} \varepsilon_{1t} \\ \varepsilon_{2t} \end{bmatrix} = \begin{bmatrix} 1 & 1 \\ -1 & 1 \end{bmatrix} \begin{bmatrix} e_{1t} \\ e_{2t} \end{bmatrix}$$

であるため，$\varepsilon_{1t} = e_{1t} + e_{2t}$ と $\varepsilon_{2t} = -e_{1t} + e_{2t}$ が導かれる。5 個の仮想的な回帰式の残差を用いると，識別されたショックは以下のようになる。

t	1	2	3	4	5
ε_{1t}	1.5	−1.5	0.0	−1.5	1.5
ε_{2t}	−0.5	−0.5	0.0	0.5	0.5

2. **分散制約**：経済理論がショックの分散に示唆することはあまりないので，基準化で用いる特別な $\mathrm{var}(\varepsilon_{it}) = 1$ を除けば，構造 VAR モデルで分散制約が用いられることは少ない。しかし，この制約を説明するために，$\mathrm{var}(\varepsilon_{1t}) = 1.8$ が既知であると想定しよう。Σ_ε と Σ の関係式（つまり $\Sigma_\varepsilon = B\Sigma B'$）を所与とすると，$\Sigma_\varepsilon$ の中に課された制約は常に係数 B に関する複数解を生じさせる。この例では 1 本目の式から $b_{12} = 1$ と $b_{12} = -2.6$ の 2 つの解が導かれる。一方の解を除外できる理論的な正当化がなければ，両者ともこのモデルの解である。もし $b_{12} = 1$ であれば，他の値は $b_{21} = -1$ と $\mathrm{var}(\varepsilon_{2t}) = 0.2$ である。もし $b_{12} = -2.6$ であれば，他は $b_{21} = -5/3$ と

308　第5章　多変量時系列モデル

$\text{var}(\varepsilon_{2t}) = 5/9$ である。

　2つの解はそれぞれに対応した ε_{1t} と ε_{2t} の系列の識別とイノベーション会計の結果を与える。両者ともに $\text{var}(\varepsilon_{1t})$ に関する理論的な制約は満たされている。ここでの分散制約は解が複数存在することから，制約の数は識別のための必要条件だが十分条件ではない例となっている。

3.　**対称性制約**：係数や分散の線形結合を識別の目的に用いることができる。例えば，対称性制約 $b_{12} = b_{21}$ を識別に用いることは可能である。(5.38) 式から $b_{12} = b_{21} = -0.5$ と $b_{12} = b_{21} = -2.0$ と2つの解が得られる。1番目の解に関しては $\text{var}(\varepsilon_{1t}) = 0.225$ となり，2番目の解に関しては $\text{var}(\varepsilon_{1t}) = 0.9$ となる[12]。最初の解の場合は，

$$\begin{bmatrix} \varepsilon_{1t} \\ \varepsilon_{2t} \end{bmatrix} = \begin{bmatrix} 1 & 1 \\ -1 & 1 \end{bmatrix} \begin{bmatrix} e_{1t} \\ e_{2t} \end{bmatrix}$$

であるので，識別されたショックは以下のようになる。

t	1	2	3	4	5
ε_{1t}	0.75	0.0	0.0	-0.75	0.0
ε_{2t}	0.0	-0.75	0.0	0.0	0.75

この対称性制約の例も識別の必要条件であるが，十分条件ではない例となっている。

4.　**符号制約**：最近では符号制約を用いた識別の研究も進んでいる。例えば，石油価格ショックが最初の2四半期の間は GDP に影響を与えないことがわかっているとする。同様に，金融政策ショックがインフレ率に正の効果を与えることがわかっているとしよう。マウントフォード＝ウリグ（Mountford and Uhlig 2009）はそのような符号制約をどのように識別に用いればよいかを示している。

5.8　過剰識別の構造 VAR モデル

経済理論によって $(n^2 - n)/2$ 個よりも多い制約が導かれる場合があるかも

---

12 この例では，係数に関する対称性制約は $\text{var}(\varepsilon_{1t})$ と $\text{var}(\varepsilon_{2t})$ が等しいことに対応している。これは $\text{var}(e_{1t}) = \text{var}(e_{2t})$ の仮定から導き出されているため，この結果を一般化することはできない。

しれない。その場合にはこれまでの方法に修正を加えなければならない。過剰識別のシステムでは以下の手続きに従ってモデルが識別される。

第1段階：B や $\mathrm{var}(\varepsilon_{it})$ に関する制約は VAR 係数の推定とは無関係である。したがって，無制約の誘導型の VAR モデル，$x_t = A_0 + A_1 x_{t-1} + \cdots + A_p x_{t-p} + e_t$ を推定する。通常のラグ選択やブロック因果性の検定を用いることで VAR モデルの形状を決定する。

第2段階：無制約の分散共分散行列 Σ を計算する。制約がない場合には (5.35) 式のように残差の標本分散共分散行列を推定値とすればよい。

第3段階：B や Σ_ε に制約を課すと Σ の推定値が影響を受ける。適切な制約を選択し，B と Σ_ε の自由なパラメータに関する尤度関数を最大化する[13]。

もう少し技術的な説明を加えよう。誤差項が多変量正規分布に従っている場合の対数尤度関数は以下のようになる。

$$\ln L = -\frac{nT}{2}\ln 2\pi - \frac{T}{2}\ln|\Sigma| - \frac{1}{2}\sum_{t=1}^{T}(\hat{e}_t' \Sigma^{-1} \hat{e}_t)$$

ここでは誤差系列 e_t が OLS から計算された残差 $\hat{e}_t$ で置き換えられている[14]。いま $\Sigma_\varepsilon = B\Sigma B'$ の関係を使えば，右辺の2つの項を以下のように書き換えることができる。

$$-\frac{T}{2}\ln|B^{-1}\Sigma_\varepsilon (B')^{-1}| - \frac{1}{2}\sum_{t=1}^{T}(\hat{e}_t' B' \Sigma_\varepsilon^{-1} B\hat{e}_t)$$

このとき，B と Σ_ε に識別制約を課し，この2つの項の和を最大にするように2つの行列の残りの自由な要素を選べばよい。この結果，制約付きの分散共分散行列の推定値 Σ_R が得られる。制約のもとで最大化された尤度を，

$$\ln L_R = -\frac{nT}{2}\ln 2\pi - \frac{T}{2}\ln|\Sigma_R| - \frac{1}{2}\sum_{t=1}^{T}(\hat{e}_t' \Sigma_R^{-1} \hat{e}_t)$$

と記述しよう。

---

13 統計ソフトでは，操作変数法の一種である**一般化モーメント法**（generalized method of moments：GMM）を用いて，無制約の分散共分散行列との距離を最小化するように Σ_R を計算することも多い。

14 サンプルサイズが十分大きい場合，後者は前者に近づくことから，ここまでの議論では両者は明確に区別されていなかった点に注意すること。

第4段階：もし制約が成立していれば，Σ と Σ_R の推定値はほとんど等しくなるはずである。ここで R を過剰識別制約の数，つまり $(n^2 - n)/2$ 個を超過している識別制約の数とする。その場合，LR 検定統計量

$$2(\ln L - \ln L_R)$$

は自由度 R の χ^2 分布に従い，システムの過剰識別制約の検定に用いることができる。もし計算された統計量の値が χ^2 分布表の臨界値より大きい場合，過剰な制約は棄却される。次に 2 つの過剰識別制約の数 R_1 と R_2 があり，R_2 が R_1 よりも大きい場合を想定しよう。もし $R_2 > R_1 \geq (n^2 - n)/2$ であれば，$R_2 - R_1$ 個の追加分の制約を以下の LR 検定統計量を用いて検定できる。

$$2(\ln L_{R_1} - \ln L_{R_2})$$

ただし，L_{R_1} と L_{R_2} はそれぞれの過剰識別制約のもとで最大化された尤度である。追加分の制約が成立していれば，LR 検定統計量は自由度 $R_2 - R_1$ の χ^2 分布に従う。

同様に過剰識別のシステムで個別の係数の t 統計量を計算することもできる。ただしシムズは計算される標準誤差の精度が低い可能性を警告している。またワゴナー = ザー（Waggoner and Zha 1997）は基準化の方法の違いが統計的推測へ重要な影響を与えることを指摘している。

例 1：穀物価格の変動要因　　いわゆる「大景気後退（Great Recessions）」にもかかわらず，世界銀行の食品価格指数は 2000 年の水準から 2011 年 12 月までに，ほぼ 3 倍に増加した。エンダース = ホルト（Enders and Holt 2014）ではとくに穀物価格に着目し，一般的な食品価格上昇要因の特定を試みた。この目的のため，実質エネルギー価格，為替レート，金利，穀物価格の単純な VAR モデルを用いている。

$$
\begin{bmatrix} pe_t \\ ex_t \\ r_t \\ pg_t \end{bmatrix} = \begin{bmatrix} a_{10} \\ a_{20} \\ a_{30} \\ a_{40} \end{bmatrix} + \begin{bmatrix} A_{11}(L) & A_{12}(L) & A_{13}(L) & A_{14}(L) \\ A_{21}(L) & A_{22}(L) & A_{23}(L) & A_{24}(L) \\ A_{31}(L) & A_{32}(L) & A_{33}(L) & A_{34}(L) \\ A_{41}(L) & A_{42}(L) & A_{43}(L) & A_{44}(L) \end{bmatrix} \begin{bmatrix} pe_{t-1} \\ ex_{t-1} \\ r_{t-1} \\ pg_{t-1} \end{bmatrix} + \begin{bmatrix} e_{1t} \\ e_{2t} \\ e_{3t} \\ e_{4t} \end{bmatrix}
$$

ただし，pe_t は世界銀行のエネルギー価格指数の対数値，ex_t は米ドルの実質貿易加重平均価格（実質実効為替レート），r_t はインフレ調整済み短期金利（T-Bill，3カ月物），pg_t は世界銀行の穀物価格指数の対数値である。穀物価格とエネルギー価格は生産者価格指数で基準化されており，a_{i0} は切片項，$A_{ij}(L)$ はラグオペレータ L で表現されたラグ多項式，e_{it} は回帰式の誤差項である。標本期間は 1974 年 1 月から 2011 年 12 月までである。読者は ENDERS_HOLT.XLS のデータを使うことで，以下の分析を再現することができる。

VAR モデルの推定の第 1 段階はラグ次数の選択である。この例では手法の違いにより結果が異なっており，ラグ選択は簡単ではなかった。例えば，BIC を用いた場合には 2 期ラグが選択され，「一般からの特定」法によると 11 期ラグが選択される。ここでは，重要な動学構造を無視する可能性がある 2 期ラグモデルを選択しなかった。それは穀物価格がエネルギー価格や，為替レート，金利に対し 2 カ月という短期間で完全に反応することは非現実的であると考えたからである。ここでは 11 期ラグモデルとほぼ同様の結果が得られた 7 期ラグモデルを用いて説明しよう。

4 変量 VAR モデルを丁度識別するには 6 個の制約が必要である。ただし，ここでは 3 つのマクロ変数が，ブロックの意味で先行しているかどうかを決定することを重視した。つまり，次式で示されるような 9 個の制約を課した過剰識別システムがデータと整合的かどうかという点を検定した。

$$
\begin{bmatrix} \varepsilon_{1t} \\ \varepsilon_{2t} \\ \varepsilon_{3t} \\ \varepsilon_{4t} \end{bmatrix} = \begin{bmatrix} g_{11} & 0 & 0 & 0 \\ 0 & g_{22} & 0 & 0 \\ 0 & 0 & g_{33} & 0 \\ g_{41} & g_{42} & g_{43} & g_{44} \end{bmatrix} \begin{bmatrix} e_{1t} \\ e_{2t} \\ e_{3t} \\ e_{4t} \end{bmatrix}
$$

ここで 9 個の制約の LR 検定統計量は 13.52 となり，（3 個の過剰識別に対応した）自由度 3 の p 値は 0.003 である。このため，識別制約は棄却される。棄却された原因として e_{2t} と e_{3t} の相関が高く，g_{23} や g_{32} が 0 である制約が満たされていなかった可能性が考えられる。このため，次のような 8 個の制約による識別を検討した。

$$
\begin{bmatrix} \varepsilon_{1t} \\ \varepsilon_{2t} \\ \varepsilon_{3t} \\ \varepsilon_{4t} \end{bmatrix} = \begin{bmatrix} g_{11} & 0 & 0 & 0 \\ 0 & g_{22} & g_{23} & 0 \\ 0 & 0 & g_{33} & 0 \\ g_{41} & g_{42} & g_{43} & g_{44} \end{bmatrix} \begin{bmatrix} e_{1t} \\ e_{2t} \\ e_{3t} \\ e_{4t} \end{bmatrix}
$$

このような 8 個の制約の場合の LR 検定統計量は 4.57 となり，（2 個の過剰識別に対応した）自由度 2 の p 値は 0.102 であり，識別制約は棄却できない。この結果，穀物価格は同時点ですべての変数に影響を受けて，実質為替レートは金利ショックにも影響を受けていると判断することができる。一方で，実質エネルギー価格と金利の変動は，独自のショックのみに反応していることになる。

ここで採用された識別の利点は，コレスキー分解のようなあいまいな条件が排除されていることだろう。図 5.3 では実質エネルギー価格，金利，為替レートの正の 1 標準偏差ショックに対する穀物価格のインパルス応答が示されている。ただし，この図では，それぞれの 1 標準偏差ショックは穀物価格ショックの標準偏差で割ることで比較しやすいように標準化されている（$\mathrm{var}(\varepsilon_{4t})^{1/2}$ で割られている）。最初の段階ではエネルギー価格ショックは穀物価格にほとんど影響を与えない（図の実線）。ところがすぐに穀物価格は上昇を開始する。6 カ月後にはほぼ 40% 上昇することになる。またドル高によって，穀物は海外からみて割高になり，国内の穀物価格は減少する。金利の上昇が穀物価格を低下させる理由は少なくとも 2 つあるだろう。1 つは金利のショックが穀物の需要を抑制することで，もう 1 つは穀物の在庫費用を上昇させることである。また近年ではエネルギー価格の高騰と低金利が観測されている。さらに金融危機以前には米ドルが非常に安かった。これらの 3 つの要因によって近年の実質穀物価格の高騰を説明することができるだろう。

例 2：シムズのモデル　　シムズ (Sims 1986) は標本期間が 1948Q1 から 1979Q3 までの四半期データを用いて 6 変量 VAR モデルを推定した。分析に含まれる変数は実質 GNP(y)，実質企業固定投資 (i)，GNP デフレーター (p)，M1 で定義された貨幣供給量 (m)，失業率 (u)，短期金利（T-Bill）(r) である。推定された無制約の VAR モデルはそれぞれの変数の 4 期までのラグと定数項が含まれている。まずシムズは，$y \to i \to p \to m \to u \to r$ の順序付けに対応するコレスキー分解を用いて 36 期までのインパルス応答を計算して

図 5.3 穀物価格の 3 つのショックに対するインパルス応答関数

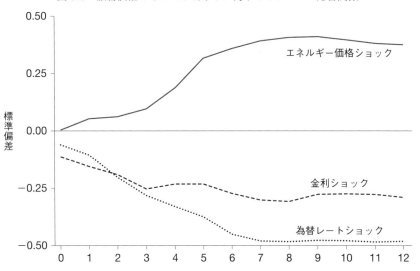

いる．その中には妥当な解釈が可能なものもあったが，貨幣供給ショックに対する価格，生産，金利のインパルス応答は非現実的で，ショックがほとんど影響しないことを示唆していた．標準的な貨幣需要関数を前提にした場合，この結果は人々が貨幣供給量の増加にどのように対応しているかを説明できない．シムズはコレスキー分解の代わりに貨幣市場の均衡と整合的な識別方法を提案した．シムズの考えた B 行列の制約を以下に記述する．

$$\begin{bmatrix} 1 & b_{12} & 0 & 0 & 0 & 0 \\ b_{21} & 1 & b_{23} & b_{24} & 0 & 0 \\ b_{31} & 0 & 1 & 0 & 0 & b_{36} \\ b_{41} & 0 & b_{43} & 1 & 0 & b_{46} \\ b_{51} & 0 & b_{53} & b_{54} & 1 & b_{56} \\ 0 & 0 & 0 & 0 & 0 & 1 \end{bmatrix} \begin{bmatrix} r_t \\ m_t \\ y_t \\ p_t \\ u_t \\ i_t \end{bmatrix} = \begin{bmatrix} \varepsilon_{rt} \\ \varepsilon_{mt} \\ \varepsilon_{yt} \\ \varepsilon_{pt} \\ \varepsilon_{ut} \\ \varepsilon_{it} \end{bmatrix}$$

ここでは b_{ij} に対して 17 個の 0 の制約が課されている．変数の数が 6 個の場合，丁度識別に必要な制約は $(6^2 - 6)/2 = 15$ であるため，このシステムは過剰識別である．これらの制約を課すことで，シムズは同時点の関係を次のように識別した．

$$r_t = 71.20m_t + \varepsilon_{rt} \tag{5.41}$$

$$m_t = 0.283y_t + 0.224p_t - 0.0081r_t + \varepsilon_{mt} \tag{5.42}$$

$$y_t = -0.00135r_t + 0.132i_t + \varepsilon_{yt} \tag{5.43}$$

$$p_t = -0.0010r_t + 0.045y_t - 0.00364i_t + \varepsilon_{pt} \tag{5.44}$$

$$u_t = -0.116r_t - 20.1y_t - 1.48i_t - 8.98p_t + \varepsilon_{ut} \tag{5.45}$$

$$i_t = \varepsilon_{it} \tag{5.46}$$

シムズは (5.41) 式と (5.42) 式がそれぞれ貨幣供給関数，貨幣需要関数を表している と解釈している。前者では，金利が上昇すると貨幣供給は増加する関係を表している。後者では貨幣需要が所得や物価水準と正の相関があり，金利とは負の相関があることを示している。投資のショックを表す (5.46) 式は完全に他変数とは独立している。それ以外の式に関してシムズはとくに制約を課していない。単純化のため，彼はコレスキー分解型の再帰的なブロック構造をGNP と物価水準と失業率の間に採用している。このようにして計算されたインパルス応答関数では貨幣供給ショックが価格，生産，金利に与える影響が理論と整合的になる。

5.9 ブランシャール゠クア（BQ）分解

ブランシャール゠クア（Blanchard and Quah 1989）は構造 VAR モデルの別の計算方法を提案している。彼らの目的は実質 GNP を一時的成分と恒久的成分に分解する方法の 1 つである BN 分解の再検討であった（BN 分解は **4.12** を参照）。この目的のため，彼らは実質 GNP が需要側と供給側のショックによって影響を受けるマクロ経済モデルを考慮した。「自然失業率仮説（natural rate hypothesis）」のもとでは，需要側のショックは実質 GNP に長期的効果を持たない一方，供給側の生産性ショックは生産に恒久的効果を持つことが仮定されている。1 変量モデルでは，変数を一時的成分と恒久的成分に分解する唯一の方法は存在しない。しかしブランシャール゠クアは経済理論と 2 変量 VAR モデルを用いて実質 GNP を分解し，また 2 つの純粋なショックを再現する方法を示した。この方法を**ブランシャール゠クア（BQ）分解**と呼ぶ。

一般的な例として，$I(1)$ 系列である y_t を一時的成分と恒久的成分に分解することを想定しよう。別の変数 z_t が同じ 2 つのショックに影響を受けている

とする。さしあたり，z_t は定常であるとしよう。定数項を無視すれば y_t と z_t の 2 変量 VMA 表現は以下のようになる。

$$\Delta y_t = \sum_{k=0}^{\infty} c_{11}(k)\varepsilon_{1t-k} + \sum_{k=0}^{\infty} c_{12}(k)\varepsilon_{2t-k} \tag{5.47}$$

$$z_t = \sum_{k=0}^{\infty} c_{21}(k)\varepsilon_{1t-k} + \sum_{k=0}^{\infty} c_{22}(k)\varepsilon_{2t-k} \tag{5.48}$$

これらをより簡潔な形で書くと，

$$\begin{bmatrix} \Delta y_t \\ z_t \end{bmatrix} = \begin{bmatrix} C_{11}(L) & C_{12}(L) \\ C_{21}(L) & C_{22}(L) \end{bmatrix} \begin{bmatrix} \varepsilon_{1t} \\ \varepsilon_{2t} \end{bmatrix}$$

となる。ただし，ε_{1t} と ε_{2t} は分散が均一で独立なホワイトノイズ，$C_{ij}(L)$ はラグ多項式で，その個別の係数は $c_{ij}(k)$ で表される。例えば，$C_{21}(L) = c_{21}(1) + c_{21}(2)L + c_{21}(3)L^2 + \cdots$ の 3 番目の係数は $c_{21}(3)$ である。便宜上，構造ショックは $\mathrm{var}(\varepsilon_1) = 1$ と $\mathrm{var}(\varepsilon_2) = 1$ となるように標準化する[15]。この標準化のため構造ショックの分散共分散行列 Σ_ε は単位行列に等しくなる。

$$\Sigma_\varepsilon = \begin{bmatrix} \mathrm{var}(\varepsilon_1) & \mathrm{cov}(\varepsilon_1, \varepsilon_2) \\ \mathrm{cov}(\varepsilon_1, \varepsilon_2) & \mathrm{var}(\varepsilon_2) \end{bmatrix} = \begin{bmatrix} 1 & 0 \\ 0 & 1 \end{bmatrix}$$

ブランシャール゠クアの方法を用いるために，$I(0)$ 変数は恒久的成分を含まないことから，少なくとも 1 つの変数は非定常でなければならない。ところが，この方法ではどちらの変数も定常になるように表現する。変数 y_t は $I(1)$ であるため，(5.47) 式の左辺では系列の 1 階の階差が用いられている。一方，(5.48) 式は z_t の系列が $I(0)$ であることを示している。もし z_t も $I(1)$ である場合には 1 階の階差を用いることになる。

モデルでは y_t と z_t の系列は内生変数であり，ε_{1t} と ε_{2t} の系列は経済理論家の考える外生変数である。ブランシャール゠クアの例では，y_t は対数実質 GNP，z_t は失業率であり，ε_{1t} は総需要ショック，ε_{2t} は総供給ショックと解釈される。例えば $C_{11}(L)$ の係数は，総需要ショックに対する対数実質 GNP

---

15 これは $c_{11}(1)$ か $\mathrm{var}(\varepsilon_1)$（同様に $c_{22}(1)$ か $\mathrm{var}(\varepsilon_2)$）のどちらか一方を固定しないともう一方が定まらないからである。この標準化は **5.2** の B 行列の対角要素を 1 に固定した場合と同様に便宜的なもので，識別の本質的な議論には影響しない。

316 第5章 多変量時系列モデル

の変化のインパルス応答を示している[16]。

シムズやバーナンキの方法と異なり，ブランシャール＝クアの方法では，ε_{1t} と ε_{2t} のショックが今期の y_t と z_t に直接関連する部分はそれほど重視しない。その代わり，y_t の系列を恒久的成分と定常成分に分解するために，1 つのショックが y_t の系列に一時的な影響しか与えないことを仮定する。この一時的効果と恒久的効果の二分法により，推定された VAR モデルから構造ショックを完全に識別できる。ブランシャール＝クアの例を用いると，総需要ショックは実質 GNP に長期的な効果を持たない。長期的に，実質 GNP が総需要ショック ε_{1t} から影響を受けないためには，ε_{1t} の Δy_t 系列に対する累積効果が 0 でなければならない。したがって，(5.47) 式の係数 $c_{11}(k)$ は以下の条件を満たしている。

$$\sum_{k=0}^{\infty} c_{11}(k) = 0 \qquad (5.49)$$

総需要ショック ε_{1t} と総供給ショック ε_{2t} は直接観測されないため，VAR モデルの推定値から再現する必要がある。いま以下のような定常な p 次の VAR モデルが存在しているとしよう。

$$\begin{bmatrix} \Delta y_t \\ z_t \end{bmatrix} = \begin{bmatrix} A_{11}(L) & A_{12}(L) \\ A_{21}(L) & A_{22}(L) \end{bmatrix} \begin{bmatrix} \Delta y_{t-1} \\ z_{t-1} \end{bmatrix} + \begin{bmatrix} e_{1t} \\ e_{2t} \end{bmatrix} \qquad (5.50)$$

より簡潔な記述では以下のようになる。

$$x_t = A(L)x_{t-1} + e_t$$

ただし，$x_t = (\Delta y_t, z_t)'$，$e_t = (e_{1t}, e_{2t})'$，$A(L)$ は要素が多項式 $A_{ij}(L) = a_{ij}(1) + a_{ij}(2)L + \cdots + a_{ij}(p)L^{p-1}$ の 2×2 行列とする。

重要な点は，VAR モデルの残差が純粋なショック ε_{1t} と ε_{2t} の線形結合であることである。例えば，e_{1t} は y_t の 1 期先の予測誤差であり，$e_{1t} = \Delta y_t - E_{t-1}\Delta y_t$ と書ける。VMA 表現から，1 期先の予測誤差は $c_{11}(0)\varepsilon_{1t} + c_{12}(0)\varepsilon_{2t}$ であることがわかる。2 つの表現は同じモデルであるため，

---

16 この方法の重要なモデル上の仮定は $E(\varepsilon_{1t}\varepsilon_{2t}) = 0$ であるが，総需要と総供給のショックが独立であると想定することに疑問を持つかもしれない。結局，政策当局がフィードバックルールに従うのであれば，総需要は総供給のショックに反応して変化するはずである。この一見矛盾する点を理解するためには ε_{1t} は需要変化の中で供給の変化に反応しない部分であると考えればよい。

$$e_{1t} = c_{11}(0)\varepsilon_{1t} + c_{12}(0)\varepsilon_{2t} \tag{5.51}$$

が成立する。同様に，e_{2t} は z_t の 1 期先の予測誤差であり，

$$e_{2t} = c_{21}(0)\varepsilon_{1t} + c_{22}(0)\varepsilon_{2t} \tag{5.52}$$

が成立し，(5.51) 式と (5.52) 式を組み合わせると

$$\begin{bmatrix} e_{1t} \\ e_{2t} \end{bmatrix} = \begin{bmatrix} c_{11}(0) & c_{12}(0) \\ c_{21}(0) & c_{22}(0) \end{bmatrix} \begin{bmatrix} \varepsilon_{1t} \\ \varepsilon_{2t} \end{bmatrix}$$

となる[17]。

もし $c_{11}(0)$，$c_{12}(0)$，$c_{21}(0)$，$c_{22}(0)$ が既知であれば，回帰式の残差 e_{1t} と e_{2t} から ε_{1t} と ε_{2t} が再現できるだろう。ブランシャール゠クアは，(5.50) 式を VMA 表現に変換して (5.49) 式の長期制約を加えることで，合わせて 4 個の識別制約を導出し，4 個の係数 $c_{11}(0)$，$c_{12}(0)$，$c_{21}(0)$，$c_{22}(0)$ が識別できることを示した。

VAR モデルの残差から $\mathrm{var}(e_1)$，$\mathrm{var}(e_2)$，$\mathrm{cov}(e_1, e_2)$ の推定値を計算できる。4 個の識別制約のうち，まず 3 本の制約式は以下のとおりである。

制約 1：(5.51) 式を所与として，$E[\varepsilon_{1t}\varepsilon_{2t}] = 0$ と標準化の仮定 $\mathrm{var}(\varepsilon_1) = \mathrm{var}(\varepsilon_2) = 1$ から，e_{1t} の分散は以下の関係式を満たす。

$$\mathrm{var}(e_1) = c_{11}(0)^2 + c_{12}(0)^2 \tag{5.53}$$

制約 2：同様に (5.52) 式を用いれば，e_{2t} の分散と $c_{21}(0)$ や $c_{22}(0)$ の関係は以下の式で表される。

$$\mathrm{var}(e_2) = c_{21}(0)^2 + c_{22}(0)^2 \tag{5.54}$$

制約 3：e_{1t} と e_{2t} の積，

$$e_{1t}e_{2t} = [c_{11}(0)\varepsilon_{1t} + c_{12}(0)\varepsilon_{2t}] \times [c_{21}(0)\varepsilon_{1t} + c_{22}(0)\varepsilon_{2t}]$$

に関して期待値を計算すれば，VAR モデルの誤差項の共分散が得られる。

$$E[e_{1t}e_{2t}] = c_{11}(0)c_{21}(0) + c_{12}(0)c_{22}(0) \tag{5.55}$$

---

17 この式を (5.8) 式と比較することで，これまでの識別方法との違いが明確になるだろう。

318　第 5 章　多変量時系列モデル

(5.53)(5.54)(5.55) 式は 4 個の未知の値 $c_{11}(0)$，$c_{12}(0)$，$c_{21}(0)$，$c_{22}(0)$ に関する 3 本の方程式とみなすことができる。第 4 番目の制約は，ε_{1t} が y_t の系列に対して長期的な効果を持たない仮定に対応させる。問題は (5.49) 式の制約をどのように VAR 表現に関する制約に変換するのかという点である。計算は多少複雑であるが (5.50) 式を，以下のように書き換えることは有益であろう。

$$x_t = A(L)Lx_t + e_t$$

右辺の x_t の部分を左辺に移す。

$$[I - A(L)L]x_t = e_t$$

そして左から $[I - A(L)L]^{-1}$ を掛ければ，

$$x_t = [I - A(L)L]^{-1}e_t \tag{5.56}$$

が得られる。

ここで $[I - A(L)L]$ の行列式を D と記述しよう。(つまり，$D = |I - A(L)L|$)。そして $[I - A(L)L]$ の逆行列を明示的に表すことで，(5.56) 式は，

$$
\begin{bmatrix} \Delta y_t \\ z_t \end{bmatrix} = \frac{1}{D} \begin{bmatrix} 1 - A_{22}(L)L & A_{12}(L)L \\ A_{21}(L)L & 1 - A_{11}(L)L \end{bmatrix} \begin{bmatrix} e_{1t} \\ e_{2t} \end{bmatrix}
$$

と表現できる。さらに多項式 $A_{ij}(L) = a_{ij}(1) + a_{ij}(2)L + \cdots + a_{ij}(p)L^{p-1}$ の定義を用いて，

$$
\begin{bmatrix} \Delta y_t \\ z_t \end{bmatrix} = \frac{1}{D} \begin{bmatrix} 1 - \sum_{k=1}^{p} a_{22}(k)L^k & \sum_{k=1}^{p} a_{12}(k)L^k \\ \sum_{k=1}^{p} a_{21}(k)L^k & 1 - \sum_{k=1}^{p} a_{11}(k)L^k \end{bmatrix} \begin{bmatrix} e_{1t} \\ e_{2t} \end{bmatrix}
$$

と書くこともできる。

第 1 要素の Δy_t の解を現在と過去の e_{1t} と e_{2t} で表現すると，

$$\Delta y_t = \frac{1}{D}\{[1 - \sum_{k=1}^{p} a_{22}(k)L^k]e_{1t} + \sum_{k=1}^{p} a_{12}(k)L^k e_{2t}\} \tag{5.57}$$

となる。ここで e_{1t} と e_{2t} を (5.51) 式と (5.52) 式に置き換えることができる。

$$\Delta y_t = \frac{1}{D}\{[1 - \sum_{k=1}^{p} a_{22}(k)L^k]c_{11}(0) + \sum_{k=1}^{p} a_{12}(k)L^k c_{21}(0)\}\varepsilon_{1t}$$

$$+ \frac{1}{D}\{[1 - \sum_{k=1}^{p} a_{22}(k)L^k]c_{12}(0) + \sum_{k=1}^{p} a_{12}(k)L^k c_{22}(0)\}\varepsilon_{2t}$$

制約 4：この代入の結果から，すべての ε_{1t} 系列の実現値に関して，ε_{1t} ショックが Δy_t 系列（そして y_t）に一時的にしか効果を持たない条件は以下のとおりである（ε_{1t} の係数の和が 0）。

$$\left[1 - \sum_{k=1}^{p} a_{22}(k)\right]c_{11}(0) + \sum_{k=1}^{p} a_{12}(k)c_{21}(0) = 0$$

この 4 番目の制約によって，未知の $c_{11}(0)$，$c_{12}(0)$，$c_{21}(0)$，$c_{22}(0)$ を識別するための 4 本の方程式がそろった。この手続きの手順をまとめると以下のようになる。

第 1 段階：2 つの変数について単位根検定を行う。もし y_t に単位根がなければ，変数を恒久的成分と定常成分に分解をする必要がない。単位根がある変数は階差を用いて，2 つの変数が $I(0)$ となるように適切に変換する。ラグ選択の検定を用いて最適な VAR モデルを選ぶ。推定された VAR モデルの残差は標準的な診断からホワイトノイズであることを確認する（もちろん e_{1t} と e_{2t} は相互に相関してもよい）。

第 2 段階：推定された VAR モデルの残差から，分散共分散行列，つまり，$\mathrm{var}(e_1)$，$\mathrm{var}(e_2)$，$\mathrm{cov}(e_1, e_2)$ を計算する。また，係数の和に関して，

$$1 - \sum_{k=1}^{p} a_{22}(k) \quad と \quad \sum_{k=1}^{p} a_{12}(k)$$

を計算する。ただし，p は推定された VAR モデルのラグの長さである。

これらの値を用いて，以下 4 本の式から $c_{11}(0)$，$c_{12}(0)$，$c_{21}(0)$，$c_{22}(0)$ を解く。

$$\mathrm{var}(e_1) = c_{11}(0)^2 + c_{12}(0)^2$$

$$\mathrm{var}(e_2) = c_{21}(0)^2 + c_{22}(0)^2$$

$$\mathrm{cov}(e_1, e_2) = c_{11}(0)c_{21}(0) + c_{12}(0)c_{22}(0)$$

$$0 = \left[1 - \sum_{k=1}^{p} a_{22}(k)\right] c_{11}(0) + \sum_{k=1}^{p} a_{12}(k)c_{21}(0)$$

計算された 4 個の値（$c_{11}(0)$, $c_{12}(0)$, $c_{21}(0)$, $c_{22}(0)$）と VAR モデルの残差を所与として，ε_{1t} と ε_{2t} の系列を次の公式から識別する[18]。

$$e_{1t-i} = c_{11}(0)\varepsilon_{1t-i} + c_{12}(0)\varepsilon_{2t-i}$$

$$e_{2t-i} = c_{21}(0)\varepsilon_{1t-i} + c_{22}(0)\varepsilon_{2t-i}$$

第 3 段階：通常の VAR 分析と同様に，識別された ε_{1t} と ε_{2t} の系列を用いて，インパルス応答関数と分散分解が計算できる。通常の場合と異なる点は，インパルス応答の解釈が簡単なことである。ブランシャール＝クアの例では対数実質 GNP の変化の典型的な総供給ショックに対するインパルス応答が計算されている。さらに，それぞれの変数に関して以下のような歴史的分解（historical decomposition）を計算することも可能である。例えば，すべての ε_{1t} ショックを 0 に固定して，実際の ε_{2t} の系列（つまり識別された ε_{2t} の値）を用いると，y_t の恒久的変化（確率トレンド成分の階差）を以下のように計算することができる[19]。

$$\sum_{k=0}^{\infty} c_{12}(k)\varepsilon_{2t-k}$$

◆ ブランシャール＝クアの結果

ブランシャール＝クアは対数実質 GNP の階差と失業率の水準を分析に用いている。彼らは失業には確定トレンドがあり，実質生産成長率が 1970 年代半

---

18 2 本の制約式は 2 乗の項を含んでいるため，係数の中には符号の異なる 2 つの値をとるものがある。ブランシャール＝クアの例では，もし $c_{11}(0)$ が正であれば，正の需要ショックは生産に正の効果を持ち，$c_{11}(0)$ が負であれば生産に負の効果を持つ。Taylor（2004）は異なる解の中から値を選択する問題を考慮している。

19 この計算では $t - k < 1$ については，すべて $\varepsilon_{2t-k} = 0$ と設定する。この方法は 4.12 で紹介した BN 分解のように 1 変量の情報に依存した変数分解ではなく，多変量の情報を用いた変数分解であると解釈できる。

5.9 ブランシャール゠クア（BQ）分解 **321**

表 5.1 総需要ショックの予測誤差分散への貢献度（%）

予測期間	生産	失業率
1 四半期	99.0	51.9
4 四半期	97.9	80.2
12 四半期	67.6	86.2
40 四半期	39.3	85.6

ばに低下を始めていたことを指摘している。これらの困難な問題を処理する明確な方法は存在しないため，4 つの異なる VAR モデルを推定している。具体的には，生産成長率の構造変化を許容するダミー変数と失業率の確定トレンドの双方が含まれているモデルと，どちらか一方のみを考慮する 2 つのモデルと，どちらも考慮しないモデルの計 4 つの推定モデルである。GNP と失業率の四半期データを用いて，1950Q2 から 1987Q4 の標本期間でラグ次数 8 のVAR モデルを推定している。

　彼らは総需要ショックが実質 GNP に長期的影響を持たないという制約を課し 2 種類のショックを識別した。4 つの VAR モデルでインパルス応答は似かよっており，その特徴は以下のように要約できる。

- 生産と失業は総需要ショックに対して「こぶ状」の反応が観察される（1.5 の例 8 を参照）。それぞれのインパルス応答は軸対象であり，初期段階で生産は増加し，失業は減少する。効果のピークは 4 四半期後であり，その後もとの水準に収束していく。
- 総供給ショックは生産に累積的な効果を持つ。総供給ショックは生産に恒久的に正の影響を与えるが，失業には初期に小さな正の効果を与えるにすぎない。この初期の増加の後，失業は確実に減少し，4 四半期後にその累積的な変化は負になる。失業は長期均衡値より低い値に 5 年近く留まる。

ブランシャール゠クアは，生産成長率の鈍化と失業率のトレンドの扱い方の違いは分散分解に反映されることを示している。ここでは方法の説明を目的としているので，生産成長率減少を捉えるダミー変数とトレンド除去済みの失業率の組み合わせを用いた場合の分散分解の結果を表 5.1 に示す。

　予測期間が短い場合，総需要ショックが生産の変動要因の大半の割合を占めている。短期的には総需要ショックによって GNP の動きがほとんどすべて説明される。総需要ショックの効果は一時的である必要があり，BN 分解の結果とは異なる。効果が一時的であるため，予測期間が増加すると，予測誤差分解に占める総需要ショックの割合は着実に低下していき，最後は 0 に収束する。

322　第 5 章　多変量時系列モデル

この結果，予測期間が長いと，実質 GNP の動きにおける総供給ショックの貢献度は高くなる。一方，総需要ショックは失業率変動に対して予測期間が長いと一般的に貢献度が高まるようである。

5.10　BQ分解の実践例：実質為替レートと名目為替レート

エンダース = リー（Enders and Lee 1997）は，実質と名目の為替レート変動を実質ショックによる成分と名目ショックによる成分に分解している。本節ではブランシャール = クアの方法の応用例として，その論文の一部を紹介する。以下に提示する結果はデータを 2013Q1 まで延長したものに基づいており，そのデータは EXRATES.XLS のファイルに収められている。この研究の目的の1つは購買力平価（PPP）からの乖離を説明することにある。第 4 章でみたように，実質為替レート（r_t）は，

$$r_t = e_t + p_t^* - p_t$$

と定義される[20]。ただし，p_t^* と p_t はそれぞれ米国とカナダの対数卸売物価指数であり，e_t は対数表示のカナダドル／米ドル名目為替レートとする。

PPP からの乖離を説明するために，実質ショックと名目ショックの 2 種類のショックを仮定する。理論的に実質ショックは実質為替レートを恒久的に変化させることができるが，名目ショックは一時的な変動しか引き起こすことができない。例えば，長期的には，カナダで名目貨幣供給が倍になれば，カナダの物価水準と名目為替レートも倍になる（つまり，p_t と e_t が倍になる）。したがって，長期的には実質為替レートは貨幣供給ショックにかかわらず一定である。

第 1 段階では，カナダ・米国間実質為替レートと名目為替レートの四半期データを用いて 1973Q1 から 2013Q1 までの標本期間で複数の単位根検定を行った。その結果，実質為替レートと名目為替レートは非定常であるという結果が得られた。**4.7** で学習した「一般からの特定」法を採用し，r_t の ADF 検定で Δr_t の 1 次までのラグを用いると，r_{t-1} の係数は -0.063 で t 統計量は -2.59 であった。次に名目為替レート e_t に単位根があるかを調べる。「一般からの特定」法により 1 次ラグが選ばれ，

20　ここではカナダが自国として扱われているため，e_t は米ドル 1 単位のカナダドル表示の価格であり，p_t^* は米国の物価水準である。

$$\Delta e_t = 0.005 - -0.025 e_{t-1} + 0.346 \Delta e_{t-1}$$
$$(1.47) \quad (-1.76) \quad (4.59)$$

という結果が得られる。このため，r_t 系列と e_t 系列を $I(1)$ 過程とみなして分析を進めることは妥当であろう。モデルの VMA 表現は，

$$\begin{bmatrix} \Delta r_t \\ \Delta e_t \end{bmatrix} = \begin{bmatrix} C_{11}(L) & C_{12}(L) \\ C_{21}(L) & C_{22}(L) \end{bmatrix} \begin{bmatrix} \varepsilon_{rt} \\ \varepsilon_{nt} \end{bmatrix}$$

で与えられる。ただし，ε_{rt} と ε_{nt} はそれぞれ相互に無相関である平均 0 の実質ショックと名目ショックである。

名目ショックが実質為替レートに長期的な効果がないという制約は $C_{12}(L)$ の係数の総和が 0 であるという制約と等しい。ラグ多項式 $C_{ij}(L)$ の k 番目の係数を $c_{ij}(k)$ と書いた場合，(5.49) 式と同様の制約式

$$\sum_{k=0}^{\infty} c_{12}(k) = 0 \tag{5.58}$$

が得られる。(5.58) 式の制約は，ε_{nt} の Δr_t への累積効果が 0 であり，さらに ε_{nt} の r_t の水準への長期的効果が 0 であることを示唆している。同じことではあるが，名目ショック ε_{nt} は実質為替レートに対して短期的な効果しか持たない，ともいえる。実質ショックが実質為替レートに与える影響や，実質あるいは名目ショックが名目為替レートに与える影響に関しては，制約を課していないことに注意したい。

第 2 段階で，複数のラグ次数のもとで 2 変量 VAR モデルを推定する。LR 検定では 3 次の VAR モデルが適切であるという結果になった。例えば，3 次のモデルと 1 次のモデルを比べた場合，それぞれ $\ln(|\Sigma_3|) = -16.935$ と $\ln(|\Sigma_1|) = -16.823$ と計算される。3 次のモデルの個々の式の係数の数は 7 で，利用可能なサンプルサイズは 157 である。これらの値を用いると (5.30) 式から，

$$(157 - 7) \times [-16.823 - (-16.935)] = 16.8$$

と計算できる。検定統計値 16.8 を自由度 8 の χ^2 分布と比べると，p 値が 0.03 となった（5% の有意水準では 1 次のモデルの制約は棄却される）。また，ラグ次数が 3 の場合の AIC と BIC はそれぞれ -2630.64 と -2587.85 であるのに対し，ラグ次数が 1 の場合はそれぞれ -2629.21 と -2610.87 である。このため，AIC はラグ次数 3 のモデル，BIC はラグ次数 1 のモデルを選択する。

324   第5章　多変量時系列モデル

表 5.2　コレスキー分解と BQ 分解の比較（実質ショック）

予測期間	コレスキー分解		BQ 分解	
	Δr_t	Δe_t	Δr_t	Δe_t
1 四半期	100.0	73.93	88.31	40.11
4 四半期	94.69	73.16	83.36	42.26
8 四半期	94.61	73.06	83.91	42.19

　ラグ次数の選択方法によって異なる結果が得られているため，慎重な研究者は両方のラグ次数のモデルを用いて分析するだろう。ここでは説明を簡単にするために，3 次のモデルの結果のみを示す。ラグの長さが変わることで主要な結果に変化があるかどうかは，読者が EXRATES.XLS のデータを用いて確認してほしい。

　通常のコレスキー分解を用いた分散分解の結果は表 5.2 の第 2 列と第 3 列に示されている。そこでは名目為替レートが実質為替レートに対して同時効果を持たないような順序付けを用いている（つまり実質為替レートが名目為替レートに対して因果関係で先行している）。表 5.2 の第 4 列と第 5 列がブランシャール＝クア分解を用いた分散分解の結果である。ここでは実質ショック ε_{rt} によって説明される予測誤差分散の割合のみが示されている。

　コレスキー分解を用いた場合，どの予測期間についても実質為替レートの予測誤差分散のほとんどが実質ショックで説明できることが明白である。名目ショックは名目為替レートの予測誤差分散の約 26% を説明している。この結果から実質ショックは実質為替レートと名目為替レートの動向に大きく影響していると解釈できる。したがって，2 つの変数が大きく変動する場合は似た動きをすることが予想される。一方，BQ 分解を用いると実質ショックが説明できる割合が小さくなる。とくに名目為替レートの予測誤差分散に関しては，実質ショックの貢献度がより小さい結果となる。

　図 5.4 は実質為替レートと名目為替レートの 2 つのショックに対するインパルス応答を示している。それぞれ為替レートは（1 階の階差ではなく）r_t や e_t の水準で表示され，また実質為替レートの式の残差の標準偏差を用いて基準化されている。

　　1.　実質ショックは瞬時に実質為替レートと名目為替レートを増加させる効果がある。ドルの実質価値が名目ドルよりも大きく最初に反応することは興味深い事実である。連動の要因は実質ショックの恒久的な影響に

図 5.4 実質為替レートと名目為替レートのインパルス応答関数

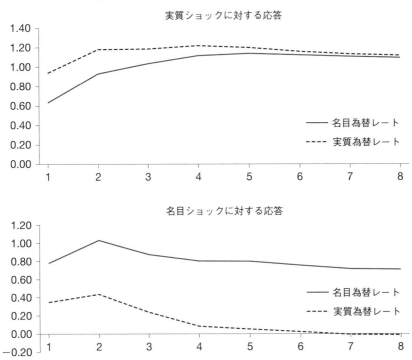

よるものであり，実質為替レートと名目為替レートは約 7 四半期後に新しい長期水準に収束する．長期的に r_t と e_t の動きがほとんど等しいことは，価格比 $p_t - p_t^*$ は実質ショックに対してほとんど反応しないことを示唆している．

2. 名目ショックに対して，名目為替レートが長期水準に到達するまで時間はほとんどかからない．ここでは為替レートのオーバーシュートの証拠はみられない．識別制約の性質から，名目ショックから実質為替レートへの効果は一時的である必要がある．ところが実質為替レートの短期の変動においても，名目ショックにはほとんど反応しない．これは名目為替レートの変化が相殺されるように $p_t - p_t^*$ が変化することを示唆している．

326　第5章　多変量時系列モデル

◆ ブランシャール゠クア分解の問題点

　この分解の1つの問題点は，現実にはさまざまな種類のショックが存在していることである。ブランシャール゠クアが指摘しているように，このアプローチは変数の数を超えた数の個別のショックを識別することはできない。このため，3個以上の重要なショックが予想される場合，この分解方法は避けるべきかもしれない。しかし，クラリダ゠ガリ（Clarida and Gali 1994）が用いたように，3個の長期制約を3変量VARモデルに課すことでこの問題は対処できるかもしれない。

　第2の問題点として，ブランシャール゠クア分解の計算では2次関数の連立方程式を解くため，$c_{ij}(0)$ の符号が識別できない。また変数の数が増えれば，非線形のシステムは複数解を持つかもしれない。このような場合，M.P. テイラー（Taylor 2004）は過剰識別制約や経済モデルと整合的な基準化を用いることを推奨している。

5.11　まとめ

　経済データでは，変数を従属変数と説明変数に分類する明確な方法はない。フィードバックがある場合，ADLモデルによる分析は適切でない。その代わりに，すべてを内生変数として扱うVARモデルを用いる。それぞれの変数は自己の過去の値とシステム内の他のすべての変数の過去の値に依存してよい。「信じがたい識別制約」を課すと経済理論と矛盾する可能性があるため，節約の原理をそれほど重視しなくてもよい。グレンジャー因果性検定，ブロック外生性検定，ラグ選択検定を用いてパラメータ数の少ないモデルを選択できる。

　OLSを用いてVARモデルの係数を効率的に推定することが可能である。VAR分析の問題は，追加的な識別制約を用いない限り，背後にある構造モデルを推定された誘導型のVARモデルから再現できないことにある。任意のコレスキー分解は構造モデルの識別に必要な式を追加する。このため再帰的なシステム内の個々の変数に関して，イノベーション会計の手法を用いて，①ショックが予測誤差分散へ与える影響の割合と，②ショックに対するインパルス応答を計算することができる。

　この分野の重要な進展は，伝統的な経済理論とVARアプローチの統合である。構造VARモデルは同時点で変数関係に経済モデルの制約を課す。そのことで経済モデルのパラメータと構造ショックの識別を可能にする。シムズ゠バ

ーナンキの方法では再帰的な構造を仮定するコレスキー分解を用いることなく構造ショックが識別できる。さらに過剰識別の場合も考慮することができる。ブランシャール＝クアの方法では長期制約をインパルス応答関数に課すことで構造ショックを丁度識別する。この方法を階差系列に用いることで経済時系列を一時的成分と恒久的成分に分解することもできる。

◎練習問題

以下の練習問題を解きなさい。練習問題 [6]〜[9] は実証分析を行う問題である。解答はすべて本書のウェブサポートページに掲載している。★印は難易度の高い問題であることを示す。

[1] (a) 安定条件の仮定のもとで $\lim_{n \to \infty} (I + A_1 + \cdots + A_1^n) A_0 = (I - A_1)^{-1} A_0$ を示せ。【ヒント：両辺に左から $(I - A_1)$ を掛けるとよい。】

(b) (a)の結果を用いて $\mu = [\bar{y}, \bar{z}]'$ を導出せよ。

[2] (a) (5.15)(5.16) 式をそれぞれ導出せよ。

(b) (5.15)(5.16) 式を用いて $\mu = [\bar{y}, \bar{z}]'$ を計算し，問題 [1] の結果と一致することを確認せよ。

[3] 1 次の VAR モデル $x_t = A_1 x_{t-1} + e_t$ が，

$$\begin{bmatrix} y_t \\ z_t \end{bmatrix} = \begin{bmatrix} 0.8 & 0.2 \\ 0.2 & 0.8 \end{bmatrix} \begin{bmatrix} y_{t-1} \\ z_{t-1} \end{bmatrix} + \begin{bmatrix} e_{1t} \\ e_{2t} \end{bmatrix}$$

で与えられたとき，(5.15) 式を用いると，y_t を 2 次の確率差分方程式として表現できる。

(a) y_t が定常過程かどうか検討せよ。【ヒント：1.5 の 2 次の差分方程式の安定条件を用いることができる。】

(b) e_{1t}, e_{2t} それぞれの 1 単位のショックに対する y_t のインパルス応答関数の形状を議論せよ。

(c) $e_{1t} = \varepsilon_{yt} + 0.5\varepsilon_{zt}$, $e_{2t} = \varepsilon_{zt}$ とする。ε_{yt}, ε_{zt} それぞれの 1 単位のショックに対する y_t のインパルス応答関数の形状を議論せよ。

(d) $e_{1t} = \varepsilon_{yt}$, $e_{2t} = 0.5\varepsilon_{yt} + \varepsilon_{zt}$ とする。ε_{yt}, ε_{zt} それぞれの 1 単位のショックに対する y_t のインパルス応答関数の形状を議論せよ。

(e) (c) と (d) の結果から，なぜコレスキー分解に順序付けが重要であるか説明せよ。

(f) (5.14) 式の導出には，n が十分に大きいとき，行列 A_1^n が 0 行列に収束することが必要であった。A_1^2 と A_1^3 を求めて，A_1^n は 0 行列に収束するかどうか確認せよ。

[4] (5.6)(5.7) 式で $a_{10} = 0$, $a_{20} = 0$, $a_{11} = 0.8$, $a_{12} = 0.2$, $a_{21} = 0.4$, $a_{22} = 0.1$ とする。

328　第 5 章　多変量時系列モデル

(a)　y_t の 2 次の確率差分方程式の表現を用いて y_t が定常過程であるかを検討せよ。

(b)　この a_{ij} の値を用いて問題 [3] (b) から (f) の問いに答えよ。

(c)　もし $a_{10} = 0.2$ であれば，y_t の解はどのように変化するかを検討せよ。

[5]　VAR モデルの残差が $\mathrm{var}(e_1) = 0.75$，$\mathrm{var}(e_2) = 0.5$，$\mathrm{cov}(e_{1t}, e_{2t}) = 0.25$ であるとする。

(a)　(5.37) 式から (5.40) 式を参考にして，追加的な識別条件がなければ構造 VAR モデルの識別が不可能であることを示せ。

(b)　$b_{12} = 0$ とするコレスキー分解の識別条件を用いて，b_{21}, $\mathrm{var}(\varepsilon_1)$, $\mathrm{var}(\varepsilon_2)$ の値を求めよ。

(c)　$b_{21} = 0$ とするコレスキー分解の識別条件を用いて，b_{12}, $\mathrm{var}(\varepsilon_1)$, $\mathrm{var}(\varepsilon_2)$ の値を求めよ。

(d)　$b_{12} = 0.5$ とするシムズ＝バーナンキ分解の識別条件を用いて，b_{21}, $\mathrm{var}(\varepsilon_1)$, $\mathrm{var}(\varepsilon_2)$ の値を求めよ。

(e)　$b_{21} = 0.5$ とするシムズ＝バーナンキ分解の識別条件を用いて，b_{12}, $\mathrm{var}(\varepsilon_1)$, $\mathrm{var}(\varepsilon_2)$ の値を求めよ。

(f)　e_{1t} の最初の 3 つの値が $1, 0, -1$ と推定され，e_{2t} の最初の 3 つの値が $-1, 0, 1$ と推定されたとする。(b) から (e) までのそれぞれの分解を用いて，ε_{1t} と ε_{2t} の最初の 3 つの値を求めよ。

[6]　この問題では鉱工業生産と失業率と利子率の動学的な相互関係を推定するために，QUARTERLY.XLS のデータを使う。第 2 章では長期金利（5 年物）r5 と短期金利（T-Bill）の差としてスプレッド（$s_t = r5_t - tbill_t$）を定義した。ここでは鉱工業生産指数の対数階差を $\Delta lip_t = \ln(indprod_t) - \ln(indprod_{t-1})$，失業率の階差を $\Delta ur_t = unemp_t - unemp_{t-1}$ と定義する。

(a)　Δlip_t, Δur_t, s_t の 3 変量 VAR モデルを 9 次のラグと定数項を用いて推定し，残差を保存せよ。1962Q3 より前から推定を始めることができない理由を述べよ。lip_t と ur_t の代わりに，Δlip_t と Δur_t を用いることの潜在的な利点を説明せよ。

(b)　$\ln(|\Sigma_9|) = -14.68$ であることと（正規分布の仮定のもとで）対数尤度が 622.32 であることを確認せよ。$\mathrm{AIC} = T\ln(|\Sigma|) + 2N$ と $\mathrm{BIC} = T\ln(|\Sigma|) + N\ln(T)$ という公式を使って，9 次の VAR モデルの多変量 AIC と BIC を計算せよ。また $\mathrm{AIC}^* = -2\ln(L)/T + 2N/T$ と $\mathrm{BIC}^* = -2\ln(L)/T + N\ln(T)/T$ という公式を使った場合の多変量 AIC と BIC も計算せよ。

(c)　同じ標本期間を用いて 3 次の VAR モデルを推定し，残差を保存せよ。3 次の VAR モデルの多変量 AIC と BIC を計算し，9 次の VAR モデルと比較した場合，AIC はラグ次数 9 を，BIC はラグ次数 3 を選ぶことを示せ。AIC^* と

BIC* を用いた場合でも同じ結果になることを確認せよ。1962Q3 を初期として 3 変量 VAR モデルを推定し，比較することがなぜ重要なのか答えよ。

(d) 帰無仮説のラグ次数が 3 で対立仮説のラグ次数が 9 である LR 検定統計量を求めよ。制約されたシステムの制約の数と制約のない式の回帰変数の数を示せ。自由度 54 の χ^2 分布の臨界値を用いた場合の結論を述べよ。

(e) 最大のラグの長さを 12 として，すべてのラグ次数の可能性を考慮した場合，「一般からの特定」法が 9，AIC が 3，BIC が 1 のラグ次数を選択することを確認せよ。【ヒント：**4.7** で「一般からの特定」法は詳しく解説されている。この場合，まず帰無仮説のラグ次数が 11 で対立仮説のラグ次数が 12 である LR 検定を行い，帰無仮説を棄却できればラグ次数を 12 とする。棄却できなければ，次に帰無仮説のラグ次数が 10 で対立仮説のラグ次数が 11 である LR 検定を行う。このような手続きを帰無仮説が棄却されるまで続けることでラグ次数を特定できる。】

[7] 問題 [6] の結果は変数 Δlip_t，Δur_t，s_t の相互関係を 3 次の VAR モデルで記述することが適切であることを示している。以下では，1961Q1 を初期とする 3 次の VAR モデルを推定し，Δlip_t が Δur_t に対して因果関係で先行し，Δur_t が s_t に対して因果関係で先行している順序付けを採用する。

(a) s_t から Δlip_t へのグレンジャー因果性があるかどうかを決定するための検定で F 統計量を求めよ。この結果の解釈を議論せよ。

(b) s_t から Δur_t へのグレンジャー因果性があるかどうかを決定するための検定で F 統計量を求めよ。この結果の解釈を議論せよ。

(c) e_{1t} と e_{2t}，e_{1t} と e_{3t}，e_{2t} と e_{3t} の相関係数はそれぞれ -0.72，-0.11，0.10 である。インパルス応答関数の計算でコレスキー分解による順序付けがなぜ重要か説明せよ。

(d) 予測誤差分散分解の結果が以下の表に一致することを確認せよ。

予測期間	Δlip_tショックで説明される予測誤差分散の %			Δur_tショックで説明される予測誤差分散の %			s_tショックで説明される予測誤差分散の %		
	Δlip_t	Δur_t	s_t	Δlip_t	Δur_t	s_t	Δlip_t	Δur_t	s_t
1	100.00	51.27	1.13	0.00	48.73	0.08	0.00	0.00	98.78
4	96.18	64.64	9.43	1.47	32.79	0.99	2.35	2.58	89.58
8	90.84	57.13	19.99	2.38	29.24	0.97	6.78	13.63	79.04

(e) 階差系列の Δlip_t と Δur_t の代わりに，水準系列の lip_t と ur_t を使ってモデルを推定せよ。予測誤差分散の結果を (d) の表と比較せよ。

(f) Δlip_t，Δur_t，s_t の VAR モデルからインパルス応答関数を計算し，鉱工業生産指数に対する正のショックが 6 四半期の失業率を低下させることを示せ。

(g) Δlip_t が Δur_t に対して因果関係で先行する順序付けが結果にどれほど影響

330 第5章 多変量時系列モデル

するか，順序付けを逆にして確認せよ。

[8] この問題では総需要ショックと供給ショックが鉱工業生産とインフレ率に及ぼす動学的な影響を推定するために，QUARTERLY.XLS のデータを使う。鉱工業生産指数の対数差分を $\Delta lip_t = \ln(indprod_t) - \ln(indprod_{t-1})$，インフレ率を $inf_t = \ln(cpi_t) - \ln(cpi_{t-1})$ と定義する。

(a) Δlip_t と inf_t が定常であるかどうかを判断せよ。

(b) Δlip_t と inf_t の2変量 VAR モデルを推定し，残差を保存せよ。「一般からの特定」法と BIC がラグ次数3，AIC がラグ次数5を選択することを確認せよ。

(c) グレンジャー因果性を検定せよ。ただし，以下の分析では3次の VAR モデルを用いることとする。インフレ率から鉱工業生産指数へのグレンジャー因果性がないという帰無仮説の F 統計量が 4.82（p 値は 0.003），鉱工業生産指数からインフレ率へのグレンジャー因果性がないという帰無仮説の F 統計量が 5.10（p 値は 0.002）であることを確認せよ。

(d) Δlip_t が inf_t に対して因果関係で先行するコレスキー分解を使って，分散分解が以下の表と一致することを確認せよ。

予測期間	Δlip_tショックで説明される予測誤差分散の %		inf_tショックで説明される予測誤差分散の %	
	Δlip_t	inf_t	Δlip_t	inf_t
1	100.00	1.69	0.00	98.31
4	97.47	11.21	2.53	88.79
8	91.04	15.31	8.96	84.69

(e) 鉱工業生産指数に対する正のショックがインフレ率を増加させ，インフレ率に対する正のショックが鉱工業生産指数を減少させることを確認せよ。この結果は標準的な AS-AD モデルと整合的か議論せよ。

(f) 総需要ショックは鉱工業生産指数に長期的な影響を与えないようなブランシャール＝クア分解を用いて，総需要ショックと総供給ショックを識別し，それぞれのショックに対する鉱工業生産指数とインフレ率のインパルス応答の累積和を図示せよ。【ヒント：図では標準化されたインパルス応答関数の累積和を示すこと。例えば t 期に生じたショックに対する鉱工業生産指数の2期目までのインパルス応答の累積和は $\Delta lip_{t+1} + \Delta lip_t$ で計算される。ここで用いるインパルス応答は Δlip_t の推定式の残差の標準偏差で割ることで標準化すること。】

(g) (f)で求めた図を経済学的に解釈せよ。

[9]* ある研究者が次のような関係を持つ生産（y），貨幣（m），インフレ率（i）の3変数を用いた構造 VAR モデルを推定した。

$$\begin{bmatrix} e_{yt} \\ e_{mt} \\ e_{it} \end{bmatrix} = \begin{bmatrix} 1 & 0 & 0 \\ g_{21} & 1 & g_{23} \\ 0 & 0 & 1 \end{bmatrix} \begin{bmatrix} \varepsilon_{yt} \\ \varepsilon_{mt} \\ \varepsilon_{it} \end{bmatrix}$$

ここで，e_{yt}, e_{mt}, e_{it} はそれぞれ y_t, m_t, i_t の回帰式の残差であり，$\varepsilon_{yt}, \varepsilon_{mt}, \varepsilon_{it}$ はそれぞれ y_t, m_t, i_t に対する純粋なショック（すなわち，構造ショック）である。

（a）　このモデルで採用されている制約は経済学的に妥当であるかどうか議論せよ。

（b）　このシステムが過剰識別されていることを説明せよ。過剰識別されたシステムの推定方法を議論せよ。

（c）　システムが過剰識別されているとき，この研究者が検定するべき過剰識別の制約について議論せよ。どのように検定すればよいだろうか。

第6章
共和分と誤差修正モデル

学習目的

6.1 共和分の基本的な概念を導入し，さまざまな経済モデルへ適用できることを示す。

6.2 共和分では複数の非定常変数の確率トレンドが連動している必要があることを示す。

6.3 共和分関係にある変数の動学経路を考察し，変数が確率トレンドを共有していることにより，その動学経路は現時点での均衡関係からの乖離に影響されることを示す。

6.4 エングル＝グレンジャーが提案した共和分検定を紹介し，その計量手法が連立差分方程式の理論と関係していることを学ぶ。

6.5 エングル＝グレンジャーの方法を仮想データを用いて説明する。

6.6 エングル＝グレンジャーの方法を実質為替レートのデータを用いて説明する。

6.7 ヨハンセンが提案した最尤法に基づく共和分検定を紹介する。

6.8 共和分ベクトルの制約検定の方法を説明する。

6.9 ヨハンセンの方法を仮想データで説明する。

6.10 エングル＝グレンジャーの方法とヨハンセンの方法を金利データを用いて比較検討する。

　本章では，非定常変数を含む多変量モデルを説明する。これまで学んだように1変量モデルでは，階差をとることで確率トレンドを除去し，ボックス＝ジェンキンス法を用いてモデルを同定し推定することができる。ところが，多変量モデルで非定常変数を適切に処理するのはそれほど単純ではない。和分変数の線形結合が定常変数となることは，「**共和分関係にある** (cointegrated)」と表現される。そして，多くの経済モデルは，変数間の共和分関係を意味している。

334 第6章 共和分と誤差修正モデル

6.1 和分変数の線形結合

　簡単な貨幣需要モデルから議論を始めよう。経済理論では，名目貨幣需要は
物価水準に比例して変化する。さらに実質所得増加とそれに伴う取引増加は，
個人が保有したいと考える実質貨幣需要を増加させる。最後に，金利は貨幣保
有の機会費用であるため，貨幣需要は名目金利と負の関係にある。以上3点を
考慮すれば，名目貨幣需要の決定式は，

$$m_t = \beta_0 + \beta_1 p_t + \beta_2 y_t + \beta_3 r_t + e_t \tag{6.1}$$

と表せる。ここで，m_t は（名目）貨幣需要，p_t は物価水準，y_t は実質所得，
r_t は短期の名目金利，e_t は誤差項である（金利を除く全変数は対数表示）。貨幣市
場を均衡させる調整が働いていれば，貨幣供給量は貨幣需要量と一致するだろ
う。したがって，貨幣需要量の代わりに，貨幣供給量を従属変数のデータとし
て用いることができる。説明変数のデータに関しても，物価水準，実質 GDP
（実質所得の代理変数），短期金利が利用できるので，(6.1) 式は推定可能である。
データから推定された貨幣需要関数が，前述の経済理論から予測されるパラメ
ータ制約（具体的には $\beta_1 = 1$，$\beta_2 > 0$，$\beta_3 < 0$）を満たしているかどうか調べる
ことは重要だろう。誤差項 e_t は貨幣需要の均衡値からの一時的な乖離を表し
ているはずであるが，もし e_t に確率トレンドが含まれていれば，均衡値から
の乖離は永久に消滅しない。したがって，系列 e_t が定常であることは，経済
理論が成立するうえで重要な前提となっている。
　ここで研究者が直面する問題は，実質 GDP，貨幣供給量，物価水準，名目
金利がすべて単位根を持つ非定常な $I(1)$ 変数であるかもしれない点である。
その場合，各変数は長期水準に戻る傾向を示さず，ふらついた動きをする。し
かし，(6.1) 式によれば，これらの非定常変数が定常になるような線形結合が
存在するはずである。(6.1) 式を誤差項に関して解く形で変形すれば次式が得
られる。

$$e_t = m_t - \beta_0 - \beta_1 p_t - \beta_2 y_t - \beta_3 r_t \tag{6.2}$$

　ここで e_t が定常であるためには，(6.2) 式の右辺の $I(1)$ 変数の線形結合も
また定常でなければならない。線形結合が定常であれば，理論的には4つの非
定常変数（m_t, p_t, y_t, r_t）の時間経路は相互に依存しているはずである。こ

の貨幣需要関数の例のように，「非定常変数を伴う均衡理論では，定常となるような変数の組み合わせが存在しなければならない」という見方は，近年のマクロ経済研究者の間で広く受け入れられている考え方である。

　貨幣需要関数以外の経済理論でも，均衡からの乖離が一時的である性質から，非定常変数の線形結合が定常となる例は多く存在する。以下では，そのような事例を紹介しよう。

例1：消費関数の理論　　消費の恒常所得仮説を簡単に記述しよう。まず総消費 (c_t) は，恒常消費 (c_t^p) と一時消費 (c_t^t) の和として決定される。さらに恒常消費は恒常所得 (y_t^p) と比例するとしよう $(c_t^p = \beta y_t^p)$。したがって，総消費は $c_t = \beta y_t^p + c_t^t$ と書くことができる。一時消費は一時的に変動する消費という意味で定常変数であり，総消費が $I(1)$ 変数として観測されるならば，恒常所得も $I(1)$ 変数となるはずである。このことから，恒常所得仮説では2つの $I(1)$ 変数の線形結合 $c_t - \beta y_t^p$（総消費から恒常所得を除いた部分，つまり一時消費）が定常でなければならない。

例2：購買力平価　　地域間の商品市場を考えよう。短期的に類似の商品間で価格差が生じたとしても，長期的には裁定取引が働くことが予想されるので，価格が非定常であっても価格差が大きく離れて動くことはないだろう。例えば，Apple と Windows のコンピュータの価格は，どちらも持続的に下落する傾向がある。経済理論では類似の商品の価格差が拡大できないことを用いて，非定常な変数の同時下落を説明する。また **4.6** で確認したように，購買力平価（PPP）は非定常な物価水準と為替レートとの関係を規定する。いま外国為替レートの対数を s_t，国内と外国の物価水準の対数をそれぞれ p_t と p_t^* とすると，PPP が長期的に成立すれば線形結合 $s_t + p_t^* - p_t$ は定常となる。

　以上の例は，エングル＝グレンジャー（Engle and Granger 1987）によって導入された**共和分**（cointegration）の概念と整合的である。共和分の導入のため，まず長期均衡では複数の経済変数 $(x_{1t}, x_{2t}, \ldots, x_{nt})$ の間に以下の関係が成立しているとしよう。

$$\beta_1 x_{1t} + \beta_2 x_{2t} + \cdots + \beta_n x_{nt} = 0$$

ベクトル $\beta = (\beta_1, \beta_2, \ldots, \beta_n)'$，$x_t = (x_{1t}, x_{2t}, \ldots, x_{nt})'$ を用いれば，このよ

うな長期均衡の状態を $\beta' x_t = 0$ と書き直すことができる。さらに長期均衡から e_t の大きさだけ乖離しているとすると,そのような**均衡誤差** (equilibrium error) は次式で記述できる。

$$e_t = \beta' x_t$$

もし均衡が意味を持つものであれば,均衡誤差は定常でなければならない。ただし,計量経済学者の「均衡」という言葉の意味は,経済学者の用いる均衡の概念と必ずしも一致しているわけではない。ここでの均衡とは非定常変数の長期的な関係という意味で用いられているだけで,共和分という統計的な性質が市場の働きや個人の行動様式によってもたらされる必要はない。以下は,エングル゠グレンジャーによる共和分の厳密な定義である。

定義:共和分　ベクトル $x_t = (x_{1t}, x_{2t}, \ldots, x_{nt})'$ の要素は以下の条件を満たせば「共和分関係にある」という。

1. すべての x_t の要素が $I(1)$ 過程に従う。
2. 係数ベクトル $\beta = (\beta_1, \beta_2, \ldots, \beta_n)'$ が存在し,線形結合 $\beta' x_t = \beta_1 x_{1t} + \beta_2 x_{2t} + \cdots + \beta_n x_{nt}$ が定常となる。

このとき β は**共和分ベクトル** (cointegrating vector) と呼ばれる[1]。ただし,すべての β の要素が 0 である場合は,必ず $\beta' x_t = 0$ が成立することが自明であるため,共和分の定義からは除外される[2]。

貨幣需要を表す (6.1) 式において貨幣市場の長期均衡からの乖離 e_t が発生しても,長期的には消滅する一時的なものであると考えれば,定常なはずである。もし貨幣供給,物価水準,実質所得,金利のすべてが $I(1)$ 変数であり,その線形結合 $m_t - \beta_0 - \beta_1 p_t - \beta_2 y_t - \beta_3 r_t = e_t$ が定常であれば,これらの変数は共和分関係にある。変数ベクトルを $x_t = (m_t, 1, p_t, y_t, r_t)'$ と書けば,

---

1　共和分の定義では,線形結合 $\beta' x_t = \beta_1 x_{1t} + \beta_2 x_{2t} + \cdots + \beta_n x_{nt}$ が定常としているが,その期待値は必ずしも 0 である必要はない。本文中で説明したように,線形結合を均衡誤差として捉えたいのなら,定数 β_0 を含めた線形結合 $\beta_0 + \beta_1 x_{1t} + \cdots + \beta_n x_{nt}$ を定義すればよい(ただし,β_0 は $\beta_0 + \beta_1 x_{1t} + \cdots + \beta_n x_{nt}$ の期待値が 0 になるように定義する)。

2　より一般的に整数 $d > b$ について,すべての x_t の要素が d 次の和分過程に従い,その線形結合が $(d - b)$ 次の和分過程に従うときに,x_t の要素は「(d, b) 次の共和分関係にある」といい,$x_t \sim CI(d, b)$ と記述される。通常は $d = 1$ と $b = 0$ の組み合わせの共和分を考えることが多い。

$\beta' x_t = e_t$ を満たす共和分ベクトルは $\beta = (1, -\beta_0, -\beta_1, -\beta_2, -\beta_3)'$ である。

この共和分の定義について,以下3点を理解することが重要である。

1. 共和分ベクトルは一意に決まらない。もし $(\beta_1, \beta_2, \ldots, \beta_n)'$ が共和分ベクトルであれば,0でないすべての λ に対して,$(\lambda\beta_1, \lambda\beta_2, \ldots, \lambda\beta_n)'$ もまた共和分ベクトルである。通常は1つの変数の係数を1に設定することで,共和分ベクトルを「基準化」する。変数 x_{1t} をもとに基準化する場合には単純に $\lambda = 1/\beta_1$ とすればよい。その場合,基準化された共和分ベクトルは $(1, \beta_2/\beta_1, \ldots, \beta_n/\beta_1)'$ となる。

2. 共和分は $I(1)$ 過程に従う変数同士についての相互関係を示している。もちろん,これらの変数が $I(1)$ 過程であっても,すべての変数間に共和分関係があるとは限らない。共和分関係の欠如は,変数の間に長期的関係が存在しないことを意味しており,時間が経てば変数の値は限りなく離れていくだろう。

3. もし x_t が n 個の非定常要素を含んでいるならば,最大で $n-1$ 個の線形独立な共和分ベクトルが存在してもよい。もし x_t が2変数の場合には,最大でも1つの独立な共和分ベクトルしか存在しないことは明白であろう。共和分ベクトルの数は x_t の**共和分階数** (cointegrating rank),または**共和分ランク**と呼ばれる。

例えば,金融当局は,名目 GDP $(y_t + p_t)$ が高いと名目貨幣供給量 m_t を減らし,逆に,名目 GDP が低いと名目貨幣供給量を増やすようなフィードバックルールに従うとしよう。これは,

$$m_t = \gamma_0 - \gamma_1(y_t + p_t) + e_{1t}$$
$$= \gamma_0 - \gamma_1 y_t - \gamma_1 p_t + e_{1t} \tag{6.3}$$

と表現できる。ただし,e_{1t} は貨幣供給フィードバックルールの定常な誤差項である。貨幣需要関数 (6.1) 式が所与のとき,貨幣供給,物価水準,実質所得,金利に対して,2個の共和分ベクトルが存在する。2個の共和分ベクトルをまとめて,

$$\beta' = \begin{bmatrix} 1 & -\beta_0 & -\beta_1 & -\beta_2 & -\beta_3 \\ 1 & -\gamma_0 & \gamma_1 & \gamma_1 & 0 \end{bmatrix}$$

と定義すれば,$\beta' x_t$ として表現される2つの線形結合は定常となる。この場合,x_t の共和分階数は2である。

338　第6章　共和分と誤差修正モデル

　以下では，3つの例を通じて共和分の性質を理解しよう。例3では，共和分関係のある2つの変数，例4では，共和分関係のある3つの変数の挙動を考える。例5では，共和分関係がないとき，2つの変数がどのような動きをするか検討する。

例3：2変数の共和分システム　　y_t と z_t の系列はノイズを含むランダムウォーク過程

$$y_t = \mu_t + \varepsilon_{yt}, \ z_t = \mu_t + \varepsilon_{zt}$$

として生成される。ただし，$\mu_t = \mu_{t-1} + \varepsilon_t$ はランダムウォークに従う変数で，ε_{yt}，ε_{zt}，ε_t は互いに独立なホワイトノイズである。

　図 6.1（a）では，この DGP から生成された系列を示している。20 個の実現値は，両系列ともたまたま低下傾向にあるが，サンプルサイズを増やせば，こうした傾向はなくなるだろう。どちらにせよ，両系列は長期水準に戻る傾向はみられず，個別に DF 検定を行っても単位根仮説を棄却することができない。ただし，各系列は非定常であるが，長期的には同じ方向性を持って変動していることが観察できるだろう。両系列は同じ確率トレンド μ_t を共有していることから，線形結合 $y_t - z_t$ が定常であるような共和分関係がある。実際，2系列の差 $y_t - z_t$ は定常な均衡誤差 $\varepsilon_{yt} - \varepsilon_{zt}$ であり，図 6.1（b）で挙動が示されているように，平均 0 で分散一定の $I(0)$ 過程となっている。

　図 6.2 の散布図の 20 個の点は，生成されたデータの組み合わせ (y_1, z_1)，$(y_2, z_2), \ldots, (y_{20}, z_{20})$ を示している。図 6.1 と図 6.2 を比較すれば，系列 y_t の値が小さいときにはそれに対応した z_t の値も小さく，一方が 0 に近ければ他方も 0 に近い値をとっていることが確認できる。図 6.2 の散布図内に示された OLS 推定による直線でも，強い正の相関を示唆している。後で詳しく述べるが，この直線 $y_t = \beta_0 + \beta_1 z_t$ は系列間の「長期」均衡関係を表しており，直線からの乖離は定常な均衡誤差に対応している。

例4：3変数の共和分システム　　y_t と z_t と w_t の3系列はすべてノイズを含むランダムウォーク

$$y_t = \mu_{yt} + \varepsilon_{yt}, \ z_t = \mu_{zt} + \varepsilon_{zt}, \ w_t = \mu_{wt} + \varepsilon_{wt}$$

として生成される。ただし，μ_{yt} と μ_{zt} は互いに独立なランダムウォークに従

6.1 和分変数の線形結合　339

図 6.1　2 変数の共和分システム

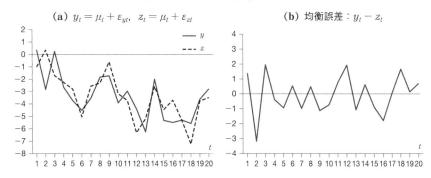

図 6.2　共和分関係がある変数の散布図

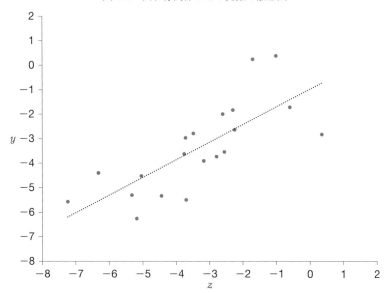

う変数で，$\mu_{wt} = \mu_{yt} + \mu_{zt}$ とする．ここで ε_{yt}, ε_{zt}, ε_{wt} はホワイトノイズである．3 変数はすべてノイズを含むランダムウォークであり，どの 2 変数の組み合わせをとっても共和分関係がないように定義されている．ところが，工夫して線形結合を計算すると，

$$y_t + z_t - w_t = (\mu_{yt} + \varepsilon_{yt}) + (\mu_{zt} + \varepsilon_{zt}) - (\mu_{wt} + \varepsilon_{wt})$$
$$= \varepsilon_{yt} + \varepsilon_{zt} - \varepsilon_{wt}$$

となることから，$y_t + z_t - w_t$ は定常であり，3 変数間では共和分関係がある．

図 6.3 3 変数の共和分システム

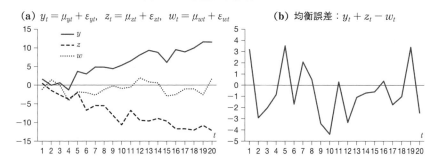

つまり均衡誤差項は $I(0)$ 過程である。

図 6.3 (a) は，この DGP から生成された系列を示している。例 3 と同様に，どの個別系列も長期水準に戻る傾向はなく，DF 検定は単位根仮説を棄却できない。また，例 3 とは異なり，どの 2 系列を選んでも共和分関係にはない。どの個別系列も他の 2 系列からは離れていくようにみえる。しかし，図 6.3 (b) で示されるように，3 系列の線形結合 $y_t + z_t - w_t = \varepsilon_{yt} + \varepsilon_{zt} - \varepsilon_{wt}$ は定常である。つまり，長期的に変数の動きはシステム内の他の変数の値に制約を受けている。

例 5：共和分関係がないシステム（見せかけの回帰） y_t と z_t はノイズを含むランダムウォーク

$$y_t = \mu_{yt} + \varepsilon_{yt}, \quad z_t = \mu_{zt} + \varepsilon_{zt}$$

から生成される。ただし，μ_{yt} と μ_{zt} は互いに独立なランダムウォークに従う変数，ε_{yt} と ε_{zt} はホワイトノイズとする。この例では 2 つのランダムウォークが相互に独立となるように定義されているため，両者に共和分関係がない。図 6.4 (a) では，この DGP から生成された 100 個の観測値を示している。この図をみると，両系列がお互いに収束せず，さまよう様子がわかる。また図 6.4 (b) の散布図をみると，両変数間に長期的関係がないように見受けられる。この図に示された回帰直線 $y_t = \beta_0 + \beta_1 z_t$ と観測値との乖離は大きい。図 6.4 (c) では回帰式からの残差を図示している。これをみると，残差はランダムウォークのような挙動が観測できる。つまり残差は定常でなく，回帰直線は**見せかけの回帰**であることがわかる（見せかけの回帰については **4.3** 参照）。

図 6.4　見せかけの回帰

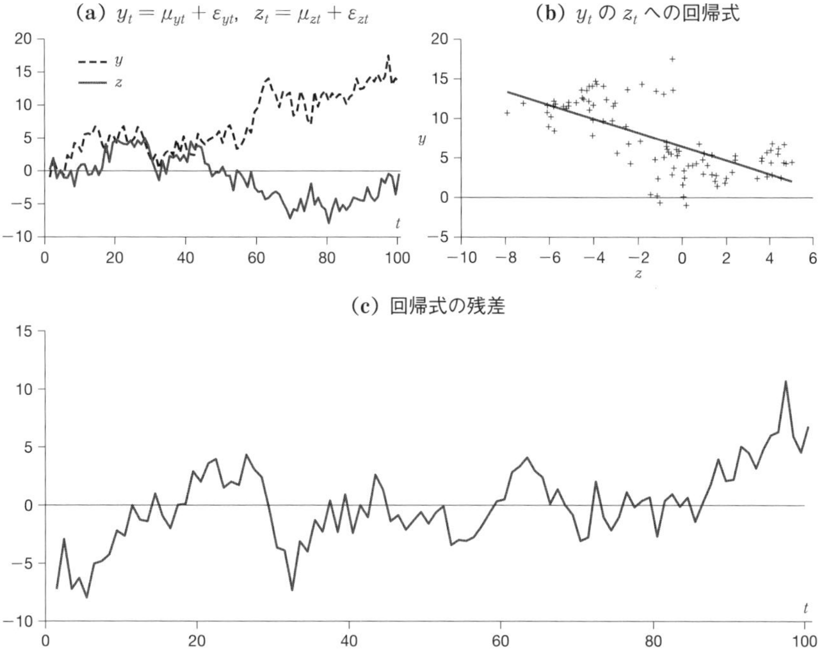

(a) $y_t = \mu_{yt} + \varepsilon_{yt},\ z_t = \mu_{zt} + \varepsilon_{zt}$

(b) y_t の z_t への回帰式

(c) 回帰式の残差

6.2　共和分と共トレンド

「共和分関係にある変数は共通の確率トレンドを持つ」というストック゠ワトソン (Stock and Watson 1988) の指摘は，共和分関係を理解するうえで非常に有益である。この概念を理解するために，2 変数だけを要素とするベクトル $x_t = (y_t, z_t)'$ の生成過程を再考しよう。循環項や季節項がない場合，各非定常変数はランダムウォークと不規則項の和として表現できる。

$$y_t = \mu_{yt} + e_{yt} \tag{6.4}$$

$$z_t = \mu_{zt} + e_{zt} \tag{6.5}$$

ただし，変数 i のトレンド項 μ_{it} はランダムウォーク過程に従い，変数 i の不規則項 e_{it} は定常な確率変数である[3]。もし y_t と z_t が共和分関係にあれば，線

3　この不規則項は一般的に系列相関があり，ホワイトノイズとは限らない。このような分解が可能であることは，4.12 の BN 分解を確定トレンドがない系列に用いることで確認

342　第6章　共和分と誤差修正モデル

形結合 $\beta_1 y_t + \beta_2 z_t$ が定常となるような，（$\beta_1 = \beta_2 = 0$ ではない）β_1 と β_2 が存在するはずである。この和を分解すると，

$$\beta_1 y_t + \beta_2 z_t = \beta_1 (\mu_{yt} + e_{yt}) + \beta_2 (\mu_{zt} + e_{zt})$$
$$= (\beta_1 \mu_{yt} + \beta_2 \mu_{zt}) + (\beta_1 e_{yt} + \beta_2 e_{zt}) \tag{6.6}$$

となる。最後の等式から確率トレンドの和（$\beta_1 \mu_{yt} + \beta_2 \mu_{zt}$）が消去されれば，第2項は常に定常なので線形結合 $\beta_1 y_t + \beta_2 z_t$ も定常となることがわかる。このため y_t と z_t が共和分関係にあるための1つの十分条件は，確率トレンドの和が消去されることである[4]。

$$\beta_1 \mu_{yt} + \beta_2 \mu_{zt} = 0 \tag{6.7}$$

共和分ベクトルの要素 β_1 と β_2 はどちらも0ではないことから，時間とともに変化する μ_{yt} と μ_{zt} に関して，(6.7) 式が常に成立するためには，

$$\mu_{yt} = -\frac{\beta_2}{\beta_1} \mu_{zt}$$

であればよい。いま β_1 と β_2 の値は0ではないので，比例定数 $-\beta_2/\beta_1$ を無視すれば，y_t と z_t に含まれる確率トレンドが本質的には同じであることがわかる。このことから「2つの $I(1)$ 変数 y_t と z_t が共和分関係にあるときには，同じ確率トレンドを共有している」ことが理解できる。

例3の変数を再考してみよう。そこでは y_t と z_t の系列は

$$y_t = \mu_t + \varepsilon_{yt}, \quad z_t = \mu_t + \varepsilon_{zt}$$

から生成されていた。ただし，$\mu_t = \mu_{t-1} + \varepsilon_t$ であり，ε_{yt}，ε_{zt}，ε_t は独立なホワイトノイズの誤差項である。ここで y_t と z_t の系列の共通の確率トレンドは，純粋なランダムウォーク過程に従っている μ_t であることがわかる。図6.1の仮想系列 y_t，z_t，μ_t は，初期値 μ_0 を0と設定し，ε_{yt}，ε_{zt}，ε_t の実現値を20個ずつ抽出することで生成された。ここで y_t から z_t を引けば，

$$y_t - z_t = \varepsilon_{yt} - \varepsilon_{zt}$$

となり，定常な系列が導かれることは明白であろう。共和分の定義で用いた

　できる。

4　確率トレンドの和 $\beta_1 \mu_{yt} + \beta_2 \mu_{zt}$ が定常であれば，必ずしも0である必要はないが (6.7) 式のような強い条件は確率トレンドの共有関係を理解するためには便利である。

記述法で表現すると，共和分ベクトル $\beta = (\beta_1, \beta_2)' = (1, -1)'$ と変数ベクトル $x_t = (y_t, z_t)'$ の積である $\beta' x_t = \varepsilon_{yt} - \varepsilon_{zt}$ は定常である．ストック＝ワトソンによる共和分の解釈では，共和分ベクトルのパラメータは，線形結合によってトレンドを消去するものでなければならない．それ以外のどのような2変数の線形結合もトレンドを含んでしまうため，共和分ベクトルとならない．つまり，$(\beta_1, \beta_2)' = (1, -1)'$ 以外のベクトル $(\beta_3, \beta_4)'$ を用いた線形結合 $\beta_3 y_t + \beta_4 z_t$ は，（$\beta_3 / \beta_4 = \beta_1 / \beta_2$ を満たさない限り）トレンドが除去されず，定常になることはない．

一方，例4では3変数間の共和分関係を示していた．

$$y_t = \mu_{yt} + \varepsilon_{yt}, \quad z_t = \mu_{zt} + \varepsilon_{zt}, \quad w_t = \mu_{wt} + \varepsilon_{wt}$$

ただし，$\mu_{wt} = \mu_{yt} + \mu_{zt}$ である．個々の変数は $I(1)$ 過程であり，DF検定をそれぞれの変数に用いても単位根の帰無仮説を棄却できない．図6.3からわかるように，どの2変数の組み合わせも，共和分関係にない．各変数の動きはふらついているが，例3と異なり，どの個別系列も他の系列の近くに留まる傾向がみられない．しかし，w_t の確率トレンド μ_{wt} は，y_t の確率トレンド μ_{yt} と z_t の確率トレンド μ_{zt} の単純な和で定義されている．この場合，変数ベクトル $x_t = (y_t, z_t, w_t)'$ について，共和分ベクトル $\beta = (\beta_1, \beta_2, \beta_3)' = (1, 1, -1)'$ が存在し，線形結合 $\beta' x_t$ が定常になる．

$$y_t + z_t - w_t = (\mu_{yt} + \varepsilon_{yt}) + (\mu_{zt} + \varepsilon_{zt}) - (\mu_{wt} + \varepsilon_{wt}) = \varepsilon_{yt} + \varepsilon_{zt} - \varepsilon_{wt}$$

この例では，1つの変数の確率トレンドが，他の変数の確率トレンドの線形結合に等しければ共和分関係が存在することを示している．そうした状況では，線形結合 $\beta_1 y_t + \beta_2 z_t + \beta_3 w_t$ から確率トレンドを消去できるような共和分ベクトル β を常にみつけることが可能である．この結果は n 変数の場合にも一般化できる．

ベクトル表現を用いて次のモデルを考えよう．

$$x_t = \mu_t + e_t \tag{6.8}$$

ただし，$x_t = (x_{1t}, x_{2t}, \ldots, x_{nt})'$ は非定常な変数ベクトル，$\mu_t = (\mu_{1t}, \mu_{2t}, \ldots, \mu_{nt})'$ は確率トレンドのベクトル，e_t は定常要素を持つ $n \times 1$ ベクトルである．もし1つの確率トレンドがシステム内の他の確率トレンドの線形結合で表現可能であれば，

344　第6章　共和分と誤差修正モデル

$$\beta_1 \mu_{1t} + \beta_2 \mu_{2t} + \cdots + \beta_n \mu_{nt} = 0$$

を満たすベクトル $\beta = (\beta_1, \beta_2, \ldots, \beta_n)'$ が存在している。この β が共和分ベクトルであることは，次のように示せばよい。(6.8) 式の両辺に左から β' を掛けると，

$$\beta' x_t = \beta' \mu_t + \beta' e_t$$

となる。ここで $\beta' \mu_t = 0$ であり，定常な変数の線形結合 $\beta' e_t$ は定常であるため，非定常変数の線形結合 $\beta' x_t = \beta' e_t$ は定常となる。

6.3　共和分と誤差修正

　共和分関係にある変数の特徴は，その時間経路が長期均衡からの乖離幅に依存することである。システムが長期的に均衡状態に戻るためには，少なくとも1つの変数が不均衡の大きさに依存して変化することで，均衡へと調整する役割を果たす必要がある。本節では，複数の非定常変数の時間経路を調べるために，行列の階数と特性根の関係を利用する。そのために必要な数学は**補論 6.1**で解説する。まずは，長短金利を例に用いて，均衡への調整を明示した誤差修正モデルを紹介する。

◆ 金利の期間構造理論

　金利の期間構造理論は長期金利と短期金利の長期的な関係を示しているが，長短金利を用いて非定常変数が長期均衡からの乖離に依存してどのように調整されるかという点を確認しよう。長期金利と短期金利との差が長期均衡から「正」に乖離している場合には，短期金利は長期金利に比べて相対的に上昇する。差異を縮めるために，①短期金利の上昇と長期金利の低下のうちの一方か両方が起こる，②長期金利の上昇とそれを上回る短期金利の上昇が起こる，③長期金利の低下とそれよりも変化幅の小さい短期金利の低下が起こる，という3つの可能性のうちどれが正しいかは，動学モデルを完全に特定化しない限り自明ではない。しかし，短期の動学が長期均衡からの乖離に影響を受けることは確かである。

　以上で議論されたような長期均衡からの乖離，つまり，均衡誤差が徐々に修正されて行く特性を**誤差修正**（error correction）と呼ぶ。誤差修正を伴う動学

モデルである**誤差修正モデル**では，システム内の変数の短期の動学は均衡からの乖離に影響される。長短金利がともに $I(1)$ 変数であると想定すると，金利の期間構造に応用できる単純な誤差修正モデルは，

$$\Delta r_{St} = \alpha_S(r_{Lt-1} - \beta r_{St-1}) + \varepsilon_{St} \tag{6.9}$$

$$\Delta r_{Lt} = -\alpha_L(r_{Lt-1} - \beta r_{St-1}) + \varepsilon_{Lt} \tag{6.10}$$

と書ける（ただし，$\alpha_S > 0$，$\alpha_L > 0$）[5]。ここで誤差項 ε_{St} と ε_{Lt} はホワイトノイズ（互いに相関してもよい），r_{St} と r_{Lt} は短期金利と長期金利，α_S，α_L，β はパラメータである。

このモデルでは，短期金利と長期金利が，確率的なショック（ε_{St}, ε_{Lt}）だけでなく，前期の長期均衡からの乖離（$r_{Lt-1} - \beta r_{St-1}$）にも反応して変化する。ショックがない場合，乖離が正であれば（$r_{Lt-1} - \beta r_{St-1} > 0$），短期金利は上昇し長期金利は低下する。長期均衡では $r_{Lt} = \beta r_{St}$ が成立している。

ここでは誤差修正モデルと共和分関係のある変数との関係が理解できるだろう。仮定から Δr_{St} は定常であるため（r_{St} は $I(1)$ なので階差は定常となる），(6.9) 式の左辺は $I(0)$ である。(6.9) 式が成立するためには，その右辺も $I(0)$ である必要がある。誤差項 ε_{St} の定常性を所与として，線形結合 $r_{Lt-1} - \beta r_{St-1}$ は定常でなければならない。つまり，長短金利は共和分ベクトル $(1, -\beta)'$ に関して共和分関係がなければならないといえる。もちろん，同じことが (6.10) 式でも成立する。重要な点は，誤差修正表現は，2 変数が共和分関係にあることを示唆していることだ。この結果は，両式にラグ階差を導入して一般化したモデルでも変わらない[6]。

$$\Delta r_{St} = a_{10} + \alpha_S(r_{Lt-1} - \beta r_{St-1}) + \sum_{i=1}^{p} a_{11}(i)\Delta r_{St-i}$$

$$+ \sum_{i=1}^{p} a_{12}(i)\Delta r_{Lt-i} + \varepsilon_{St} \tag{6.11}$$

---

5 誤差修正項は $\alpha_S^*(\beta_1 r_{Lt-1} - \beta_2 r_{St-1})$ と書くこともできる。共和分ベクトルを長期金利に関して基準化し，$\alpha_S^* = \alpha_S/\beta_1$ と $\beta = \beta_2/\beta_1$ を用いれば (6.9) 式が得られる。

6 (6.11) 式と (6.12) 式は差分方程式のシステムである。その安定条件は α_S，α_L，$a_{ij}(k)$ の大きさに関する制約として表現できる。

346 第6章 共和分と誤差修正モデル

$$\Delta r_{Lt} = a_{20} - \alpha_L(r_{Lt-1} - \beta r_{St-1}) + \sum_{i=1}^{p} a_{21}(i)\Delta r_{St-i}$$

$$+ \sum_{i=1}^{p} a_{22}(i)\Delta r_{Lt-i} + \varepsilon_{Lt} \tag{6.12}$$

この場合でも，Δr_{St-i} や Δr_{Lt-i} に関する項と ε_{St} と ε_{Lt} はすべて定常である。このため，長短金利の線形結合（$r_{Lt-1} - \beta r_{St-1}$）も定常でなければならない。

(6.11)(6.12) 式は，第5章で取り上げた VAR モデルと驚くほど似ている。2変量誤差修正モデルは，階差の2変量 VAR モデルに，誤差修正項 $\alpha_S(r_{Lt-1} - \beta r_{St-1})$ と $-\alpha_L(r_{Lt-1} - \beta r_{St-1})$ を加えただけの形となっている。係数 α_S と α_L は**調整速度**のパラメータと解釈することができる。もし係数 α_S が大きければ，前期の均衡からの乖離に対する短期金利 r_{St} の反応も大きい。逆に，係数 α_S が小さければ，短期金利 r_{St} は前期の均衡誤差にほとんど反応しない。系列 Δr_{St} が長期金利に影響を受けないためには，α_S と $a_{12}(i)$ のすべての係数が0でなければならない。もちろん，誤差修正モデルとして表現するためには，2つの調整速度係数のうち少なくとも1つは0でない値をとることが必要である。もし α_S と α_L が同時に0であれば，共和分関係は存在せず，誤差修正モデルとして表現できない。

以上の結果は簡単に n 変量モデルに拡張できる。正確には，$n \times 1$ ベクトル $x_t = (x_{1t}, x_{2t}, \ldots, x_{nt})'$ の誤差修正表現が存在すれば，以下のようになる。

$$\Delta x_t = \pi_0 + \pi x_{t-1} + \pi_1 \Delta x_{t-1} + \pi_2 \Delta x_{t-2} + \cdots + \pi_p \Delta x_{t-p} + \varepsilon_t \tag{6.13}$$

ただし π_0 は要素が π_{j0} である $n \times 1$ 定数項行列，π は要素が π_{jk} である $n \times n$ 行列，$\pi_i(i = 1, \ldots, p)$ は要素が $\pi_{jk}(i)$ である $n \times n$ 係数行列，ε_t は要素が ε_{jt} である $n \times 1$ 誤差項ベクトルである。行列 π に1つ以上の0でない要素が含まれているとしよう。また，誤差項 ε_{jt} と ε_{kt} は互いに相関していてもよい。

ここで x_t の要素に含まれるすべての変数が $I(1)$ としよう。その場合，$I(1)$ 変数の線形結合が定常でなければ，(6.13) 式は誤差修正表現とはならない。(6.13) 式の πx_{t-1} を左辺に移して書き換えると，

$$\pi x_{t-1} = \Delta x_t - \pi_0 - \sum_{i=1}^{p} \pi_i \Delta x_{t-i} - \varepsilon_t$$

となる（πx_{t-1} は $n \times 1$ ベクトル）。この式の右辺の各要素は定常であるため，左辺の πx_{t-1} も定常でなければならない。このため行列 π のすべての行ベクトルは x_t の共和分ベクトルである必要がある。例えば，左辺 πx_{t-1} の第 1 要素 $(\pi_{11}x_{1t-1} + \pi_{12}x_{2t-1} + \cdots + \pi_{1n}x_{nt-1})$ が定常であるため，$(\pi_{11}, \pi_{12}, \ldots, \pi_{1n})'$ が x_t の共和分ベクトルとなっている。

金利の例で考えると，x_t は $n \times 1$ ベクトル，π は 2×2 行列であり，

$$
\begin{bmatrix} x_{1t} \\ x_{2t} \end{bmatrix} = \begin{bmatrix} r_{St} \\ r_{Lt} \end{bmatrix}, \quad \begin{bmatrix} \pi_{11} & \pi_{12} \\ \pi_{21} & \pi_{22} \end{bmatrix} = \begin{bmatrix} -\alpha_S\beta & \alpha_S \\ \alpha_L\beta & -\alpha_L \end{bmatrix}
$$

長期均衡は $\pi x_{t-1} = 0$ で表される。ここで 2 本の式が得られるが，両式とも長期均衡として $r_{Lt-1} - \beta r_{St-1} = 0$ を意味している[7]。

行列 π の存在は (6.13) 式の鍵となる特徴である。とくに以下 2 点は重要である。

1. もし π の全要素が 0 であれば，(6.13) 式は階差に関する通常の VAR モデルとなる。その場合，Δx_t は前期の長期均衡からの乖離に反応しないため，誤差修正表現は存在しない。

2. もし 1 個以上の π_{jk} の要素が 0 でなければ，Δx_t は前期の長期均衡からの乖離に反応する。したがって，「x_t が誤差修正表現を持つならば，x_t の階差に関する通常の VAR モデルを推定することは適切でない」。(6.13) 式のような誤差修正表現で x_t を記述できるとき，「モデルから πx_{t-1} の項を除くことは特定化の誤りとなり，変数間の関係を正しく捉えることができない」のである。

◆ 2 変量 VAR モデルの場合

簡単な 1 次の 2 変量 VAR モデルを用いて共和分と誤差修正の関係を調べよう。

$$y_t = a_{11}y_{t-1} + a_{12}z_{t-1} + \varepsilon_{yt} \tag{6.14}$$

$$z_t = a_{21}y_{t-1} + a_{22}z_{t-1} + \varepsilon_{zt} \tag{6.15}$$

ただし，ε_{yt} と ε_{zt} はホワイトノイズであり（相互に相関があってもよい），単純化のため，定数項はないとする。

ラグオペレータ L を用いて，(6.14)(6.15) 式を以下のように書き換える。

---

7 $\alpha_S(r_{Lt-1} - \beta r_{St-1}) = 0$ の両辺を α_S で割れば $r_{Lt-1} - \beta r_{St-1} = 0$ となり，$-\alpha_L(r_{Lt-1} - \beta r_{St-1}) = 0$ の両辺を $-\alpha_L$ で割っても $r_{Lt-1} - \beta r_{St-1} = 0$ となる。

$$(1 - a_{11}L)y_t - a_{12}Lz_t = \varepsilon_{yt}$$

$$-a_{21}Ly_t + (1 - a_{22}L)z_t = \varepsilon_{zt}$$

このシステムを行列で表記すれば，

$$\begin{bmatrix} 1 - a_{11}L & -a_{12}L \\ -a_{21}L & 1 - a_{22}L \end{bmatrix} \begin{bmatrix} y_t \\ z_t \end{bmatrix} = \begin{bmatrix} \varepsilon_{yt} \\ \varepsilon_{zt} \end{bmatrix}$$

となる。ここで逆行列

$$\begin{bmatrix} 1 - a_{11}L & -a_{12}L \\ -a_{21}L & 1 - a_{22}L \end{bmatrix}^{-1}$$

$$= \frac{1}{(1 - a_{11}L)(1 - a_{22}L) - a_{12}a_{21}L} \begin{bmatrix} 1 - a_{22}L & a_{12}L \\ a_{21}L & 1 - a_{11}L \end{bmatrix}$$

を両辺に掛けると，y_t と z_t の解を導くことができる。

$$y_t = \frac{(1 - a_{22}L)\varepsilon_{yt} + a_{12}L\varepsilon_{zt}}{(1 - a_{11}L)(1 - a_{22}L) - a_{12}a_{21}L^2} \tag{6.16}$$

$$z_t = \frac{a_{21}L\varepsilon_{yt} + (1 - a_{11}L)\varepsilon_{zt}}{(1 - a_{11}L)(1 - a_{22}L) - a_{12}a_{21}L^2} \tag{6.17}$$

(6.16)(6.17) 式の分母は同じであり，これを $A(L)$ と表記して展開すると，

$$A(L) = (1 - a_{11}L)(1 - a_{22}L) - a_{12}a_{21}L^2$$

$$= 1 - (a_{11} + a_{22})L + (a_{11}a_{22} - a_{12}a_{21})L^2$$

となる。これは 2 次の差分方程式の階差オペレータである。このことから，$A(L)$ を (6.16)(6.17) 式の両辺に掛けることで，y_t と z_t の各変数が 2 次の差分方程式で表現できることが確認できる。以上から，(6.14)(6.15) 式の 1 次の 2 変量システムを，(6.16) 式と (6.17) 式の 2 次の 1 変量差分方程式に変換することができた。

　既に第 1 章で説明したように，1 変量の差分方程式の性質を調べるためには，特性根や反転特性根を計算すればよい。(6.16)(6.17) 式は，階差オペレータ $A(L) = 1 - (a_{11} + a_{22})L - (a_{12}a_{21} - a_{11}a_{22})L^2$ を共有していることに注意しよう。ここで $A(L)$ の L を z で置き換えて 0 とした反転特性方程式，

$$A(z) = 1 - (a_{11} + a_{22})z + (a_{11}a_{22} - a_{12}a_{21})z^2 = 0$$

を設定し，z について解けば，2 つの反転特性根を計算できる。特性根を求める場合には，特性方程式

$$\lambda^2 - (a_{11} + a_{22})\lambda + (a_{11}a_{22} - a_{12}a_{21}) = 0 \tag{6.18}$$

を λ について解けばよい（特性方程式は，反転特性方程式の両辺に z^{-2} を掛けて $\lambda = z^{-1}$ と定義すれば得られる）。同じ特性方程式を共有する y_t と z_t の性質は，(6.18) 式の 2 つの特性根（λ_1, λ_2）の値に依存して次のようにまとめられる。

1. もし 2 つの特性根（λ_1, λ_2）が単位円内にあれば，(6.16)(6.17) 式は y_t と z_t の安定解である。もし t が十分大きければ，安定条件は変数の定常性を意味する。個々の変数が定常であるため，両辺の変数は共和分関係にない。

2. どちらかの特性根が単位円外にあれば，解は発散してしまう。どちらの変数も階差定常ではないため，共和分関係はない。

3. (6.14)(6.15) 式からわかるように，もし $a_{12} = a_{21} = 0$ であれば，それぞれ別々の AR(1) 過程であるため，両者に共和分関係がないことは自明である。このとき y_t と z_t が単位根過程であるためには，$a_{11} = a_{22} = 1$ が満たされなければならない。この場合，$\lambda_1 = \lambda_2 = 1$ となり，2 変数は長期均衡関係を持たずに変動するため，共和分関係はない。

4. y_t と z_t が共和分関係にあるためには，「1 つの特性根が 1 で，他の特性根が絶対値で 1 より小さくなる」ことが必要である。1 つの特性根 λ_1 だけが 1 であることは，もとの確率トレンドがシステム内で 1 つしかないことに対応しているため，共和分関係がある変数は同じ確率トレンドを共有している。また各変数の階差は定常になることが次のように確認できる。2 つ目の特性根を λ_2 として，$\lambda_1 = 1$ であれば，反転特性方程式の 1 つの解も 1 になるはずなので，ラグ多項式は $A(L) = (1 - a_{11}L)(1 - a_{22}L) - a_{12}a_{21}L^2 = (1 - L)(1 - \lambda_2 L)$ と書くことができる[8]。したがって，(6.16) 式は，

---

[8]　1.7 の例 11 では，ラグ多項式 $A(L) = 1 - a_1 L - a_2 L^2$ は，$A(L) = (1 - b_1 L)(1 - b_2 L)$ と表せることから，反転特性方程式 $A(z) = 0$ を満たす根 z は，$1/b_1$ もしくは $1/b_2$ となることを説明した。ここで最初の根は 1 であるため（$1/b_1 = 1$），$b_1 = 1$ となる。したがって，$A(L) = (1 - L)(1 - b_2 L)$ と書ける。また，特性根 λ_2 は反転特性根 $1/b_2$ の逆数であるため，$\lambda_2 = b_2$ となる。以上から，$A(L) = (1 - L)(1 - \lambda_2 L)$ となる。

350　第6章　共和分と誤差修正モデル

$$y_t = \frac{(1 - a_{22}L)\varepsilon_{yt} + a_{12}L\varepsilon_{zt}}{(1 - L)(1 - \lambda_2 L)} \tag{6.19}$$

となり，(6.19) 式の両辺に $(1 - L)(1 - \lambda_2 L)$ を掛けることで，

$$(1 - \lambda_2 L)\Delta y_t = (1 - a_{22}L)\varepsilon_{yt} + a_{12}L\varepsilon_{zt} \tag{6.20}$$

となる（$\Delta y_t = (1 - L)y_t$ に注意）。したがって，もし $|\lambda_2| < 1$ であれば，Δy_t は定常である。同様にして，Δz_t も定常となることが示せる。

　ここで，変数が共和分関係にあるための条件（1つの特性根が1で，他の特性根が絶対値で1より小さくなる）が係数に与える制約を確認しよう。2つのうち大きいほうの特性根 λ_1 が1である場合，

$$a_{11} = \frac{(1 - a_{22}) - a_{12}a_{21}}{1 - a_{22}} \tag{6.21}$$

が成立している（(6.18) 式に $\lambda = 1$ を代入して，a_{11} について解くと (6.21) 式が得られる）。ただし，$a_{22} \neq 1$ とする。

　次に，2番目の特性根に関して，$|\lambda_2| < 1$ の条件が成立する制約も考慮することで，(6.14)(6.15) 式で共和分関係が成立するための係数制約が導出できる。

　この係数制約が意味することを理解するために，(6.14)(6.15) 式を，

$$\Delta y_t = (a_{11} - 1)y_{t-1} + a_{12}z_{t-1} + \varepsilon_{yt}$$
$$\Delta z_t = a_{21}y_{t-1} + (a_{22} - 1)z_{t-1} + \varepsilon_{zt} \tag{6.22}$$

のように書き換える。ここで，(6.21) 式を用いて，$a_{11} - 1 = -a_{12}a_{21}/(1 - a_{22})$ を (6.22) 式に代入すれば以下となる。

$$\Delta y_t = -\frac{a_{12}a_{21}}{1 - a_{22}}y_{t-1} + a_{12}z_{t-1} + \varepsilon_{yt} \tag{6.23}$$

$$\Delta z_t = a_{21}y_{t-1} - (1 - a_{22})z_{t-1} + \varepsilon_{zt} \tag{6.24}$$

　ここで (6.23)(6.24) 式は誤差修正モデルとなっている。もし a_{12} と a_{21} がどちらも0でなければ，y_t と z_t のどちらの変数をもとにしても共和分ベクトルを基準化することができる。例えば，y_t をもとに基準化すれば，以下のような誤差修正モデルとして書くことができる。

$$\Delta y_t = \alpha_y(y_{t-1} - \beta z_{t-1}) + \varepsilon_{yt}$$
$$\Delta z_t = \alpha_z(y_{t-1} - \beta z_{t-1}) + \varepsilon_{zt}$$

ただし，$\alpha_y = -a_{12}a_{21}/(1-a_{22})$，$\beta = (1-a_{22})/a_{21}, \alpha_z = a_{21}$ である。

この誤差修正モデルから y_t と z_t が前期の長期均衡からの乖離 $y_{t-1} - \beta z_{t-1}$ に反応して変化することがわかる。もし $y_{t-1} = \beta z_{t-1}$ であれば，y_t と z_t はショック（$\varepsilon_{yt}, \varepsilon_{zt}$）のみに反応して変化する。さらに，もし $\alpha_y < 0$ と $\alpha_z > 0$ であれば，長期均衡からの正の乖離に対して y_t は減少し z_t は増加する。この誤差修正モデルは，本章の冒頭で用いた金利の調整式である (6.9)(6.10) 式とほぼ同じモデルとなっている。

もし a_{12} と a_{21} のどちらか一方だけが 0 であれば，特別な調整過程となる。例えば，a_{21} は 0 でないが $a_{12} = 0$ のとき，調整速度係数 α_y が 0 となる。この場合，$\Delta y_t = \varepsilon_{yt}$ となるため，y_t は ε_{yt} のみに反応して変化する[9]。y_t は長期均衡からの乖離に反応せず，z_t がすべての誤差修正の役割を担う。

簡単な 2 変量モデルを用いた共和分関係の特徴は，以下のようにまとめられる。

1. 変数が共和分関係にあるために必要な係数制約は，誤差修正モデルが存在することを保証する[10]。$I(1)$ 変数に関する誤差修正モデルは必ず共和分関係を意味する。複数の $I(1)$ 変数について誤差修正モデルと共和分関係が同じものを表現している事実は，**グレンジャー表現定理**（Granger representation theorem）として知られる。

2. 共和分の存在は VAR モデルに係数制約を与える。共和分のシステムを，制約のある VAR モデルと認識することは重要である。(6.22) 式は行列では，

$$\begin{bmatrix} \Delta y_t \\ \Delta z_t \end{bmatrix} = \begin{bmatrix} a_{11} - 1 & a_{12} \\ a_{21} & a_{22} - 1 \end{bmatrix} \begin{bmatrix} y_{t-1} \\ z_{t-1} \end{bmatrix} + \begin{bmatrix} \varepsilon_{yt} \\ \varepsilon_{zt} \end{bmatrix}$$

となり，これはベクトル $x_t = (y_t, z_t)'$，$\varepsilon_t = (\varepsilon_{yt}, \varepsilon_{zt})'$ を用いて，

$$\Delta x_t = \pi x_{t-1} + \varepsilon_t \tag{6.25}$$

と表現できる。ただし，

---

9 同じ結果を導く別の興味深い方法は (6.14) 式を用いることである。もし $a_{12} = 0$ であれば，$y_t = a_{11}y_{t-1} + \varepsilon_{yt}$ となる。y_t が単位根過程であるという制約は $a_{11} = 1$ に設定して $\Delta y_t = \varepsilon_{yt}$ を考えることと同じである。

10 既に確認したとおり，両変数 y_t と z_t は単位根過程であっても，その線形結合 $y_t - \beta z_t$ は定常であり，基準化された共和分ベクトルは $[1, -(1-a_{22})/a_{21}]'$ となる。また，速度調整の係数は $\alpha_y = -a_{12}a_{21}/(1-a_{22})$ と $\alpha_z = a_{21}$ である。

352 第6章 共和分と誤差修正モデル

$$
\pi = \begin{bmatrix} a_{11} - 1 & a_{12} \\ a_{21} & a_{22} - 1 \end{bmatrix}
$$

である。一般的に，$I(1)$ 変数であっても共和分関係があれば，階差の VAR モデルを推定することは適切でない。この場合，(6.25) 式から πx_{t-1} を除くことは，モデルの誤差修正部分を無視することになるからである。共和分関係がある（すなわち (6.23)(6.24) 式が成立する）場合の制約は，

$$
\pi = \begin{bmatrix} -a_{12}a_{21}/(1 - a_{22}) & a_{12} \\ a_{21} & -(1 - a_{22}) \end{bmatrix}
$$

と表現でき，π の行は互いに比例関係にある（つまり線形独立関係ではない）。例えば，第 1 行の要素すべてに $-(1 - a_{22})/a_{12}$ を掛けると，第 2 行の要素と完全に一致する。このため，π の階数は 1 であり（独立な行ベクトルは 1 つだけ），π の行列式は 0 となる[11]。

　ヨハンセン（Johansen 1988）とストック＝ワトソン（Stock and Watson 1988）による「π の**階数**を用いて y_t と z_t の 2 変数に共和分関係があるかどうかを判断できる」という重要な見識についても，2 変量モデルを用いて説明ができる。π の行列式と (6.18) 式の特性根の関係を調べてみよう。いま確認したとおり，もし大きい特性根が 1 で（$\lambda_1 = 1$），他の特性根が絶対値で 1 より小さいならば（$|\lambda_2| < 1$），π の行列式は 0 で π の階数は 1 となる。次に，もし π の全要素が 0 であれば（$a_{11} = 1$, $a_{22} = 1$, $a_{12} = a_{21} = 0$ の場合），π の階数は 0 となる。この場合，(6.14)(6.15) 式の VAR モデルは単に $\Delta y_t = \varepsilon_{yt}$ と $\Delta z_t = \varepsilon_{zt}$ であり，y_t と z_t の系列はそれぞれ共和分ベクトルを持たない単位根過程となる。最後に，もし π がフルランク行列（π の階数が 2）であれば，π の行列式は 0 ではない。どちらの特性根も 1 ではないため，y_t と z_t は同時に定常性を満たす[12]。

---

11 行列の階数について復習したい読者は**補論 6.1** を参照せよ。

12 π の行列式が 0 でなければ（つまり，$(1 - a_{11})(1 - a_{22}) - a_{12}a_{21} \neq 0$ である），反転特性方程式 $A(Z) = (1 - a_{11}Z)(1 - a_{22}Z) - a_{12}a_{21}Z^2 = 0$ の根は 1 とならない（もし根が 1 であれば，$A(1) = (1 - a_{11})(1 - a_{22}) - a_{12}a_{21} = 0$ となり，π の行列式が 0 ではないという仮定と矛盾する）。したがって，1 より大きい特性根の存在を排除できるのであれば，根は 1 より小さくなる。

まとめると，π の階数が 0 ならば，両変数は共和分関係を持たない単位根過程となる。また，階数が 1 ならば共和分関係が存在し，階数が 2 ならば定常過程となる。π の階数が前述の共和分階数である。

3. 一般的に共和分関係にある 2 変数はどちらも長期均衡からの乖離に反応する。しかし，一方の変数の調整速度係数が 0 となる場合もある（ただし両変数の調整速度係数は同時に 0 とはならない）。例えば，もし $\alpha_y = 0$ であれば，y_t は長期均衡からの乖離に反応せず，z_t がすべての調整を担うことになる。

　また共和分システムでは，グレンジャー因果性を再解釈する必要がある。もし階差のラグ Δy_{t-i} が Δz_t の式に含まれず，かつ z_t が長期均衡からの乖離に反応しなければ，y_t から z_t へのグレンジャー因果性がない。もし (6.24) 式で $a_{21} = 0$ であれば，y_t から z_t へのグレンジャー因果性はない。同様に，(6.11)(6.12) 式の共和分システムでは，すべての i について $a_{12}(i) = 0$ であり，かつ $\alpha_S = 0$ である場合には，r_{Lt} から r_{St} へのグレンジャー因果性がない。共和分関係にある変数のグレンジャー因果性検定については **6.8** で再論する。

◆ n 変量 VAR モデルの場合

ここまでの主要な結果は，n 変数へ拡張した場合でもほとんど変わらず，やはり共和分と誤差修正モデルの行列 π の階数には密接な関係がある。ただし，n 変数の場合には複数の共和分ベクトルが存在するかもしれない。

いま n 変量 VAR モデルを考えよう。

$$x_t = A_1 x_{t-1} + \varepsilon_t \tag{6.26}$$

ただし，$x_t = (x_{1t}, x_{2t}, \ldots, x_{nt})'$，$\varepsilon_t = (\varepsilon_{1t}, \varepsilon_{2t}, \ldots, \varepsilon_{nt})'$，$A_1$ は $n \times n$ のパラメータ行列である。(6.26) 式の両辺から x_{t-1} を引き，行列 I を $n \times n$ の単位行列とすれば，(6.25) 式を一般化したモデルが得られる。

$$\begin{aligned} \Delta x_t &= (A_1 - I) x_{t-1} + \varepsilon_t \\ &= \pi x_{t-1} + \varepsilon_t \end{aligned} \tag{6.27}$$

ただし，π は $A_1 - I$ で与えられる $n \times n$ 行列で，その i 行 j 列の要素を π_{ij} としよう。(6.27) 式は (6.13) 式から階差のラグをすべて除いた特殊形となっている点に注意しよう。

354　第6章　共和分と誤差修正モデル

　n 変数の場合も2変数の場合と同様に，$n \times n$ 行列 π の階数が共和分に重要な役割を果している。もし階数が0であれば，π のすべての要素は0でなければならない。この場合，(6.27) 式は階差の n 変量 VAR モデル

$$\Delta x_t = \varepsilon_t$$

と一致する。ここでは，すべての i について $\Delta x_{it} = \varepsilon_{it}$（つまり，$x_{it} = x_{it-1} + \varepsilon_{it}$）であるため，すべての x_{it} の系列は単位根過程であり，定常性を持つような線形結合は存在しない。

　もう一方の極端な場合として，π がフルランク行列である場合を考慮しよう。(6.27) 式の長期均衡解は，以下の n 本の独立な方程式で記述される。

$$\pi_{11}x_{1t} + \pi_{12}x_{2t} + \pi_{13}x_{3t} + \cdots + \pi_{1n}x_{nt} = 0$$
$$\pi_{21}x_{1t} + \pi_{22}x_{2t} + \pi_{23}x_{3t} + \cdots + \pi_{2n}x_{nt} = 0$$
$$\cdots \tag{6.28}$$
$$\pi_{n1}x_{1t} + \pi_{n2}x_{2t} + \pi_{n3}x_{3t} + \cdots + \pi_{nn}x_{nt} = 0$$

　行列がフルランクであることから，重複のない n 本の方程式を解くことで，それぞれの x_{it} の長期均衡値が決定できる。システム内のすべての n 変数がそれぞれの長期均衡値の周りを変動するのであれば，どの変数も発散することができないので，定常な $I(0)$ 変数でなければならない。すべての変数が定常であれば，共和分関係ではない。

　両極端の中間の場合，π の階数 r について $0 < r < n$ が成立し，r 個の共和分ベクトルが存在する[13]。もし $r = 1$ であれば，1つの共和分ベクトルが存在し，π のどの行についても，そのベクトルの定数倍となっている。このときすべての Δx_{it} の系列について誤差修正表現が可能である。例えば，Δx_{1t} は，

$$\Delta x_{1t} = \pi_{11}x_{1t-1} + \pi_{12}x_{2t-1} + \cdots + \pi_{1n}x_{nt-1} + \varepsilon_{1t}$$

であるが，x_{1t-1} に関する基準化を考え，$\alpha_1 = \pi_{11}$ と $\beta_{1j} = \pi_{1j}/\pi_{11}$ と設定すれば，

13　この場合，独立な方程式が r 本で変数の数が n であるため，$n - r$ 個の x_{it} は自由に動くことができる。つまり発散する非定常な要素が $n - r$ 個あっても，定常性を持つ長期的な関係を維持することができる。この性質は，システムに $n - r$ 個の確率トレンドが存在することに対応している。

$$\Delta x_{1t} = \alpha_1(x_{1t-1} + \beta_{12}x_{2t-1} + \cdots + \beta_{1n}x_{nt-1}) + \varepsilon_{1t} \tag{6.29}$$

の表現が得られる。この表現のもとでは,

$$x_{1t} + \beta_{12}x_{2t} + \cdots + \beta_{1n}x_{nt} = 0$$

が x_{it} の間で長期的に成立するため,基準化された共和分ベクトル $(1, \beta_{12}, \ldots, \beta_{1n})'$ に対して,調整速度係数は α_1 であると解釈できる。同様に,2つの共和分ベクトルが存在する場合,長期均衡で,

$$\pi_{11}x_{1t} + \pi_{12}x_{2t} + \cdots + \pi_{1n}x_{nt} = 0$$
$$\pi_{21}x_{1t} + \pi_{22}x_{2t} + \cdots + \pi_{2n}x_{nt} = 0$$

の関係が変数間で成立し,この関係を適切に基準化されたベクトルで表現することもできる。

まとめると,π の階数 r は変数間の共和分ベクトルの数に等しい。もし $r = 0$ なら,共和分関係がないので,n 個の変数はそれぞれ単なる単位根過程となる。もし $r = n$ なら,n 個の独立な共和分ベクトルが成立しており,n 個の変数はすべて定常となる。もし $0 < r < n$ なら,r 個の共和分ベクトルが存在しており,少なくとも一部の変数は均衡からの乖離を縮小するような形で調整する。

重要な共和分の検定方法は2種類ある。エングル゠グレンジャーの方法は均衡回帰式の残差が定常であるかどうかという点から共和分関係を調べる。一方,ヨハンセン(Johansen 1988)の方法は π の階数を決定することで共和分関係を調べる。6.4 から 6.6 でエングル゠グレンジャーの方法が解説され,6.7 から 6.9 でヨハンセンの方法が説明される。

6.4 共和分検定:エングル゠グレンジャーの方法

エングル゠グレンジャーの検定法を説明するために,応用分析で現実に直面することの多い問題の議論から始めよう。いま単位根を持つ1次の和分過程($I(1)$)である2変数 y_t と z_t の間の長期均衡関係の有無を調べたいとする。エングル゠グレンジャー(Engle and Granger 1987)は,2つの $I(1)$ 変数の間に共和分関係が存在することを調べるため,次の4段階の手続きを提案した。ここでは,各段階について詳しく説明していく。

356 第6章 共和分と誤差修正モデル

◆ 第1段階：変数の単位根検定

共和分の定義から，共和分関係が成立するためには，2変数は $I(1)$ でなければならない。このため，分析の第1段階で，各変数が単位根を持っているかどうか確認する必要がある。例えば，第4章で議論した ADF 検定を用いて，両変数に定常性が確認できれば，（標準的な時系列分析の手法が使えるため）共和分の分析は必要ない。両変数ともに単位根仮説が棄却できない（つまり，すべて $I(1)$ 変数である）場合に，第2段階に進むことになる。

◆ 第2段階：長期均衡関係の推定

両変数 y_t と z_t が $I(1)$ であれば，長期均衡式として，

$$y_t = \beta_0 + \beta_1 z_t + e_t \tag{6.30}$$

を推定する。もし変数に共和分関係があれば，OLS を用いて共和分ベクトルのパラメータ β_0 と β_1 の推定ができる。そのとき，(6.30) 式の推定は「**共和分回帰**」と呼ばれる。

ストック (Stock 1987) は，共和分がある場合，β_0 と β_1 の OLS 推定量が定常変数の回帰分析の場合よりも速く収束する**超一致** (super-consistent) **推定量**であることを示した。この性質を直観的に確認するために，図 6.2 の散布図を再検討しよう。共通トレンドの効果は定常な不規則項の効果を凌駕して，両変数が並んで上下変動をしているようにみえる。したがって，図中の回帰直線で示されている線形関係は通常の回帰分析で観測される場合よりも強く現れる。これが超一致推定量となる直観的な理由である。

実際に変数間に共和分関係があるかどうかを調べるために，共和分回帰式の残差を $\hat{e}_t$ と記述しよう。つまり，$\hat{e}_t$ の系列は長期均衡関係からの乖離 $e_t = y_t - \beta_0 - \beta_1 z_t$ の推定値である。もし乖離が定常であれば，y_t と z_t に共和分関係があるといえる。この残差に DF 検定を適用して，和分の次数を決定することはできないだろうか。残差の DF 回帰式は，

$$\Delta \hat{e}_t = a_1 \hat{e}_{t-1} + \varepsilon_t \tag{6.31}$$

となる（ただし，$H_0 : a_1 = 0$，$H_1 : a_1 < 0$）。回帰式の残差の性質から $\hat{e}_t$ の平均は常に 0 であり，(6.31) 式に定数項を含める必要はない。もし帰無仮説 $a_1 = 0$ を棄却できなければ，残差系列に単位根があり，y_t と z_t の系列に共和分関係がないと結論できる。逆に，残差が定常であることがわかれば，共和分

6.4 共和分検定：エングル゠グレンジャーの方法   357

関係があると解釈できる。

この検定の臨界値として DF 分布表を用いることはできない。その理由は，研究者が実際の誤差項 e_t ではなく，誤差項の推定値 $\hat{e}_t$ しか観測できないからである。OLS で (6.30) 式を推定することは，残差平方和を最小にするような β_0 と β_1 の値を選ぶことである。ところが，残差の（標本）分散をできるだけ小さくするように残差が計算されることで，(6.31) 式を用いると定常と判断されやすくなってしまう。したがって，残差に DF 検定を用いる場合には，共和分回帰式が推定された事実を反映した巻末の付表 C の臨界値を用いなければならない。臨界値は，サンプルサイズと分析に含まれる変数の数に依存することに注意しよう。例えば，サンプルサイズが 100 で 2 変数間の共和分を検定する場合の 5% の有意水準の臨界値は -3.398 である。一方，経済理論などから β_0 と β_1 が既知で e_t の系列を直接計算できる場合には，例外的に通常の DF 分布表を用いることができる。

もし共和分回帰の残差に系列相関がありそうであれば，(6.31) 式の DF 検定ではなく，定数項のない ADF 検定を用いるために，次の式を推定する。

$$\Delta \hat{e}_t = a_1 \hat{e}_{t-1} + \sum_{i=1}^{p} a_{i+1} \Delta \hat{e}_{t-i} + \varepsilon_t \tag{6.32}$$

(6.31) 式と同様に，もし $a_1 = 0$ の帰無仮説が棄却されれば，残差系列は定常であり，変数間で共和分関係があると結論できる。

◆ 第 3 段階：誤差修正モデルの推定

共和分がないという帰無仮説が棄却されて変数間に共和分関係があると判断された場合は，共和分回帰の残差を用いて誤差修正モデルを推定できる。既にみたように，もし y_t と z_t が共和分関係にあれば，次の誤差修正表現を持つ。

$$\Delta y_t = \alpha_1 + \alpha_y (y_{t-1} - \beta_1 z_{t-1}) + \sum_{i=1}^{p} \alpha_{11}(i) \Delta y_{t-i} + \sum_{i=1}^{p} \alpha_{12}(i) \Delta z_{t-i} + \varepsilon_{yt} \tag{6.33}$$

$$\Delta z_t = \alpha_2 + \alpha_z (y_{t-1} - \beta_1 z_{t-1}) + \sum_{i=1}^{p} \alpha_{21}(i) \Delta y_{t-i} + \sum_{i=1}^{p} \alpha_{22}(i) \Delta z_{t-i} + \varepsilon_{zt} \tag{6.34}$$

ただし，β_1 は (6.30) 式の共和分ベクトルのパラメータ，ε_{yt} と ε_{zt} は相互に相関してもよいホワイトノイズの誤差項，α_1, α_2, α_y, α_z, $\alpha_{11}(i)$, $\alpha_{12}(i)$, $\alpha_{21}(i)$, $\alpha_{22}(i)$ はすべてパラメータである。

この誤差修正モデルでは，(6.33) 式と (6.34) 式の間でパラメータ β_1 が共通であるという制約がある。エングル゠グレンジャーは，こうした制約を課しながらも，(6.33)(6.34) 式を別々に推定できる便利な方法を提案した。共和分回帰 (6.30) 式の残差は長期均衡からの乖離の推定値なので，第 2 段階で計算された $\hat{e}_{t-1}$ を保存しておいて，(6.33)(6.34) 式の説明変数 $y_{t-1} - \beta_1 z_{t-1}$ の代わりに用いることで，以下の誤差修正モデルを推定できる。

$$\Delta y_t = \alpha_1 + \alpha_y \hat{e}_{t-1} + \sum_{i=1}^{p} \alpha_{11}(i) \Delta y_{t-i} + \sum_{i=1}^{p} \alpha_{12}(i) \Delta z_{t-i} + \varepsilon_{yt} \qquad (6.35)$$

$$\Delta z_t = \alpha_2 + \alpha_z \hat{e}_{t-1} + \sum_{i=1}^{p} \alpha_{21}(i) \Delta y_{t-i} + \sum_{i=1}^{p} \alpha_{22}(i) \Delta z_{t-i} + \varepsilon_{zt} \qquad (6.36)$$

誤差修正項 $\hat{e}_{t-1}$ 以外では，(6.35)(6.36) 式は階差の VAR モデルで構成される。この VAR モデルは，第 5 章で説明された方法を用いて推定できる。VAR モデルのために開発された手続きは，すべて誤差修正モデルにも応用可能である。ここではとくに以下の点を強調しておく。

1. それぞれの回帰式の説明変数が同じであるため，OLS は効率的な推定量となる。

2. Δy_t とそのラグ，Δz_t とそのラグ，$\hat{e}_{t-1}$ はすべて $I(0)$ であるため，(6.35)(6.36) 式のすべての変数は定常である。このため，第 5 章で導入した通常の VAR 分析に用いる検定を誤差修正モデルに適用できる。例えば，ラグの長さは帰無仮説のもとで χ^2 分布に従う LR 検定統計量を用いて選択してよい。グレンジャー因果性に興味があれば，すべての i について $\alpha_{jk}(i) = 0$ という仮説を F 検定で調べることも可能である。もし 1 つの共和分ベクトルが存在する場合には，α_y や α_z に関する制約を t 検定で調べることができる。

◆ **第 4 段階：モデルの妥当性の評価**

推定された誤差修正モデルの妥当性を評価するためにいくつかの方法が利用可能である。

6.4 共和分検定：エングル = グレンジャーの方法　359

1. まず誤差項がホワイトノイズの性質を満たしているかどうかを判断しなければならない。もし残差に系列相関があれば，選ばれたラグが短すぎることを示唆している。その場合，残差の系列相関がなくなるようにラグを増やしてモデルを再推定すればよい。

2. 調整速度係数 α_y と α_z は，システムの動学で重要な役割を果たすため，関心度の高いパラメータである[14]。例えば，(6.36) 式については，$\hat{e}_{t-1}$ が同じであれば α_z が大きいほど Δz_t が大きく反応する。もし α_z が 0 であれば，z_t は $t-1$ 期の長期均衡からの乖離に対してまったく変化しない。もし α_z が 0 で，かつすべての i に対して $\alpha_{21}(i) = 0$ であれば，Δy_t から Δz_t へのグレンジャー因果性がないことがわかる。もし変数が共和分関係にあれば，α_y と α_z の両者，あるいは一方が有意に 0 でないはずである。結局，α_y と α_z がともに 0 であれば，誤差修正項のない (6.35)(6.36) 式は単に階差の VAR モデルになってしまう。一方，調整速度係数の絶対値があまり大きすぎてもいけない[15]。調整速度係数の推定値は Δy_t と Δz_t が長期均衡関係への収束を保証していることが必要である。

3. 通常の VAR 分析の場合と同様に，イノベーション会計を用いて変数間の相互依存関係を調べることもできる。ただし，2 つの誤差項は相互に相関しているので，インパルス応答関数や分散分解を計算するには，コレスキー分解などの方法を用いて純粋なショックを識別しなければならない。(6.35)(6.36) 式の誤差修正モデルのすべての変数は $I(0)$ であるため，Δy_t と Δz_t のインパルス応答は 0 に収束するはずである。減衰しないインパルス応答関数や発散するインパルス応答関数が計算された場合には，それぞれの段階の結果を再検討する必要がある。

本節を終える前に，1 つだけ注意しなければならない点を指摘したい。多くの分析者は，共和分回帰で推定された共和分ベクトルのパラメータに関心があるだろう。このとき，共和分ベクトルのパラメータの有意性を調べるための t 統計量は，特別な場合を除き，正規分布に従わない。

---

[14] 6.3 で示されたように，α_y と α_z は差分方程式システムの特性根と直接関係している。安定的に収束するためには α_y が負で α_z が正であることが必要である。

[15] 例えば，(6.23)(6.24) 式の誤差修正モデルの場合，調整速度係数 $\alpha_y = -a_{12}a_{21}/(1-a_{22})$ や $\alpha_z = a_{21}$ の絶対値が大きすぎると行きすぎた調整が生じて，逆に均衡から乖離することになってしまう。

360 第6章 共和分と誤差修正モデル

この点を説明するために，(6.30) 式の推定問題を再考しよう．共和分回帰式 $y_t = \beta_0 + \beta_1 z_t + e_t$ において，変数 y_t と z_t に共和分関係があったとしても，e_t に系列相関がある可能性は高い．さらに y_t と z_t はシステム内で同時決定される変数であるため，z_t を独立変数として扱うことができない．ただし，通常の t 統計量を用いて共和分ベクトルの推測が可能となる特別な場合も存在する．いま共和分関係がある y_t と z_t が次のように記述できるとしよう．

$$y_t = \beta_0 + \beta_1 z_t + \varepsilon_{1t}$$

$$\Delta z_t = \varepsilon_{2t}$$

ただし，誤差項 $(\varepsilon_{1t}, \varepsilon_{2t})$ はホワイトノイズとし，また相互に無相関とする $(E[\varepsilon_{1t}\varepsilon_{2t}] = 0)$．ここでは，①誤差項の ε_{1t} と ε_{2t} は互いに相関しておらず，②誤差項には系列相関がない，という2つの強い制約をモデルに課している．これらの条件が満たされている場合に限り，共和分ベクトルのパラメータ (β_0, β_1) の OLS 推定量について，通常の t 検定や F 検定を用いた分析を行うことができる．もし $E[\varepsilon_{1t}\varepsilon_{2t}] \neq 0$ であれば，z_t は ε_{1t} のショックの影響を受けるため（影響は $\varepsilon_{1t} \to \varepsilon_{2t} \to z_t$），$z_t$ は外生変数ではない．このため，内生性の問題が生じる．また共和分回帰の誤差項に系列相関がある場合には，通常の回帰分析と同様の問題が生じる．このため，2つの仮定のどちらが満たされていない場合にも，通常の検定は不適切となる．系列相関や誤差項間に相関がある場合の検定方法は**補論 6.2** で簡単に説明されている．

6.5 仮想データによるエングル = グレンジャーの方法の実践例

図 6.5 には，人工的に生成された3変数の動きが示されている．この図から，各変数は非定常であると判断できるが，どの2変数を選択しても共和分関係は視覚的に明確ではない．データの生成方法は表 6.1 で記述されているが，どの変数も確率トレンドと自己回帰モデルに従う不規則項の和となっている．

表 6.1 の第2列目は，y_t の系列の計算に用いた式を示している．ε_{yt} の系列としてホワイトノイズ過程から抽出された 150 個の実現値を用いる．ここで初期値を $\mu_{y0} = 0$ に設定し，ランダムウォーク過程 $\mu_{yt} = \mu_{yt-1} + \varepsilon_{yt}$ から μ_{yt} の 150 個の値を計算した（この式は表 6.1 の2行2列目に示されている）．次に，ホワイトノイズ過程から抽出された別の 150 個の実現値から η_{yt} の系列を計算する．初期値を $\delta_{y0} = 0$ に設定し，η_{yt} の系列を定常な AR モデル

6.5 仮想データによるエングル゠グレンジャーの方法の実践例　361

図 6.5　共和分関係にある 3 系列

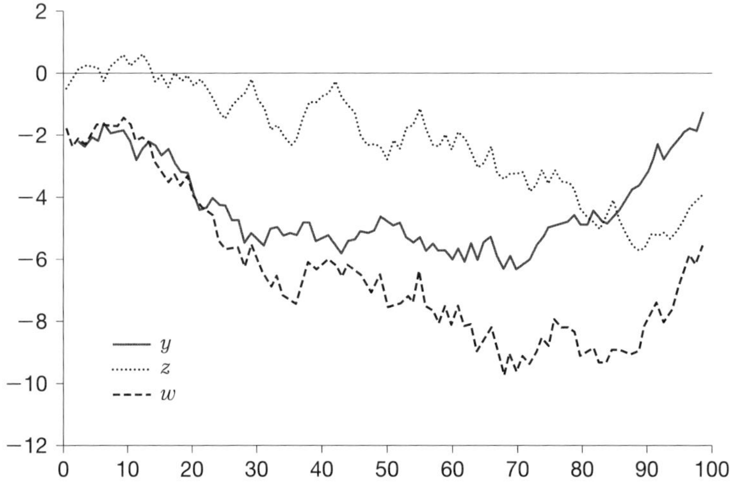

表 6.1　仮想系列

	$\{y_t\}$	$\{z_t\}$	$\{w_t\}$
確率トレンド項	$\mu_{yt}=\mu_{yt-1}$ $+\varepsilon_{yt}$	$\mu_{zt}=\mu_{zt-1}$ $+\varepsilon_{zt}$	$\mu_{wt}=\mu_{yt}$ $+\mu_{zt}$
不規則項	$\delta_{yt}=0.5\delta_{yt-1}$ $+\eta_{yt}$	$\delta_{zt}=0.5\delta_{zt-1}$ $+\eta_{zt}$	$\delta_{wt}=0.5\delta_{wt-1}$ $+\eta_{wt}$
系　列	$y_t=\mu_{yt}+\delta_{yt}$	$z_t=\mu_{zt}+\delta_{zt}$ $+0.5\delta_{yt}$	$w_t=\mu_{wt}+\delta_{wt}$ $+0.5\delta_{yt}+0.5\delta_{zt}$

$\delta_{yt}=0.5\delta_{yt-1}+\eta_{yt}$ に代入して δ_{yt} を計算する（表 6.1 の 3 行 2 列目）。計算された μ_{yt} と δ_{yt} の 2 系列を足すことで，y_t の 150 個の実現値が得られる（表 6.1 の 4 行 2 列目）。したがって，y_t は確率トレンドと定常な不規則項の和である。初期値の影響を除くため，最後の 100 個の観測値のみを分析に使用する。

　z_t の系列についても同様に計算される。誤差項 ε_{zt} と η_{zt} の系列はそれぞれ別の 150 個の確率変数の実現値である。確率トレンド μ_{zt} と AR モデルに従う不規則項 δ_{zt} は，表 6.1 の第 3 列目の式に従って計算される。y_t と z_t の間の相関を生じさせるため，z_t の不規則項は，z_t と y_t の純粋な不規則項の加重和 $\delta_{zt}+0.5\delta_{yt}$ として計算される。表 6.1 の第 4 列目で，w_t の確率トレンドは，他の 2 系列に含まれるそれぞれの確率トレンドの単純な和として定義されている。このため，3 系列には共和分関係があり，共和分ベクトルは $(1,1,-1)$ となる。w_t の不規則項は他の 2 系列の純粋な不規則項（δ_{yt}, δ_{zt}）と w_t の純

362 第 6 章 共和分と誤差修正モデル

表 6.2　a_1 の推定値と t 値

	ラグなし	4 期ラグ
y_t	-0.020	-0.027
	(-0.832)	(-1.047)
z_t	-0.021	-0.026
	(-0.992)	(-1.144)
w_t	-0.035	-0.037
	(-1.908)	(-1.934)

粋な不規則項 (δ_{wt}) との加重和である。

　ここでデータの生成過程を知らないとしよう。エングル゠グレンジャーの方法を用いて未知の確率過程の重要な特性をみつけることができるだろうか (このデータは COINT6.XLS で利用できる)。

◆ 第 1 段階：変数の単位根検定

　第 1 段階では，変数の和分の次数を決定するための事前検定を行う。例えば，y_t に関する ADF 回帰式は以下となる。

$$\Delta y_t = a_0 + a_1 y_{t-1} + \sum_{i=1}^{p} a_{i+1} \Delta y_{t-i} + \varepsilon_t$$

四半期データの場合には，4 の倍数 (つまり，$p = 4, 8, \ldots$ など) のラグを用いて ADF 検定を行うことが自然であろう。先の 3 系列 (y_t, z_t, w_t) に関する DF 検定 (ラグなし，つまり $p = 0$) と ADF 検定 (4 期ラグ，つまり $p = 4$) の結果が表 6.2 に示されている。ここでカッコ内は t 値を表している。

　サンプルサイズ 100 で定数項を含む場合，有意水準 5% の DF 検定の臨界値は -2.89 である。表 6.2 のすべての t 統計量は -2.89 よりも大きい (絶対値で小さい) ため，3 系列とも単位根の帰無仮説が棄却できない。

　一般的には，ラグの長さに依存して結果が異なるようであれば，適切なラグ選択の手続きが必要となる。ここでは単位根過程から人工的にデータを発生させているため，ラグ選択の問題はとりあえず無視して第 2 段階に進むことにしよう。

◆ 第 2 段階：長期均衡関係の推定

　第 2 段階では，長期均衡関係の推定を行う。3 変数は同時に決定されることが想定されており，共和分回帰の「左辺」の従属変数は y_t, z_t, w_t のどれで

6.5 仮想データによるエングル゠グレンジャーの方法の実践例　363

表 6.3　a_1 の推定値と t 値

	ラグなし	4 期ラグ
$\hat{e}_{yt}$	-0.443	-0.595
	(-5.175)	(-4.074)
$\hat{e}_{zt}$	-0.452	-0.593
	(-5.379)	(-4.227)
$\hat{e}_{wt}$	-0.455	-0.607
	(-5.390)	(-4.225)

もよい。3 通りの長期関係の推定値とカッコ内に示された t 値は以下となる。

$$y_t = -\underset{(-0.58)}{0.048} - \underset{(-38.10)}{0.927}z_t + \underset{(53.46)}{0.977}w_t + \hat{e}_{yt}$$

$$z_t = \underset{(0.67)}{0.059} - \underset{(-38.10)}{1.011}y_t + \underset{(65.32)}{1.025}w_t + \hat{e}_{zt}$$

$$w_t = -\underset{(-1.01)}{0.085} + \underset{(53.46)}{0.990}y_t + \underset{(65.32)}{0.953}z_t + \hat{e}_{wt}$$

ただし，$\hat{e}_{yt}$，$\hat{e}_{zt}$，$\hat{e}_{wt}$ は 3 つの共和分回帰からの残差である。

　共和分回帰の残差が定常かどうかを調べることが共和分検定の本質である。ただし，3 つの残差のどれを用いるべきかについては何の事前情報もない。このため，すべての残差について，それぞれ (6.31) 式の DF 検定と (6.32) 式の ADF 検定を行う。表 6.3 では，a_1 の推定値と t 統計量が示されている。

　巻末の付表 C から，t 統計量の臨界値は -3.828 である。どの t 統計量も -3.828 よりも小さいため（絶対値で大きい），全系列に共和分関係があると結論できる。ここでは幸いなことに，3 本すべての共和分回帰式について同じ結果となった。ある変数について基準化すると共和分が確認され，別の変数について基準化すると共和分がないという結果になった場合は，注意が必要である。その場合，一部の変数間のみに共和分関係が成立する可能性がある。例えば，3 つの $I(1)$ 変数（x_{1t}，x_{2t}，x_{3t}）の中で，x_{1t} と x_{2t} が共和分関係にあり，$x_{1t} - \beta_2 x_{2t}$ が定常であるような状況を想定しよう。この場合，従属変数 x_{1t} を他の 2 変数に回帰すると，定常な乖離を持つ長期関係 $x_{1t} = \beta_2 x_{2t} + 0 \times x_{3t}$ が得られる。同様に，x_{2t} を他変数に回帰すると定常な乖離を持つ長期関係 $x_{2t} = (1/\beta_2)x_{1t} + 0 \times x_{3t}$ が得られる。ところが，x_{3t} を x_{1t} と x_{2t} に回帰しても共和分関係を確認することはできない。このように矛盾する結果が生じる可能性があることが，エングル゠グレンジャーの方法の弱点である。その場合は後述する他の方法を試してみるとよい。

364　第6章　共和分と誤差修正モデル

共和分回帰によって推定された均衡関係のパラメータの有意性を検定する場合には注意が必要である。すでに述べたように，係数の推定量は右辺の変数と誤差項が独立でなければ，標準的な漸近分布に従わない。

◆ 第3段階：誤差修正モデルの推定

第3段階では，誤差修正モデルを推定する。1次のラグがある誤差修正モデルの係数推定値と括弧内に示された t 値は以下に示されている。

$$\Delta y_t = \underset{(0.19)}{0.006} + \underset{(2.79)}{0.418\hat{e}_{wt-1}} + \underset{(1.08)}{0.178\Delta y_{t-1}} + \underset{(1.94)}{0.313\Delta z_{t-1}}$$
$$- \underset{(-2.27)}{0.368\Delta w_{t-1}} + \varepsilon_{yt} \tag{6.37}$$

$$\Delta z_t = \underset{(-1.12)}{-0.042} + \underset{(0.42)}{0.074\hat{e}_{wt-1}} + \underset{(0.75)}{0.146\Delta y_{t-1}} + \underset{(1.38)}{0.262\Delta z_{t-1}}$$
$$\underset{(-1.64)}{-0.313\Delta w_{t-1}} + \varepsilon_{zt} \tag{6.38}$$

$$\Delta w_t = \underset{(-0.90)}{-0.040} - \underset{(-0.33)}{0.069\,\hat{e}_{wt-1}} + \underset{(0.68)}{0.156\Delta y_{t-1}} + \underset{(1.35)}{0.301\Delta z_{t-1}}$$
$$\underset{(-1.87)}{-0.420\Delta w_{t-1}} + \varepsilon_{wt} \tag{6.39}$$

ただし，$\hat{e}_{wt-1}$（$= w_{t-1} + 0.085 - 0.990 y_{t-1} - 0.953 z_{t-1}$）は，$w_t$ を従属変数とした共和分回帰の残差の1期ラグである。

(6.37)〜(6.39) 式は 階差変数に関する1次の VAR モデルに1つの誤差修正項 $\hat{e}_{wt-1}$ を加えた構成になっている[16]。調整速度係数の符号は長期均衡への収束と整合的である。乖離 $\hat{e}_{wt-1}$ が正であるとき，y_t と z_t は増加し w_t は減少する傾向にある。ただし，誤差修正項が有意なのは (6.37) 式だけである。

◆ 第4段階：モデルの妥当性の評価

第4段階では，(6.37)〜(6.39) 式のラグ選択の検定や残差の性質の検定等の診断を行い，モデルの妥当性を検討しなければならない。さらに，イノベーション会計もモデルの性質の確認に役立つ。本節では，経済理論を用いてデータ

---

16 ただし，どのように基準化された共和分回帰の残差を誤差修正項として用いるかという点は明確でない。w_t ではなく，y_t や z_t を従属変数とした共和分回帰で結論が異なる可能性があるため，これはエングル゠グレンジャーの方法の弱点である。6.7 で紹介するヨハンセンの方法では，この問題は生じない。

6.6 共和分と購買力平価 365

を発生させているわけではないため，第4段階は省略する。

6.6 共和分と購買力平価

エングル゠グレンジャーの方法を実際のデータを用いて説明するために「購買力平価（PPP）」の理論を再考しよう。対数表示の外国為替レート，外国の物価水準，自国の物価水準をそれぞれ s_t, p_t^*, p_t で記述する。長期 PPP が成立していれば実質為替レート $s_t + p_t^* - p_t$ は定常でなければならない（つまり，均衡からの乖離は収束する動きが存在しなければならない）。第4章で紹介したエンダース（Enders 1988）の研究では，$s_t + p_t^* - p_t$ に対し単位根仮説を棄却できなかった。この理論を検討する別の方法として，共和分の概念を用いることができる。もし PPP が成立していれば，ドル表示の外国の物価水準 $f_t\ (= s_t + p_t^*)$ と自国の物価水準 p_t に共和分関係があると予想される。つまり，PPP が長期的には成立するなら，e_t が定常であるような線形結合 $f_t = \beta_0 + \beta_1 p_t + e_t$ が存在し，その共和分ベクトルは $\beta_0 = 0$, $\beta_1 = 1$ である。

エンダースでは，米国の主たる貿易相手国（ドイツ，カナダ，日本）との実質為替レートを分析している。データは，固定相場制期（1960年1月〜1971年4月），変動相場制期（1973年1月〜1986年11月）に分けて分析されている[17]。

◆ 第1段階：変数の単位根検定

第1段階では，単位根検定を行う。それぞれの期間について，米国の物価水準 p_t と外国の物価水準（ドル表示）f_t の両系列について，単位根が確認された。もし和分の次数が2変数で異なっていれば，長期 PPP はこの段階で不成立となる。

◆ 第2段階：長期均衡関係の推定

第2段階の共和分回帰では，国別に f_t を p_t に回帰して長期均衡関係を推定する。

---

17 分析では卸売物価指数と期中平均為替レートが用いられている。各系列は初期値（1960年もしくは 1973年の値）が1となるように基準化されている。固定相場制の期間中はすべての s_t は1である。

366　第 6 章　共和分と誤差修正モデル

表 6.4　均衡回帰式

	ドイツ	日本	カナダ
1973〜1986			
β_1 推定値	0.5374	0.8938	0.7749
標準誤差	(0.0415)	(0.0316)	(0.0077)
1960〜1971			
β_1 推定値	0.6660	0.7361	1.0809
標準誤差	(0.0262)	(0.0154)	(0.0200)

$$f_t = \beta_0 + \beta_1 p_t + e_t \tag{6.40}$$

長期的に $f_t = p_t$ が成立する絶対的 PPP のもとでは，$\beta_0 = 0$ と $\beta_1 = 1$ が理論上満たされなければならない。一方，長期的に国内と外国の物価水準が比例する相対的 PPP のもとでは 0 以外の定数項 β_0 の存在が正当化される。一般的に定数項を除外する積極的な理由がなければ，定数項を共和分回帰に含めることが推奨される。

　推定された β_1 の値とその標準誤差は表 6.4 で示されている。6 つの値のうち 5 つに関して推定値は 1 よりもはるかに小さい。ただし，この結果を単純に解釈しないように注意が必要である。単に $(1 - \beta_1)$ の値が標準誤差の 2 倍分から 3 倍分よりも大きいというだけで，β_1 と 1 との差が有意であると結論付けることは適切ではない。例えば，従属変数を f_t とした場合，p_t の外生性や e_t がホワイトノイズである仮定が満たされている保証はなく，通常の t 検定を用いることができないからである[18]。

　次に，国別の共和分回帰式の残差を $\hat{e}_t$ と呼ぶことにして，単位根の有無を調べよう。残差の平均は 0 であり，またトレンドを持たないため，単位根検定では以下の式を推定する。

$$\Delta \hat{e}_t = a_1 \hat{e}_{t-1} + \varepsilon_t \tag{6.41}$$

$$\Delta \hat{e}_t = a_1 \hat{e}_{t-1} + \sum_{i=1}^{p} a_{i+1} \Delta \hat{e}_{t-i} + \varepsilon_t \tag{6.42}$$

表 6.5 は，(6.41) 式で推定された a_1 と，4 期のラグ（$n = 4$）を用いた場合

18　もう 1 つの基準化による共和分回帰式 $p_t = \beta_0 + \beta_1 f_t + e_t$ を用いた場合でも，本文中の結果と非常に近い結果となった。

6.6 共和分と購買力平価　367

表 6.5　残差の DF 検定

	ドイツ	日本	カナダ
1973~1986			
ラグなし			
a_1 推定値	-0.0225	-0.0151	-0.1001
標準誤差	(0.0169)	(0.0236)	(0.0360)
$a_1 = 0$ の t 値	-1.331	-0.640	-2.781
4 期ラグ			
a_1 推定値	-0.0316	-0.0522	-0.0983
標準誤差	(0.0170)	(0.0236)	(0.0388)
$a_1 = 0$ の t 値	-1.859	-2.212	-2.533
1960~1971			
ラグなし			
a_1 推定値	-0.0189	-0.1137	-0.0528
標準誤差	(0.0196)	(0.0449)	(0.0286)
$a_1 = 0$ の t 値	-0.996	-2.535	-1.846
4 期ラグ			
a_1 推定値	-0.0294	-0.1821	-0.0509
標準誤差	(0.0198)	(0.0530)	(0.0306)
$a_1 = 0$ の t 値	-1.468	-3.437	-1.663

の (6.42) 式で推定された a_1 とそれぞれの t 値を示している。繰り返しになるが，$a_1 = 0$ の帰無仮説を棄却できなければ，共和分がないという帰無仮説を棄却することができない。反対に，もし $a_1 < 0$ であれば，$\hat{e}_t$ の系列に単位根が存在せず，f_t と p_t の系列は共和分関係にあると結論できる。また，(6.41)(6.42) 式では実際の長期均衡式の誤差ではなく残差を用いているため，通常の DF 検定統計量の臨界値を用いることは適切ではない。

　帰無仮説 $a_1 = 0$ のもとで，t 統計量の臨界値はサンプルサイズに依存する。表 6.5 の結果と巻末の付表 C の臨界値を比較すると，日本の固定相場制の期間（4 期ラグを用いた場合）に関してのみ，「共和分がない」という帰無仮説を棄却できる。変数の数が 2 で $T = 100$ のとき，5% の有意水準の t 統計量の臨界値は -3.398 である。したがって，5% の有意水準で共和分がないという帰無仮説を棄却し（変数が共和分関係にあるという対立仮説を採択することで），PPP と整合的な結果となる。日本以外の国に関しては，どの期間についても共和分がないという帰無仮説は棄却できないため，PPP は一般的には成立していないといえる。

368 第6章 共和分と誤差修正モデル

◆ 第3段階：誤差修正モデルの推定

第3段階では，誤差修正モデルを推定する。ここでは共和分関係が確認された日米間のモデルのみを推定すればよい。日米間の物価水準の差に関して，1960年から1971年までの期間を用いて最終的に推定された誤差修正モデルは，

$$\Delta f_t = \underset{(0.00044)}{0.00119} - \underset{(0.04184)}{0.10548} \hat{e}_{t-1} \tag{6.43}$$

$$\Delta p_t = \underset{(0.00033)}{0.00156} + \underset{(0.03175)}{0.01114} \hat{e}_{t-1} \tag{6.44}$$

となった（カッコ内は標準誤差）。ただし，$\hat{e}_{t-1}$ は共和分回帰の残差の1期ラグを用いた $f_{t-1} - \beta_0 - \beta_1 p_{t-1}$ の推定値である。

(6.43)(6.44) 式の点推定値は長期均衡への直接的な収束を示唆していることに注意したい。例えば，$t-1$ 期に長期 PPP から1単位の乖離が存在している場合，（ドル表示の）日本の価格水準は 0.10548 単位低下し，米国の価格水準は 0.01114 単位上昇する。両国の t 期の価格変化は $t-1$ 期に存在した長期 PPP からの乖離を打ち消す役割を果している。

2国間で調整速度係数の大きさに差があることに注目しよう。絶対値でみた場合，日本の係数は米国の係数よりも10倍ほど大きい。日本の物価水準に比べて，米国の物価水準は PPP からの乖離に対して少ししか反応しないことがわかる。さらに誤差修正項の係数と0との差は，米国で標準誤差の約 1/3 であり（0.01114/0.03175 = 0.3509），日本では約 2.5 倍である（0.10548/0.04184 = 2.5210）。したがって，5% の有意水準で，米国の調整速度係数は有意に0と差がなく，日本では有意な差があると結論できる。この結果については，米国が日本に比べて経済規模が大きいため，米国の物価水準は日本の動向に左右されないが，日本の物価（ドル換算）は米国の動向に反応している，という解釈が可能である。

◆ 第4段階：モデルの妥当性の評価

第4段階として，ラグ選択の検定を用いると Δf_{t-i} や Δp_{t-i} のラグ変数は誤差修正式に含まなくてもよい結果となった。そのような診断の詳細は，第5章のラグ選択に関する LR 検定と F 検定の議論を再確認してほしい。

読者はファイル COINT_PPP.XLS に含まれている標本期間を延長したデータ

を用いて追加の分析をすることが可能である。ファイル内には日本，カナダ，スイスの物価指数と米国との為替レートの月次データが含まれている。ドイツは東西統一の影響があり，代わりにスイスのデータが用いられている。ファイルには米国の物価水準も含まれている。練習問題 [5] では，そのデータを用いて p_t, s_t, p_t^* の 3 変数の間の共和分関係から PPP を検定する。

6.7 共和分階数

エングル = グレンジャーの方法は簡単に利用できるが，いくつかの重要な欠点がある。彼らの方法では，まず長期均衡式を推定するために，1 変数を左辺（従属変数）に用いて，残りの変数を右辺（説明変数）に用いる。例えば，2 変数の場合，エングル = グレンジャーの共和分検定では，次の 2 つの共和分回帰式のうちのどちらかの残差を用いる。

$$y_t = \beta_{10} + \beta_{11}z_t + e_{1t} \tag{6.45}$$

$$z_t = \beta_{20} + \beta_{21}y_t + e_{2t} \tag{6.46}$$

サンプルサイズが十分に大きい場合には，どちらの残差系列の単位根検定でも同じ結果になることが理論的にわかっているが，研究者が通常用いるようなサンプルサイズでそうなるとは限らない。片方の回帰分析では変数間の共和分の存在が確認されて，変数を入れ替えた場合には共和分がないという結果になる可能性もある（例えば，(6.45) 式の残差 $\hat{e}_{1t}$ と (6.46) 式の残差 $\hat{e}_{2t}$ のそれぞれに単位根があるかを分析すると，異なる結果を生じさせるかもしれない）。共和分検定の結果が，どの変数をもとに基準化するかということに依存することは望ましくない。3 変数以上の場合には，左辺の変数の候補が増えて，この問題はより面倒になる。また 3 変数以上になると，共和分ベクトルが複数存在するかもしれない。この方法では複数の共和分ベクトルを推定するための体系的な手続きが確立されていないのである。

エングル = グレンジャーの方法のもう 1 つの欠点は，共和分の検定が「2 段階」の推定に依存していることである。最初の共和分回帰では，共和分ベクトルと残差系列 $\hat{e}_t$ を計算し，次の単位根検定では計算された残差の ADF 回帰式 $\Delta\hat{e}_t = a_1\hat{e}_{t-1} + \cdots$ が推定される。このため第 1 段階の回帰式（共和分回帰）で生じた推定誤差は，第 2 段階の回帰式（単位根検定）に持ち越されてしまう。幸いなことに，このような問題を回避する方法は存在する。ヨハンセ

ン（Johansen 1988），またはストック゠ワトソン（Stock and Watson 1988）の最尤法を用いれば，2段階推定に頼ることなく複数の共和分ベクトルの同時推定と検定が可能である。さらに彼らの方法を用いて共和分ベクトルや調整速度係数に制約があるモデルを検証することもできる。推定された係数に関する制約検定は，理論の検証に役立つことも多い。ヨハンセンの方法は，行列の階数と特性根の関係に基づいて構築される。これらの概念の理解に必要な知識は，**補論 6.1** で説明してあるので，詳細に興味のある読者は参照してほしい。

◆ ヨハンセンの方法

直観的には，ヨハンセンの方法は DF 検定の多変量の場合への拡張であると考えればよい。1変量の場合には，y_t の定常性は $(a_1 - 1)$ の大きさに依存していた。つまり，

$$y_t = a_1 y_{t-1} + \varepsilon_t$$

を書き換えると次式となる。

$$\Delta y_t = (a_1 - 1) y_{t-1} + \varepsilon_t$$

ここで，$a_1 - 1 = 0$ なら y_t は単位根を持ち，$a_1 - 1 < 0$ なら y_t は定常と判断された。DF 分布表は，帰無仮説 $a_1 - 1 = 0$ を正式に検定するために適切な臨界値が示されている。

次に，n 変数の場合への単純な拡張を (6.26)(6.27) 式を用いて考察しよう。再掲すると，n 変数の 1 次の VAR モデル

$$x_t = A_1 x_{t-1} + \varepsilon_t$$

を書き換えると，

$$\Delta x_t = (A_1 - I) x_{t-1} + \varepsilon_t$$

あるいは，

$$\Delta x_t = \pi x_{t-1} + \varepsilon_t \tag{6.47}$$

となる。ただし，x_t と ε_t は $n \times 1$ ベクトル，A_1 は $n \times n$ パラメータ行列，I は $n \times n$ 単位行列，π は $A_1 - I$ で定義される $n \times n$ 行列である。

すでに (6.27) 式を導入したときに議論したように，$\pi = A_1 - I$ の階数は

共和分ベクトルの数（共和分階数）に等しい。この π の階数を rank(π) と表記しよう。1 変量の場合の類推から，もし $\pi = A_1 - I$ の要素がすべて 0 で，rank(π) = 0 であれば，x_{it} の系列のすべてが単位根過程となる。x_{it} を定常過程に変換するような線形結合は存在しないため，変数間に共和分関係はない。もし 1 より大きい特性根の存在を排除できて，rank(π) = n であれば，(6.47) 式は差分方程式の収束システムとなり，すべての変数は定常となる。これらの中間の場合を考えよう。例えば，もし rank(π) = 1 であれば，1 つの共和分ベクトルが存在し，πx_{t-1} は誤差修正項となる。これに対し，$1 < \text{rank}(\pi) < n$ であれば，複数の共和分ベクトルが存在する。

◆ ドリフト項の役割

次に (6.47) 式を一般化しよう。変数に常に増加もしくは減少する傾向があれば，ドリフト項を導入すればよい。ドリフト項を許容させるには，(6.47) 式を，

$$\Delta x_t = A_0 + \pi x_{t-1} + \varepsilon_t \tag{6.48}$$

と修正すればよい。ただし，A_0 は $(a_{10}, a_{20}, \ldots, a_{n0})'$ と定義される $n \times 1$ の定数項ベクトルである。さまざまな a_{i0} を用いることで，データ生成過程に多様な線形トレンドを導入することが可能となる。もし長期的に $\pi x_{t-1} = 0$ が成立していれば（つまり，$\Delta x_t = A_0 + \varepsilon_t$），それぞれの Δx_{it} の系列の期待値は a_{i0} であり，その増分を t 期まですべて足し合わせると確定トレンドとして $a_{i0}t$ が得られる。

図 6.6 はデータ生成過程にドリフト項を含めた影響を示している。まず，サンプルサイズが 100 の 2 つの確率変数の系列 $(\varepsilon_{yt}, \varepsilon_{zt})$ を発生させる。次に，初期値を $y_0 = z_0 = 0$ と設定し，100 期分の y_t と z_t の系列を，

$$\begin{bmatrix} \Delta y_t \\ \Delta z_t \end{bmatrix} = \begin{bmatrix} a_{10} \\ a_{20} \end{bmatrix} + \begin{bmatrix} -0.2 & 0.2 \\ 0.2 & -0.2 \end{bmatrix} \begin{bmatrix} y_{t-1} \\ z_{t-1} \end{bmatrix} + \begin{bmatrix} \varepsilon_{yt} \\ \varepsilon_{zt} \end{bmatrix}$$

から発生させた。このとき，共和分関係は，

$$-0.2y_{t-1} + 0.2z_{t-1} = 0$$

あるいは $y_t = z_t$ で表現できる。

図 6.6（a）はこのようにして発生させた $a_{10} = a_{20} = 0$ でドリフト項が

372　第6章　共和分と誤差修正モデル

図 6.6　ドリフト項と共和分関係の定数項

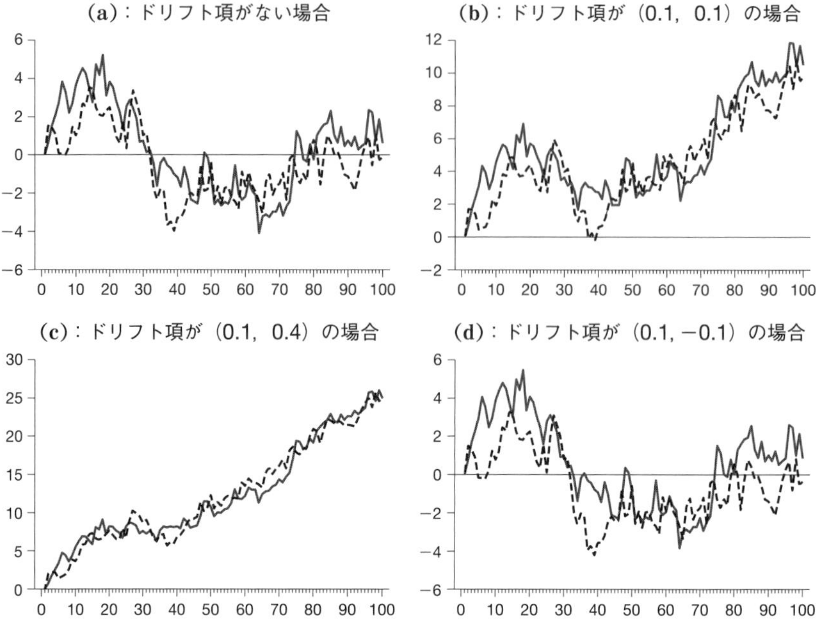

(a)：ドリフト項がない場合

(b)：ドリフト項が（0.1，0.1）の場合

(c)：ドリフト項が（0.1，0.4）の場合

(d)：ドリフト項が（0.1，−0.1）の場合

ない場合の挙動を示している。個別の変数はランダムウォークに似た動き
をするが，互いに一定の距離を保ち離れていくことはない。図 6.6（b）では
$a_{10} = a_{20} = 0.1$ のドリフト項が含まれており，2 系列は毎期 0.1 単位ずつ増
加していく。各系列は確率トレンドを共有しているだけでなく，確定トレンド
（線形トレンド）も共有していることに注意したい。確定トレンドの共有は a_{10}
と a_{20} が同値であることの結果ではなく，(6.48) 式の右辺にある共和分ベクト
ル $(1, -1)$ による線形変換で線形トレンドが消去されるには，ちょうど同じ傾
きの線形トレンドを持っていることが必要だからである。ドリフト項が同値で
なくてもよいことを確認するために，図 6.6（c）では $a_{10} = 0.1$ と $a_{20} = 0.4$
の場合の変数の挙動を示している。ドリフト項の値が異なっていても，やはり
2 つの系列は同じ確率トレンドと確定トレンドを共有している。これは πx_{t-1}
の要素の長期的な平均が 0 と異なる定数となり（その場合でも πx_{t-1} は $I(0)$），
a_{10} と a_{20} の差を埋めるように働くことによる。この点は以下の 2 式で確認で
きる。

$$\Delta y_t = (-0.2y_{t-1} + 0.2z_{t-1} - 0.15) + 0.25 + \varepsilon_{yt}$$

$$\Delta z_t = -1 \times (-0.2y_{t-1} + 0.2z_{t-1} - 0.15) + 0.25 + \varepsilon_{zt}$$

ここで2つの系列が共有する確定トレンドの傾きが図6.6（b）と図6.6（c）では異なっている点に注意しよう（前者は0.1, 後者は0.25である）。実際に a_{10} と a_{20} の値の組み合わせをさまざまに変えれば, 2つの系列が共有する確定トレンドの傾きは変化する。そのことは a_{10} と a_{20} の特殊な組み合わせを採用した場合に, 共有する確定トレンドの傾きがちょうど0になる, つまりシステム内の確定トレンドが消えるかもしれないことを示唆している。この点を以下の議論で確認しよう。

定数項ベクトル A_0 の要素を適切に調整すれば, システムに確定トレンドを加えずに, 共和分ベクトルの中の定数項として含めることが可能である。定数項を共和分ベクトルのみに含めるために, a_{i0} の値に制約を課すことを考えよう。例えば, $\mathrm{rank}(\pi) = 1$ の場合, π のすべての行は比例関係にあるため, (6.48) 式のそれぞれの Δx_{it} の系列を,

$$\Delta x_{1t} = (\pi_{11}x_{1t-1} + \pi_{12}x_{2t-1} + \cdots + \pi_{1n}x_{nt-1}) + a_{10} + \varepsilon_{1t}$$

$$\Delta x_{2t} = s_2(\pi_{11}x_{1t-1} + \pi_{12}x_{2t-1} + \cdots + \pi_{1n}x_{nt-1}) + a_{20} + \varepsilon_{2t}$$

$$\cdots$$

$$\Delta x_{nt} = s_n(\pi_{11}x_{1t-1} + \pi_{12}x_{2t-1} + \cdots + \pi_{1n}x_{nt-1}) + a_{n0} + \varepsilon_{nt}$$

と書き表すことができる。ただし, s_i は $\pi_{ij} = s_i\pi_{1j}$ を満たすパラメータである[19]。ここですべての a_{i0} に対して, 新たな制約 $a_{i0} = s_i a_{10}$ を課すことにしよう。その場合, すべての Δx_{it} の系列を共和分ベクトルの中に定数項が含まれた以下の形で書き換えることが可能である。

19　例えば, もともと2番目の式は $\Delta x_{2t} = (\pi_{21}x_{1t-1} + \pi_{22}x_{2t-1} + \cdots + \pi_{2n}x_{nt-1}) + a_{20} + \varepsilon_{2t}$ である。ここで, π のすべての行は比例関係にあるため, 1番目の式の係数に対応する行ベクトル $(\pi_{11}, \pi_{12}, \ldots, \pi_{1n})$ にある定数 s_2 を掛けると, $(\pi_{21}, \pi_{22}, \ldots, \pi_{2n})$ に一致するはずである。つまり, $(\pi_{21}, \pi_{22}, \ldots, \pi_{2n}) = (s_2\pi_{11}, s_2\pi_{12}, \ldots, s_2\pi_{1n})$ が成立する。これを簡潔に表現すると, $j = 1, 2, \ldots, n$ に対して $\pi_{2j} = s_2\pi_{1j}$ となる。これは任意の i 番目の式でも成立するため, $\pi_{ij} = s_i\pi_{1j}$ となる。

374 第6章 共和分と誤差修正モデル

$$\Delta x_{1t} = (\pi_{11}x_{1t-1} + \pi_{12}x_{2t-1} + \cdots + \pi_{1n}x_{nt-1} + a_{10}) + \varepsilon_{1t}$$

$$\Delta x_{2t} = s_2(\pi_{11}x_{1t-1} + \pi_{12}x_{2t-1} + \cdots + \pi_{1n}x_{nt-1} + a_{10}) + \varepsilon_{2t}$$

$$\cdots$$

$$\Delta x_{nt} = s_n(\pi_{11}x_{1t-1} + \pi_{12}x_{2t-1} + \cdots + \pi_{1n}x_{nt-1} + a_{10}) + \varepsilon_{nt}$$

上記の式を簡潔に書けば,

$$\Delta x_t = \pi^* x_{t-1}^* + \varepsilon_t \tag{6.49}$$

となる。ただし, $x_t = (x_t, x_{2t}, \ldots, x_{nt})'$, $x_{t-1}^* = (x_{1t-1}, x_{2t-1}, \ldots, x_{nt-1}, 1)'$,

$$\pi^* = \begin{bmatrix} \pi_{11} & \pi_{12} & \ldots & \pi_{1n} & a_{10} \\ \pi_{21} & \pi_{22} & \ldots & \pi_{2n} & a_{20} \\ \vdots & \vdots & \ddots & \vdots & \vdots \\ \pi_{n1} & \pi_{n2} & \ldots & \pi_{nn} & a_{n0} \end{bmatrix}$$

$$= \begin{bmatrix} \pi_{11} & \pi_{12} & \ldots & \pi_{1n} & a_{10} \\ s_2\pi_{11} & s_2\pi_{12} & \ldots & s_2\pi_{1n} & s_2a_{10} \\ \vdots & \vdots & \ddots & \vdots & \vdots \\ s_n\pi_{11} & s_n\pi_{12} & \ldots & s_n\pi_{1n} & s_na_{10} \end{bmatrix}$$

である。

(6.49) 式の特徴は, 線形トレンドがシステムから排除されている点である。要するに, それぞれの x_{it} の一般解が線形トレンドを含まないように, a_{i0} の値が決められているのである。(6.49) 式の差分方程式は $\pi_{11}x_{1t-1} + \pi_{12}x_{2t-1} + \cdots + \pi_{1n}x_{nt-1} + a_{10} = 0$ が成立している場合に, すべての Δx_{it} の期待値が 0 であるような解を持つ。

(6.48) 式と (6.49) 式の違いを明確にするために, 図 6.6 (d) は $a_{10} = 0.1$ と $a_{20} = -0.1$ に設定した場合の結果を示している。図をみると, どちらの系列も確定トレンドが含まれていないことが確認できる。実際, 他の値を a_{10} と a_{20} に用いても, $a_{10} = -a_{20}$ という関係が満たされている限り, 確定トレンドは常に消去される (練習問題 [1] でこの結果の理由が理解できるだろう)。

図 6.6 (c) のように, ドリフト項と同時に共和分ベクトルの中に定数項を含めたモデルを採用したい研究者もいるだろう。変数に確定トレンドが観測さ

れ，かつ共和分ベクトルの定数項を経済理論が示唆している場合，そのような
モデルの分析には意味がある。しかし，ドリフト項があるとき，追加的な条件
がないと共和分ベクトルの定数項を識別することはできない。結局，制約のな
いドリフトの一部は常に共和分ベクトルに含まれることが可能である。ここで
の例ではシステムを以下のように書くことができる。

$$\Delta x_{1t} = (\pi_{11}x_{1t-1} + \pi_{12}x_{2t-1} + \cdots + \pi_{1n}x_{nt-1} + b_{10}) + b_{11} + \varepsilon_{1t}$$

$$\Delta x_{2t} = s_2(\pi_{11}x_{1t-1} + \pi_{12}x_{2t-1} + \cdots + \pi_{1n}x_{nt-1} + b_{10}) + b_{21} + \varepsilon_{2t}$$

$$\cdots$$

$$\Delta x_{nt} = s_n(\pi_{11}x_{1t-1} + \pi_{12}x_{2t-1} + \cdots + \pi_{1n}x_{nt-1} + b_{10}) + b_{n1} + \varepsilon_{nt}$$

ただし，b_{i1} は $s_i b_{10} + b_{i1} = a_{10}$ を満たすような値をとる。

　ここでの操作は単に a_{10} を2つの部分に分けて，その1つを共和分関係の
中に入れているだけである。このように a_{10} のどれだけの割合を共和分ベク
トルに含めるかは任意であるため，何らかの識別条件が必要である。例えば，
統計ソフトの EViews では，誤差修正項の平均が0となるような大きさの定
数項 b_{10} を共和分ベクトルに割り当てることで識別している。ところが図 6.6
で確認できるように，共和分ベクトルの外にあるドリフト項 b_{i1} は変数が持続
的に増加（あるいは減少）する効果を捉えるために必要である。ほとんどの研
究者は，図 6.6 (b)（c）と同様のデータの場合，ドリフト項を含めるだろう。
そうでなければ，共和分ベクトルの中に定数項を含めるか，あるいは確定的な
トレンドをモデルから除外してしまうだろう。特定化に自信がなければ，**6.8**
で説明される方法を用いてドリフト項の制約を検定すればよい。統計ソフトの
中には，確定トレンドそのものを誤差修正モデルの説明変数に含むことを許
容するものもある。しかし，トレンドを説明変数として用いることは，モデル
上の合理的な理由がなければ避けたほうがよいだろう。ヨハンセン（Johansen
1994）は，共和分関係における確定的な説明変数の役割を議論している。

◆ トレース検定と最大固有値検定

　ADF 検定と同様に，高次のラグを含めて多変量モデルを一般化することが
できる。次の p 次の VAR モデルを考慮しよう。

$$x_t = A_1 x_{t-1} + A_2 x_{t-2} + \cdots + A_{p-1} x_{t-p+1} + A_p x_{t-p} + \varepsilon_t \tag{6.50}$$

376　第6章　共和分と誤差修正モデル

ただし，$x_t = (x_{1t}, x_{2t}, \ldots, x_{nt})'$ は $n \times 1$ ベクトル，ε_t は平均 0 で分散行列 $\sum_\varepsilon$ である独立同一分布に従う確率変数を要素に持つ $n \times 1$ ベクトルである。

4.7 の ADF 回帰式を導出したのと同様の手続きによって，(6.50) 式をより便利な形に書き換えよう。まず，(6.50) 式の右辺に $A_p x_{t-p+1} - A_p x_{t-p+1}$ を加える（0 を加えても左辺は変わらない）。

$$x_t = A_1 x_{t-1} + A_2 x_{t-2} + A_3 x_{t-3} + \cdots + A_{p-2} x_{t-p+2}$$
$$+ (A_{p-1} + A_p) x_{t-p+1} - A_p \Delta x_{t-p+1} + \varepsilon_t$$

さらに，右辺に $(A_{p-1} + A_p) x_{t-p+2} - (A_{p-1} + A_p) x_{t-p+2}$ を加えれば，

$$x_t = A_1 x_{t-1} + A_2 x_{t-2} + A_3 x_{t-3} + \cdots - (A_{p-1} + A_p) \Delta x_{t-p+2}$$
$$- A_p \Delta x_{t-p+1} + \varepsilon_t$$

となる。こうした操作を繰り返し，最後に両辺から x_{t-1} を引けば，

$$\Delta x_t = \pi x_{t-1} + \sum_{i=1}^{p-1} \pi_i \Delta x_{t-i} + \varepsilon_t \tag{6.51}$$

を得る。ただし，$\pi = \sum_{i=1}^{p} A_i - I$ と $\pi_i = -\sum_{j=i+1}^{p} A_j$ である。

再び，(6.51) 式で重要な点は行列 π の階数 r であり，それは共和分ベクトルの数と一致している。もし $\mathrm{rank}(\pi) = 0$ であれば，その行列 π は零行列（すべての要素が 0 となる行列）であり，(6.51) 式は 1 階の階差に関する通常の VAR モデルとなることは明白である。一方，$\mathrm{rank}(\pi) = n$ の場合には，水準の VAR モデルは定常になる。その中間の場合を考えよう。例えば，もし $\mathrm{rank}(\pi) = 1$ であれば，1 つの共和分ベクトルだけが存在し，πx_{t-1} は誤差修正項となる。これに対し，$1 < \mathrm{rank}(\pi) < n$ であれば，複数の共和分ベクトルが存在する。

補論 6.1 で詳しく説明されるように，独立した共和分ベクトルの数を知るには π を変換した行列の固有値（行列の特性根）を調べればよい。これは「（対称）行列の階数は 0 でない特性根の数に等しい」ためである。**補論 6.1** で説明される方法により，**正準相関**（cannonical correlation）を用いれば，特性根は $0 \leq \lambda_i < 1$ を満たすように変換された特性根となる。この特性根を $\lambda_1 > \lambda_2 > \cdots > \lambda_n$ のように降順（大きい順）に並べたとしよう。もし x_t に含まれる変数に共和分関係がなければ，π の階数は 0 であり，すべての特性根が 0 となる。すべての λ_i が 0 なので，（$\ln(1) = 0$ であることを用いれば）すべての $\ln(1 - \lambda_i)$ も 0 となる。同様に，もし π の階数が 1 であれば，$0 < \lambda_1 < 1$ で

あることから，$\ln(1 - \lambda_1)$ が負となり，残りのすべての特性根は 0 であることから，$\ln(1 - \lambda_2) = \ln(1 - \lambda_3) = \cdots = \ln(1 - \lambda_n) = 0$ となる。

統計ソフトを用いれば，固有値（行列の特性根）はデータから簡単に推定できる。有意に 0 でない特性根の数を調べるためには，以下の 2 つの検定統計量を用いればよい。

$$\lambda_{\text{trace}}(r) = -T \sum_{i=r+1}^{n} \ln(1 - \hat{\lambda}_i) \tag{6.52}$$

$$\lambda_{\max}(r, r+1) = -T \ln(1 - \hat{\lambda}_{r+1}) \tag{6.53}$$

ただし，$\hat{\lambda}_i$ は π 行列の推定値から計算された固有値（行列の特性根）で，T はサンプルサイズである。前者は「**トレース検定統計量**」，後者は「**最大固有値検定統計量**」と呼ばれる。また，π の階数 r（共和分の数）が明確な場合には，それぞれ単に λ_{trace} と $\lambda_{\max}$ と記述される。λ_{trace} は複数の $\lambda_{\max}$ の和としても表現できることに注意しよう。

トレース検定統計量（λ_{trace}）は，帰無仮説「独立な共和分ベクトルの数が r 以下である」を対立仮説「独立な共和分ベクトルの数が r より大きい」に対して検定する場合に用いる。これまでの議論から，帰無仮説が正しければ，$r+1$ 以上の i について特性根 λ_i がすべて 0 になるので，λ_{trace} も 0 となることがわかる。特性根の推定値が 0 から離れているほど，$-\ln(1 - \hat{\lambda}_i)$ は大きくなるので，λ_{trace} も大きくなる。計算された λ_{trace} が臨界値を超えた場合に帰無仮説を棄却する。

最大固有値検定統計量（$\lambda_{\max}$）は，帰無仮説「共和分ベクトルの数が r である」を対立仮説「共和分ベクトルの数が $r+1$ である」に対して検定する場合に用いる。トレース検定統計量と同様に，帰無仮説が成立し，特性根の推定値が 0 に近いと $\lambda_{\max}$ は小さくなる。計算された $\lambda_{\max}$ が臨界値を上回れば帰無仮説を棄却する。

モンテカルロ実験の方法を用いることで，λ_{trace} と $\lambda_{\max}$ の臨界値を求めることができる。その結果得られた臨界値は巻末の付表 D に再現されている。統計量の分布は，以下の 2 つの条件に依存する。

1. 帰無仮説のもとでの非定常成分の数 $(n - r)$。
2. ベクトル A_0 の形状。共和分ベクトルに定数項を含めず，ドリフト項もない場合は，巻末の付表 D の上段を用いる。ドリフト項として A_0 が

378　第6章　共和分と誤差修正モデル

ある場合は，同表の中段を用いる．共和分ベクトルに定数項を含める場合は，同表の下段を用いる．

◆ 貨幣需要関数の共和分分析

ヨハンセン＝ユセリウス（Johansen and Juselius 1990）は，デンマークの四半期データ（標本期間 1974Q1〜1987Q3）を用いて，$x_t = (m2_t, y_t, i_t^b, i_t^d)'$ の共和分分析を行った．ただし，$m2$ は実質貨幣供給量 M2 の対数変換，y は実質所得の対数変換，i^b は貨幣保有の機会費用を表す債券利回り，i^d は貨幣保有の直接利回りを表す預金利率である．

共和分関係に定数項を含めた（つまり，(6.49) 式の x_{t-1}^* のようにモデルを記述できる）場合，(6.51) 式の残差に系列相関はなかった．行列 π の推定量の変換の4つの特性根は，

$$\hat{\lambda}_1 = 0.4332, \quad \hat{\lambda}_2 = 0.1776, \quad \hat{\lambda}_3 = 0.1128, \quad \hat{\lambda}_4 = 0.0434$$

となる（特性根は大きい順に並んでいる）．また，各統計量の値は表6.6 にまとめてある．

表6.6 の第2列にはサンプルサイズ（$T = 53$）に $-\ln(1 - \hat{\lambda}_{r+1})$ を掛けて計算された最大固有値検定統計量が表示されている．例えば，5行目の値は $-53 \times \ln(1 - 0.0434) = 2.35$，4行目の値は $-53 \times \ln(1 - 0.1128) = 6.34$ として計算される．最後の列には，最大固有値検定統計量を足し合わせた結果としてトレース検定統計量が表示されている．例えば，4行目の値は $8.69 = 2.35 + 6.34$，3行目の値は $19.05 = 2.35 + 6.34 + 10.36$ として計算される．

帰無仮説 $r = 0$ を一般的な対立仮説 $r = 1, 2, 3, 4$ に対して検定する場合には，トレース検定統計量を用いる．帰無仮説は $r = 0$ であり，変数の数は4（つまり $n = 4$）であることから，(6.52) 式では1から4までの要素の総和を計算する．4つの値を足し合わせると λ_{trace} の値は 49.14 となる．ヨハンセン＝ユセリウスは共和分ベクトルに定数項を含めているため，計算された 49.14 の値を，巻末の付表Dの下段の臨界値と比較する．ここでは $n - r = 4 - 0 = 4$ であるため，有意水準 10%，5%，1% での λ_{trace} の臨界値は，それぞれ 49.65，53.12，60.16 である．このため，10% の有意水準でも帰無仮説 $r = 0$ は棄却されず，変数間に共和分関係がないという結果となる．

巻末の付表Dを実際に用いる練習として，帰無仮説 $r \leq 1$ を対立仮説 $r = 2, 3, 4$ に対して検定してみよう．帰無仮説 $r \leq 1$ のもとでは，λ_{trace} は

6.8 仮説検定 379

表 6.6 共和分階数の検定

	$\lambda_{\max}$ $-T\ln(1-\hat{\lambda}_{r+1})$	λ_{trace} $-T\sum_{i=r+1}^{n}\ln(1-\hat{\lambda}_i)$
$r=0$	30.09	49.14
$r=1$	10.36	19.05
$r=2$	6.34	8.69
$r=3$	2.35	2.35

19.05 である。この場合 $n-r=3$ であるため，有意水準 10%，5%，1% での λ_{trace} の臨界値はそれぞれ 32.00，34.91，41.07 である。このため，帰無仮説 $r\leq 1$（$r=0$ か $r=1$）は棄却できない。

対立仮説として複合仮説を採用するトレース検定統計量と異なり，最大固有値検定統計量では単純仮説を想定する。帰無仮説 $r=0$ を単純対立仮説 $r=1$ に対して検定する場合には，(6.53) 式を用いて，$\lambda_{\max}(0,1)$ が $-53\times\ln(1-0.4332)=30.09$ と計算される。ここでは $n-r=4-0=4$ であるため，有意水準 10%，5%，1% での $\lambda_{\max}$ の臨界値は，それぞれ 25.56，28.14，33.24 である。したがって，帰無仮説 $r=0$ は 5% の有意水準で棄却され（ただし，1% の有意水準では棄却されない），共和分ベクトルの数が 1 である（つまり，$r=1$）といえる。さらに帰無仮説 $r=1$ は対立仮説 $r=2$ に対しては通常の有意水準で棄却できないことを確認してほしい。帰無仮説 $r=1$ の $\lambda_{\max}(1,2)$ は 10.36 であり，有意水準 10% の臨界値は 19.77 である。したがって，共和分ベクトルの数が 1 よりも多いことを有意に示す証拠はない。

この実証例からはトレース検定と最大固有値検定が相反する結果をもたらすことがあるという重要な事実が示されている。

6.8 仮説検定

第 4 章で議論された DF 検定では，定数項やトレンドを正しく選択することが重要であった。ヨハンセンの方法においても同様の考慮が必要である。巻末の付表 D からもわかるように，トレース検定統計量と最大固有値検定統計量は定数項やトレンドがない場合に小さくなり，共和分ベクトルに定数項が含まれる場合に大きくなる傾向がある。このため，誤差修正モデルのドリフト項 A_0 の形状はあらかじめ決めてしまうのではなく，データを用いた制約検定で選択することが望ましいだろう。

380　第6章　共和分と誤差修正モデル

　ヨハンセンの方法の特徴の1つは，共和分ベクトルに関する制約が検定できることである。貨幣需要の研究では，貨幣と価格の長期的な比率や，貨幣需要の所得弾力性や金利弾力性の大きさに関する制約を検定することに関心があるだろう。6.1 の (6.1) 式 $m_t = \beta_0 + \beta_1 p_t + \beta_2 y_t + \beta_3 r_t + e_t$ の場合，関心のある係数の制約は $\beta_1 = 1$，$\beta_2 > 0$，$\beta_3 < 0$ である。

　共和分ベクトルに関する仮説検定で重要なことは，「共和分ベクトルの数が r の場合，r 個の線形結合のみが定常になる」という点である。この点を理解するために，π のパラメータに制約を課してモデルを再推定する場合を想定しよう。もし制約が成立していれば，推定される共和分ベクトルの数は変化しないことが予想される。

◆ 定数項の形状の検定

　共和分ベクトルに定数項が存在するという帰無仮説を，無制約のドリフト項 A_0 の対立仮説について検定する場合には，まず両方のモデルを推定する。ヨハンセン（Johansen 1991）は制約が正しいときに，それぞれの尤度から計算された LR 検定統計量が χ^2 分布に従うことを示した。検定統計量が十分に大きければ，共和分ベクトルに定数項が含まれるという帰無仮説が棄却され，変数に線形トレンドがあると判断する。

　ヨハンセン゠ユセリウス（Johansen and Juselius 1990）のデンマークの貨幣需要関数の研究では，この制約を検定し，変数にドリフト項がなく，共和分ベクトルの定数項が存在することを示している。4 変数（$m2$, y, i^b, i^d）間に 1 つだけ共和分関係があるという結果にしたがって，$n = 4$ と $r = 1$ に設定し，そのもとで計算された検定統計量の値は 1.99 であった。自由度 3（$= n - r = 4 - 1$）の χ^2 分布の臨界値は有意水準 5% で 7.81 であり制約が棄却できないため，ドリフト項ではなく共和分ベクトルに定数項を含めることが適切である。

◆ 共和分ベクトルと調整速度係数の制約検定

　共和分ベクトルに関する制約を検定する準備として，2 つの $n \times r$ 行列 α と β を次のように定義しよう。ただし，r は π の階数であり，α と β の間には，

$$\pi = \alpha \beta'$$

が成立しているとする。

ここで β は r 個の $n \times 1$ 共和分ベクトルを横に並べた行列で，α は誤差修正モデルの n 本の個別の方程式に含まれる r 個の誤差修正項の調整速度係数の行列である。方程式間の制約が存在するため，通常の OLS を用いても α と β を推定することはできない。しかし，最尤法を用いることで，① (6.51) 式を誤差修正モデルとして推定し，② π の階数を決定し，③ r 個の有意な固有値（行列の特性根）に対応した固有ベクトルから共和分ベクトルの行列 β' を計算し，④ $\pi = \alpha\beta'$ を満たす α を選択することができる。練習問題 [2] ではそのような α と β' の行列を求めることが要求されている。

共和分ベクトルの数が 1 つの場合に，ヨハンセンの手続きを理解することは比較的簡単である。行列 π の階数は 1 であることから，π のすべての行ベクトルは相互に比例関係にある。したがって，(6.51) 式は以下のように表現できる。

$$\Delta x_{1t} = \pi_{11} x_{1t-1} + \pi_{12} x_{2t-1} + \cdots + \pi_{1n} x_{nt-1} \cdots + \varepsilon_{1t}$$

$$\Delta x_{2t} = s_2(\pi_{11} x_{1t-1} + \pi_{12} x_{2t-1} + \cdots + \pi_{1n} x_{nt-1}) + \cdots + \varepsilon_{2t}$$

$$\cdots$$

$$\Delta x_{nt} = s_n(\pi_{11} x_{1t-1} + \pi_{12} x_{2t-1} + \cdots + \pi_{1n} x_{nt-1}) + \cdots + \varepsilon_{nt}$$

ただし s_i はスカラーであり，(6.51) 式の行列 $\pi_i \Delta x_{t-i}$ の部分は記述を簡単にするために省略されている。また第 1 式については $s_1 = 1$ とする。ここで $\alpha_i = s_i \pi_{11}$ と $\beta_i = \pi_{1i}/\pi_{11}$ と定義すれば，それぞれの式は，

$$\Delta x_{it} = \alpha_i(x_{1t-1} + \beta_2 x_{2t-1} + \cdots + \beta_n x_{nt-1}) + \cdots + \varepsilon_{it} \qquad (i = 1, \ldots, n)$$

と書き表せて，その行列表現は以下のようになる。

$$\Delta x_t = \alpha\beta' x_{t-1} + \sum_{i=1}^{p-1} \pi_i \Delta x_{t-i} + \varepsilon_t \tag{6.54}$$

ただし，唯一の共和分ベクトルは $\beta = (1, \beta_2, \beta_3, \ldots, \beta_n)'$ であり，調整速度係数は $\alpha = (\alpha_1, \alpha_2, \ldots, \alpha_n)'$ である。

いったん α と β' の値が確定すれば，「共和分ベクトルの数が r の場合，r 個の線形結合のみが定常になる」という基本を用いて，α と β' に関するさまざまな制約を検定できる。つまり，帰無仮説と対立仮説のもとでの共和分ベクトルの数を比較するような検定統計量を考えればよい。降順に並べた無制約の π

382 第 6 章 共和分と誤差修正モデル

行列の変換の特性根を $\hat{\lambda}_1, \hat{\lambda}_2, \ldots, \hat{\lambda}_n$ と記述して,制約つきのモデルの降順に並べた特性根を $\hat{\lambda}_1^*, \hat{\lambda}_2^*, \ldots, \hat{\lambda}_n^*$ と記述する。共和分ベクトル β に関する制約を検定するために,次の LR 検定統計量を用いる。

$$T \sum_{i=1}^{r} [\ln(1 - \hat{\lambda}_i^*) - \ln(1 - \hat{\lambda}_i)] \tag{6.55}$$

この統計量は漸近的に自由度が β の制約の数に一致する χ^2 分布に従う。もし $i \leq r$ について $\hat{\lambda}_i^*$ の値が $\hat{\lambda}_i$ に比べて十分に小さいければ,制約があるときに共和分ベクトルの数が減ることを示唆している。したがって,計算された検定統計量が χ^2 分布表の臨界値を超える場合には,帰無仮説の制約は成立していないと解釈する。例えば,ヨハンセン゠ユセリウスは長期の貨幣需要関数で貨幣と所得が比例するような共和分ベクトルの制約を検定した。彼らによって推定された無制約の長期均衡関係は,

$$m2_t = 1.03 y_t - 5.21 i_t^b + 4.22 i_t^d + 6.06$$

となった。次に所得弾力性の係数を 1 とする制約を課した場合の $\hat{\lambda}_1^*$ の値は表 6.7 に示されている。

無制約のモデルでは $r = 1$ が選択されており,表 6.6 から $-T\ln(1 - \hat{\lambda}_1) = 30.09$ を用いれば,(6.55) 式の LR 検定統計量は $-30.04 + 30.09 = 0.05$ と計算される。β に課されている制約の数は 1 であることから,制約が正しい場合に検定統計量は自由度 1 の χ^2 分布に従う。χ^2 分布表をみると,有意水準 5% の臨界値は 3.84 であり,所得弾力性の係数を 1 とする制約は棄却できない。

調整速度係数 α に関する制約も同様に検定できる。まず制約がない場合に有意に 0 でない r 個の特性根 $\hat{\lambda}_i$ があったとする。次に α に制約を課したモデルからも同じ r 個の特性根 $\hat{\lambda}_i^*$ の値を計算し,(6.55) 式に代入すればよい。もし計算された (6.55) 式の値が α に課された制約の数を自由度とする χ^2 分布表の臨界値を超えていれば制約は棄却される。例えば,ヨハンセン゠ユセリウスは誤差修正モデルの 4 本の式のうち貨幣 $m2_t$ のみが長期均衡からの乖離に反応する制約 $\alpha_2 = \alpha_3 = \alpha_4 = 0$ を検定した。3 つの調整速度係数が 0 である制約 $(\alpha_2 = \alpha_3 = \alpha_4 = 0)$ を課したモデルの最大特性根から $T\ln(1 - \hat{\lambda}_1^*) = -23.42$ と計算された。無制約のモデルでは $T\ln(1 - \hat{\lambda}_1) = -30.09$ であったため,(6.55) 式から $-23.42 - (-30.09) = 6.67$ と計算される。自由度 3 の χ^2 分布の

6.8 仮説検定

表 6.7 共和分ベクトルの仮説検定

	$\hat{\lambda}_i^*$	$T\ln(1-\hat{\lambda}_i^*)$
$i=1$	0.433	-30.04
$i=2$	0.172	-10.01
$i=3$	0.044	-2.36
$i=4$	0.006	-0.32

有意水準 5% の臨界値は 7.81 である。したがって，この帰無仮説を棄却することはできない。

　もし共和分ベクトルの数が1であることがわかっている場合，エングル＝グレンジャーの方法で推定された誤差修正モデルの調整速度係数 α に関する t 統計量は，ヨハンセンの制約検定と漸近的に同値となる。

◆ ラグ選択と因果性検定

ラグ選択の検定を理解するには (6.51) 式のシステムを考えるとよい。

$$\Delta x_t = \pi x_{t-1} + \sum_{i=1}^{p-1} \pi_i \Delta x_{t-i} + \varepsilon_t$$

　当然だが，π の階数が何であっても，Δx_{t-i} はすべて定常な変数である。したがって，シムズ＝ストック＝ワトソン（Sims, Stock, and Watson 1990）のルールを用いることができる（**4.7** 参照）。このルールは，平均が0である定常な変数の係数は正規分布を用いて検定できることであった。ラグの長さは π_i の値のみに依存するので，どのようなラグの制約検定でも χ^2 分布を用いることができる。通常の VAR モデルと同じように，Σ_u と Σ_r をそれぞれ制約付きシステムと制約のないシステムから計算された残差の分散共分散行列とする。また第5章で用いた記述に従い，c を個別の方程式の中で最も多い説明変数の数とする。ラグの制約が正しい場合，LR 検定統計量

$$(T-c)(\ln|\Sigma_r| - \ln|\Sigma_u|)$$

は自由度がシステムの制約の数と等しい χ^2 分布に従う。別の方法として，多変量型の AIC や BIC を用いてラグの長さを決定することもできる。個別の方程式のラグの長さを調べる場合には F 検定を使うことも可能である。

　シムズ＝ストック＝ワトソンのルールは，共和分関係のあるシステムでは標準的な F 検定を用いてグレンジャー因果性を検定することができないことも

384　第 6 章　共和分と誤差修正モデル

同時に意味していた。最初に $\mathrm{rank}(\pi) = 0$ の場合を想定すれば，システムは，

$$\Delta x_t = \sum_{i=1}^{p-1} \pi_i \Delta x_{t-i} + \varepsilon_t$$

と単純化される。

　この場合のグレンジャー因果性は定常変数に関するものであり，第 5 章で議論された共和分関係のない VAR モデルと同じ構造を持っている。したがって，通常の F 分布を用いたグレンジャー因果性の検定が可能である。しかし，もし変数に共和分関係があれば，グレンジャー因果性検定は定常変数の係数 π_i だけでなく非定常変数の係数 π にもかかわってくる。結局 $\mathrm{rank}(\pi) \neq 0$ の場合には，グレンジャー因果性がないという制約を $I(0)$ 変数のみの係数の制約に書き換えることが不可能であり，通常の F 分布を用いるグレンジャー因果性の検定ができない。同様に通常の分布を用いたブロック外生性の検定も不可能になる。もし w_t と y_t や z_t との間に共和分関係があれば，w_t が y_t や z_t の式に含まれているかどうかを調べる LR 検定で標準的な χ^2 分布を用いることができない。

6.9　ヨハンセンの方法の実践例

　ヨハンセンの方法の実践例を示すために，図 6.5 とまったく同じデータを用いることにしよう。既に説明したように，このデータは COINT6.XLS のファイルに含まれている。6.5 ではエングル = グレンジャーの方法を用いて共和分関係を検出したが，2 つの方法で結果に違いはあるのだろうか。ヨハンセンの方法では以下に示す 4 段階の手続きに従う。

◆ **第 1 段階：単位根検定とラグ次数選択**

　和分の次数に関する事前検定として，すべての変数について単位根検定を行う。データを図示して線形トレンドが観察されるかどうかを確認する。和分次数が変数間で共通であれば，共和分分析が可能である。

　共和分検定の結果は VAR モデルのラグの長さに影響されることが多いため，その選択には細心の注意が必要である。データが非定常であっても，階差ではなく水準の VAR モデルを推定し，定常の VAR 分析に用いる場合と同じ手法でラグの長さを選択する。ラグ次数選択には係数制約の数が自由度の χ^2

分布に従うシムズ（Sims 1980）の LR 検定を用いてもよいし，情報量規準を用いてもよい。ここでは AIC を用いて次数 2 が選択された（BIC を用いた場合は 1 が選択される）。

◆ 第 2 段階：共和分階数の決定

モデルを最尤法で推定し π の階数を決定する。多くの統計ソフトでは，その推定のためのコマンドが用意されている。読者は行列 π に関する方程式間の同時制約の理由から，単回帰の OLS 推定量が適切ではないことが理解できていればよい。ほとんどの統計ソフトでは，3 つのモデルの形態が選択できる。つまり，① A_0 のすべてが 0 であるモデル，②ドリフト項があるモデル，③共和分ベクトルに定数項が含まれるモデル，の中から 1 つを選択する。

例えば，図 6.5 の仮想データである $x_t = (y_t, z_t, w_t)'$ を用いてみよう。データの生成過程が未知であると想定すれば，共和分ベクトルに定数項を含める誘因があるかもしれない。前節で確認したように，定数項の存在を検定することができる。ラグ選択の検定で $p = 2$ が選ばれて，推定するモデルは次のようになる。

$$\Delta x_t = A_0 + \pi x_{t-1} + \pi_1 \Delta x_{t-1} + \varepsilon_t \tag{6.56}$$

ただし，A_0 には共和分ベクトルの中に定数項が含まれる制約が課されている。

推定された残差の性質には常に注意する必要がある。もし (6.56) 式の誤差項がホワイトノイズでないような場合はラグが短すぎることを示唆している。図 6.7 では y_t の長期均衡からの乖離（長期誤差 $e_t = -0.01331 - y_t - 1.0350z_t + 1.0162w_t$）と 1 つの誤差項の系列（$y_t$ の方程式の残差）が示されている。両系列の動きは，長期均衡からの乖離が定常で，推定された誤差項の系列がホワイトノイズであるという条件と整合的にみえる。

推定された (6.56) 式の行列 π の変換の特性根は，$\hat{\lambda}_1 = 0.32600$，$\hat{\lambda}_2 = 0.14032$，$\hat{\lambda}_3 = 0.03317$ であった。もともと 100 個の観測値から 2 次のラグを用いたことで 2 個分の観測値が失われるため，サンプルサイズは $T = 98$ である。複数の r に関する最大固有値検定統計量とトレース検定統計量の計算値が表 6.8 の 3 列目に表示されている。この表には，有意水準 5%，10% における検定統計量の臨界値も掲載している。

変数に共和分関係がないことは，行列 π の階数が 0 であることに対応している。この帰無仮説を検定したい場合，対立仮説に依存して，2 つの検定統

図 6.7 長期誤差と短期誤差

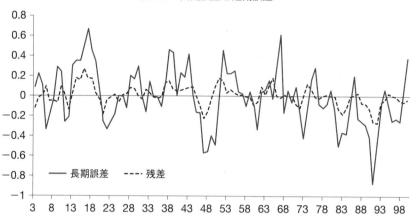

表 6.8 最大固有値検定とトレース検定

帰無仮説	対立仮説		有意水準 5% の臨界値	有意水準 10% の臨界値
トレース検定		λ_{trace} の値		
$r = 0$	$r > 0$	56.786	34.91	32.00
$r \leq 1$	$r > 1$	18.123	19.96	17.85
$r \leq 2$	$r > 2$	3.306	9.24	7.52
最大固有値検定		$\lambda_{\max}$ の値		
$r = 0$	$r = 1$	38.663	22.00	19.77
$r = 1$	$r = 2$	14.817	15.67	13.75
$r = 2$	$r = 3$	3.306	9.24	7.52

量が選択できる．共和分関係がない ($r=0$) という帰無仮説を共和分ベクトルの数が 1 以上 ($r>0$) の対立仮説に対して検定する場合には，$\lambda_{\text{trace}}(0)$ を次のように計算できる．

$$\lambda_{\text{trace}}(0) = -T[\ln(1-\hat{\lambda}_1) + \ln(1-\hat{\lambda}_2) + \ln(1-\hat{\lambda}_3)]$$
$$= -98[\ln(1-0.326) + \ln(1-0.14032) + \ln(1-0.033168)]$$
$$= 56.786$$

この値は巻末の付表 D の下段から得られるトレース検定統計量の有意水準 5% の臨界値 34.91 より大きいので，共和分ベクトルが存在しないという帰無仮説は棄却され，共和分ベクトルの数が 1 以上であるという対立仮説が受容される．次に，$\lambda_{\text{trace}}(1)$ を用いて，$r \leq 1$ の帰無仮説を共和分ベクトルの数が

2 か 3 であるという対立仮説に対して検定する。この場合，$\lambda_{\text{trace}}(1)$ は次のように計算できる。

$$\lambda_{\text{trace}}(1) = -T[\ln(1 - \hat{\lambda}_2) + \ln(1 - \hat{\lambda}_3)]$$
$$= -98[\ln(1 - 0.14032) + \ln(1 - 0.033168)]$$
$$= 18.123$$

この値は有意水準 5% の臨界値である 19.96 よりも小さいため，この有意水準のもとでは帰無仮説を棄却することができない。しかし，18.123 は有意水準 10% の臨界値である 17.85 を超えているため，研究者によっては帰無仮説を棄却し，共和分ベクトルの数が 2 か 3 という対立仮説を受け入れるかもしれない。$\lambda_{\text{trace}}(2)$ は，有意水準 10% でも共和分ベクトルの数が最大で 2 という帰無仮説を棄却できない。

最大固有値検定統計量を用いた場合でも問題は解決しない。共和分ベクトルがないという帰無仮説 ($r = 0$) は 1 個の共和分ベクトルがある単一の対立仮説 ($r = 1$) に対して明確に棄却される。$\lambda_{\max}(0,1)$ の計算値 $-98\ln(1 - 0.326) = 38.663$ は有意水準 5% の臨界値である 22.00 を超えている。ただし，$r = 1$ の帰無仮説は $r = 2$ の単一の対立仮説に対して，5% の有意水準では棄却されないが，10% の有意水準では棄却される。$\lambda_{\max}(1,2)$ の計算値は $-98\ln(1 - 0.14032) = 14.817$ であり，有意水準 5% と 10% の臨界値はそれぞれ 15.67 と 13.75 である。この仮想データは 1 個の共和分ベクトルしかない過程から生成されているにもかかわらず，研究者が 10% の有意水準を採用すれば，2 個の共和分ベクトルがあるという誤った結論を導いてしまう。これは広めの信頼区間が誤った値を含みやすくなる点と似た現象である。

◆ 第 3 段階：共和分ベクトルの検定

基準化された共和分ベクトルと調整速度係数を分析する。もし $r = 1$ が選択された場合，共和分ベクトル $\beta = (\beta_0, \beta_1, \beta_2, \beta_3)'$ の推定値は $(0.00553, 0.41532, 0.42988, -0.42207)'$ となる。もし β_1 を $(-1$ に$)$ 基準化すると，変換された共和分ベクトル $\beta = (\beta_0, \beta_1, \beta_2, \beta_3)'$ と調整速度係数 $\alpha = (\alpha_y, \alpha_z, \alpha_w)'$ の推定値は，それぞれ $(-0.01331, -1.0000, -1.0350, 1.0162)'$ と $(0.54628, 0.16578, 0.21895)'$ になる。

ここで仮想データは $w_t = y_t + z_t$ の長期関係を満たすように発生させたことを思い出してほしい。このため，基準化された共和分ベクトル β の推定値は

理論値 $(0, -1, -1, 1)'$ に近くなっている[20]。続けて以下の検定を考察しよう。

1. 共和分ベクトルの定数項がない制約 $\beta_0 = 0$ の検定は，共和分ベクトルに課された1個の制約の検定であるため，LR 検定統計量は自由度1の χ^2 分布に従う。この統計量の計算値は 0.01124 となり，通常の有意水準のもとで，$\beta_0 = 0$ の帰無仮説は棄却できない。したがって，ドリフト項がなく，かつ共和分ベクトルに定数項がないモデルを採用できる。この結果から，共和分ベクトルに定数項が含まれないモデルを再推定し，共和分ベクトルの数を再検討する余地があることがわかる。

2. 基準化された共和分ベクトルに $\beta_2 = -1$ と $\beta_3 = 1$ の2つの制約を課すと，LR 検定統計量は自由度2の χ^2 分布に従う。この統計量の計算値は 0.5535 となり，通常の有意水準のもとで，$\beta_2 = -1$ と $\beta_3 = 1$ の帰無仮説は棄却できない。

3. 同時制約 $\beta = (0, -1, -1, 1)'$ には3つの制約式 $\beta_0 = 0$, $\beta_2 = -1$, $\beta_3 = 1$ が含まれる。このため制約の LR 検定統計量は自由度3の χ^2 分布に従う。統計量の値は 1.8128 であり，p 値は 0.612 である。したがって，共和分ベクトルが $(0, -1, -1, 1)'$ である帰無仮説は棄却されない。

◆ 第4段階：因果性とイノベーション会計

最終的に (6.56) 式の誤差修正モデルを用いて，イノベーション会計やグレンジャー因果性検定を行い，推定されたモデルの妥当性を検討する。この分析で用いた仮想データは経済学的な意味を持たないため，イノベーション会計は省略する。

6.10 2つの方法の比較：金利スプレッド

本節では，エングル＝グレンジャーの方法とヨハンセンの方法を比較検討するために，2.10 の分析で用いられた短期金利と長期金利の間の共和分関係を調べる。読者はデータファイル QUARTERLY.XLS を用いて同じ計算を試みてほしい。長短金利スプレッドは，これまでに定常変数とみなしてきたが，本節では共和分分析の方法を比較するために共和分関係を再検討する。長短金利がそ

---

20 通常はどの変数で基準化してもよいが，ある β_i が0の場合にはその係数に対応する x_{it} は共和分関係に含まれないため，その変数をもとにした基準化は望ましくない。

れぞれ $I(1)$ 過程であることは，単位根検定を用いた予備検定から確認することができる。議論を簡単にするため，適当と考えられるラグ次数に関する結果が提示されている。読者は各自でラグ次数が最適であることを確認してほしい。

◆ **エングル = グレンジャーの方法**

長期金利 r_{Lt} と短期金利 r_{St} が単位根過程であるとして，まず，長期均衡関係を以下の共和分回帰式で推定する（カッコ内は t 値である）。

$$r_{Lt} = \underset{(13.23)}{1.642} + \underset{(43.15)}{0.915} \, r_{St} \tag{6.57}$$

次に，(6.57) 式の残差が定常であるかどうかを (6.32) 式の ADF 検定を用いて調べる。検討の結果，1 次のラグが選ばれ，次式が推定された。

$$\Delta \hat{e}_t = \underset{(-4.45)}{-0.155 \hat{e}_{t-1}} + \underset{(2.96)}{0.201 \Delta \hat{e}_{t-1}}$$

2 変数のモデルで，サンプルサイズは約 200 であるため，巻末の付表 C の有意水準 5% の臨界値は -3.368 である。したがって，共和分関係がないという帰無仮説は棄却される（つまり，共和分関係が存在しているといえる）。

一方，(6.57) 式の説明変数と被説明変数を入れ替えた共和分回帰式では，

$$r_{St} = \underset{(-7.04)}{-1.103} + \underset{(43.15)}{0.982} \, r_{Lt}$$

となる。この定式化のもとでの，残差の回帰式の結果は，

$$\Delta \hat{e}_t = \underset{(-4.78)}{-0.172 \hat{e}_{t-1}} + \underset{(3.24)}{0.219 \Delta \hat{e}_{t-1}}$$

となり，エングル = グレンジャー検定は共和分の存在をより強く示唆している。付表 C の有意水準 1% の臨界値は約 -3.954 であり，共和分がない帰無仮説は明確に棄却される。

以上から，どちらの変数で基準化しても共和分関係を示唆する結果が得られた。しかし，2 つの方法で推定された長期均衡関係は大きく異なっている点に注意してほしい。ここではこれ以上の分析は行わないが，一般的に共和分ベクトルの正しい統計的な推測を行うには，**補論 6.2** で説明される**動学 OLS**（dynamic OLS）**推定量**を用いる必要があることを指摘しておこう。

390 第6章 共和分と誤差修正モデル

◆ ヨハンセンの方法

ベクトル x_t を $(r_{Lt}, r_{St})'$ で定義しよう。(6.50) 式に定数項を含めた無制約の VAR モデルを推定して，適切なラグ次数は 8 となった。このラグの長さのもとで (6.51) 式を推定することができる（以下では表記を簡素化するため次数は 1 とした）。金利は持続的に増加したり減少したりする傾向がないため，ドリフト項ではなく共和分関係の定数項がある (6.49) 式に (6.51) 式のような階差のラグを含めたモデルを考慮すればよい。(6.49) 式の行列 π^* の推定値は以下となる。

$$\pi^* x_{t-1}^* = \left[\begin{array}{ccc} -1.048 & 1.102 & 0.956 \\ -0.446 & 0.100 & 2.133 \end{array} \right] \left[\begin{array}{c} r_{Lt-1} \\ r_{St-1} \\ 1 \end{array} \right]$$

特性根の推定値は $\hat{\lambda}_1 = 0.1295$, $\hat{\lambda}_2 = 0.0136$ であり，$-T \ln(1 - \hat{\lambda}_1) = 29.13$, $-T \ln(1 - \hat{\lambda}_2) = 2.87$ と計算される。帰無仮説「$r = 0$（共和分がない）」を対立仮説「$r > 0$（つまり共和分ベクトルの数が 1 か 2 である）」に対して検定するための $\lambda_{\text{trace}}(1)$ は $29.13 + 2.87 = 32.00$ と計算される。その値は付表 D の有意水準 5% の臨界値 19.96 を超えるため，帰無仮説は棄却され，少なくとも 1 個の共和分ベクトルが存在するといえる。1 個の共和分ベクトルの帰無仮説の 2 個の共和分ベクトルの対立仮説に対する検定では，計算された統計量である 2.87 が有意水準 5% の臨界値である 9.24 を下回る。したがって，共和分ベクトルの数は 1 であるといえる。

長期金利 r_{Lt} の係数を 1 として共和分ベクトルを基準化すると次式が得られる。

$$r_{Lt} = 0.912 + \underset{(17.88)}{1.051} r_{St}$$
$$\quad\;\; (2.65)$$

この長期均衡関係の推定量は共和分ベクトルの係数に関して通常の統計的推測が可能であるという点で，エングル゠グレンジャーの推定量と大きく異なる。例えば，短期金利の係数が 1 であるという帰無仮説の LR 検定統計量は 0.643 であった。自由度が 1 の χ^2 分布の有意水準 5% と 10% の臨界値はそれぞれ 3.841 と 2.706 である。したがって，帰無仮説は棄却されず，係数が 1 である制約は成立していると結論できる。つまり，長期金利と短期金利は長期的に 1 対 1 に対応して変動する。この制約を課して誤差修正モデルを再推定した場合，以下の結果が得られる。

$$\Delta r_{Lt} = \underset{(-2.32)}{-0.098}(r_{Lt-1} \underset{(-7.10)}{-1.17} -r_{St-1}) + \underset{(1.88)}{0.185}\Delta r_{Lt-1} + \underset{(0.03)}{0.002}\Delta r_{St-1}$$

$$\Delta r_{St} = \underset{(1.51)}{0.084}(r_{Lt-1} \underset{(-7.10)}{-1.17} -r_{St-1}) + \underset{(0.41)}{0.053}\Delta r_{Lt-1} + \underset{(2.23)}{0.229}\Delta r_{St-1}$$

共和分ベクトルの定数項の t 統計量は 7.10 であり有意である。誤差修正項に関する t 統計量が示唆している重要な点は，長期金利が長期均衡からの乖離に反応して調整されるのに対して，短期金利は反応していないことである。長期均衡からの正の 1 単位の乖離が生じた場合の動学的な調整を想定しよう。その場合，長期金利が -0.098 単位低下し，短期金利は変化しないことが推定結果から予測される。したがって，長期均衡からの乖離は長い時間をかけないと調整されないことがわかる。

6.11　ま と め

多くの経済理論から非定常変数の線形結合が定常になることが示唆される。例えば，もし x_{1t}, x_{2t}, x_{3t} が $I(1)$ 変数で，その線形結合 $e_t = \beta_0 + \beta_1 x_{1t} + \beta_2 x_{2t} + \beta_3 x_{3t}$ が定常であれば，変数は共和分関係にあり，ベクトル $(\beta_0, \beta_1, \beta_2, \beta_3)'$ は共和分ベクトルと呼ばれる。共和分関係にある変数は同じ確率トレンドを共有しており，互いの値がそれほど離れてしまうことはない。共和分関係にある変数は「長期均衡」からの乖離にそれぞれが反応する誤差修正モデルの表現を持つ。

共和分関係を調べるためのエングル゠グレンジャーの方法では，長期均衡関係からの残差を用いる。残差に単位根があれば，変数は共和分関係にはない。単一方程式から計算される共和分ベクトルの係数に関する仮説検定は，**補論6.2** で説明されるような方法を用いればよい。

$I(1)$ 変数の間の共和分関係を確認する別の方法では，階差の VAR モデルに水準のラグ変数を説明変数に加えて推定する。ヨハンセンの方法では，トレース検定統計量と最大固有値検定統計量を用いて，共和分関係の有無や共和分ベクトルの数を決定する。これらの検定の結果は，共和分ベクトルに定数項が含まれているかどうかに影響を受ける。したがって，ドリフト項と共和分ベクトルの定数項の形状を判断するための LR 検定も提案されている。共和分ベクトルや調整速度係数に対する制約も，帰無仮説のもとで χ^2 分布に従う LR 検定が利用できる。

392 第6章 共和分と誤差修正モデル

補論 6.1　行列の特性根と共和分階数

　ここでは行列の特性根と共和分階数との関係について説明する。行列に馴染みがない読者は，行列の入門書などを参照してほしい。

◆ 行列の階数

　行列の階数を簡単に復習する。A を $m \times n$ 行列とする。この行列は $m \times 1$ である列ベクトルを n 個並べたものと解釈できる。この列ベクトルの中で 1 次独立なものの最大個数を行列 A の**階数**（rank）と呼び，rank(A) と表記する。

　1 次独立とは，いかなる線形結合も 0 にならない関係をいう。行列 A から r 個の列ベクトル a_1, a_2, ..., a_r を取り出す。このとき，線形結合が 0 となる，つまり

$$c_1 a_1 + c_2 a_2 + \cdots + c_r a_r = 0$$

が成立する（0 でない）定数 c_1, c_2, ..., c_r が存在しなければ，1 次独立（あるいは線形独立）の関係にあるという（0 は $m \times 1$ の零ベクトル）。もし線形結合が 0 となる定数 c_1, c_2, ..., c_r が存在すれば，**1 次従属**（あるいは線形従属）の関係にあるという。

　行列 A を $1 \times n$ である行ベクトルを m 個並べたものであると解釈しても，1 次独立な行ベクトルの最大個数は rank(A) と一致する。

例 1 : 3 × 2 行列　　次の 3×2 の行列 A の階数を調べよう。

$$A = \begin{bmatrix} 1 & 0 \\ 0 & 1 \\ 2 & 2 \end{bmatrix}$$

　列ベクトル $[1, 0, 2]'$ と $[0, 1, 2]'$ は 1 次独立なので階数は 2 となる。どのような c_1, c_2 を用いても，$c_1 a_1 + c_2 a_2 = 0$ は成立しない。これに対し，行ベクトル $[1, 0]$, $[0, 1]$, $[2, 2]$ は定数 2, 2, -1 を用いると零ベクトル $[0, 0]$ となるので 1 次従属である。

$$2[1,0] + 2[0,1] - [2,2] = [0,0]$$

ただし，どの2つの組み合わせに関しても1次独立なので，行ベクトルを用いても階数は2であることがわかる。

この例から，行列の行数と列数のうち小さい数よりも行列の階数が大きくならないことは明白である。行数と列数のうち小さい数と階数が一致するとき，その行列は**フルランク**（full rank）であるという。A が $n \times n$ 正方行列の場合には，階数が n であればフルランクである。また正方行列 A がフルランクであること，その逆行列が存在すること（つまり A が正則行列，あるいは非特異行列），その行列式が0でないことはすべて同義である。

◆ 行列の特性根

次に，行列の特性根を簡単に復習する。A を $n \times n$ 正方行列として，x をある $n \times 1$ ベクトルとする。このとき，ある値 λ が，

$$Ax = \lambda x \tag{A6.1}$$

を満たせば，λ は行列 A の特性根または固有値（eigenvalue）という。この式は $n \times n$ 単位行列 I を用いて，

$$(A - \lambda I)x = 0 \tag{A6.2}$$

と書き換えることができる。ただし，x は全要素が0であるような零ベクトルを排除しているため，$A - \lambda I$ の行は線形従属である必要がある。そうでなければ左から $A - \lambda I$ の逆行列をかけることで矛盾が生じる（このとき $x = 0$ となり，x が零ベクトルではないという仮定と矛盾する）。つまり，(A6.2) 式が成立するためには，行列式 $|A - \lambda I|$ が0であることが必要となる。このため，(A6.1) 式を満たす特性根 λ をみつけるためには，

$$|A - \lambda I| = 0 \tag{A6.3}$$

を満たす λ を解けばよい。それぞれの固有値（行列の特性根）λ に対応しているベクトル x は固有ベクトルと呼ばれる。

例2：2×2正方行列　　次の2×2正方行列 A の特性根を計算する。

$$A = \begin{bmatrix} 0.5 & -0.2 \\ -0.2 & 0.5 \end{bmatrix}$$

行列式 (A.6.3) は,

$$|A - \lambda I| = \begin{vmatrix} 0.5 - \lambda & -0.2 \\ -0.2 & 0.5 - \lambda \end{vmatrix}$$

$$= (0.5 - \lambda)^2 - 0.2^2 = \lambda^2 - \lambda + 0.21$$

となる。特性方程式 $\lambda^2 - \lambda + 0.21 = 0$ を解くことで,特性根 ($\lambda = 0.7$, $\lambda = 0.3$) が得られる。

◆ VAR(1) モデルの安定性と係数行列の特性根

簡単な 1 次の 2 変量 VAR モデルを,

$$x_t = A_1 x_{t-1} + \varepsilon_t$$

と記述しよう。ただし,

$$A_1 = \begin{bmatrix} a_{11} & a_{12} \\ a_{21} & a_{22} \end{bmatrix}$$

である。係数行列 A_1 の特性方程式は定義から,

$$\begin{vmatrix} a_{11} - \lambda & a_{12} \\ a_{21} & a_{22} - \lambda \end{vmatrix} = 0 \tag{A6.4}$$

である。行列式を展開すると,

$$(a_{11} - \lambda)(a_{22} - \lambda) - a_{12}a_{21} = \lambda^2 - (a_{11} + a_{22})\lambda + (a_{11}a_{22} - a_{12}a_{21}) = 0$$

となり,これは (6.18) 式と一致する。つまり 1 変量の 2 階の差分方程式から導出された特性方程式と一致する。このため VAR モデルの係数行列の特性根を用いて安定性や共和分関係を議論できることがわかる。

次に誤差修正表現

$$\Delta x_t = \pi x_{t-1} + \varepsilon_t$$

を検討しよう。ただし $\pi = A_1 - I$ である。

係数行列 π の特性方程式は定義から

$$\begin{vmatrix} a_{11} - 1 - \lambda^* & a_{12} \\ a_{21} & a_{22} - 1 - \lambda^* \end{vmatrix} = 0 \tag{A6.5}$$

である。この特性方程式の解を λ^* と呼ぼう。$\lambda^* + 1$ を (A6.4) 式の λ に代入すると (A6.5) 式と同じになるため，λ^* が π の特性根であれば $\lambda^* + 1$ は A_1 の特性根である。つまり 2 つの行列の特性根は 1 対 1 に対応している。

このことから VAR モデルの係数 A_1 の 1 つの特性根 λ が 1 であった場合は，$\lambda = 1$ に対応する誤差修正モデルの係数 π の特性根 $\lambda^*(= \lambda - 1)$ は 0 でなければならない。同様に，係数 A_1 の絶対値で 1 より小さい特性根の数と係数 π の 0 でない特性根の数は一致する。

一般的な多変量 VAR モデルの場合でも，π が対称行列であれば 0 でない特性根の数と π の階数は一致する。対称行列でなければ対称行列に変換した $\pi\pi'$ の 0 でない特性根の数と π の階数は一致する。行列 π の階数は共和分階数であるため，トレース検定統計量や最大固有値統計量には推定された誤差修正モデルの係数 π の変換から計算された特性根が用いられる。

◆ ヨハンセンの方法で用いる共和分階数の計算

市販の統計ソフトを用いることで π の階数は計算できるが，自分でプログラムを書きたい読者や計算方法を理解したい読者のためにその計算方法を説明する。最初に，以下の VAR モデルの適切なラグ次数 p を選択する。

$$x_t = A_1 x_{t-1} + \cdots + A_p x_{t-p} + \varepsilon_t$$

第 1 段階：1 階の階差の $p-1$ 次の VAR モデルを次の形で推定する。

$$\Delta x_t = B_1 \Delta x_{t-1} + \cdots + B_{p-1} \Delta x_{t-p+1} + e_{1t}$$

第 2 段階：1 次のラグの水準変数 x_{t-1} を $p-1$ 次までのラグの階差変数に回帰する形で，次の VAR モデルを推定する。

$$x_{t-1} = C_1 \Delta x_{t-1} + \cdots + C_{p-1} \Delta x_{t-p+1} + e_{2t}$$

第 3 段階：特性根 λ_i を e_{1t} と e_{2t} の正準相関（canonical correlation）の 2 乗として計算する。n 変量 VAR モデルの場合，n 個の正準相関（の 2 乗）は，

$$|\lambda_i S_{22} - S_{12} S_{11}^{-1} S_{12}'| = 0$$

の解として計算される n 個の λ_i の値である。

ただし $S_{ii} = T^{-1} \sum_{t=1}^{T} \hat{e}_{it} (\hat{e}_{it})'$, $S_{12} = T^{-1} \sum_{t=1}^{T} \hat{e}_{2t} (\hat{e}_{1t})'$, $\hat{e}_{1t}$ と $\hat{e}_{2t}$ はそれぞれ第1段階と第2段階で推定された残差の列ベクトルである。

第4段階：それぞれの特性根 λ_i に対応した共和分ベクトルの最尤推定量は，

$$\lambda_i S_{22} \pi_i = S_{12} S_{11}^{-1} S_{12}' \pi_i$$

の非自明解として計算される $n \times 1$ 列ベクトル π_i である。

補論 6.2　共和分ベクトルの統計的推測

　ヨハンセンの方法を用いると，1個以上の共和分ベクトルに課される制約を検定することができる。一方，エングル＝グレンジャーの方法を用いた場合でも，共和分ベクトルの係数の OLS 推定量を，係数制約の検定に用いたいという誘因が生じるかもしれない。しかし，係数の推定量は（ある例外的な場合を除けば）漸近的に正規分布に従わないため，そのような検定は避けるべきである。問題は係数の推定量は超一致性を持つが，その標準誤差は一致性を持たないことにある。しかし，刊行された研究論文では共和分ベクトルの係数推定値とともに t 統計量や標準誤差が報告されることが一般的である。例えば，**6.5** で分析した y_t, z_t, w_t の共和分関係は，

$$y_t = \underset{(-0.58)}{-0.048} - \underset{(-38.10)}{0.927} z_t + \underset{(53.46)}{0.977} w_t + e_{yt}$$

のようにカッコ内に t 値を含めて記述されていた。

　しかし，e_{yt} の系列相関の可能性や z_t と w_t が外生変数でない可能性がある。そのような場合には，定常変数を扱う伝統的な回帰分析と同様に，系列相関や内生変数の問題を修正する必要がある。フィリップス＝ハンセン （Phillips and Hansen 1990）は系列相関と内生変数の問題を同時に処理する方法である**完全修正 OLS**（fully modified OLS）**推定量**を開発した。ここでは彼らの方法よりも簡単な**動学 OLS**（dynamic OLS）**推定量**を用いて修正の基本的な考え方を説明する。以下の簡単な2変数の例を考慮しよう。

$$y_t = \beta_0 + \beta_1 z_t + e_{1t}$$

$$\Delta z_t = e_{2t}$$

最初の式は共和分関係を示しており，2番目の式は z_t が確率トレンドであることを示している。2つの式の誤差項 e_{1t} と e_{2t} は，それぞれが定常変数であるとしよう。ここで誤差項の系列相関と誤差項間の同時相関の可能性は排除されていない。もし e_{2t} に系列相関があれば，Δz_t にも系列相関がある。また，e_{1t} と e_{2t} は相関していれば，内生性（z_t と e_{1t} に相関がある）の問題が生じることになる。

ここで2つの誤差項 e_{1t} と e_{2t} の関係が共和分回帰の性質を左右することは明白であろう。以下では，3つのケースを考えてみよう。

ケース1：

まず誤差項に系列相関がなく相互の相関もない特殊なケースを考える。したがって，y_t を z_t と定数に回帰しても説明変数 z_t と誤差項 e_{1t} は独立で問題は生じない。本文中でも説明したとおり，β_0 と β_1 の OLS 推定量の分布を正規分布によって近似することができる。したがって，通常の t 検定統計量や F 検定統計量を用いた共和分ベクトルに関する仮説検定が可能である。

ケース2：

一般的には誤差項 e_{1t} と e_{2t} は互いに相関しており，$E[e_{1t}e_{2t}] \neq 0$ であると考えられる。共和分ベクトルのパラメータの統計的推測を行うためには，z_t の内生性を処理する必要がある。動学 OLS では，この問題を共和分回帰式の中に Δz_t のリードとラグを含めることで解決している。

$$y_t = \beta_0 + \beta_1 z_t + \gamma_{-q}\Delta z_{t+q} + \cdots + \gamma_{-1}\Delta z_{t+1} + \gamma_0 \Delta z_t$$
$$+ \gamma_1 \Delta z_{t-1} + \cdots + \gamma_q \Delta z_{t-q} + v_t$$

ここで説明変数 $(z_t,\ \Delta z_{t+q}, \ldots, \Delta z_{t+1}, \Delta z_t, \Delta z_{t-1}, \ldots, \Delta z_{t-q})$ は誤差項 v_t と無相関となる。

基本的アイデアは，y_t の誤差項 e_{1t} を，z_t の誤差項 e_{2t} に依存する部分 $(\gamma_{-q}e_{2t+q} + \cdots + \gamma_{-1}e_{2t+1} + \gamma_0 e_{2t} + \gamma_1 e_{2t-1} + \cdots + \gamma_q e_{2t-q})$ とそうでない部分 v_t に分解している点にある。

$$e_{1t} = \gamma_{-q}e_{2t+q} + \cdots + \gamma_{-1}e_{2t+1} + \gamma_0 e_{2t} + \gamma_1 e_{2t-1} + \cdots + \gamma_q e_{2t-q} + v_t$$

ここで $\Delta z_t = e_{2t}$ から，$e_{1t} = \gamma_{-q}\Delta z_{t+q} + \cdots + \gamma_{-1}\Delta z_{t+1} + \gamma_0\Delta z_t + \gamma_1\Delta z_{t-1} + \cdots + \gamma_q\Delta z_{t-q} + v_t$ と表現でき，これを y_t の式に代入すれば，動学 OLS の式を得る。

ケース 3:

一般的には $E[e_{1t}e_{2t}] \neq 0$ であり，共和分回帰式の誤差項 e_{1t} に系列相関がある場合を考慮したい。この場合の β_1 の動学 OLS 推定量の検定には系列相関を考慮した HAC 標準誤差を計算する必要がある。HAC 標準誤差に基づく t 統計量は漸近的に正規分布に従う。

◎練習問題

以下の練習問題を解きなさい。練習問題 [3]～[6] は実証分析を行う問題である。解答はすべて本書のウェブサポートページに掲載している。★ 印は難易度の高い問題であることを示す。

[1]　(6.14)(6.15) 式に定数項を含めて，
$$y_t = a_{10} + a_{11}y_{t-1} + a_{12}z_{t-1} + \varepsilon_{yt}$$
$$z_t = a_{20} + a_{21}y_{t-1} + a_{22}z_{t-1} + \varepsilon_{zt}$$

とする。第 5 章の (5.15)(5.16) 式から y_t と z_t の解はそれぞれ以下となる。
$$y_t = \frac{a_{10}(1-a_{22}) + a_{12}a_{20} + (1-a_{22}L)\varepsilon_{yt} + a_{12}L\varepsilon_{zt}}{(1-a_{11}L)(1-a_{22}L) - a_{12}a_{21}L^2}$$
$$z_t = \frac{a_{20}(1-a_{11}) + a_{21}a_{10} + a_{21}L\varepsilon_{yt} + (1-a_{11}L)\varepsilon_{zt}}{(1-a_{11}L)(1-a_{22}L) - a_{12}a_{21}L^2}$$

(a)　y_t と z_t はそれぞれ $I(1)$ 過程で共和分関係があるとする。(6.21) 式の条件を使って，誤差修正モデルの表現を導出せよ。

(b)　トレンドの傾きが 0 となるための条件は何か。この条件が共和分ベクトルに定数が含まれる制約と等しいことを示せ。

(c)　それぞれの式が明示的な定数項を持つように (6.26) 式を修正する。すなわち，$x_t = A_0 + A_1 x_{t-1} + \varepsilon_t$ とする。ここで，A_0 は要素 a_{0i} を持つ $n \times 1$ ベクトルである。π の階数を 1 とする。定数項の存在は (6.28) 式の解にどのような影響を与えるか。(6.29) 式の誤差修正表現はどのように影響されるか。

[2]*　あるデータを用いた推定結果から π の数値が以下のように与えられたとする。

$$\pi = \begin{bmatrix} 0.6 & -0.5 & 0.2 \\ 0.3 & -0.25 & 0.1 \\ 1.2 & -1.0 & 0.4 \end{bmatrix}$$

(a) π の行列式が 0 であることを示せ。

(b) π の固有値の 2 つは 0 であり，3 番目が 0.75 であることを示せ。

(c) $\beta' = (3, -2.5, 1)$ を x_{3t} に関して基準化した 1 つの共和分ベクトルとする。$\pi = \alpha\beta'$ を満たすような 3×1 ベクトル α を求めよ。もし β を x_{1t} に関して基準化したら，α はどのように変化するか。

(d) $\beta_1 + \beta_2 = 0$ の制約を検定する方法を説明せよ。

次に π の数値が以下のように与えられたとする。

$$\pi = \begin{bmatrix} 0.8 & 0.4 & 0.0 \\ 0.2 & 0.1 & 0.0 \\ 0.75 & 0.25 & 0.5 \end{bmatrix}$$

(e) 3 つの固有値が $0.0, 0.5, 0.9$ であることを示せ。

(f) 以下の β を選択する。

$$\beta = \begin{bmatrix} 0.8 & 0.75 \\ 0.4 & 0.25 \\ 0.0 & 0.5 \end{bmatrix}$$

この場合，$\pi = \alpha\beta'$ を満たす 3×2 行列 α を求めよ。

[3] ファイル COINT6.XLS には **6.5** と **6.9** で使った 3 つの仮想系列がある。

(a) データを使って **6.5** の結果を再現せよ。

(b) $y_t \rightarrow z_t \rightarrow w_t$ の順序付けを用いてインパルス応答関数と分散分解を求めよ。変数の構成の仕方が与えられれば，これらは合理的であるか。

(c) データを使って **6.9** の結果を再現せよ。

[4] ヨハンセンの方法とエングル＝グレンジャーの方法を用いて，ファイル QUARTERLY.XLS に含まれる $Tbill(r_{St})$ と $Tb1yr(r_{Lt})$ の 2 変数間の共和分関係を検討せよ。

(a) ラグ 7 を用いると，r_{St} と r_{Lt} の ADF 検定統計量がそれぞれ -1.61304 と -1.39320 になることを確認せよ。

(b) r_{St} と r_{Lt} のそれぞれを「独立」変数として用いた場合の長期関係を推定せよ。例えば，r_{S_t} が左辺の変数である場合には，$r_{St} = -0.187 + 0.936 r_{Lt}$ が求められるはずである。

(c) ラグ 6 を用いて (6.32) 式の方程式を推定する。a_1 の推定値は -0.372 で t 統計量は -4.78 になることを確認せよ。巻末の付表 C を用いて変数間の共和分関係の有無を判断せよ。長期関係の推定で左辺の変数として r_{Lt} を用いた場合も検討せよ。

400　第6章　共和分と誤差修正モデル

(d)　誤差修正モデルを推定し，インパルス応答関数を求めよ。

(e)　定数項は共和分ベクトル内に含まれている制約のもとで，ラグ7を用いてヨハンセンの検定のための2つの固有値（特性根）を求めよ。この値を (6.52)(6.53) 式に代入し，最大固有値検定統計量 $\lambda_{\max}$ とトレース検定統計量 λ_{trace} を計算せよ。この結果を用いて共和分ベクトルの数を決定せよ。

[5]　ファイル COINT_PPP.XLS には月次の日本とカナダとスイスの消費者物価指数，3国通貨と米ドルの為替レートと米国の消費者物価指数（$USCPI$）が含まれている。例えば $JAPANCPI$ は日本の物価指数，$JAPANEX$ は日米の為替レートを示している。標本期間はすべて 1974 年 1 月から開始されるが，最終期は系列によって異なっている（ほとんどの変数は 2013 年まで）。物価指数は 1973 年 1 月で 100 に基準化されており，米国の物価指数だけが季節調整済みである。

(a)　各変数を対数変換し，単位根の事前検定を行う。単位根があるという帰無仮説をすべての系列で棄却することができるか。もし米国の CPI がトレンド定常であれば，どのように分析を進めればよいか。

(b)　被説明変数を $\ln(JAPANEX)$，説明変数を $\ln(JAPANCPI)$ と $\ln(USCPI)$ として定数項を含む回帰分析を行い，日本と米国の長期関係を推定せよ。係数の点推定値は長期の PPP に一致しているようにみえるか。また，t 統計量の値から日本の CPI は 5% 水準で有意ではないと判断してもよいか。

(c)　長期関係の回帰分析の残差を $\hat{e}_t$ とする。残差を用いてエングル＝グレンジャーの共和分検定を行う。11 期のラグ階差を用いた場合の ADF 回帰式は，

$$\Delta\hat{e}_t = -0.028\hat{e}_{t-1} + \sum_{i=1}^{11} a_i \Delta\hat{e}_{t-i} + \varepsilon_t$$

となる。ここで $\hat{e}_{t-1}$ の係数の t 統計量の値は -3.43 である。巻末の付表 C より，3 変数でサンプルサイズが 500 の場合の，有意水準 5% と 10% の臨界値はそれぞれ -3.760 と -3.464 である。長期の PPP は成立しないと判断できるか。

(d)　カナダとスイスについても (b) と同様の分析を行え。長期の回帰式からの残差の ADF 回帰式は 10 期のラグ階差を用いた場合，以下の結果となることを確認せよ。

$$\text{カナダ}\quad \Delta\hat{e}_t = -0.012\hat{e}_{t-1} + \sum_{i=0}^{10} a_i \Delta\hat{e}_{t-i} + \varepsilon_t$$
$$t\,\text{統計量} = -1.89$$

$$\text{スイス} \quad \Delta \hat{e}_t = -0.027 \hat{e}_{t-1} + \sum_{i=1}^{10} a_i \Delta \hat{e}_{t-i} + \varepsilon_t$$

$$t \text{ 統計量} = -3.03$$

(e) 通常の有意水準を用いた場合，日米間の長期 PPP は棄却されるが，$\ln(JAPANEX_t)$ について誤差修正モデルを推定せよ。各変数の 11 期のラグ階差を用いれば，次式の結果となる。

$$\Delta \ln(JAPANEX_t) = -0.005 - 0.030 \hat{e}_{t-1} + \sum \beta_{1i} \Delta \ln(JAPANEX_{t-i})$$
$$+ \sum \beta_{2i} \Delta \ln(JAPANCPI_{t-i})$$
$$+ \sum \beta_{3i} \Delta \ln(USCPI_{t-i})$$

ただし，$\hat{e}_{t-1}$ は長期回帰式からの残差による誤差修正項である。

(f) $\ln(USCPI_t) \to \ln(JAPANCPI_t) \to \ln(JAPANEX_t)$ の順序付けを用いてインパルス応答関数を求めよ。

(g) 共和分検定の結果は，誤差修正項のために必要であった長期関係の回帰式の基準化（すなわち，どの変数を回帰式の「従属」変数として用いるか）によって影響されるかどうか検討せよ。

[6] 問題 [5] (d) では変数 $\ln(CANEX_t)$，$\ln(CANCPI_t)$，$\ln(USCPI_t)$ の間の PPP に対してエングル = グレンジャーの方法を用いて共和分関係を検定した。ここではヨハンセンの方法を用いて共和分関係を分析する。

(a) 定数項は共和分ベクトル内に含まれている制約のもとで，11 期のラグ階差を用いた場合，最大固有値検定統計量とトレース検定統計量の値が以下の表に一致することを確認せよ。さらに巻末の付表 D を用いて，共和分ベクトルの数が 1 となることを確認せよ。

階数	λ_i	$\lambda_{\max}$	λ_{trace}
1	0.0536	25.647	35.986
2	0.0138	6.460	10.339
3	0.0083	3.879	3.879

(b) 次のように推定された共和分ベクトルを考える。

$$-0.949 \ln(CANEX_t) - 6.484 \ln(CANCPI_t) + 1.600 \ln(USCPI_t) + 31.653$$

この関係を為替レートについて基準化せよ。この長期関係は PPP と整合的であると考えられるか。

第7章
非線形モデルと構造変化

学習目的

7.1 非線形モデルと線形 ARMA モデルを比較し，多くの経済変数の挙動が非線形モデルで記述できることを示す。

7.2 最も簡単な非線形モデルとして，一般化自己回帰モデルと双線形モデルを紹介する。

7.3 非線形調整の存在を検出するためのいくつかの方法を考察し，識別できない局外パラメータがある場合の検定が困難であることを説明する。

7.4 基本的な閾値自己回帰（TAR）モデルを説明する。

7.5 TAR モデルの複数の拡張を考え，閾値回帰モデルを導入する。

7.6 TAR モデルの応用として，失業率，テイラールール，豚肉産業の資本ストックの分析例を紹介する。

7.7 基本的な平滑推移自己回帰（STAR）モデルを説明し，STAR モデルの事前検定の方法を示す。

7.8 ニューラルネットワークとマルコフ転換モデルについて議論する。

7.9 仮想データを用いて LSTAR モデルを推定し，実質為替レートデータを用いて ESTAR モデルを推定する。

7.10 非線形モデルのインパルス応答を計算する方法を説明し，実践例として米国の GDP データを用いて推定された非線形モデルのインパルス応答を計算する。

7.11 非線形モデルの枠組みの中での単位根検定の問題を検討する。

7.12 内生的な構造変化のモデルと非線形モデルの類似点を示し，非線形な構造変化モデルを説明する。

経済理論は多くの経済変数が非線形の動学に従うことを示唆している。例えば，マクロ経済分析では賃金の下方硬直性が組み込まれたモデルを用いることが多い。また，生産や雇用等の主たるマクロ経済変数は景気後退期に急速に低下し，景気回復期には緩慢に上昇する非対称性があることが知られている。こ

404 第 7 章 非線形モデルと構造変化

れまでに紹介した ARMA モデルや VAR モデルは線形差分方程式に基づく線形モデルであるため，こうした非線形動学の分析には適切ではない．非線形性を記述するための非線形時系列モデルは，現在急速に研究が進められている分野である．

7.1 線形調整と非線形調整

知らない場所へ長距離ドライブをする場合，道路地図は欠かせないだろう．厳密にいえば，地球は平坦ではないため，道路地図は実際の道筋の線形近似になっている．通常の旅行では，線形近似でも十分に実用的であり，立体的な道路地図など必要はないだろう．一方，別の種類の旅行では線形近似を用いることは明らかに不適当である．例えば，地球の周回軌道にのせるロケットの打ち上げに NASA が平面的な地図を用いることはできない．同様に，線形性を仮定した経済動学モデルを用いて現実の経済変数の動きをある程度再現できたとしても，線形近似によって分析が不適切になってしまう可能性がある．例えば，失業率の上昇期は下降期に比べて急速に変化する事実を政策立案者が無視すれば，重大な政策上の誤りを犯してしまうかもしれない．

閾値自己回帰（threshold autoregressive：**TAR**）モデルは，数ある非線形モデルの中でもとくに扱いやすく，実際の分析に用いられることも多い．このモデルを紹介するために，長期金利を r_{Lt}，短期金利を r_{St} で記述しよう．さらに，長短金利スプレッド $s_t = r_{Lt} - r_{St}$ が長期的に $\bar{s}$ の値へ調整されると仮定する．最初に，調整過程を AR(1) モデルで表現する場合を考えよう．

$$s_t = a_0 + a_1 s_{t-1} + \varepsilon_t$$

ただし，$0 < a_1 < 1$ とする．議論しやすいように，モデルを次のように書き換える．

$$s_t = \bar{s} + a_1(s_{t-1} - \bar{s}) + \varepsilon_t$$

ここで，$\bar{s}$ は s_t の長期的な平均値 $a_0/(1-a_1)$ である（$E[s_t] = a_0/(1-a_1)$ の証明は **2.3** 参照）．もし $s_t = \bar{s}$ であればシステムは長期均衡状態にあるという．

長期均衡状態以外の点では，長期均衡値 $\bar{s}$ からの乖離分 $s_t - \bar{s}$ のうち a_1 の割合が次期に持ち越される．しかし実際に金利スプレッドは線形ではなく非線形の調整過程に従うという研究結果も報告されている．この結果によると，ス

プレッドが長期均衡よりも相対的に低い場合 ($s_t - \bar{s} < 0$), より緩慢に調整されるため持続性が高いとされる。持続性の度合いがスプレッドの大きさに依存する状況は，次のような TAR モデルで表現可能である。

$$s_t = \begin{cases} \bar{s} + a_1(s_{t-1} - \bar{s}) + \varepsilon_{1t} & s_{t-1} > \bar{s} \text{ のとき} \\ \bar{s} + a_2(s_{t-1} - \bar{s}) + \varepsilon_{2t} & s_{t-1} \leq \bar{s} \text{ のとき} \end{cases} \tag{7.1}$$

ただし，ε_{1t} と ε_{2t} はホワイトノイズとする。

TAR モデルでは**閾値**（threshold value）と呼ばれる $\bar{s}$ を境に調整過程が変化する（閾値は「いきち」，または「しきいち」と読む）。(7.1) 式において，s_{t-1} が閾値 $\bar{s}$ を上回る場合，スプレッドは $s_t = \bar{s} + a_1(s_{t-1} - \bar{s}) + \varepsilon_{1t}$ の AR(1) 過程に従う。これに対し，s_{t-1} が閾値を下回る場合，スプレッドは $s_t = \bar{s} + a_2(s_{t-1} - \bar{s}) + \varepsilon_{2t}$ の AR(1) 過程に従う。ここで，$|a_2| > |a_1|$ である限り，$s_{t-1} \leq \bar{s}$ の時期には，スプレッドの持続性がより高くなっている。

線形と非線形調整過程の違いを明確にするために，もとの AR(1) モデル $s_t = \bar{s} + a_1(s_{t-1} - \bar{s}) + \varepsilon_t$ を次のように表現しよう。

$$y_t = a_1 y_{t-1} + \varepsilon_t$$

ただし $y_t = s_t - \bar{s}$ である。定常性の条件 $-1 < a_1 < 1$ が成立すれば，y_t の長期的な平均値は 0 である。また AR(1) モデルの線形調整によって，現時点での長期均衡値からの乖離のうち，$a_1 \times 100\%$ の割合が次期に残される。条件付き期待値を用いて表現すると，**2.9** の (2.38) 式から $E_{t-1}y_t = a_1 y_{t-1}$ である。このため，$a_1 = 0.5$ で初期値が $y_{t-1} = 1.0$ であった場合，$E_{t-1}y_t = 0.5$ となる。同様に，$E_{t-1}y_{t+1} = a_1^2 y_{t-1} = 0.25$ であることも直ちに導出される。このような初期値と経路の期待値の関係は，AR(1) モデルの同次部分 ($y_t = a_1 y_{t-1}$) を用いると理解しやすい。

初期条件 $y_{t-1} = 1$ から生成される経路の期待値は $\{1, 0.50, 0.25, \ldots\}$ の数列で表現できる。もし初期条件が $y_{t-1} = 2$ の場合は，その後の経路の数列 $\{2, 1, 0.50, \ldots\}$ は $y_{t-1} = 1$ の場合の数列のちょうど 2 倍になっている。実際 y_{t-1} の初期値にどのような値 λ を掛けたとしても，生成される系列は $\{\lambda \times 1, \lambda \times 0.50, \lambda \times 0.25, \ldots\}$ のように λ 倍となる。

図 7.1（a）で示されている位相図は，このような線形調整過程の特徴を表している。A0B 点を結ぶ実線は AR(1) モデルの同次部分であり，その傾きは a_1 となるように描かれている。ある y_{t-1} の値に対して，次の y_t の値は y_{t-1}

図 7.1　2 つの非線形調整経路

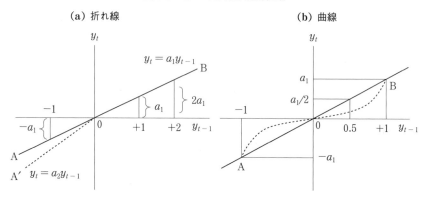

の y_t 軸への射影によって与えられるが，直線の傾きはどの点においても同じであるため，y_{t-1} にどのような値を掛けても y_t は同じ比率で増加する．図で示されているように，$y_{t-1} = 1$ のとき $y_t = a_1$ が期待値となり，$y_{t-1} = 2$ のときに $y_t = 2a_1$ が期待値となる．

調整は 0 の近傍で対称的であることにも注目してほしい．もし $y_{t-1} = -1$ であれば，$E_{t-1}y_t = -0.5$ や $E_{t-1}y_{t+1} = -0.25$ というパターンの値が続いていく．つまり，線形モデルでは初期条件 y_{t-1} に -1 を掛けた結果得られる数列は $\{-1 \times 1, -1 \times 0.50, -1 \times 0.25, \ldots\}$ となる．

次に，同じ位相図において A'0B 点を結ぶ屈折した直線に従うような調整過程を考えよう．この調整では $y_{t-1} > 0$ のとき $y_t = a_1 y_{t-1}$ となり，$y_{t-1} \leq 0$ のとき $y_t = a_2 y_{t-1}$ に従うことがわかる．もし $y_{t-1} = 1$ であれば，数列中の次の値は以前と同様 a_1 となる．ところが $y_{t-1} = -1$ の場合，数列中の次の値は $-a_2$ である．ここでは $a_2 > a_1$ としているので，経路の数列は y_{t-1} が負の場合のほうが正の場合に比べて 0 に収束する速度が遅いことは明らかである．ここで，$y_{t-1} = 1$ に $\lambda = -1$ を掛けた場合，新しい数列がもとの数列の λ 倍となっていないことは，調整過程が線形でないことを意味する．図 7.1 (a) 中の A'0B 線が (7.1) 式で表現される TAR モデルの調整過程である．

重力による物体の運動を表現したい場合には異なるタイプの非線形モデルが必要だろう．物理学の基礎から，空間中の物体の落下速度は地球に近づくほど増加することがわかっている．地球の位置を原点として，空間中の物体が原点に向かって落下している状況を考えよう．ここで y_t を t 時点における物体の原点 0 からの距離とすれば，重力による運動は図 7.1 (b) の A0B を通る曲線

で表すことができる。図で示されているように，もし $y_{t-1} = 1$ であれば y_t は a_1 の値をとる。一方，$y_{t-1} = 0.5$ であれば y_t は $a_1/2$ よりも小さな値になる。初期値 $y_{t-1} = 1$ に $\lambda = 0.5$ を掛けても，経路の数列が λ 倍となっていないため，調整過程は線形ではない。A0B を通る直線 $y_t = a_1 y_{t-1}$ では，中心に向かって加速するような非線形調整の特徴を捉えることができない。

さらに別のタイプの非線形過程を考えてみよう。例えば，アラバマ州とミシシッピ州の綿花の価格に差があったとしても，その価格差がわずかであれば輸送費の存在が裁定機会を妨げるだろう。ところが価格差が十分に大きければ，裁定により瞬時に価格が調整され価格差は消滅する。つまり，重力による運動とは逆に，中心に近づくほどゆっくり変化する非線形調整となる。このような例は他にも考えられるだろう。

要は線形性の仮定を放棄して非線形性を導入すれば，さまざまな種類の調整過程に対応することができる。ただし，間違った非線形モデルを採用する弊害は，非線形性を考慮しない問題よりも大きい可能性があり，最適な非線形モデルを選ぶことは非常に大切である。適切な非線形モデルの選択は必ずしも簡単ではないが，いくつかの非線形モデルについては実証研究でとくに有効であることが確認されている。次節以降で，その重要な非線形モデルを紹介する。

7.2 ARMA モデルを拡張した単純な非線形モデル

最初にいくつかの簡単な**非線形自己回帰**（nonlinear autoregressive：**NLAR**）モデルを導入しよう。1 期ラグに依存する 1 次の非線形自己回帰モデルは，

$$y_t = f(y_{t-1}) + \varepsilon_t \tag{7.2}$$

であり，NLAR(1) と表記される。一般的に，p 次の非線形自己回帰モデルは，

$$y_t = f(y_{t-1}, y_{t-2}, \ldots, y_{t-p}) + \varepsilon_t \tag{7.3}$$

となり，NLAR(p) と表記される。

(7.2)(7.3) 式において，関数形 $f(\cdot)$ がわかっている場合には，**非線形最小2乗法**（nonlinear least squares：**NLLS**）などを用いて比較的簡単に推定できる。一方，関数形が未知の場合には，NLAR モデルの推定は容易ではない。関数形が未知の場合の1つの解決策としては，関数のテイラー近似を用いる方法が考えられる。例えば，$y_t = f(y_{t-1}, y_{t-2}) + \varepsilon_t$ のような NLAR(2) モデルで，3

408 　第7章　非線形モデルと構造変化

乗項までのテイラー展開を用いると，

$$y_t = a_0 + a_1 y_{t-1} + a_2 y_{t-2} + a_{12} y_{t-1} y_{t-2} + a_{11} y_{t-1}^2 + a_{22} y_{t-2}^2$$
$$+ a_{112} y_{t-1}^2 y_{t-2} + a_{122} y_{t-1} y_{t-2}^2 + a_{111} y_{t-1}^3 + a_{222} y_{t-2}^3 + \varepsilon_t$$

で近似することが可能となる。

　より一般的な NLAR(p) モデルの場合をテイラー近似する場合には，簡潔な表記を導入すると便利である。例えば NLAR(p) モデルのテイラー近似の簡単な表現方法として，

$$y_t = a_0 + \sum_{i=1}^{p} a_i y_{t-i} + \sum_{i=1}^{p} \sum_{j=1}^{p} \sum_{k=1}^{r} \sum_{l=1}^{s} a_{ijkl} y_{t-i}^k y_{t-j}^l + \varepsilon_t \qquad (7.4)$$

を用いることができる。ここで p はモデルの次数を示し，r と s は 1 以上の整数とする。パラメータの数が大きすぎると，推定効率が悪くなるため，通常 r と s はその和が 4 以下になるように選ばれる。

◆ 一般化自己回帰（GAR）モデル

　NLAR モデルのテイラー近似から導出された (7.4) 式は**一般化自己回帰**（generalized autoregressive：**GAR**）**モデル**と呼ばれる。GAR モデルは通常のAR モデルに，ラグ y_{t-i} のべき乗項と y_{t-i} と y_{t-j} のべき乗の交差項が追加されたモデルである。NLAR モデルの非線形関数が微分可能であれば，GAR モデルはその近似として解釈できる。したがって GAR モデルを用いることで，多くの NLAR モデルの特徴を再現することが可能である。さらにモデルは変数 y_{t-i}^j とその交差項の集まりであるため，OLS で簡単に推定できる。線形モデルが GAR モデル内に含まれるため，非線形性の有無についても直接検定が可能である。もしすべての係数 a_{ijkl} が 0 であるという帰無仮説が棄却できなければ，線形過程であると判断することができる。GAR モデルの欠点としては，選択されたモデルのパラメータ数が過剰になりやすいことが挙げられる。この問題は，ラグ次数が 2 よりも大きい場合に顕著となる。伝統的な t 検定や F 検定を用いることで，パラメータ数を減らすことが可能だろう。しかし，説明変数間に高い相関があることはとくに注意が必要である。例えば，y_{t-1}^2 と y_{t-1}^4 には明らかな相関関係がある。説明変数間に高い相関があると，弱い意味の多重共線性によって，標準誤差が大きくなり，t 検定では帰無仮説を棄却できなくなる傾向を持つ。このため，t 検定の代わりに AIC や BIC を用いて

変数を選択することも多い。

◆ 双線形（BL）モデル

係数の数が少ない ARMA モデルによって高次の AR(p) モデルが近似できるように，過去の誤差項をモデルに含めることで非線形モデルのパラメータの数を節約できる。簡単な双線形（bilinear：BL）モデルは，次のように与えられる。

$$y_t = \alpha_0 + \alpha_1 y_{t-1} + \beta_1 \varepsilon_{t-1} + c_1 \varepsilon_{t-1} y_{t-1} + \varepsilon_t$$

BL モデルでは，通常の ARMA モデルに変数の自己ラグ y_{t-i} と過去の誤差項 ε_{t-j} の積を組み込むことで，高次の GAR モデルを近似することを意図している。簡単な BL モデルの一般形である BL(p, q, r, s) モデルは次のように表される。

$$y_t = \alpha_0 + \sum_{i=1}^{p} \alpha_i y_{t-i} + \varepsilon_t + \sum_{i=1}^{q} \beta_i \varepsilon_{t-i} + \sum_{i=1}^{r}\sum_{j=1}^{s} c_{ij} y_{t-i} \varepsilon_{t-j} \tag{7.5}$$

もしすべての c_{ij} の値が 0 であるならば，(7.5) 式は ARMA(p, q) モデルと同じである。したがって，BL モデルは線形モデルを特殊ケースとして含んでいる。

BL モデルを直観的に説明しよう。いま簡単な BL モデル，

$$y_t = \alpha_0 + \alpha_1 y_{t-1} + c_1 y_{t-1} \varepsilon_{t-1} + \varepsilon_t$$

を次のように書き換える。

$$y_t = \alpha_0 + (\alpha_1 + c_1 \varepsilon_{t-1}) y_{t-1} + \varepsilon_t \tag{7.6}$$

さらに (7.6) 式を，自己回帰係数が $\alpha_1 + c_1 \varepsilon_{t-1}$ であるような AR モデルと解釈してみよう。その場合，自己回帰係数は平均 α_1 の確率変数となる。もし c_1 が正であれば，自己回帰係数は ε_{t-1} の値とともに増加する。つまり，正のショックは負のショックよりも y_t の持続性を高める効果を持つのである。

(7.5) 式や (7.6) 式において $y_{t-i} \varepsilon_{t-j}$ を観測できないため，モデルを直接 OLS 推定することはできない。観測された系列 y_t を用いて，どのように双線形モデルを推定すればよいだろうか。通常は最尤推定法が分析に用いられる。ここでは詳しく説明しないが，**補論 2.1** で説明された MA 過程推定を一般化

410 第 7 章 非線形モデルと構造変化

した方法を用いて尤度を記述すれば，標準的な統計ソフトで BL モデルの推定が可能である。

◆ **分析例（米国の失業率）**

ロスマン（Rothman 1998）は米国の失業率に関するさまざまな非線形モデルの予測精度を比較した。1948Q1 から 1979Q4 までの失業率を用いて，次の 3 つのモデルを推定している。

ARMA $\quad u_t = \underset{(22.46)}{1.563} u_{t-1} - \underset{(-10.06)}{0.670} u_{t-2} + \varepsilon_t$

GAR $\quad u_t = \underset{(23.60)}{1.500} u_{t-1} - \underset{(-6.72)}{0.553} u_{t-2} - \underset{(-2.33)}{0.745} u_{t-2}^3 + \varepsilon_t$

$$\text{分散比} = 0.965$$

BL $\quad u_t = \underset{(24.11)}{1.910} u_{t-1} - \underset{(-10.55)}{0.690} u_{t-2} - \underset{(-2.08)}{0.585} u_{t-1}\varepsilon_{t-3} + \varepsilon_t$

$$\text{分散比} = 0.936$$

ただし，u_t はトレンド除去後の対数失業率である。また，分散比は，推定された非線形モデルの残差の標本分散と ARMA モデルの残差の標本分散の比率である。

まず一般的な ARMA(p,q) モデルでは最適なラグ p と q が AIC に基づいて選択された。その結果，AR(2) モデルが選ばれている。次に，AR(2) モデルと比較するために GAR モデルのラグ次数を 2 に固定したうえで，(7.4) 式で表現できるすべてのモデルを推定し，AIC を最小化した。その結果，失業率の 2 期ラグの 3 乗のみが追加変数として残されているモデルが選ばれた。推定された GAR モデルを理解するために，以下のように書き直してみよう。

$$u_t = 1.500u_{t-1} - (0.553 + 0.745u_{t-2}^2)u_{t-2} + \varepsilon_t$$

この表現では，GAR モデルは，2 次の自己回帰係数が $-(0.553+0.745u_{t-2}^2)$ であるような AR(2) モデルと解釈できる。そのため，トレンドから失業率の乖離が大きい（u_{t-2}^2 が大きい）場合は小さい場合に比べ失業率の持続性が低くなる。つまり，失業率の調整の速度が，失業率がトレンドから乖離するほど速くなることを示している。調整速度は重力落下運動とはまったく逆の結果になっていることに注意しよう。読者は練習問題として，この調整過程の様子を図 7.1（b）に書き入れてみるとよいだろう。

最後に，BL モデルを推定すると，3 つのモデルの中で残差の標本分散が最小となった。ARMA 部分については AR(2) モデルに固定したうえで，(7.5) 式の一般的な BL(p, q, r, s) モデルをさまざまな r と s の組み合わせについて推定し，AIC を最小にするものが選ばれた。モデル選択の過程で r と s が線形部分のラグ次数 2 を上回る可能性も容認されているため，推定された BL モデルには $u_{t-1}\varepsilon_{t-3}$ という交差項が含まれている。

7.3　非線形性の予備検定

本節では，データに非線形性が存在するかどうか，どのような非線形モデルを選べばよいか，という点を判断するための予備検定を複数紹介する。ただし，どの検定を用いたとしても，非線形関数の形状を完全に特定できるわけではない点に注意しよう。

◆ 残差 2 乗の ACF

ARMA モデルの推定では，変数の自己相関関数（ACF）を用いて次数 p や q を選択し，残差の ACF を用いてモデルを診断することができた。通常 ACF は y_t と y_{t-i} の線形関係の度合いを測る指標として有用だが，非線形モデルの分析に用いると判断を誤る可能性がある。このことを示すために，次の非線形モデルを考えよう。

$$y_t = \varepsilon_{t-1}^2 + \varepsilon_t \tag{7.7}$$

ただし，ε_t は同一の正規分布に従う（独立な）ホワイトノイズである。

ここで $y_t = \varepsilon_{t-1}^2 + \varepsilon_t$ と $y_{t-1} = \varepsilon_{t-2}^2 + \varepsilon_{t-1}$ はともに ε_{t-1} の関数であることから，y_t と y_{t-1} は相互依存関係にある。ところが，y_t の自己相関を計算すると 0 になってしまう。この結果を確認するために，$\mathrm{var}(\varepsilon_t) = \sigma^2$ としよう。y_t の期待値を (7.7) 式から計算すると $E[y_t] = \sigma^2$ となる。さらに自己共分散は，

412　第7章　非線形モデルと構造変化

$$\gamma_i = E[(y_t - \sigma^2)(y_{t-i} - \sigma^2)]$$
$$= E[(\varepsilon_{t-1}^2 + \varepsilon_t - \sigma^2)(\varepsilon_{t-1-i}^2 + \varepsilon_{t-i} - \sigma^2)]$$
$$= E[\varepsilon_{t-1}^2 \varepsilon_{t-1-i}^2 + \varepsilon_{t-1}^2 \varepsilon_{t-i} - \varepsilon_{t-1}^2 \sigma^2 + \varepsilon_t \varepsilon_{t-1-i}^2$$
$$+ \varepsilon_t \varepsilon_{t-i} - \varepsilon_t \sigma^2 - \sigma^2 \varepsilon_{t-1-i}^2 - \sigma^2 \varepsilon_{t-i} + \sigma^2 \sigma^2]$$

となる。ここで $i \neq j$ のとき，ε_{t-i} と ε_{t-j} が独立であることを用いると，

$$E[\varepsilon_{t-i}^2 \varepsilon_{t-j}^2] = E[\varepsilon_{t-i}^2] E[\varepsilon_{t-j}^2] = \sigma^2 \sigma^2$$

となる。同様に $i \neq 0$ のときに，

$$E[\varepsilon_t \varepsilon_{t-i}^2] = E[\varepsilon_t] E[\varepsilon_{t-i}^2] = 0, \quad E[\varepsilon_t \sigma^2] = E[\varepsilon_t] \sigma^2 = 0$$

などの結果を代入すれば，

$$\gamma_i = \sigma^2 \sigma^2 + E[\varepsilon_{t-1}^2 \varepsilon_{t-i}] - \sigma^2 \sigma^2 - \sigma^2 \sigma^2 + \sigma^2 \sigma^2 = E[\varepsilon_{t-1}^2 \varepsilon_{t-i}]$$

となる。ここで $i > 1$ のすべての i について $E[\varepsilon_{t-1}^2 \varepsilon_{t-i}] = 0$ である。さらに $i = 1$ でも，ε_t が正規分布に従っているため，3 次のモーメントは $E[\varepsilon_t^3] = E[\varepsilon_{t-1}^3] = 0$ となる。つまり，すべての i について自己共分散 γ_i は 0 であり，自己相関 ρ_i も 0 である（ただし，$i \neq 0$ とする）。仮に (7.7) 式の DGP を知らされずに，y_t の観測値だけを用いて標本自己相関を計算したとしよう。標本自己相関が小さいことから，y_t の系列を誤って独立なホワイトノイズと判断してしまうかもしれない。無相関と統計的な独立性を混同してしまうのは，よくある失敗である。この例でも自己相関は 0 であるが，y_t は明らかに y_{t-1} に依存しており，独立ではない。

データから非線形性関係を探し出すための診断に，系列の 2 乗や 3 乗の ACF が役に立つ。実際に y_t^2 や推定式の残差 2 乗の ACF を用いると非線形性が明らかになることが多い。グレンジャー＝テラスバータ（Granger and Teräsvirta 1993）の用いた例では，カオスの DGP から生成されたデータで ACF を計算するとホワイトノイズと見分けがつかないが，同じ系列の 2 乗の ACF は大きな値をとることを指摘している。発散しない確定的な非線形差分方程式で，とくに収束もせずサイクルも持たない場合は**カオス的**（chaotic）であるという。

次のカオス的過程を考えよう。

$$y_t = 4y_{t-1}(1 - y_{t-1}) \tag{7.8}$$

ただし，初期値は $0 < y_1 < 1$ の範囲をとるとする。この式は，y_t が y_{t-1} と y_{t-1}^2 に依存していることを示しているが，y_t の自己相関 ACF は小さく，y_t^2 の ACF は大きい。例えば，初期値を $y_1 = 0.7$ に設定したうえで，(7.8) 式を用いて 99 個の y_t を発生させてみてほしい。その系列は完全に予測可能だが，最初の 6 つの系列相関は $\rho_1 = -0.074$，$\rho_2 = -0.072$，$\rho_3 = 0.008$，$\rho_4 = 0.032$，$\rho_5 = -0.016$，$\rho_6 = -0.030$ となることが確認できる。すべての自己相関は $1 \times$ 標準誤差 よりも 0 に近いため，0 である帰無仮説を棄却できない（**2.7** を参照）。ところが，y_t^2 と y_{t-1}^2 の相関係数は -0.281 で，y_t^3 と y_{t-1}^3 の相関係数は -0.386 となる。100 個のサンプルサイズのもとで標準誤差を計算すれば，両者は有意に 0 ではない。この例からは隠された非線形性を持ったデータであっても，系列の 2 乗（あるいは 3 乗）の ACF を用いて非線形性が検出できる可能性があることがわかる。

この考え方を用いて，線形モデルの残差 2 乗の自己相関を調べる方法としてマクラウド = リーの検定がある（**3.2** を参照）。まず，最も当てはまりの良い線形モデルをデータから推定し，その残差を $\hat{e}_t$ とする。次に，$\hat{e}_t^2$ と $\hat{e}_{t-k}^2$ の標本相関係数を r_k として，修正 Q 統計量

$$Q(s) = T(T+2) \sum_{k=1}^{s} \frac{r_k^2}{T-k}$$

から残差 2 乗の系列相関を調べる。もし $\hat{e}_t^2$ に系列相関がなければ，$Q(s)$ の値は漸近的に自由度 s の χ^2 分布に従う。帰無仮説を棄却すれば，モデルが非線形であると判断する。

別の方法として，次の回帰式から残差 2 乗の LM 検定を用いてもよい。

$$\hat{e}_t^2 = \alpha_0 + \alpha_1 \hat{e}_{t-1}^2 + \cdots + \alpha_s \hat{e}_{t-s}^2 + v_t$$

もし非線形性が存在しないのであれば，α_1 から α_s までのすべての係数が 0 になるはずである。残差のサンプルサイズが T の場合，もし非線形性がなければ，R^2 に T を掛けた検定統計量 TR^2 は自由度 s の χ^2 分布に収束する。小標本では，帰無仮説 $\alpha_1 = \alpha_2 = \cdots = \alpha_s = 0$ の F 検定を用いるとよい。読者は，この検定が ARCH 型の誤差項の検出に使われたことを記憶しているだろう。残差 2 乗の 2 つの検定は，ARCH 効果の検定であると同時に，さまざ

な非線形性に対して高い検出力を持っていることが知られている。ただし，線形性の帰無仮説が棄却されたとしても，非線形関数が具体的に何であるのかを特定できるわけではない点には注意が必要である。

◆ RESET

回帰式の特定化の誤りの検定（REgression Specification Error Test：**RESET**）もまた線形性の帰無仮説に対する対立仮説として，一般的な非線形性が想定されている。もし線形モデルの残差が独立であれば，回帰式で用いられた説明変数や回帰式の予測値とは相関しないだろう。このため回帰残差を説明変数や予測値に回帰しても統計的に有意でないはずである。RESET は次の手順に従って用いられる。

第1段階：最適な線形モデルを推定する。その回帰モデルの残差を e_t，回帰式の予測値を $\hat{y}_t$ と記述する。

第2段階：H の値を選択し，次の補助回帰式を推定する。

$$e_t = \delta' z_t + \sum_{h=2}^{H} \alpha_h \hat{y}_t^h$$

ただし，H は2以上の整数で，通常は3か4が選択される。例えば，$H = 3$ のときは第1段階で推定されたモデルの予測値の2乗（$\hat{y}_t^2$）と3乗（$\hat{y}_t^3$）が補助回帰式の説明変数となる。また z_t は第1段階で推定されたモデルに用いた変数を含むベクトルである。例えば，ARMA(p, q) モデルを推定した場合の z_t には，定数項，y_{t-1} から y_{t-p} までと ε_{t-1} から ε_{t-q} までが含まれる。外生変数が説明変数である回帰モデルにこの検定を応用する場合には，z_t はその外生変数となる。

この補助回帰式は真のモデルが線形の場合にはほとんど説明力を持たないであろう。そのため計算された F 値は小さくなる。このため帰無仮説 $\alpha_2 = \cdots = \alpha_H = 0$ の F 統計値が通常の F 分布表による臨界値よりも大きい場合に，線形仮説を棄却する。RESET は非常に計算が簡単で，ある程度の非線形性に関しては実用的に十分な検出力を持つ。

◆ BDS 検定

特定の対立仮説を想定しない，残差を使った検定は，**かばん検定**（portmantequ test）と呼ばれる。修正 Q 統計量はかばん検定の一例である。またブロックら（Brock, Dechert, Scheinkman, and LeBaron 1996）が開発した **BDS 検定**と呼ばれる方法はよく知られた独立性のかばん検定である[1]。この検定の要点は，異なる残差の組み合わせの距離を調べる点にある。ある距離の値を d として，ε_t と ε_{t-1} を2つの観測値としよう。もし ε_t の系列のすべての要素が独立であるならば，どのような残差のペア $(\varepsilon_i, \varepsilon_j)$ を選んでもその距離が d よりも小さくなる確率は i と j に依存せず一定であるはずである。BDS 検定は系列相関，係数の変化，隠れた非線形性，構造変化，その他の特定化の誤りをまとめて検出する。したがって，独立性の帰無仮説を棄却した場合でも，その原因を特定化できるわけではない。また BDS 検定はブートストラップ法を用いる場合を除き，小標本特性がそれほどよくないことに注意が必要である（ブートストラップ法は**補論 4.1** 参照）。

　残差2乗の自己相関の検定，RESET，BDS 検定はすべてかばん検定の一種であり，非常に広い対立仮説を想定している。したがって，これらの検定は非線形性の有無を確認するためには有益である一方，非線形性の形状を特定することには適さない。次に紹介する非線形性に関するラグランジュ乗数検定は，特定の帰無仮説と対立仮説を用いるため，非線形モデルを特定化したい場合には検討する価値があるだろう。

◆ ラグランジュ乗数（LM）検定

非線形モデルの関数形の検定には**ラグランジュ乗数（LM）検定**を用いることができる。非線形モデルを推定するにあたり，最適な非線形関数を選択したい場合にも LM 検定は役立つ。説明を簡単にするために，$\mathrm{var}(\varepsilon_t) = \sigma^2$ であると仮定しよう。いま $f(\cdot)$ を非線形関数として，α を $f(\cdot)$ のパラメータとする。LM 検定は次の手順に従う。

第1段階：モデルの線形部分を推定し残差 e_t を計算する。

第2段階：すべての偏微係数 $\partial f(\cdot)/\partial \alpha_i$ を求める。残差 e_t を偏微係数に回帰することで**補助回帰式**を推定し，決定係数 R^2 を求める。

第3段階：線形帰無仮説が成立すれば TR^2 の値は第2段階で使われた説明変数の数が自由度となる χ^2 分布に従う。もし TR^2 の計算値が χ^2 分布表の臨

1　BDS 検定の「BDS」は論文の当初の著者たちの頭文字であり，LeBaron は後に著者に加わった。

416　第 7 章　非線形モデルと構造変化

界値よりも大きい場合には，帰無仮説を棄却し，対立仮説を採択する。サンプルサイズが小さい場合には，F 検定が使われることが多い。

　この方法の利点は非線形モデルそのものを直接推定する必要がないことである。また複数の LM 検定を組み合わせることで，非線形関数を選択できる点も重要である。例えば，LM 検定によって GAR モデルが棄却され，BL モデルが採択されるかもしれない。残念ながら，実際に 2 つの LM 検定を用いると，GAR モデルと BL モデルの両方を同時に採択してしまう可能性が高い。そのような場合には 2 つの検定の p 値を比較することも考えられるだろう。以下の例を通じて，LM 検定の理解を深めていこう。

例 1：GAR モデル　　いま y_t が次の GAR モデルによって生成されているかどうかを確認する作業を考えよう。

$$y_t = \alpha_0 + \alpha_1 y_{t-1} + \alpha_2 y_{t-2} + \alpha_3 y_{t-1} y_{t-2} + \varepsilon_t \tag{7.9}$$

もちろん (7.9) 式を直接推定して，$\alpha_3 = 0$ という帰無仮説の t 統計値を計算することも可能である。ただし，本節は LM 検定の適用例を示すことが目的なので，便宜的に線形部分（AR(2) モデル）を推定し，その残差 e_t を求めよう。ここで非線形関数 (7.9) の偏微係数を計算すると

$$\frac{\partial y_t}{\partial \alpha_0} = 1, \quad \frac{\partial y_t}{\partial \alpha_1} = y_{t-1}, \quad \frac{\partial y_t}{\partial \alpha_2} = y_{t-2}, \quad \frac{\partial y_t}{\partial \alpha_3} = y_{t-1} y_{t-2}$$

となる。このため第 2 段階では，AR(2) モデルからの残差 e_t を，4 つの説明変数（1，y_{t-1}，y_{t-2}，$y_{t-1} y_{t-2}$）で回帰する（説明変数が 1 とは，モデルに定数項を含めることを意味する）。したがって，補助回帰式は，

$$e_t = a_0 + a_1 y_{t-1} + a_2 y_{t-2} + a_3 y_{t-1} y_{t-2} + v_t \tag{7.10}$$

となる。サンプルサイズと決定係数から計算された TR^2 が，自由度 4 の χ^2 分布の臨界値を超える場合，線形性の帰無仮説を棄却し，対立仮説の GAR モデルを採択する。別の方法として，$a_0 = a_1 = a_2 = a_3 = 0$ の複合仮説の F 検定を用いてもよい。

例 2：BL モデル　　同様の手順に従い，y_t が次の BL モデルによって生成されているかどうかを検定することもできる。

$$y_t = \alpha_0 + \alpha_1 y_{t-1} + \alpha_2 y_{t-2} + \alpha_3 \varepsilon_{t-1} y_{t-2} + \varepsilon_t$$

再度，線形部分（AR(2) モデル）を推定し，その残差 e_t をもとめよう。必要な偏微係数は，

$$\frac{\partial y_t}{\partial \alpha_0} = 1, \quad \frac{\partial y_t}{\partial \alpha_1} = y_{t-1}, \quad \frac{\partial y_t}{\partial \alpha_2} = y_{t-2}, \quad \frac{\partial y_t}{\partial \alpha_3} = \varepsilon_{t-1} y_{t-2}$$

となり，補助回帰式は次式となる。

$$e_t = a_0 + a_1 y_{t-1} + a_2 y_{t-2} + a_3 \varepsilon_{t-1} y_{t-2} + v_t \tag{7.11}$$

(7.11) 式の中で，説明変数 $\varepsilon_{t-1} y_{t-2}$ の ε_{t-1} の部分は観測不能であるため，推定された残差 e_{t-1} で代用する。もし TR^2 の観測値が自由度 4 の χ^2 分布の臨界値を超えれば，線形性の帰無仮説を棄却し，対立仮説の BL モデルを採択する。別の方法として，$a_0 = a_1 = a_2 = a_3 = 0$ の複合仮説の F 検定を用いてもよい。

ここで (7.10) 式と (7.11) 式が非常に似通っていることに注意したい。ε_{t-1} と y_{t-1} の相関は高いため，2 つの式の TR^2 は非常に近い値となる。このため同様の検定結果が得られるだろう。もし (7.10) 式で GAR モデルがよいと示唆されたならば，(7.11) 式でも BL モデルがよいと示唆されるだろう。ただし，2 つの検定の結果が役に立つことは十分にありうる。もしどちらの検定でも線形性の帰無仮説が棄却されないならば，選ばれた AR(2) モデルの信頼度は高いだろう。両方の検定で帰無仮説が棄却されれば，非線形性があるという結果については信頼できるだろう。しかし，2 つの検定の p 値に大きな差がなければ，2 つの非線形関数の形状の優劣を判断することはできない。

◆ 局外パラメータの識別不能問題

線形性を検定したい場合には，推定された非線形モデルの係数に関する制約を検定すればよいと読者は考えるかもしれない。ところが，多くの場合，「**局外パラメータ（nuisance parameter）の識別不能問題**」（もしくは「**デイビイス（Davies）問題**」）に直面することで，非線形モデルの推測が困難になってしまう。これは「帰無仮説が正しいとき，1 個以上の識別不能なモデルのパラメータの存在により，通常の t 検定，F 検定，χ^2 検定を用いた統計的推測ができない問題である」。この問題を理解するために 3 つの例を以下に取り上げる。

418　第7章　非線形モデルと構造変化

例3：べき乗モデル　　まず $y_t = \alpha_0 + \alpha_1 x_t^{\alpha_2} + \varepsilon_t$ という非線形モデルを考えよう。いま非線形最小2乗法を用いてモデルを推定し，$\alpha_2 = 0$ の帰無仮説を検定したいとする。ところが $\alpha_2 = 0$ の帰無仮説のもとで，モデルは $y_t = \alpha_0 + \alpha_1 + \varepsilon_t$ となり α_0 と α_1 の値は識別不能となる。例えば，α_0 と α_1 の和が5であれば，α_0 がどのような値でも $\alpha_1 = 5 - \alpha_0$ である限り，観測されるデータの性質は不変である。したがって，$\alpha_2 = 0$ の帰無仮説のもとで α_0 と α_1 の値を個別に識別することができない。帰無仮説 $\alpha_1 = 0$ を考えた場合でも，α_2 がどのような値であっても観測値に影響しないことから，同様の識別不能問題が生じる。この問題の本質は $\alpha_1 = 0$ のとき，計算される尤度関数が α_2 の値に依存しないことにある。一方で帰無仮説 $\alpha_0 = 0$ については α_1 と α_2 は識別可能であり，デイビス問題が生じないことに注意してほしい。

例4：構造変化　　次に $y_t = \alpha_0 + \alpha_1 y_{t-1} + \alpha_2 D_t + \varepsilon_t$ に従う構造変化モデルを考えよう。ただし，D_t は $t > T_1$ のとき $D_t = 1$，それ以外では $D_t = 0$ となるダミー変数である。構造変化点 T_1 が未知であれば，他のパラメータと同様に，T_1 も推定しなければならない。ところが，構造変化がないという帰無仮説 $\alpha_2 = 0$ のもとで，構造変化点 T_1 は識別不能である。これは $\alpha_2 = 0$ であれば，T_1 がどのような値であってもモデルには影響しないことから明らかであろう。

例5：平滑推移モデル　　最後に $y_t = \alpha_0 + \alpha_1/[1 + \exp(-\gamma y_{t-1})] + \varepsilon_t$ という非線形モデルを考えよう（ロジスティック型平滑推移自己回帰モデルと呼ばれるこのモデルについては後述する）。もし γ の値が既知であれば，新たな変数を $x_t = 1/[1 + \exp(-\gamma y_{t-1})]$ と定義し，y_t を定数項と x_t で推定することで，$\alpha_1 = 0$ の帰無仮説を直接検定できる。ところが，γ が未知の場合には，線形性の帰無仮説のもとで局外パラメータの識別不能問題が生じる。もし $\gamma = 0$ であれば，$\exp(0) = 1$ であることから，$y_t = \alpha_0 + \alpha_1/2 + \varepsilon_t$ のノイズを含む定数モデルとなる。例3と同様に，$\alpha_0 + \alpha_1/2$ を一定に保つような α_0 と α_1 の値を個別に識別することはできない。同様の理由から，帰無仮説 $\alpha_1 = 0$ を用いて線形性を検定することもできない。もし $\alpha_1 = 0$ であれば，$y_t = \alpha_0 + \varepsilon_t$ となり，モデルは γ に依存しないため識別できないのである。

　この識別問題をやや厳密に議論するために，尤度比（LR）検定を考えよう。

いまモデルから計算される（対数）尤度関数が，

$$\ln L(\alpha_1, \alpha_2)$$

のように2つのパラメータ α_1 と α_2 だけに依存するとする。

通常，尤度関数を α_1 と α_2 に関して最大化することで，無制約の推定値を計算することができる。無制約の尤度関数を $\ln L_a(\alpha_1, \alpha_2)$ と記述しよう。添え字 a は対立仮説（alternative hypothesis）の頭文字に対応している。次に，α_1 が $\bar{\alpha}_1$ に固定された尤度関数を α_2 に関して最大化することを考えよう。制約 $\alpha_1 = \bar{\alpha}_1$ が課された尤度関数を $\ln L_n(\bar{\alpha}_1, \alpha_2)$ と記述しよう。添え字 n は帰無仮説（null hypothesis）の頭文字に対応している。LR 検定統計量は，

$$2 \times [\ln L_a(\hat{\alpha}_1, \hat{\alpha}_2) - \ln L_n(\bar{\alpha}_1, \hat{\alpha}_2^r)]$$

と定義される。ただし，$\hat{\alpha}_1, \hat{\alpha}_2$ は無制約の最尤推定量，$\hat{\alpha}_2^r$ は制約のもとでの最尤推定量である。つまり，無制約で最大化された尤度関数は $\ln L_a(\hat{\alpha}_1, \hat{\alpha}_2)$ であり，制約 $\alpha_1 = \bar{\alpha}_1$ のもとで最大化された尤度関数は $\ln L_n(\bar{\alpha}_1, \hat{\alpha}_2^r)$ である。

もし帰無仮説が正しければ $\alpha_1 = \bar{\alpha}_1$ であり，どちらの尤度を最大化しても α_2 は正しく推定される。このため，$\ln L_a(\hat{\alpha}_1, \hat{\alpha}_2)$ と $\ln L_n(\bar{\alpha}_1, \hat{\alpha}_2^r)$ は近い値となり，LR 検定統計量も小さな値をとることが予想される。帰無仮説のもとで，LR 検定統計量は漸近的に自由度1の χ^2 分布に従う（一般的に自由度は制約の数に一致する）。

ここで α_2 が帰無仮説（$\alpha_1 = \bar{\alpha}_1$）のもとで識別できない場合を想定しよう。この状況を尤度関数で表現すると，尤度関数が α_2 に依存しないことから $\ln L_n(\bar{\alpha}_1, \alpha_2) = \ln L_n(\bar{\alpha}_1)$ と書ける。ところが，$\ln L_a(\alpha_1, \alpha_2)$ は α_2 に依存して変化する。帰無仮説が正しいとき，無制約の推定量 $\hat{\alpha}_1$ は $\bar{\alpha}_1$ に収束するが，識別できないパラメータの推定量 $\hat{\alpha}_2$ の挙動は不安定になるだろう。このような特殊な構造から，LR 検定統計量

$$2 \times [\ln L_a(\hat{\alpha}_1, \hat{\alpha}_2) - \ln L_n(\bar{\alpha}_1)]$$

は帰無仮説のもとで，χ^2 分布ではなく未知の分布に従い，通常の検定が不可能となる。

この問題を回避するため，デイビイス（Davies 1987）は通常の検定統計量の最大値を使う方法を提案した。LR 検定の場合には，さまざまな α_2 の値に対

420 第7章 非線形モデルと構造変化

して，LR 検定統計量

$$2 \times [\ln L_a(\hat{\alpha}_1, \alpha_2) - \ln L_n(\bar{\alpha}_1)]$$

を計算し，その最大値を検定統計量として用いる。LR 検定以外のさまざまな検定にも同様の変更が可能であり，一連の検定は**極値検定**（supremum test）と呼ばれる。極値検定統計量の分布は未知であるが，臨界値は通常はブートストラップ法を用いて求めることができる。極値検定の応用は **7.5** でも議論される。**2.11** で説明した sup F 検定も極値検定の 1 つである。

7.4　閾値自己回帰（TAR）モデル

　システムの状態に依存して y_t の動学的性質が変化する場合，その状態を「レジーム」と呼び，レジームが時間とともに変化するモデルを**レジーム転換**（regime switching：**RS**）**モデル**と呼ぶ。例えば，景気後退期には失業率が急速に上昇するが，その後，失業率が長期的な値に低下するまでには時間がかかる。しかし，景気拡大期に失業率が急速に低下することはない。このため，景気拡大レジームと景気後退レジームの間で経済状態が変化すれば，失業率の調整速度もそれに応じて変化するだろう。一般的にレジームの変化は，特定の変数の値，政策担当者の行動を変える選挙結果，観測不可能な事象等のさまざまな要因によって引き起こされると考えられる。それぞれの要因に対応した分析が可能となるように，これまでに多くのレジーム転換モデルが開発されてきた。

　市販の統計ソフトを使えば，線形モデルは簡単に推定できるが，非線形モデルの推定はそれほど単純ではない。一般的に，レジーム転換モデルを推定する場合には，統計ソフトのプログラム言語を使用しなければならないことが多い。トング（Tong 1983, 1990）によって開発されたレジームが急に変化する**TAR モデル**は OLS を用いた推定が可能である。また，レジームがゆっくり変化する**平滑推移自己回帰**（smooth transition autoregressive：**STAR**）**モデル**は，非線形最小 2 乗法や最尤法を用いて推定できる。一方，ニューラルネットワークやマルコフ転換モデル等の他の非線形モデルの推定にはより複雑な推定方法が必要とされる。

7.4 閾値自己回帰（TAR）モデル 421

◆ **基本的な閾値モデル**

図 7.1 (a) では，単純な TAR モデルが示されていた。自己回帰の持続性の度合いは $y_{t-1} > 0$ の場合に a_1 で，$y_{t-1} \leq 0$ の場合は a_2 であったことを思い出してほしい。(7.1) 式のように誤差項を追加した場合には，y_t の動きは次式で表すことができる。

$$y_t = \begin{cases} a_1 y_{t-1} + \varepsilon_{1t} & y_{t-1} > 0 \text{ のとき} \\ a_2 y_{t-1} + \varepsilon_{2t} & y_{t-1} \leq 0 \text{ のとき} \end{cases} \tag{7.12}$$

ここでは $y_{t-1} = 0$ が閾値となっている。閾値の片側では y_t は 1 つの自己回帰過程で生成され，閾値の反対側では別の自己回帰過程に従っている。それぞれのレジーム内で y_t は線形過程であるが，レジームが入れ替わる可能性があるため，全体では非線形過程となる。ここでは ε_{1t} や ε_{2t} のショックの大きさがレジームの転換の要因となっている。例えば，もし $y_{t-1} > 0$ である場合に，t 期以降の値は平均値 0 へ a_1 の速度で減衰していく傾向がある。ところが，ε_{1t} の実現値が大きく負であった場合，y_t が閾値を超えて負となる可能性がある。そして，負の領域においては $y_t = a_2 y_{t-1} + \varepsilon_{2t}$ によって生成される動学過程に従うため，調整速度は a_1 ではなく a_2 となる。誤差項 ε_{1t} の分散が大きいほど，正の領域から負の領域に転換する可能性が高くなることは容易に推察されるだろう。

TAR モデルでは，2 つの誤差項の等分散の仮定（$\text{var}(\varepsilon_{1t}) = \text{var}(\varepsilon_{2t})$）が頻繁に採用される。この仮定のもとで，(7.12) 式は次のように書き換えることができる。

$$y_t = a_1 I_t y_{t-1} + a_2 (1 - I_t) y_{t-1} + \varepsilon_t \tag{7.13}$$

ただし，I_t は y_{t-1} が閾値 0 を上回るときに 1 で，下回るときに 0 となるような**指示関数**（indicator function）である（指示関数はダミー変数ともいわれる）。まず，$y_{t-1} > 0$ の場合は，$I_t = 1$ と $1 - I_t = 0$ であるため，(7.13) 式は $y_t = a_1 y_{t-1} + \varepsilon_t$ となる。次に $y_{t-1} \leq 0$ の場合は，$I_t = 0$ と $1 - I_t = 1$ であり，(7.13) 式は $y_t = a_2 y_{t-1} + \varepsilon_t$ となる。

図 7.2 では AR モデル，GAR モデル，BL モデル，および TAR モデルが比較されている。標準正規分布から，200 個のショックの系列 ε_t を発生させた。そして，この系列 ε_t を用いて，AR モデル，GAR モデル，BL モデル，TAR モデルから仮想データを生成した。図 7.2 (a) では，AR(1) 過程から発生さ

422　第 7 章　非線形モデルと構造変化

図 7.2　線形過程と非線形過程の比較

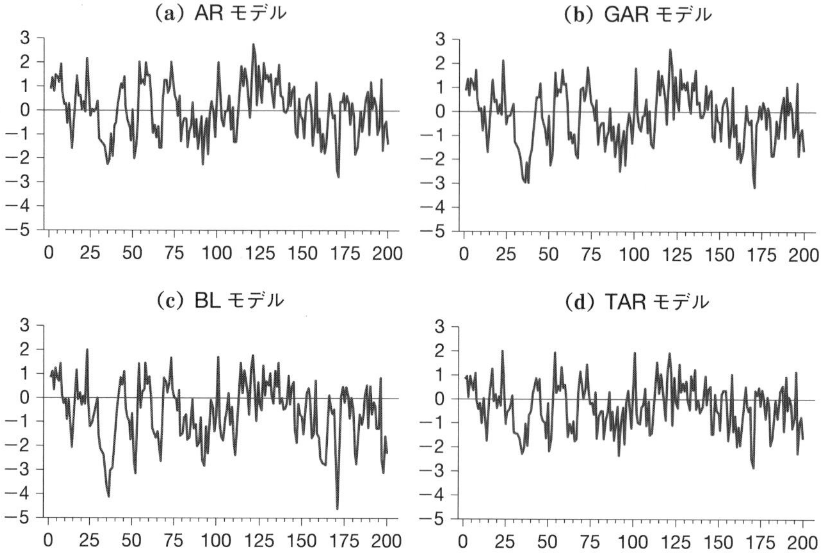

(a) AR モデル

(b) GAR モデル

(c) BL モデル

(d) TAR モデル

せた系列 y_t の時間経路を示している。ただし，初期値 $y_1 = \varepsilon_1$ とし，系列 y_t のうち，残り 199 個の値は次式に従って生成された。

$$y_t = 0.7y_{t-1} + \varepsilon_t$$

　この系列は平均 0 周りで変動していることに注目しよう。目視で確認することは難しいかもしれないが，自己相関は常に一定で，平均的に y_t の現在値の 70% 分が次期まで持続することになる。

　図 7.2（b）では，同じ確率変数 ε_t の実現値を用いて，GAR モデル

$$y_t = 0.7y_{t-1} - 0.06y_{t-1}^2 + \varepsilon_t$$

あるいは，

$$y_t = (0.7 - 0.06y_{t-1})y_{t-1} + \varepsilon_t$$

から発生させた系列の動きを示している。このモデルの特徴は，係数が確率変動する AR(1) 過程のような挙動にある。つまり，y_{t-1} の値が大きくなるほど，その自己回帰係数は小さくなる。例えば，$y_{t-1} = -2$，0，2 の数値に対応する自己回帰の持続性の度合いは，それぞれ $0.82(= 0.7 + 0.06 \times 2)$，

$0.7 (= 0.7 + 0.06 \times 0)$, $0.58 (= 0.7 - 0.06 \times 2)$ である。このため，図 7.2（b）
において，GAR 過程から発生させた負の値が正の値に比べてより高い持続性
を示している。この点を確認するため，図 7.2（a）（b）の 2 系列をとくに 35
期と 85 期の周辺の期間に注目して比較してみよう。GAR モデルによる系列
は AR モデルによる系列に比べて，原点に戻る速度が遅いことがわかる。

図 7.2（c）では，さらに同じ確率変数 ε_t の実現値を用いて，BL モデルか
ら発生させた系列を示している。初期値 $y_1 = \varepsilon_1$ に続く系列は，

$$y_t = 0.7 y_{t-1} - 0.3 y_{t-1} \varepsilon_{t-1} + \varepsilon_t$$

あるいは，

$$y_t = (0.7 - 0.3 \varepsilon_{t-1}) y_{t-1} + \varepsilon_t$$

によって発生させている。この BL モデルでは持続性の度合いが ε_{t-1} の
値に依存する。ε_{t-1} が大きいほど，持続性の度合いは小さくなる。実際に，
$\varepsilon_{t-1} < -1.0$ の期間において系列は（$0.7 - 0.3\varepsilon_{t-1}$ の値が 1 を上回るため）発散
過程のような挙動を示す。図 7.2（c）では 55 期と 165 期の周辺の期間を調べ
ると極端に大きな変動を観測することができる。しかし，その後の ε_t の値は
-1 よりも大きくなる可能性が高いことから，BL 過程が低下を続けることは
ない。

図 7.2（d）では，次の TAR モデルの時間経路が示されている。

$$y_t = 0.3 I_t y_{t-1} + 0.7 (1 - I_t) y_{t-1} + \varepsilon_t$$

ただし，$y_{t-1} > 0$ のときに $I_t = 1$，それ以外のときに $I_t = 0$ となる。まず，
$y_{t-1} \le 0$ のとき，この TAR 過程は図 7.2（a）の AR(1) 過程と同じように変
動する。このため，図 7.2（a）（d）の 0 より下の領域での動きはほぼ同じで
ある。ところが，$y_{t-1} > 0$ のとき，TAR 過程では y_t の現在値が次期に持ち越
される割合は 30% にすぎない。このため，図 7.2（a）の AR(1) 過程と比較
して，$y_{t-1} > 0$ のとき TAR 過程はより速く，0 の値へ戻る傾向がみられる。

◆ 推　　定

(7.13) 式で表現された閾値モデルは単純な OLS で推定することができる。
初めに $y_{t-1} > 0$ のときに 1 で，$y_{t-1} \le 0$ のときには 0 となるようなダミー
変数 I_t を計算する。さらに新しい変数として，$y_{t-1}^+ = I_t y_{t-1}$，$y_{t-1}^- = (1 - $

424 第 7 章 非線形モデルと構造変化

表 7.1 TAR モデルの観測値

t	1	2	3	4	5	6	7
y_t	0.5	0.3	-0.2	0.0	-0.5	0.4	0.6

$I_t)y_{t-1}$ を定義する。最後に，OLS を用いて回帰式 $y_t = a_1 y_{t-1}^+ + a_2 y_{t-1}^- + \varepsilon_t$ を推定すればよい。この方法を，各レジームが高次の AR 過程に従う場合に拡張することも簡単にできる。例えば，(7.13) 式をより一般化すると，

$$y_t = I_t \left[\alpha_{10} + \sum_{i=1}^{p} \alpha_{1i} y_{t-i} \right] + (1 - I_t) \left[\alpha_{20} + \sum_{i=1}^{r} \alpha_{2i} y_{t-i} \right] + \varepsilon_t \qquad (7.14)$$

となる。ただし，ダミー変数 I_t は，$y_{t-1} > \tau$ のとき $I_t = 1$，$y_{t-1} \leq \tau$ のとき $I_t = 0$ として定義される（この場合，閾値は $\tau = 0$ である）。

(7.14) 式では，y_{t-1} の値によって 2 つのレジームに分離されており，それぞれの AR モデルでは係数の値だけでなく，ラグの長さが異なっていてもかまわない（p と r は同じである必要はない）。まず，$y_{t-1} > \tau$ のときは $I_t = 1$ と $1 - I_t = 0$ なので，(7.14) 式は $y_t = \alpha_{10} + \alpha_{11} y_{t-1} + \cdots + \alpha_{1p} y_{t-p} + \varepsilon_t$ となる。一方 $y_{t-1} \leq \tau$ のときは $I_t = 0$ と $1 - I_t = 1$ なので，(7.14) 式は $y_t = \alpha_{20} + \alpha_{21} y_{t-1} + \cdots + \alpha_{2r} y_{t-r} + \varepsilon_t$ となる。図 7.1 (a) と図 7.2 (d) で用いたこれまでの TAR モデルと異なり，モデルの閾値 τ は 0 でなくてもよい。また図 7.1 (a) の TAR モデルは位相図の 2 つの領域間で連続性が満たされているが，(7.14) 式では閾値で非連続であってもよい[2]。もし τ が既知であれば，(7.14) 式の TAR モデルも簡単に推定することができる。まず，$y_{t-1} > \tau$ のとき 1 で，$y_{t-1} \leq \tau$ のとき 0 となるようなダミー変数 I_t を計算し，$I_t y_{t-i}$ と $(1 - I_t) y_{t-i}$ の変数をつくる。その変数を使い，OLS で回帰式を推定すればよい。数値例を示すために，時系列の最初の 7 つの観測値が表 7.1 のように与えられたとしよう。

ここで閾値が $\tau = 0$ の場合のダミー変数 I_t および y_{t-1}，$I_t y_{t-1}$，$I_t y_{t-2}$，$(1 - I_t) y_{t-1}$，$(1 - I_t) y_{t-2}$ の値の時間経路は表 7.2 で与えられる。ただし「NA (not available)」はデータの値が存在しないことを意味する。

各レジームで 2 期ラグを含むモデルを推定する場合には，次の回帰式を用い

---

2 簡単な例として，$p = 1$ と $r = 1$ の場合を考えよう。(7.14) 式が $y_{t-1} = \tau$ で連続になるためには $\alpha_{10} + \alpha_{11} \tau = \alpha_{20} + \alpha_{21} \tau$ が成立しなければならない。ここではその等式が成立せず，非連続でもよい。

7.4 閾値自己回帰（TAR）モデル　425

表 7.2　TAR モデルの観測値とダミー変数

t	1	2	3	4	5	6	7
y_t	0.5	0.3	-0.2	0.0	-0.5	0.4	0.6
y_{t-1}	NA	0.5	0.3	-0.2	0.0	-0.5	0.4
y_{t-2}	NA	NA	0.5	0.3	-0.2	0.0	-0.5
I_t	NA	1	1	0.0	0.0	0.0	1
$I_t y_{t-1}$	NA	0.5	0.3	0.0	0.0	0.0	1
$(1-I_t)y_{t-1}$	NA	0.0	0.0	-0.2	0.0	-0.5	0.0
$I_t y_{t-2}$	NA	NA	0.5	0.0	0.0	0.0	-0.5
$(1-I_t)y_{t-2}$	NA	NA	0.0	0.3	-0.3	0.0	0.0

て 6 つの α_{ij} の値を推定することになる。

$$y_t = \alpha_{10}I_t + \alpha_{11}I_t y_{t-1} + \alpha_{12}I_t y_{t-2} + \alpha_{20}(1-I_t) + \alpha_{21}(1-I_t)y_{t-1}$$
$$+ \alpha_{22}(1-I_t)y_{t-2} + \varepsilon_t$$

ここで，$y_{t-1} > 0$ のレジームでは，$I_t = 1$ と $1 - I_t = 0$ なので，$y_t = \alpha_{10} + \alpha_{11}y_{t-1} + \alpha_{12}y_{t-2} + \varepsilon_t$ であり，$y_{t-1} \leq 0$ のレジームでは，$I_t = 0$ と $1 - I_t = 1$ なので，$y_t = \alpha_{20} + \alpha_{21}y_{t-1} + \alpha_{22}y_{t-2} + \varepsilon_t$ となる。

誤差項の分散がレジームによって異なる場合の推定は少し複雑になる[3]。(7.14) 式をより一般化したモデルが次の 2 つのレジームの TAR モデルである。

$$y_t = \begin{cases} \alpha_{10} + \alpha_{11}y_{t-1} + \cdots + \alpha_{1p}y_{t-p} + \varepsilon_{1t} & y_{t-1} > \tau \text{ のとき} \\ \alpha_{20} + \alpha_{21}y_{t-1} + \cdots + \alpha_{2r}y_{t-r} + \varepsilon_{2t} & y_{t-1} \leq \tau \text{ のとき} \end{cases} \tag{7.15}$$

もし閾値 τ が既知であれば，y_{t-1} と閾値の大小関係からデータを分割できる。(7.15) 式の 2 つの部分は，それぞれに対応したデータから OLS を用いて推定可能である。ラグの次数 p と r は AR モデルの推定と同じ方法で決定できる。つまり，個別の係数に関する t 検定，係数のグループに関する F 検定，あるいは AIC や BIC 等を用いたラグ次数選択が考えられる。

例えば，$\tau = 0$ の場合には，観測値を並べ替えて y_{t-1} が 0 よりも大きいかどうかで 2 つのグループに分類する。ここでは $y_{t-1} = 0$ の値をとる場合は $y_{t-1} < 0$ と同じように分類されるため，先の 7 つの観測値に基づく 2 つのレジームは表 7.3 のようになる。

3　ただし，選ばれた閾値が正しければ，どちらの方法を用いても，切片と傾きの係数の OLS は一致推定量である。

426　第7章　非線形モデルと構造変化

表 7.3　TAR モデルの推定

正値		負値	
y_t	y_{t-1}	y_t	y_{t-1}
0.3	0.5	0.0	-0.2
-0.2	0.3	-0.5	0.0
0.6	0.4	0.4	-0.5

　2 つの AR(1) 過程はレジームごとに別々に推定される。(y_t, y_{t-1}) の
ペアとして，1 本目の回帰式には $(0.3, 0.5)$，$(-0.2, 0.3)$，$(0.6, 0.4)$ が用
いられ，2 本目の回帰式には $(0.0, -0.2)$，$(-0.5, 0.0)$，$(0.4, -0.5)$ が用
いられる。各レジームが AR(2) モデルであっても推定は少し複雑にな
るだけである。AR(2) モデルでは (y_t, y_{t-1}, y_{t-2}) として，1 本目の回帰
式は $(-0.2, 0.3, 0.5)$，$(0.6, 0.4, -0.5)$ が用いられ，2 本目の回帰式には
$(0.0, -0.2, 0.3)$，$(-0.5, 0.0, -0.2)$，$(0.4, -0.5, 0.0)$ が用いられる。

◆ 未知の閾値

　実際の分析では，ほとんどの場合，TAR モデルの閾値は未知であり，他の
パラメータと同時に閾値を推定する必要がある。このためチャン（Chan 1993）
は閾値 τ を推定するための方法を提案した。閾値推定の説明のために，図 7.3
に示されている系列を生成した TAR モデルを考えよう（データは SIM_TAR.XLS
から利用できる）。もし閾値が意味を持つのならば，実際の系列は閾値と交差し
ていなければならない。例えば，交差していない 4 という値を閾値に用いるこ
とは意味をなさないだろう（図 7.3 に 4 の値で横線を引くと，データはその直線を
超えることはない）。そのため，τ は系列の最大値と最小値の間の値でなければ
ならない。さらに閾値の両側に，推定に必要なサンプルサイズを確保するため
に，データの上位 15% より大きい値と下位 15% より小さい値を探索の範囲
から除外するとよいだろう。例えば，一方のレジームの観測値が 20 しかない
ような場合，そのレジームの推定値の精度が低くなってしまう。もしサンプル
サイズが十分に大きければ，上から 10% と下から 10% を閾値の候補から除
外するだけでよいかもしれない。

　この例では，上位 15% と下位 15% を除外して，閾値 τ がデータの中間の
70% の範囲に含まれるとする。つまり，その範囲の中であれば，どの観測値
も閾値として選ばれる可能性がある。そこで，まず探索の範囲に入っている
最初の観測値 y_1 を閾値 $\tau = y_1$ として，(7.14) 式，または (7.15) 式を推定し，

7.4 閾値自己回帰（TAR）モデル

図 7.3 閾値の推定

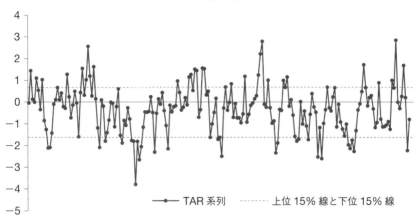

その残差平方和（2乗和）を求める．図 7.3 からわかるように，y_2 はバンドの外にあるので $\tau = y_2$ を閾値に用いた推定は不要である．次に，バンド内にある $\tau = y_3$ を用いて TAR モデルを推定し，残差平方和を求める．バンド内にある他の観測値についても，同様の推定を繰り返す．サンプルサイズ 200 を用いた場合，約 141 の TAR モデルの推定値が得られる[4]．このうち，最も残差平方和が小さい回帰式で用いられた値が閾値の一致推定量となる．このようにして，候補値を少しずつ動かしながら未知の値を探索する方法は**グリッドサーチ**（grid search）と呼ばれる．

ロスマン（Rothman 1998）は米国の失業率の TAR モデル推定で興味深い結果を得ている．(7.15) 式に対応した 2 つのレジームのモデルの推定結果は，

$$u_t = \underset{(3.46)}{0.0529} + \underset{(16.03)}{1.349 u_{t-1}} - \underset{(-9.37)}{0.665 u_{t-2}} + \varepsilon_{1t} \qquad u_{t-1} \geq 0.062 \text{ のとき}$$

$$u_t = \underset{(14.27)}{1.646 u_{t-1}} - \underset{(-6.37)}{0.733 u_{t-2}} + \varepsilon_{2t} \qquad u_{t-1} < 0.062 \text{ のとき}$$

となる（**7.2** では，このデータを AR(2)，GAR，BL モデルで推定した）．高失業率のレジームと低失業率のレジームは，閾値 $u_{t-1} = 0.062$ で分離されている．

TAR モデルの AR(2) モデルに対する残差の標本分散比は 0.942 なので，残差平方和で測ったモデルの説明力は AR(2) モデルや GAR モデルよりも高いが，BL モデルよりも低い．閾値 τ は TAR モデルの推定されたパラメータ

---
[4] プログラム言語が使える環境では，ループ（loop）機能を用いて，推定を 141 回繰り返す処理をすればよい．

428 第7章 非線形モデルと構造変化

の1つであることを考慮すれば，AR(2) モデル，GAR モデル，BL モデル，
TAR モデルに含まれるパラメータの数はそれぞれ 2，3，3，6 である。この
ため，AIC を最小にするモデルは BL モデルであり，それ以外は AR モデル，
GAR モデル，TAR モデルの順序となる。AIC を用いると，ほとんどの研究
者は BL モデルを選択し，TAR モデルを採用しないであろう。

7.5 TAR モデルの拡張

TAR モデルには，GAR モデルや BL モデルと比べて解釈上大きく異なる
点がある。GAR モデルと BL モデルは，非線形過程の形状が未知の場合の近
似として有用である。ところが，テイラー近似に基づいてモデルを特定化する
あいまいなアプローチに懐疑的な研究者も少なくない。一方，TAR モデルで
は，経済状態に依存する調整過程の1つの形態を具体的に明示している。こ
のため，TAR モデルの人気は高く，多くの拡張が提案されている。本節では，
こうした TAR モデルの拡張について説明する。

◆ 遅れのパラメータの選択

これまでに取り上げた TAR モデルではレジームが y_{t-1} の値に依存して
決定された。しかし，レジームの転換には1期より長い時間がかかるかも
しれない。そのような場合には，レジームの転換のタイミングを $y_{t-d}(d =
1, 2, 3, \dots)$ に依存させればよい。システムは $y_{t-d} > \tau$ のときにレジーム 1，
$y_{t-d} \leq \tau$ のときにレジーム 2 として記述される。ここで**遅れのパラメータ** d
の選択には，いくつかの方法が利用できる。標準的な方法では，さまざまな d
の候補について個別に TAR モデルを推定する。残差平方和が最小のモデルに
用いた d が，遅れのパラメータの一致推定量となる。別の方法として，最も小
さい AIC や BIC に対応したものを選ぶこともできる。後者の方法は，最適な
p や r（別々のレジームのラグ次数）の値が d の選択に依存する場合には便利であ
る。

◆ 複数のレジーム

いくつかの事例では，2つよりも多いレジームを想定することが望ましいか
もしれない。例えば，ショックがレジーム間で変化しないと仮定した場合，金
利スプレッド s_t の TAR モデル (7.1) 式を次のように表すことができる。

$$s_t = \begin{cases} \bar{s} + a_1(s_{t-1} - \bar{s}) + \varepsilon_t & s_{t-1} > \bar{s} \text{ のとき} \\ \bar{s} + a_2(s_{t-1} - \bar{s}) + \varepsilon_t & s_{t-1} \leq \bar{s} \text{ のとき} \end{cases}$$

取引費用 c の存在によってスプレッドが $\bar{s}$ へと完全に調整されることを妨げているとしよう。もし s_{t-1} と $\bar{s}$ の乖離が取引に必要な費用を下回っているならば，資産をある証券から別の証券に移したとしても利益を得ることはできないだろう。このため，スプレッドがどちらの方向にも収束せずに自由に変動するような中立的な間隔である「バンド」が存在するかもしれない。このバンドの内側ではスプレッドが $\bar{s}$ となるような経済的誘引は存在しない。ところがバンドの外側では，スプレッドを $\bar{s}$ に近づける強い誘引が生まれる。この動きを捉えるための簡単な方法として**バンド**（band）**TAR モデル**がある。

$$\begin{aligned} s_t &= \bar{s} + a_1(s_{t-1} - \bar{s}) + \varepsilon_t & s_{t-1} > \bar{s} + c \text{ のとき} \\ s_t &= s_{t-1} + \varepsilon_t & \bar{s} - c < s_{t-1} \leq \bar{s} + c \text{ のとき} \\ s_t &= \bar{s} + a_2(s_{t-1} - \bar{s}) + \varepsilon_t & s_{t-1} \leq \bar{s} - c \text{ のとき} \end{aligned}$$

この特定化では，スプレッドの長期均衡値から取引費用を加減したものから計算される中立バンドの外側でなければ，平均回帰的な動きが生じることがない。このため，バンドの内側のスプレッドの動きはランダムウォークで記述される。バルケ゠フォンビー（Balke and Fomby 1997）は，バンド TAR モデルを用いて金利の期間構造モデルを推定した。もし c が未知であれば，既に説明したグリッドサーチを用いて，c の値を推定することも可能である。

より一般的な複数レジームモデルでは，各レジームを個別の AR 過程で表現する。次節で議論するように，グラフを利用する手法を使えば複数の閾値を探すことができる。

◆ 閾値の推定：再論

7.4 ではチャン（Chan 1993）による閾値の一致推定量の計算方法を説明した。しかし，グラフを用いる方法の中には，推定値の精度を高めるために役立つものがある。一般的にどの TAR モデルの残差平方和も，それぞれの推定で使われた閾値の関数として考えることができる。サンプルサイズが十分大きければ，「残差平方和は閾値の候補が真の値に近いほど小さくなり，ちょうど真の閾値で最小になっている」と期待される。複数の閾値がある場合には，残差平方和にいくつかの極小値があるだろう。以上の点から，閾値を探索する次の

430 第 7 章　非線形モデルと構造変化

ような手順が導かれる。

第 1 段階：閾値変数（つまり y_{t-d}）を最小値から最大値まで昇順（小さい順）に並べ替える。並べ替えた i 番目の値を y^i とする（y^i は y の i 乗ではないことに注意）。つまり，T 個の観測値を持つ標本の場合，y^1 は y_{t-d} の最小値で，y^T は最大値である。

第 2 段階：y^i の系列の連続した値を閾値に用いて，(7.14) 式や (7.15) 式の TAR モデルを推定する。すべてのモデルの残差平方和を保存しておく。閾値の両側に 15% の観測値を確保するために y^i の中間 70% のみを閾値の候補として使用する。例えば，観測値の数が 200 の場合には，$\tau = y^{30}$ から推定を開始して $\tau = y^{170}$ まで，合計 141 の TAR モデルを推定する。推定が終わった時点で 141 の残差平方和が計算されていることになる。

第 3 段階：残差平方和の系列のグラフを作成する。$\tau = y^{30}$ に対応する残差平方和を SSR(30) として，$\tau = y^{170}$ に対応する残差平方和を SSR(170) とすると，SSR(30) から SSR(170) までのすべての値を図示する。

　TAR モデルに 1 つの閾値があるならば，第 3 段階で描いた SSR のグラフに 1 つの底があるだろう。例えば，SSR(132) が底値であることが明確であれば，閾値の一致推定量は $\tau = y^{132}$ である。この場合，$\tau = y^{132}$ に対応している TAR モデルが最も当てはまりが良い。もし底が 2 つ存在すれば，潜在的な閾値が 2 つあることになる。

　もう少し詳細な説明のために，図 7.3 の 200 個の値を生成するために用いたモデルを再考しよう。

$$y_t = 0.3 I_t y_{t-1} + 0.7(1 - I_t)y_{t-1} + \varepsilon_t$$

ただし，$y_{t-1} > 0$ のとき $I_t = 1$，それ以外では $I_t = 0$ となる。

　図 7.4 には，図 7.3 とまったく同じデータを昇順に並べ替えたものが示されている。図 7.3 をみると，70% のバンドの内側に入る最初の値（つまり y^{30}）は -1.601 であることがわかる。このため，最初の TAR モデルの推定値には $\tau = -1.601$ が用いられる。2 番目の推定では，並び替えた系列の次の値を閾値に用いる。この 2 番目の値（つまり y^{31}）は -1.582 であったため，2 番目の推定には $\tau = -1.582$ を使う。この手続きを繰り返すことで，真の閾値である 0 に近づいていく。ここで残差平方和の値は図示していないが，閾値が

7.5 TAR モデルの拡張

図 7.4 並び替えた閾値変数の観測値

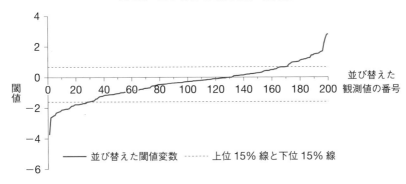

−1.601 から $\tau = 0$ の方向に移動するに従い，TAR モデルの当てはまりは改善する．ところが，一度真の閾値を超えて，0 より大きい τ を用いると残差平方和は上昇に転じる．このように残差平方和のプロットは $\tau = 0$ のときに最小となる．同じ結果は SIM_TAR.XLS のファイルにあるデータで再現可能である．ファイル中の 2 列目と 3 列目が，実験で生成された 200 の系列と昇順に並び変えた系列にそれぞれ対応している．

真のモデルに 2 つの閾値が存在する場合はどうだろう．ここで一方の閾値が −1 で残りが 0 である場合を想定してみよう．図 7.4 をみると，閾値が −1 と 0 に対応している y は，$y^{55} = -1$ と $y^{132} = 0$ であった．このとき，仮想的に残差平方和として図 7.5 のような結果が得られたとしよう．TAR モデルの最初の閾値の候補 y^{30} から y^{55} までは残差平方和が減少する．閾値が −1 を超えた点で残差平方和は増加に転じることがわかる．しばらく残差平方和の増加傾向が続くが，2 番目の閾値である 0 に近づくと残差平方和は再び減少を始める．並べ替えた系列の 132 番目にある 2 つ目の谷は 2 つ目の閾値 $\tau = 0$ に対応している．多くの研究者は，図 7.5 のような 2 つの谷の位置を用いて，閾値が 2 つあるモデルを推定するだろう．しかし，谷の形状がはっきりしない場合には，研究者の主観が入る余地がある．ある研究者にとって谷にみえるものが，別の研究者にはそうみえないかもしれない．

◆ 閾値回帰モデル

伝統的な回帰モデルでも同様の閾値を用いることがある．次のようなモデルを考えよう．

図 7.5 2つの閾値と残差平方和

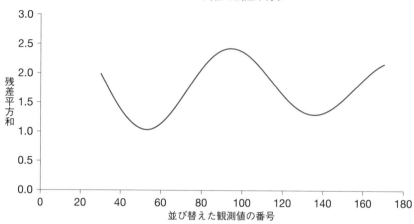

$$y_t = a_0 + (a_1 + b_1 I_t)x_t + \varepsilon_t$$

ただし，$y_{t-d} > \tau$ のとき $I_t = 1$，それ以外では $I_t = 0$ となる．ここで，x_t は任意の説明変数である（y_t のラグである必要はない）．

このモデルでは，$y_{t-d} \leq \tau$ のとき，x_t から y_t への効果は a_1 で示される．一方，$y_{t-d} > \tau$ のとき，x_t から y_t への効果は $a_1 + b_1$ となる．このため，もし a_1 と b_1 がともに正であれば $y_{t-d} \leq \tau$ の場合よりも $y_{t-d} > \tau$ の場合のほうが x_t の変化は y_t に対してより大きな効果を持つ．閾値が未知の場合には，前述のチャンの方法を用いて推定すればよい．例えば，シェン=ヘイクス (Shen and Hakes 1995) は，台湾の中央銀行の非線形反応関数を推定した．高インフレ期と低インフレ期で中央銀行が異なる政策を用いることが念頭に置かれている．別の応用例では，ガルブレイス (Galbraith 1996) がカナダと米国の資金市場の逼迫の度合いに依存して金融政策の効果が異なることを示している．

◆ TAR モデルの予備検定

次のような単純な TAR モデルを考えよう．

$$y_t = I_t(\alpha_{10} + \alpha_{11} y_{t-1}) + (1 - I_t)(\alpha_{20} + \alpha_{21} y_{t-1}) + \varepsilon_t \qquad (7.16)$$

ただし，$y_{t-1} > \tau$ のとき $I_t = 1$，$y_{t-1} \leq \tau$ のとき $I_t = 0$ となる．線形性の帰無仮説のもとでは，(7.16) 式は AR(1) 過程となる．

$$y_t = \alpha_{10} + \alpha_{11}y_{t-1} + \varepsilon_t$$

このため，(7.16) 式を推定して $\alpha_{10} = \alpha_{20}$ と $\alpha_{11} = \alpha_{21}$ が成立するかどうかを通常の F 検定で判断することが可能だ。ところが閾値が未知の場合，α_{10}，α_{20}，α_{11}，α_{21} の値を推定するために τ の値を探索していることから，通常の F 検定とは別の方法が必要となる。これは2つのレジームの当てはまりが改善されるように閾値 τ を選ぶことでレジームの係数の差を拡大させ，通常の（当てはまりを良くするように τ の値を探索しない）場合に比べて，F 統計量が大きくなってしまうからである。

この問題に対して別の見方をすると，線形性の帰無仮説のもとで識別されない局外パラメータが存在している。帰無仮説のもとでモデルは線形（つまり $\alpha_{11} = \alpha_{21}$）であり，閾値 τ の推定値がどのような値であってもよいという意味で識別されていない。

デイビス（Davies 1987）に従って，閾値モデルの検定として，極値検定を採用することができる。実際にハンセン（Hansen 1997）はブートストラップ法から，有限標本における極値検定統計量の臨界値を計算する方法を提案している。閾値モデルの極値検定では，すべての可能な τ の値を探索して最も当てはまりの良いモデルを選ぶ。最も当てはまりの良い閾値モデルの残差平方和を SSR_u とする。同様に，線形制約をモデルに課した場合の残差平方和を SSR_r とする。もし利用可能な観測値の数が T であれば，伝統的な F 統計量は次のように計算される。

$$F = \frac{(SSR_r - SSR_u)/n}{SSR_u/(T - 2n)}$$

ただし，n は線形モデルを推定した場合のパラメータの数である。この例では $n = 2$ となる。

ところが，この F 統計量は F 分布の臨界値と直接比べることはできない。その代わりに，ハンセンのブートストラップ法を用いて，この F 統計量の棄却域を求める。まず，標準正規分布から発生させた T 個の乱数を e_t で表すことにする（あるいは，回帰式の残差を復元抽出することで T 個の e_t を生成してもよい）。この e_t を従属変数として扱い，e_t を観測された y_{t-1} に回帰して計算された SSR_r の推定値を SSR_r^* と呼ぶ（つまり，$e_t = \alpha y_{t-1}$ の回帰式を推定する）。同様に，すべての τ の値に関して，e_t を I_t，$1 - I_t$，$I_t y_{t-1}$，$(1 - I_t)y_{t-1}$ に回帰して，その中で最も当てはまりの良い回帰式を選ぶ。この回帰式から計算

434   第7章　非線形モデルと構造変化

される残差平方和を SSR_u^* と呼ぶことにしよう。2つの残差平方和を用いて，次の値を計算する[5]。

$$F^* = \frac{(SSR_r^* - SSR_u^*)/n}{SSR_u^*/(T - 2n)}$$

これを 1000 回繰り返し，それぞれ F^* の値を記録していくことで，F^* の分布を得ることができる。1000 個の F^* を小さい順に並べて，950 番目（0.95×1000）の F^* を有意水準 5% の臨界値とする（この値は F^* の 95 パーセンタイルとも呼ぶ）。もとのデータから計算された F 統計量がこの臨界値よりも大きい場合に，5% の有意水準で線形性の帰無仮説が棄却される。繰り返し回数を 1000 回ではなく 1 万回とすると，1 万個の F^* を小さい順に並べて，9500 番目（0.95×10000）の F^* を有意水準 5% の臨界値とすればよい。

この方法は (7.14) 式で与えられる高次の閾値モデルの検定にも一般化することができる。(7.14) 式を推定して SSR_u を計算し，$\alpha_{1i} = \alpha_{2i}$ の制約がすべて課されている線形モデルの推定から SSR_r を計算する。e_t を線形モデルに含まれるすべての説明変数に回帰して SSR_r^* を計算して，e_t を (7.14) 式に含まれるすべての説明変数に回帰して SSR_u^* を計算する。数千回繰り返し計算することで，F^* の分布の良い近似を得ることができる。

◆ TAR モデルと内生的な構造変化

注意深い読者は，閾値モデルと構造変化のモデルの類似性に気づいたのではないだろうか。閾値モデルで閾値変数が「時間」である場合，閾値モデルは構造変化モデルと一致する。**2.11** の例 4 では，$1 \leq t \leq 100$ のときは $y_t = 1 + 0.5y_{t-1} + \varepsilon_t$ で $101 \leq t \leq 150$ のときは $y_t = 2.5 + 0.65y_{t-1} + \varepsilon_t$ から発生させた仮想データを分析した（図 2.9 と `YBREAK.XLS` のファイルを参照すること）。構造変化点が既知である場合には，ダミー変数 D_t と変数 $D_t y_{t-1}$ を用いて次式を推定することができた。

$$y_t = \underset{(7.22)}{1.6015} + \underset{(2.76)}{0.2545 y_{t-1}} - \underset{(-0.39)}{0.2244\, D_t} + \underset{(4.47)}{0.5433 D_t y_{t-1}}$$

ただし，$t < 101$ のとき $D_t = 1$，それ以外は $D_t = 0$ である。ここで $D_t y_{t-1}$

5　F^* の計算に用いる回帰式の従属変数は独立な乱数であり，もとの式の回帰式とは異なっている点に注意してほしい。つまり，ブートストラップ法によってデータを発生させたモデルの y_{t-1} の係数は 0 であり，回帰を繰り返せば係数推定値の平均は 0 に近づいていくだろう。異なる回帰式から求めた F^* から F の臨界値が計算できることは，F の分布が帰無仮説の線形モデルの係数の値に依存しないことから正当化される。

の係数は有意であり，この系列に構造変化があることが検証できた。もちろん，このモデルは次式のように表現された閾値モデルと同一である。

$$y_t = \underset{(2.60)}{(1.3771} + \underset{(10.10)}{0.7977y_{t-1})}I_t + (1 - I_t)(\underset{(7.22)}{1.6015} + \underset{(2.72)}{0.2545y_{t-1}})$$

ただし，$t < 101$ のとき $I_t = 1$，それ以外は $I_t = 0$ である。

また構造変化点が未知である場合には，極値検定を用いた分析が可能である。推定モデルの残差平方和を最小にするような構造変化点が $t = 100$ であることが確認できた。この値を閾値とした場合の残差平方和は 138.63 である。線形性の帰無仮説のもとでモデルを推定すると，以下の式が得られる。

$$y_t = \underset{(2.64)}{0.4442} + \underset{(22.76)}{0.8822y_{t-1}}$$

この推定式の残差平方和は 195.18 である。観測値は 149 個あり，閾値モデルは線形モデルに比べて 2 つ係数の数が多いため，F 統計量は，

$$F = \frac{(195.18 - 138.63)/2}{138.63/(149 - 4)} = 29.57$$

となる。

この統計量の臨界値を計算するためには，まず 150 の確率変数を発生させて，e_t の系列を作る。実際の系列が正規分布とは限らないので，ここでは線形モデルの残差を復元抽出して生成した。その系列で補助回帰式 $e_t = \alpha_0 + \alpha_1 y_{t-1} + \varepsilon_t$ を推定する。次に区間 $22 < t < 128$ において 1 の値となり，それ以外は 0 の値となる指示関数 I_t を作り，以下の閾値モデルを推定する。

$$e_t = I_t(\alpha_{10} + \alpha_{11}y_{t-1}) + (1 - I_t)(\alpha_{20} + \alpha_{21}y_{t-1}) + \varepsilon_t$$

この回帰式から，帰無仮説 $\alpha_{10} = \alpha_{20}$ と $\alpha_{11} = \alpha_{21}$ の F 統計量を計算し，F^* とする。この手続きを数千回繰り返すことで F^* の分布を得る。この分布と $F = 29.57$ を比較する。読者が YBREAK.XLS のファイルを用いてこの手続きに従った場合，F^* の 95 パーセンタイル，つまり，有意水準 5% の臨界値は 3.15 に近い値となるだろう。このため，線形性の帰無仮説は明確に棄却される。

以上の例を用いて，より一般的な問題を指摘することができる。カラスコ（Carrasco 2002）は，データが閾値モデルから生成されている場合に，ダミー変数を用いた通常の構造変化検定の検出力が非常に低いことを示している。レジームが複数あるような TAR モデルは，ダミー変数でうまく検出することが

436 第 7 章 非線形モデルと構造変化

できないのである。ところが，y_{t-d} を閾値変数に用いる閾値モデルの検定を用いた場合，閾値による非線形性と構造変化を同時に検出することができる。たとえ実際の構造変化が時点 t で 1 回のみ生じた場合でも，y_{t-d} を閾値変数に用いることで系列の挙動をうまく近似してくれるのである。これは構造変化点 t で，y_t の値が急に上昇した場合，y_{t-d} の値は，t 期以前は低くなり，t 期以後は高くなる傾向を示すことによる。この理由により，カラスコは閾値モデルをパラメータの安定性の一般的な検定に用いることを奨励している。

7.6 TAR モデル推定の 3 つの実践例

おそらく TAR モデルの特性を理解する最短の近道は，実際のデータを分析してみることだろう。本節では，失業率，金融政策，資本ストック調整を例にして，閾値モデルの理解を深めていく。

◆ 失 業 率

ロスマン (Rothman 1998) 以外にも，多くの研究が米国の失業率に非線形性があることを示唆している。読者はデータ UNRATE.XLS を用いて本節の推定作業を再現してほしい。図 7.6 は 1960 年 1 月から 2013 年 6 月までの月次失業率の値を示している。1982 年に失業率は 10.8% まで上昇しているが，その時期以外にも 1970 年，1973 年，1991 年，2001 年，2008 年に急上昇が観測される。サンプルサイズ 642 の平均値は 6.10%，標準偏差は 1.61% である。

読者は試行錯誤を経ることで，次の線形階差モデルの当てはまりの良さを確認できるだろう。

$$\begin{aligned}
\Delta u_t = {} & \underset{(0.09)}{0.0005} + \underset{(1.48)}{0.058\Delta u_{t-1}} + \underset{(5.88)}{0.228\Delta u_{t-2}} + \underset{(4.87)}{0.188\Delta u_{t-3}} \\
& + \underset{(3.59)}{0.140\Delta u_{t-4}} - \underset{(-3.58)}{0.128\Delta u_{t-12}}
\end{aligned} \tag{7.17}$$

ただし，SSR = 14.883，AIC = 1710.45，BIC = 1737.12 である。後述する F 検定において，線形モデルの残差平方和 SSR を用いるので，SSR = 14.883 であることを覚えておいてほしい。

このモデルの残差の系列相関は非常に小さく，最初の 12 個の系列相関係数は以下となる。

図 7.6 米国の失業率（%）

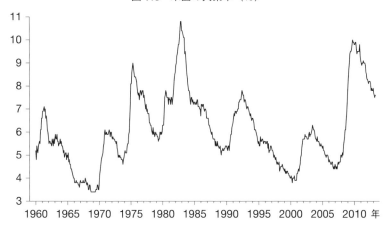

ρ_1	ρ_2	ρ_3	ρ_4	ρ_5	ρ_6	ρ_7	ρ_8	ρ_9	ρ_{10}	ρ_{11}	ρ_{12}
−0.01	−0.02	−0.02	−0.01	0.04	0.04	−0.01	0.03	0.02	0.00	0.07	−0.02

定数項と Δu_{t-1} の係数が有意でないことから，実際の分析ではこれらを除いたモデルを再推定することになるだろう。

RESET を用いて非線形性を確認してみよう。いま (7.17) 式の回帰式の残差の系列を e_t としよう。残差系列 e_t を説明変数と回帰予測値のべき乗に回帰すれば，以下の結果を得る。

$$e_t = \underset{(-0.64)}{0.006} - \underset{(1.15)}{1.59\Delta \hat{u}_t^2} - \underset{(0.88)}{10.36\Delta \hat{u}_t^3} + \underset{(-1.05)}{33.94\Delta \hat{u}_t^4} + 追加項$$

ただし，追加項の説明変数として $\Delta \hat{u}_{t-1}$, $\Delta \hat{u}_{t-2}$, $\Delta \hat{u}_{t-3}$, $\Delta \hat{u}_{t-4}$, $\Delta \hat{u}_{t-12}$ が含まれている。ここでは，帰無仮説（$\Delta \hat{u}_t^2$, $\Delta \hat{u}_t^3$, $\Delta \hat{u}_t^4$ の係数が同時に 0）とした F 統計量が 1.42 となった。分子の自由度 3，分母の自由度 620 の p 値は 0.234 である。このため，RESET は非線形性の存在を示唆しない。ただし，RESET は非常に広い範囲の対立仮説を想定しているため，どのような非線形性に対しても十分な検出力があるわけではない。

実際に，他の診断方法を用いると線形性の仮定の有効性に疑問が生じる。残差 2 乗の LM 検定のために，次の補助回帰式を考えよう。先ほどと同様，e_t は (7.17) 式の残差系列である。

$$e_t^2 = \underset{(8.68)}{0.018} + \underset{(3.59)}{0.143 e_{t-1}^2} + \underset{(2.40)}{0.096 e_{t-2}^2}$$

438　第 7 章　非線形モデルと構造変化

帰無仮説（説明変数 e_{t-1}^2 と e_{t-2}^2 の係数が同時に 0）とした F 統計量は 10.95 となり，線形性の帰無仮説は有意に棄却される。

　興味深いことに，他の検定を用いても非線形性が示唆される。次の回帰式を考えよう。

$$e_t = -0.0078 + 0.3298e_{t-1}^2 \qquad (7.18)$$
$$(-1.11)\quad\;\; (2.30)$$

(7.18) 式から（正負にかかわらず）前期の非常に大きな誤差は，今期に「正」の誤差を生じさせるような関係があることがわかる。線形モデルでは調整は対称的であるため，残差が過去の残差 2 乗と相関することはありえない。

　もし $d = 1$ として，(7.14) 式を推定した場合，残差平方和を最小にするような閾値は $\tau = 0.070$ であることがわかる。図 7.7 は，それぞれの閾値 τ に対応した残差平方和 SSR(τ) を示している。この図をみると，$\tau = 0.070$ の位置で 1 つの谷があることがわかるだろう。もう 1 つの谷が $\tau = 0.025$ の付近にも存在するが，2 つの谷の間隔が十分に狭いため，複数の閾値が存在する可能性は無視してよいだろう。また他の遅れのパラメータを導入しても，$d = 1$ の場合ほど良い結果は得られない点にも留意したい。例えば，$d = 1, 2, 3$ のときの残差平方和の最小値は，それぞれ 14.296，14.319，14.385 である（ここで τ の推定値は $d = 2, 3$ のとき，それぞれ 0.022，-0.029 となる）。このことから，遅れのパラメータは 1 とみなしてよいと明確に判断できる。

　もし $d = 1$ と $\tau = 0.070$ に設定すると，推定式は以下のようになる。

$$\Delta u_t = I_t(-\underset{(-3.28)}{0.070} + \underset{(3.84)}{0.381\Delta u_{t-1}} + \underset{(5.22)}{0.345\Delta u_{t-2}} + \underset{(1.90)}{0.126\Delta u_{t-3}}$$
$$+ \underset{(1.25)}{0.084\Delta u_{t-4}} - \underset{(-2.08)}{0.148\Delta u_{t-12}}) + (1 - I_t)(-\underset{(-0.47)}{0.004}$$
$$- \underset{(-0.57)}{0.039\Delta u_{t-1}} + \underset{(2.48)}{0.122\Delta u_{t-2}} + \underset{(3.73)}{0.179\Delta u_{t-3}} + \underset{(3.35)}{0.159\Delta u_{t-4}}$$
$$- \underset{(-3.09)}{0.126\Delta u_{t-12}})$$

$$\text{SSR} = 14.296, \quad \text{AIC} = 1697.12, \quad \text{BIC} = 1750.45$$

ただし，$\Delta u_{t-1} > 0.070$ のとき $I_t = 1$，$\Delta u_{t-1} \leq 0.070$ のとき $I_t = 0$ となる。

　ここで AIC は TAR モデルを選択するのに対して，BIC は (7.17) 式の線形モデルを選択することに留意したい。しかし，TAR モデルには，標準誤差が大きい（t 値が小さい）係数の推定値も含まれており，本当に閾値が存在するかどうかの検定も必要である。この目的のために，線形性の帰無仮説の F 統計量を次のように計算する。

図 **7.7** 残差平方和と閾値の候補

$$F = \frac{(14.883 - 14.296)/6}{14.296/(629 - 12)} = 4.22$$

閾値を推定する必要があったため，4.22 の値を通常の F 分布表と比べることはできない。しかし，ハンセンのブートストラップ法を使えば，p 値が 0.25% で帰無仮説を棄却し，閾値が存在するといえる。

閾値 τ は探索することが必要であったため，閾値モデルの係数の統計的推測は，それほど単純ではない。t 統計量を用いても実際の係数の有意水準の目安としての役割しか果たせない。問題は Δu_{t-i} の係数が，I_t や $(1-I_t)$ との積となっているために，その値が τ の推定値に依存している点にある。それでも，$I_t \Delta u_{t-4}$ と負の領域の定数項と $(1-I_t)\Delta u_{t-1}$ を除くと 2 つの情報量規準（AIC と BIC）が改善することから，より単純なモデルの選択が示唆される。また $I_t \Delta u_{t-12}$ と $(1-I_t)\Delta u_{t-12}$ の係数はほぼ同じである。このことは単純に Δu_{t-12} のみをモデルに含めるべきであることを意味している。このような手続きを経てモデルを単純化していくと以下の結果が得られる。

$$\Delta u_t = I_t(\underset{(-3.19)}{-0.069} + \underset{(3.88)}{0.387\Delta u_{t-1}} + \underset{(6.22)}{0.376\Delta u_{t-2}} + \underset{(1.99)}{0.130\Delta u_{t-3}})$$

$$+ (1 - I_t)(\underset{(3.21)}{0.155\Delta u_{t-2}} + \underset{(3.97)}{0.188\Delta u_{t-3}}) - \underset{(-3.49)}{0.124\ \Delta u_{t-12}}$$

$$\text{AIC} = 1700.38, \quad \text{BIC} = 1731.49$$

点推定値の比較から，$\Delta u_{t-1} > \tau$ のときには $\Delta u_{t-1} \leq \tau$ のときよりも非常に持続性が高いことがわかる。この結果は失業率の上昇時は低下時に比べて非常に持続性が高いことを強く示唆している。読者には練習問題としてこれらの推定結果が再現できるかどうか確認してもらいたい。また閾値として 0.025 周辺の値を用いた場合も確認すれば興味深い結果が得られるだろう。

◆ 非対称な金融政策

連邦準備制度理事会による金融政策を分析する場合，J. B. テイラー（Taylor 1993）によって導入されたフィードバックルールを用いることが多い。これは**テイラールール**と呼ばれ，

$$i_t = \gamma_0 + \pi_t + \alpha_1(\pi_t - \pi^*) + \beta y_t + \gamma_1 i_{t-1} + \varepsilon_t$$

で与えられる。ただし，i_t は名目フェデラル・ファンド（FF）金利，π_t はインフレ率，π^* は目標インフレ率，y_t は GDP ギャップ（実質 GDP のトレンドからの乖離率），α_1，β，γ_0，γ_1 は正のパラメータである。ここでパラメータを $\alpha_0 = \gamma_0 - \alpha_1\pi^*$ と $\alpha = 1 + \alpha_1$ と定義すれば，先の式を簡潔に，

$$i_t = \alpha_0 + \alpha\pi_t + \beta y_t + \gamma_1 i_{t-1} + \varepsilon_t$$

と書き換えることもできる。

連邦準備制度理事会は，インフレ率をその目標値に維持しながら，名目 GDP をそのトレンド周りで安定化させたいと考えている。テイラールールは，インフレ率が目標値を上回るか，産出ギャップが正であるとき，連邦準備制度理事会が金利を引き上げることを意味している。説明変数に過去の金利が含まれることは，金利の変動を平滑化したい連邦準備制度理事会の意向が反映されており，その結果として，金利の持続性が高まっている。

TAYLOR.XLS のファイルには，以下で説明されるテイラールールの推定に必要な四半期データが含まれている。具体的には，金利（i_t）は月次の FF 金利の四半期ごとの平均である。また，インフレ率（π_t）は，四半期データの物価指数（連鎖ウェイト方式の GDP デフレータ）P_t を用いて，次のように年次換算

される。

$$\pi_t = 100 \times (\ln P_t - \ln P_{t-4})$$

　政府が最初に公表する GDP の暫定値は時間の経過とともに何度か改定が繰り返される。そして連邦準備制度理事会は，政策決定時に利用可能な GDP の値を用いるはずである。このことを考慮してテイラールールを推定するために，実時間（リアル・タイム）GDP の値を実質 GDP として用いる[6]。産出ギャップは，4.12 で説明された HP 分解を用いて実質 GDP からトレンドを除去することで計算される。具体的には，$t = 1963Q2$ を始点として，1963Q2 から時点 t までの実時間 GDP に HP フィルターを使用する（時点 t までに利用可能なデータだけを用いていることに注意）。フィルターを通した系列は実質 GDP のトレンドを表している。このフィルター処理済み系列の最後の観測値を y_t^f と呼ぼう。t 時点での産出ギャップ（y_t）は実時間 GDP の y_t^f からの乖離率として計算される。次に，t を 1 期だけ増やして同じ計算を繰り返す。産出ギャップ計算の目的は，連邦準備制度理事会が金融政策の決定時に直面する産出水準からの影響の大きさを測ることにある。

　金融政策は時間を通じて安定していたわけでなく，いくつか大きな変更があったことが知られている。例えば，1979Q4 の連邦準備制度理事会の運用手続き変更，1983Q1 に終わったボルカー議長のもとでのディスインフレ期間，グリーンスパン議長が就任した 1987 年 8 月，バーナンキ議長が就任した 2006 年 2 月である。このため，分析期間を適切に選択して推定することが大事となる。ここでは 1979Q4 から 2007Q3 までの標本期間を用いた次の推定結果を考察しよう（カッコ内は t 値）。

$$i_t = \underset{(-1.47)}{-0.269} + \underset{(6.05)}{0.464\pi_t} + \underset{(5.16)}{0.345y_t} + \underset{(21.83)}{0.810\,i_{t-1}}$$

ただし，AIC $= 500.75$，BIC $= 511.63$ となる。

　ここではインフレと産出ギャップの係数がそれぞれ正で有意であり，おおむね満足できる結果といえる。過去の金利の係数（$\gamma_1 = 0.810$）は金利平滑の影響が非常に大きいことを示している。推定式の右辺に過去の i_t を逐次代入す

6　データは，セントルイス連邦準備銀行のウェブサイト（https://research.stlouisfed.org）から入手している。彼らは，有用なデータを提供しており，そのデータベースは Federal Reserve Economic Data (FRED) として知られる。さまざまな国のマクロ経済，金融関係のデータが充実しているので，興味のある読者はウェブサイトをのぞいてみてほしい。

442 第7章 非線形モデルと構造変化

表7.4 閾値回帰モデルの推定

閾値変数	τ	SSR	AIC	BIC
π_{t-1}	3.527	50.80	455.93	477.67
π_{t-2}	3.668	50.42	455.08	476.83
y_{t-1}	-1.183	63.97	481.75	503.49
y_{t-2}	-1.565	53.51	461.53	483.28

ると，π_t とそのラグの係数の総和が $2.44(= \alpha(1 + \gamma_1 + \gamma_1^2 + \cdots) = \alpha/(1 - \gamma_1) = 0.464/(1 - 0.810))$ となることから，π_t の 1 単位変化に対して i_t は長期的にそれよりも大きく変化することがわかる。このため，インフレ率（π_t）が増加（減少）すると実質金利（$i_t - \pi_t$）は長期的に上昇（低下）する[7]。

　ただし，テイラールールが線形であることに疑問を持ち，連邦準備制度理事会の π_t と y_t に対する反応は，非線形として記述するほうがよいと議論する研究者もいる。例えば，連邦準備制度理事会はインフレ率が目標値を上回っているよりも，下回っていることを望むかもしれない。また，負の産出ギャップより正の値を望むのではないだろうか。そうであれば，インフレ率が高いとき，また産出量が小さいときに金利をより大きく変化させることが予想される。このことから，テイラールールをインフレ率か産出ギャップを閾値変数に用いた閾値回帰モデルとして推定することは自然である。遅れの要因は未知であるため，ここでは π_{t-1}, π_{t-2}, y_{t-1}, y_{t-2} を閾値変数とした 4 つの異なる閾値回帰モデルを推定する。それぞれの回帰分析で，τ の一致推定量は上下 15% を除いたすべての閾値の候補に関してグリッドサーチを用いて計算される。表7.4 では，4 つの回帰分析で推定された閾値，残差平方和（SSR），AIC，BIC をまとめている。例えば，2 行目は閾値変数を π_{t-1} としたときの推定結果である。

　ここですべての閾値回帰モデルに関して線形モデルよりも当てはまりが改善されている点に注意しよう。さらにブートストラップ法を用いて F の臨界値を計算するとすべての場合について有意となった。ここでは最も当てはまりが良かった π_{t-2} を閾値変数に用いるべきであると判断しよう。この選ばれたテイラールールの推定結果は次のようになる。

$$i_t = \underset{(3.02)}{1.383} + \underset{(10.56)}{1.055\pi_t} + \underset{(6.25)}{0.472y_t} + \underset{(5.75)}{0.374i_{t-1}} \qquad \pi_{t-2} \geq 3.668 \text{ のとき}$$

---

7 ただし，ここでの推定値は理論モデルの $\alpha > 1(\alpha_1 > 0)$ の仮定が満たされていない。

$$i_t = -0.440 + 0.227\pi_t + 0.305y_t + 0.967i_{t-1} \qquad \pi_{t-2} < 3.668 \text{ のとき}$$
$$(-1.39) \quad (1.88) \quad\quad (3.85) \quad\quad (24.98)$$

ここで，π_t と y_t の係数が高インフレのレジームにおいて低インフレのレジームの場合よりもかなり大きい点に注意したい（つまり，高インフレのレジームでは，インフレ率とGDPギャップが上がると，名目金利を大きく上昇させる）。さらに金利平滑化の係数はインフレ率が低い場合には高い場合に比べてずっと大きくなっている。本質的には，高インフレのレジームにおいて，低インフレのレジームに比べて連邦準備制度理事会の政策がより積極的になることを示している。最後に，線形型のテイラールールでは，こうした違いを考慮することができず，低インフレ時と高インフレ時の間の連邦準備制度理事会の「平均的な」反応を捉えてしまっている点にも注意したい。

◆ 複数の閾値がある資本ストック調整

ボーテルら（Boetel, Hoffmann, and Liu 2007）は，興味深い3つのレジームのあるモデルを推定している。研究の論点は，豚の精肉業者が市場環境の変化に際して，必ずしも資本投入を調整しないことにある。しかし，ときおり，非常に小さな市場環境の変化が大きな資本ストックの調整を引き起こすことがある。彼らのモデルでは，食用豚の価格には「通常」の変動範囲があり，価格変化がこの範囲内にある場合に投資は緩慢な反応を示す。

彼らのモデルの推定結果で主要な変数のみを表示すれば，

$$K_t - K_{t-1} = 4569 + 6360I_{1t} + 6352I_{2t} + 452p_{Ht-1} - 2684p_{Ft-1}$$
$$\phantom{K_t - K_{t-1} = }(3.30) \quad (5.59) \quad\quad (5.20) \quad\quad (1.84) \quad\quad (-3.66)$$

となる（カッコ内は t 値）。ただし，K_t は家畜のストックの大きさ，p_{Ht-1} は食用豚の生産価格の指標，p_{Ft-1} は飼料の価格の指標である。指示関数に関しては $p_{Ht-1} > \tau_{high} = 1.1185$ のときに $I_{1t} = 1$，$p_{Ht-1} < \tau_{low} = 1.1105$ のときに $I_{2t} = -1$，それ以外では I_{1t} と I_{2t} は 0 の値をとる。つまり，豚の生産価格の通常範囲を $\tau_{low} = 1.1105$ から $\tau_{high} = 1.1185$ としている。

食用豚の価格が上がると家畜ストックは増加し，飼料の価格が上がると家畜ストックが低下することは自然である。このモデルの興味深い特徴として，指示関数が変数 p_{Ft-1} ではなく，定数項への積になっている点がある。彼らは $K_t - K_{t-1}$ の変動を記述するすべての変数に非対称性を導入すると，パラメータ数の増加によって自由度が低下してしまう点を指摘している。

444 第7章 非線形モデルと構造変化

ここで3つのレジームは p_{Ht-1} の値と2つの閾値との対比で分類されていることに注意しよう。1つ目のレジームは p_{Ht-1} が τ_{high} と τ_{low} の間にあるときで，I_{1t} と I_{2t} は0となり定数項は4569となる。2つ目のレジームは $p_{Ht-1} > \tau_{high}$ のときで $I_{1t} = 1$ と $I_{2t} = 0$ であり定数項は $10929 (= 4569 + 6360)$ となる。最後のレジームは $p_{Ht-1} < \tau_{low}$ のときで，$I_{1t} = 0$ と $I_{2t} = -1$ であり定数項は $-1783 (= 4569 - 6352)$ となる。つまり，p_{Ht-1} の値に依存して，投資行動は，緩慢な投資（レジーム1），活発な投資（レジーム2），負の投資（レジーム3）のいずれかとなる。このため，p_{Ht-1} の係数452が価格変化の純投資に及ぼす影響をすべて説明していると考えてはいけない。価格 p_{Ht-1} が変化して閾値を超えたときには定数項を変化させて，より大きな投資の変動を引き起こすからである。価格が変化しても τ_{high} と τ_{low} の間にある限りは投資に小さな影響しか与えない点にも注意が必要である。

ここでは閾値が推定されるのではなく，恣意的に仮定されていた。ボーテルらは，閾値を恣意的に選ぶのではなく，データからも推定している。彼らの推定方法では，初めに，残差平方和を最小にする単一の閾値をグリッドサーチによって探し出す。この閾値を τ_1 とする。次に，τ_1 の値を固定したまま，2つ目の閾値 τ_2 を残差平方和が最小になるように推定した。ハンセン（Hansen 1999）は2つ目の閾値推定量が有効であること，また1つ目の閾値推定量は2つ目の閾値が省かれていることから有効ではないことを示している。最後に，彼らは，τ_2 を固定したうえで残差平方和を最小にするような τ_1 の再推定を行っている。別の方法としては **7.5** で議論した図7.5のようなグラフを用いて，2つの閾値の位置の目安を判断することが考えられる。

7.7 平滑推移自己回帰（STAR）モデル

閾値で挙動が急に変化するという仮定は必ずしも適切ではないかもしれない。こうした急激な変化の代わりに，図7.1（b）の非線形過程のような調整速度の変化が考えられる。**STAR モデル**は，自己回帰係数がゆっくりと変化することを許容するようなモデルである。次のような特殊な NLAR モデルを考えよう。

$$y_t = \alpha_0 + \alpha_1 y_{t-1} + \beta_1 y_{t-1} f(y_{t-1}) + \varepsilon_t$$

もし $f(\cdot)$ が平滑な連続関数であれば，自己回帰係数 $(\alpha_1 + \beta_1)$ は y_{t-1} の値に

依存して滑らかに変化するだろう。関数 $f(\cdot)$ は**推移関数**（transition function），変数 y_{t-1} は**推移変数**（transition variable）と呼ばれる。自己回帰が減衰する度合が変化するような STAR モデルの中で，とくに有益な 2 つの形態がある。

まず**ロジスティック型**（logistic）**STAR モデル**（**LSTAR モデル**）では，自己回帰モデルの係数がロジスティック関数に従って変化する。LSTAR モデルは，

$$y_t = \alpha_0 + \alpha_1 y_{t-1} + \cdots + \alpha_p y_{t-p} + (\beta_0 + \beta_1 y_{t-1} + \cdots + \beta_p y_{t-p})\theta + \varepsilon_t$$
$$\tag{7.19}$$

$$\theta = \frac{1}{1 + \exp(-\gamma(y_{t-1} - c))} \tag{7.20}$$

として記述される。(7.20) 式はロジスティック関数で表現された推移関数である。ここで γ は**平滑パラメータ**（smoothness parameter）であり（$\gamma \geq 0$），c は**中心パラメータ**（centrality parameter）と呼ばれる。平滑パラメータ γ が 0 や ∞ のような極限値に近づくと（$\gamma \to 0$, $\gamma \to \infty$），θ の値が一定となり（y_{t-1} の値に依存しない），LSTAR モデルは AR(p) モデルに一致する。もし γ がその中間の値をとるとき，自己回帰減衰の度合は推移変数である y_{t-1} の値に依存する。推移変数 y_{t-1} が十分に小さいとき，つまり，$y_{t-1} \to -\infty$ の場合は $\theta \to 0$ となり，y_t の挙動は $\alpha_0 + \alpha_1 y_{t-1} + \cdots + \alpha_p y_{t-p} + \varepsilon_t$ により決定される。同様に，推移変数が十分に大きいとき，つまり，$y_{t-1} \to +\infty$ の場合は $\theta \to 1$ となり，y_t の挙動は $(\alpha_0 + \beta_0) + (\alpha_1 + \beta_1)y_{t-1} + \cdots + (\alpha_p + \beta_p)y_{t-p} + \varepsilon_t$ により決定される。このため，定数項と自己回帰係数は推移変数 y_{t-1} の値が変化することで，2 つの極値の間を滑らかに変化する。

次に**指数型**（exponential）**STAR モデル**（**ESTAR モデル**）を紹介しよう。(7.19) 式に関しては LSTAR モデルと同じだが，ESTAR モデルでは推移関数の (7.20) 式を次の指数関数で記述する。

$$\theta = 1 - \exp[-\gamma(y_{t-1} - c)^2]$$

ただし，$\gamma > 0$ である。ここで θ が 2 乗項 $(y_{t-1} - c)^2$ を含んでいるため，ESTAR モデルは $y_{t-1} = c$ を中心に対称であることに注意してほしい。推移変数 y_{t-1} が c に近づくと θ は 0 に近づくため，y_t の挙動は $\alpha_0 + \alpha_1 y_{t-1} + \cdots + \alpha_p y_{t-p} + \varepsilon_t$ により決定される。逆に推移変数 y_{t-1} が c から離れると θ は 1 に近づくため，y_t の挙動は $(\alpha_0 + \beta_0) + (\alpha_1 + \beta_1)y_{t-1} + \cdots + (\alpha_p + $

$\beta_p)y_{t-p} + \varepsilon_t$ により決定される。ESTAR モデルは $y_{t-1} = c$ を中心に対称であるため，$\alpha_0 + \alpha_1 y_{t-1} + \cdots + \alpha_p y_{t-p} + \varepsilon_t$ に従う平均回帰の調整が，$(\alpha_0 + \beta_0) + (\alpha_1 + \beta_1)y_{t-1} + \cdots + (\alpha_p + \beta_p)y_{t-p} + \varepsilon_t$ の調整よりも速い場合には，図 7.1 (b) で示されたような中心に近いほど重力によって加速する変数の挙動が近似できる。逆に $\alpha_0 + \alpha_1 y_{t-1} + \cdots + \alpha_p y_{t-p} + \varepsilon_t$ の調整が $(\alpha_0 + \beta_0) + (\alpha_1 + \beta_1)y_{t-1} + \cdots + (\alpha_p + \beta_p)y_{t-p} + \varepsilon_t$ の調整よりも遅い場合には，取引費用を超える大きな価格差がより速く解消されるような非線形動学が記述できる。また，γ が 0 や無限に近づくと θ が定数になることで，モデルは AR(p) モデルとなる。それ以外ではモデルに非線形の特性が生じる。

図 7.8 から LSTAR モデルと ESTAR モデルの違いをみることができるだろう。図 7.8 (a) では，$c = 0$ と $\gamma = 1, 2$ のときの LSTAR モデルの推移関数 $\theta = 1/[1 + \exp(-\gamma(y_{t-1} - c))]$ の形状を示している。y_{t-1} の値が -5 から $+5$ へ変化すると，それに対応して θ が 0 から 1 に変化している。S 字型の形状は γ の値が大きくなるとより鋭くなる。γ が大きな値をとる場合は，調整が非常に急になるため，LSTAR モデルは TAR モデルと同じように振る舞う。図 7.8 (b) では，$c = 0$ と $\gamma = 1, 2$ を再び使用するが，ESTAR モデルの推移関数 $\theta = 1 - \exp[-\gamma(y_{t-1} - c)^2]$ を用いて計算されている。U 字型の形状は，γ が増加するのに従い，より急になっている。

マイケルら（Michael, Nobay, and Peel 1997）は，実質為替レートの挙動を考えるとき取引費用の存在が重要となる点を指摘した。取引費用の中には，関税支払や輸送費用だけでなく，為替や先物購入，輸入のライセンス費用が含まれるかもしれない。取引費用のため，PPP からの乖離が小さい場合には財の裁定による価格差の解消はないだろう。一方，大きい乖離に対しては裁定によって価格差が解消される動きが生じると考えられる。

実質為替レート y_t におけるこうした挙動は，ESTAR モデルで記述できる。

$$\Delta y_t = \alpha_0 + a_1 y_{t-1} + \sum_{i=1}^{p-1} \alpha_i \Delta y_{t-i} + \left(\beta_0 + b_1 y_{t-1} + \sum_{i=1}^{p-1} \beta_i \Delta y_{t-i} \right)$$
$$\times [1 - \exp(-\gamma(y_{t-d} - c)^2)] + \varepsilon_t$$

その調整過程は $y_{t-d} = c$ のときには，

$$\Delta y_t = \alpha_0 + a_1 y_{t-1} + \sum_{i=1}^{p-1} \alpha_i \Delta y_{t-i} + \varepsilon_t$$

図 7.8 LSTAR モデルと ESTAR モデルにおける θ の値の違い

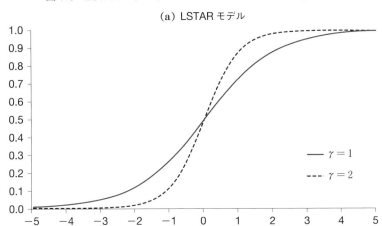

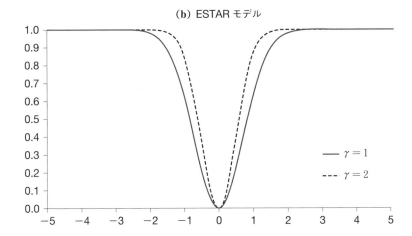

のように表される。また $y_{t-d} \to \pm\infty$ の場合，調整過程は次のようになる。

$$\Delta y_t = (\alpha_0 + \beta_0) + (a_1 + b_1)y_{t-1} + \sum_{i=1}^{p-1}(\alpha_i + \beta_i)\Delta y_{t-i} + \varepsilon_t$$

取引費用の性質から，a_1 は 0 に近い値（あるいは 0）となるだろう。これは $y_{t-d} \approx c$ のとき，市場には裁定取引の誘因がほとんどないためである。ところが大きな乖離では，裁定取引が行われて平均回帰が起こるため，b_1 は負の値をとるだろう。

マイケルらによる 1921 年 1 月から 1925 年 1 月までの米国・英国間の実質

448 第7章 非線形モデルと構造変化

為替レートを用いた推定値は以下のようになる (カッコ内は t 値)。

$$\Delta y_t = \underset{(3.37)}{0.40}\,\Delta y_{t-1} + (-y_{t-1} + \underset{(3.90)}{0.59}\,\Delta y_{t-2} + \underset{(2.89)}{0.57}\,\Delta y_{t-4} - \underset{(5.17)}{0.017})$$
$$\times\,[1 - \exp(-\underset{(2.44)}{532.4}(y_{t-1} - \underset{(7.21)}{0.038})^2)]$$

パラメータ c の推定値は 0.038 となっている。したがって，実質為替レートが 0.038 に近いときに，$a_1 = 0$ であるため平均回帰の傾向はない (a_1 は 0 であるため，上式には現れない)。しかし，$(y_{t-1} - 0.038)^2$ が非常に大きいときには，$b_1 = -1$ であり，調整は速くなる。したがって，予測される実質為替レートの挙動は取引費用の存在と整合的である。

◆ STAR モデルの事前検定

ESTAR モデルや LSTAR モデルの挙動の存在を直接 LM 検定で調べることはできない。次の LSTAR モデルを考えよう。

$$y_t = \alpha_0 + \alpha_1 y_{t-1} + (\beta_0 + \beta_1 y_{t-1})\frac{1}{1 + \exp(-\gamma(y_{t-d} - c))} + \varepsilon_t$$

このモデルにおいて，線形モデルの帰無仮説は $\gamma = 0$ に設定することと同じである。LM 検定を用いる場合の問題はすぐに理解できるであろう。もし $\gamma = 0$ であれば，β_0，β_1，c の値はモデルとまったく無関係になってしまう。なぜならば，その場合に LSTAR モデルが AR(1) モデル $y_t = \omega_0 + \omega_1 y_{t-1} + \varepsilon_t$ と同じになるからである (ただし，$\omega_0 = \alpha_0 + \beta_0/2$，$\omega_1 = \alpha_1 + \beta_1/2$ とする)。例えば，$\gamma = 0$ であれば $\alpha_0 = 1$，$\beta_0 = 0$ の組み合わせと $\alpha_0 = 0$，$\beta_0 = 2$ の組み合わせはまったく同じ結果をもたらす。つまり，線形モデルの帰無仮説 $\gamma = 0$ が成立している場合，β_0，β_1，c の値は識別できないのである。このため，LM 検定を用いることができない。このことを理解するために，問題として「LSTAR モデルの偏微分を求めて，帰無仮説 $\gamma = 0$ のもとでそれぞれの値を評価せよ。その結果得られる補助回帰式の関数形を示せ」を考えてみるとよい。

LM 検定を LSTAR モデル (そして ESTAR モデル) に直接用いることはできないため，平滑推移構造の存在を探す工夫が必要となる。テラスバータ (Teräsvirta 1994) は，非線形性の存在を高い精度で検出できる枠組みを開発した。さらに，この方法を用いて LSTAR モデルと ESTAR モデルのどちらを選択するべきか決定することもできる。以下に説明されるように，この検定

7.7 平滑推移自己回帰（STAR）モデル 449

表 7.5 ロジスティック関数の偏微係数

	偏微分の式	$h_{t-d}=0$ での評価
$\partial\theta/\partial h_{t-d}$	$\exp(-h_{t-d})/[1+\exp(-h_{t-d})]^2$	$1/4$
$\partial^2\theta/\partial h_{t-d}^2$	$\exp(-h_{t-d})[1-\exp(-h_{t-d})]/[1+\exp(-h_{t-d})]^3$	0
$\partial^3\theta/\partial h_{t-d}^3$	$\exp(-h_{t-d})[1+\exp(-2h_{t-d})-4\exp(-h_{t-d})]/[1+\exp(-h_{t-d})]^4$	$-1/8$

は一般的な STAR モデルのテイラー級数展開から導かれる。

まず，LSTAR モデルの推移関数である θ を次のように書き直す。

$$\theta = \frac{1}{1+\exp(-\gamma(y_{t-d}-c))} = \frac{1}{1+\exp(-h_{t-d})}$$

ただし，$h_{t-d}=\gamma(y_{t-d}-c)$ である。推移関数 θ を $\gamma=0$ で評価する代わりに，$\theta(h_{t-d})$ のように h_{t-d} の関数として解釈し，その 3 次のテイラー展開式を $h_{t-d}=0$ で評価しよう。関数 $\theta(h_{t-d})$ のテイラー級数展開は次のように書ける。

$$\theta(h_{t-d}) \approx \theta(0) + \theta'(0)h_{t-d} + \frac{1}{2}\theta''(0)h_{t-d}^2 + \frac{1}{6}\theta'''(0)h_{t-d}^3$$

ここで，$\theta(0)$ は関数 $\theta(h_{t-d})$ を $h_{t-d}=0$ で評価したものであり，$1/2$ となる。また，$\theta'(0)$，$\theta''(0)$，$\theta'''(0)$ は，θ の偏微分を $h_{t-d}=0$ で評価したものである（例えば，$\theta'(0)$ は 1 次の偏微分を $h_{t-d}=0$ で評価したもの，$\theta''(0)$ は 2 次の偏微分を $h_{t-d}=0$ で評価したものとなる）。偏微分の計算は単純ではないが，最終的に表 7.5 の結果を得ることができる[8]。

表 7.5 の数値を用いた推移関数の近似式 $\theta=1/2+h_{t-d}/4-h_{t-d}^3/48$ を，もとの LSTAR モデルに代入すると次式となる。

$$y_t = \alpha_0 + \alpha_1 y_{t-1} + \cdots + \alpha_p y_{t-p} + (\beta_0 + \beta_1 y_{t-1} + \cdots + \beta_p y_{t-p})$$
$$\times (\frac{1}{2} + \frac{1}{4}h_{t-d} - \frac{1}{48}h_{t-d}^3) + \varepsilon_t$$

さらに $h_{t-d}=\gamma(y_{t-d}-c)$ を代入して展開すれば，交差項として $y_{t-i}y_{t-d}$，$y_{t-i}y_{t-d}^2$，$y_{t-i}y_{t-d}^3$ を含んだ形で LSTAR モデルを近似することができる。

---

8 関数 $y=f(x)$ の点 $x=x_0$ の周りの 3 次のテイラー展開は $y=f(x_0)+f'(x_0)(x-x_0)+(1/2)f''(x_0)(x-x_0)^2+(1/6)f'''(x_0)(x-x_0)^3$ である。ただし，「$'$」の数は微分の次数を表している。例えば，$f''(x_0)$ は，2 次の微分を表している。

450 第 7 章 非線形モデルと構造変化

表 7.6 指数関数の偏微係数

偏微分の式		$h_{t-d} = 0$ での評価
$\partial\theta/\partial h_{t-d}$	$2h_{t-d}\exp(-h_{t-d}^2)$	0
$\partial^2\theta/\partial h_{t-d}^2$	$2\exp(-h_{t-d}^2) - 4h_{t-d}^2\exp(-h_{t-d}^2)$	2
$\partial^3\theta/\partial h_{t-d}^3$	$-12h_{t-d}\exp(-h_{t-d}^2) + 8h_{t-d}^3\exp(-h_{t-d}^2)$	0

$$y_t = a_0 + a_1 y_{t-1} + \cdots + a_p y_{t-p} + a_{11} y_{t-1} y_{t-d} + \cdots + a_{1p} y_{t-p} y_{t-d}$$
$$+ a_{21} y_{t-1} y_{t-d}^2 + \cdots + a_{2p} y_{t-p} y_{t-d}^2$$
$$+ a_{31} y_{t-1} y_{t-d}^3 + \cdots + a_{3p} y_{t-p} y_{t-d}^3 + \varepsilon_t$$

これは (7.4) 式の GAR モデルの一種となっている。ここで線形 AR モデル
の残差 e_t を被説明変数にした補助回帰式

$$e_t = a_0 + a_1 y_{t-1} + \cdots + a_p y_{t-p} + a_{11} y_{t-1} y_{t-d} + \cdots + a_{1p} y_{t-p} y_{t-d}$$
$$+ a_{21} y_{t-1} y_{t-d}^2 + \cdots + a_{2p} y_{t-p} y_{t-d}^2$$
$$+ a_{31} y_{t-1} y_{t-d}^3 + \cdots + a_{3p} y_{t-p} y_{t-d}^3 + \varepsilon_t \qquad (7.21)$$

を推定することで,LSTAR モデルの挙動の存在を検証することができる。

線形性の検定は,すべての非線形項の係数が 0 であるという同時制約 ($a_{11} = \cdots = a_{1p} = a_{21} = \cdots = a_{2p} = a_{31} = \cdots = a_{3p} = 0$) を検定することに等しい。
検定には,分子の自由度が $3p$ の通常の F 検定を用いることができる。もし遅
れのパラメータが不明の場合には,すべての d の候補について検定を行うとよ
いだろう。その場合,最大の F 値に対応した d の値 (つまり,最も当てはまりの
良い d の値) が最も望ましい d の推定値となる。

これまでの計算結果を利用すれば,ESTAR モデルに関する検定も同様に導
出できる。今度は推移関数 θ を以下のような h_{t-d} の関数として表現する。

$$\theta = 1 - \exp(-h_{t-d}^2)$$

ただし,$h_{t-d} = \gamma^{1/2}(y_{t-d} - c)$ である。この場合の偏微分は表 7.6 に与えられ
ている。

表 7.6 の数値を用いた推移関数の近似式 $\theta = h_{t-d}^2 = \gamma(y_{t-d} - c)^2$ をもとの
ESTAR モデルに代入すれば,

$$y_t = \alpha_0 + \alpha_1 y_{t-1} + \cdots + \alpha_p y_{t-p} + (\beta_0 + \beta_1 y_{t-1} + \cdots + \beta_p y_{t-p}) h_{t-d}^2 + \varepsilon_t$$

$$= a_0 + a_1 y_{t-1} + \cdots + a_p y_{t-p} + a_{11} y_{t-1} y_{t-d} + \cdots + a_{1p} y_{t-p} y_{t-d}$$

$$+ a_{21} y_{t-1} y_{t-d}^2 + \cdots + a_{2p} y_{t-1} y_{t-d}^2 + \varepsilon_t$$

と書き換えられる。ここで線形 AR モデルの残差 e_t を被説明変数にした補助回帰式は,

$$e_t = a_0 + a_1 y_{t-1} + \cdots + a_p y_{t-p} + a_{11} y_{t-1} y_{t-d} + \cdots + a_{1p} y_{t-p} y_{t-d}$$

$$+ a_{21} y_{t-1} y_{t-d}^2 + \cdots + a_{2p} y_{t-1} y_{t-d}^2 + \varepsilon_t$$

となる。

　テラスバータの重要な洞察は，ESTAR モデルの補助回帰式が LSTAR モデルの補助回帰式の中に特殊ケース $(a_{31} = \cdots = a_{3p} = 0)$ として含まれていることである。もし ESTAR モデルが適切であれば，(7.21) 式の補助回帰式から y_{t-d}^3 に関する項を省くことができる。この性質を利用したテラスバータの検定手続きは次のようになる。

第1段階：次数 p を決定し，線形 AR(p) モデルを推定して残差 e_t を計算する。

第2段階：補助回帰式 (7.21) 式を推定する。すべての非線形項の係数が 0 であるという同時制約 $(a_{11} = \cdots = a_{1p} = a_{21} = \cdots = a_{2p} = a_{31} = \cdots = a_{3p} = 0)$ を検定する。検定には，分子の自由度が $3p$ の F 検定を用いることができる[9]。

第3段階：対立仮説を採択し，モデルが非線形と判断された場合，F 検定で $a_{31} = a_{32} = \cdots = a_{3p} = 0$ の制約を検定する。もし $a_{31} = a_{32} = \cdots = a_{3p} = 0$ の仮説を棄却すれば LSTAR モデルを選び，棄却しなければ ESTAR モデルを選ぶ。

7.8　ニューラルネットワークとマルコフ転換モデル

本節では TAR モデルや STAR モデルに関連したモデルとしてニューラルネ

9　TR^2 と χ^2 分布の臨界値を比較して，回帰式すべての係数の有意性を検討してもよい。もし，計算された TR^2 の値が χ^2 分布表の臨界値を超えていれば，線形性の帰無仮説を棄却し，STAR モデルの対立仮説を採択する。

452　第7章　非線形モデルと構造変化

ットワークとマルコフ転換モデルを説明する。これらのモデルは OLS で簡単に推定することは不可能だが，その性質を確認しておくことは有意義である。

◆ ニューラルネットワーク

ニューラルネットワーク，あるいは**人工ニューラルネットワーク**（artificial neural network：**ANN**）は関数形が未知の場合の非線形過程の分析に有用な手法である。簡単な ANN モデルは次のように表現できる。

$$y_t = a_0 + a_1 y_{t-1} + \sum_{i=1}^{n} \alpha_i f_i(y_{t-1}) + \varepsilon_t \tag{7.22}$$

ここで関数 $f_i(y_{t-1})$ には分布関数やロジスティック関数を用いることができる。ロジスティック関数の場合，

$$y_t = a_0 + a_1 y_{t-1} + \sum_{i=1}^{n} \alpha_i \frac{1}{1 + \exp(-\gamma_i(y_{t-1} - c_i))} + \varepsilon_t$$

となる（この分野ではシグモイド関数を用いた活性化関数に対応している）。

ANN モデルは LSTAR モデルと非常に似ているものの，いくつかの重要な違いがある。第1に，ANN モデルでは自己回帰係数 a_1 は不変で定数項だけが時間とともに変化していると解釈できる。そのため，系列の水準が時間とともに変化する。第2に，ANN モデルでは n 個の異なるロジスティック関数を用いており，それはノードと呼ばれる。ノードの数 n を十分に大きくすれば，任意の1次の非線形モデルを高い精度で近似できることをクアン＝ホワイト（Kuan and White 1994）が示している。このため，ANN モデルは関数形が未知の場合の非線形関係の推定にとりわけ有用である。

このモデルはデータに対する当てはまりは非常に良い反面，経済的な解釈が明確でないという難点がある。また ANN モデルは高次の時系列モデルに拡張できるが，その場合にはパラメータの数が極端に多くなってしまう。このため，データの過剰適合の危険を伴う。つまり，もしノードの数 n が大きすぎると，データのノイズを当てはめてしまうことになる。分析の目的が，系列の将来予測である場合には，n を大きくすることで R^2 が1に近づいたとしてもとくに良い結果と解釈するべきではない。多くの研究者は，BIC を用いて単純なモデルに対応した n を選択している。ただし $n > 1$ の場合，複数の局所最小値が存在することも多く，数値的な最適化ルーチンによって残差平方和を

図 7.9 カオス系列を用いた ANN モデルの推定

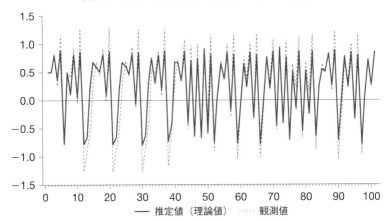

最小化するパラメータの値をみつけることは簡単ではない。この問題を回避するために，パラメータの値を推定するための多くの手順が提案されている。

ここではホワイト (White 1989) に従い，ANN モデルが**カオス**の動きを捉えることができる点を調べてみよう。系列 y_t が確定的な差分方程式から生成され，発散も定数への収束もなく，循環もない場合にはカオス的であることを思い出そう（例えば，(7.8) 式参照）。このため系列は完全に確定的であるにもかかわらず，確率的に変動しているかのようにみえる。ここでは，$y_1 = y_2 = 0.5$ を初期値として，残りの 98 個の y_t の値を次のカオス的過程から発生させよう。

$$y_t = 1 - 1.4 y_{t-1}^2 + 0.3 y_{t-2}$$

この系列の実際の値と推定された ANN モデルによる予測値が図 7.9 で示されている。ここでは，系列の推定に用いられたノードの数は 2 にすぎないが，ANN モデルの当てはまりは非常に良い。この例から関数形がまったく未知であるような複雑な非線形過程を ANN モデルによってうまく再現できることがわかる。

◆ **マルコフ転換モデル**

TAR モデルや STAR モデル以外のレジーム転換モデルとして代表的なものにマルコフ転換モデルがある。基本的な閾値モデルでは観測された変数の大きさに依存してレジームが変化することが想定されていた。もし y_{t-d} がある閾

454　第7章　非線形モデルと構造変化

値を超えていれば，システムは第1のレジームにあり，それ以外では第2のレジームにあると考えられた。STAR モデルではレジームの転換が緩慢であっても，調整がシステム内の推移変数に依存する点では，閾値モデルと同じである。

これに対し，ハミルトン（Hamilton 1989）によって開発された**マルコフ転換**（Markov switching：**MS**）**モデル**では，レジームの転換が外生的に決定される。簡単な例として，y_t の AR 過程が2つのレジーム（状態）に依存している場合を考えよう。より具体的には，

$$y_t = a_{10} + a_1 y_{t-1} + \varepsilon_{1t} \qquad \text{システムがレジーム1にあるとき}$$

$$y_t = a_{20} + a_2 y_{t-1} + \varepsilon_{2t} \qquad \text{システムがレジーム2にあるとき}$$

となる。レジーム1の自己回帰係数は a_1 であり，レジーム2では a_2 であるという構造は (7.15) 式の TAR モデルと同じである。

ところが，MS モデルでは一定の確率でレジームが変化する点が TAR モデルとは異なる。システムがレジーム1に留まっている確率が p_{11} だとすると，システムがレジーム1からレジーム2に転換する確率は $(1 - p_{11})$ となる。同様に，システムがレジーム2に留まる確率を p_{22} とすると，システムがレジーム2からレジーム1に転換する確率は $(1 - p_{22})$ となる。当然であるが，$0 < p_{11} < 1$，$0 < p_{22} < 1$ となる[10]。

MS モデルにはいくつかの重要な特徴がある。

1. 推移確率（つまり p_{11} や p_{22}）は未知であり，2つの AR 過程の係数と同様に推定する必要がある。TAR モデルと同様に，レジームの片方がほとんど観測されないような場合は，そのレジームの係数を正確に推定することができない。

2. 全体の持続性の度合いは自己回帰パラメータと推移確率に依存する。例えば，$a_1 > a_2$ で p_{11} が大きい場合には，その過程は自己回帰の持続性が大きいレジームに留まり続ける傾向があるだろう。さらに p_{22} が小さい場合には，レジーム2からレジーム1に転換しやすいだろう。

3. 確率 p_{11}，$(1 - p_{11})$，p_{22}，$(1 - p_{22})$ はすべて条件付き確率である。例えば，$(1 - p_{22})$ はレジーム2にある場合にレジーム1に転換する条件付き確率である。システムがレジーム1にある無条件確率 (p_1) とレ

---

10 ここでなぜレジームが転換するかという点や，変化点についてモデル上で説明されることはない。

ジーム 2 にある無条件確率（p_2）の計算も可能である。章末の練習問題 [2] では，それぞれの無条件確率が，

$$p_1 = \frac{1 - p_{22}}{2 - p_{11} - p_{22}}$$
$$p_2 = \frac{1 - p_{11}}{2 - p_{11} - p_{22}}$$

として導出される。例えば，$p_{11} = 0.75$，$p_{22} = 0.5$ なら $p_1 = 2/3$，$p_2 = 1/3$ となる。

4. クレメンツ゠クロルジッグ（Clements and Krolzig 1998）を含む多くの文献では，MS モデルと STAR モデルがさまざまな統計的な方法で比較されている。とくに MS モデルの推移確率がモデルの変数に依存するように修正された場合，2 つのモデルの違いはほとんどない。

通常 MS モデルは変数の水準の推定に応用される。しかし，エドワーズ゠ススメル（Edwards and Susmel 2003）は，新興国市場の金利のボラティリティの分析に MS モデルを用いている。彼らは標準的な GARCH モデルが大きなショックに直面する新興国市場の分析には適切ではないと議論している。もちろん正規分布ではなく t 分布を用いることで，裾の厚い分布を持つ収益率の GARCH モデルを推定できるが，そのようなモデルは通常ボラティリティの持続性を過大に予測してしまう。第 3 章で例示したように，GARCH モデルの係数の和は 1 に近いことが多い。このため，GARCH モデルでは，ボラティリティがいったん上昇すると，低下するまでに長い時間がかかってしまう。別の方法として，ボラティリティが低いレジーム，中程度のレジーム，高いレジームの 3 つの状態を含んだモデルを考えよう。もし高いボラティリティのレジームから他のレジームへ転換する確率が大きい場合には，高いボラティリティが必ずしも極端に持続的である必要はない。

エドワーズ゠ススメルは，アルゼンチン，ブラジル，チリ，香港，メキシコの週次の金利データを用いた。まず，平均のモデルとして AR(1) モデル，分散のモデルとして GARCH(1, 1) モデルを推定した。1994 年 4 月 18 日から 1999 年 4 月 16 日までのブラジルのデータを用いて推定された 2 本の式を考えよう（カッコ内は標準誤差）。

$$\Delta r_t = -0.0133 - 0.217\Delta r_{t-1} + \varepsilon_t$$
$$\quad\quad (0.04) \quad\quad (0.10)$$

$$h_t = 0.058 + 1.321\varepsilon_{t-1}^2 + 0.395h_{t-1}$$
$$\quad\quad (0.03) \quad\ (0.25) \quad\quad\ (0.05)$$

ただし，r_t はブラジルの短期金利で，h_t は条件付き分散である。金利が単位根過程であったため，階差の AR モデルが採用されている。すべての係数は 5% 水準で有意であるが，GARCH$(1,1)$ モデルの係数の和が 1 より大きく，ボラティリティが発散する点が望ましくない。

代わりのモデルとして，エドワーズ = ススメルは**ボラティリティ転定 ARCH**（SWARCH）**モデル**を考案した。条件付き分散 h_t は次式で表される。

$$\frac{h_t}{\gamma_s} = \alpha_0 + \sum_{i=1}^{q} \alpha_i \frac{\varepsilon_{t-i}^2}{\gamma_s}$$

ただし，$s = 1, 2, 3$ は現在のボラティリティが低い，中程度，高いという 3 つの状態を表している。推定ではレジームのパラメータ γ_s の 1 つの値は 1 に標準化される。もし $\gamma_1 = 1$ で標準化した場合，他の γ_s の値は状態 s と状態 1 の条件付き分散の比率として解釈できる[11]。

以下は推定されたブラジルの SWARCH モデルである。

$$\Delta r_t = -0.087 + 0.016\Delta r_{t-1} + \varepsilon_t$$
$$\quad\quad\ \ (0.03) \quad\ \ (0.05)$$

$$\frac{h_t}{\gamma_s} = 0.131 + 0.068\frac{\varepsilon_{t-1}^2}{\gamma_s}$$
$$\quad\quad (0.03) \quad\ (0.10)\ \ \gamma_s$$

ただし，パラメータ γ_s は，$\gamma_1 = 1$，$\gamma_2 = 4.851$，$\gamma_3 = 128.51$ と推定された。

驚くべきことは，高いボラティリティの状態では低いボラティリティの状態に比べて 128 倍以上に大きく変動する。一方では，高いボラティリティの状態から他の状態へ転換する確率は高いことも示されている。したがって，高いボラティリティの状態は短期間しか持続しないことがわかる。

---

11 便宜的に新たな変数表記として $h_t^* = h_t/\gamma$ と $u_t = \varepsilon_t/\sqrt{\gamma_s}$ を導入しよう。ARCH モデルの式は $h_t^* = \alpha_0 + \sum_{i=1}^{q} \alpha_i u_{t-1}^2$ であり，条件付き分散は $h_t = \gamma_s h_t^*$ となる。したがって，$s = 2, 3$ の場合の条件付き分散 $h_t = \gamma_s h_t^*$ と $s = 1$ の場合の条件付き分散 $h_t = h_t^*$ の比率は γ_s となる。

図 7.10　LSTAR 過程から生成された仮想系列

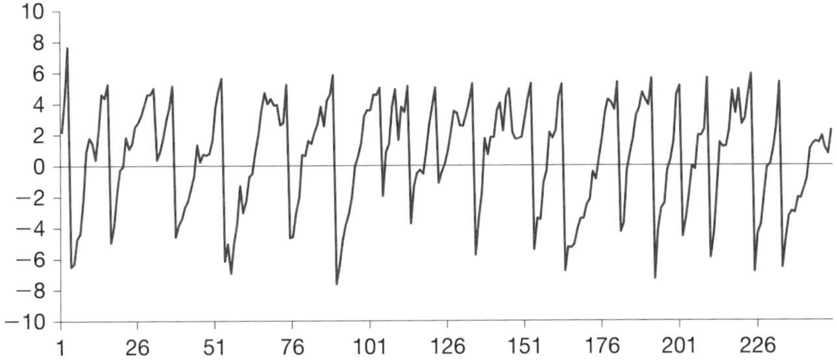

7.9　STAR モデル推定の実践例

　本節では実践例を用いて STAR モデルの推定に用いられる数々の手法を解説し，実際に直面するであろうさまざまな問題を取り上げる。

◆　仮想データの LSTAR モデル推定

　LSTAR モデルの推定手続きを説明するために，次の LSTAR モデル

$$y_t = 1 + 0.9y_{t-1} + (-3 - 1.7y_{t-1})\frac{1}{1 + \exp(-10(y_{t-1} - 5))} + \varepsilon_t \quad (7.23)$$

から 250 個の実現値を発生させた。(7.20) 式と比較すれば，平滑パラメータが $\gamma = 10$ であり，推移関数が $\theta = 1/[1 + \exp(-10(y_{t-1} - 5))]$ であることがわかる。ここで $y_{t-1} \to -\infty$ の場合，y_t の動きは AR 過程 $1 + 0.9y_{t-1} + \varepsilon_t$ によって決定され，$y_{t-1} \to +\infty$ の場合，y_t の動きは AR 過程 $-2 - 0.8y_{t-1} + \varepsilon_t$ によって決定される。また $y_{t-1} = 0$ の近傍では θ の値がほぼ 0 であることに注意したい（$1/(1 + \exp(50)) \simeq 0$）。図 7.10 で示している 250 個の実現値は，LSTAR.XLS のファイルに収められている。実験で発生させた系列の標本平均は 0.62 で標準偏差は 3.43 である。1 次から 6 次までの標本自己相関は以下のとおりである。

ρ_1	ρ_2	ρ_3	ρ_4	ρ_5	ρ_6
0.552	0.270	0.067	-0.039	-0.136	-0.161

次数の増加に伴い標本自己相関は幾何級数的に減衰し，5 次と 6 次のラグで

458　第7章　非線形モデルと構造変化

は p 値が 5% に近い（これは $2 \times$ 標準誤差 $= 2 \times 250^{-1/2} = 0.1265$ から判断できる）。もし真のデータの生成過程を知らなければ，系列相関からは線形 AR(1) モデルを推定する誘因が働くかもしれない。実際に線形モデルを推定した場合，以下に示されるように非常に当てはまりが良い。

$$y_t = \underset{(1.50)}{0.278} + \underset{(10.42)}{0.552}\, y_{t-1} + e_t \tag{7.24}$$

ただし，AIC $= 1901.19$，BIC $= 1908.22$ である。

　AR モデルの残差から有意な系列相関は検出されない。1 次から 12 次までの残差の標本自己相関は以下のようになる。

ρ_1	ρ_2	ρ_3	ρ_4	ρ_5	ρ_6	ρ_7	ρ_8	ρ_9	ρ_{10}	ρ_{11}	ρ_{12}
0.03	0.01	-0.06	-0.02	-0.1	-0.04	-0.11	-0.09	0.07	-0.00	-0.05	-0.06

　この残差の修正 Q 統計量の p 値は 4 次まで，8 次まで，12 次までのラグに関してそれぞれ，0.900，0.347，0.471 である。この結果は AR(1) モデルと整合的である。ところが，非線形性の診断を用いると，まったく異なる結果が得られる。まず残差 2 乗の標本自己相関は次のようになる。

ρ_1	ρ_2	ρ_3	ρ_4	ρ_5	ρ_6	ρ_7	ρ_8	ρ_9	ρ_{10}	ρ_{11}	ρ_{12}
0.03	-0.04	-0.07	-0.10	-0.09	-0.10	-0.08	-0.07	0.14	0.00	-0.02	-0.05

　残差 2 乗の系列相関だけでは，非線形性の存在ははっきりしない。ところが，RESET を用いれば，非線形関係の存在が確認できる。ここで e_t と $\hat{y}_t$ をそれぞれ線形モデルの残差と被説明変数の予測値とする。最も当てはまりの良い AR(1) モデルの (7.24) 式の残差から，以下の補助回帰式が推定される（ただし，$H = 4$ とした）。

$$e_t = \underset{(4.24)}{0.932} + \underset{(9.04)}{0.710}y_{t-1} + \underset{(0.65)}{0.058}\hat{y}_t^2 - \underset{(-9.39)}{0.157}\hat{y}_t^3 - \underset{(-4.84)}{0.034}\hat{y}_t^4$$

　ここでは多くの係数が統計的に有意であることに注意したい。ただし，この補助回帰式では説明変数間の相関が高いため，個別の t 統計量だけで結果を判断しないほうがよいかもしれない。例えば，$\hat{y}_t^2$ が大きい値であれば，同時に $\hat{y}_t^4$ も大きな値となることが予想されるからである。ここでは $\hat{y}_t^h$ のすべての項が，同時に説明力を持つかという点を確認したい。新たに追加された説明変数 $\hat{y}_t^2$，$\hat{y}_t^3$，$\hat{y}_t^4$ の係数がすべて 0 である帰無仮説の F 統計量は 95.60 である。帰無仮説が正しい場合，F 統計量は分子の自由度は 3，分母の自由度は 244

（$= 250 - 5 - 1$）の F 分布に従う。分子の自由度は 3 つの制約に対応し，分母の自由度はサンプルサイズ 250 から，推定された係数の数 5，およびラグ変数 y_{t-1} を用いることによるデータの欠損値の数 1 が調整された値である。有意水準 1% の臨界値は 3.86 であることから，帰無仮説は棄却され，何らかの非線形性が存在していると結論することができる。

非線形性の形状を 1 つに絞ることは非線形性の有無の検出に比べると非常に難しい。このデータは実験で生成されたものであり，経済理論から最善な非線形の形状を導き出すことも不可能である。そこで，1 つの方法として，多くの非線形モデルを推定し，その中から最も当てはまりの良いものを選び出すことが考えられる。ただし，その方法では過大なモデルが選ばれる危険がある。より賢明な方法として，複数の検定を用いるとよいだろう。

関数形の選択に役立つ検定の 1 つが，LSTAR モデルと ESTAR モデルの挙動を選別するテラスバータの検定である（**7.7** 参照）。遅れのパラメータ d の値がわからない状況では，まず $d = 1$ から順に調べてみることが自然であろう。1 次の LSTAR モデルのテイラー展開から，線形モデルの残差をそのモデルの説明変数（つまり定数項と y_{t-1}）や，y_{t-1}，y_{t-1}^2，y_{t-1}^3 のそれぞれに同じ説明変数を掛け合わせた変数を回帰する。推定された補助回帰式は以下のようになる。

$$e_t = \underset{(4.35)}{0.933} + \underset{(9.21)}{0.076}y_{t-1} - \underset{(-0.987)}{0.027}y_{t-1}^2 - \underset{(-11.52)}{0.039}y_{t-1}^3 - \underset{(-4.84)}{0.003}y_{t-1}^4$$

すべての回帰係数に関する F 統計量は 71.10 であり，分子 4，分母 244 の自由度の F 分布から有意であることがわかる。さらに非線形項（y_{t-1}^2，y_{t-1}^3，y_{t-1}^4）の有無に関する F 統計量は 95.60 であり，分子 3，分母 244 の自由度のもとで，推移変数に依存した挙動があると判断できる。次に LSTAR モデルと ESTAR モデルのどちらがより適切であるか検討しよう。y_{t-1}^4 の係数の t 値をみると，この項を補助回帰式から除外することはできない。したがって，ESTAR モデルではなく LSTAR モデルが選ばれる。推定されたモデルには y_{t-2} が含まれていないが，遅れのパラメータが 2 である可能性も検討してみよう。推移変数として y_{t-1} と y_{t-2} のどちらが適切かを判断するために，$d = 2$ を用いて補助回帰式を推定した。

$$e_t = 0.738 + 0.047y_{t-1} - 0.158y_{t-1}y_{t-2} - 0.005y_{t-1}y_{t-2}^2 + 0.003y_{t-1}y_{t-2}^3$$

この回帰式の F 値は 5.73 で小さい。遅れのパラメータが $d = 1$ であるモデルは $d = 2$ に比べて非常に当てはまりが良いことから，y_{t-1} がより適切な推

460 第7章 非線形モデルと構造変化

移変数であると結論できる。したがって，以下のような LSTAR モデルが適切な非線形モデルであると考えられる。

$$y_t = \alpha_0 + \alpha_1 y_{t-1} + (\beta_0 + \beta_1 y_{t-1}) \frac{1}{1 + \exp(-\gamma(y_{t-1} - c))} + \varepsilon_t$$

ただし，LSTAR モデルの非線形性のため，係数の推定に OLS を使うことはできない。その代わりに，NLLS や最尤法を用いることが標準的である。

NLLS を用いて推定されたモデルは以下のようになる。

$$\begin{aligned}
y_t = \underset{(14.43)}{0.942} + \underset{(45.15)}{0.923\, y_{t-1}} + (\underset{(-2.08)}{-5.86} \underset{(-2.46)}{-1.18\, y_{t-1}}) \\
\times \frac{1}{1 + \exp(\underset{(6.77)}{-11.206}(y_{t-1} - \underset{(312.34)}{5.00}))} + \varepsilon_t
\end{aligned} \qquad (7.25)$$

ただし，AIC $= 1365.22$，BIC $= 1386.33$ である。点推定値をみると，β_0 を除いたすべてのパラメータは真の値に非常に近い。さらに AIC と BIC のどちらを用いても線形モデルではなく LSTAR モデルが選択される。

多くの場合，数値的な最適解の計算方法を用いて STAR モデルのパラメータを推定することは必ずしも単純ではない。とくに平滑パラメータ γ の値が大きい場合には，γ と c を同時に探索することが非常に困難であることが知られている。LSTAR モデルの平滑パラメータ γ が大きい場合には，$y_{t-d} = c$ の近傍で急激にレジームが転換するため，TAR モデルに近い挙動をする。推定された γ が大きい場合にはその推定値が不安定であるため，LSTAR モデルよりも TAR モデルを推定したほうがよい場合もある。パラメータ推定の問題を回避するために，ハガン＝尾崎（Haggan and Ozaki 1981）の方法を修正し，グリッドサーチを用いることも多い。まず平滑パラメータ γ を候補値の中の最小値に固定し，残りのパラメータを NLLS で推定する。次に，少しだけ γ の値を増やし，モデルを再推計する。この手続きを γ の最大値まで繰り返し，最も当てはまりの良い γ を探索する。テラスバータ（Teräsvirta 1994）は，推移関数のパラメータを標準化することで数値解の探索が容易になることを指摘している。LSTAR モデルの場合は，$-\gamma(y_{t-d} - c)$ を y_t の標本標準偏差で割って平滑パラメータを再定義する[12]。ESTAR モデルの場合は，$-\gamma(y_{t-d} - c)^2$

---

12 具体的には，y_t の標本標準偏差を $\hat{\sigma}_y$ とすると $\gamma = \gamma^*/\hat{\sigma}_y$ と定義することで，モデルは $-\gamma(y_{t-d} - c) = -\gamma^*[(y_{t-d} - c)/\hat{\sigma}_y]$ となる。そして，γ ではなく γ^* を推定すればよい。ここで $(y_{t-d} - c)/\hat{\sigma}_y$ は，y_{t-d} が c から標準偏差の何倍分だけ離れているかを意味する。

を y_t の標本分散で割って平滑パラメータを再定義する。

◆ **実質為替レートの ESTAR モデル推定**

既に紹介したように，マイケルらは取引費用の存在により実質為替レートの挙動が ESTAR モデルで説明できると主張した。ここでは，1791 年から 1992 年までの期間の年次の米英間の実質為替レートの観測値を分析の対象にする。まず，データが定常であるかどうか確認しよう。そもそも実質為替レートに単位根があれば（長期的な）PPP 理論は成立しないことから，彼らは ADF 検定を用いて単位根の有無を調べている。年次データを用いているため，ADF 検定では短めのラグが採用されている。定数項を無視した場合，

$$\Delta y_t = \underset{(-3.62)}{-0.12}\, y_{t-1} + \underset{(1.75)}{0.12}\, \Delta y_{t-1} + \varepsilon_t \tag{7.26}$$

となる。t 統計量 -3.62 の絶対値は巻末の付表 A にある臨界値を絶対値で上回り，実質為替レートの単位根仮説を棄却することができる。点推定値が -0.12 であることは，調整の速度が非常に遅いことを示唆している。具体的には今期の PPP からの乖離の 88% が次の年に残される。ただし，ADF 回帰式は線形であるため，調整の速度は常に一定である（単位根と非線形性に関する諸問題は **7.11** で取り上げる）。

系列の定常性が確認されたので，次に ESTAR モデルの可能性をテラスバータの方法を用いて調べる。(7.21) 式の補助回帰式が最も良く当てはまるような遅れのパラメータは $d = 1$ であった。補助回帰式のすべての a_{ij} が 0 である帰無仮説の F 統計量の p 値は 0.076 であり，米英間の実質為替レートの挙動に非線形性が存在する証拠は弱いという結果になった。

次に，LSTAR モデルと ESTAR モデルの妥当性を比較する検定を検討する。3 乗の項の係数 a_{3i} がすべて 0 である帰無仮説の F 統計量の p 値は 0.522 であり，ESTAR モデルの帰無仮説は棄却できない。(7.21) 式の非線形調整の補助回帰式では LSTAR モデルと ESTAR モデルの双方の係数が含まれていたことに注意しよう。もし ESTAR モデルが正しい調整過程だった場合，不必要な係数が多く含まれている。このため，マイケルらは 3 次の項の係数 a_{3i} がすべて 0 である制約を課したうえで，残りの係数が 0 であるかどうかも検定している。その検定の F 統計量の p 値は 0.028 である。したがって，この検出力が強化された検定では線形性は否定されて，ESTAR モデルが選ばれている。

462　第 7 章　非線形モデルと構造変化

7.10　一般化インパルス応答関数

本節ではポッターによる米国の GNP の TAR モデルを紹介しながら，閾値モデルのインパルス応答の計算方法を説明する。

◆ GNP 成長率の非線形推定

ポッター（Potter 1995）は，米国の GNP 成長率の非線形モデルが線形モデルよりもパフォーマンスが良いことを指摘している。彼はまず 1947Q1 から1990Q4 の期間の米国の実質国民総生産（GNP）の四半期系列の対数階差について，AR(5) モデルを推定している。

$$y_t = \underset{(4.42)}{0.540} + \underset{(4.23)}{0.330}y_{t-1} + \underset{(2.35)}{0.193}y_{t-2} - \underset{(-1.27)}{0.105}y_{t-3} - \underset{(-1.12)}{0.092}y_{t-4}$$
$$\quad - \underset{(-0.308)}{0.024}y_{t-5} + \varepsilon_t$$

$$\text{AIC}^* = 8.00$$

ただし，$y_t = 100 \times [\log(GNP_t) - \log(GNP_{t-1})]$ である。

さらに彼は分散がレジーム間で異なる場合を考慮した 2 レジーム TAR モデルも推定している。事前検定の結果，遅れのパラメータが 2（つまり，$d = 2$）で閾値 0 が選択されている。有意でない係数を閾値回帰から除外して推定された TAR モデルは次のようになった。

$$y_t = \underset{(3.21)}{0.517} + \underset{(3.74)}{0.299}y_{t-1} + \underset{(1.77)}{0.189}y_{t-2} - \underset{(-16.57)}{1.143}y_{t-5} + \varepsilon_{1t}$$
$$y_{t-2} > 0 \text{ のとき}$$

$$y_t = \underset{(-1.91)}{-0.808} + \underset{(2.79)}{0.516}y_{t-1} - \underset{(-2.68)}{0.946}y_{t-2} - \underset{(-1.63)}{0.352}y_{t-5} + \varepsilon_{2t}$$
$$y_{t-2} \leq 0 \text{ のとき}$$

データは季節調整済みであり，5 期前の GNP が今期の GNP の値に影響を及ぼす理由がとくに見当たらないことから，5 次の自己回帰係数が含まれていることは奇異に感じるかもしれない。一方，3 次と 4 次の自己回帰係数は5% の有意水準で統計的に 0 であることが棄却できない。縮小期のレジーム（$y_{t-2} \leq 0$）の観測数は 37 で，拡大期のレジーム（$y_{t-2} > 0$）の観測数は 133である。ε_{2t} の分散推定値は 1.50，ε_{1t} の分散推定値は 0.763 である。したが

って，縮小期のレジームにおけるショックの規模が非常に大きくなる傾向にある。縮小期のレジームの2次の自己回帰係数が負で大きいことは経済学的には興味深い。もし $y_{t-2} \leq 0$ の場合，-0.946 と y_{t-2} の積は正となるため，これは生産量の縮小が急速に反転する傾向を示唆している。

◆ 逐次的予測

AIC は TAR モデルの2つの部分の残差平方和を組み合わせることで計算された。AIC の値（AIC$^* = -4.89$）は明らかに線形モデルより TAR モデルを選択する。外挿予測を比較するために，次のような手続きを用いた。最初に 1947Q1 から 1960Q1 の標本期間で，線形モデルと TAR モデルを推定する。そして，各モデルについて1期先の予測値を計算する。次に，標本期間を1四半期分だけ更新し（つまり 1947Q1 から 1960Q2），新しい線形モデルと TAR モデルを推定する。その更新されたモデルを用いて1期先の予測値が新たに計算される。この手続きを標本の最終期まで繰り返し，2組の1期先予測の系列が計算される。予測系列と実際の生産成長率の相関は線形モデルで 0.23，TAR モデルで 0.35 であった。したがって，線形モデルよりも TAR モデルの予測精度が高いことがわかる。

◆ インパルス応答関数

線形モデルでは，インパルス応答は過去の値やショックの大きさに依存しない。例えば，線形 AR(1) モデル $y_t = \rho y_{t-1} + \varepsilon_t$ の場合，y_t は，

$$y_t = \sum_{i=0}^{\infty} \rho^i \varepsilon_{t-i}$$

と書ける。このため，y_t への1単位のショックの効果は1となり，y_{t+1} へのショックの効果は ρ（つまり，$\partial y_{t+1}/\partial \varepsilon_t = \partial y_t/\partial \varepsilon_{t-1} = \rho$），$y_{t+2}$ に対するショックの効果は ρ^2（つまり，$\partial y_{t+2}/\partial \varepsilon_t = \partial y_t/\partial \varepsilon_{t-2} = \rho^2$）と続いていく。さらに，2単位のショックの効果は，単純に1単位のショックの効果の2倍となり，負のショックの効果は単純に正のショックの効果の符号を変換するだけでよい。

これに対し，非線形モデルのインパルス応答関数の解釈はそれほど単純ではない。その理由は，インパルス応答が過去の値に依存することにある。1単位の ε_t のショックに対するシステムの時間経路への効果は，現在とその後のシ

464 第7章 非線形モデルと構造変化

ョックの大きさに依存する。ショックの符号が影響することも明らかだ。簡単な例を挙げれば，$\tau = 0$ の TAR モデルの場合，1 単位の正のショックのインパルス応答は，1 単位の負のショックによるものとは異なる形状となる。さらにショックの大きさも影響する。いま縮小期のレジームにある場合，小さな正のショックはそれがレジームの変化を引き起こす可能性が低いことから，非常に大きなショックとは異なる形状の時間経路となる。このため，インパルス応答を計算するためには，システムの履歴（過去の値）とショックの大きさを指定する必要がある。さらに 1 単位の ε_t のショックの y_{t+10} への効果は，$t+1$期から $t+9$ 期までの期間に生じたショックの大きさにも依存する。

　この問題に対処する方法は，存在する。ポッターは，4 つの異なる大きさのショック -2%，-1%，1%，2% を考慮した。以下の状況を考えよう。

- 1983Q3，1983Q4，1984Q1 の 3 時点で，実質 GNP 成長率は年率でそれぞれ，7.1%，8.2%，8.2% と非常に高い値であった。このような場合，たとえ -2% のショックがあっても GNP 成長率は正のレジームに留まるであろう。したがって，インパルス応答は線形モデルと非常に近い形状になる。レジームの転換がないために，1% のショックと 2% のショックの影響は比例関係にある。この履歴に対応する 4 つのインパルス応答は図 7.11（a）に示されている（1984Q1 時点での 4 つのショックを考えている）。

- 緩やかな景気後退があった 1970Q2 のインパルス応答を計算すると状況はまったく異なる。1969Q4，1970Q1，1970Q2 の実質 GNP 成長率は年率でそれぞれ，-1.9%，-0.46%，0.91% であった。成長率が負の期間には，正のショックがレジームを縮小期から拡大期のレジームへと転換させる。図 7.11（b）では，非対称なインパルス応答が示されている。縮小期のレジームの 2 次の自己回帰係数が -1.0 に近い値をとることから，負のショックの持続性は正のショックの場合よりも低い。したがって，GNP 成長率は 1970Q3 の時期からのかなり早い回復が予測される。また -1%と -2% のショックの効果は比例関係にないことにも注意したい。

ここで用いたインパルス応答では，異なる大きさのショック ε_t（$t = 1984Q1$と 1970Q2）の効果が，次期以降のショックがすべて 0 である仮定のもとで計算されていることに注意しよう。もちろんこうした仮定は現実的ではない。さまざまな次期以降のショックの実現値を考慮したものが，クープら（Koop, Pesaran, and Potter 1996）によって開発された**一般化インパルス応答関数**（generalized impulse response function）である。

図 7.11 2つの時点におけるインパルス応答

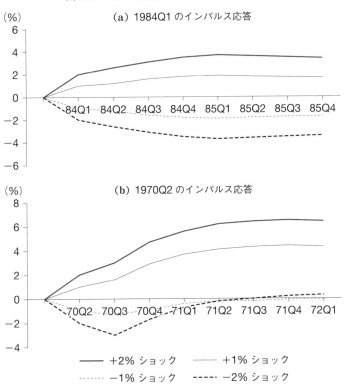

簡単な TAR モデル $y_t = 0.9 I_t y_{t-1} + 0.1(1 - I_t) y_{t-1} + \varepsilon_t$ を考えよう。ただし，$y_{t-1} > 0$ のときに $I_t = 1$，それ以外のときに $I_t = 0$ となる。初期条件は $y_0 = 0$ として，ε_1 に1単位のショックを与えたときの効果を評価する。表 7.7 の第 2 列と第 3 列に示されているように，最初の値は $y_1 = 1$ で，レジームの転換がまったく生じないため，以降の値は $y_t = 0.9 y_{t-1}$ に従って減衰していく。ところがそのような時間経路はレジームの転換の可能性が考慮されていない点で問題がある。

表 7.7 の第 4 列と第 5 列には次期以降の ε_t を発生させた場合が例示されている。初期時点のショック $\varepsilon_1 = 1$ は同じで，次期以降の実現値が $\varepsilon_2 = -1$，$\varepsilon_3 = 0$，$\varepsilon_4 = 1$ であったとしよう。その場合，次期以降の y_t の値は，$y_2 = -0.100 \ (= 0.9 \times 1 - 1)$，$y_3 = -0.010 \ (= -0.1 \times 0.1)$，$y_4 = 0.999$ $(= -0.1 \times 0.01 + 1)$ となり幾何級数的には減衰しない。

第 6 列には，ε_2，ε_3，ε_4 のショックの値を固定して，初期時点のショック

466　第7章　非線形モデルと構造変化

表 7.7　一般化インパルス応答

時間	ε_t	y_t	ε_t	y_t	ε_t	y_t^a	$d_t = y_t - y_t^a$
0		0.000		0.000		0.000	
1	1	1.000	1	1.000	0	0.000	1.000
2	0	0.900	-1	-0.100	-1	-1.000	0.900
3	0	0.810	0	-0.010	0	-0.010	0.000
4	0	0.729	1	0.999	1	0.990	0.009

の値が $\varepsilon_1 = 0$ であった場合が示されている。この場合の y_t の時間経路を表現するために y_t^a を使えば，$y_2^a = -1.000$，$y_3^a = -0.010$，$y_4^a = 0.990$ となる。

第5列と第7列の値の差から計算された d_t $(= y_t - y_t^a)$ の系列が最後の列に示されている。この差に，ε_1 に1単位のショックを与えたときの効果が反映されている。

もちろん ε_2, ε_3, ε_4 の実現値が異なれば d_t の値も異なるだろう。しかし，何千回ものモンテカルロ実験を繰り返すことは可能だ。実験で発生させた d_t の平均値を用いれば，さまざまな次期以降のショックの実現値を考慮したうえで，ある過去の履歴（$y_0 = 0$）とある大きさのショック（$\varepsilon_1 = 1$）に対応した一般化インパルス応答関数が得られる。

図 7.12 (a) の実線は，分散が1の標準正規分布に従う ε_t を用いて，d_t の系列を 2000 回繰り返し発生させ，その平均から計算された一般化インパルス応答関数である。破線は $y_t = 0.9 y_{t-1}$ による幾何級数的な減衰を示している。実線のインパルス応答は破線で示したものよりも速く減衰していることがわかる。この差は一般化インパルス応答関数ではレジームの転換が考慮されていることから生じている。

クープらの方法を用いると，ある大きさのショックとある過去の履歴に限定することなく，すべての大きさのショックとすべての履歴に関する平均を計算することもできる。例えば，図 7.12 (b) では，$\varepsilon_1 = 1$ の代わりに $\varepsilon_1 = 4$ の大きさのショックに対する一般化インパルス応答関数が示されている。この場合，インパルス応答関数の形状は幾何級数的な減衰に近いことが確認できる。その理由は，初期時点のショック ε_1 が大きいため，減衰が速い負値のレジームに転換する可能性が低くなったことによる。ここでは示されていないが，読者は初期時点のショックの大きさを -1 と -4 に置き換えた場合のインパルス応答関数の形状がどうなるか考えてほしい。時間経路は負の領域から始まり，どちらの場合も速く減衰するだろう。ただし，正のレジームに転換する可能性

図 7.12 TAR モデルのインパルス応答

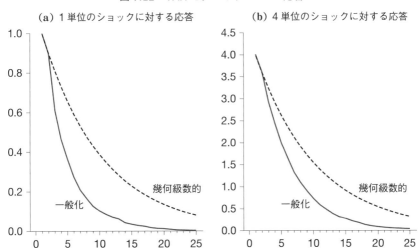

があるため，$y_t = 0.1y_{t-1}$ の減衰よりは緩やかであることが予想される．また異なる過去の履歴（つまり異なる初期値 y_0）に対応したインパルス応答を計算することもできる．インパルス応答のすべての過去の履歴に関する平均を典型的な時間経路として用いる研究者も多い．

7.11 単位根と非線形過程

いま金利スプレッドが (7.1) 式の非線形の調整過程に従うことがわかっていると想定する．TAR モデルを直接推定する前に，この系列が長期均衡値に戻る性質（つまり，定常であるか）を検証するにはどのような手法を用いればよいだろうか．長期均衡値（アトラクター）の存在に関する検定では通常線形調整過程が仮定されている．例えば，DF 検定では，線形調整過程として，

$$y_t = a_1 y_{t-1} + \varepsilon_t \tag{7.27}$$

あるいは，

$$\Delta y_t = \rho y_{t-1} + \varepsilon_t$$

が用いられる．もし $a_1 = 1$ の帰無仮説を棄却できずに，対立仮説の $-1 < a_1 < 1$ が適当であると判断されれば，y_t 系列が 0 のアトラクターへ減衰して

いくと結論することができる。しかし，もし y_t 系列が非線形モデルから生成される場合には，モデルの特定化に誤りがあるため，DF 検定はアトラクターを探知できないかもしれない。(7.27) 式は確定的なトレンドや y_t の階差のラグを加えて拡張することも可能であるが，線形の動学調整過程の仮定は維持されている。ピッペンガー゠ゲーリング（Pippenger and Goering 1993）とバルケ゠フォンビー（Balke and Fomby 1997）は，「非対称な調整過程に対して（線形の）単位根検定の検出力が低い」と指摘している。

この議論はマイケルら（Michael, Nobay, and Peel 1997）の結果にも直接関係している。彼らの目的は実質為替レートが ESTAR 過程で記述されるかどうかを検討することであった。ところが，米英間の実質為替レートが定常であるかどうかを判断するために用いられた動学式（つまり (7.26) 式）には線形調整過程が仮定されていた。彼らは運よく単位根の帰無仮説を棄却できたが，他の状況では線形の単位根検定は非線形過程のアトラクターの存在を探知できないかもしれない。

この問題を回避するために，非線形調整のアトラクターの存在を検定する方法の研究が進められている。例えば，エンダース゠グレンジャー（Enders and Granger 1998）は，DF 検定を一般化し，単位根の帰無仮説に対して TAR モデルの対立仮説を考慮している。TAR モデルとして以下のような単純な形を考える。

$$\Delta y_t = I_t \rho_1 (y_{t-1} - \tau) + (1 - I_t) \rho_2 (y_{t-1} - \tau) + \varepsilon_t \tag{7.28}$$

$$I_t = \begin{cases} 1 & y_{t-1} > \tau \text{のとき} \\ 0 & y_{t-1} \le \tau \text{のとき} \end{cases} \tag{7.29}$$

図 7.13 の位相図で示されているように，もし $y_{t-1} = \tau$ のとき，$\Delta y_t = 0$ となる。ところが，ラグ変数の値が τ を超えると，Δy_t は $\rho_1(y_{t-1} - \tau)$ となり，ラグ変数の値が τ を下回ると，Δy_t は $\rho_2(y_{t-1} - \tau)$ となる。Δy_t の期待値は $y_{t-1} = \tau$ のときに 0 となることから，アトラクターは τ である。例えば，$y_{t-1} = a$ の場合（図 7.13 参照）には，Δy_t は ab の距離に等しい。

もし (7.28)(7.29) 式の特定化を用いる場合には，調整過程は非線形であるが，アトラクターの検定は可能である。ここでもし $\rho_1 = \rho_2 = 0$ であれば，ランダムウォーク過程となる。また，対立仮説でも $\rho_1 = \rho_2$ が成立している特殊な場合にはエンダース゠グレンジャーの検定は DF 検定と同じになる。推定された TAR モデルで $\rho_1 = \rho_2 = 0$ の帰無仮説を棄却することができれば，アト

図 **7.13** TAR モデルの位相図

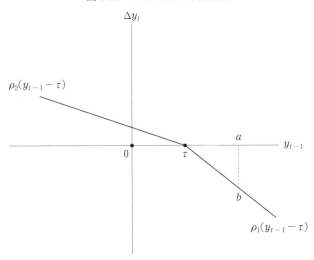

ラクターが存在すると結論することができる．しかし，DF 検定がそうであったように，通常の F 統計量の臨界値を用いて $\rho_1 = \rho_2 = 0$ の帰無仮説を検定することはできない．その代わりに用いるべき F 統計量の臨界値は巻末の付表 E に掲載している．

非定常の帰無仮説が棄却された場合，対称な調整と非対称な調整を検定することができる．とくに帰無仮説が棄却されると（系列がアトラクターを持つと），標準的な F 分布を用いて対称的な調整（つまり $\rho_1 = \rho_2$）の検定を行うことができる．もし閾値が未知の場合（しかし，チャンの方法を用いて一致推定された場合），標準的な F 検定を用いることができそうである．しかし，ハンセンは ρ_1 と ρ_2 のそれぞれの OLS 推定量の小標本特性により，標準誤差が過大になることや，OLS 推定量の収束特性が悪いことを示している．この問題を避けるために，**7.5** で説明されたハンセンのブートストラップ法を用いることができる．

基本的な TAR モデルの代わりに，調整が y_{t-1} の水準ではなく，その階差（つまり Δy_{t-1}）に依存するような派生モデルを考えることも可能である．その場合，モデルは (7.28) 式と以下の指示関数を組み合わせたものになる．

$$I_t = \begin{cases} 1 & \Delta y_{t-1} > 0 \text{ のとき} \\ 0 & \Delta y_{t-1} \leq 0 \text{ のとき} \end{cases} \tag{7.30}$$

470 第7章 非線形モデルと構造変化

この派生形の TAR モデルはエンダース＝グレンジャー（Enders and Granger 1998）やケイナー＝ハンセン（Caner and Hansen 2001）で採用されており，変数が増加しているか減少しているかに依存して，その変数の自己回帰の度合いが変化するような状況を捉えることができる。これは系列が一方向の変化に対してより大きなモメンタムを示すような調整の説明に有効であるため，**モメンタム閾値自己回帰**（momentum threshold autoregressive：**M-TAR**）**モデル**と呼ばれる。以下では M-TAR モデルを用いて $\rho_1 = \rho_2 = 0$ の帰無仮説を検定する F 統計量を Φ_M と記述する。(7.30) 式では，単純に変数の増減のみにレジームが依存するように階差の閾値を 0 と設定しているが，0 でない閾値 τ を用いた M-TAR モデルを考慮することもできる。また一般的に TAR モデルと M-TAR モデルのどちらを用いるかはあらかじめ想定されないため，AIC や BIC のような情報量規準を使って (7.29) 式か (7.30) 式の調整メカニズムを選ぶとよいだろう。

検定を行うときは，以下の手続きに従う。

第 1 段階：あらかじめ τ の値がわかっている場合（例えば $\tau = 0$），(7.28) 式を推定する。そうでなければチャンの方法を使い，それぞれの閾値 τ の候補について (7.29) 式を用いて指示関数を計算する。それぞれの閾値の候補値に関して (7.28) 式を推定して，残差平方和を最小にする回帰式で用いられた τ を選ぶ。

第 2 段階：もし調整過程の形状がはっきりわからない場合には，M-TAR モデルに関しても第 1 段階を繰り返す。それぞれの閾値 τ の候補について (7.30) 式を用いて指示関数を計算する。フィットが最も良い τ を選ぶ。AIC か BIC を用いて TAR モデルか M-TAR モデルかを選択する。

第 3 段階：第 1 段階か第 2 段階で選択されたモデルを用いて，$\rho_1 = \rho_2 = 0$ の帰無仮説を検定する F 統計量を計算する。TAR モデルの場合には計算された統計値と巻末の付表 E の適切な臨界値を比べる。臨界値はサンプルサイズ（T）やモデルに階差のラグが含まれるかどうかに依存する。TAR モデルの τ を推定した場合には付表 E(a) を，M-TAR モデルの τ を推定した場合には付表 E(b) を用いる。閾値が既知で M-TAR モデルを推定した場合には付表 E(c) を用いる。TAR モデルで閾値が既知の場合には DF 検定よりも検出力が低い検定となりやすい。このため，この場合の臨界値は表には掲載されていない。

第 4 段階：もし対立仮説が採択された場合（アトラクターが存在した場合），ρ_1 と ρ_2 の漸近分布は多変量正規分布となるため，対称的な調整と非対称的な調整の検定が可能である。そのように，調整が対称的であるという制約（つまり $\rho_1 = \rho_2$ の帰無仮説）は，ハンセンのブートストラップ法や通常の F 検定を近似的に用いることで検定が可能である。

第 5 段階：推定された ε_t 系列がホワイトノイズ過程とみなすことができるかどうかを確認するために残差の診断を行う。もし残差に系列相関がある場合には，第 1 段階に戻り，以下のモデルを再推定する。

$$\Delta y_t = I_t \rho_1 (y_{t-1} - \tau) + (1 - I_t)\rho_2 (y_{t-1} - \tau) + \sum_{i=1}^{p} \alpha_i \Delta y_{t-i} + \varepsilon_t \quad (7.31)$$

この特定化のもとで，残差の診断や，ラグ次数を決定するためのさまざまな情報量規準を用いることが可能である。原理的には，非対称的な階差のラグの効果を考慮することも可能である。しかし，そのような拡張を用いた研究はそれほど行われていない。

◆ 実 証 例

エンダース = グレンジャーは長期金利である 10 年物の国債金利（r_{Lt}）と短期金利であるフェデラル・ファンド（FF）金利（r_{St}）の 1958Q1 から 1994Q1 までのデータを用いている（GRANGER.XLS からこのデータが利用できる）。2 つの金利変数の関係をどのようなモデルで記述できるだろうか。まず，金利スプレッドの形で $s_t = r_{Lt} - r_{St}$ を計算する。いくつかの試行を経て，ADF 検定に最も適切な式は以下のようになった。

$$\Delta s_t = \underset{(1.52)}{0.120} - \underset{(-3.56)}{0.156 s_{t-1}} + \underset{(1.94)}{0.162 \Delta s_{t-1}} + \varepsilon_t$$

$$\text{AIC} = 669.79 \qquad \text{BIC} = 678.68$$

s_{t-1} の係数の t 統計量は -3.56 であり，単位根帰無仮説は棄却できる。本節の要点は，閾値調整の検定を説明することにあるので，ADF 検定の結果はあいまいであったと想定してもよい。それでも，診断からはこの式が適切でないことがわかる。例えば，$H = 3$ と $H = 4$ の場合の RESET の p 値はそれぞれ 0.0016 と 0.00009 である。したがって，非線形性が存在していることがわかる。

次に，(7.28)(7.29) 式の TAR モデルを推定する。最も当てはまりの良い τ

472　第7章　非線形モデルと構造変化

は -0.27 であり，推定されたスプレッドの TAR モデルは以下のようになる。

$$\Delta s_t = -\underset{(-1.59)}{0.066} I_t(s_{t-1} + 0.27) - \underset{(-3.67)}{0.286}(1 - I_t)(s_{t-1} + 0.27)$$
$$+ \underset{(2.07)}{0.172}\Delta s_{t-1} + \varepsilon_t$$

AIC $= 669.12$　　BIC $= 680.97$

さらに (7.29) 式の代わりに (7.30) 式を用いて，M-TAR モデルを推定する。最も当てはまりの良い τ は 1.64 であり，推定されたスプレッドの M-TAR モデルは以下のようになる。

$$\Delta s_t = -\underset{(-4.75)}{0.299} I_t(s_{t-1} - 1.64) - \underset{(-0.145)}{0.007}(1 - I_t)(s_{t-1} - 1.64)$$
$$+ \underset{(0.183)}{0.016}\Delta s_{t-1} + \varepsilon_t$$

AIC $= 662.55$　　BIC $= 674.40$

ここで2つの係数は統計的に有意でないにもかかわらず，AIC と BIC はともに M-TAR モデルを選択していることに注意したい。この2つの余分な係数を除いたモデルを推定してもよい。$\rho_1 = \rho_2 = 0$ の帰無仮説を検定する F 統計量は 11.45 である。もしこの値と Φ_M の臨界値を比較すれば，アトラクターがないという帰無仮説を棄却することができる。そのため，調整が対称的か非対称的かという検定も可能である。$\rho_1 = \rho_2$ の帰無仮説を検定する F 統計量は 12.24 で，p 値は 0.0006 である。したがって，M-TAR が金利スプレッドの調整過程を最も良く捉えていると結論づけることができる。点推定値はスプレッドの均衡値が 1.64 であることを示唆している。スプレッドが増加しているとき（つまり $\Delta s_{t-1} > 0$ のとき）には，調整の速度は非常に速い。ところが，スプレッドが減少している（長期金利が短期金利に比べて相対的に低下している）ときには，係数は -0.007 で調整はほとんどみられない。この結果は線形モデルでは調整の速度がスプレッドの増減にかかわらず -0.156 であったことと対照的な結果である。さらに線形モデルでは定数項の t 統計量が 1.52 であり，スプレッドの長期均衡値が 0 であることを示唆している。

◆ 非線形誤差修正

データを確認すると，r_{Lt} と r_{St} が $I(1)$ 過程のような挙動をしていることがわかる。この2つの $I(1)$ 変数の線形結合は定常であるため，グレンジャー表

現定理から誤差修正モデルの存在が示唆される（**6.3** を参照）。ところが，動学調整のメカニズムが線形である必要性はとくにない。その代わりに，適切だと考えられる M-TAR の形を含んだ誤差修正モデルを推定すると，以下のようになる（カッコ内は t 統計量）。

$$\Delta r_{Lt} = \underset{(-0.763)}{-0.03}\, I_t(s_{t-1} - 1.64) - \underset{(-2.11)}{0.07}\,(1 - I_t)(s_{t-1} - 1.64)$$
$$+ \underset{F_{11} = 0.089}{A_{11}(L)\Delta r_{Lt-1}} + \underset{F_{12} = 0.523}{A_{12}(L)\Delta r_{St-1}} + \varepsilon_t$$

$$\Delta r_{St} = \underset{(2.66)}{0.21}\, I_t(s_{t-1} - 1.64) - \underset{(-0.67)}{0.04}\,(1 - I_t)(s_{t-1} - 1.64)$$
$$+ \underset{F_{21} = 0.001}{A_{21}(L)\Delta r_{Lt-1}} + \underset{F_{22} = 0.845}{A_{22}(L)\Delta r_{St-1}} + \varepsilon_t$$

ここでは各式にそれぞれの変数の 2 次のラグまでが含まれており，F_{ij} は多項式 $A_{ij}(L)$ のすべての係数が 0 である帰無仮説の p 値であり，I_t は (7.30) 式の M-TAR 指示関数である。

t 統計量は長期均衡への興味深い調整過程を示唆している。スプレッドの増加は短期金利の変化を，スプレッドの減少は長期金利の変化を生じさせる傾向にある。スプレッドが増加しているとき（つまり $\Delta s_{t-1} > 0$ のとき）には，短期金利が s_{t-1} と長期均衡値 1.64 との乖離幅の 21% 増加する。スプレッドが減少しているときには，長期金利は乖離幅の 7% 低下する。

線形の誤差修正モデルの場合はまったく異なる解釈となる。もし第 6 章で説明した線形誤差修正モデルで 2 次のラグを用いた場合，以下の結果が得られる。

$$\Delta r_{Lt} = \underset{(-3.26)}{-0.114\hat{e}_{t-1}} + \underset{F_{11} = 0.064}{A_{11}(L)\Delta r_{Lt-1}} + \underset{F_{12} = 0.294}{A_{12}(L)\Delta r_{St-1}} + \varepsilon_{1t}$$

$$\Delta r_{St} = \underset{(-0.04)}{-0.003\hat{e}_{t-1}} + \underset{F_{21} = 0.001}{A_{21}(L)\Delta r_{Lt-1}} + \underset{F_{22} = 0.342}{A_{22}(L)\Delta r_{St-1}} + \varepsilon_{2t}$$

ただし，$\hat{e}_{t-1}$ は r_{Lt} を定数と r_{St} に回帰した残差である。したがって $\hat{e}_{t-1}$ はエングル゠グレンジャーの方法を用いて計算された長期関係からの乖離の推定値である。ここで非線形性が考慮された閾値モデルでは長短金利の両変数が前期の長期均衡からの乖離にどのように反応するかうまく捉えることができていたことに比較して，線形モデルが長期金利の反応しか把握できていないことに着目してほしい。

474　第7章　非線形モデルと構造変化

7.12　内生的な構造変化

　2.11 では，構造変化の検定方法として，チョウ検定，$\sup F$ 検定，$\sup W$ 検定，CUSUM 検定を紹介した。本節では，$\sup F$ 検定を詳しく復習したのち，$\sup F$ 検定を構造変化点が複数ある場合に拡張した**バイ゠ペロン検定**（Bai and Perron 1998）を紹介する。また，構造変化が徐々に生じる場合についても考察する。

　一般には，構造変化モデルは非線形であると認識されていないかもしれない。ところが，構造変化モデルと非線形モデルは，帰無仮説のもとで識別できない局外パラメータが存在する問題（いわゆる「デイビス問題」）を共有している。

　この点を理解するため，チョウ検定（構造変化点が既知の場合における構造変化の検定）を思い出してほしい。例えば，次の 2 式では，時点 T_1 において，定数項のみの構造変化と，定数項とすべての自己回帰係数の構造変化が考慮されている。

$$y_t = \alpha_0 + \sum_{i=1}^p \alpha_i y_{t-i} + \gamma_0 D_t + \varepsilon_t \tag{7.32}$$

$$y_t = \alpha_0 + \sum_{i=1}^p \alpha_i y_{t-i} + \left(\gamma_0 + \sum_{i=1}^p \gamma_i y_{t-i} \right) D_t + \varepsilon_t \tag{7.33}$$

ただし，D_t は，$t \le T_1$ の範囲で 0 となり，$t > T_1$ の範囲で 1 となるダミー変数とする。(7.32) 式は定数項のみの「部分的な」構造変化モデルであるのに対し，(7.33) 式ではすべてのパラメータの変化を許容するという意味で「完全な」構造変化モデルである。チョウ検定では，(7.32) 式なら帰無仮説 $\gamma_0 = 0$ とし，(7.33) 式なら帰無仮説 $\gamma_0 = \gamma_1 = \cdots = \gamma_p = 0$ とした F 検定を行えばよい。

　構造変化点が未知の場合には，ずっと複雑な状況となる。この場合，すべての可能な構造変化点について，(7.32) 式や (7.33) 式を推定し，最も当てはまりの良い回帰式を選ぶだろう。選ばれた回帰式に対応する構造変化点は，真の T_1 の一致推定量となっているため，これは適切な方法であるといえる。ところが，構造変化の検定として，F 検定を用いることができなくなってしまう。

7.12 内生的な構造変化 475

これは最も当てはまりの良い回帰式を，多数の回帰式の中から選ぶことで，検定統計量が非標準的な分布に従ってしまうためである。さらに，構造変化なしとした帰無仮説が正しいもとでは，T_1 が識別できないという問題も生じる。

クウォント（Quandt 1958,1960）とアンドリュース（Andrews 1993）は，1回の構造変化点 T_1 が未知の場合に利用可能な検定として $\sup F$ 検定を開発している。この検定では興味深いことに，構造変化前後の期間で誤差項 ε_t の分散が同じである必要はない。既に説明した最も当てはまりの良い回帰式を選択することによって，検定に用いる極値検定統計量の計算が可能である[13]。構造変化モデルでも，閾値モデルの推定と同様に，構造変化点の前後で十分な観測値を確保して適切に推定できるようにデータを「刈り込む」必要がある。慣習的には，刈り込み値を $\pi_0 = 0.15$ とし，各レジームで少なくとも全観測値の 15% を用いるようにすることが多い（サンプルサイズが大きい場合，$\pi_0 = 0.10$ もしくは 0.05 を用いる研究者も多い）。構造変化がない帰無仮説のもとで，検定統計量の分布は，変化するパラメータの数と刈り込み値に依存する。刈り込み値が 15%（$\pi_0 = 0.15$）で，変化するパラメータの数が 1，2，3 個の場合について，検定統計量の有意水準 5% の漸近的な臨界値は，それぞれ 8.68，5.86，4.71 である（詳しくは，第 2 章の表 2.5 を参照）。しかし，典型的な応用分析のサンプルサイズのもとでは漸近的な臨界値よりもハンセン（Hansen 1997）による閾値モデルのブートストラップ法から計算された臨界値を使うほうが現実的であろう。結局のところ，1 回の構造変化は「時間」を閾値変数とする閾値モデルである。実は，この方法は **7.5** で `YBREAK.XLS` を用いて説明した検定となっていることに気づいてほしい。

バイ゠ペロン（Bai and Perron 1998）は，アンドリュースの $\sup F$ 検定を，構造変化点が複数回あるケースに拡張している。次式のように構造変化が m 回生じる（つまり，$m+1$ 個のレジームが存在する）2 つの自己回帰モデルを考えよう。

---

[13] ワルド検定，LM 検定，LR 検定は漸近的にはすべて同値となる検定である。アンドリュース（Andrews 1993）は LM 検定を用いて臨界値を計算した。回帰式ごとの F 統計量の最大値を用いた極値統計量とは異なり，アンドリュース゠プロバーガー（Andrews and Ploberger 1994）では，指数型の加重を使った F 統計量の加重平均を用いた最適な検定を開発している。加重の取り方には 2 種あり，指数型は構造変化の度合いが大きいときに検出力が高く，平均型はその度合いが小さいときに検出力が高い傾向がある。

476 第7章 非線形モデルと構造変化

$$y_t = \alpha_0 + \sum_{i=1}^{p} \alpha_i y_{t-i} + \sum_{j=1}^{m} \gamma_{0j} D_{jt} + \varepsilon_t \qquad (7.34)$$

$$y_t = \alpha_0 + \sum_{i=1}^{p} \alpha_i y_{t-i} + \sum_{j=1}^{m} D_{jt}\left(\gamma_{0j} + \sum_{i=1}^{p} \gamma_{ij} y_{t-i}\right) + \varepsilon_t \qquad (7.35)$$

構造変化点は，T_1, T_2, ..., T_m とする。また，ダミー変数 D_{jt} は，$T_j <$ $t \leq T_{j+1}$ の範囲で 1 となり，それ以外の範囲で 0 となる（ただし，$T_0 = 0$，$T_{m+1} = T$ とする）。(7.34) 式は定数項のみの部分的な構造変化モデルであり，(7.35) 式は完全な構造変化モデルである[14]。

各レジームを適切に推定するため，各レジームに少なくとも $\pi_0 T$ 個の観測値を確保する必要がある（つまり，$\pi_0 > 0$ とし，$T_j - T_{j-1} \geq \pi_0 T$ となる）。バイ＝ペロンは，刈り込み値を $\pi_0 = 0.15$，構造変化の回数の最大値を $m_{max} = 5$ と設定することを推奨している（sup F と同様，サンプルサイズが大きい場合，$\pi_0 = 0.10$ または 0.05 を用いたり，$m_{max} = 5$ より大きい値を用いたりすることもある）。また (7.34) 式と (7.35) 式の誤差項の分散は均一であることが必要であるため，用いるデータがこの仮定を満たさない場合は問題となるだろう。

バイ＝ペロンは，複数の構造変化点のすべての組み合わせについて，(7.34) 式や (7.35) 式を効率的に推定するアルゴリズムを開発している。構造変化の回数を選択するには，以下 2 つの方法がある。

1 番目の方法は，「構造変化なし（つまり，$m = 0$）」という帰無仮説を「構造変化 k 回あり（つまり，$m = k$）」という対立仮説に対して，極値統計量を用いて検定する方法である。このアルゴリズムでは，実質的に（与えられた刈り込み値 π_0 のもとで）すべての構造変化点の組み合わせについてモデルを推定し，最も当てはまりの良い構造変化点の組み合わせ（$\hat{T}_1$, $\hat{T}_2$, ..., $\hat{T}_k$）を選択している。帰無仮説「構造変化なし」，対立仮説「構造変化が k 回あり」とした sup F 検定統計量は非標準的な分布に従う。この統計量は sup $F(k; q)$ と表記され，その分布は構造変化の回数 k と変化するパラメータの数 q に依存する。バイ＝ペロン（Bai and Perron 2003）では，sup $F(k; q)$ 統計量の臨界値を計算している。もし「構造変化なし」という帰無仮説を棄却できれば，BIC

---

14 当然であるが，アンドリュースの sup F 検定，バイ＝ペロン検定は，自己回帰モデルだけではなく，一般的な回帰モデルにも適用できる。また，(7.34) 式は，定数項だけが変わるモデルを考えているが，より一般的に，定数項に限らず，一部の説明変数の係数だけが変化する場合も扱うことができる。

表7.8　$\sup W(k;q) = \sup F(k;q)q$ の臨界値

q	$k=1$	$k=2$	$k=3$	$k=4$	$k=5$	UDmax
1	9.63	8.78	7.85	7.21	6.69	10.17
2	12.89	11.60	10.46	9.71	9.12	13.27
3	15.37	13.84	12.64	11.83	11.15	15.80

注)　$\pi_0 = 0.05$，有意水準 5% としたときの臨界値を掲載している。UDmax については，$m_{max} = 5$ としている。

などの情報量規準を用いて実際の構造変化の数を選択することもできる（ただし，あまり推奨できない）。

　この方法は F 検定ではなく，F 統計量に制約数 q を掛けたワルド検定によって行うこともできる。つまり，統計量として，$\sup W(k;q)$ 統計量

$$\sup W(k;q) = \sup F(k;q)q$$

を用いればよい。表7.8 では，変化するパラメータ数が $q = 1, 2, 3$，構造変化の回数が $k = 1, 2, 3, 4, 5$ とした場合について，$\pi_0 = 0.05$，有意水準 5% とした $\sup W(k;q)$ 統計量の臨界値を掲載している。当然であるが，$\sup F(k;q)$ の臨界値は，$\sup W(k;q)$ の臨界値を q で割ることで得られる。臨界値を探すのは面倒に思うかもしれないが，統計ソフトは統計量の値だけでなく，臨界値もあわせて表示してくれるため，実際の検定は簡単に行える。

　ここで $\sup F(k;q)$ 統計量，$\sup W(k;q)$ 統計量を計算するためには k を選ぶ必要がある。しかし，構造変化がないという帰無仮説を，特定の回数 k とした対立仮説に対して個別に検定するより，回数は m_{max} 以下とした対立仮説に対してまとめて検定する方が合理的であろう。UDmax 統計量とは，$k = 1$，…，$5 (= m_{max})$ について，それぞれ $\sup F(k;q)$ 統計量を計算し，その中で最大の値を検定統計量としている。つまり，

$$\mathrm{UD\,max} = \max\{\sup F(1;q), \sup F(2;q), \ldots, \sup F(5;q)\}$$

となる。こうして計算された UDmax 統計量が表7.8 の臨界値より大きければ，最低 1 回の構造変化があるとし，情報量規準で構造変化の回数を選ぶことが可能である（既に述べたが，あまり推奨できる方法ではない）。

　構造変化の回数を選ぶ 2 番目の方法が逐次検定である。まず，「構造変化なし」の帰無仮説を「構造変化が 1 回」の対立仮説に対して検定する。もし「構

478　第 7 章　非線形モデルと構造変化

表 7.9　$F(\ell+1|\ell)q$ の臨界値

q	$\ell=0$	$\ell=1$	$\ell=2$	$\ell=3$	$\ell=4$
1	9.63	11.14	12.16	12.83	13.45
2	12.89	14.50	15.42	16.16	16.61
3	15.37	17.15	17.97	18.72	19.23

注）$\pi_0=0.05$，有意水準 5% としたと
きの臨界値を掲載している。

造変化なし」の帰無仮説が採択されたら，構造変化はなかったということにな
る。逆に，「構造変化なし」の帰無仮説が棄却されたなら，次に，「構造変化が
1 回」の帰無仮説を「構造変化が 2 回」の対立仮説に対して検定する。この手
続きを帰無仮説が棄却できず，追加的な構造変化がないと判断されるまで繰り
返す。この方法は $\ell+1$ 個の構造変化を検定する場合，初めの ℓ 個の構造変化
は与えられたものとして扱っている点で逐次的である。各段階で計算される
追加的な構造変化がない仮説の $\sup F$ 統計量は $F(\ell+1|\ell)$ 統計量と呼ばれる
（例えば，$F(1|0)$ とは，帰無仮説は構造変化なし，対立仮説は構造変化 1 回ありとした
$\sup F$ 統計量である）。

　表 7.9 では，変化するパラメータの数が $q=1,2,3$，構造変化の数が $\ell=$
$0,1,2,3,4$ とした場合について，$F(\ell+1|\ell)$ 統計量に制約数 q を掛けたワルド
検定の臨界値を掲載している。ここで有意水準は 5% としている。

　この逐次検定は，系列の持続性が非常に高い場合や，複数の構造変化の効果
が互いに打ち消し合う場合には，うまく機能しない可能性がある。もし $\ell=0$
の帰無仮説が $\ell=1$ の対立仮説に対して，棄却できない場合は UDmax 検定を
用いるとよい。その場合，帰無仮説（構造変化なし）が棄却されれば，少なく
とも 1 回の構造変化があると仮定して，逐次検定を用いて追加的な構造変化の
回数を選択することができる（例えば，UDmax, $F(2|1)$, $F(3|2)$, ... の順に検定し
ていく方法が提案されている）。

◆ 仮想データによる実践例

　2.11 や 7.5 で用いた YBREAK.XLS のファイルにある 150 個の観測値の系列
を用いる。系列 y_t は，100 期から 101 期にかけて構造が変化したとしてデー
タが生成されている。ここではデータ生成過程が未知であるとして，アンド
リュースの $\sup F$ 検定を用いて，1 回の構造変化を検討しよう。刈り込み値を
0.05 と設定すると表 7.10 のようになる。

7.12 内生的な構造変化　479

表 7.10　アンドリュースの sup F 検定

	検定統計量	p 値	構造変化点
定数項	34.62	0.000	100
y_{t-1}	59.32	0.000	100
すべての係数	29.57	0.000	100

表 7.11　バイ = ペロン検定

構造変化の回数 （k もしくは $\ell+1$）	$\sup F(k;2)$	$F(\ell+1\vert\ell)$	BIC
0			0.337
1	29.57	29.57	0.062
2	16.40	2.59	0.094
3	12.51	3.56	0.112
4	10.13	2.29	0.146
5	9.16	1.97	0.161

　定数項の構造変化（$q=1$），1 次の自己回帰係数の構造変化（$q=1$），2 つの係数の構造変化（$q=2$）に関する sup F 統計量は，それぞれ 34.62，59.32，29.57 である。これらの値は有意であり，「定数項の構造変化なし」「1 次の自己回帰係数の構造変化なし」「2 つの係数の構造変化なし」という帰無仮説はすべて棄却される。また，構造変化点は正確に推定されている。

　次に，バイ = ペロン検定を用いて複数回の構造変化の可能性を検討しよう。刈り込み値を 0.05，最大の構造変化の回数を 5 回と設定する。定数項と自己回帰係数の 2 つの変化を許容する完全な構造変化検定の結果は表 7.11 のようになる。

　変化するパラメータの数は 2 であり，sup $F(5;2)$ 検定統計量の値 9.16 は，有意水準 5% の臨界値 4.56（= 9.12/2）を上回るため，構造変化なしの帰無仮説を棄却できる。UDmax 検定を用いた場合，UDmax = 29.57 は，有意水準 5% の臨界値 6.635（= 13.27/2）を上回り，やはり帰無仮説を棄却できる。以上から，少なくとも 1 回の構造変化があると明確に結論できる。ここで BIC を用いれば，その値は $k=1$ のとき最小となるため，正しく 1 回の構造変化モデルが選択される。

　逐次法を用いた場合には，まず $F(1\vert0)$ 統計量の値 29.57 が，その臨界値 6.445（= 12.89/2）を大きく上回っており，「構造変化なし」の帰無仮説は棄却され，「構造変化 1 回あり」の対立仮説を採択する。次に，2 つ目の構造変

化があるかどうかを確認する。$F(2|1)$ 統計量の値は 2.59 であり，その臨界値 7.25（= 14.50/2）を下回るため，「構造変化 1 回あり」の帰無仮説は棄却されず，$t = 100$ で 1 回の構造変化があると結論できる。

◆ 非線形構造変化

実際にはダミー変数によるアプローチで把握できない滑らかな構造変化が生じている可能性がある。ダミー変数を用いた分析では構造変化点 T_1 ですべての変化が現れることが暗に仮定されている。しかし該当変数への変化の影響が完了するまでにはしばらく時間がかかることがあるかもしれない。原油価格ショックは急激であるが，その影響がマクロの生産量や雇用に完全に影響を及ぼすまでに数四半期かかることが一般的である。しかも，実際にはゆっくりと変化する変数もある。コンピュータの導入は商業活動に多くの変化をもたらしたことは明白である。ところがコンピュータ革命が始まった正確な日付は，はっきりしない。コンピュータのハードウェアとソフトウェアの改善により産み出された技術変化は時間とともにゆっくりと進行してきた。つまり，構造変化は必ずしも特定の時点で生じる必要はないのである。このような場合には滑らかな構造変化を許容するモデルが有用となる。

ここで (7.19) 式と (7.20) 式の LSTAR モデルを少し修正した以下の**ロジスティック型構造変化モデル**を考えよう。

$$y_t = \alpha_0 + \alpha_1 y_{t-1} + \cdots + \alpha_p y_{t-p} + (\beta_0 + \beta_1 y_{t-1} + \cdots + \beta_p y_{t-p})\theta + \varepsilon_t$$

ただし，

$$\theta = \frac{1}{1 + \exp(-\gamma(t - T_1))} \tag{7.36}$$

である（ただし，$\gamma \geq 0$ である）。(7.35) 式で推移変数は時間 t であり，中心パラメータは T_1 である。この過程は t が T_1 よりも十分に小さいときに，$y_t = \alpha_0 + \alpha_1 y_{t-1} + \cdots + \alpha_p y_{t-p} + \varepsilon_t$ となり，t が T_1 よりも十分に大きいときに，$(\alpha_0 + \beta_0) + (\alpha_1 + \beta_1)y_{t-1} + \cdots + \varepsilon_t$ となる。時間が経過するにしたがって，θ が 0 から 1 にゆっくりと変化するため，モデルの係数は急激に変化せず滑らかに推移することになる。

◆ ロジスティック型構造変化モデルの推定

図 7.14（a）（b）に破線で示された観測数 250 の系列は以下の式から生成さ

7.12 内生的な構造変化

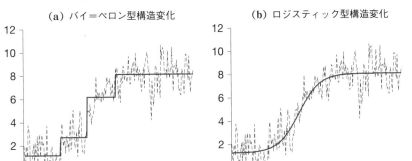

図 7.14 ロジスティック型構造変化モデルの仮想系列
(a) バイ＝ペロン型構造変化   (b) ロジスティック型構造変化

れた．

$$y_t = 1 + 3\frac{1}{1+\exp(-0.075(t-100))} + 0.5y_{t-1} + \varepsilon_t \tag{7.37}$$

この非線形モデルで推移変数はトレンド t であり，中心パラメータは 100 である．このデータは LSTARBREAK.XLS から入手できる．ここで構造変化は定数項のみに影響し，自己回帰係数は常に 0.5 である点に注意してほしい．図からわかるように，t が 100 よりも十分小さいときの系列は 2 の周辺を変動し，t が十分大きくなると 8 の周辺を変動している．変化時点の中心は 100 であるが，この系列は $t=75$ ぐらいから増加しはじめ，$t=125$ ぐらいまで一定にならないようにみえる．

バイ＝ペロンの手続きに従って，この系列のモデルを推定しよう．定数項だけが変化しうる ($q=1$) とし，また $\pi_0 = 0.05$，$m_{max} = 5$ と設定すると，計 3 回の構造変化点 ($\hat{T}_1 = 52$，$\hat{T}_2 = 91$，$\hat{T}_3 = 133$) が選択される．そして，y_t を定数項，ダミー変数 (D_{1t}，D_{2t}，D_{3t})，y_t のラグで回帰すると，

$$y_t = \underset{(3.91)}{0.63} + \underset{(3.72)}{0.87D_{1t}} + \underset{(8.09)}{2.76D_{2t}} + \underset{(9.27)}{3.82D_{3t}} + \underset{(8.11)}{0.45y_{t-1}}$$

となる．ダミー変数 D_{jt} は，$T_j < t \leq T_{j+1}$ の範囲で 1 となり，それ以外の範囲で 0 となる．バイ＝ペロンの方法の問題は，急激な構造変化しか考慮されていないことである．図 7.14 (a) の実線で示されているように，この方法では，1 回の滑らかな構造変化を近似するため，階段関数 (step function) を用いなければならない．

テラスバータ (Teräsvirta 1994) の事前検定をロジスティック型構造変化

482   第7章 非線形モデルと構造変化

モデルに用いるために，以前と同様，$\theta = [1 + \exp(-0.075(t - 100))]^{-1} = [1 + \exp(-h_t)]^{-1}$ としよう。次の段階では θ を h_t に関して3次のテイラー展開を計算し，$h_t = 0$ で評価する。(7.21) 式の導出から，展開式が，

$$\theta \approx \frac{1}{2} + \frac{1}{4}h_t - \frac{1}{48}h_t^3$$

と表現できることがわかっている。ここで，h_t は $0.075(t - 100)$ であるため，モデルは次式で近似することができる。

$$y_t = \alpha_0 + \alpha_1 t + \alpha_2 t^2 + \alpha_3 t^3 + 0.5y_{t-1} + \varepsilon_t \tag{7.38}$$

(7.38) 式を推定し $\alpha_1 = \alpha_2 = \alpha_3 = 0$ の制約を検定してもよいし，LM 検定を行ってもよい。ロジスティック型構造変化の LM 検定では，y_t を定数と y_{t-1} に回帰して，残差を保存する。「時間」が推移変数であることから，補助回帰式では残差 $\hat{e}_t$ を定数，y_{t-1}，t，t^2，t^3 に回帰する。

$$\hat{e}_t = \underset{(0.15)}{0.04} - \underset{(-7.22)}{0.39 y_{t-1}} - \underset{(-0.50)}{4.9 \times 10^{-3} t} + \underset{(3.33)}{3.38 \times 10^{-4} t^2} - \underset{(-3.98)}{1.06 \times 10^{-6} t^3}$$

ここで t，t^2，t^3 の係数が同時に0である帰無仮説の F 統計量は 24.61 となった。分子の自由度が3であるため，この値は通常の有意水準では棄却される。

次に，もし NLLS を用いて，(7.37) 式を推定すれば以下の結果が得られる。

$$y_t = \underset{(3.98)}{0.72} + \underset{(8.65)}{3.88} \frac{1}{1 + \exp(-\underset{(5.15)}{0.065}(t - \underset{(28.79)}{97.48}))} + \underset{(7.49)}{0.43 y_{t-1}}$$

点推定値は極めて良好であり，残差に系列相関は検出されない。時間とともに変化する定数項の推定値の時間経路は図 7.14（b）の実線で示されている。真のモデルを推定しているのだから当然であるが，このモデルは滑らかな構造変化を捉えている。またゴンザレス = テラスバータ（González and Teräsvirta 2008）では，季節性と滑らかな変化を許容する優れたモデルが分析されている。

7.13 ま と め

多くの重要な経済変数には非線形性がある。本章で紹介したように，さまざまな非線形モデルが利用可能である一方，どの非線形モデルを用いればよいのかという疑問に対しては明確な答えがない。誤った非線形モデルを選択するこ

との損失は，非線形性を無視する場合よりも高いかもしれない。非線形モデルを用いた分析には，次の手順で「一般からの特定」法を用いるとよい。

1. まずはデータをプロットして，視覚的に非線形性の有無を検討する。
2. 最も当てはまりの良い線形モデルを決定する。例えば，ボックス＝ジェンキンス法を用いてモデルを選択し診断する。
3. 残差 2 乗の検定，RESET，LM 検定等を用いて非線形性を検出する。第 2 章で紹介した係数の安定性の検定を用いることもできる。
4. もし非線形性が確認された場合，経済理論から示唆される調整過程と整合的であるような非線形関数を適切に選択する。
5. 推定された非線形モデルは線形モデルよりも当てはまりが改善されていること，その係数が有意であることを確認する。モデルが複雑になることを避けるため，BIC を用いて当てはまりを評価してもよいだろう。非線形モデルでは通常の t 検定や F 検定が使えないこともある。
6. 一般化インパルス応答関数を用いて非線形モデルの妥当性を検討することもできる。第 2 章で紹介した検定方法を用いて非線形モデルの外挿予測の精度を評価してもよい。

本章で紹介した非線形モデルは，y_t 系列の条件付き平均の非線形性を説明するものであった。しかし，非線形モデルを条件付き分散の式に応用することも可能である。例えば，第 3 章で紹介した TARCH モデルは非線形な条件付き分散のモデルの一例である。ハミルトン＝ススメル (Hamilton and Susmel 1994) は，条件付き分散に関するマルコフ転換モデルを提案している。また，非線形性に単位根や共和分関係の存在を組み合わせた分析手法も盛んに開発されている。例えば，カペタニオスら (Kapetanios, Shin, and Snell 2003) は，ESTAR モデルを対立仮説とする簡単な単位根検定を開発している。

多くの非線形検定と構造変化点が未知の場合の構造変化検定は，帰無仮説のもとで識別できない局外パラメータが存在する点で類似している。このような場合の検定統計量は非標準的な分布に従う。アンドリュース検定やバイ＝ペロン検定を用いれば，構造変化点が未知の場合の構造変化を検定することが可能となる。

◎練習問題

以下の練習問題を解きなさい。練習問題 [3]〜[7] は，実証分析を行う問題である（推定結果のカッコ内はすべて t 値）。解答はすべて本書のウェブサポートページに掲載して

484　第7章　非線形モデルと構造変化

いる。★印は難易度の高い問題であることを示す。

[1] 次の非線形過程の位相図を示せ。

(a) GAR モデル：$y_t = 1.5y_{t-1} - 0.5y_{t-1}^3 + \varepsilon_t$

(b) TAR モデル：$y_t = 1 + 0.5y_{t-1} + \varepsilon_t$　$(y_{t-1} > 2)$
$y_t = 0.5 + 0.75y_{t-1} + \varepsilon_t$　$(y_{t-1} \leq 2)$

(c) TAR モデル：$y_t = 1 + 0.5y_{t-1} + \varepsilon_t$　$(y_{t-1} > 0)$
$y_t = -1 + 0.5y_{t-1} + \varepsilon_t$　$(y_{t-1} \leq 0)$

このモデルは閾値で連続でない。$y_{t-1} = 2$ と $y_{t-1} = -2$ はどちらも定常な均衡値であることを示せ。

(d) TAR モデル：$y_t = -1 + 0.5y_{t-1} + \varepsilon_t$　$(y_{t-1} > 0)$
$y_t = 1 + 0.5y_{t-1} + \varepsilon_t$　$(y_{t-1} \leq 0)$

このモデルでは定常な均衡が存在しないことを示せ。

(e) LSTAR モデル：$y_t = 0.75y_{t-1} + 0.25y_{t-1}/[1 + \exp(-y_{t-1})] + \varepsilon_t$

(f) ESTAR モデル：$y_t = 0.75y_{t-1} + 0.25y_{t-1}[1 - \exp(-y_{t-1}^2)] + \varepsilon_t$

[2] マルコフ転換モデルで，システムがレジーム 1 にある（無条件）確率を p_1，システムがレジーム 2 にある（無条件）確率を p_2 とする。また現在レジーム i にあるとき，次期もレジーム i に留まる確率を p_{ii} とする。次の結果を証明せよ。

$$p_1 = \frac{1 - p_{22}}{2 - p_{11} - p_{22}}$$
$$p_2 = \frac{1 - p_{11}}{2 - p_{11} - p_{22}}$$

[3] LSTAR.XLS のファイルには 7.9 で用いた 250 の実現値が含まれている。

(a) (7.24) 式がこの過程の最も当てはまりの良い線形 AR モデルであることを確認せよ。

(b) $H = 3$ の場合の RESET の結果を示せ。また，$H = 4$ の場合と比較せよ。

(c) もし統計ソフトで BDS 検定が計算できる場合，(7.25) 式からの残差を用いてホワイトノイズに対する BDS 検定の結果を示せ。

(d) LSTAR，ESTAR モデルに関するテラスバータ検定を用いて，調整過程の定式化を判断せよ。

(e) GAR モデルを推定すれば，

$$y_t = \underset{(8.97)}{2.03} + \underset{(6.97)}{0.389}y_{t-1} + \underset{(3.48)}{0.201}y_{t-2} - \underset{(-10.58)}{0.147}y_{t-1}^2 + \varepsilon_t$$

となる。すべての t 値は係数が有意であることを示している。残差の自己相関係数を計算し，ほぼすべてが小さい値となることを確認せよ。GAR モデルと LSTAR モデルのどちらを選択すればよいか判断するための手続きを説明せよ。

[4] GRANGER.XLS のファイルには 7.11 で TAR モデルと M-TAR モデルの推定に

練習問題　485

用いた金利のデータが含まれている。

(a) 7.11 で報告された TAR モデルと M-TAR モデルを推定せよ。

(b) 有意でない 2 つの係数を除いて M-TAR モデルを推定せよ。

(c) 有意でない係数を除いて TAR モデルと M-TAR モデルの AIC と BIC を計算せよ。情報量規準の計算では閾値が推定されたパラメータ数に含まれていることに注意が必要である。

(d) 2 次のラグ階差を用いて線形誤差修正モデルの（多変量）AIC を計算せよ。計算された値と非線形誤差修正モデルの（多変量）AIC を比較せよ。

[5] SIM_TAR.XLS のファイルには図 7.3 を構成する 200 の観測値を含んでいる。以下では TAR 系列を y_t とする。

(a) $y_t = -0.162 + 0.529 y_{t-1} + \varepsilon_t$ という推定結果を再現せよ。

(b) RESET はどんな非線形も示唆していないことを確認せよ。具体的には，（2, 3, 4 乗を用いた）RESET から $F = 1.421$ が得られることを示せ。

(c) それぞれの潜在的な閾値で残差平方和をプロットせよ。閾値として最適と考えられる値は何か。

(d) 次のモデルの推定結果を再現せよ。

$$y_t = (0.057 + 0.260 y_{t-1}) I_t + (-0.464 + 0.402 y_{t-1})(1 - I_t)$$

ここで，$y_{t-1} > -0.4012$ なら $I_t = 1$，そうでなければ 0 である。

[6] ESTAR モデルと LSTAR モデルの推定に関して，以下の問いに答えよ。

(a) データセット QUARTERLY.XLS を使って年率のインフレ率を $\pi_t = 400 \times [\ln(cpi_t / cpi_{t-1})]$ として作成せよ。インフレ率を記述する線形モデルとして AR モデルの最適なラグ次数を選択せよ。

(b) ESTAR モデルと LSTAR モデルの調整過程についてテラスバータの検定を用いて検討せよ。遅れのパラメータ $d = 2$ を使った検定が最も当てはまりが良いことを確認せよ。検定の結果，線形モデル，LSTAR モデル，ESTAR モデルのどのモデルを採用するべきか議論せよ。

[7]* ファイル OIL.XLS に含まれる変数 SPOT は 1987 年 5 月 15 日から 2013 年 11 月 1 日までの期間の週次原油スポット価格である。スポット価格の変化率を $p_t = 100[\ln(spot_t) - \ln(spot_{t-1})]$ として，$p_t = 0.095 + 0.172 p_{t-1} + 0.084 p_{t-3}$ の自己回帰モデルを考慮する（AR($\|1, 3\|$) モデルと呼ぶ）。以下では $\{p_t\}$ の系列の構造変化や非線形性を検討する。

(a) 図 2.9 と同様に CUSUM と AR($\|1, 3\|$) モデルの逐次的なパラメータ推定値を図示せよ。パラメータが不安定である結論が得られないことを確認せよ。

(b) sup F 検定を用いて 1 回の構造変化を検討せよ。

(c) バイ = ペロン検定を用いて複数回の構造変化を検討せよ。

486 第7章 非線形モデルと構造変化

(d) $\{p_t\}$ の系列を用いて p_{t-1} が閾値変数である閾値モデルを推定せよ。ハンセンの検定を用いて次の閾値モデルの妥当性を検討せよ。

$$p_t = I_t[1.56 - 0.079p_{t-1} + 0.072p_{t-3}] + (1 - I_t)[-0.191 + 0.131p_{t-1} + 0.087p_{t-3}] + \varepsilon_t$$

ただし，I_t は $p_{t-1} \geq \tau$ のとき，1 となる指示関数とする。

(e) (d) のモデルよりも簡略化された $p_t = 1.24I_t + (1 - I_t)[0.158p_{t-1} + 0.086p_{t-3}] + \varepsilon_t$ のモデルが有効であることを確認せよ。

(f) 閾値変数が p_{t-2} である閾値モデルと比較検討せよ。

付　表

付表 A　ディッキー = フラーの（DF）t 検定

T	有意水準			
	1%	2.5%	5%	10%
τ 統計量：定数項とトレンドなし（$a_0 = a_2 = 0$）				
25	-2.66	-2.26	-1.95	-1.60
50	-2.62	-2.25	-1.95	-1.61
100	-2.60	-2.24	-1.95	-1.61
250	-2.58	-2.23	-1.95	-1.62
300	-2.58	-2.23	-1.95	-1.62
∞	-2.58	-2.23	-1.95	-1.62
τ_μ 統計量：定数項のみ（$a_2 = 0$）				
25	-3.75	-3.33	-3.00	-2.62
50	-3.58	-3.22	-2.93	-2.60
100	-3.51	-3.17	-2.89	-2.58
250	-3.46	-3.14	-2.88	-2.57
500	-3.44	-3.13	-2.87	-2.57
∞	-3.43	-3.12	-2.86	-2.57
τ_τ 統計量：定数項とトレンドあり				
25	-4.38	-3.95	-3.60	-3.24
50	-4.15	-3.80	-3.50	-3.18
100	-4.04	-3.73	-3.45	-3.15
250	-3.99	-3.69	-3.43	-3.13
500	-3.98	-3.68	-3.42	-3.13
∞	-3.96	-3.66	-3.41	-3.12

出典：Fuller (1976).

付表 B　ディッキー゠フラー（DF）の F 検定

T	有意水準 10%	5%	2.5%	1%
		Φ_1		
25	4.12	5.18	6.30	7.88
50	3.94	4.86	5.80	7.06
100	3.86	4.71	5.57	6.70
250	3.81	4.63	5.45	6.52
500	3.79	4.61	5.41	6.47
∞	3.78	4.59	5.38	6.43
		Φ_2		
25	4.67	5.68	6.75	8.21
50	4.31	5.13	5.94	7.02
100	4.16	4.88	5.59	6.50
250	4.07	4.75	5.40	6.22
500	4.05	4.71	5.35	6.15
∞	4.03	4.68	5.31	6.09
		Φ_3		
25	5.91	7.24	8.65	10.61
50	5.61	6.73	7.81	9.31
100	5.47	6.49	7.44	8.73
250	5.39	6.34	7.25	8.43
500	5.36	6.30	7.20	8.34
∞	5.34	6.25	7.16	8.27

出典：Dickey and Fuller (1981).

付　表　489

付表C　エングル゠グレンジャーの共和分検定

T	有意水準					
	1%	5%	10%	1%	5%	10%
	2 変数			3 変数		
50	−4.123	−3.461	−3.130	−4.592	−3.915	−3.578
100	−4.008	−3.398	−3.087	−4.441	−3.828	−3.514
200	−3.954	−3.368	−3.067	−4.368	−3.785	−3.483
500	−3.921	−3.350	−3.054	−4.326	−3.760	−3.464
	4 変数			5 変数		
50	−5.017	−4.324	−3.979	−5.416	−4.700	−4.348
100	−4.827	−4.210	−3.895	−5.184	−4.557	−4.240
200	−4.737	−4.154	−3.853	−5.070	−4.487	−4.186
500	−4.684	−4.122	−3.828	−5.003	−4.446	−4.154

出典：MacKinnon (1991).

付表D　ヨハンセンの共和分検定

	有意水準							
	10%	5%	2.5%	1%	10%	5%	2.5%	1%
トレンドなし								
$n-r$	$\lambda_{\max}$				λ_{trace}			
1	2.86	3.84	4.93	6.51	2.86	3.84	4.93	6.51
2	9.52	11.44	13.27	15.69	10.47	12.53	14.43	16.31
3	15.59	17.89	20.02	22.99	21.63	24.31	26.64	29.75
4	21.58	23.80	26.14	28.82	36.58	39.89	42.30	45.58
5	27.62	30.04	32.51	35.17	54.44	59.46	62.91	66.52
ドリフトあり								
$n-r$	$\lambda_{\max}$				λ_{trace}			
1	2.69	3.76	4.95	6.65	2.69	3.76	4.95	6.65
2	12.07	14.07	16.05	18.63	13.33	15.41	17.52	20.04
3	18.60	20.97	23.09	25.52	26.79	29.68	32.56	35.65
4	24.73	27.07	28.98	32.24	43.95	47.21	50.35	54.46
5	30.90	33.46	35.71	38.77	64.84	68.52	71.80	76.07
共和分ベクトルに定数項あり（ドリフトなし）								
$n-r$	$\lambda_{\max}$				λ_{trace}			
1	7.52	9.24	10.80	12.97	7.52	9.24	10.80	12.97
2	13.75	15.67	17.63	20.20	17.85	19.96	22.05	24.60
3	19.77	22.00	24.07	26.81	32.00	34.91	37.61	41.07
4	25.56	28.14	30.32	33.24	49.65	53.12	56.06	60.16
5	31.66	34.40	36.90	39.79	71.86	76.07	80.06	84.45

出典：Osterwald-Lenum (1992).

付表E エンダース=グレンジャーの閾値単位根検定

	有意水準											
(a) TAR モデルの閾値が未知 (一致推定)												
	ラグ階差なし				1次のラグ階差				4次のラグ階差			
T	10%	5%	2.5%	1%	10%	5%	2.5%	1%	10%	5%	2.5%	1%
50	5.15	6.19	7.25	8.64	5.55	6.62	7.66	9.10	5.49	6.55	7.59	9.00
100	5.08	6.06	6.93	8.19	5.39	6.34	7.30	8.54	5.38	6.32	7.29	8.56
250	5.11	6.03	6.88	8.04	5.26	6.12	6.99	8.14	5.36	6.29	7.15	8.35
(b) M-TAR モデルの閾値が未知 (一致推定)												
	ラグ階差なし				1次のラグ階差				4次のラグ階差			
T	10%	5%	2.5%	1%	10%	5%	2.5%	1%	10%	5%	2.5%	1%
50	5.02	6.05	7.09	8.59	4.98	6.07	7.15	8.56	4.93	5.96	7.01	8.48
100	4.81	5.77	6.73	7.99	4.77	5.71	6.56	7.90	4.74	5.70	6.67	7.97
250	4.70	5.64	6.51	7.64	4.64	5.54	6.40	7.56	4.64	5.54	6.39	7.61
(c) M-TAR モデルの閾値が既知												
	ラグ階差なし				1次のラグ階差				4次のラグ階差			
T	10%	5%	2.5%	1%	10%	5%	2.5%	1%	10%	5%	2.5%	1%
50	4.21	5.19	6.15	7.55	4.12	5.11	6.05	7.25	3.82	4.73	5.65	6.84
100	4.11	5.04	5.96	7.10	4.08	4.97	5.87	7.06	3.81	4.72	5.63	6.83
250	4.08	4.97	5.83	6.91	4.05	4.93	5.78	6.83	3.69	4.71	5.63	6.78

参 考 文 献

Andersen, L., and J. Jordan (1968) "Monetary and Fiscal Actions: A Test of their Relative Importance in Economic Stabilization," *Federal Reserve Bank of St. Louis Review*, 11-24.

Andrews, D. W. K. (1993) "Tests for Parameter Instability and Structural Change with Unknown Change Point," *Econometrica* 61, 821-856.

Andrews, D. W. K. (2003) "Tests for Parameter Instability and Structural Change with Unknown Change Point: A Corrigendum" *Econometrica* 71, 395-397.

Andrews, D. W. K., and W. Ploberger (1994) "Optimal Tests When a Nuisance Parameter is Present Only Under the Alternative," *Econometrica* 62, 1383-1414.

Bai, J., and P. Perron (1998) "Estimating and Testing Linear Models with Multiple Structural Changes," *Econometrica* 66, 47-78.

Bai, J., and P. Perron (2003) "Computation and Analysis of Multiple Structural Change Models," *Journal of Applied Econometrics* 18, 1-22.

Balke, N. S., and T. B. Fomby (1997) "Threshold Cointegration," *International Economic Review* 38, 627-645.

Bates, J. M., and C. W. J. Granger (1969) "The Combination of Forecasts," *Journal of the Operational Research Society* 20, 451-468.

Baxter, M., and R. G. King (1999) "Measuring Business Cycles: Approximate Band-Pass Filters for Economic Time Series," *Review of Economics and Statistics* 81 (4), 575-593.

Ben-David, D., and D. H Papell (1995) "The Great Wars, the Great Crash, and Steady State Growth: Some New Evidence About an Old Stylized Fact," *Journal of Monetary Economics* 36, 453-475.

Bernanke, B. S. (1986) "Alternative Explanations of Money-Income Correlation," *Carnegie-Rochester Conference Series on Public Policy* 25, 49-100.

Beveridge, S., and C. R. Nelson (1981) "A New Approach to Decomposition of Economic Time Series into Permanent and Transitory Components with Particular Attention to Measurement of the 'Business Cycle'," *Journal of Monetary Economics* 7, 151-174.

Blanchard, O. J. (1981) "What is Left of the Multiplier Accelerator?" *American Economic Review* 71, 150-154.

Blanchard, O. J., and D. Quah (1989) "The Dynamic Effects of Aggregate Demand and Supply Disturbances," *American Economic Review* 79, 655-673.

Boetel, B. L., R. Hoffmann, and D. J. Liu (2007) "Estimating Investment Rigidity within a Threshold Regression Framework: The Case of U.S. Hog Production Sector," *American Journal of Agricultural Economics* 89, 36-51.

Bollerslev, T. (1986) "Generalized Autoregressive Conditional Heteroscedasticity," *Journal of Econometrics* 31, 307-327.

Bollerslev, T. (1990) "Modelling the Coherence in Short-Run Nominal Exchange Rates: A Multivariate Generalized ARCH Model," *Review of Economics and Statistics* 72,

498-505.

Box, G. E. P., and D. A. Pierce (1970) "Distribution of the Residual Autocorrelations in Autoregressive Moving Average Time Series Models," *Journal of the American Statistical Association* 65, 1509-1526.

Box, G. E. P., and G. M. Jenkins (1976) *Time Series Analysis: Forecasting, and Control.* Holden-Day.

Brock, W. A., W. D. Dechert, J. A. Scheinkman, and B. LeBaron (1996) "A Test for Independence Based Upon the Correlation Dimension," *Econometric Reviews* 15, 197-235.

Brown, R. L., J. Durbin, and J. M. Evans (1975) "Techniques for Testing the Constancy of Regression Relationships over Time," *Journal of the Royal Statistical Society* B37, 149-192.

Campbell, J. Y., and P. Perron (1991) "Pitfalls and Opportunities: What Macroeconomists Should Know About Unit Roots," *NBER Macroeconomics Annual* 6, 141-220.

Caner, M., and B. E. Hansen (2001) "Threshold Autoregression with a Unit Root," *Econometrica* 69, 1555-1596.

Carrasco, M. (2002) "Misspecified Structural Change, Threshold, and Markov-switching Models," *Journal of Econometrics* 109, 239-273.

Chan, K. S. (1993) "Consistency and Limiting Distribution of the Least Squares Estimator of a Threshold Autoregressive Model," *Annals of Statistics* 21, 520-533.

Chow, G. C. (1960) "Tests of Equality Between Sets of Coefficients in Two Linear Regressions," *Econometrica* 28, 591-605.

Clarida, R., and J. Gali (1994) "Sources of Real Exchange Rate Fluctuations: How Important are Nominal Shocks?" *Carnegie-Rochester Conference Series on Public Policy* 41, 1-56.

Clark, T. and M. McCracken (2001) "Tests of Equal Forecast Accuracy and Encompassing for Nested Models," *Journal of Econometrics* 105, 85-110.

Clark, T. E., and K. D. West (2007) "Approximately Normal Tests for Equal Predictive Accuracy in Nested Models," *Journal of Econometrics* 138, 291-311.

Clemen, R. T. (1989) "Combining Forecasts: A Review and Annotated Bibliography," *International Journal of Forecasting* 5, 559-583.

Clements, M. P., and H. M. Krolzig (1998) "A Comparison of the Forecast Performance of Markov-switching and Threshold Autoregressive Models of US GNP," *Econometrics Journal* 1, 47-75.

Davies R. B. (1987) "Hypothesis Testing when a Nuisance Parameter is Present Only Under the Alternative," *Biometrika* 74, 33-43.

Dickey, D. A., and W. A. Fuller (1979) "Distribution of the Estimators for Autoregressive Time Series with a Unit Root," *Journal of the American Statistical Association* 74, 427-431.

Dickey, D. A., and W. A. Fuller (1981) "Likelihood Ratio Statistics for Autoregressive Time Series with a Unit Root," *Econometrica* 49, 1057-1072.

Diebold, F. X. (1988) "Serial Correlation and the Combination of Forecasts," *Journal of Business and Economic Statistics* 6, 105-111.

Diebold, F. X. and R. S. Mariano (1995) "Comparing Predictive Accuracy," *Journal of Business and Economic Statistics* 13, 253-263.

Edwards, S., and R. Susmel (2003) "Interest-Rate Volatility and Contagion in Emerging Markets," *Review of Economics and Statistics* 85, 328-348.

Efron, B. (1979) "Bootstrap Methods: Another Look at the Jackknife," *Annals of Statistics* 7, 1-26.

Efron, B., and R. J. Tibshirani (1993) *An Introduction to the Bootstrap.* Chapman and Hall.

Elliott, G., T. Rothenberg, and J. H. Stock (1996) "Efficient Tests for an Autoregressive Unit Root," *Econometrica* 64, 813-836.

Enders, W. (1988) "ARIMA and Cointegration Tests of PPP under Fixed and Flexible Exchange Rate Reqimes," *Review of Economics and Statistics* 70, 504-508.

Enders, W., and C. W. J. Granger (1998) "Unit-Root Tests and Asymmetric Adjustment With an Example Using the Term Structure of Interest Rates," *Journal of Business and Economic Statistics* 16, 304-311.

Enders, W., and M. T. Holt (2014) "The Evolving Relationships between Agricultural and Energy Commodity Prices: A Shifting-Mean Vector Autoregressive Analysis," In J.-P. Chavas, D. Hummels, and B. Wright, eds., *The Economics of Food Price Volatility.* University of Chicago Press.

Enders, W., and B. S. Lee (1997) "Accounting for Real and Nominal Exchange Rate Movements in the Post-Bretton Woods Period," *Journal of International Money and Finance* 16, 233-254.

Enders, W., and J. Lee (2012) "A Unit Root Test Using a Fourier Series to Approximate Smooth Breaks," *Oxford Bulletin of Economics and Statistics* 74, 574-599.

Engle, R. F. (1982) "Autoregressive Conditional Heteroscedasticity with Estimates of the Variance of United Kingdom Inflation," *Econometrica* 50, 987-1007.

Engle, R. F., and C. W. J. Granger (1987) "Co-Integration and Error Correction: Representation, Estimation, and Testing," *Econometrica* 55, 251-276.

Engle, R. F., and D. Kraft (1983) "Multiperiod Forecast Error Variances of Inflation Estimated from ARCH Model," In: *Applied Time Series Analysis of Economic Data.* Bureau of the Census, 293-302.

Engle, R. F., D. M. Lilien, and R. P. Robins (1987) "Estimating Time Varying Risk Premia in the Term Structure: The ARCH-M Model," *Econometrica* 55, 391-407.

Engle, R. F., and V. K. Ng (1993) "Measuring and Testing the Impact of News on Volatility," *Journal of Finance* 48, 1749-1778.

Farmer, R. E. A. (1993) *The Macroeconomics of Self-Fulfilling Prophecies.* MIT Press.

Friedman, B. M., and K. N. Kuttner (1992) "Money, Income, Prices, and Interest Rates," *American Economic Review* 82, 472-492.

Fuller, W. A. (1976) *Introduction to Statistical Time Series.* John Wiley.

Galbraith, J. W. (1996) "Credit Rationing and Threshold Effects in the Relation Between Money and Output," *Journal of Applied Econometrics* 11, 419-429.

Glosten, L. R., R. Jagannathan, and D. E. Runkle (1993) "On the Relation between the Expected Value and the Volatility of the Nominal Excess Return on Stocks," *Journal of Finance* 48, 1779-1801.

González A., and T. Teräsvirta (2008) "Modelling Autoregressive Processes with a Shifting Mean," *Studies in Nonlinear Dynamics and Econometrics* 12, 1-28.

Granger, C. W. J., and P. Newbold (1974) "Spurious Regressions in Econometrics," *Journal of Econometrics* 2, 111-120.

Granger, C.W. J., and R. Ramanathan (1984) "Improved Methods of Combining Forecasts," *Journal of Forecasting* 3, 197-204.

Granger, C. W. J., and T. Teräsvirta (1993) *Modelling Nonlinear Economic Relationships*. Oxford University Press.

Haggan, V., and T. Ozaki (1981) "Modeling Nonlinear Random Vibrations Using an Amplified-Dependent Autoregressive Time Series Model," *Biometrika* 68, 189-196.

Hamilton, J. D. (1989) "A New Approach to the Economic Analysis of Nonstationary Time Series and the Business Cycle," *Econometrica* 57, 357-384.

Hamilton, J. D. (2018) "Why You Should Never Use the Hodrick-Prescott Filter," *Review of Economics and Statistics* 100, 831-843.

Hamilton, J. D., and R. Susmel (1994) "Autoregressive Conditional Heteroskedasticity and Changes in Regime," *Journal of Econometrics* 64, 307-333.

Hansen, B. E. (1997) "Inference in TAR Models," *Studies in Nonlinear Dynamics and Econometrics* 2, 1-16.

Hansen, B. E. (1999) "Threshold Effects in Non-Dynamic Panels: Estimation, Testing, and Inference," *Journal of Econometrics* 93, 345-368.

Harvey, D., S. Leybourne, and P. Newbold (1997) "Testing the Equality of Prediction Mean Squared Errors," *International Journal of Forecasting* 13, 281-291.

Hendry, D. F., A. J. Neale, and N. R. Ericsson (1990) *PC-NAIVE: An Interactive Program for Monte Carlo Experimentation in Econometrics*. Institute for Economics and Statistics, Oxford University.

Hillebrand, E. (2005) "Neglecting Parameter Changes in GARCH Models," *Journal of Econometrics* 129, 121-138.

Hodrick, R. J., and E. C. Prescott (1997) "Postwar U.S. Business Cycles: An Empirical Investigation," *Journal of Money, Credit and Banking* 29, 1-16.

Holt, M. T., and S. V. Aradhyula (1990) "Price Risk in Supply Equations: An Application of GARCH Time-Series Models to the U.S. Broiler Market," *Southern Economic Journal* 57, 230-242.

Im, K. S., M. H. Pesaran, and Y. Shin (2003) "Testing for Unit Roots in Heterogeneous Panels," *Journal of Econometrics* 115, 53-74.

Johansen, S. (1988) "Statistical Analysis of Cointegration Vectors," *Journal of Economic Dynamics and Control* 12, 231-254.

Johansen, S. (1991) "Estimation and Hypothesis Testing of Cointegrating Vectors in Gaussian Vector Autoregressive Models," *Econometrica* 59, 1551-1580.

Johansen, S. (1994) "The Role of the Constant and Linear Terms in Cointegration Analysis of Nonstationary Variables," *Econometric Reviews* 13, 205-230.

Johansen, S., and K. Juselius (1990) "Maximum Likelihood Estimation and Inference on Cointegration with Application to the Demand for Money," *Oxford Bulletin of Economics and Statistics* 52, 169-209.

Kapetanios, G., Y. Shin, and A. Snell (2003) "Testing for a Unit Root in the Nonlinear STAR Framework," *Journal of Econometrics* 112, 359-379.

Koop, G., M. H. Pesaran, and S. M. Potter (1996) "Impulse Response Analysis in Nonlinear Multivariate Models," *Journal of Econometrics* 74, 119-147.

Kuan, C. M., and H. White. (1994) "Artificial Neural Networks: An Econometric Perspective," *Econometric Reviews* 13, 1-91.

Levin, A., C. F. Lin, and C. S. J. Chu (2002) "Unit Root Tests in Panel Data: Asymptotic and Finite-sample Properties" *Journal of Econometrics* 108, 1-24.

Litterman, R. B. (1980) "A Bayesian Procedure for Forecasting with Vector Autoregression," Working Paper, Department of Economics, Massachusetts Institute of Technology.

Liu, Y., and W. Enders (2003) "Out-of-Sample Forecasts and Nonlinear Model Selection With an Example of the Term Structure of Interest Rates," *Southern Economic Journal* 69, 520-540.

Ljung, G. M., and G. E. P. Box (1978) "On a Measure of Lack of Fit in Time Series Models," *Biometrika* 65, 297-303.

MacKinnon, J. G. (1991) "Critical Values for Cointegration Tests," In R. F. Engle and C. W. J. Granger, eds., *Long-run Economic Relationships: Readings in Cointegration.* Oxford University Press.

Maddala, G. S., and S. Wu (1999) "A Comparative Study of Unit Root Tests with Panel Data and a New Simple Test," *Oxford Bulletin of Economics and Statistics* 61, 631-652.

McLeod, A. I., and W. K. Li (1983) "Diagnostic Checking ARMA Time Series Models Using Squared Residual Correlations," *Journal of Time Series Analysis* 4, 269-273.

Michael, P., A. R. Nobay, and D. A. Peel (1997) "Transactions Costs and Nonlinear Adjustment in Real Exchange Rates: An Empirical Investigation," *Journal of Political Economy* 105, 862-879.

Mountford, A., and H. Uhlig (2009) "What are the Effects of Fiscal Policy Shocks," *Journal of Applied Econometrics* 24, 960-992.

Nelson, D. B. (1990) "Stationarity and Persistence in the GARCH (1,1) Model," *Econometric Theory* 6, 318-334.

Nelson, D. B. (1991) "Conditional Heteroskedasticity in Asset Returns: A New Approach," *Econometrica* 59, 347-370.

Nelson, C. R., and C. R. Plosser (1982) "Trends and Random Walks in Macroeconomic Time Series: Some Evidence and Implications," *Journal of Monetary Economics* 10, 139-162.

Ng, S., and P. Perron (2001) "Lag Length Selection and the Construction of Unit Root Tests with Good Size and Power" *Econometrica* 69, 1519-1554.

Osterwald-Lenum, M. (1992) "A Note with Quantiles of the Asymptotic Distribution of the Maximum Likelihood Cointegration Rank Test Statistics," *Oxford Bulletin of Economics and statistics* 54, 461-472.

Perron, P. (1989) "The Great Crash, the Oil Price Shock, and the Unit Root Hypothesis," *Econometrica* 57, 1361-1401.

Perron, P. (1997) "Further Evidence on Breaking Trend Functions in Macroeconomic

Variables," *Journal of Econometrics* 80, 355-385.

Phillips, P. C. B. (1986) "Understanding Spurious Regressions in Econometrics," *Journal of Econometrics* 33, 311-340.

Phillips, P. C. B., and B. E. Hansen (1990) "Statistical Inference in Instrumental Variables Regression with I (1) Processes," *Review of Economic Studies* 57, 99-125.

Pippenger, M. K., and G. E. Goering (1993) "A Note on the Empirical Power of Unit Root Tests under Threshold Processes," *Oxford Bulletin of Economics and Statistics* 55, 473-481.

Potter, S. M. (1995) "A Nonlinear Approach to US GNP," *Journal of Applied Econometrics* 10, 109-125.

Quandt, R. E. (1958) "The Estimation of the Parameters of a Linear Regression System Obeying Two Separate Regimes," *Journal of the American Statistical Association* 53, 873-880.

Quandt, R. E (1960) "Tests of the Hypothesis That a Linear Regression System Obeys Two Separate Regimes," *Journal of the American Statistical Association* 55, 324-330.

Romer, C. D. (1999) "Changes in Business Cycles: Evidence and Explanations," *Journal of Economic Perspectives* 13, 23-44.

Rothman, P. (1998) "Forecasting Asymmetric Unemployment Rates," *Review of Economics and Statistics* 80, 164-168.

Said, S. E., and D. A. Dickey (1984) "Testing for Unit Roots in Autoregressive-Moving Average Models with Unknown Order," *Biometrika* 71, 599-607.

Samuelson, P. (1939) "Interactions Between the Multiplier Analysis and Principle of Acceleration," *Review of Economics and Statistics* 21, 75-78.

Shen, C. H., and D. R. Hakes (1995) "Monetary Policy as a Decision-Making Hierarchy: The Case of Taiwan," *Journal of Macroeconomics* 17, 357-368.

Sims, C. A. (1980) "Macroeconomics and Reality," *Econometrica* 48, 1-48.

Sims, C. A (1986) "Are Forecasting Models Usable for Policy Analysis?" *Federal Reserve Bank of Minneapolis Quarterly Review* Winter, 2-16.

Sims, C. A., J. H. Stock, and M. W. Watson (1990) "Inference in Linear Time Series Models with Some Unit Roots," *Econometrica* 58, 113-144.

Stock, J. H. (1987) "Asymptotic Properties of Least-Squares Estimators of Cointegrating Vectors," *Econometrica* 55, 1035-1056.

Stock, J. H., and M. W. Watson (1988) "Testing for Common Trends," *Journal of the American Statistical Association* 83, 1097-1107.

Stock, J. H., and M. W. Watson (2002) "Has the Business Cycle Changed and Why?" *NBER Macroeconomics Annual* 17, 159-218.

Suits, D., and G. Sparks (1965) "Consumption Regressions with Quarterly Data," In J. S. Duesenberry, G. Fromm, L. R. Klein, and E. Kuh, eds., *The Brookings Quarterly Econometric Model of the United States.* Rand McNally, 203-223.

Taylor J. B. (1993) "Discretion versus Policy Rules in Practice," *Carnegie-Rochester Conference Series on Public Policy* 39, 195-214.

Taylor, M. P. (2004) "Estimating Structural Macroeconomic Shocks Through Long-Run Recursive Restrictions on Vector Autoregressive Models: The Problem of Identification," *International Journal of Finance and Economics* 9, 229-244.

Teräsvirta, T. (1994) "Specification, Estimation and Evaluation of Smooth Transition Autoregressive Models," *Journal of the American Statistical Association* 89, 208-218.

Thomakos, D. D., and J. B. Guerard Jr. (2004) "Naïve, ARIMA, Nonparametric, Transfer Function and VAR Models: A Comparison of Forecasting Performance," *International Journal of Forecasting* 20, 53-67.

Tong, H. (1983) *Threshold Models in Nonlinear Time Series Analysis.* Springer-Verlag.

Tong, H. (1990) *Non-linear Time Series: A Dynamical System Approach.* Oxford University Press.

Vogelsang, T. J., and P. Perron (1998) "Additional Tests for a Unit Root Allowing for a Break in the Trend Function at an Unknown Time," *International Economic Review* 39, 1073-1100.

Waggoner, D. F., and T. Zha (1997) "Normalization, Probability Distribution, and Impulse Responses" Working Paper, Federal Reserve Bank of Atlanta, No.97-11.

West, M., and J. Harrison (1989) *Bayesian Forecasting and Dynamic Models.* Springer Verlag.

White, H. (1989) "Some Asymptotic Results for Learning in Single Hidden-Layer Feedforward Network Models," *Journal of the American Statistical Association* 84, 1003-1013.

Zivot, E., and D. W. K. Andrews (1992) "Further Evidence on the Great Crash, the Oil-Price Shock, and the Unit-Root Hypothesis," *Journal of Business and Economic Statistics* 10, 251-270.

事項索引

■ アルファベット

ACF → 自己相関関数
ADF 検定 → 拡張された DF 検定
ADL → 自己回帰分布ラグ
AIC → 赤池情報量規準
　修正—— (modified AIC : MAIC)
　　221
ANN → 人工ニュートラルネットワーク
AR → 自己回帰過程
ARCH → 自己回帰条件付き不均一分散
ARCH-M (ARCH in mean)　144
ARIMA → 自己回帰和分移動平均過程
ARMA → 自己回帰移動平均過程
BDS 検定　415
BIC → ベイズ情報量規準
BL モデル → 双線形モデル
BN 分解 → ベバリッジ＝ネルソン分解
BQ 分解 → ブランシャール＝クア分解
CCC (constant conditional
　correlation) モデル　170
CUSUM　107
DF-GLS 検定　234
DF 検定　208, 224
DGP → データ生成過程
DM 検定　114
DM 統計量　115
d 次の和分 (integrated of order d
　process) 過程　55
EGARCH (exponential-GARCH)
　159
ERS 検定　234
ESTAR モデル → 指数型 STAR モデル
GARCH (generalized ARCH)　134
GAR モデル → 一般化自己回帰モデル
GLS → 一般化最小 2 乗法
GMM → 一般化モーメント法
HAC 標準誤差　115
HP 分解 → ホドリック＝プレスコット分
　解

IGARCH (integrated-GRARCH)
　157
IPS 検定　238
LM 検定 → ラグランジュ乗数検定
LR 検定 → 尤度比検定
LSTAR → ロジスティック型 STAR モデ
　ル
MA 表現 → 移動平均表現
MSPE → 平均 2 乗法予測誤差
NLAR モデル → 非線形自己回帰モデル
NLLS → 非線形最小 2 乗法
OLS → 最小 2 乗法
PPP → 購買力平価
Q 統計量　78
　修正——　78
RESET → 回帰式の特定化の誤りの検定
SSR → 残差平方和
STAR モデル → 平滑推移自己回帰モデ
　ル
sup F 検定　104, 474, 475
SUR → 見かけ上無関係な回帰
SWARCH → ボラティリティ転換
　ARCH
TARCH (threshold-GARCH)　158
TAR モデル → 閾値自己回帰モデル
UC 分解　252
VAR モデル → ベクトル自己回帰モデル
vech モデル　168
　対角—— (diagonal vech) モデル
　　169
VMA → ベクトル移動平均

■ あ 行

赤池情報量規準 (Akaike information
　criterion : AIC)　79, 89
安定条件 (stability condition)　6
1 期乗数 (one-period multiplier)　32
1 次従属　392
1 次独立　392
一般解 (general solution)　12

事項索引　499

一般化最小2乗法（generalized least squares：GLS）　234
一般化自己回帰（generalized autoregressive：GAR）モデル　408, 416
一般化モーメント法（generalized method of moments：GMM）　309
一般からの特定（general-to-specific）法　215, 322
一般的トレンドと不規則項を含む（general trend plus irregular）過程　189
移動平均（MA）表現　55
移動平均過程（moving average process）　53
イノベーション会計（innovation accounting）　288, 326, 388
因果性（causality）　265
インパルス応答関数（impulse response function）　32, 280
　一般化——（generalized impulse response function）　464
エングル＝グレンジャーの共和分検定　369
エングル＝グレンジャーの方法　355, 358, 362, 388, 389
大いなる安定　141
遅れのあるクラウディングアウト（lagged crowding out）　264
遅れのパラメータ　428

■ か 行

回帰式の特定化の誤りの検定（regression Specification Error Test：RESET）　414, 415
階差（differencing）　190
　1階の——（first difference）　6
　2階の——（second difference）　6
　d 階の——　6
階差オペレータ　6
階差定常（difference stationary）　190, 194
階数（rank）　352, 392
外挿（out-of-sample）予測　94

ガウス＝マルコフの定理　234
カオス的（chaotic）　412, 453
拡張された DF（augmented DF：ADF）検定　209, 322
確定トレンド（deterministic trend）　182
確率過程（stochastic process）　50
確率トレンド（stochastic trend）　182, 242
　共通の——　341
確率変数（random variable）　50
過少識別（underidentified）　276
過剰適合（overfitting）　101
かばん検定（portmanteau test）　414
刈り込み値（trimming value）　104
頑健性（robustness）　101
完全修正 OLS（fully modified OLS）推定量　396
期待値　4
強制項（forcing process）　7
共通因子　87
　——の問題（common factor problem）　86
強定常（strongly stationary）　57
共分散定常（covariance stationary）　57
行 列　392
共和分（cointegration）　335, 336, 344
共和分回帰　356
共和分関係がある（cointegrated）　202, 333
共和分階数（共和分ランク〔cointegrating rank〕）　337
共和分ベクトル（cointegrating vector）　336
局外パラメータ（nuisance parameter）の識別不能問題　417
極値検定（supremum test）　420
均一分散（homoskedastic）　123, 127
均衡誤差（equilibrium error）　336
近似 VAR　275
クープマンズ外生変数　293
繰り返し期待値の法則（law of iterated

expectations) 148, 174

グリッドサーチ（grid search） 427

グレンジャー因果性（Granger causality） 292

——検定 326, 388

グレンジャー表現定理（Granger representation theorem） 351

景気循環（business cycle） 195

系列相関 83

検出力（power） 230

倹約的（parsimonious） 79

倹約の原理（principal of parsimony） 86

合成予測（composite forecast） 116

構造 VAR モデル 303, 314

構造変化 125, 222, 418

購買力平価（purchasing power parity：PPP） 213, 365

誤差修正（error correction）モデル 345

固有値（eigenvalue） 393

コレスキー分解（Cholesky decomposition） 278, 301, 305, 326

コレログラム（correlogram） 68

■ さ 行

再帰的（recursive）システム 276

最小 2 乗法（ordinary least squares：OLS） 111

最大固有値検定統計量 377

最尤推定量 111

最尤法（maximum likelihood method：ML 法） 111

差分方程式（difference equation） 3

2 次の—— 22

n 次の線形—— 227

差分方程式の解 8

残差平方和（残差 2 乗和〔sum of squared residuals：SSR〕） 79

閾値（threshold value） 405

閾値自己回帰（threshold autoregressive：TAR）モデル 404, 420

試行解 8

自己回帰移動平均過程（autoregressive moving average process：ARMA） 49, 54

自己回帰過程（autoregressive process：AR） 54

自己回帰条件付き不均一分散（autoregressive conditional heteroskedastic：ARCH） 130

自己回帰分布ラグ（autoregressive distributed lag：ADL） 262

自己回帰和分移動平均過程（autoregressive integrated moving average process：ARIMA） 55

自己共分散（autocovariance） 57, 58

自己相関（autocorrelation） 58

自己相関関数（autocorrelation function：ACF） 68, 179, 411

指示関数（indicator function） 421

指数型（exponential）STAR モデル（ESTAR モデル） 445

事前信念（prior belief） 275

実現値 50

実根（実数の根） 23

シムズ＝ストック＝ワトソンのルール 383

シムズ＝バーナンキの方法 326

シムズの法則 274

シムズのモデル 312

弱定常（weakly stationary） 57

従属変数 6

循環項 2

衝撃乗数（impact multiplier） 32, 279

条件付き不均一分散（conditional heteroskedastic） 123

条件付き分散（conditional variance） 127

条件付き平均（条件付き期待値〔conditional expected value〕） 51

初期条件 8

ショックの持続性 124

診断（diagnostic checking） 86, 89

推移関数（transition function）　445
推移変数（transition variable）　445
推定（estimation）　86
裾が厚い（fat-tailed）　161
正準相関（canonical correlation）
　376
制約付きの（restricted）システム　291
説明変数　6
線形調整過程　467
先行変数　5
セントルイス（St. Louis）モデル　264
相関係数（correlation coefficient）
　58
相互共分散（cross covariance）　58
双線形（bilinear：BL）モデル　409,
　416
損失関数（loss function）　114

■ た 行

対数尤度（log likelihood）　111
多項トレンド　180
多変量 GARCH モデル　167, 169
単位根（unit root）　35
単位根過程（unit root process）　55
単位根検定（unit root test）　221
単位根過程に近い振る舞いをする（near
　unit root）過程　184
逐次推定（recursive estimation）　106
中心パラメータ（centrality parameter）
　445
超一致（super-consistent）推定量
　356
長期検定（long-run multiplier）　280
チョウ検定（Chow test）　102, 474
調整速度係数　346
長短金利の差（スプレッド）　96
丁度識別（just identified）　277
定型化された事実　124
定常（stationary）　56
定常性（stationarity）　35
ディッキー＝フラーの方法　205
ディトレンド（detrending）　190
デイビス（Davies）問題　417, 474
テイラールール　440

データ生成過程（data generating
　process：DGP）　51
動学 OLS（dynamic OLS）推定量
　389, 396
同次解（homogeneous solution）　17
同時確率（joint probability）　50
同次部分（同次方程式）　16
同定（identification）　74, 85
特殊解（particular solution）　17
特性根（characteristic root）　22,
　348, 393
特性方程式（characteristic equation）
　22
独立変数　6
ド・モアブルの定理（de Moivre's
　theorem）　26, 46
ドリフト（drift）　185, 371
ドリフトを含むランダムウォーク
　（random walk plus drift）　185
トレース検定統計量　377
トレンド　2, 124, 179
トレンド多項式　182, 195
トレンド定常（trend-stationary）
　182, 194
トレンドとノイズを含む（trend plus
　noise）過程　189

■ な 行

内生変数　5
ニューラルネットワーク　452
　人工――（artificial neural network：
　ANN）　452
ノイズを含むランダムウォーク（random
　walk plus noise）　187

■ は 行

バイ＝ペロン検定　474
パネル単位根検定　238, 241
パネルデータ（panel data）　238
パラメータ（parameter）　7
ハンセンのブートストラップ法　469
反転可能（invertible）　87
反転特性根（inverse characteristic
　root）　41, 348

反転特性方程式（inverse characteristic equation） 41
バンド（band）TAR モデル 429
バンドパスフィルター（band pass filter） 252
反復法（method of iteration） 9
判別式（discriminant） 22
被説明変数 6
非線形最小 2 乗法（nonlinear least squares：NLLS） 407
非線形自己回帰（nonlinear autoregressive：NLAR）モデル 407
非線形調整過程 467
フィリップス＝ハンセンの方法 396
ブートストラップ残差 254
ブートストラップ標本（bootstrap sample） 253
ブートストラップ法（bootstrap method） 253, 285
不規則項 2
不均一分散（heteroskedastic） 123
複素平面 33, 45
符号バイアス（sign bias）検定 161
ブランシャール＝クア分解 314, 315, 322
ブルッキングス米国四半期計量モデル 263
ブロック外生性（block-exogeneity） 293
――検定 326
平滑推移自己回帰（smooth transition autoregressive：STAR）モデル 418, 420, 444
平滑パラメータ（smoothness parameter） 445
平均 2 乗予測誤差（mean squared prediction error：MSPE） 113
ベイズ情報量規準（Bayesian information criterion：BIC〔SIC; SBIC〕） 79, 89
ベイズの定理 275
べき乗モデル 418
ベクトル移動平均（vector moving average：VMA） 278, 286
ベクトル自己回帰（vector autoregressive：VAR）モデル 266, 278, 346
ベバリッジ＝ネルソン分解 241, 243
ペロン検定 225
偏自己相関（partial autocorrelation） 73
偏自己相関関数（partial autocorrelation function：PACF） 74
変数の順序付け（ordering） 281
方程式間（cross-equation）の制約 290
補助回帰式 415
ボックス＝ジェンキンスの方法 81, 102, 274
ホドリック＝プレスコット分解 250
ボラティリティ（volatility） 123, 124, 127
ボラティリティ・クラスタリング（volatility clustering） 123
ボラティリティ転換 ARCH（SWARCH） 456
ボラティリティの持続性 149
ホワイトノイズ（white noise） 52

■ ま 行

マルコフ転換（Markov switching：MS）モデル 454
見かけ上無関係な回帰（seemingly unrelated regression：SUR） 275
見せかけの回帰（spurious regression） 198, 200, 340
未定係数法（method of undetermined coefficients） 36
無制約（unrestricted）システム 291
モメンタム閾値自己回帰（momentum threshold autoregressive：M-TAR）モデル 470
モンテカルロ実験 205

■ や 行

尤度（likelihood） 111

事項索引　503

尤度比（likelihood ratio：LR）検定
　　290
ユール＝ウォーカー（Yule-Walker）方程
　　式　68
予測関数（forecast function）　90
予測誤差分散分解（forecast error
　　variance decomposition）　287
ヨハンセンの方法　355, 370, 384, 388

■ ら 行

ラグ（lag）　5
ラグオペレータ　36, 38
ラグ選択検定　326
ラグ多項式（lag polynomial）　40
ラグランジュ乗数（Lagrange
　　multiplier：LM）　136
ラグランジュ乗数（LM）検定　141,

　　415
ランダムウォーク（random walk）
　　183
ランダムウォーク仮説　4
リードオペレータ（lead operator）　39
臨界値（critical value）　78
レジーム転換（regime switching：RS）
　　モデル　420
レバレッジ効果（leverage effect）　158
ロジスティック型（logistic）STAR
　　（LSTAR）モデル　445
ロジスティック型（logistic）構造変化モデ
　　ル　480

■ わ 行

和分変数の線形結合　333
ワルド（Wald）統計量　105

人名索引

Akaike, H.（赤池弘次）　79
Andersen, L.　264
Andrews, D. W. K.　105, 230, 475
Aradhyula, S. V.　142
Bai, J.　111, 474-476
Balke, N. S.　429, 468
Bates, J. M.　116
Baxter, M.　252
Ben-David, D.　230
Bernanke, B. S.　299
Beveridge, S.　243
Blanchard, O. J.　31, 314, 320, 326
Boetel, B. L.　443
Bollerslev, T.　134, 139, 170
Box, G. E. P.　78
Brock, W. A.　415
Brown, R. L.　107
Campbell, J. Y.　231
Caner, M.　470
Carrasco, M.　435
Chan, K. S.　426, 429
Chow, G. C.　102
Clarida, R　326
Clark, T. E　94, 116
Clemen, R. T.　118
Clements, M. P.　455
Davis, R. B.　433
Dechert, W. D.　415
Dickey, D. A.　204, 205, 210, 220
Diebold, F. X.　114, 118
Durbin, J.　107
Edwards, S.　455
Efron, B.　254
Elliott, G.　234
Enders, W.　94, 214, 230, 310, 322,
　468, 470
Engle, R. F.　128, 137, 139, 161,
　335, 336, 355, 358, 369
Evans, J. M.　107
Farmer, R. E. A.　252

Fomby, T. B.　429, 468
Friedman, B. M.　293
Fuller, W. A.　204, 205, 210
Galbraith, J. W.　432
Gali, J.　326
Glosten, L. R.　158
Goering, G. E.　468
Granger, C. W. J.　116, 118, 137,
　198, 335, 336, 355, 358, 369, 412,
　468, 470
Guerard, J. B.　94
Haggan, V.　460
Hakes, D. R.　432
Hamilton, J. D.　252, 454, 483
Hansen, B. E.　396, 433, 444, 469,
　470
Harrison, J.　276
Harvey, D.　115
Hillebrand, E.　174
Hodrick, R. J.　250, 252
Hoffman, R.　443
Holt, M. T.　142, 310
Im, K. S.　238
Jagannathan, R.　158
Johansen, S.　352, 355, 370, 375,
　378, 380
Jordan, J.　264
Juselius, K.　378, 380
Kapetanios, G.　483
King, R. G.　252
Koop, G.　464
Kraft, D.　139
Krolzig, H. M.　455
Kuan, C. M.　452
Kuttner, K. N.　293
LeBaron, B.　415
Lee, B. S.　322
Lee, J.　230
Leybourne, S.　115
Li, W. K.　413

人名索引　505

Litterman, R. B.　276
Liu, D. J.　443
Liu, Y.　94
Mariano, R. S.　114
McLeod, A. I.　413
Michael, P.　446, 468
Mounford, A.　308
Nelson, C. R.　196, 212, 242, 243
Nelson, D. B.　157, 159
Newbold, P.　115, 198
Ng, S.　221
Ng, V. K.　161
Nobay, A. R.　446, 468
Ozaki, T.（尾崎統）　460
Papell, D. H.　230
Peel, D. A.　446, 468
Perron, P.　111, 221, 222, 228, 230, 231, 474-476
Pesaran, M. H.　238, 464
Phillips, P. C. B.　200, 396
Pierce, D. A　78
Pippenger, M. K.　468
Ploberger, W.　105
Plosser, C. R.　196, 212, 242
Potter, S. M.　464
Prescott, E. C.　250
Quah, D.　314, 320, 326
Quandt, R. E.　475
Ramanathan, R.　118
Rothenberg, T.　234
Rothman, P.　410, 427, 436

Runkle, D. E.　158
Said, S. E.　220
Samuelson, P.　4
Scheinkman, J. A.　415
Schwarz, G.　79
Shen, C. H.　432
Shin, Y.　238
Sims, C. A.　217, 262, 264, 275, 297, 299, 312, 383, 385
Snell, A.　483
Sparks, G.　263
Stock, J. H.　141, 217, 234, 275, 295, 341, 343, 352, 356, 369, 383
Suits, D.　263
Susmel, R.　455, 483
Taylor, J. B.　440
Taylor, M. P.　320
Teräsvirta, T.　412, 460, 481
Thomakos, D. D.　94
Tibshirani, R. J.　254
Uhlig, H.　308
Vogelsang, T. J.　230
Waggoner, D. F.　310
Watson, M. W.　141, 217, 275, 295, 341, 343, 352, 370, 383
West, K. D.　116
West, M.　94, 276
White, H.　452, 453
Zha, T.　310
Zivot, E.　230

実証のための計量時系列分析
Applied Econometric Time Series

2019年12月10日　初版第1刷発行
2024年6月25日　初版第2刷発行

著　者　　ウォルター・エンダース
訳　者　　新　谷　元　嗣
　　　　　藪　　友　良

発行者　　江　草　貞　治
発行所　　株式会社　有　斐　閣
　　　　　郵便番号 101-0051
　　　　　東京都千代田区神田神保町 2-17
　　　　　https://www.yuhikaku.co.jp/

印刷・大日本法令印刷株式会社／製本・牧製本印刷株式会社
©2019, M. Shintani, T. Yabu. Printed in Japan

落丁・乱丁本はお取替えいたします。
★定価はカバーに表示してあります。

ISBN 978-4-641-16548-9

JCOPY　本書の無断複写(コピー)は、著作権法上での例外を除き、禁じられています。複写される場合は、そのつど事前に(一社)出版者著作権管理機構(電話03-5244-5088、FAX03-5244-5089、e-mail：info@jcopy.or.jp)の許諾を得てください。